Kohlhammer

Praktische Theologie heute

Herausgegeben von

Stefan Altmeyer
Christian Bauer
Kristian Fechtner
Thomas Klie
Helga Kohler-Spiegel
Benedikt Kranemann
Isabelle Noth
Birgit Weyel

Band 190

Christian Hild

Religiöse Wörter übersetzen

Ein Ansatz zur Sprach- und Translationssensibilisierung von SchülerInnen

Verlag W. Kohlhammer

1. Auflage 2023

Alle Rechte vorbehalten
© W. Kohlhammer GmbH, Stuttgart
Gesamtherstellung: W. Kohlhammer GmbH, Stuttgart

Print:
ISBN 978-3-17-043142-3

E-Book-Format:
pdf: 978-3-17-043143-0

Für den Inhalt abgedruckter oder verlinkter Websites ist ausschließlich der jeweilige Betreiber verantwortlich. Die W. Kohlhammer GmbH hat keinen Einfluss auf die verknüpften Seiten und übernimmt hierfür keinerlei Haftung.

Dieses Werk einschließlich aller seiner Teile ist urheberrechtlich geschützt. Jede Verwendung außerhalb der engen Grenzen des Urheberrechts ist ohne Zustimmung des Verlags unzulässig und strafbar. Das gilt insbesondere für Vervielfältigungen, Übersetzungen, Mikroverfilmungen und für die Einspeicherung und Verarbeitung in elektronischen Systemen.

Inhaltsverzeichnis

Vorwort 11

Einleitung 12

Teil I: Darstellung des Forschungsfeldes 25

1 Religion(en), Sprache und *Übersetzung* 25
1.1 Relevanz im fachwissenschaftlichen Diskurs 26
    1.1.1 Theologie 26
    1.1.2 Linguistik 29
    1.1.3 Sprachphilosophie 32
    1.1.4 Translationswissenschaft 36
        1.1.4.1 Übersetzen als Begriff 37
        1.1.4.2 Übersetzen als Metapher 39
        1.1.4.2.1 *Übersetzen* als Sprachverstehen 39
        1.1.4.2.2 *Übersetzen* als Kulturverstehen 41
        1.1.4.2.2.1 „Translational turn" 43
        1.1.4.2.2.2 „Religious turn" 44
        1.1.4.2.2.3 „Spatial turn" 45
        1.1.4.2.3 Forschungsprojekte zu *Übersetzen* als Sprach- und Kulturverstehen 46
        1.1.4.2.3.1 „Religionen übersetzen" 46
        1.1.4.2.3.2 „Translating Religion" 49
    1.1.5 Ertrag 50
1.2 Relevanz im öffentlichen Diskurs 52
    1.2.1 *Übersetzungsprozesse* in der postsäkularen Gesellschaft (Jürgen Habermas) 52
        1.2.1.1 *Übersetzungen* religiöser Überzeugungen (Christiane Tietz) 57
        1.2.1.2 *Übersetzungen* der alttestamentlichen Schöpfungserzählungen (Christof Hardmeier/Konrad Ott und Andreas Benk) 59
        1.2.1.3 „Religiöse Rede in postsäkularen Gesellschaften" ... 61
    1.2.2 *Übersetzen* und Zweisprachigkeit als Aufgabe Öffentlicher Theologie 63
    1.2.3 „Übersetzungskonflikte" (Armin Nassehi) 70
    1.2.4 Ertrag 72

1.3	Relevanz im religionspädagogischen und -didaktischen Diskurs			75
	1.3.1	Religionspädagogische und -didaktische Ansätze		75
		1.3.1.1	Konzeptionelle Ansätze	76
		1.3.1.1.1	Hermeneutischer Religionsunterricht	76
		1.3.1.1.2	Korrelationsdidaktik als Beispiel für die Erträge der Problemorientierten Phase	78
		1.3.1.1.3	Symbol- und Zeichendidaktik	80
		1.3.1.1.4	Gestaltpädagogik und Performative Religionsdidaktik	82
		1.3.1.2	Weitere Ansätze mit kommunikations- und übersetzungstheoretischen/*übersetzungstheoretischen* Verankerungen	86
		1.3.1.2.1	Sprach- und kommunikationstheoretische Ansätze	86
		1.3.1.2.2	Übersetzungstheoretische/*übersetzungstheoretische* Ansätze	94
		1.3.1.3	Zwischenfazit	102
	1.3.2	Texte und Denkschriften der EKD und DBK		105
	1.3.3	Kompetenzen und Bildungsstandards		110
	1.3.4	Unterrichtswerke und Unterrichtsentwürfe		113
	1.3.5	Ertrag		122

2 Problemkonstellationen und Strukturen zur weiteren Präzisierung der Aufgaben und Zielsetzungen ... 126

2.1 Schwierigkeiten und Vorüberlegungen zu Aufgaben und Zielsetzungen ... 126
2.2 Fragekatalog im Blick auf weitere Strukturierungen ... 130

3 Zur Methodik bei der Erfassung mündlicher und schriftlicher Zitate von SchülerInnen ... 142

Teil II: Theorie einer sprach- und translationssensiblen Religionsdidaktik ... 144

1 Die Elemente des Translationsprozesses ... 144

1.1 Translationsintention ... 144
    1.1.1 Grundlagen ... 144
        1.1.1.1 Religion(en), Sprache und Translationen ... 146
        1.1.1.2 Die Sprachen im Religionsunterricht ... 148

			1.1.1.3	Translingualität	153
			1.1.1.4	„Translatio religionis"	159
		1.1.2	Sprachsensibilisierung		163
		1.1.3	Translationssensibilisierung		165
		1.1.4	Die Interrelation von Sprach- und Translationssensibilisierung		169
	1.2	TranslatorInnen			176
		1.2.1	SchülerInnen		176
			1.2.1.1	Beziehung	176
			1.2.1.2	„Fidélité créatrice" (Gabriel Marcel)	180
			1.2.1.3	Horizontverschmelzung	182
		1.2.2	Religionslehrkräfte		184
	1.3	Translationsgegenstand			186
	1.4	Translationsverfahren			194
		1.4.1	Translatorische Hermeneutik		194
		1.4.2	Transkreieren		199
			1.4.2.1	Etymologie	200
			1.4.2.2	Vorhandene Ansätze	201
			1.4.2.2.1	„Transcriação" (Haroldo de Campos)	202
			1.4.2.2.2	Transkreieren als Über-Texten	204
			1.4.2.3	Transkreieren als kreativ-hermeneutisches Problemlöseverfahren	205
	1.5	Translationsstrategien			207
		1.5.1	Grundlage: „Kreatives Übersetzen" (Paul Kußmaul)		207
		1.5.2	Wiedergabe eines Rahmens durch einen Rahmen		217
		1.5.3	Wiedergabe eines Rahmens durch eine Szene		220
		1.5.4	Wiedergabe einer Szene durch eine Szene		222
			1.5.4.1	Szenenwechsel	222
			1.5.4.2	Szenenerweiterung	223
			1.5.4.3	Auswahl von Szenenelementen innerhalb einer Szene	224
		1.5.5	Wiedergabe einer Szene durch einen Rahmen		225
			1.5.5.1	Einrahmung	225
			1.5.5.2	Neurahmung	227
		1.5.6	Zusammenfassung		228
	1.6	Translat			231
		1.6.1	Translationsgrenzen		231
		1.6.2	Umgang mit Translationsgrenzen		235
			1.6.2.1	Teiltranslation	236
			1.6.2.2	„Homöomorphe Äquivalente" (Raimon Panikkar)	237
			1.6.2.3	„Experience-near" und „experience-distance" (Clifford Geertz)	239
			1.6.2.4	Kooperative Translation	245

		1.6.2.5	Sprachlich-situative Transposition	246
	1.6.3	Gelungene Translate		248
1.7	Translationsräume			254
	1.7.1	Religionspädagogische und -didaktische Bezüge		254
	1.7.2	Sprach- und Translationssensibilisierung in außerschulischen Translationsräumen		256

2 Religionspädagogische und -didaktische Realisierung des Translationsprozesses 260

2.1	Baustein I: Einführung	260
2.2	Baustein II: Aufgreifen von Themenwörtern	262
2.3	Baustein III: Rezeption	264
	2.3.1 Deduktiver sprachlicher Beziehungsaufbau	265
	2.3.2 Induktiver sprachlicher Beziehungsaufbau	267
2.4	Baustein IV: Produktion	276
	2.4.1 Schöpferisches Treueversprechen	276
	2.4.2 Visualisierung	278
	2.4.3 Translationsstrategien	280
2.5	Baustein V: Beurteilung von Translaten	282
	2.5.1 Eigene Translate	282
	2.5.2 Fremde Translate	285
2.6	Baustein VI: Repetitionen und Vertiefungen	288
2.7	Baustein VII: Bewährungsprobe in externen Translationsräumen	298

Teil III: Praktische Umsetzung 300

1 Baustein I: Einführung 300

2 Baustein II: Aufgreifen von Themenwörtern 301

3 Baustein III: Rezeption 304

3.1	Deduktiver sprachlicher Beziehungsaufbau	304
3.2	Induktiver sprachlicher Beziehungsaufbau	307

4 Baustein IV: Produktion 309

4.1	Schöpferisches Treueversprechen	309
4.2	Visualisierung	310
4.3	Dokumentation von Translationsstrategien	312

5 Baustein V: Beurteilung von Translaten ... 316
5.1 Dokumentation der Metareflexion eigener Translate ... 316
5.2 Fremde Translate ... 325

6 Baustein VI: Repetitionen und Vertiefungen ... 327

7 Baustein VII: Bewährungsprobe in externen Translationsräumen ... 332

8 Religionspädagogische und -didaktische Reflexion ... 338
8.1 Mögliche Probleme und Lösungsvorschläge für die unterrichtliche Behandlung von „Rechtfertigung"/„sich rechtfertigen" ... 338
8.2 Auswertung der sprach- und translationssensiblen Erschließung von „Rechtfertigung"/„sich rechtfertigen" ... 341
8.3 Rückschlüsse auf eine sprach- und translationssensible Religionsdidaktik ... 345

Teil IV: „Translatio religionis" als religiöse Bildung ... 352

1 „Translatio religionis" und die Ermöglichung eines interdisziplinären Perspektivenwechsels ... 353

2 „Translatio religionis" im Zeichen von Pluralität und Heterogenität ... 356

3 „Translatio religionis" und Kompetenzerwerb ... 358
3.1 Vorüberlegungen ... 359
3.2 Grundlegende Kompetenzen ... 362

4 Sprach- und Translationssensibilisierung als strukturelles religionsdidaktisches und kompetenzorientiertes Prinzip ... 369

Teil V: Fazit 374

Quellen- und Literaturverzeichnis 402

Glossar 429

Vorwort

Das vorliegende Buch stellt die leicht überarbeitete Fassung meiner Habilitationsschrift dar, die im Wintersemester 2021/22 von der Philosophischen Fakultät I der Universität des Saarlandes in Saarbrücken angenommen worden ist.

Allen voran möchte ich mich bei meinem ‚Habilitationsvater', Herrn Prof. Dr. Karlo Meyer, bedanken: Er hat sich viel Zeit genommen, mein Projekt zielstrebig zu betreuen, mit einem stets offenen Ohr für Fragen zu begleiten und durch kritische Denkanstöße konstruktive Diskussionen zu initiieren.

Herrn Prof. Dr. Michael Hüttenhoff (Saarbrücken), der schon meine Dissertation über interlinguale Übersetzungen Leo Juds mit auf den Weg gebracht hat, gilt mein Dank für die Übernahme des Zweitgutachtens und die wertvollen Anregungen aus einer systematisch-theologischen Perspektive.

Herrn Prof. Dr. Stefan Altmeyer (Mainz) gilt mein Dank nicht nur für wertvolle Anregungen zur religiösen Sprachsensibilisierung und die Erstellung des externen Gutachtens, sondern auch für die Übernahme des Buches in die Reihe *Praktische Theologie heute*.

Dank schulde ich überdies Frau Prof. Dr. Ursula Wienen (Köln) für die Übernahme eines Gutachtens für das Herausgebergremium der oben genannten Reihe und für die kritische Lektüre mit einem translationswissenschaftlichen Auge.

Herrn Prof. Dr. Alberto Gil (Rom) schulde ich Dank für die inspirierenden Diskussionen zu theologisch-translatologischen Fragestellungen während gemeinsamen Wanderungen.

Mein ganz besonderer Dank gilt meinen Eltern Heidrun und Walter Hild sowie meiner Ehefrau Christine Doerr: Sie gaben mir in den Jahren der Anfertigung der Habilitationsschrift den hierzu so wichtigen Rückhalt und standen mir besonders während der arbeitsreichen Stunden der finalen Fertigstellung stets aufmunternd zur Seite.

Last, but not least möchte ich tiefen Dank meinen SchülerInnen aussprechen, die mich in all den Jahren meiner Tätigkeit als Studienrat für Evangelische Religion mit Fragen des Übersetzens einer als religiös verstandenen Sprache konfrontiert und mich für die Idee einer sprach- und translationssensiblen Religionsdidaktik inspiriert haben – ihnen ist das Buch gewidmet.

Saarbrücken, Weihnachten 2022   Christian Hild

Einleitung

Philipp: „Wenn ich sonntags zum Abendmahl gehe, ist das für mich immer etwas Besonderes, wenn wir im Halbkreis um den Altar stehen, die Pfarrerin diese Spendeformel spricht, Brot und Wein weitergereicht wird."
Rebecca: „Stimmt; fühlt sich für mich wie so ein Freispruch an."
Lea: „Was? Wie meinst Du das? Einen ‚Freispruch' wie im Gericht ...?"
Anton: „Was ist denn das Abendmahl und eine Spendeformel nun ganz genau?"
Ahmad: „Ich verstehe alles irgendwie nicht ..."
Lea: „Kann ich auch nicht mitreden, sorry; ich bin raus."[1]

Der Dialog kam so in einem Grundkurs Evangelische Religion der elften Jahrgangsstufe während einer Einstiegsstunde in die thematische Einheit „Kirche und Welt" zustande. Der Dialog mag einerseits ungewöhnlich erscheinen, andererseits ist er auch typisch; die Schülerinnen und Schüler (SuS) sprachen über ihre Erfahrungen mit Kirche und brachten Wissen, Halbwissen und Unwissen ein, das kaum unterschiedlicher hätte sein können. Weniger diese (Un-)Kenntnis von Fachwörtern selbst als vielmehr diese Kommunikationssituation im Umgang mit diesen Fachwörtern ist exemplarisch für den Religionsunterricht: SuS nehmen aus spezifischen bzw. mehr oder minder zufälligen Kenntnissen und aus besonderen Erinnerungen Wörter, Gesten, Bilder, Rituale auf, die sie für sich selbst deuten und mit an den Lernort Schule bringen, an dem sie mit christlich sozialisierten, nicht- und andersreligiösen Menschen kommunizieren;[2] für die Artikulation ihrer Auffassung von Religiosität gebrauchen sie innerhalb ihrer Sprachwelt das ihrem persönlichen Wortschatz zur Verfügung stehende Vokabular, das jedoch von anderen KommunikationsteilnehmerInnen nicht von vornherein als solches verstanden werden muss, weil sie die diesbezüglichen Wörter bzw. die dahinterstehende Praxis entweder nicht kennen oder inhaltlich anders füllen.[3]

---

[1] Eigene Mitschrift vom 15.08.2018; zur Zitiertechnik von Äußerungen im Unterricht etc. siehe Kap. I 3.
[2] Schulte (2018a) 156. Es existieren zahlreiche empirische Untersuchungen zur Erfassung juveniler Religiosität, die aufgrund einer differenten religionstheoretischen Setzung und Methodik jeweils andere Ergebnisse zutage fördern; bspw. schlagen Riegel/Ziebertz/Kalbheim (2004) fünf verschiedene Typologien von Religiosität bei SuSn vor (einen kritischen Überblick solcher Studien gibt Kropač 2015). Eine dezidierte Auseinandersetzung mit derartigen Typisierungen würde den Rahmen des vorliegenden Buches sprengen, so dass im weiteren Verlauf eine Unterscheidung zwischen „christlich sozialisiert", „andersreligiös" und „nichtreligiös" beibehalten wird.
[3] Wenn einer Kommunikationssituation zugrunde liegende Wörter von den KommunikationsteilnehmerInnen unterschiedlich verstanden werden, kann es zu gravierenden Konflikten kommen, die bspw. auf Schimpfwörter wie „Jude" rekurrieren: Wetzel (2019) 35f. Ähnlich Feige/Gennerich (2008) 139f. bzgl. „Sünde" (hierzu Kap. I 1.3.1.2.1).

So können Anton und Lea „nicht mitreden"; für sie ist die Kommunikation unterbrochen. Die Rückfrage ergibt, dass Lea noch nie am Abendmahl teilgenommen hat, sie ebenso wie Anton dieses Wort nicht inhaltlich zu füllen vermag und deshalb Rebeccas religiöse Deutung „Freispruch" nicht versteht, obwohl Lea dieses Wort per se geläufig ist, jedoch in einem anderen Zusammenhang. Ahmad hat als bekennender Muslim auch noch nicht an einer Abendmahlsfeier teilgenommen und hat zudem aufgrund seines Migrationshintergrundes generell Verständnis- und Artikulationsschwierigkeiten. Außer Philipp und Rebecca sind alle aus unterschiedlichen Gründen hinsichtlich der Materie „Abendmahl" – im wahrsten Sinne des Worts – sprachlos und damit „raus"; sie nehmen nicht (mehr) aktiv an der Kommunikation teil. Philipp selbst mischt Wörter, die eher evangelisch geprägt sind („Abendmahl"), mit solchen eher katholischer Prägung („Spendeformel").[4] Auch dies kann in einer Gesellschaft als typisch bezeichnet werden, in der sich – früher unübersehr- und unüberhörbare – Konfessionsschranken immer wieder verwischen und religiöse Wörter aus unterschiedlichsten Bezügen Eingang finden können („Achtsamkeit", „Yin und Yang" etc.).

Ein Gelingen im Hinblick auf alle KommunikationsteilnehmerInnen erweist sich angesichts der komplexen Gemengelage von Pluralisierung, Globalisierung, Individualisierung und Säkularisierung als ein Problem, das auch den Religionsunterricht als „*den* zentralen Lernort für gesellschaftliche Zusammengehörigkeit und Pluralität" tangiert,[5] in dem die Kommunikation über Religionen und Religiosität vorherrschend ist. Dies schlägt sich in einer spezifischen Wortwahl nieder: Bei einem Wort wie „Freispruch" mag Rebecca auf erinnerte Interpretamente zurückgreifen, spricht aber auch über ihr individuelles Erleben und Verständnis von Religiosität gemäß dem ihr zur Verfügung stehenden Wortschatz. Woher auch immer sie den Vergleich haben mag, man kann ihr abnehmen, dass sich in ihm auch eigene Erfahrungen niederschlagen. Zurückgegriffen wird dabei auf einen Zusammenhang aus der Justiz, wie Lea bemerkt. Zudem kommt mit „Spendeformel" ein Wort zur *Sprache*, das charakteristisch für bestimmte Kerngruppen christlicher Religion ist. Ob Philipp mit diesem Wort eher auf sich aufmerksam machen wollte, oder ob es tatsächlich zu seinem alltäglichen aktiven Wortschatz gehört, sei dahin gestellt; es ist allein schon bemerkenswert, dass er es kennt.

Es wird deutlich, dass die Ausbildung von Sprache, die im Religionsunterricht auf das Verstehen und auf die Artikulationsfähigkeit eines „Sprechens zu Gott, über Gott und von Gott" zielt,[6] auf zwei Ebenen verläuft: auf der Ebe-

---

[4] Katholisch werden häufiger folgende Kombinationen gebraucht: „Segen spenden" statt evangelisch schlicht „segnen", „Sakramente spenden" statt beispielsweise „Abendmahl austeilen". Hintergrund ist u. a. das katholische Priesterverständnis.
[5] Pirner (2019a) 104 (Hervorh. im Original). Ähnlich Schulte (2019b) 113f., (2018a) 157.
[6] Schulte (2019b) 112.

ne der Sprache und der des Sprechens. Auf der ersten ist hinsichtlich des Wortschatzes, der Grammatik, der Syntax, der Symbolik, der Rhythmik und der Gestik zu unterscheiden,[7] ob diese „langue"[8] charakteristisch für eine bestimmte Religion und auch Konfession ist, was als Sprache der Religion(en) (oder Konfessionen)[9] zu bezeichnen ist (Philipp: „Spendeformel"), oder ob sie einem individuell adaptierten Verständnis und einer individuellen Ausdruckspotenzialität von Religiosität unterliegt, der Sprache für Religiöses (Rebecca: „Freispruch"). Auf der zweiten Ebene des Sprechens, der „parole", lässt sich differenzieren zwischen religiösem Sprechen als Sprachgebrauch der Sprache der Religion(en) und Sprechen über Religion(en) als Realisierung der Sprache für Religiöses.[10] Im Folgenden wird für die Zusammenfassung dieser beiden Sprachen die Bezeichnung *als religiös verstandene Sprache* verwendet, um der Subjektivität hinsichtlich der Einschätzung eines Wortes, Themas etc. als religiös Rechnung zu tragen.[11]

Von der ganz überwiegenden Mehrheit der Kinder und Jugendlichen wird die Sprache der Religion(en) als eine Art „Fremdsprache" empfunden.[12] Dies-

---

[7] Danilovich (2017b: 19) macht in diesem Zusammenhang darauf aufmerksam, dass „der Begriff der Sprache breiter als nur linguistisch zu deuten ist", so dass auch bspw. „das Beten vor einer Ikone oder das Küssen einer Ikone" als Sprache zu verstehen ist. Ähnlich Delling (2021) 6f.

[8] Im Anschluss an den Schweizer Sprachwissenschaftler Ferdinand de Saussure (1857–1913) wird ein abstraktes, aus Zeichen und Regeln bestehendes Sprachsystem einer Sprachgemeinschaft als „langue" verstanden, unter „parole" die sich im Sprachgebrauch vollziehende Realisierung der „langue" (Gordon 2004: 77–81 mit zahlreichen Verweisen auf diesbezüglich unterschiedliche Primärquellen von Saussure).

[9] Bei der Sprache der Religion(en) (oder Konfessionen) handelt es sich nicht um ein eigenständiges Sprachsystem, sondern um den Teilbereich einer „langue" (Dube 2004: 43). Zu einer besseren Lesbarkeit wird im Folgenden nur Sprache der Religion(en) verwendet, wozu auch für Konfessionen spezifische Sprachen, die sog. „Konfessiolekte", zählen; hierzu bspw. Danilovich (2017b) 15, Macha (2014) 30 und ausführlich Kap. I 1.1.2.

[10] Zu der Unterscheidung dieser beiden Sprachebenen ausführlich Altmeyer (2021) 24, (2018) 194–196. Ähnlich Schulte (2019b) 112, (2019c) 97, Großhans (2018) 183f.

[11] Die V. EKD-Erhebung über die Kirchenmitgliedschaft *Engagement und Indifferenz* fokussierte auch die religiöse Kommunikation: Die Studie hält u. a. fest, dass die Wahrnehmung von Themen als religiös „wesentlich davon ab[hängt], ob die Beteiligten dieses Thema als religiös verstehen" (EKD 2014a, Hg.: 7).

[12] Altmeyer (2018) 192f., (2012, 2011) passim. Schärtl (2013) 34: „Eine religiöse Sprache S_1 wird dann zur Fremdsprache, wenn sie aufhört, in signifikanten Bereichen der Verständigung Verwendung zu finden und wenn ihre Funktion als unerheblich erachtet wird bzw. wenn ihre Funktion von einer anderen Sprache S_2 ersetzt wird." Einen Vergleich mit dem klassischen Fremdsprachenunterricht ziehen auch Danilovich (2017a) 27, Avest (2016) 257f. und Martin (2003) 115f. – Der US-amerikanische Religionspädagoge Gabriel Moran (1989) bezeichnet Religion als eine „second language". Diese Bezeichnung darf jedoch nicht analog zu „Fremdsprache" verwendet werden, da unterschiedliche Perspektiven hinter den beiden Bezeichnungen stehen: Während „Fremdsprache" in der diesbezüglichen Verwendung die Perspektive der SuS auf die

bezüglich belegt die im Jahr 2016 vorgestellte *Sinus-Jugendstudie* über die Lebenswelten der 14- bis 17-jährigen Deutschen, „dass vielen Jugendlichen die kirchlichen Begrifflichkeiten fremd oder restriktiv erscheinen"[13] und dass es ihnen so oft auch an sachorientierten Ausdrucksformen für Religion fehlt.[14] Dieser Befund darf jedoch nicht von vornherein mit einem Verschwinden religiöser Erfahrungsräume per se aus der Gesellschaft gleichgesetzt werden; die Studie belegt zugleich die Offenheit Jugendlicher gegenüber anderen Religionen und dass „das Religiöse [...] als – nicht leitbildender, aber einflussreicher – Teil des Alltagslebens gestaltet" [wird].[15] Ein derartiger gesellschaftlicher Zustand lässt sich als „postsäkular" bezeichnen: Jürgen Habermas, der dieses Wort in seiner *Friedenspreisrede des Deutschen Buchhandels* im Jahre 2001 als Reaktion auf die Ereignisse vom 11. September prägte, versteht darunter eine pluralistisch-demokratische Gesellschaft, in der einerseits ein Rückgang der traditionellen Prägung von Religion zu verzeichnen ist, diese jedoch eine bleibende Bedeutung innehat; sowohl religiöse als auch säkulare BürgerInnen müssten sich auf das „Sprachspiel"[16] der jeweils anderen ein-

---

Sprache der Religion(en) einnimmt, die sie nicht verstehen, geht Moran davon aus, dass Kinder mit dem Erlernen der nationalen Muttersprache elementare Strukturen der „Zweitsprache" zugeeignet bekommen, deren Ausbildung die Aufgabe religiöser Bildung sei. Zu Moran ausführlich Kap. I 1.3.1.2.1.

[13] Calmbach/Borgstedt/Borchard u. a. (2016) 357f. Pointierter formuliert von EKD (2010a, Hg.: 16): „Diese [i. e. christlich-kirchliche Sprache] wird als ‚fremd', ‚lebensfern' und manchmal sogar als ‚abstoßend' empfunden." Vgl. auch die Beobachtungen von Pickel (2015: bes. 144, 146–152) zu der V. EKD-Erhebung über Kirchenmitgliedschaft. Treffend Löffler (2010) 166: „Das Vokabular der christlichen Religion steht nicht nur im Verdacht, Unwahres, Falsches oder Irreales zu verkünden. Es wird schlicht nicht mehr verstanden. Man weiß nicht mehr recht, was man mit dieser Sprache anfangen soll." Ähnlich Schröder (2014b) 110, Przyczyna (2011) 28. Auch Moser (1964: 44f.) verwies schon weitaus früher auf die Verständnisschwierigkeiten von Latinismen und Gräzismen und von als „altertümlich" empfundenen Wörtern, wie bspw. „benedeien".

[14] Schulte (2019b) 114: Die SuS „ringen darum, die über Jahrhunderte hinweg geronnenen Sprach- und Denkwelten der christlichen Religion zu verstehen, ihnen Bedeutungen abzugewinnen und zu befragen. Sie ringen darum, die Sinnpotenziale der biblischen Texte und überlieferten Zeugnisse des Christentums zu entdecken. Sie ringen darum, deren (Lebens-)Bedeutsamkeit in ihrer heutigen Lebenswelt zu erschließen". Ähnlich die Feststellung innerhalb der EKD-Denkschrift *Kirche und Bildung* (2010, Hg.: 67), dass es „Kindern, Jugendlichen und Erwachsenen [...] bereits an einer Sprache [fehlt], die sich überhaupt für die religiöse Kommunikation eignet".

[15] Braun (2016) 202. Vgl. auch Pickel/Spieß (2015) 265f., EKD (2010a, Hg.) 65f. Dieser Umstand schlägt sich auch in vielfältigen Ausprägungen nieder, wie Kinder und Jugendliche ihrer individuellen Religiosität Ausdruck verleihen: „Zu deren Versprachlichung greifen sie auf den Sprachschatz der christlichen Tradition zurück, allerdings nur punktuell und selektiv" (Kropač 2021: 76f.).

[16] Das Wort orientiert sich an dem diesbezüglichen Verständnis von Ludwig Wittgenstein (1889–1951), der die Verwendung – und damit auch die Bedeutung von Wörtern – an eine Tätigkeit oder Lebensform koppelt, zu deren Kommunikationsformen auch eine entsprechende Syntax, Semantik und Gestik gehören. So unterliegen menschliche

lassen.[17] In diesem Zuge „postuliert Habermas Übersetzungsvorgänge, die sowohl an religiöse wie auch an säkulare Rede Anforderungen der Anerkennung und der Empathie stellen. Die postsäkulare Kommunikationsgemeinschaft wird zur Übersetzungsgemeinschaft mit ‚komplementären Lernprozessen'."[18]

Die „postsäkulare Gesellschaft" – um diese Wortverbindung hier ungeschützt aufzunehmen – bildet für den Religionsunterricht einen nicht auszublendenden Kontext,[19] der für die Religionspädagogik eine Herausforderung darstellt und Konsequenzen im Hinblick auf das Habermas'sche Übersetzungsparadigma mit sich bringt: So fordert bspw. Friedrich Schweitzer einen artikulationsfähigen Glauben, der „auch für Nicht-Christen verständlich und einsichtig werden kann".[20] Manfred L. Pirner nimmt wiederholt konkrete Beobachtungen pädagogischer Prozesse zwischen Kirche bzw. Religion und postsäkularer Gesellschaft zum Anlass, für die religiöse Tradition – im kritischen Anschluss an Habermas – einen „doppelten Übersetzungsbegriff" einzufordern, der nicht starr auf die Formulierung von semantischen Äquivalenzen ausgerichtet ist, sondern der sich als mehrdimensional versteht und pragmatische Dimensionen berücksichtigt.[21]

Der Begriff „Übersetzung" stellt gegenwärtig nicht nur in der religionspädagogischen und religionsdidaktischen Forschung als „Schlüsselkategorie"[22]

Sprachensysteme bestimmten Regeln, deren Beherrschung die Voraussetzung für ein Verstehen bildet. Hierzu ausführlich Kap. I 1.1.3.

[17] Rose/Wermke (2016a) 7.
[18] Dicke (2016) 30. Übernommenes Zitat von Habermas (^{2}2013) 196.
[19] EKD (2004, Hg.) 6: „Aufmerksam registrieren sie [i. e. Jugendliche] die Wiederkehr des Religiösen in allen Bereichen des gesellschaftlichen Lebens und versuchen im Dialog, in einer vielgestaltig religiösen und postsäkularen Gesellschaft das Eigene zu finden, das Fremde zu begreifen und religiösem Fundamentalismus argumentativ zu widerstehen." Dazu auch Dressler (2016, 2010) passim, Sitzberger (2013) 7, Schweitzer (2010) passim.
[20] Schweitzer (2010) 39. Ähnlich Rosenow (2019) 222, Schröder (2019) 125, Dressler (2010) 155–157.
[21] Pirner (2019a) 99, (2015a) 317, (2015c) 448, 454f. Pirner (2015c: 455f.) benennt zwei Beispiele für „pragmatische Übersetzungen [...], die nicht notwendigerweise eine kognitiv-sprachliche Reformulierung voraussetzen": Erstens ergab eine empirische Befragung der MitarbeiterInnen des Christlichen Jugenddorfwerks Deutschlands (CJD), dass auch nicht-christliche MitarbeiterInnen den Argumentationsduktus der christlichen Pädagogik nachvollziehen konnten, ohne sich dabei missioniert zu fühlen. Zweitens verweist Pirner auf eine sich als agnostisch bezeichnende Kollegin, die ein an ihrer Schule regelmäßig gehaltenes Fürbittgebet für eine erkrankte Lehrerin „zustimmend mitvollzog – ohne es *als Gebet an Gott* mitzuvollziehen." Dieses Beispiel wertet Pirner als „eine Übersetzung christlich-religiöser Praxis in persönlich stimmige (nichtreligiöse) Interpretation". Der Ansatz von Pirner (2019a, 2015c) wird weiter ausdifferenziert in Kap. I 1.3.1.2.2.
[22] Pirner (2015c) 450, 454. Pirner verweist auf die von den AutorInnen der EKD-Denkschrift *Religiöse Orientierung gewinnen* (2014b, Hg.: 12) postulierte Pluralitätsfähigkeit im Religionsunterricht, der „zur Bildung religiöser Sprach- und Orientierungsfähigkeit bei

ein virulentes Thema dar,[23] sondern auch der Gottesdienst wird als ein Ort „religiösen Übersetzens" wahrgenommen,[24] und besonders die „Öffentliche Theologie" beansprucht für sich, ein „klares theologisches Profil mit einer Sprache zu verbinden, die für die Öffentlichkeit – und damit auch für säkulare Diskurse – verständlich ist";[25] das Ziel dieser „Zweisprachigkeit" besteht in einem wechselseitigen Austausch von Religion(en) und Weltanschauungen zum Zwecke einer Harmonisierung der Gesellschaft, die auch von Pirner mittels einer im Religionsunterricht einzuübenden „Zweisprachigkeit" anvisiert wird.[26] Darüber hinaus postuliert Andrea Schulte eine „Mehrsprachigkeit",[27] welche u. a. auf die zunehmende Teilnahme von SuSn am Religionsunterricht Bezug nimmt, die aufgrund ihres Migrationshintergrundes Schwierigkeiten mit der deutschen Sprache haben, wie es in dem eingangs zitierten Dialog auch bei Ahmad zum Ausdruck kommt. Die AutorInnen der jüngst erschienenen Denkschrift *Religiöse Bildung angesichts Konfessionslosigkeit* präzisieren Mehrsprachigkeit als „Dreisprachigkeit", die sie differenzieren

> „im Blick auf die Vielzahl und Vielgestaltigkeit der Menschen innerhalb der eigenen Religion, also der Ökumene bzw. des weltweiten Christentums, im Blick auf Menschen, die Mitglied einer anderen Religionsgemeinschaft sind, und im Blick auf Menschen, die ihr Leben ohne Mitgliedschaft in einer Religionsgemeinschaft führen und deuten".[28]

[trägt]. Er unterstützt den Erwerb interreligiöser und interkultureller Kompetenzen sowie den Zusammenhang von Rationalität und Religion."

[23] Vgl. hierzu bes. die Sammelbände von Haußmann/Roth/Schwarz u. a. (2019, Hg.), Oorschot/Ziermann (2019, Hg.) und Schulte (2018b, Hg.). Einen kurzen prägnanten Überblick mit einer Einführung in den gegenwärtig aktuellen Diskussionsstand geben Tacke (2022), Schwarz/Haußmann/Roth u. a. (2019). Grümme (2021: 169) erachtet „Übersetzung" als einen von mehreren religionspädagogischen „Grundbegriffen", vor deren Hintergrund er praxeologische Überlegungen anstellt, die im Kontext der Heterogenität der Religionspädagogik Impulse für einen kritischen Blick auf die Tiefenstrukturen des Religionsunterrichts verleihen. In diesem Zusammenhang diskutiert er prominente Übersetzungstheorien und fragt, wie diese religionspädagogisch konturiert werden könnten (ebd.: 167–213); Grümmes Überlegungen werden weiter ausdifferenziert in Kap. I 1.3.1.2.2.

[24] Simojoki (2019) 270. Siehe auch den Sammelband von Greifenstein (2021, Hg.).

[25] Bedford-Strohm (⁵2015) 118. Die Konsequenz besteht in einer „Zweisprachigkeit", durch die es die Öffentliche Theologie vermag, „auch in der Sprache der Vernunft deutlich zu machen, warum die christlichen Orientierungen für alle Menschen guten Willens Sinn ergeben" (ebd.: 57f.). Zur Öffentlichen Theologie ausführlich Kap. I 1.2.2.

[26] Pirner (2015a–c, 2012). Ähnlich Bedford-Strohm (⁵2015) 118.

[27] Schulte (2019b) 118. Kohler-Spiegel (2014: 159) fordert auch von den Religionslehrkräften eine „Mehrsprachigkeit" ein, die sich auf die beiden „Systeme" Kirche und Schule richtet und ihre praktische Anwendung darin findet, die „theologisch geprägte Fachsprache durchzuarbeiten und in Verbindung zu bringen mit biografischen und lebensweltlichen Fragen und Erfahrungen junger Menschen". Ähnlich Berg (2018) 29. Zur Mehrsprachigkeit ausführlich Kap. II 1.1.1.3.

[28] EKD (2020, Hg.) 101f. Hierzu ausführlich Kap. I 1.3.2.

Auf die Entstehung von Konflikten, die auf eine unterschiedliche Deutung von Wörtern rekurrieren, weist auch der Soziologe Armin Nassehi hin: gerade die zunehmende Polykontextualität von Gesellschaftssystemen verlangt für die Vermeidung von Konflikten nach einer Übersetzungskompetenz, die aus Unterbrechungen von Kommunikationssituationen erwachsen;[29] Unterbrechung wird dabei als eine Störung des Kommunikationsflusses verstanden, wenn die KommunikationsteilnehmerInnen die einer Kommunikationssituation zugrunde gelegten Wörter gemäß ihrem individuellen Referenzrahmen inhaltlich unterschiedlich füllen bzw. in einem jeweils anderen Sprachspiel verwenden.[30] Als Konsequenz fordert Nassehi ein „Management von Unterbrechungen",[31] das hinausläuft auf eine Übersetzung von Informationen aus

---

[29] Nassehi (2017) 199, (2015) 276.
[30] „Unterbrechung" hat hier keine theologische Nuance bspw. i. S. von Johann B. Metz oder von Eberhard Jüngel: Metz (2016: 184f.) bezeichnet Religion als Unterbrechung, d. h. sie stellt sich quer zu einem modernen Zeitverständnis: „Katastrophen werden im Rundfunk zwischen zwei Musikstücken gemeldet – die Musik tönt weiter, wie der hörbar gewordene ‚Lauf der Zeit', der unbarmherzig alles überrollt und durch nichts zu unterbrechen ist. [...] Kürzeste Definition von Religion: Unterbrechung. [...] Erste Kategorie der Unterbrechung: Liebe, Solidarität, die sich Zeit ‚nimmt' (M. Theunissen); Erinnerung, die nicht nur das Gelungene, sondern das Zerstörte, nicht nur das Verwirklichte, sondern das Verlorene erinnert und sich so gegen die Sieghaftigkeit des Gewordenen und Bestehenden wendet: gefährliche Erinnerung, die gerade so das ‚christliche Kontinuum' rettet." – Jüngel (1989) gibt dem vierten Band seiner Predigten den Titel „Unterbrechungen". Im Vorwort erklärt er, dass er „Unterbrechung" im Anschluss an F. D. E. Schleiermacher verwendet, der die christlichen Gottesdienste als „Unterbrechungen des übrigen Lebens" bezeichnete, und dass er dabei die Fragen im Blick hat, die das Evangelium auslösen kann; so „trägt die Verkündigung dazu bei, daß der Gottesdienst das übrige Leben unterbricht: eminent kritisch, mehr noch verheißungsvoll. Denn solche Unterbrechungen unseres ‚bürgerlichen Lebens' mit seiner ‚Geschäftsthätigkeit', solche Unterbrechungen des sich in seinen Leistungen und Fehlleistungen selbst verwirklichenden, gerade aber so sich selbst verfehlenden, ja sein Leben verwirkenden Menschen, solche Unterbrechungen einer von öffentlichen und privaten, aufgezwungenen und selbstverschuldeten Lebenslügen geprägten Welt durch die Wahrheit des Evangeliums tragen die Verheißung einer neuen Welt und eines neuen Menschen in sich. Aus solchen Unterbrechungen des verworrenen Lebens können unzweideutige Entsprechungen hervorgehen: Gleichnisse des Himmelreiches, die einer verlorenen Menschheit bezeugen, daß Gott ein leidenschaftlicher Sucher ist" (ebd.: 7).
[31] Nassehi (2015) 269: „Kommunikation wie Übersetzung sind Konzepte, die weniger Verbindungen und Kopplungen im Blick haben, als vielmehr ein Management von Unterbrechungen beinhalten. Wir müssen nur deshalb kommunizieren, weil wir uns nicht unmittelbar erreichen können – und wir müssen nur deshalb übersetzen, weil es eine unüberwindliche Kluft zwischen ‚Original' und ‚Übersetzung' gibt. An den Schnittstellen zwischen den unterschiedlichen Logiken findet keine Informationsübertragung statt, vielmehr wählen die jeweiligen Seiten nach ihren eigenen Kriterien mit Bordmitteln aus der Fülle möglicher Anschlüsse aus und übersetzen ihre Umwelt in für sie selbst relevante Informationen, mit denen sie umgehen." Ähnlich Nassehi (2017) 199. Zu Nassehi ausführlich Kap. I 1.2.3.

den Sprachspielen von Angehörigen der pluralen Öffentlichkeiten[32] in das eigene und umgekehrt.

Doch was meint hier „Übersetzen"? Als „Übersetzen" wird die schriftliche Übertragung eines schriftlichen Ausgangstextes in Sprache S_1 in einen schriftlichen Zieltext in Sprache S_2 verstanden; demgegenüber bezeichnet „Dolmetschen" mündliches Übersetzen, da Ausgangs- und Zieltext in mündlicher Form vorliegen. Daneben existiert als Mischtyp zwischen Übersetzen und Dolmetschen das Stegreifübersetzen, auch Vom-Blatt-Übersetzen und Spontan-Übersetzen genannt, bei dem der Ausgangstext mündlich und der Zieltext schriftlich ist oder umgekehrt; „Translation" stellt den Oberbegriff dieser Übertragungsarten dar.[33] In dem bislang dargestellten Zusammenhang hingegen geht es nicht um eine *inter*linguale Übersetzung, also um einen Sprachwechsel zwischen Nationalsprachen,[34] sondern um eine *intra*linguale Übersetzung, also um einen Austausch von sprachlichen Zeichen von ein und derselben Nationalsprache für spezifische AdressatInnen,[35] wie dies bspw. bei Kinderbibeln oder bei der barrierefreien „Leichten Sprache" der Fall ist.[36] Zur Vermeidung von Missverständnissen soll im Unterschied zu einem engen (ausschließlich interlingual verstandenen) Übersetzungsverständnis ein breites (intralinguales und auch intersemiotisches) Verständnis im Folgenden – mit Ausnahme von Zitaten – visuell durch eine kursive Schreibweise hervorgehoben werden: *Übersetzung, Übersetzungs-, ÜbersetzerIn, übersetzen*.[37]

Führt man an diesem Punkt die bisherigen Überlegungen zusammen, sehen wir uns mit folgender Ausgangslage konfrontiert: Die komplexe Gemengelage

---

[32] Hier und im Folgenden wird – mit Ausnahme von Zitaten – bewusst der Plural verwendet. Wie bereits kurz angedeutet – und was in Kap. I 1.2.3 weiter zu zeigen ist –, setzt sich eine Öffentlichkeit aus stark ausdifferenzierten Gruppierungen zusammen, die in unterschiedlichen Sprachen und Sprachspielen miteinander kommunizieren. „Öffentlichkeiten" wird ebenfalls verwendet von Vögele (1994: 421f.) im Rahmen seiner vielfach rezipierten Definition von „Öffentlicher Theologie" (hierzu Kap. I 1.2.2) und auch von Pirner (2018b: 63) im Rahmen seiner Überlegungen zu „Religiöse[r] Bildung zwischen Sprachschulung und Übersetzung im Horizont einer Öffentlichen Religionspädagogik" (hierzu Kap. I 1.3.1.2.2).

[33] Nord (2010) 234f., Snell-Hornby (²2006) 36, Schreiber (1993) 82f.

[34] Siehe hierzu auch Kap. I 1.1.4.1 und Kap. II 1.1.1.3.

[35] Diese Unterscheidung geht zurück auf Jakobson (1966) 233, dessen Ansatz innerhalb von Kap. I 1.1.4.1 besprochen wird. Siever (2010: 34, Hervorh. im Original) betont, dass es „[z]wischen *intra*lingualer und *inter*lingualer Übersetzung [...] im Hinblick auf die kognitiven Prozesse keinen kategoriellen, sondern nur einen graduellen Unterschied [gibt], der durch die unterschiedlichen Rahmenbedingungen für die Reformulierbarkeit gegeben ist".

[36] Zu Kinderbibeln: bspw. Dronsch (2009), zu „Leichter Sprache": Altmeyer/Baaden/Menne (2019); zu Letzteren ausführlich Kap. I 1.3.1.2.2.

[37] Eine kursive Schriftweise für eine diesbezügliche Verwendung (so auch: Siever 2010: 338; Hock 2002: 70) erweist sich zudem innerhalb von Zitaten praktikabler als eine Setzung in Anführungszeichen. Vgl. auch Cecini (2012) 30, Schäffner (2004) 101–103.

einer zunehmenden Individualisierung, Pluralisierung, Globalisierung und einer postsäkularen Gesellschaftsstruktur macht intralinguale *Übersetzungsprozesse* einer als religiös verstandenen Sprache als eine „soziale und (inter)kulturelle Praxis" unumgänglich bzw. ist auf sie angewiesen.[38] Für den Religionsunterricht bedeutet dies eine pädagogische und didaktische Fokussierung zweier interdependent zueinander stehenden Kompetenzen: eine Sprachkompetenz und eine *Übersetzungskompetenz* für eine als religiös verstandene Sprache. Daraus erwachsen Desiderate bezüglich der zu überwindenden Unterbrechungen von Kommunikationssituationen, die auf zwei Ebenen verlaufen und sich interdependent zueinander verhalten:

Auf der *Ebene der Sprache bzw. des Sprechens* besteht auch angesichts vorhandener Vorschläge weiterhin Bedarf an einem theoretisch fundierten religionsdidaktischen Arrangement, das es den SuSn in sachorientierter Hinsicht ermöglicht, die Sprache der Religion(en) als Sender zu gebrauchen und als Empfängerinnen zu verstehen. Dies schließt ein, ihnen in subjektorientierter Hinsicht Raum zu geben, ihre eigene Sprache für Religiöses zu entdecken.[39]

Auf der *Ebene des Übersetzens* besteht im Anschluss an die erste Ebene quasi als Konsequenz ein Desiderat in der Bereitstellung von Räumen für *Übersetzungsprozesse* und deren Reflexion, welche es christlich sozialisierten, nicht- und andersreligiösen SuSn ermöglichen, einerseits traditionelle Formen der Gottesrede zu verstehen, andererseits untereinander als Sender und Empfängerinnen in einen Dialog über als religiös empfundene Themen eintreten zu können,[40] in dem sie selbst aktiv und konstruktiv Unterbrechungen im obigen Sinn managen können.

Für einen Antwortversuch auf diese beiden Problemkonstellationen setzt diese Arbeit mit folgender Hypothese an, wozu noch einmal auf den eingangs zitierten Dialog im Klassenzimmer zurückgegriffen werden soll: Philipp vermag die Sprache der Religion(en) anzuwenden („zum Abendmahl gehen", „Spendeformel"). Rebecca drückt ihr religiöses Empfinden beim Abendmahl mit dem ihr zur Verfügung stehenden Wortschatz und der dafür individuellen Sprachform durch das Wort „Freispruch" aus, das Lea so nicht versteht, da sie es in das Sprachspiel der Justiz einordnet; zudem sind ihr, Ahmad und Anton „Abendmahl" und „Spendeformel" fremd bzw. unverständlich. In der Zusammenschau hat sich eine Unterbrechung des Kommunikationsgesche-

---

[38] Bachmann-Medick (2012) 331f. Ähnlich Pirner (2019a) 99f. mit Bezug auf Cappai (2002) 223.

[39] Altmeyer (2018: 202–204, Hervorh. im Original) sieht ein Desiderat in der Umsetzung der „Kernaufgabe religiöser Bildung", dass SuS ihre eigene Sprache entdecken, „in der *sie* plausibel und verständlich religiös und über Religion sprechen sowie den Unterschied beider Perspektiven benennen und ihre Position begründen können". Ähnlich Kropač (2021) 77, Schulte (2017) 77.

[40] Schulte (2019b) 113.

hens eingestellt, da die vier folgenden Sprachebenen getrennt voneinander bleiben: die Sprache der Religion(en), die Sprache für Religiöses, die Sprachwelten der SuS und die im Zuge der komplexen Gemengelage von Pluralisierung, Globalisierung, Individualisierung und Säkularisierung stark ausdifferenzierten Sprachspiele der pluralen Öffentlichkeiten. Eine Verbindung dieser Ebenen kann ihren Ausgangspunkt in dem Fokus auf einzelne als religiös verstandene Wörter (bspw. „Sünde") bzw. Wortverbindungen nehmen, die zu stehenden Wendungen werden können (bspw. „Vergebung der Sünden").[41] Für eine bessere Lesbarkeit wird hierfür im Folgenden *Wörter* verwendet;[42] der Plural subsumiert ein einzelnes Wort und auch eine mehrere Wörter umfassende Wortverbindung. Ein konstruktiver Umgang mit Unterbrechungen bzw. eine gelingende Kommunikationssituation, bei der sich alle Teilnehmenden verstehen, kann durch einen Perspektivenwechsel auf die Wörter aus dem jeweiligen Verwendungskontext der Sprachebenen i. S. ihrer reziproken *Übersetzung* in die unterschiedlichen Sprachebenen erreicht werden.

Der religionspädagogische und -didaktische Dreh- und Angelpunkt soll mit „translatio religionis" bezeichnet werden, der Translation von als religiös verstandenen Wörtern, welche der Sprache der Religion(en) und der Sprache für Religiöses angehören, in die Sprachspiele der pluralen Öffentlichkeiten und in die Sprachwelten der SuS – und umgekehrt, in Abhängigkeit von der syntaktischen Lesart von „religionis": Als Genetivus subiectivus wird „religionis" zum Subjekt der Überführung, d. h. eine als religiös ver-

---

[41] Bultmann/Linkenbach (2015a) 7, Englert (2013) 53.

[42] Auf „Begriff" oder „Ausdruck" wird im Folgenden verzichtet; beide Wörter werden oftmals synonym verwendet, obwohl ihnen in sprachwissenschaftlicher Hinsicht unterschiedliche Bedeutungen zukommen. Gemäß der DIN-Norm 2342:2011-08 wird „Begriff" als eine „Denkeinheit, die aus einer Menge von Gegenständen unter Ermittlung der diesen Gegenständen gemeinsamen Eigenschaften mittels Abstraktion gebildet wird", definiert (Arntz/Picht/Schmitz [7]2014: 30). Demnach ist „Tisch" als Begriff die Denkeinheit für unterschiedliche Tische, bspw. Schreibtisch, Esstisch etc., deren gemeinsame Eigenschaften eine Tischplatte etc. ist; so bezieht sich „Begriff" „nicht auf einen konkreten Gegenstand, sondern auf eine ganze Klasse/Kategorie von gleichartigen Erscheinungen" (Kessel/Reimann [5]2017: 154). „Ausdruck" meint ganz Allgemein das Bezeichnende bzw. das Lautbild eines Bezeichneten; problematisch allerdings ist die Bedeutungsverschiebung in Abhängigkeit zu unterschiedlichen Zeichenmodellen (ebd.: 153-156). Eine konzise Trennung von „Ausdruck" und „Begriff" ist schwer einzuhalten und im Religionsunterricht kaum realisierbar, eben weil sich eine synonyme Verwendungsweise eingebürgert hat (bspw. Ministerium für Bildung und Kultur des Saarlandes 2017, Hg.: 10, 59f.). Zur Vermeidung von Missverständnissen wird im Folgenden mit Ausnahme von Zitaten „Wort" für eine selbstständige sprachliche Einheit verwendet; eine sog. Wortwendung/-verbindung, bspw. „Vergebung der Sünden", wird als „Wörter" bezeichnet. Zudem ist es für das Anliegen des vorliegenden Buches unerheblich, ob ein Wort einen Ausdruck oder einen Begriff darstellt und in der Praxis erweist es sich für SuS einfacher, wenn einheitliche Bezeichnungen vorliegen, bspw. „Wortschatzarbeit", „Wortnetze", „Themenwörter" (Kap. II 2.2).

standene Sprache (mithin Religion) bietet Sprache an, um Phänomene auf den Begriff zu bringen, die sich in anderen Sprachwelten nur mühsam umschreiben lassen, und leistet so *Übersetzungshilfe*.[43] Als Genetivus obiectivus wird „religionis" zum Objekt der *Übersetzung*, d. h. Wörter können durch die Translation aus dem Verwendungskontext der Sprache der Religion(en) und der Sprache für Religiöses in die anderen zwei Sprachebenen eine andere Bedeutung erhalten; in Abhängigkeit von den unterschiedlichen Sprachebenen eröffnen sich für Wörter dann jeweils andere Kookkurrenzen, also typische Partnerwörter und Wortkombinationen, wodurch deren Zusammenhänge innerhalb der jeweiligen Sprachebene zutage treten. Durch diesen kreativ-hermeneutischen Akt legen die SuS von der jeweiligen Warte der Sprachebenen „tiefere Schichten"[44] der einzelnen Wörter frei, als dies bei einer einseitigen Betrachtung, also von der Warte nur einer einzigen der vier Sprachebenen, der Fall wäre; dabei entdecken und bilden die SuS ihre eigene Sprache zur Ingebrauchnahme der Sprache der Religion(en) und zum Sprechen über die Religion(en) aus. Dies kann dann christlich sozialisierten, nicht- und andersreligiösen SuSn Möglichkeiten einer mehrsprachigen Kommunikationsfähigkeit innerhalb einer pluralen Gesellschaft eröffnen.[45]

Aus der Schnittmenge der oben formulierten Desiderate auf den Ebenen der Sprache bzw. des Sprechens und des *Übersetzens* auf der einen Seite und der Hypothese auf der anderen ergibt sich die fortan leitende Fragestellung, wie – ausgehend von den beschriebenen Lernvoraussetzungen – das theoretisch und praktisch zu unterfütternde Gerüst eines Religionsunterrichts aussehen kann, der demnach als sprachsensibel[46] und – mit dem hier neu einzuführenden Wort – als **translationssensibel** zu charakterisieren ist. In einem Religionsunterricht, der Translationsprozesse zwischen den vier Sprachebenen für die Ausbildung einer als religiös verstandenen Sprachbildung und

---

[43] Altmeyer (2011: 318) betont – unter Bezugnahme auf Kurz (2004: 95) –, „dass ‚fremde' religiöse Sprache eine signifikante ‚Anderssprache' ist, die für die Artikulation des Eigenen hilfreich sein kann". Ähnlich Dressler (2007) 95, Schulz (2005) 149.

[44] Gil (2015) 152. Zur kreativen Hermeneutik als Problemlöseverfahren bei Übersetzungen ausführlich Kap. II 1.4.1.

[45] Pirner (2018b: 67) sieht das Ziel des Religionsunterrichts in einer „Pluralitätsfähigkeit, die allerdings im Sinne einer mehrsprachigen Kommunikationsfähigkeit in pluralen öffentlichen Räumen zu fassen wäre". Pirner nimmt dabei Bezug auf EKD (2014b, Hg.) 94f.

[46] Der sprachsensible – auch: sprachintensive oder sprachbewusste – Fachunterricht bezeichnet den „bewusste[n] Umgang mit Sprache beim Lehren und Lernen im Fach" (Schulte 2019a: 118). Siehe hierzu im Allgemeinen bspw. Gogolin (2021) und den Sammelband von Danilovich/Putjata (2019b) und, speziell auf den Religionsunterricht bezogen, den Sammelband von Altmeyer/Grümme/Kohler-Spiegel u. a. (2021, Hg.), zudem Tacke (2022), Altmeyer (2021, 2019, 2017), Kottenhoff (2020), Danilovich (2019), Eiff (2019), Münch (2019), Schulte (2020, 2019c), Kohlmeyer (2018). Zur Sprachsensibilisierung ausführlich Kap. II 1.1.2.

Kommunikationsfähigkeit religionspädagogisch und -didaktisch einzuleiten und fachwissenschaftlich zu unterfüttern vermag, – in einem solchen Religionsunterricht stehen nicht, wie dies bei dem Gros bis dato vorhandener Ansätze der Fall ist,[47] die theologisch versierten Religionslehrkräfte, sondern die SuS als *ÜbersetzerInnen* im didaktischen Mittelpunkt.[48] Zur Beantwortung dieser Frage wird die Arbeit in fünf Teile aufgeteilt:

In **Teil I** erfolgt die Darstellung des Forschungsfeldes auf drei Ebenen, die das komplexe Verhältnis von Religion(en), Sprache und *Übersetzung* aus unterschiedlichen Blickwinkeln beleuchten, die für die anvisierten Überlegungen zielführend sind: erstens die Relevanz im fachwissenschaftlichen Diskurs innerhalb der Bezugswissenschaften Theologie, Linguistik, Sprachphilosophie und Translationswissenschaft (Kap. I 1.1), zweitens die Relevanz im öffentlichen Diskurs (Kap. I 1.2) und drittens die Relevanz im religionspädagogischen und -didaktischen Diskurs (Kap. I 1.3). Auf der letzten Ebene liegt der Schwerpunkt innerhalb der Darstellung des Forschungsfeldes. Der sich durch sämtliche Kapitel hindurch ergebende Befund liefert einerseits Impulse, die sich als an die Hypothese anschlussfähig erweisen, andererseits legt er Defizite frei, welche es religionsdidaktisch zu beseitigen gilt; so können die Fragestellungen ausdifferenziert und die Zielsetzung dieses Buches präzise formuliert werden (Kap. I 2). Daran schließt sich eine Aufschlüsselung des methodischen Vorgehens zur Erfassung von Ergebnissen an, die sich aus von SuSn erledigten Arbeitsaufträgen zusammensetzen (Kap. I 3).

Ausgehend von den leitenden Fragestellungen und der Zielsetzung im Hinblick auf die ausformulierte These wird in **Teil II** das theoretische Gerüst einer sprach- und translationssensiblen Religionsdidaktik als ein sich aus unterschiedlichen Elementen zusammensetzender Translationsprozess entworfen und mit exemplarischen Bezügen zu Theologie, Linguistik, Sprachphilosophie und Translationswissenschaft ausdifferenziert (Kap. II 1); damit sind die fachwissenschaftlichen Weichen für die religionspädagogische und -didaktische Realisierung gestellt (Kap. II 2).

---

[47] Bspw. sieht Wermke (2016: 96) die „Voraussetzung für die Übersetzungsleistung" in einem „umfangreiche[n] kulturell-religiöse[n] Wissen" gegeben. Die individuellen Ansätze zu *Übersetzungen* im Religionsunterricht werden besprochen in Kap. I 1.3.1.2.2.

[48] Pirner (2019a: 106) postuliert, „bei den Schülern selbst eine Übersetzungskompetenz aufzubauen bzw. zu fördern". Grümme (2021: 211) spricht sich dafür aus, die „Übersetzungspotenz" der SuS „ins Zentrum [zu rücken]". Für Kumlehn (2021: 40) ist „insbesondere darauf zu achten, nicht nur für Lernende zu übersetzen, sondern sie selbst zur Übersetzung ihres Sprachgebrauchs anzuregen und zu befähigen – in wechselseitiger differenz- und grenzbewusster hermeneutischer Erschließung der verschiedenen Sprachwelten und ihrer jeweiligen Weltsichten. Differenz- und sprachsensible Übersetzungskompetenz wäre dann ein integrativer Bestandteil religiöser Bildung." Zu Pirner, Grümme und Kumlehn ausführlich Kap. I 1.3.1.2.2.

Teil III wendet sich der konkreten Unterrichtspraxis zu: Die in meinem eigenen Evangelischen Religionsunterricht vorgenommene Erprobung von Bausteinen, aus denen sich eine sprach- und translationssensible Religionsdidaktik zusammensetzt, wird vorgestellt und kritisch reflektiert.

Auf der Grundlage dieses Befundes kann in **Teil IV** „translatio religionis" als religiöse Bildung ausgewiesen und legitimiert werden.

In **Teil V** werden die gewonnenen religionspädagogischen und -didaktischen Erkenntnisse in Form von zehn Thesen zusammengefasst.

An das **Quellen- und Literaturverzeichnis** schließt sich ein **Glossar** an, in dem die für eine sprach- und translationssensible Religionsdidaktik charakteristischen häufig verwendeten Wörter aufgeführt und mit einer kurzen Definition versehen werden.

Teil I: Darstellung des Forschungsfeldes

1 Religion(en), Sprache und *Übersetzung*

Das Vorhandensein mehrerer Sprachen erfordert die Notwendigkeit von (interlingualen) Übersetzungen (ohne Kursive) religiöser Tradita in andere Sprachensysteme und Kulturen. Daneben sind (intralinguale und intersemiotische) *Übersetzungen* (Kursive) notwendig, um Gotteserfahrungen in menschlichen Lebenskontexten verstehbar zu machen bzw. um der diesbezüglichen „Sagbarkeit" den Weg zu bereiten.[1] Die nachfolgenden Überlegungen beziehen sich primär auf die christliche Religion und Theologie, bei der Sprache nicht nur die Funktion eines Mediums einnimmt, sondern selbst ihr zentrales Thema bildet, „weil ihr ‚Objekt' – der ‚*Theos*', wie er im Hinblick auf Jesus Christus besprochen wird, – selbst sich als ‚Wort' [...] als Sprache und Anspruch erweist, dem sich der empfangende Mensch als ‚Antwort' bzw. als ‚ver-ant-wortliches' Subjekt gegenüberstellt".[2] Damit gehen Übersetzungen/ *Übersetzungen* einher: Einerseits steht am Beginn der christlichen Religion „der Zufall eines historischen Ereignisses, der von Zeugen als Gottes entscheidendes Heilshandeln *gedeutet* wird";[3] geht man zurück zu der altgriechischen Bedeutung ἑρμηνεύειν, ist eine derartige Deutung als Übersetzung/ *Übersetzung* aufzufassen.[4] Andererseits sieht sich die Theologie mit der Forderung nach einer verständlichen Rede von Gott konfrontiert, so dass es hierfür *Übersetzungen* bedarf.[5]

Die Annäherung an die Relation von Religion(en), Sprache und *Übersetzung* verläuft in diesem Kapitel jenseits des vielfach bearbeiteten Themenfeldes unterschiedlich motivierter Übersetzungen und Rezeptionen von theologischen Schriften, sakralen Texten und insbesondere der Bibel;[6] sie erfolgt auf drei Ebenen, welche jeweils die Relevanz dieses Verhältnisses im fachwis-

---

[1] Kumlehn (2021) 37. Ähnlich Wabel (2019c) 57.
[2] Waldenfels (1993) 182 (Hervorh. im Original). Breul (2018) 5: „Religionen gehen zwar nicht in Sprache auf, aber sie sind auch nicht ohne Sprache denkbar."
[3] Dressler (2002a) 11 (Hervorh. im Original). Ähnlich Dressler (2007) 95, Dressler/Klie (2008) 215f. Speziell im Neuen Testament ist eine Theologie der Sprache zu konstatieren, die es – als θεολογία – „vor und außerhalb christlicher und kirchlicher Theologie gibt" (Bader 2000: 766).
[4] Einen Überblick hierfür relevanter Textstellen aus dem Alten und Neuen Testament gibt Wabel (2019c) 57f. Ähnlich DeJonge/Tietz (2015b) 1. Eine prägnante Einführung in den Diskussionsstand geben Gerber/Hoberg (2009).
[5] Altmeyer/Baaden/Menne (2019) 144f., Waldenfels (1993) 190f.
[6] Bspw. Hild (2016: bes. 43–73), Grohmann/Ragacs (2012), Sanneh (²2009), Williams (2004).

senschaftlichen (Kap. I 1.1), öffentlichen (Kap. I 1.2) und im religionspädagogischen und -didaktischen Diskurs (Kap. I 1.3) beleuchten. Der daraus erwachsende Ertrag für eine auszuarbeitende sprach- und translationssensible Religionsdidaktik wird im Rahmen der jeweils am Ende der Besprechung der unterschiedlichen Ebenen angeführten Ergebnisse ausgelotet (Kap. I 1.1.5, 1.2.4, 1.3.5), die am Ende von Teil I im Hinblick auf die Problemkonstellationen und die Strukturen zur weiteren Präzisierung der Aufgaben und Zielsetzungen des vorliegenden Buches gebündelt werden (Kap. I 2).

1.1 Relevanz im fachwissenschaftlichen Diskurs

Aus der Fachwissenschaft greifen wir auf den Diskussionsstand von vier Disziplinen zurück: Theologie (Kap. 1.1.1), Linguistik (Kap. 1.1.2), Sprachphilosophie (Kap. 1.1.3) und Translationswissenschaft (Kap. 1.1.4).

1.1.1 Theologie

In der Fachliteratur – auch in Unterrichtswerken des Religionsunterrichts (Kap. I 1.3.4) – wird vielfach die Bezeichnung „religiöse Sprache" verwendet. Hier ist kritisch anzumerken, dass es sich als ungünstig erweist, von *der* religiösen Sprache zu reden, da allzu zahlreiche Definitionen kursieren; eine Skizzierung ihrer enormen Bandbreite würde den Rahmen des vorliegenden Buches sprengen.[7] Vor einer exemplarischen Diskussion unterschiedlicher Entwürfe bedarf es einer Unterscheidung zwischen einer religiösen Sprache

---

[7] Eine ausführliche Auseinandersetzung mit der Thematik findet sich bei Lasch/Liebert (2017, Hg.), Lasch/Liebert (2015), Bayer (^{2}2009), Hoberg (2009), Kurz (2004), Grözinger (1991), Waldenfels (1993), Dalferth (1981), ferner Kropač (2021) 66f., Schulte (1992) 60–67. Grözinger (1991: 215–218) unterscheidet religiöse Sprache in religionsphänomenologischer Perspektive, religiöse Sprache als symbolische Rede und religiöse Sprache im Horizont der sprachanalytischen Philosophie. Eine theologische Auseinandersetzung mit Sprache erachtet er in zweifacher Hinsicht als geboten: Erstens erwächst aus der offenen Struktur menschlicher Sprache eine anthropologische Notwendigkeit; unterschiedliche Sinngehalte tangieren auch das Wort „Gott", das verschiedene Bedeutungen annehmen kann (hierzu ausführlich Dalferth 2008). Zweitens ergibt sich aus der biblischen Überlieferung eine theologische Notwendigkeit, da sowohl im Alten als auch im Neuen Testament dem Wort Gottes ein hoher Stellenwert zukommt (Grözinger 1991: 222f.). Schulz (2005: 149) klassifiziert im Rekurs auf Ricœur (1981) religiöse Sprache als „einen Spezialfall dichterischer Sprache"; beiden „ist gemeinsam, dass sie Möglichkeiten erschließen, um vorfindliche Wirklichkeit neu wahrnehmen zu können. Sie teilen den metaphorischen und offenbarenden Charakter." Ricœur (1981: 65–69) entwickelte, ausgehend von der biblischen Sprache, Merkmale für eine religiöse Sprache, die sich im Wesentlichen von der dichterischen durch Gott als Bezugspunkt auszeichnet, der sich – im Anschluss an Ex 3 – den Menschen mitteilt und zugleich für sie unverfügbar bleibt. Die Charakteristika einer religiösen Sprache sind ihre narrative

und der Sprache der Theologie bzw. theologischer Sprache i. S. einer Fachsprache.[8] So präzisiert Andrea Schulte religiöse Sprache als eine Objektsprache, als „Kommunikationsmittel", in Abgrenzung zu der theologischen Sprache als Metasprache und damit als ein „ein Instrument für die Wissenschaft".[9] Aus den zahlreich vorliegenden Klassifizierungen einer Sprache als religiös gehen die zwei folgenden Argumentationsfiguren als die elementaren hervor.

Auf der einen Seite ist der als religiös ausgewiesene Kontext ausschlaggebend: So wird bspw. gemäß dem *Lexikon für Religionspädagogik* Sprache als religiös eingestuft, „wenn sie in einer rel[igiösen] Situation verankert ist".[10] Eine solche auf den ersten Blick einleuchtende Definition lässt allerdings die Fragen offen, was unter „religiös" zu fassen ist und wie eine derartige Situation zu charakterisieren ist. Eine mögliche Beantwortung der Fragen nimmt u. a. ihren Ausgangspunkt von dort aus, wo ein einzelnes Wort für sich allein stehend als religiös oder wo es so nur innerhalb einer Situation bzw. einem als religiös verstandenem Kontext bezeichnet werden kann. Einen ebenfalls kontextbezogenen Ausgangspunkt nehmen die Überlegungen von Ingolf U. Dalferth, der einen Kontext als religiös bezeichnet, wenn seine

> „charakteristische Struktur als Realisierung eines Verhaltens- oder Interaktionsmusters einer bestimmten Religion beschrieben werden kann [...]. Religiös sind somit alle Äußerungen, die in wesentlichem Zusammenhang mit Situationen stehen, in denen religiöse Muster, wie sie in der Strukturbeschreibung der Religion spezifiziert sind, realisiert werden; und nur wenn religiöse Äußerungen aus allen grundlegenden Situationen einer Religion beschrieben werden, ergibt sich ein repräsentatives Korpus religiöser Äußerungen, über dem sich eine Theorie religiöser Rede formulieren lässt."[11]

Dalferth wendet sich somit gegen die Bezeichnung eines Wortes als „religiös" außerhalb eines als religiös zu bezeichnenden Kontexts, „[d]enn kein Wort ist von sich aus religiös, wie es von sich aus deutsch oder englisch ist, sondern wird nur aufgrund seiner religiösen Verwendung dem religiösen Vokabular zugeordnet. Das garantiert aber nicht, daß es bei jeder Verwendung auch religiös gebraucht wird."[12] Demnach können Wörter nicht als religiös bezeichnet werden, wenn sie sich bspw. als Attribute auf einen als religiös verstandenen Gegenstand beziehen.[13]

Struktur und die sich durch Paradoxien und durch Extravaganzen auszeichnenden Sprachformen.
[8] Ähnlich Kohlmeyer (2018: 62) zur „Fachsprache des katholischen Christentums". Zur Fachsprache im Allgemeinen in Kap. II 1.1.1.2.
[9] Schulte (1992) 64f.
[10] Grözinger (²2001) 2030.
[11] Dalferth (1981) 277.
[12] Ebd. 313.
[13] Ebd.

Auf der anderen Seite wird gegenteilig argumentiert, indem Wörter als religiös bezeichnet werden, wenn sie einerseits als typisch für eine Religion gelten und wenn sie andererseits mit solchen eine Verbindung eingehen: So differenziert Reiner Preul in der *Theologischen Realenzyklopädie* zwischen den einer religiösen Sprache einheimischen Wörtern – „Religion", „Religiosität", „Frömmigkeit", „Gott", „Heil", „Sünde", „Gebet", „Heiligkeit" und „Segen" – und darüber hinaus existierenden zahllosen Bildern und Metaphern, sowie anthropomorphen, soziomorphen und aus der Natur und der Geschichte stammenden Wörtern, mit denen die Relation zwischen Gott, den Menschen und der Welt zum Ausdruck gebracht wird und die erst durch die Verbindung mit einem dieser „einheimischen Begriffen" zu einer religiösen Sprache avancieren, bspw. „Reich Gottes", oder die erst durch den Gesamtkontext als religiös einzustufen sind, bspw. „aufgefahren in den Himmel" innerhalb des Apostolischen Glaubensbekenntnisses.[14]

Was *Übersetzungen* einer als religiös verstandenen Sprache angeht, erscheinen diese zwar als notwendig, da eine als religiös verstandene Sprache als schwer verständlich bzw. „anders" oder „merkwürdig" empfunden wird,[15] aber auch als schwer realisierbar, „weil ihre rituelle Funktion an eine bestimmte Form gebunden ist";[16] dies schließt nicht diesbezügliche Versuche von vornherein aus,[17] allerdings sind die Ergebnisse bzw. die *Übersetzungsprodukte* „im Sinne der Kommunikationsziele nur selten adäquat", da eine religiöse Sprache einen „nicht-alltäglichen Kommunikationsinhalt" trägt.[18]

Dieser Kommunikationsinhalt schlägt sich bei einzelnen Wörtern in deren Semantik nieder, die Lucian Hölscher als „widersprüchlich angelegt erachtet:

---

[14] Preul (1997) 547. Ähnlich Preul (1991) 393 und auch Janner (2006) 9f.: Die „Sprache des Primärtextes" stellt die Sprache der Heiligen Schrift dar und „jegliches darauf bezogenes Sprechen der dieser Schrift ernsthaft Verbundenen: die Sprache des Sekundärtextes"; Tertiärtexte „setzen sich mit der Sprache von Sekundärtexten auseinander, die in graduell unterschiedlicher Nähe, Verbindlichkeit und Kompetenz zu den Primärtexten angesiedelt sind", bspw. Werbeanzeigen mit religiösen Bezügen.

[15] Paul (2009) 2259, 2261. Kurz (2004) 95 bzw. – darauf Bezug nehmend – Altmeyer (2011: 318): „Anderssprache". Ramsey (1957) 56: „[...] we must expect religious language to be appropriately odd [...]".

[16] Paul (2009) 2261f. Ähnlich Benk (2016) 180f.; hierzu Kap. I 1.2.1.2.

[17] Bspw. dachte Dietrich Bonhoeffer im Rahmen seiner sog. „Gefängnistheologie" über ein religionsloses Christentum nach; in *Widerstand und Ergebung* reflektiert er eine nicht-religiöse Interpretation religiöser Wörter. DBW 8, 416: „Ich denke augenblicklich darüber nach, wie die Begriffe Buße, Glaube, Rechtfertigung, Wiedergeburt, Heiligung [...] weltlich umzuinterpretieren sind." Ähnlich DBW 8, 526. Mokrosch (2009: 252) führt diesen Ansatz knapp weiter: „Glaube" könnte dann *übersetzt* bedeuten „‚Vertrauen haben in die von Gott versöhnte und gut gemachte Wirklichkeit und an die Möglichkeit glauben, in jeder Situation Gutes tun zu können', Rechtfertigung könnte heißen ‚zur Verantwortung zum Unrecht-Leiden und zum schuldlos Schuldigwerden befreit und befähigt worden zu sein'."

[18] Paul (2009) 2261f.

Das heißt, [...] dass der Gegenstand, auf den sie sich beziehen, sowohl existiert als auch nicht existiert."[19] Im Umkehrschluss werden die Wörter dann „verfälscht, wenn sie auf eine der beiden Seiten verzichten".[20] Für die *Übersetzung* von als religiös verstandenen Wörtern bedeutet dies, dass sie – gemäß der Metaphorik – „beim ‚Über-setzen' an das andere Ufer nicht nur [...] ‚nass', sondern ‚über-flüssig' [werden]; sie hören auf, *religiöse* Begriffe zu sein."[21]

Zusammenfassend lässt sich feststellen, dass eine als religiös verstandene Sprache im Allgemeinen sich zwar „weder in der Form noch in ihren [generellen, C.H.] Ausdrücken von der normalen (‚profanen') bzw. Umgangs- oder Alltagssprache" unterscheidet,[22] sich aber im Speziellen aus einem spezifischen Wortschatz, Grammatik, Syntax, Symbolik, Rhythmik und Gestik zusammensetzt.[23] Zudem differieren die Argumentationsmuster für die Bestimmung von Sprache im Allgemeinen und Wörtern im Speziellen als religiös. Ein Antwortversuch auf die Frage, ob eine als religiös verstandene Sprache *unübersetzbar* ist, gestaltet sich insofern als problematisch, als – gerade im Religionsunterricht (Kap. I 1.3.4) und auf dem Feld der Öffentlichen Theologie (Kap. I 1.2.2) – das Bedürfnis nach *Übersetzungen* vorhanden ist und auch praktiziert wird, andererseits gleichzeitig die Frage im Raum steht, wo die diesbezüglichen Grenzen liegen bzw. ob und wie man sie umschiffen kann.[24]

Für eine sprach- und translationssensible Religionsdidaktik bedeutet dies, einerseits für die Sprache der Religion(en) zu sensibilisieren, indem den SuSn Kriterien an die Hand gegeben werden, sie als solche wahrnehmen zu können, andererseits die SuS für Grenzen von inter-, intralingualen und intersemiotischen Übersetzungen/*Übersetzungen* dieser Sprache und Möglichkeiten für den Umgang mit den Grenzen zu sensibilisieren. Eine noch engere Fokussierung einzelner Wörter ob einer ihnen inhärenten Religiosität wird auf Seiten der Linguistik unternommen, worauf im folgenden Kapitel eingegangen wird.

1.1.2 Linguistik

Michael Kaempfert hat v.a. in den 1970er-Jahren in mehreren Veröffentlichungen das Verhältnis von Religion(en) und Sprache von einer liguistischen

---

[19] Hölscher (2013) 368.
[20] Ebd. 384.
[21] Ziermann (2019) 83 (Hervorh. im Original).
[22] Wagner (1986) 398. Ähnlich Schulte (2020) 2. Wabel (2019c: 61), Altmeyer (2018: 198), Kumlehn (2014: 270) warnen vor dem Missverständnis, als handele es sich bei einer als religiös verstandenen Sprache um ein von der Alltagssprache entkoppeltes Sprachkorpus.
[23] Paul (2009) 2261. Ähnlich Delling (2021) 6f.
[24] Zum Umgang mit diesbezüglichen Grenzen im Rahmen einer sprach- und translationssensiblen Religionsdidaktik ausführlich Kap. II 1.6.1–1.6.2.

Warte aus betrachtet.[25] Sein Ansatz, der vielfach rezipiert wurde,[26] wird hier exemplarisch als Diskussionseinstieg vorgestellt. Bei der Klassifizierung eines Wortes als religiös muss ein diesbezüglich sprachhistorischer Wachstumsprozess bzw. ein Gewöhnungsprozess vorausgesetzt werden: Demnach existieren Wörter, die sich im Hinblick auf ihre als religiös verstandene Bedeutung etabliert haben und zugleich in einem anderem Zusammenhang Verwendung finden, bspw. ist „Herr" in dem Satz „Der Herr aber antwortete und sprach." als religiös einzustufen, jedoch nicht in dem Satz „Der Herr trägt einen Mantel." Für derartige Mehrfachbedeutungen, die in einem Wörterbuch mit weiteren Nummerierungen gekennzeichnet werden, wählt Kaempfert die Bezeichnung „Allolex".[27]

Eine ähnliche Präzisierung unternimmt Tobias Funk; er definiert religiöse Sprache als „Verkündigungssprache der christlichen Kirchen [...] wie sie vornehmlich in Predigten zu finden ist. Sie intendiert eine Aktualisierung traditioneller Glaubenswahrheiten einer Religionsgemeinschaft unter den Bedingungen ihrer Zeit."[28] Diese Sichtweise auf einzelne Wörter bezüglich deren Charakterisierung als religiös ähnelt dem im vorangehenden Kapitel angeführten Klassifikationsversuch von Preul; so wird exemplarisch die Nähe bzw. die Überschneidung zwischen einer linguistischen und einer theologischen Bestimmung von Wörtern deutlich. Eine Art Bindeglied zwischen beiden Fachwissenschaften bildet die Religionslinguistik, die sich „nicht auf bestimmte Formen der Verständigung festlegt, weder auf verbale Interaktion noch auf textuelle Kommunikation", sondern die „das ganze Spektrum an Verständigung" umfasst,[29] an der die Sprache der Religion(en) beteiligt ist. Statt einer detaillierten Ausdifferenzierung dieses Forschungsfeldes soll im Folgenden näher auf die „Theolinguistik" eingegangen werden, die sich vorwiegend mit einer als religiös verstandenen Sprache christlicher Prägung

---

[25] Kaempfert (1983a-b, 1974, 1972a-b, 1971).

[26] Bspw. Dube (2004), der die Verwendung von Wörtern „kirchlich-biblischer Sprache" in den Reden Hitlers untersucht, und Funk (1991).

[27] Vgl. auch Gorr (2000) 49: „Religiöse Sprache ist in hohem Maße durch die Offenheit der verwendeten Sprachsymbole gekennzeichnet, so daß diese Offenheit auch genutzt werden kann, um individualistisch das Selbst gegen die Welt zu stabilisieren – oder zu eliminieren, wo es nicht gelingt, diese begriffliche Konstruktion des Selbst in den Makrovorgang der erfahrbaren Geschichtlichkeit zu integrieren."

[28] Funk (1991) 12. In Bezug auf die in Gottesdiensten im Allgemeinen und auf die in Predigten im Speziellen verwendete Sprache sind „Gottesdienstsprache" oder „Sakralsprache" geläufig. Diese definiert Greule (2004: 174) als eine „gesprochene Sprache; aber so gut wie nicht spontan, sondern nach vorbereiteten Texten gespochen"; dabei wird „eine gehobene, bilderreiche Stilebene angestrebt", sie „soll gut rezipierbar sein [...]; theologische Fachsprache soll zwar vermieden werden, aber die Nennung zentraler christlicher Grundbegriffe ist unverzichtbar".

[29] Liebert (2017) 31.

auseinandersetzt.[30] Durch ein linguistisches – genauer: soziolinguistisches bzw. varietätenlinguistisches – Prisma betrachtet,[31] fokussiert die Theolinguistik alle Sprachformen, in denen die Menschen ihre Beziehung zum „Theos" ausdrücken, so dass die Forschungsfelder

> „auf allen Ebenen des Sprachsystems erfolgen, also auf der Ebene der Phonetik (z. B. Rhetorik bei der Predigt, aber auch Gesänge), der Graphetik (z. B. Tetragramm), der Morphologie (z. B. Sakralität markierende Morpheme), der Lexik, der Syntax, der Phraseologie, der Textgrammatik (z. B. Textgrammatik des Gebets) und der Pragmatik".[32]

Sprache wird demnach von dem Bereich der gesprochenen und geschriebenen Sprache auf die gesamten theolektalen Kommunikationsformen ausgeweitet.[33] Diese sind als eine Sprachvarietät aufzufassen, eine innerhalb einer historisch herausgebildeten Einzelsprache koexistierende Sprachdomäne im Sinne einer Fachsprache, die als „Theolekt" bezeichnet wird.[34] Neben dem „Theolekt" im Allgemeinen spricht man auch von „Konfessiolekten" im Speziellen, so dass im Umkehrschluss auch konfessionelle Sprachspiele existieren.[35] Wiesław Przyczyna unterscheidet sechs Funktionalstile des Theolekts, „die in ähnlichen Kommunikationssituationen zu beobachten sind und ähnliche Kommunikationsziele verfolgen": den umgangssprachlichen, den offiziellen, den amtlichen, den wissenschaftlichen, den publizistischen und den literarischen Funktionsstil.[36]

Verständnisschwierigkeiten erwachsen für den „heutige[n] Mensch[en]" – so Przyczyna – konkret aus der Unkenntnis einzelner Wörter. In diesem Zusammenhang benennt Przyczyna zwei Möglichkeiten für die Beseitigung der Unverständlichkeit: Die erste besteht in der Verwendung von Sprachmitteln, die für Theolekte sowohl typisch, als auch skoposorientiert sind.[37]

---

[30] Greule/Kucharska-Dreiß (2011b) 16. Seit 2006 existiert die Reihe *Theolinguistica* (www.theolinguistik.de, Zugriff: 01.11.2021). Das Wort wurde in den 1970er-Jahren von Jean-Pierre van Noppen (1976: 1) eingeführt. Ausführliche Definition: Noppen (1995) 693.
[31] Ammon (⁴2010a–b) passim, Linke/Voigt (1991) 12.
[32] Greule/Kucharska-Dreiß (2011b) 13.
[33] Przyczyna (2011) 21f. Die sechs Merkmale müssen jedoch nicht zwingend alle zusammen auftreten; die meisten Merkmale finden sich innerhalb heiliger Texte, die wenigsten sind bei privaten Gesprächen vereint (ebd.: 22).
[34] Ebd. 22. Ähnlich Martin (2003) 120.
[35] Macha (2014) 30. Ähnlich Kohlmeyer (2018) 62, Danilovich (2017b) 19, Balbach (2014) 18.
[36] Przyczyna (2011) 22.
[37] Ebd. 28 führt als Beispiel an: „Der Pharisäer ist ein Mensch, der sich sicher ist, heilig zu sein." Die Skopostheorie nimmt ihren Ausgang in der Annahme, dass Übersetzungen/*Übersetzungen* als menschliche Handlungen stets von einer bestimmten Intention geleitet sind. Demnach dominiert bei einer Übersetzung/*Übersetzung* ihr Zweck. In dieser funktionalen Translationstheorie werden die Begrifflichkeiten „Skopos", „Funktion", „Ziel" und „Zweck" synonym verwendet: ausführlich Stolze (⁶2011) 180–182.

Die zweite Möglichkeit besteht in dem Ersatz unbekannter durch bekannte Wörter;[38] hierbei handelt es sich um einen hermeneutischen Akt, wie er bspw. zwischen Eltern und Kindern mit dem Ziel der Erklärung bzw. *Übersetzung* abstrakter Wörter verläuft.[39] Beide genannten Möglichkeiten stellen intralinguale *Übersetzungen* dar: Der Ersatz von unbekannten durch bekannte Wörter findet bspw. bei *Übersetzungen* der Bibel in eine kindgerechte Sprache für Kinderbibeln und in „Leichte Sprache" eine Anwendung.[40]

Zusammenfassend lässt sich feststellen, dass auch eine linguistische Betrachtungsweise den Kontext als Kriterium nicht vollends ausklammern kann, um Wörter als religiös auszuweisen.[41] Doch letztlich ist die Frage, ob ein Text im Allgemeinen oder Wörter im Speziellen religiös bzw. pseudoreligiös sind, von einer objektiven Warte aus unbeantwortbar, da sämtliche Kriterien ebenso einer subjektiven Färbung unterliegen wie der letztlich zentrale Aspekt der Bezeichnung „religiös".[42] Die Bedeutungen eines Wortes sind umso zahlreicher, je mehr Sprachebenen auf es zugreifen und es in ihre Sprachmuster einbinden können. Für eine sprach- und translationssensible Religionsdidaktik eröffnet sich ein Impuls in dem Augenmerk auf Wörter, deren Bedeutung in Abhängigkeit von Sprachebenen changiert, von denen eine die Sprache der Religion(en) darstellt, um ausgehend davon sowohl für Bedeutungsverschiebungen in Kommunikationssituationen und bei *Übersetzungen* als auch für diesbezügliche hermeneutische Wechselwirkungen zu sensibilisieren. Derartige Bedeutungsverschiebungen bilden u. a. auch den Gegenstand sprachphilosophischer Überlegungen, worauf im folgenden Kapitel eingegangen wird.

1.1.3 Sprachphilosophie

Es existiert eine bunte Fülle von sprachphilosophischen Betrachtungsweisen des Verhältnisses von Religion(en) und Sprache.[43] Dabei richtet sich der Fo-

---

[38] Przyczyna (2011: 28) führt als Beispiel an: „[S]tatt ein *Kind Gottes* kann man sagen: *Jedes Kind hat einen Papa, also einen Vater. Der Vater geht früh am Morgen in die Arbeit und arbeitet den ganzen Tag, damit die Kinder etwas zum Essen und zum Anziehen haben. Der Papa ist klug, man kann ihn alles fragen. Er ist stark und kann das machen, was ein Kind nicht kann. Manche Kinder haben keinen Papa, der sie liebt. Diese Kinder sind oft sehr traurig. Außer einem Vater haben wir noch einen Vater im Himmel. Unser gemeinsamer und bester Vater ist Gott. Ich bin ein Kind Gottes. Ich darf zu Gott sagen: Vater.*" (Hervorh. im Original)

[39] Hierzu ausführlich Schulte (2015), deren Ansatz in Kap. I 1.3.1.2.2 besprochen wird.

[40] Zu *Übersetzungen* in Kinderbibeln bspw. Dronsch (2009) passim, zu „Leichter Sprache" Altmeyer/Baaden/Menne (2019) 151–159; zu Letzteren ausführlich Kap. I 1.3.1.2.2.

[41] Bspw. erachtet Grimmler (2013: 14) zur Ausweisung eines Lieds als religiös unter den zahlreichen Kriterien letztlich den Kontext als entscheidend, so dass zu fragen wäre, „ob sich die Dominanz des Kontextes über den gesamten Text (und seine Funktion) auswirkt oder ob der Text eine selbstständige, freie Funktion besitzt, die nicht durch den Kontext beeinflusst werden kann".

[42] Bspw. Helin (2013) 35.

[43] Einen knappen und zugleich prägnanten Überblick bietet Körtner (2001) 94–104.

kus in diesem Kapitel auf Ludwig Wittgenstein, da sich mehrere religionspädagogische und -didaktische Ansätze (Kap. I 1.3.1.2) auf den österreichischen Sprachphilosophen beziehen und auch das von ihm geprägte Phänomen des Sprachspiels[44] sich als anschlussfähig an die in den beiden obigen Kapiteln herausgestellten Bedeutungsverschiebungen sowie an *Übersetzungen* im Religionsunterricht erweist.[45]

Den Ausgangspunkt von Wittgensteins Überlegungen bildet die Abbildtheorie von Sprache, wonach „die Struktur der Sprache mit der Struktur der Welt übereinstimmt und Sprache somit Welt abbildet"[46] und zugleich ihre Grenze darstellt.[47] Die Analyse der Alltagssprache hat dabei das menschliche „Aspektsehen" zu berücksichtigen; hiermit meint er die menschliche Eigentümlichkeit, Dinge unter bestimmten Aspekten differenziert zu betrachten.[48] Dabei erweist es sich als problematisch, dass die Alltagssprache einen „Gedanken verkleidet", dass also ein und dasselbe Wort jeweils etwas anderes bezeichnen kann; man kann also nicht aufgrund der äußeren Erscheinungsform etwas über das Innere eines „Körpers" aussagen.[49] Demnach erscheint es der Alltagssprache unmöglich, das wahre Bild der Welt abzubilden; Derartiges vermag nur eine sich an der Logik orientierende „Idealsprache", wozu die Sätze der Naturwissenschaften zu zählen sind.[50]

Wittgenstein unternimmt keine weiteren Versuche des Findens einer Sprache, welche die wahre Wirklichkeit exakt beschreiben könnte, bzw. die in den Naturwissenschaften verortete „Idealsprache" weiter zu untersuchen, sondern er wendet sich der Alltagssprache näher zu und fragt, in welchem Maße sie mit dem Leben verwoben ist.[51] In diesem Zusammenhang entwickelt er die Gedanken von Sprachspielen: Die unauflösliche Verbindung zwi-

---

[44] Auch Hans-Georg Gadamer entwickelte einen Ansatz zu „sprachlichen Spielen", der sich im Wesentlichen nicht von Wittgenstein unterscheidet. Hierzu Stanley (2017) 335–342 und auch Reichel (2010) 89, Anm. 44: „Die Ähnlichkeit basiert dabei vor allem auf der Verflechtung zwischen Leben und Sprache und weniger auf den Spielkonzepten; bei Gadamer steht eine unendliche Hin- und Herbewegung im Fokus, bei Wittgenstein der Regelbegriff." Zu Gadamers Sprachspielen ausführlich Reichel (2010) 155–270.
[45] Bspw. Großhans (2018) passim, Schulte (2019b) 116f., Pirner (2002) passim,
[46] Reichel (2010) 79. Wittgenstein (1984a) 28: „Der Satz ist ein Bild der Wirklichkeit" (TLP 4.021).
[47] Wittgenstein (1984a) 67 (Hervorh. im Original): „*Die Grenzen meiner Sprache* bedeuten die Grenzen meiner Welt" (TLP 5.6).
[48] Reichel (2010) 80.
[49] Wittgenstein (1984a) 26 (TLP 4.002): „Die Sprache verkleidet den Gedanken. Und zwar so, daß man nach der äußeren Form des Kleides nicht auf die Form des bekleideten Gedankens schließen kann; weil die äußere Form des Kleides nach ganz anderen Zwecken gebildet ist als danach, die Form des Körpers erkennen zu lassen." Hierzu Reichel (2010) 64.
[50] Wittgenstein (1984a) 32 (TLP 4.11).
[51] Reichel (2010) 89.

schen der Welt und der Sprache schlägt sich in der ebenso unauflöslichen „Verwobenheit" als wechselseitige Beziehung zwischen Sprechen und der dabei jeweiligen Ingebrauchnahme der Wörter bzw. dem „Tätigsein" und der „Lebensform" nieder.[52]

Aufgrund der Polykontextualität einer Gesellschaft ist jeder Bereich des menschlichen Zusammenlebens von jeweils hierfür eigentümlichen, sich wandelnden Sprachspielen geprägt, worunter Wittgenstein auch Gebete und Übersetzungen zählt.[53] Im Umkehrschluss ergibt sich daraus in erkenntnistheoretischer Hinsicht, dass – wie schon bzgl. des „Aspektsehens" erwähnt – die Wirklichkeit durch die jeweiligen Sprachspiele gefiltert ist und es gleichzeitig zu deren Erfassung keinen anderen Ort bzw. keinen nichtsprachlichen Ort gibt.[54]

Diese menschlichen Sprachensysteme unterliegen bestimmten Regeln, deren Beherrschung die Voraussetzung für ein Verstehen bildet. So unterscheiden sich bspw. das Sprachspiel der Juristen,[55] der Naturwissenschaften und auch das Sprachspiel der Religion(en),[56] das stark ausdifferenziert ist.[57] Witt-

---

[52] Wittgenstein (1984a) 241: „Ich werde auch das Ganze: der Sprache und der Tätigkeiten, mit denen sie verwoben ist, das ‚Sprachspiel' nennen" (PU 7). Ebd. 242f.: „Man kann für eine große Klasse von Fällen der Benützung des Wortes ‚Bedeutung' – wenn auch nicht für alle Fälle seiner Benützung – dieses Wort erklären: Die Bedeutung eines Wortes ist sein Gebrauch in der Sprache. Und die Bedeutung eines Namens erklärt man manchmal dadurch, daß man auf seinen Träger zeigt" (PU 43). Ebd. 250: „Es gibt unzählige verschiedene Arten der Verwendung all dessen, was wir ‚Zeichen', ‚Wörter', ‚Sätze', nennen. Und diese Mannigfaltigkeit ist nichts Festes, ein für allemal Gegebenes; sondern neue Typen der Sprache, neue Sprachspiele, wie wir sagen können, entstehen und andere veralten und werden vergessen" (PU 23).

[53] Wittgenstein (1984a) 250 (Hervorh. im Original): „Das Wort ‚Sprach*spiel*' soll hier hervorheben, daß das Sprechen der Sprache ein Teil ist einer Tätigkeit oder einer Lebensform. Führe dir die Mannigfaltigkeit der Sprachspiele an diesen Beispielen, und anderen, vor Augen: Befehlen, und nach Befehlen handeln – Beschreiben eines Gegenstands nach dem Ansehen, oder nach Messungen – Herstellen eines Gegenstands nach einer Beschreibung (Zeichnung) – Berichten eines Hergangs – Über den Hergang Vermutungen anstellen – Eine Hypothese aufstellen und prüfen – Darstellen der Ergebnisse eines Experiments durch Tabellen und Diagramme – Eine Geschichte erfinden; und lesen – Theater spielen – Reigen singen – Rätsel raten – Einen Witz machen; erzählen – Ein angewandtes Rechenexempel lösen – Aus einer Sprache in die andere übersetzen – Bitten, Danken, Fluchen, Grüßen, Beten" (PU 23).

[54] Reichel (2010) 93.

[55] Das Substantiv „Juristendeutsch" ist so geläufig, dass es in den *Duden* aufgenommen wurde: Duden, s. v. „Juristendeutsch".

[56] Haag (1998) 42: Das Sprachspiel für das Christentum „lässt Mensch und Welt in der Perspektive des Evangeliums, in der Perspektive der Verheißung des Handelns Gottes sehen".

[57] Treffend Grözinger (²2001) 2029f.: „Religion gibt es nur als Religionen. Insofern haben wir mit einer Vielzahl von Sprachspielen zu rechnen. Nicht nur in Bezug auf die Pluralität der Religionen, sondern auch innerhalb einer Religion durch spezifische Milieus. So hat der Pietismus sein eigenes rel. Sprachspiel entwickelt, aber auch gegenwärtige

genstein spricht bezüglich der Regelhaftigkeit von der „Grammatik" eines jeweiligen Sprachspiels.[58] Daraus geht die intersubjektive Verbreitung des Sprachspiels als Voraussetzung für dessen Spielen hervor.[59] Das innerhalb eines Sprachspiels verwendete Wort erhält seine Bedeutung nur durch eine Ingebrauchnahme; so ist

> „[d]er Gebrauch dieses Worts unter den Umständen unseres gewöhnlichen Lebens [...] uns natürlich ungemein wohl bekannt. Die Rolle aber, die das Wort in unserem Leben spielt, und damit das Sprachspiel, in dem wir es verwenden, wäre schwer auch nur in groben Zügen darzustellen."[60]

Demnach ist ein einzelnes Wort alleine, ohne eine konkrete Verwendung innerhalb eines Sprachspiels, „tot",[61] so dass auch ein ganzer Satz „seltsam erscheint [...], wenn man sich zu ihm ein anderes Sprachspiel vorstellt als das, worin wir ihn tatsächlich verwenden".[62] Eine einheitliche, von vornherein festgeschriebene Bedeutung eines Wortes existiert demnach nicht, so dass für dessen Verständnis seine Rolle innerhalb eines Sprachspiels entscheidend ist; allerdings ist die Zuordnung von Wörtern zu einem Sprachspiel nicht immer eindeutig bzw. kann ein und dasselbe Wort in unterschiedlichen Sprachspielen zugleich Verwendung finden.[63]

Auf die in diesem Zusammenhang genuine Frage, was „das Wesentliche des Sprachspiels, also der Sprache, ist", gibt Wittgenstein als Antwort, dass es nicht um die Festlegung von Gemeinsamkeit geht, sondern um die „Familienverwandtschaften" als das Proprium der Sprachen.[64] Er präzisiert, dass im Hinblick auf die Gemeinsamkeiten von Sprachspielen nicht zu fragen gilt, was diesen gemeinsam sein muss, sondern zu schauen, „ob ihnen allen etwas gemeinsam ist"; es gilt also „[D]enk nicht, sondern schau!"[65] Das Ergebnis dieses „Schauens" lautet, dass man „ein kompliziertes Netz von Ähnlichkeiten [sieht], die einander übergreifen und kreuzen".[66]

ökum.-ökolog. christl. Basisgruppen leben in u. mit ihren spezifischen Sprachspielen, an denen sie sich gegenseitig erkennen u. gegenüber anderen theol. u. kirchl. Richtungen abgrenzen." In Kap. I 1.1.2 wird auf „Konfessiolekte" verwiesen (Anm. 35).
[58] Reichel (2010) 109–113.
[59] Wittgenstein (1984a) 272f. (PU 57).
[60] Ebd. 318 (PU 156).
[61] Ebd. 416 (PU 432).
[62] Ebd. 342 (PU 195).
[63] Ebd. 511 (PU ix).: „Ist es denn so erstaunlich, daß ich den gleichen Ausdruck in verschiedenen Spielen verwende? Und manchmal auch, gleichsam, zwischen den Spielen?"
[64] Ebd. 275f. (PU 65). Ebd. 333 (PU 179): „Denke daran, wie wir jene Ausdrücke [...] gebrauchen lernen; in welcher Familie von Sprachspielen wir ihren Gebrauch erlernen." Zu den „Familienähnlichkeiten" bzw. „Familienverwandtschaften" auch Kap. II 1.3.
[65] Ebd. 276 (PU 66).
[66] Ebd. 277 (PU 66).

Gemäß den Überlegungen Wittgensteins ist der Versuch obsolet, ein einzelnes von seinem Verwendungskontext entkoppeltes Wort als religiös zu bestimmen, da es als solches „tot" ist. Ein Sprachspiel hingegen ist an Tätigkeiten gebunden, mit einem lebenspraktischen Zusammenhang verwoben und unterliegt Regeln bzw. verfügt über eine von seinem Kontext abhängige „Grammatik". Für als religiös verstandene Aussagen bedeutet dies, dass deren „Sinn [...] in deren aktuellem Gebrauch, in der lebenspraktischen Funktion, gesucht [wird]".[67] Da einzelne Wörter in Abhängigkeit von ihrer Verwendung unterschiedliche Bedeutungen erhalten, kommt ihnen eine Brückenfunktion zwischen einzelnen Sprachspielen und eine hermeneutische Funktion zu, die auch zur Erhellung der Sprache der Religion(en) beitragen kann.[68]

1.1.4 Translationswissenschaft

Die Wörter „Übersetzung" und „übersetzen" sind mehrdeutig[69] und werden oftmals – ohne eine konzise Differenzierung – in einem engen und einem breiten Sinne verwendet.[70] So wird von einigen AutorInnen – sowohl im öffentlichen (Kap. I 1.2) als auch im religionspädagogischen und -didaktischen Diskurs (Kap. I 1.3) – im Hinblick auf die Zielsetzung, eine als religiös verstandene Sprache oder gar Religion(en) zu *übersetzen*, auch von Übersetzen als Metapher gesprochen; dabei sind die Trennlinien zwischen einem intralingualen und einem metaphorischen Verständnis bisweilen unscharf.[71] Im Folgenden soll differenziert werden zwischen Übersetzen als Begriff (Kap. I 1.1.4.1) und als Metapher (Kap. I 1.1.4.2), um durch die so herausgestellten Kriterien im weiteren Verlauf beide Verwendungsweisen voneinander abzugrenzen und die Weichen für ein *Übersetzungsverständnis* einer auszuarbeitenden sprach- und translationssensiblen Religionsdidaktik stellen zu können.

---

[67] Schulte (1992) 25.
[68] Treffend hierzu ebd.: „Die Vielzahl der Verwendungsmöglichkeiten von Sprache trägt zur Erhellung des Verständnisses religiöser Äußerungen bei."
[69] Nach dem *Duden* ist das deutsche Wort „übersetzen" aller Wahrscheinlichkeit nach im 17. Jahrhundert als Lehnbildung zu den lateinischen Verben „traducere" und „transferre" entstanden, deren Grundbedeutung mit „hinüber bringen" wiederzugeben ist; auch hier wird auf die Mehrdeutigkeit verwiesen (Duden, s. v. „übersetzen"). Jacob Grimm („Über das Pedantische in der deutschen Sprache", Berlin 1847, zitiert nach Störig 1973: 11) erklärt das Wort folgendermaßen: „übersétzen ist 'übersetzen, traducere navem. Wer nun, zur seefart aufgelegt, ein schif bemannen und mit vollem segel an das gestade jenseits führen kann, musz dennoch landen, wo andrer boden ist und andre luft streicht." Zur Entwicklung des Begriffs ausführlich Schäffner (2004) 102–104, Dimova (2003) 307–310.
[70] Siever (2010: 331) und Renn/Straub/Shimada (2002: 9–11) verweisen auf eine diesbezüglich inhaltliche Inflation der Wörter „Übersetzung" und „übersetzen".
[71] Bspw. Schwarz/Haußmann/Roth u. a. (2019) 16.

1.1.4.1 Übersetzen als Begriff

Zur weiteren Präzisierung erweist sich die erstmals von dem russischen Linguisten Roman Jakobson unternommene Differenzierung in ein sprachlich-textuelles und ein intersemiotisches Verständnis von Übersetzung als hilfreich, welches bis heute die Translationswissenschaft geprägt hat:[72]

> „1) Intralingual translation or rewording is an interpretation of verbal signs by means of other signs of the same language.
> 2) Interlingual translation or translation proper is an interpretation of verbal signs by means of some other language.
> 3) Intersemiotic translation or transmutation is an interpretation of verbal signs by means of signs of nonverbal sign systems."[73]

Auf die Sprache bezogen, resp. eine als religiös verstandene Sprache, sind intralinguale und auch intersemiotische *Übersetzungen* im Religionsunterricht tagtäglich vorhanden, wenn die Religionslehrkraft Erklärungen von bspw. komplexen Fachwörtern vornimmt, sie diese im Rahmen eines hermeneutischen Akts – mündlich, schriftlich im Tafelanschrieb oder mit Gesten, Bildern etc. – umschreibt und dabei auf semantischer und syntaktischer Ebene Vereinfachungen vornimmt.[74] Auch die SuS werden zu *ÜbersetzerInnen*, wenn sie traditionelle Formen der Gottesrede mit dem ihnen zur Verfügung stehenden Wortschatz durch Operatoren – bspw. „deuten", „verstehen unter" u. ä. – als „Übersetzungshilfen" sowohl für sich als auch für ihre christlich sozialisierten, nicht- und andersreligiösen MitschülerInnen erklären.[75] Auch interlinguale Übersetzungen lassen sich in den Religionsunterricht für eine vertiefte hermeneutische Auseinandersetzung mit Wörtern, die für eine als religiös verstandene Sprache charakteristisch sind, in zweierlei Hinsicht integrieren: Manfred L. Pirner spricht sich für einen bilingualen Religionsunterricht aus, um „ein besseres, tieferes Verstehen" für „unterschiedliche Sprachbilder (vgl. etwa engl. „Good Friday" für „Karfreitag") und semantische Differenzierungen (vgl. etwa „heaven"/„sky") in der Fremdsprache" zu erlangen.[76] Zweitens existieren in Unterrichtswerken Aufgaben, in denen die SuS sowohl Übersetzungen biblischer Texte in unterschiedliche Nationalsprachen auf ihre Unterschiede hin wahrnehmen und ins Deutsche übersetzen, um ein Gespür für die Entscheidungen von ÜbersetzerInnen entwickeln und auf das Verständnis biblischer Texte kanalisieren zu können.[77]

Auf die Kultur bezogen, erscheinen als religiös verstandene Wörter nicht nur Kindern und Jugendlichen, sondern ganz allgemein gehalten oft dort un-

---

[72] Siever (2010) 34–36.
[73] Jakobson (1966) 233.
[74] Schulte (2015) 74.
[75] Schulte (2017) 83.
[76] Pirner (2013) 330 (Hervorh. im Original).
[77] Bspw. Baumann/Schweitzer (2015b) 47.

verständlich, wo sie gänzlich unbekannt sind oder wo sie ihr kulturell gebundenes Verständnis eingebüßt haben. Als ein diesbezügliches Beispiel führt Ulisse Cecini einen Griechen aus dem 1. Jahrhundert n. Chr. an, der bislang noch nicht mit der christlichen Religion in Berührung gekommen ist und eines Tages eine christliche Predigt hört; dementsprechend müssten ihm die Wörter ἄγγελος, βαπτίζειν und μάρτυς, losgelöst von ihrer christlichen Konnotation als „Bote", „untertauchen" und „Zeuge", im Kontext der Predigt unverständlich erschienen sein, so dass er deren gesamte Botschaft ebenfalls nicht verstanden hätte.[78] Cecini sieht als weitere Ursache für das Nichtverstehen seitens des Zuhörers die mit den Wörtern der Zielsprache ursprungsverwandten Wörter der Ausgangssprache an, die bei der Aufnahme in die andere Kultur als *Übersetzungsprodukt* einer Bedeutungsveränderung unterlagen.[79] Franz Martin knüpft an die von Cecini dargestellte Szenerie an, indem er die Situation in den ersten christlichen Gemeinden bezüglich des Erlernens von Glauben mit der Situation des Religionsunterrichts als „in vieler Hinsicht ähnlich" erachtet: Die Glaubenssprache ist Erinnerungssprache und bedarf somit eines Sich-hinein-Denkens in eine durch kulturelle Umdeutungen bedingte Fremdsprache, die „einen aus einer neuen Erfahrung stammenden Inhalt ersetzt, substituiert, obwohl der äußere Wortlaut bleibt";[80] die „Übersetzung von Glaubensaussagen zwischen pluralen Lebenswelten" ist somit unausweichlich.[81] Die religionspädagogische Konsequenz besteht in dem Postulat von Kenntnis und Respekt gegenüber den durch die Sprache der SuS – unter Berücksichtigung von sozial bedingten Sprachvarietäten – beeinflussten Gesprächsstilen.[82] In Kommunikationssituationen im Allgemeinen und im Religionsunterricht im Speziellen treffen auch unterschiedliche Kulturen aufeinander, was auch im Hinblick auf das (Vor-)Verständnis von einzelnen Wörtern Berücksichtigung finden muss und religionspädagogisch fruchtbar gemacht werden kann.

Was den Aspekt der Zeit angeht, so lässt sich die Interpretation von mittelalterlichen Quellentexten oder biblischen Texten als eine interchronale Übersetzung bezeichnen. Der zeitliche Abstand zum Ausgangstext, der freilich auch eine Übersetzung darstellt, zeigt sich darin, dass Wortschatz, Syntax und Symbole den SuSn fremd erscheinen.[83]

---

[78] Cecini (2012) 30f.
[79] Ebd. 31f.
[80] Martin (2003) 115.
[81] Ebd. 116.
[82] Ebd. 120.
[83] Schulte (2019c) 100f., Altmeyer (2018) 193, (2017) 158. Dieser Aspekt wird ausdifferenziert innerhalb von Kap. II 1.1.1.2. Altmeyer verwendet in diesem Zusammenhang die Adjektive „diachron" und „synchron" zur Charakterisierung einer *Übersetzungskompetenz*, die er für religiöses Sprechen einfordert im Hinblick auf „das Vergegenwärtigen einer ursprünglichen Beziehung (diachron)" und auf „das aufeinander Beziehen unterschiedlicher Gegenwarten (synchron)" (Altmeyer 2017b: 111). Letzteres nimmt Bezug

Was den letzten Aspekt der Zeichensysteme angeht, sind die besprochenen Übersetzungen/*Übersetzungen* auch als intrasemiotisch anzusehen. Da der Sprache der Religion(en) ein erweitertes Sprachverständnis zugrunde gelegt werden kann, worauf in den vorangehenden Kapiteln an unterschiedlichen Stellen hingewiesen wird, sind auch intersemiotische *Übersetzungen* möglich, die sich auch in Arbeitsaufträgen in Unterrichtswerken für den Religionsunterricht niederschlagen (Kap. I 1.3.4), wenn SuS bspw. angehalten werden, biblische und andere Texte in „Performanz und Interaktion" zu *übersetzen*, bspw. in Rollenspiele, Standbilder oder Zeichnungen.[84]

Für eine sprach- und translationssensible Religionsdidaktik bedeutet die Auffächerung der Zeichensysteme eine zu treffende Auswahl der im Religionsunterricht zu forcierenden Akzente von Übersetzungen/*Übersetzungen*. Weiterhin gilt es in diesem Zusammenhang, das Verhältnis von Übersetzen als Begriff und als Metapher zu klären, worauf im folgenden Kapitel eingegangen wird.

1.1.4.2 Übersetzen als Metapher

Im Gegensatz zum Übersetzungsbegriff zeichnet sich die Übersetzungsmetapher so wie alle Metaphern durch eine Unschärfe bzw. eine Deutungsoffenheit aus. Es existieren zwei verschiedene metaphorische Verwendungsweisen:[85] *Übersetzen* als Sprachverstehen (Kap. I 1.1.4.2.1) und als Kulturverstehen (Kap. I 1.1.4.2.2).

1.1.4.2.1 *Übersetzen* als Sprachverstehen

Der metaphorischen Verwendungsweise liegt eine hermeneutische Auffassung von Sprache bzw. ein Grundphänomen jedweder sprachlichen Verständigung zugrunde, wie es der Universalwissenschaftler George Steiner in einem seiner Hauptwerke, *After Babel*, pointiert zum Ausdruck bringt: „Any model of communication is at the same time a model of translation."[86] Somit

---

auf die in einer Gesellschaft unterschiedlich ausgeprägten Sprachspiele und damit verbundenen Verständnisschwierigkeiten; Altmeyer bezieht sich auf diesbezügliche Beobachtungen des Soziologen Armin Nassehi (2017, 2015) (Kap. I 1.2.3).

[84] Schulte (2017) 86 mit übernommenem Zitat aus Bosold/Michalke-Leicht (2014, Hg.) 17. Neben biblischen Texten können auch theologische Fragestellungen den *Übersetzungsgegenstand* bilden; bspw. erachtet Zeile-Elsner (2015: 40) die Inszenierung eines Streitgesprächs in Anlehnung an das „Marburger Religionsgespräch" zwischen Luther, Zwingli und einem Vertreter der römisch-katholischen Position als geeignete Methode für ein vertiefendes Verständnis der unterschiedlichen abendmahlstheologischen Positionen.

[85] Siever (2010) 332f.

[86] Steiner (1975) 47. Ausführlich Siever (2010) 332f. Treffend auch Cercel (2009) 11: „Die Welt, in der wir leben, ist sprachlich verfasst und mittels Sprache ‚übersetzt', d.h. man legt diese Welt aus."

wird Verstehen als passive und Sprechen als aktive Sprachverwendung aufgefasst.[87] Kritisch ist hier anzumerken, dass unter einer derartigen Prämisse letztlich jede zwischenmenschliche Kommunikation ohne eine Übersetzung/ *Übersetzung* zum Scheitern verurteilt wäre, wie Steiner selbst festhält.[88]

Diese Kritik ist auch von der Warte des Religionsunterrichts aus zutreffend, da die dort auftretenden Verständnisschwierigkeiten hinsichtlich der Syntax, Semantik und Symbolik einer als religiös verstandenen Sprache nicht *jede* Kommunikationssituation scheitern lassen. Es kommt allerdings zu Unterbrechungen, wie es bei der zu Beginn der Einleitung angeführten Kommunikationssituation deutlich wird: Im Religionsunterricht kulminieren unterschiedliche Sprachebenen, in deren Schnittmenge für das Unterrichtsfach charakteristische Wörter auftreten, welche die SuS entweder nicht kennen, noch nicht erfahren haben oder unterschiedlich deuten.

Die Übersetzungsmetapher angewandt auf jedes Sprachverstehen erweist sich für die innerhalb des Religionsunterrichts auftretenden Verständnisprobleme einerseits,[89] für die diesbezüglich einzuleitenden *Übersetzungen* andererseits in zweifacher Hinsicht als problematisch: Während erstens Übersetzen als Begriff einen Prozess darstellt, der sich aus Verstehen, Auslegen und Neuformulieren zusammensetzt, bleibt der Prozess bei der metaphorischen Verwendungsweise nach Steiner eingliedrig; dieser Prozess ist einerseits produktiv, so dass man jedes Sprechen als *Übersetzen* auffasst, andererseits ist er rezeptiv, so dass man jedes Verstehen als *Übersetzen* ansieht. Um jedoch ein Verstehen derartiger Ausdrücke zu ermöglichen und auch didaktisieren zu können, werden *Übersetzungen* in unserem Verständnis kontrolliert eingeleitet, bei denen die SuS – gemäß dem Übersetzungsbegriff – als Rezipienten *und* Produzenten bzw. als *ÜbersetzerInnen* tätig sind, um so auch den gesamten *Übersetzungsprozess* reflektieren zu können. Hierzu ist es notwendig, eine Präzisierung vorzunehmen in inter- und intralinguale sowie in intersemiotische Übersetzungen, anstatt die beiden letztgenannten schlankerhand als Übersetzen im metaphorischen Sinne zu subsumieren.[90] Zweitens geht die Übersetzungsmetapher bezüglich eines Sprachverstehens aufgrund der Prämisse einer Unverständlichkeit von zwingenden *Übersetzungen* aus. In Kap. I 1.1.1 wurde schon darauf hingewiesen, dass nicht alle als religiös verstandenen Wörter problemlos in eine säkulare bzw. allgemein verständliche Sprache überführt werden können, da sie sonst ihre Charakterisierung als religiös einbüßen könnten. Abgesehen davon sind nicht bei allen als religiös verstandenen Wörtern *Übersetzungen* notwendig; es bedarf vielmehr eines

---

[87] Siever (2010) 332.
[88] Ebd. 333.
[89] Pirner (2019a) 98: „[...] ein bloßer metaphorischer Gebrauch trägt nicht viel aus und kann schnell inflationär werden".
[90] Bspw. Schwarz/Haußmann/Roth u. a. (2019) 16.

sensiblen Umgangs mit Differenzerfahrungen. Differenzkompetenz im Rahmen religiöser Bildung bedeutet dabei eine „wechselseitig dynamisierte Durchdringung von Eigenem und Fremdem, die damit rechnet, dass im Zwischenraum etwas Neues entstehen kann."[91] In diesem Zusammenhang hat, mit Pirner gesprochen, der „Übersetzungsbegriff [...] v. a. den Vorteil, dass er *Verständigungsprozesse bei gleichzeitiger Anerkennung von Differenzen* charakterisieren kann".[92]

Trotz der aus der Übersetzungsmetapher erwachsenden Problematik im Hinblick auf eine auszuufern drohende Öffnung von *übersetzen/Übersetzung* hält diese Weitung für eine sprach- und translationssensible Religionsdidaktik auch Impulse bereit, worauf im anschließenden Kapitel eingegangen wird.

1.1.4.2.2 *Übersetzen* als Kulturverstehen

Bei dieser Verwendungsweise der Übersetzungsmetapher wird „Kulturübersetzung" nicht in einem passivischen Sinn – Kultur wird *übersetzt* –, sondern in einem aktivischen Sinn begriffen, nämlich dass sich Kulturen „in der Übersetzung und als Übersetzung" konstituieren.[93] In diesem Zusammenhang wird *Übersetzung* verstanden als die „Repräsentation von Repräsentationen".[94] Maßgeblichen Einfluss auf das *Übersetzen* als Kulturverstehen nimmt der „cultural turn", der sich auf dem Feld der Geistes- und Kulturwissenschaften in zahlreichen „turns" niederschlägt.[95] Diese leiten in unterschiedlichen Wissenschaftsbereichen erkenntnistheoretische Veränderungen und Paradigmenwechsel des Forschungsfokus und der Methodik ein. Für die Etablierung eines „turns" bedarf es dreier Schritte: erstens muss im Zuge einer Erweiterung des traditionell ausgerichteten Forschungsfeldes einer wissenschaftlichen Disziplin das Augenmerk auf einen konkreten Gegenstand gerichtet werden, der in einem zweiten Schritt eine Metaphorisierung erfahren muss. Dieser neue Forschungsfokus muss dann drittens von einer rein deskriptiven Ebene in

---

[91] Kumlehn (2015) 11. Ähnlich Kumlehn (2014) 270 und (2012) passim. Kumlehns Ansatz wird besprochen in Kap. I 1.3.1.2.2.
[92] Pirner (2018b) 61 (Hervorh. im Original).
[93] Bachmann-Medick (2004) 162.
[94] Ebd. 160.
[95] Bachmann-Medick (⁵2014) führt im Rahmen eines umfassenden Forschungsüberblicks sieben etablierte „cultural turns" an: „interpretive turn", „performative turn", „reflexive/literary turn", „postcolonial turn", „translational turn", „spatial turn", „iconic turn". Darüber hinaus werden weitere siebzehn „turns" angeführt (ebd.: 382f., 391), die sich noch in statu nascendi befinden: „mnemonic turn", „medial turn", „ethical turn", „historic turn", „cognitive turn", „digital turn", „computational turn", „practice turn", „experiential turn", „emotional turn", „biographical turn", „imperial turn", „forensic turn", „biopolitical turn", „dialogical turn, „(neuro-)biological turn", „neuronal turn". Zudem führen Tworuschka (2009, 2008) den „auditive turn" und Nehring/Valentin (2008, Hg.) den „religious turn" weiter aus.

eine Analysekategorie umschlagen. Dies ist dann geschehen, „wenn er also nicht mehr nur neue Erkenntnis*objekte* ausweist, sondern selbst zum Erkenntnis*mittel* und *-medium* wird".[96]

Für die auszuarbeitende sprach- und translationssensible Religionsdidaktik erweist sich eine nähere Betrachtung des „translational turn" (Kap. I 1.1.4.2.2.1), des „religious turn" (Kap. I 1.1.4.2.2.2) und des „spatial turn" (Kap. I 1.1.4.2.2.3) in vierfacher Hinsicht als ertragreich: Erstens gehen die von SuSn in den Religionsunterricht mitgebrachten Wörter aus unterschiedlichen, im Alltag gemachten Erfahrungen und Begegnungen mit Religion(en) hervor, welche nicht nur mündlich oder schriftlich sind, sondern auch in Gebärden bestehen können, die kulturell oder gesellschaftlich überformt sind;[97] eines der Grundanliegen des Religionsunterrichts besteht in der Auseinandersetzung mit derartigen Überformungen.[98] In diesem Zusammenhang betont Manfred L. Pirner – ausgehend von dem Habermas'schen Postulat der *Übersetzung* einer religiösen in eine säkulare Sprache – den durch den „religious turn" geschärften Blick für Religion(en) im gesellschaftlichen Kontext.[99] Zweitens wird der Blick auf weitere *Übersetzungsgegenstände* und *-produkte* geweitet; neben Wörtern, Texten o. ä. können so auch „Situationspragmatik, Sprechakte und Performanz ausdrücklich [mit einbezogen werden]".[100] Drittens versprechen sich Bernhard Grümme und auch David Käbisch von dem „translational turn" einen religionspädagogischen Mehrwert i. S. eines präzisen Analyseinstruments für die vielfältigen Formen von Übersetzungen/ *Übersetzungen*, die im Religionsunterricht aufeinandertreffen; darunter fallen auch die *Übersetzungen* einer bestimmten Praxis von Kultur A in Kultur B.[101] Viertens gehen aus dem „spatial turn" Impulse für die sprach- und translationssensible Erschließung von außerhalb des Klassenzimmers vorhandenen (neuen) „Räumen" hervor, die über außerschulische Lernorte des herkömmlichen Verständnisses hinausreichen, worauf in Kap. II 1.7 Bezug genommen wird.

---

[96] Bachmann-Medick (⁵2014) 26. Generell ist allen „turns" eine zweifache „Übersetzungsbereitschaft" inhärent, indem sie erstens zwischen wissenschaftlichen Disziplinen eine Brückenfunktion einnehmen und so Phänomene jenseits traditionell ausgerichteter Fokussierungen freilegen (ebd.: 408), und indem zweitens *Übersetzung* zu einem weitverzweigten Forschungsfeld avanciert, das durch die Verbindung nicht nur von wissenschaftlichen Disziplinen, sondern von den „turns" selbst eine neue Kultur in der Wissenschaftskommunikation befördert (ebd.: 408, 420, 425). Ähnlich Schahadat (2013) 41.
[97] Bultmann/Linkenbach (2015a) 7.
[98] Kirchenamt der EKD (2010, Hg.) 11. Ähnlich Kirchenamt der EKD (2004, Hg.) 18.
[99] Pirner (2012) 83. Zu Habermas ausführlich Kap. I 1.2.1.
[100] Bachmann-Medick (2004) 160.
[101] Käbisch (2018) 71. Ähnlich Grümme (2021) 184f. Beide Ansätze werden besprochen in Kap. I 1.3.1.2.2.

1.1.4.2.2.1 „Translational turn"

Der „translational turn" impliziert „eine qualitative Modifikation, aufgrund derer das Konzept der Übersetzung zu einem Paradigma für andere Disziplinen wird".[102] Entscheidende „Geburtshelfer" des „translational turn" stellen eine kulturwissenschaftliche Neuorientierung in der Translationswissenschaft einerseits[103] und die im Zuge der Globalisierung erwachsenden Herausforderungen an *Übersetzungen* andererseits dar, von Konflikten begleitete kulturelle Differenzen auszugleichen; *Übersetzung* wird demnach zu einer „Kulturtechnik".[104] Dabei gilt es, „kulturelle Differenzen im Licht von Übersetzungsprozessen zu sehen", um kulturelle Schnittmengen herauszustellen und Differenzen „aushandlungsbereiter zu machen".[105] Es geht also nicht mehr darum, unter allen Umständen eine *Übersetzung* zu konstituieren, sondern um die Herausstellung von Fehlübersetzungen und Missverständnissen als Ausgangspunkt für eine kulturelle Annäherung zu fördern.[106]

Der „translational turn" hat bereits in mehrere Disziplinen Einzug gehalten, bspw. in die Ethnographie, die Geschichtswissenschaften, die Sozialwissenschaften und in die Religionswissenschaften.[107] Die Beschränkung auf Textübersetzungen wird durch die Metaphorisierung von Übersetzung aufgehoben und gestattet so eine Ausweitung des Untersuchungsgegenstandes „zugunsten performativer religiöser Ausdrucksformen als Vehikel religiöser Übertragungen, wie etwa Devotionalpraktiken und bildlicher Aneignungen der Passionsgeschichte in Kulturen ohne eigene Tradition realistischer Repräsentation".[108] Darin ist ein Konnex zum „religious turn" gegeben, der den Blick für „mögliche Gelenkstellen oder auch Grenzen der Übersetzbarkeit

---

[102] Schahadat (2013) 40.
[103] Bachmann-Medick (⁵2014) 240 (ähnlich Bachmann-Medick 2011: 449): „Die vertrauten textzentrierten Kategorien literarischer Übersetzung wie Original, Äquivalenz, ‚Treue' sind dabei zunehmend ergänzt oder gar ersetzt worden durch neue Leitkategorien kultureller Übersetzung wie kulturelle Repräsentation und Transformation, Fremdheit und Alterität, Deplatzierung, kulturelle Differenzen und Macht." Fuchs (2009: passim) erachtet *Übersetzung* als eine Dimension des sozialen Lebens, so dass eine *Übersetzung* – entgegen dem überwiegend durch gängige Nachschlagewerke befeuerten Eindruck – nicht unidirektional von einer Ausgangs- in eine Zielsprache verläuft (dazu Schäffner 2004: 102), sondern „in beide Richtungen funktioniert" (Schahadat 2013: 42).
[104] Bachmann-Medick (⁵2014) 242. Ähnlich Bachmann-Medick (2011) 187.
[105] Bachmann-Medick (2011) 143.
[106] Ebd., Bachmann-Medick (⁵2014) 242.
[107] Bachmann-Medick (⁵2014) 261–273.
[108] Ebd. 265. Bräunlein (2009) untersucht bspw. die *Übersetzung* von religiösen Devotionalpraktiken und bildlichen Aneignungen der Passionsgeschichte auf den Philippinen. Bachmann-Medick (⁵2014) 265f.: „Hier wird religiöse Übertragung als Übersetzung gedeutet, d.h. als Transformation und Neuinterpretation, als aktive Aneignung und bildlich performative Praxis von ‚Bildakten'. Daher kommt es [...] zu Überlappungen des *translational turn* mit dem *performative turn* und dem *iconic turn*."

zwischen kulturellen und religiösen Äußerungsformen" schärft.[109] Auf diesen „turn" wird nun eingegangen.

1.1.4.2.2.2 „Religious turn"

Andreas Nehring und Joachim Valentin (2008, Hg.) widmen dem „religious turn" einen Sammelband, der Aufsätze zur Wahrnehmung und Deutung religiöser Phänomene innerhalb der Gesellschaft beleuchtet, die sich vor dem Hintergrund postmoderner Gegebenheiten einstellen. Diese werden aus zwei unterschiedlichen Blickwinkeln, „religious turns" und „turning religions", umrissen: Die auf die „religious turns" zugeschnittenen Beiträge stellen Formen religiöser Präsenz in postmodernen Gesellschaften heraus, die mit herkömmlichen Analyseschemata nicht erfasst und hinterfragt werden können.[110] Die Schnittmenge zwischen dem auszulotenden Verhältnis von Religion und Kultur bildet der Offenbarungsdiskurs, der unter den Vorzeichen einer postsäkularen, zunehmend pluralen und sich enttraditionalisierenden Gesellschaft andere Facetten erhält und durch ästhetische Brechungen, bspw. in öffentlicher Werbung oder Spielfilmen, eine neue Codierung erfährt. Dies erfordert einen Ortswechsel des Offenbarungsdiskurses und eine Umstellung in zwei Richtungen: zum einen „ad intra" zwecks einer neuen Entwicklung der eigenen Inhalte, zum anderen „ad extra" zwecks einer neuen Vermittlung. Eine derartige Umstellung „betrifft Diskursorte (z. B. Theologie und Offenbarung), Wissensformen (z. B. Werbung) und Methoden (z. B. semiotisch, genealogisch) und führt neue Referenzen (z. B. poststrukturalistische Konzepte) ein".[111]

Die zweite Leitthematik, „turning religions", widmet sich den Transformationen von Religionswissenschaft und Theologie vor unterschiedlichen Hintergründen.[112] Nehring bezieht sich diesbezüglich auf Gianni Vattimo (2001). Der italienische Philosoph konstatiert eine Wiederkehr der Religion in einer anderen Gestalt, als sie aus der Gesellschaft emigriert ist bzw. verdrängt wurde; esoterische Praktiken und religiöser Fundamentalismus wären nur zwei von vielen Facetten des neuen Gesichtes der Religion. Angesichts derartiger Depravation oder anderer kulturell bedingter Umdeutungen der religiösen

---

[109] Bachmann-Medick ([5]2014) 389.
[110] Treffend die Feststellung in dem Beitrag von Ammicht-Quinn (2008) 120: „Im wissenschaftstheoretischen Selbstverständnis stehen ‚Turns' – als cultural, iconic oder religious turns – für das Aufbrechen streng disziplinären Denkens. Sie sind die Scharniere, mit deren Hilfe eine neue Perspektive gewonnen wird, die bisher nicht Gesehenes oder Überlagertes ans Licht und in Sprache bringen kann."
[111] Nehring/Valentin (2008, Hg.) 9.
[112] So betrachtet bspw. Brennecke (2008: 218) in der Geschichte des Christentums dessen Auseinandersetzung mit Säkularisierung als einen Prozess der Profilierung des eigenen Bekenntnisses, der auch in der Gegenwart – gerade im Hinblick auf eine verstärkte Auseinandersetzung mit dem Islam – als „unverzichtbar" anzusehen ist.

Tradition schlägt Vattimo einen „ad fontes" gerichteten Blickwinkel vor, um das im Zuge der Wiederkehr der Religion Veränderte auf seinen Ursprung hin zu befragen.[113] In diesem Zusammenhang verweist er auf den Ethnologen Clifford Geertz (1973b), dessen Forschungsergebnissen im Rahmen des „religious turn" ein hohes Potenzial zukommt, indem Religion als Einflussfaktor auf eine Kultur einerseits und als ein von dieser geprägtes Symbolsystem andererseits bestimmt wird. Geertz fasste Kultur – und damit auch in ihr stattfindende Handlungen – als ein semiotisches System auf und gestand ihr einen Textstatus zu. Diese „kultursemiotische Auffassung von Kulturen als Zeichensysteme" erhebt nicht den Anspruch der *Übersetzbarkeit* einer ganzen Kultur; vielmehr rücken kulturelle Bedeutungsträger, bspw. Symbole, Rituale, Praktiken usw., als einzelne *Übersetzungseinheiten* in den Fokus.[114]

Der religionswissenschaftliche Ansatz von Stefanie Burkhardt und Simon Wiesgickl (2018b, Hg.) beobachtet, wie

> „christlich-europäische Begriffe und Konzepte etwa des ‚Glaubens' in andere Traditionen übersetzen und übersetzt werden, oder was beispielsweise geschieht, wenn in Europa und Nordamerika buddhistische Meditationspraktiken wie die Achtsamkeit aufgenommen und verwandelt werden".[115]

Der „religious turn" – und auch der „translational turn" – ermöglichen die Erfassung von *Übersetzungsgegenständen* und *-produkten*, die bei herkömmlichen Betrachtungsweisen nicht erfolgen. Dies eröffnet die Frage, in welchen Räumen außerhalb des Klassenzimmers sie ausfindig gemacht werden können. Einen diesbezüglichen Antwortversuch, der nicht einen traditionellen, sondern einen metaphorischen Raumbegriff als Ausgangspunkt nimmt, leistet der „spatial turn", worauf im folgenden Kapitel eingegangen wird.

1.1.4.2.2.3 „Spatial turn"

Die Relationen zwischen Gott und Raum sind zwar „so alt wie die Theologie überhaupt", allerdings erlangen sie durch das Prisma des „spatial turn" neue Dimensionen und Zugangsweisen.[116] Die Auslöser dieses „turn" waren gesellschaftliche Umbrüche in den 1980er-Jahren, die mit der Öffnung der Grenzen in Europa, der Aufhebung der Blöcke und der nun an Fahrt gewinnenden Globalisierung einhergingen, woraus immer mehr räumlich-politische Vernetzungen erwuchsen. Raum wurde nun weniger als eine geographisch-physische Größe angesehen, sondern erlangte eine translokale Nuance; anstatt „als territorialer Behälter von Traditionen [galt] Raum v. a. als Ergebnis sozialer Beziehungen und Praktiken".[117] Entscheidende Impulsgeber waren der US-

---

[113] Vattimo (2001) 101.
[114] Bachmann-Medick (⁵2014) 72, (2004) 159.
[115] Burkhardt/Wiesgickl (2018a) 11.
[116] Beyrich (2013) 83f.
[117] Bachmann-Medick (2008) 664.

amerikanische Kulturtheoretiker Frederic Jameson (geb. 1934), der mit seinem Aufruf „Always spatialise!" Verräumlichung zu einer Methode machte, und der französische Soziologe Henri Lefebvre (1901–1991), der in *The Production of Space* die soziale Konstruktion von Räumen und deren Einfluss auf soziale Beziehungen hervorhob.[118]

Das erweiterte Raumverständnis als Analysekategorie brachte zur Erschließung gesellschaftlicher Phänomene bestimmte Leitbegriffe, bspw. „Körperraum", „geschlechterspezifischer Raum", „Zwischenraum", „Übergang", hervor, die ein zentrales Charakteristikum für den „spatial turn" markieren: Raum ist demnach als ein soziales Produkt innerhalb eines Koordinatensystems von kulturellen Praktiken und sozialen Beziehungen zu verstehen.[119] Eine Auslotung von Raumrepräsentationen stellt das „mapping" in einem metaphorischen Sinne dar; eine Karte wird demnach nicht von einer Landschaft erstellt, sondern das Kartierungsfeld und die kartographischen Bezugspunkte orientieren sich an unterschiedlichen sozialen Praktiken und Beziehungen und eröffnen breitgefächerte Perspektiven von Verräumlichungen.[120]

Die Konsequenzen der hier aufgeführten „turns" für „translatio religionis" werden in Kap. I 1.1.5 zusammengeführt.

1.1.4.2.3 Forschungsprojekte zu *Übersetzen* als Sprach- und Kulturverstehen

In den vorangehenden Kapiteln wird im Rahmen der Übersetzungsmetapher zwischen *Übersetzen* als Sprach- und als Kulturverstehen differenziert. Nachfolgend werden Forschungsprojekte vorgestellt, die sich auf beide Aspekte des *Übersetzens* richten, um ihre mögliche Relevanz für eine auszuarbeitende sprach- und translationssensible Religionsdidaktik auszuloten: „Religionen übersetzen" (Kap. I 1.1.4.2.3.1) und „Translating Religion" (Kap. I 1.1.4.2.3.2).

1.1.4.2.3.1 „Religionen übersetzen"

Im Rahmen der von dem Interdisziplinären Forum Religion an der Universität Erfurt (IFR) im Jahr 2013 veranstalteten Vorlesungsreihe „Religionen übersetzen: Klischees und Vorurteile im Religionsdiskurs"[121] wird eine enge Verwobenheit von Religion(en), Sprache und *Übersetzungen* im Alltag herausgestellt. Gerade weil Religion(en) den öffentlichen Diskurs prägen und man

---

[118] Frederic Jameson, The Political Unconscious. Narrative as Socially Symbolic Act, London 1981, 9 (zitiert nach Bachmann-Medick ⁵2014: 285), Henri Lefebvre, The Production of Space, Oxford u. a. 1991.
[119] Bachmann-Medick (⁵2014) 290.
[120] Ebd. 300.
[121] Bultmann/Linkenbach (2015b, Hg.). Dem Titel nach besteht Verwechslungsgefahr mit dem Sammelband *Religion übersetzen* (Grohmann/Ragacs 2012), der sich jedoch den unterschiedlichen Rezeptionsphänomenen von sakralen Texten widmet.

mit ihr/ihnen täglich in unterschiedlicher Form und Überformung in Kontakt gerät, gilt es danach zu fragen, was man als RezipientIn erfährt, wie und von wem.[122] In diesem Zusammenhang wird jeweils ein vor diesem Hintergrund adäquates Verständnis von Religion(en), Sprache und *Übersetzung* ausgelotet.

Den Ausgangspunkt bildet ein Verständnis von Sprache, das für Hans-Georg Gadamers Verständnis des hermeneutischen Zirkel grundlegend ist: Demnach ist jedes Verstehen und jede Interpretation abhängig von einem Vorverständnis der Überlieferungstradition; durch deren bereitgestellte Sinn- und Deutungsmuster erhalten die Individuen einen Zugang zu anderen Welten und Subjekten.[123] Darauf Bezug nehmend wird für das *Übersetzen* von Religion(en) ein Konzept zugrunde gelegt, das als ein „intra- und interkultureller Versuch lebensweltlichen Verstehens und Handelns mit dem gleichzeitigen Ziel der Anerkennung und Überwindung von Differenz [definiert wird]".[124] Ein derartiges *Übersetzungskonzept* erlaube es – so die These –, „die Schwierigkeiten besser erkennen zu können, die mit dem Prozess der Vermittlung von Religionen und des Versuchs, Religionen verstehen zu wollen, verbunden sind".[125] Daraus ergeben sich drei Konsequenzen:[126] Erstens ist einerseits die „Vorstellung eines problemlosen Gelingens" der *Übersetzungsprodukte*, andererseits die Auffassung aufzugeben, dass mit *Übersetzungen* von vornherein „Verlust, Deformation, Entropie" einhergehen: „Übersetzen ist vielmehr eine kreative Leistung, als deren Resultat sich immer etwas verändert, etwas Neues entsteht." Zweitens richtet sich der Fokus hauptsächlich auf die im Zuge *des Übersetzens* sich einstellenden Veränderungen, so dass es „gilt, nach Brüchen, Dissonanzen, Konflikten zu suchen […] wie auch auf die Potenziale, Gewinne und die Möglichkeiten zur kreativen Transformation aufmerksam zu machen". Drittens wird vor dem obigen Hintergrund nach der Qualität der *Übersetzungsprodukte* gefragt, nach der Motivation für die *Übersetzungen* und auch nach der „Rezeptionsbereitschaft der Zuhörerschaft".

Analog zu einem diesbezüglichen *Übersetzungskonzept* unternahmen die TeilnehmerInnen der vom IFR veranstalteten Vorlesungsreihe auch den Versuch einer Definition von „Religion", der den vielen unterschiedlichen Erscheinungsformen von Religion(en) gerecht werden möchte, um so als ein adäquater Ausgangspunkt für Analysekriterien dienen zu können.[127] Fuchs/

---

[122] Bultmann/Linkenbach (2015a) 7.
[123] Gadamer (⁷2010) 296, 298f.
[124] Bultmann/Linkenbach (2015a) 11.
[125] Ebd.
[126] Ebd. 11f. (alle folgenden Zitate danach).
[127] Fuchs/Rüpke (2015) 17f.: Religion wird verstanden „als ein (in der kulturinternen Systematik) besonderes Orientierungssystem, das inhaltlich Bezug auf eine Transzendenz, zumindest auf etwas ‚Spezielles' nimmt, das häufig in Gestalt personaler Götter oder eines personalen Gottes, aber auch in vielen Abstufungen des Übernatürlichen auftritt, in dem Kommunikation über diese Orientierung typischerweise in einem breiten me-

Rüpke kommen nach dem Versuch einer Begriffsbestimmung zu dem Schluss, dass „Religion" als „ein analytischer Begriff" auf kulturelle Gegebenheiten übertragen wird, weshalb „Übersetzung schon immer konstitutionell in den Religionsbegriff eingebaut [ist]".[128]

Die Initiatoren der Vorlesungsreihe beabsichtigten, „die Prozesse von Repräsentation und Rezeption von Religion kritisch unter die Lupe zu nehmen".[129] Die Wörter „Übersetzung" und „übersetzen" sind sehr weit gefasst, da im Prinzip jede Auseinandersetzung mit Religion(en) vor unterschiedlichen Hintergründen – seien es bspw. die Veränderungen des Islambildes im öffentlichen Diskurs (Bultmann 2015, Sponholz 2015) oder Darstellungen in Unterrichtswerken (Linkenbach 2015, Štimac 2015) – als eine *Übersetzung* bezeichnet werden.

Der Impuls für eine sprach- und translationssensible Religionsdidaktik besteht in der Erfassung von derartigen interlingualen und intersemiotischen *Übersetzungsgegenständen* und auch -*produkten*, die im Anschluss an die obigen Analysekriterien vergleichend gegenübergestellt werden: Ein derartiger *Übersetzungsvergleich* ermöglicht zum einen hermeneutische Wechselwirkungen zwischen *Übersetzungsgegenstand* und -*produkt*, wodurch zum anderen – im Zuge der Versprachlichung der diesbezüglichen Beobachtungen – die Sprache der Religion(en) einerseits, die Sprache für Religiöses im Hinblick auf die persönlichen Wertungen des *Übersetzungsvergleichs* andererseits aufgerufen werden. Bei *Übersetzungsprozessen* wird die kreative Leistung und das neu entstandene Produkt als hermeneutischer Ausgangspunkt hervorgehoben, allerdings ist der Vernachlässigung des Augenmerks auf Verluste und Deformationen kritisch zu begegnen; richtet man bei *Übersetzungen* im Religionsunterricht den Fokus nur auf die Neuwertigkeit des *Übersetzungsprodukts*, läuft der *Übersetzungsgegenstand* Gefahr, absorbiert zu werden und womöglich seinen Charakter als religiös zu verlieren: Sprach- und Translationssensibilisierung bedeutet demnach auch, einen Sensus für Translationsgrenzen und den diesbezüglichen Umgang auszubilden.

---

dialen Spektrum erfolgt, in dem Rituale, eigene (‚heilige') Objekte, Erzählungen oder Musik und Gesang eine herausragende Rolle spielen, in dem aber auch Systematisierungen in Form von ‚Lehre' auftreten können; das Handlungsorientierung – im Einklang mit oder in Konkurrenz zu ‚säkularen' Alternativen – sowohl in der Form von Normen, exemplarischen Lebensläufen und Kollektiverlebnissen wie in der Form von Weltbildern und Geschichtskonstruktionen liefert und erst mit Blick auf die individuelle Aneignung (und die damit einhergehenden Modifikationen) in seinem Funktionieren und seinen Folgen verständlich wird; das schließlich institutionelle Verdichtungen unterschiedlicher Formen annehmen und Autoritätsstrukturen erzeugen kann, die von individuellen charismatischen ‚Anbietern' über ‚Laienverbände' und Mitgliedschaftskonzepte bis hin zu religiösen Eliten und totalen Organisationen religiöser Virtuosen reichen können."

[128] Ebd. 21.
[129] Bultmann/Linkenbach (2015a) 8.

1.1.4.2.3.2 „Translating Religion"

Michael P. DeJonge und Christiane Tietz sind sich der vielen Definitionen von „Übersetzen" bewusst und haben demzufolge den AutorInnen des Sammelbandes „Translating Religion" keine Definition vorgegeben. Stattdessen sollen drei Leitfragen den ‚roten Faden' bilden: Was bedeutet es erstens, Theorien des Übersetzens/*Übersetzens* mit dem Gegenstandsbereich der Religion(en) zu vereinen, wie wirkt sich dies zweitens auf die Religion(en) aus, und welche Erkenntnis kann drittens bei religiösen Übersetzungsprozessen/*Übersetzungsprozessen* aus der translationswissenschaftlichen Tatsache gewonnen werden, dass deren Produkte niemals vollkommen identisch mit ihren Originalen sind?[130]

Der letztgenannte Punkt wird exemplifiziert an der Unmöglichkeit einer *Übersetzung* des Daoismus in die westliche Kultur (Zhang 2015) und an den Übersetzungen von „Gott" für „Allah" (Stosch 2015) sowie von „Glaube" („faith") und „Religion" für die aus vedischen Texten stammenden Wörter „śraddhā" und „dharma" (Lopez 2015). Dass Übersetzungen/*Übersetzungen* auch als Interpretationen einzustufen sind, wird an Thomas von Aquins Übersetzung der Idee des unbekannten Gottes des Pseudo-Dionysius aufgezeigt (DeJonge 2015). Eine grobe thematische Ähnlichkeit hierzu weist der Beitrag von Ulrike Sill (2015) auf, worin durch den Kulturraum bedingte Veränderungen bei der Übersetzung der Bibel ins Ghanaische zu verzeichnen sind. Weiterhin wird die *Übersetzung* der christlichen Botschaft in Kunstwerke innerhalb des chinesischen Kulturraumes vom 18. Jahrhundert bis in die Gegenwart untersucht; Volker Küster (2015) kommt hierbei zu dem Ergebnis, dass durch eine schrittweise Assimilierung die Kunstwerke eine Hybridisierung erfahren. Der Forderung von Jürgen Habermas, religiöse Sprache in eine säkulare zu *übersetzen*, wird ebenfalls ein Beitrag gewidmet (Tietz 2015).[131] Als *Übersetzung* werden auch (vereinfachende) Erklärungen religiöser Phänomene von Eltern für ihre Kinder betrachtet, was Andrea Schulte (2015) für religionspädagogische Fragestellungen als anschlussfähig erachtet;[132] ein derartiges Verständnis zielt auf einen hermeneutischen Akt, um – gerade im Religionsunterricht – die abstrakte und von Symbolen durchdrungene Sprache der Erwachsenen in die der Kinder zu *übersetzen* bzw. diesen verständlich zu machen.[133] Die HerausgeberInnen kommen hinsichtlich einer Annäherung an eine Begriffsbestimmung von „Translating Religion" zu dem Ergebnis, dass Religion(en) sich nicht auf Texte reduzieren lassen; vielmehr sei die Übersetzung/*Übersetzung* von Religion(en) als ein komplexer Dialog zwischen verschiedenen Kulturen aufzufassen, bei dem nicht die wortwörtlich „richtige"

---

[130] DeJonge/Tietz (2015c) 6. Siehe auch Schreiber (1993: 30) zum Verhältnis von Übersetzungen und Originalen.
[131] Siehe dazu Kap. I 1.2.1.1.
[132] Schulte (2015) 74. Ähnlich Przyczyna (2011) 28; hierzu Kap. I 1.1.2.
[133] Ebd. 83.

Übersetzung/*Übersetzung* im Vordergrund steht, sondern eine derartige, die einer Annäherung der Religion(en) durch gegenseitiges Verstehen zuträglich ist.[134] Eine konkrete Definition von „Translating Religion" ist damit zwar nicht ausgeführt, jedoch wird dieser Prozess – in Anschluss an Hans-Georg Gadamer – als eine Art der Traditionspflege angesehen.[135]

„Translating Religion" verdeutlicht einerseits die vielfältigen Interpretationsmöglichkeiten von Erscheinungsformen der Religion(en), auf die von unterschiedlichen theologischen Disziplinen zugegriffen wird; dies wird durch das Fehlen einer Definition ermöglicht. Eine sprach- und translationssensible Religionsdidaktik bedarf im Umkehrschluss einer Definition und in diesem Zusammenhang auch einer Intention der *Übersetzungen*, um eine thematische Entgrenzung und den Eindruck eines *übersetzerischen* „anything goes" zu vermeiden.

1.1.5 Ertrag

Das interdependente Verhältnis von Religion(en), Sprache und *Übersetzung* ist im fachwissenschaftlichen Diskurs in dreierlei Hinsicht von Relevanz: Erstens liegt keine einheitliche Definition von einer als religiös verstandenen Sprache vor. Die unterschiedlichen Herangehensweisen für eine Bestimmung oszillieren zwischen einer Abhängigkeit und einer Unabhängigkeit von dem jeweiligen Verwendungskontext, der als religiös anzusehen ist, wobei dann aber die Frage unterschiedlich beantwortet wird, wie ein Kontext, bzw. die Verwendung von Sprache, als religiös charakterisiert werden kann. Neben „religiöser Sprache" existieren auch die Bezeichnungen „Gottesdienstsprache", „Verkündigungssprache", „Sakralsprache" und „kirchlich-biblische Sprache". Zudem wird unter „Sprache der Theologie" eine in der Wissenschaft zu verortende Metasprache verstanden. Von allen diesen Sprachen ist die Alltagssprache in Form von Wörtern und Redewendungen durchzogen, welche nicht von allen Teilen der Bevölkerung als solche verstanden bzw. in Abhängigkeit von individuellen Referenzrahmen unterschiedlich semantisch gefüllt werden. Eine linguistische Sichtweise bemisst nach einem etablierten Bekanntheitsgrad die Klassifizierung von Wörtern als religiös; auf den Kontext muss dabei bei Wörtern zurückgegriffen werden, die Mehrfachbedeutungen aufweisen. Derartige Bedeutungsverschiebungen erfahren besonders durch das Wittgenstein'sche Verständnis von Sprachspielen eine Akzentuierung, welche innerhalb von Gesellschaften stark ausdifferenziert sind; bspw. hat „Schöpfung" in dem

---

[134] DeJonge/Tietz (2015b) 171.
[135] Gadamer (⁷2010) 286: „Auch die echteste, gediegenste Tradition vollzieht sich nicht naturhaft dank der Beharrung dessen, was einmal da ist, sondern bedarf der Bejahung, der Ergreifung und der Pflege." Dazu DeJonge/Tietz (2015c) 172: „Translating Religion is one mode of this care." Siehe hierzu auch Kap. II 1.2.1.3.

Sprachspiel des Biologieunterrichts eine andere Bedeutung und auch einen anderen Verweisungshorizont als in dem des Religionsunterrichts.

Zweitens zeigen die Diskussionen um eine als religiös verstandene Sprache Auswirkungen auf die Bestimmung bzw. das Verständnis von Sprache; hier erfolgt von Seiten der Theologie, Linguistik, Sprachphilosophie und der Translationswissenschaft eine Weitung, die neben schriftlichen und mündlichen Äußerungsformen auch Gesten und Gebärden sowie Bilder miteinbezieht, welche – je nach Definition – als religiös bezeichnet werden.

Drittens gehen aus der Translationswissenschaft Impulse für den *Übersetzungsgegenstand* und das *Übersetzungsprodukt* sowie deren Verhältnisbestimmung hervor, welche der Interdependenz von Religion(en), Sprache und *Übersetzung* Kontur verleihen: So gilt es danach zu differenzieren, ob aufgrund einer Verständnisschwierigkeit die Einleitung einer *Übersetzung* für nötig befunden wird oder ob ein *Übersetzungsprodukt* vorliegt, welches danach befragt werden kann, inwieweit der *Übersetzungsgegenstand* im Zuge des *Übersetzungsprozesses* verändert wurde und warum dies so geschah. In beiden Fällen können derartige Veränderungen näher spezifiziert werden: Die von Jakobson (1966) vorgenommene und heute noch grundlegende Differenzierung zwischen einem sprachlich-textuellen Verständnis von Übersetzungen, das sich wiederum in intra- und interlingual aufgliedert, und einem intersemiotischen Verständnis lässt sich um die Aspekte der Zeit (intra-, interchronal) und der Kultur (intra-, interkulturell) erweitern; ebenso kann bei dem Aspekt des Zeichens zwischen intra- und auch intersemiotisch unterschieden werden. Diese Ausdifferenzierung setzt Impulse dahingehend frei, bezüglich welcher dieser Aspekte die Veränderungen des *Übersetzungsgegenstands* im Vergleich zum *Übersetzungsprodukt* im Allgemeinen vorgenommen werden bzw. im Hinblick auf die durch die *Übersetzung* zu überwindenden Barrieren zwischen dem *Übersetzungsgegenstand* und den AdressatInnen vorgenommen werden müssen. Im Speziellen eröffnen sich die Fragen, inwieweit die Veränderungen zu einer theologisch-translationswissenschaftlich angemessenen Verständlichkeit des *Übersetzungsgegenstands* beigetragen haben und inwieweit hermeneutische Wechselwirkungen im Zusammenspiel mit dem *Übersetzungsprodukt* freigesetzt werden können. Unter dieser Prämisse des *Übersetzens* entstehen neue Interpretationsansätze für die Thematisierung von als religiös verstandenen Motiven, die bspw. in Werbeanzeigen aufgegriffen, verfremdet und so zu *Übersetzungsprodukten* werden.

Im Anschluss daran ist festzuhalten: Auf einer religionspädagogischen Ebene ist dieser Blick nicht ausschließlich auf die Wahrnehmung und Beschreibung religiös bedeutsamer Phänomene zu richten,[136] sondern vor dem Hintergrund von *Übersetzungen* ist zu fragen, mit welchen Ziel diese *Übersetzungen* herbeigeführt wurden und in welchem Maß sie das *Übersetzungsprodukt* verän-

---

[136] Kirchenamt der EKD (2010, Hg.) 10. Zu den Kompetenzen und Bildungsstandards siehe ausführlich Kap. I 1.3.3.

dern. Gerade weil die Präsenz von Religion(en) nicht ausschließlich auf einer semantikpointierten Ebene stattfindet, ist in diesem Zusammenhang auf religionsdidaktischer Ebene davon abzurücken, Sprache und auch *Übersetzungen* auf Semantiken im Sinne von lingualen Zeichensystemen zu reduzieren; vielmehr ist eine diesbezügliche Ausweitung auch auf Verkörperungen und weitere Formen geboten, so dass im Religionsunterricht die „Übersetzung von fachbezogenen Sprachwelten in die Sprachwelt der Schüler"[137] nicht nur intralingual, sondern auch intersemiotisch angelegt sein kann.

1.2 Relevanz im öffentlichen Diskurs

Im öffentlichen Diskurs schlägt sich die Relevanz des komplexen Verhältnisses von Religion(en), Sprache und *Übersetzung* in der Austarierung der innerhalb der Gesellschaft vorhandenen unterschiedlichen Sprachspiele zur Vermeidung von Konflikten nieder. Die hier angestellten Betrachtungsweisen bilden eine Art Scharnier zwischen den vorausgehenden theologischen, linguistischen, sprachphilosophischen und translationswissenschaftlichen Herangehensweisen an das komplexe Verhältnis von Religion(en), Sprache und *Übersetzung* und den in Kapitel I 1.3.1 vorzustellenden religionspädagogischen und -didaktischen Konsequenzen für die Unverständlichkeit einer als religiös verstandenen Sprache.

Das Kapitel beginnt mit den Überlegungen von Jürgen Habermas zu *Übersetzungsprozessen* innerhalb einer postsäkularen Gesellschaft (Kap. I 1.2.1); darauf folgen praktische Beispiele für *Übersetzungen* dieser Art (Kap. I 1.2.1.1–1.2.1.3). Im Anschluss daran werden die auf dem Feld der Öffentlichen Theologie erhobenen Postulate von *Übersetzungen* und einer damit einhergehenden „Zweisprachigkeit" besprochen, welche überwiegend Bezug zu Habermas nehmen (Kap. I 1.2.2). Den Schluss bilden die von Armin Nassehi durch ein soziologisches Prisma gemachten Beobachtungen von „Übersetzungskonflikten" innerhalb einer polykontextualen Gesellschaft (Kap. I 1.2.3).

1.2.1 *Übersetzungsprozesse* in der postsäkularen Gesellschaft (Jürgen Habermas)

Jürgen Habermas setzt sich immer wieder mit der Religion und ihrem Stellenwert in demokratischen Gesellschaftsformen auseinander. In seiner Abhandlung über Habermas konstatiert Klaus Thomalla fünf Phasen gesellschaftlicher Entwicklung, welche eine diesbezügliche Wandlung markieren:[138] Während

---

[137] Pirner (2018b) 65.
[138] Thomalla (2009) passim. 1. Phase: „Die Funktion der Religion oder: Von der ‚Autorität des Heiligen' zur ‚Autorität des Konsenses'", 2. Phase: „Die (vorläufige) Unverzichtbar-

Habermas in der ersten Phase der Religion lediglich eine sozialintegrative Funktion in der Demokratie beigemessen hat,[139] sieht er in der zweiten Phase die Philosophie außer Stande, die Religion zu verdrängen, solange „die religiöse Sprache inspirierende, ja unaufgebbare semantische Gehalte mit sich führt, die sich der Ausdruckskraft einer philosophischen Sprache (vorerst?) entziehen und der Übersetzung in begründete Diskurse noch harren".[140] Hierin kündigen sich die charakteristischen Aspekte der *Übersetzung* einer als religiös verstandenen Sprache in einer postsäkularen Gesellschaft an, die mit der dritten Phase beginnt. Unter *postsäkular* versteht Habermas eine pluralistisch-demokratische Gesellschaft, in der einerseits ein Rückgang der traditionellen Prägung von Religion zu verzeichnen ist, diese jedoch eine bleibende Bedeutung innehat; postsäkulare Gesellschaften bringen „daher der Religion und ihren ambivalenten Potenzialen eine wiedererwachte öffentliche, wissenschaftliche und kulturelle Aufmerksamkeit" entgegen.[141]

Im Jahr 2001 konstatiert Habermas in seiner *Friedenspreisrede des Deutschen Buchhandels* als Reaktion auf die Ereignisse vom 11. September eine postsäkulare Gesellschaft, in der sich ein anderes Verhältnis von Glaube und säkularer Welt generiert hat. Einen Ausgangspunkt seiner Überlegungen stellt die bröckelnde Säkularisierungsthese dar; vielmehr seien „Religion und säkulare Welt […] in Zeiten komplexer gesellschaftlicher Prozesse auf ein konstruktives Miteinander angewiesen".[142] In diesem Zuge stellte er Überlegungen zu *Übersetzungsprozessen* zwischen religiösen und säkularen BürgerInnen an, die er später weiter entfaltete.[143] Einen wichtigen Impuls hierzu bildeten seine Auseinandersetzungen mit dem US-amerikanischen Philosophen John Rawls (1921–2002), „der eine Übersetzung religiöser Aussagen in Gründe der öffentlichen Vernunft fordert, wenn diese in öffentliche Debatten eingebracht werden sollen".[144]

Habermas konstatiert einerseits die „besondere Artikulationskraft" religiöser Überlieferungen für „moralische Institutionen, insbesondere im Hinblick auf sensible Formen des menschlichen Zusammenlebens",[145] andererseits scheinen für die „ungläubigen Söhne und Töchter der Moderne" die „semanti-

---

keit der Religion", 3. Phase: „,Postsäkulare Gesellschaft' oder: ‚Kooperative Übersetzung religiöser Inhalte' als Forderung", 4. Phase: „Übersetzung als ‚komplementärer Lernprozess'", 5. Phase: „Die Wechselwirkung zwischen säkularer und religiöser Vernunft und die Überwindung des Defätismus der Moderne".

[139] Dazu auch Reder (2009) 132.
[140] Habermas (1988) 60.
[141] Rose/Wermke (2016a) 7.
[142] Reder (2009) 132.
[143] Habermas (2001: bes. 12–15). Ausführlich Dicke (2016) 29–32.
[144] Oorschot (2019) 18. Zu Rawls' diesbezüglicher Forderung ausführlich ebd. 18f., 22f. Einen Vergleich der Positionen von Rawls und Habermas im Hinblick auf *Übersetzungen* unternimmt Pirner (2018a) 90–92, (2016) 15–22, (2015a) 310–312.
[145] Habermas (²2013) 137.

sche[n] Potenziale" der ihnen nur in einer *Übersetzung* zugänglichen religiösen Tradition „noch nicht ausgeschöpft".[146] Infolgedessen „postuliert Habermas *Übersetzungen*, die sowohl an religiöse wie auch an säkulare Rede Anforderungen der Anerkennung und der Empathie stellen. Die postsäkulare Kommunikationsgemeinschaft wird zur „Übersetzungsgemeinschaft mit ‚komplementären Lernprozessen'."[147] In einem weltanschaulich neutralen Staat müssen sich sowohl religiöse als auch säkulare BürgerInnen auf die Sprache der anderen einlassen.[148] Die von religiösen BürgerInnen zu leistenden *Übersetzungen* entbinden diese dabei nicht von Aufgaben in einem sich gemeinsam vollziehenden Verständigungsprozess.[149] Habermas benennt als praktisches Beispiel seiner Überlegungen die Einforderung von Grundrechten für eine befruchtete Eizelle als den Versuch eines *Übersetzungsprodukts* der Gottesebenbildlichkeit (Gen 1,27) in eine säkulare Sprache.[150] Dabei gibt er zu bedenken, dass ein derartiger *Übersetzungsvorgang* Gefahr läuft, dem Original bzw. der religiösen Tradition etwas von dem Sinngehalt abzusprechen: „Säkulare Sprachen, die das, was einmal gemeint war, bloß eliminieren, hinterlassen Irritationen. Als sich Sünde in Schuld, das Vergehen gegen göttliche Gebote in den Verstoß gegen menschliche Gesetze verwandelte, ging etwas verloren."[151] Als gelungen sieht Habermas eine *Übersetzung* dann an, wenn

> „[m]oralische Empfindungen, die bisher nur in religiöser Sprache einen hinreichend differenzierten Ausdruck besitzen, [...] allgemeine Resonanz finden [können], sobald sich für ein fast schon Vergessenes, aber implizit Vermisstes eine rettende Formulierung einstellt. Eine Säkularisierung, die nicht vernichtet, vollzieht sich im Modus der Übersetzung."[152]

In der vierten Phase erlangt der postulierte *Übersetzungsprozess* eine pädagogische Komponente, der nun „als ein dialogisch-kooperatives Unternehmen von

---

[146] Habermas (2001) 25. Hierzu auch Pirner (2015c: 447) aus religionspädagogischer Sicht; der Ansatz von Pirner (2015c) wird in Kap. I 1.3.1.2.2 besprochen.
[147] Dicke (2016) 30; übernommenes Zitat von Habermas (^{2}2013) 196.
[148] Habermas (2001) 22: „Die Grenze zwischen säkularen und religiösen Gründen ist ohnehin fließend. Deshalb sollte die Festlegung der umstrittenen Grenze als eine kooperative Aufgabe verstanden werden, die von beiden Seiten fordert, auch die Perspektive der jeweils anderen einzunehmen." Vor Habermas konstatierte u. a. auch Sacks (1991: 66–68) die Präsenz von zwei unterschiedlichen Sprachen innerhalb einer Gesellschaft, zum einen eine öffentliche, zum anderen eine private Sprache, wozu auch die der jeweiligen Religion zu zählen ist; beide Sprachen ergeben sich aus der Pluralität und den Grundlagen einer funktionierenden Gesellschaft. Als Konsequenz fordert Sacks eine Bilingualität der BürgerInnen, die sich aus dem „Turmbau zu Babel" ableiten lässt.
[149] Treffend Hardmeier/Ott (2015) 24: „Den säkular argumentierenden Bürgerinnen und Bürgern bleibt die Aufgabe der Übersetzung erspart, zugemutet [werden] kann ihnen aber eine Aufgeschlossenheit für religiöse Beiträge [...]." Der Ansatz von Hardmeier/Ott (2015) wird in Kap. I 1.2.1.2 besprochen.
[150] Habermas (2001) 16.
[151] Ebd. 24.
[152] Ebd. 16.

religiösen und nicht-religiösen Menschen" zu begreifen ist.[153] Gegenseitige Wahrnehmung und Respekt äußern sich dergestalt, dass einerseits die säkularen BürgerInnen „weder religiösen Weltbildern grundsätzlich einen Wahrheitsanspruch absprechen noch den gläubigen Mitbürgern das Recht bestreiten, in religiöser Sprache Beiträge zu öffentlichen Diskussionen zu machen",[154] dass andererseits die religiösen BürgerInnen „eine epistemische Einstellung zu fremden Religionen und Weltanschauungen finden".[155] Eine postsäkulare Gesellschaft birgt die Chance eines Annäherns und gleichermaßen eines wechselseitigen Verstehens religiöser und säkularer BürgerInnen; diesen „komplementären Lernprozess" können beide Seiten bewusster wahrnehmen.[156] Die fünfte Phase zeichnet sich durch eine Übertragung des komplementären Lernprozesses auf die moderne Vernunft aus, die ihre religiöse und säkulare Seite als „komplementäre Gestalten des Geistes" zugunsten eines umfassenden Bewusstseins akzeptieren muss.[157]

Zusammenfassend lässt sich feststellen, dass die von Habermas ausgerufene postsäkulare Gesellschaft einerseits und die diesbezüglich postulierten *Übersetzungsprozesse* andererseits vielfach diskutiert wurden und zahlreiche Formen der Kritik auf sich zogen, die aufgrund ihrer Fülle nicht gänzlich angeführt werden können.[158] Habermas, der sich selbst als „religiös unmusikalisch" bezeichnete,[159] ist es an der säkularen *Übersetzung* einer religiösen Sprache gelegen und nicht an einer Umformung in eine neuzeitlich-moderne Sprache, bei der es um „die primär reflexiv-dogmatische Aufgabe einer theologischen Rechenschaft über die Gehalte des christlichen Glaubens geht"; bei der *Übersetzung* in eine säkulare Sprache hingegen „steht die politische Aufga-

---

[153] Pirner (2015c) 451.
[154] Habermas (2004) 15.
[155] Habermas (²2013) 143. Siehe auch Dicke (2016) 31.
[156] Habermas (²2013) 117.
[157] Habermas (2008) 29.
[158] Reder (2009: 135–137) differenziert fünf wesentliche Kritikpunkte, die an dieser Stelle lediglich in exemplarischer Funktion angeführt werden sollen: erstens ist die dem Wort „postsäkular" inhärente Linearität einer Säkularisierung fraglich. Zweitens wird durch Habermas' verengten Blickwinkel auf die moralische Funktion das Bild der Religion verzerrt. Drittens erscheint Habermas' ausschließlicher Fokus auf unten angesprochene „Offenbarungswahrheiten" als *Übersetzungsgegenstände* angesichts der Globalisierung problematisch. Viertens übersieht Habermas eine stärkere Thematisierung des Wechselverhältnisses von Religion und Kultur. Fünftens ist die postulierte *Übersetzung* nur vor dem Hintergrund der Idealvorstellung eines gesellschaftlichen Diskurses gedacht, so dass sich die Frage aufdrängt, ob denn religiöse bzw. säkulare BürgerInnen einen Diskurs ausschließlich mit ihrem ‚Vokabular' führen können. Siehe zur diesbezüglichen Kritik auch bspw. den facettenreichen Sammelband von Gmainer-Pranzl/Rettenbacher (2013, Hg.), die neueste Untersuchung von Laube (2019) und auch Renner (2017) sowie Habermas' (2012: 120–182) eigene ausführliche Auseinandersetzung mit seinen KritikerInnen und KommentatorInnen.
[159] Habermas (2001) 30.

be im Vordergrund, die Verantwortung des Christentums für die Gestaltung des Gemeinwohls wahrzunehmen, indem christlich-religiöse Überzeugungen im Raum der politischen Öffentlichkeit zur Geltung gebracht werden".[160] Als Gegenstand der *Übersetzungen* nennt Habermas ausschließlich „Offenbarungswahrheiten, also Sätze mit einem historischen Index [...], die sich auf die personale Autorität eines Lehrers berufen".[161] Unter den religiösen und säkularen BürgerInnen versteht Habermas „keine realen Menschen, sondern [...] eher ‚Argumentationsfiguren', wie sie in den gesellschaftlichen Diskursen zur Geltung gebracht werden",[162] so dass eine genaue Bestimmung der *ÜbersetzerInnen* ausbleibt. Hinzu kommt, dass Habermas auch der Philosophie sowohl die „Rolle eines Übersetzers" als auch die „Rolle eines Interpreten" zugesteht,[163] wodurch auch die genaue ‚Richtung' von derartigen *Übersetzungen* in der Gesamtschau unscharf bleibt.[164] Eine Grundvoraussetzung für *Übersetzungen* besteht für Habermas in der Bereitschaft zu einem Perspektivenwechsel; religiöse BürgerInnen müssen demnach aus ihrer Innenperspektive des Glaubens heraustreten, um diese aus einer säkularen reflektieren zu können: „Nur unter dieser Voraussetzung ist es möglich, religiöse Überzeugungen in nichtreligiöse Sprach- und Deutungszusammenhänge hinein zu übersetzen und sie durch Gründe zu untermauern."[165]

---

[160] Laube (2019) 54, Anm. 4.
[161] Habermas (2007) 389.
[162] Wermke (2015) 299. Jütte (2016: 168) weist auf eine fehlende Definition des „religiösen Bürgers" hin; dieser fungiert bei Habermas „lediglich im Kontrast zum säkularen Bürger, d.h. zu den politischen Vertretern, welche ihr Anliegen auf der modernitätskonformen Geltungsgrundlage vertreten, und als Gegenposition szientistisch argumentierender Vertreter [...]. Der religiöse Bürger zeichnet sich also dadurch aus, dass sein Weltbild durch religiöse Bezüge bestimmt ist."
[163] Habermas (²2013) 249: Die „Philosophie, in der Rolle eines Übersetzers, [kann] moralische, rechtliche und politische Eintracht nur fördern, wenn sie in der legitimen Vielfalt der substantiellen Lebensentwürfe von Gläubigen, Andersgläubigen und Ungläubigen aufklärend, aber nicht als der besserwissende Konkurrent auftritt. In dieser Rolle eines Interpreten kann sie sogar dazu beitragen, Sensibilitäten, Gedanken und Motive zu erneuern, die zwar aus anderen Ressourcen stammen, aber verkapselt bleiben, wenn sie nicht durch die Arbeit des philosophischen Begriffs ans Licht der öffentlichen Vernunft gezogen würden."
[164] Ausführlich Esterbauer (2007) 317f. Für Tietz (2015: 113, 116) verläuft der *Übersetzungsprozess* letztendlich unidirektional von religiösen zu säkularen BürgerInnen; als einen möglichen Grund erachtet sie Gott als transzendenten Bezugspunkt einer als religiös verstandenen Sprache, über den eine säkulare Sprache nicht verfügt. Hierzu Hardmeier/Ott (2015) 24: Den „säkular argumentierenden Bürgerinnen und Bürgern bleibt die Aufgabe der Übersetzung erspart, zugemutet [werden] kann ihnen aber eine Aufgeschlossenheit für religiöse Beiträge [...]".
[165] Knapp (2008) 277. Dazu auch Dressler (2016) 50 aus religionspädagogischer Perspektive. Dieser Grundgedanke eines Perspektivenwechsels wird auch von Seiten der Religionspädagogik aufgegriffen, bes. von Nanz (2016), Käbisch (2014b), Kumlehn (2014) und Dressler (2012b); diese Ansätze werden in Kap. I 1.3.1.2 besprochen.

Habermas' Postulat zur Verbesserung der Kommunikation zwischen religiösen und säkularen BürgerInnen verharrt zwar auf einer theoretischen Ebene, hat aber auch Impulse unterschiedlicher Art freigesetzt, von denen nachfolgend exemplarisch drei besprochen werden: Erstens der Vorschlag von Christiane Tietz (2012) für eine Methodik der *Übersetzung* religiöser Überzeugungen in eine säkulare und damit auch für „religiös unmusikalische" Menschen verständliche Sprache (Kap. I 1.2.1.1), zweitens die von Christof Hardmeier und Konrad Ott (2015) und auch von Andreas Benk (2016) unternommene praktische Ausformulierung und Ausweitung des von Habermas selbst gewählten Beispiels der Grundrechte für eine befruchtete Eizelle als *Übersetzungsprodukt* der Gottesebenbildlichkeit des Menschen im Kontext der alttestamentlichen Schöpfungserzählungen (Kap. I 1.2.1.2) und drittens die Überlegungen im Rahmen des Symposiums „Religiöse Rede in postsäkularen Gesellschaften" zu Kommunikationsbedingungen zwischen religiösen und säkularen BürgerInnen im Anschluss an Habermas (Kap. I 1.2.1.3).

1.2.1.1 *Übersetzungen* religiöser Überzeugungen (Christiane Tietz)

Für Tietz sind *Übersetzungen* religiöser Überzeugungen dann als gelungen zu betrachten, wenn sie „dem anderen nicht in einer sein eigenes Urteil und seine Zustimmung verunmöglichenden Autorität entgegentreten, sondern ihm eine *eigenständige* Beurteilung ermöglichen".[166] Unter einem solchen *Übersetzungsprodukt* versteht Tietz weder eine säkulare Sprache noch ein „neutrales Weltbild", sondern eine „Übersetzung in Rationalitäten und Plausibilitäten".[167]

Unter diesen Prämissen modelliert Tietz zwei konsekutive *Übersetzungsschritte*: zuerst müssen die *ÜbersetzerInnen* die Sinnhaftigkeit der zu übersetzenden religiösen Überzeugungen herausarbeiten. Konkret bedeutet dies:

> „Überzeugungen der schlichten Gestalt ‚Das ist nun mal ein Gebot Gottes', ‚Das steht so in unseren Heiligen Schriften' [...] sind zu transformieren in Überzeugungen der Gestalt ‚Der Sinn dieses Gebotes Gottes besteht darin, dass ...', ‚Unsere Heiligen Schriften fordern dies, weil ...'"[168]

Die Plausibilisierungen innerhalb der religiösen Binnenperspektive sind für diesen Schritt charakteristisch der zum einen für die Religion als „heilsam" zu erachten ist, „weil er der Versuchung wehrt, sich mit eingebürgerten Sprachspielen zufrieden zu geben" und auch „so der fundamentalistischen Verführung widerstanden [wird], Religion unangreifbar zu machen [...], dass man sagt, sie *sei eben* etwas Unvernünftiges".[169] Zum anderen eröffnet dieser

---

[166] Tietz (2012) 94 (Hervorh. im Original). Eine kritische Diskussion von Tietz' Ansatz findet sich bei Schliesser (2019) 102–111.
[167] Tietz (2012) 94.
[168] Ebd. 95.
[169] Ebd. (Hervorh. im Original).

Schritt den dieser Religion nicht angehörenden Menschen die Möglichkeit des Nachvollziehens der religiösen Überzeugung.[170]

Im zweiten *Übersetzungsschritt* soll eine vernunftgemäße ethische Argumentation erfolgen, welche es vermag, auch nicht- und andersreligiöse Menschen zu einer Überzeugung zu bringen; diesen wird so „die Freiheit gegeben, aus [ihren] Kontexten und von [ihren] Überzeugungen her sich selbst ein Urteil über die Angemessenheit der [...] Position zu bilden".[171] Konkret bedeutet dies: „Was vorher noch ‚der Sinn dieses Gebotes Gottes liegt darin, dass ...' hieß, wird jetzt zu: ‚Der Sinn dieser ethischen Forderung liegt darin, dass ...'."[172] Auch hier ist eine Plausibilisierung in Form einer Begründung unerlässlich, die nicht wie im ersten Schritt „dem *religiösen System* immanent ist [...], sondern weltimmanenten Charakter hat".[173]

Tietz gibt dabei zu bedenken, dass derartige *Übersetzungen* nicht für alle religiösen Überzeugungen möglich sind. Dabei zeigt sie zwei Grenzen auf: Die erste besteht in dem vielfach vorliegenden Bildgehalt religiöser Überzeugungen, der mit seinem „assoziativ-überschießendem Inhalt" nicht intellektuell fassbar ist, sondern auf das persönliche Empfinden abzielt, bspw. auf die von Habermas ins Spiel gebrachte Gottesebenbildlichkeit.[174] Damit leistet das religiöse Bild etwas, „was in rational-argumentierender Sprache nicht in gleicher Weise zum Ausdruck gebracht werden kann und letztlich also unübersetzbar ist".[175] Die zweite Grenze besteht in grundlegenden religiösen Prämissen, bspw. die Existenz Gottes; da in der Welt es sich nicht ablesen lässt, dass es einen menschenfreundlichen Gott gibt, folgt, dass „die Existenz eines solchen Gottes nicht übersetzt werden kann in eine Aussage, von deren Wahrheit sich der andere durch rationales Überprüfen überzeugen oder die er durch eben dieses klar widerlegen kann".[176]

Darüber hinaus ist kritisch anzumerken, dass schon das frühe rabbinische Judentum Reduzierungen und auch Plausibilisierungen der Tora ablehnend gegenüberstand: So wurde im 1. Jhd. n. Chr. Philo mit heftiger Kritik seitens der jüdischen Gemeinde konfrontiert, als er die Tora im Dekalog zusammengefasst und in ihr einen Ausdruck des Naturgesetzes sah. Der Vorwurf lautete, dass die von Philo vorgenommene – seiner Ansicht nach der Auslegung förderliche – Reduktion als eine „falsch verstandene ‚Besinnung auf das Wesentliche' [...] auf Dauer die jüdische Religion nur verwässern und ihre Exis-

---

[170] Ebd.
[171] Ebd. 96
[172] Ebd. Tietz (ebd.: 95) sieht den zweiten Schritt im Kontext von Luthers „Zwei-Reiche-Lehre" verortet, welche verdeutlicht, dass „in der menschlichen Vernunft [...] alles zu finden [sei], was zu einer angemessenen und gottentsprechenden Politik nötig ist".
[173] Ebd. 96.
[174] Ebd. 99.
[175] Ebd.
[176] Ebd. 100.

tenz gefährden [konnte]".¹⁷⁷ Auch Plausibilisierungen sind vor diesem Hintergrund – innerhalb der Sprache der jüdischen Traditionen – als problematisch einzustufen: Freilich hat man sich bspw. mit der Frage nach dem Sinn einzelner Gebote auseinandergesetzt, allerdings ist das „Suchen nach einsichtigen Begründungen der einzelnen Gebote [...] gefährlich, weil dann jeder glauben könnte, daß gerade auf ihn diese Gründe nicht zutreffen; das bedingungslose Festhalten am Wort der Bibel würde damit in der Praxis des täglichen Lebens in Frage gestellt".¹⁷⁸

Zusammenfassend lässt sich feststellen, dass Tietz' Überlegungen Impulse für einen *Übersetzungsprozess* religiöser Überzeugungen im Hinblick auf die *Übersetzungskriterien*, den *Übersetzungsgegenstand*, das *Übersetzungsprodukt*, die *Übersetzungsintention* und die *ÜbersetzerInnen* selbst freisetzt; Letztgenannte sind allerdings ausschließlich religiösen Gruppierungen zuzurechnen, so dass die *Übersetzungsrichtung* stets in eine säkulare Sprache verläuft und sich an AdressatInnen richtet, „die nicht das gleiche religiöse Sprachspiel spielen und auch nicht spielen wollen".¹⁷⁹

1.2.1.2 *Übersetzungen* der alttestamentlichen Schöpfungserzählungen (Christof Hardmeier/Konrad Ott und Andreas Benk)

Hardmeier/Ott (2015) und Benk (2016) unternehmen jeweils einen Versuch, den von Habermas postulierten *Übersetzungsprozess* zwischen religiösen und säkularen BürgerInnen auf alttestamentliche Schöpfungserzählungen anzuwenden und deren Dialog mit der Naturethik auszuformulieren. Für Hardmeier/Ott besteht das Ziel einer derartigen *Übersetzung* darin, „die tiefen Missverständnisse der bisherigen Deutung der Schöpfungstexte als Unterwerfungsauftrag aufzuklären und diese Deutung von Grund auf zu revidieren".¹⁸⁰ Den Erfolg ihrer sog. „Übersetzungsarbeit", die zu einer – sowohl die religiöse als auch die säkulare Seite befruchtenden – „Neulektüre" führen soll,¹⁸¹ messen die AutorInnen daran, „ob sie für beide Seiten ‚einleuchtend' ist (oder nicht)".¹⁸² Als Beispiel sei hier das *Übersetzungsprodukt* von Gen 1,31 angeführt:

---

[177] Stemberger (⁶2009) 59.
[178] Ebd. 60.
[179] Tietz (2012) 94.
[180] Hardmeier/Ott (2015) 16.
[181] Ebd. 17. Ebd. 334 (Hervorh. im Original): „Denn nur eine säkulare Stützung und wissenschaftliche Reflexivität der biblischen Religiosität *etsi deus non daretur* kann sie und ihre symbolpraktische Ausübung einerseits vor ideologischen Instrumentalisierungen oder fundamentalistischem Missbrauch bewahren und andererseits von ihrer Wächterfunktion und ihrer schöpfungs- und naturethischen Motivationskraft profitieren."
[182] Ebd. 36.

"Die Erfahrung der hebräischen Bibel ist die einer noch weitgehend menschenarmen Welt. Das Lob der Fürsorglichkeit des Schöpfers für die wildlebenden Landtiere in Psalm 104, das mentalitätsprägend dem ‚Und da! Sehr gut' von Gen 1,31 antwortet, hat in naturethischer Perspektive einen deontologischen Gehalt: ‚seid bereit, mit ihnen das Trockenland zu teilen!' Den Wildtieren wird damit ein Anrecht zuerkannt, die Festländer zu besiedeln und zu bevölkern. Der Mensch soll daher die Naturlandschaften als Gemeingut aller Landlebewesen mit ihnen teilen und ihre Habitate weitgehend in Frieden lassen."[183]

Alle von Hardmeier/Ott angeführten Beispiele legen vier Punkte bezüglich einer als religiös verstandenen Sprache und deren *Übersetzung* offen: Erstens bleibt eine dezidierte Definition einer religiösen Sprache aus; diese wird als Artikulationsform religiösen BürgerInnen zugeschrieben, die artifiziellen Charakter haben und die sich – mit dem Religionspädagogen Michael Wermke gesprochen – dadurch auszeichnen, dass ihr „Weltbild durch religiöse Bezüge bestimmt ist".[184] Damit wird eine als religiös verstandene Sprache zu einem Proprium von gläubigen Menschen i. S. „religiöser Lebens- und Denkweisen"[185] eingeebnet, so dass im Umkehrschluss einer als religiös verstandenen Sprache keine Existenz zugestanden wird, wenn sie losgelöst vom Glauben ist. Zweitens fehlt es an einer konkreten Ausformulierung des Verständnisses von *Übersetzung*. Drittens bleibt durch diese fehlende Ausdifferenzierung die *Übersetzung* auf eine Auslegung i. S. eines Kommentars beschränkt, die das einer als religiös verstandenen Sprache inhärente Inszenatorische ausblendet.[186] Viertens werden mögliche negative Veränderungen i. S. von Verfremdungen des *Übersetzungsgegenstands* bzw. Grenzen der *Übersetzung* nicht in Betracht gezogen,[187] so dass sich die generelle Frage stellt, ob durch eine *Übersetzung* die christliche Religion nicht das einbüßt, was sie schließlich als Religion ausmacht.[188]

Besonders an die letzte Frage knüpfen die Überlegungen von Benk an, der eine *Übersetzung* von „Schöpfung" in eine säkulare Sprache „ohne Verzerrungen und Enttäuschungen" – für religiöse und nichtreligiöse Menschen – anvisiert.[189] Benk differenziert dabei insgesamt drei unterschiedliche weltanschauliche Perspektiven, die „Schöpfung" jeweils anders in einer säkularen, einer religiösen und einer christlich-theologischen Sprache ausdrücken:

---

[183] Ebd. 266.
[184] Wermke (2015) 299.
[185] Esterbauer (2007) 317.
[186] Ebd. Dressler (2016) 52: „Grundsätzlich unterschätzt Habermas, dass es im Hinblick auf die Religion gerade ihre szenisch-gestischen, metaphorischen und im weitesten Sinn symbolischen kommunikativen Formgestalten sind, die Bedeutungsüberschüsse über die dabei verwendeten sprachlichen Begriffe hinaus enthalten."
[187] Esterbauer (2007) 319.
[188] Dressler (2016) 49, 51. Ähnlich Schwillus (2015) 156.
[189] Benk (2016) 180f.

„In säkularer Sprache ausgedrückt ist ‚Schöpfung' eine Vision, dass eine lebens- und menschenfreundliche Welt ‚trotz allem' eine zwar noch nicht realisierte, aber da und dort schon erfahrbare Möglichkeit unserer Welt ist. In religiöser Sprache ausgedrückt meint ‚Schöpfung', dass eine wahrhaft lebens- und menschenfreundliche Welt Gottes ursprünglicher und endgültiger Wille ist. In christlich-theologischer Sprache ausgedrückt begegnet dieser unerschütterliche Wille Gottes in Jesus von Nazareth und ‚für alle Zeiten' im Wirken von Gottes Geist (trinitarisches Bekenntnis)."[190]

Benk sieht in den von dem Sozialpsychologen Harald Welzer (2013) formulierten zwölf „Regeln" für eine „Anleitung zum Widerstand" die Regeln für einen visionären Schöpfungsglauben gegeben, für die er jeweils „eine kleine Auswahl möglicher biblischer ‚Rückübersetzungen'" vorschlägt:[191]

> „1. Alles könnte anders sein [Gen 1,1–2,4a; Gen 2,4b–24; 2Sam 23,2–5; Jes 11,1–9; Mi 4,1–5; Lk 1,46–55; Lk 12,22–32]
> 2. Es hängt ausschließlich von Ihnen ab, ob sich etwas ändert [Gen 1,26–28; Gen 2,15; Dtn 30,15; Spr 4,25–27; Jes 58,6–9; Lk 10,25–37]."

Die beiden praktischen Beispiele zeigen, dass sich der *Übersetzungsgegenstand* jeweils auf Textausschnitte bezieht und das *Übersetzungsprodukt* eine Erklärung i. S. eines hermeneutischen Aktes darstellt. Die *Übersetzungsrichtung* verläuft sowohl aus einer religiösen in eine säkulare Perspektive (Hardmeier/Ott 2015) als auch umgekehrt (Benk 2016); in beiden Fällen sind die *ÜbersetzerInnen* als TheologInnen den „religiösen BürgerInnen" zuzuordnen.

1.2.1.3 „Religiöse Rede in postsäkularen Gesellschaften"

Unter diesem Titel fand ein interdisziplinär ausgerichtetes Symposium im Jahr 2015 in Jena statt. Es wurden die Veränderungen von „religiöser Rede" – nicht: „Sprache" – in postsäkularen Gesellschaften fokussiert und nach dem Beitrag religiöser Rede für die Entwicklung demokratisch-pluralistischer Gesellschaften gefragt; dabei orientierte man sich an Habermas' Definition einer postsäkularen Gesellschaft. Die HerausgeberInnen des Tagungsbandes sehen kirchliche Verkündigung und religiöses Bildungshandeln mit dem Problem ihrer Plausibilität konfrontiert, da beide Aspekte in der postsäkularen Gesellschaft als unverständlich wahrgenommen werden. Somit eignet sich gerade „religiöse Rede" zwischen religiösen und säkularen BürgerInnen als Kommunikationsform, der im Hinblick auf das Verhältnis von Religion und postsäkularen Gesellschaften eine „Schlüsselstellung" zukommt, denn:

> „Mittels religiöser Rede verständigen sich religiöse Subjekte untereinander und gegenüber anderen darüber, was es für sie heißt, religiös zu sein und in der heutigen Gesellschaft religiös zu leben (Selbstverständigungsfunktion). Durch religiöse Rede laden religiöse Subjekte ein, sich auf religiöse Deutungen oder Argumente

---

[190] Ebd. 246.
[191] Ebd. 273; exemplarisch seien hier zwei Regeln genannt.

einzulassen (Vermittlungsfunktion). Die Gesellschaft wird durch religiöse Rede in der Öffentlichkeit mit Religion konfrontiert und reagiert darauf (Faktizität des Religiösen)."[192]

Dieses Beobachtungsfeld wird aus unterschiedlichen Perspektiven erschlossen, welche an dieser Stelle nicht in toto aufgeführt werden können. Als Zusammenfassung eignen sich die im Rahmen des Symposiums acht aufgestellten Thesen, welche die Interdependenz von Religion(en), Sprache und *Übersetzung* tangieren und im Folgenden kurz zusammengefasst werden:[193] Erstens ist jede „christlich-religiöse Rede" als eine *Übersetzung* anzusehen, „weil sie keine heilige Sprache kennt" und weil sie durch das Eingehen auf die Erfahrungswelt der AdressatInnen per se eine *Übersetzung* darstellt; folglich ist von einem „Doppelcharakter" dieser *Übersetzung* auszugehen, der von der Chance auf die Freilegung von Bedeutungen, aber auch von dem Risiko eines Bedeutungsverlustes geprägt ist. Zweitens ist religiöse Bildung in zweifacher Hinsicht als konstitutiv für religiöse Rede anzusehen, um einerseits die *Übersetzung* „von Glaubenseinsichten in die Denk-, Sprach- und Erfahrungswelt der Adressaten" zu gewährleisten und um andererseits „die semantischen Gehalte religiöser Rede erschließen zu können". Drittens besteht die Grenze religiöser Rede in „unübersetzbare[n] Reste[n]" – bspw. „Gott" –, die oftmals den „Kern der Religion betreffen". Viertens konstituiert sich religiöse Rede im Vollzug des Glaubens, so dass zu ihr auch Leiblichkeit und Handlungen der Sprechenden zählen und sie somit nicht von einem als religiös zu verstehenden Kontext getrennt werden kann, sondern dass sie an eine „sinnlich-religiöse Präsenz" gekoppelt ist. Fünftens unterliegt religiöse Rede der Gefahr des ideologischen Missbrauchs, weshalb ihre „tiefe und unüberwindbare Zweideutigkeit" nicht außer Acht gelassen werden darf. Sechstens braucht religiöse Rede ebenso sehr Religionskritik, wie sie selbst Religionskritik üben muss. Siebtens, auf die religiöse Kommunikation bezogen, muss religiöse Rede durch Symbolhandlungen und öffentliche Aktionen wirken, um wahrgenommen zu werden. Achtens verfügt religiöse Rede über das Potenzial, Konflikte zu provozieren, wobei sie sich immer daran messen lassen muss, ob sie dazu imstande ist, Versöhnung im Sinne der Menschenwürde anzuvisieren.

Exemplarisch für die zahlreichen Beitragenden soll an dieser Stelle der Religions- und Kirchensoziologe Gert Pickel zu Wort kommen, da er eine Unterscheidung vornimmt zwischen religiöser Kommunikation, die „die Auseinandersetzung oder Verwendung von religiös konnotierten Argumenten oder das Reden über Religion [beschreibt]", und religiöser Rede, die „sich vornehmlich auf die Verwendung religiöser Argumente durch religiöse Experten, welche diese dann wieder verarbeiten, [bezieht]".[194] Für eine empirisch fun-

---

[192] Rose/Wermke (2016a) 8.
[193] Ebd. 17f.; alle nachfolgenden Zitate danach.
[194] Pickel (2016) 61.

dierte Betrachtung von religiösen Diskursen erweist sich das Prisma der religiösen Kommunikation deshalb als tragfähiger gegenüber der religiösen Rede, weil Letztgenannte einen „starken christlichen Deutungsgehalt besitzt" und so eine begrenzte Sichtweise einnimmt.[195] Bei religiöser Kommunikation hingegen müssen nur

> „[i]rgendwo [...] Gott, Religion oder ihm Verwandtes vorkommen oder anwesend sein. Ist dies nicht der Fall, so ist es analytisch sinnlos, wenn nicht sogar falsch, von religiöser Kommunikation zu reden. Möglicherweise ist sie religioid, ggf. nimmt sie sogar ähnliche Funktionen wahr, nur hilft es wenig, sie dann als religiös zu bezeichnen."[196]

Demzufolge kann religiöse Kommunikation auch zwischen Menschen stattfinden, die sich selbst als nicht-religiös bezeichnen, wenn die Kommunikationsgrundlage einen als religiös verstandenen Bezug aufweist, bspw. zu Islamisten oder zur Kirchensteuer.[197]

Wie eine als religiös verstandene Sprache von einer breiten gesellschaftlichen Mehrheit erkannt bzw. durch *Übersetzungen* kommunikabel gemacht werden kann, stellt ein Grundanliegen Öffentlicher Theologie dar, worauf im folgenden Kapitel einzugehen ist.

1.2.2 *Übersetzen* und Zweisprachigkeit als Aufgabe Öffentlicher Theologie

Das Habermas'sche Postulat zur *Übersetzung* lässt sich als die „philosophisch-säkulare Grundlegung einer Theorie des öffentlichen Christentums beschreiben".[198] *Übersetzen* gehört somit zum Selbstverständnis Öffentlicher Theologie, das Heinrich Bedford-Strohm definiert als den

> „Versuch, im interdisziplinären Austausch mit anderen Wissenschaften an der Universität und im kritischen Gespräch mit Kirche und Gesellschaft in gesellschaftlichen Grundfragen Orientierung zu geben und dabei Ressourcen der Kommunikation zu erarbeiten, die die Relevanz religiöser Orientierungen in der pluralistischen Gesellschaft deutlich machen."[199]

---

[195] Ebd. 62.
[196] Ebd. 85.
[197] Ebd.
[198] Laube (2019) 53.
[199] Bedford-Strohm (2009) 331. Ähnlich Bedford-Strohm (2019) 9f., (⁵2015) 118. Wabel (2016: 153) führt im Anschluss an 1Petr 3,15 aus, dass „[a]lle Theologie" als öffentlich zu verstehen ist und dass man „christliche Theologie im universitären Kontext als ein Unternehmen verstehen [kann], das dieser Aufforderung nachkommt: Wer auch immer fragt, unabhängig von Herkunft, Studienfach oder Religionszugehörigkeit, soll Auskunft erhalten können, was es mit dem christlichen Glauben auf sich hat." Es existieren selbstverständlich noch weitere zahlreiche Definitionen, welche auf unter-

Bedford-Strohm knüpft dabei bewusst an Habermas' Postulat der *Übersetzung* von einer als religiös verstandenen Sprache in eine als säkular verstandene an, indem „die Religionen wichtige Einsichten erschließen helfen, die den modernen säkularen Menschen verloren gegangen sind".[200] Orientierungskraft für die gesamte, also sich aus christlich sozialisierten, nicht- und andersreligiösen Menschen konstituierende Gesellschaft liefern besonders die drei folgenden religiösen Überzeugungen: „Der Gabecharakter alles Daseins (Schöpfungslehre)", „Sünde und Vergebung (Christologie)" und die „Freiheit eines Christenmenschen (Dogmatik und Ethik)".[201]

Mit dieser *Übersetzungsintention* korreliert das Postulat einer Zweisprachigkeit, welche Bedford-Strohm zu den „[s]echs Leitlinien für ein verantwortliches Reden der Kirche" zählt,[202] damit ihr Reden von den gesamten Öffentlichkeiten[203] verstanden werden kann. Um am zivilgesellschaftlichen Diskurs partizipieren zu können, muss Öffentliche Theologie „[n]eben der biblischen und theologischen Sprache [...] auch die Sprache des säkularen Diskurses beherrschen und sich in philosophischen, politischen und ökonomischen Debatten verständlich machen suchen".[204]

Mit der *Übersetzungsaufgabe* und der Zweisprachigkeit Öffentlicher Theologie geht gleichzeit ein Dilemma einher, das Florian Höhne in der Partikularität christlicher Tradition, welche sich durch eine symbolische Sprache äußert, gegeben sieht:

> „Je weniger Öffentliche Theologien auf diese Partikularität und je mehr sie auf allgemein Akzeptiertes setzen, desto weniger haben sie beizusteuern. Spielt das Partikulare, Spezifische aber eine zu große Rolle, wird die Öffentliche Theologie

---

schiedliche Schwerpunktsetzungen rekurrieren; in diesem Zusammenhang betont Höhne (2015: 35), von Öffentlicher Theologie „im Plural zu sprechen".

[200] Bedford-Strohm (2019) 11. Laube (2019: 52f.) betont den Einfluss von Habermas auf die Öffentliche Theologie, da er „im Widerspruch zur klassisch liberalen Verdrängung der Religion aus dem öffentlichen Raum [...] gerade darauf hin[arbeitet], das Christentum – wie auch andere Religionsgemeinschaften – nicht nur in der politischen Öffentlichkeit zu dulden, sondern ihm zugleich eine wichtige Funktion für die Regeneration der moralischen Grundlagen liberaldemokratischer Gesellschaften zuzuschreiben".

[201] Bedford-Strohm (2019) 13f.

[202] Zum Versuch der Kirchen, ihre gegenwärtigen Rolle im öffentlichen Raum zu klären, siehe Jäger (2019) 4f.; dort auch weiterführende Literatur.

[203] Zur bewussten Verwendung des Plurals mit Ausnahme von Zitaten siehe Anm. 32 (Einleitung).

[204] Bedford-Strohm (2012) 41. Ähnlich Breul (2018) 6: „[...] nur eine versprachlichte Religion [kann] anschlussfähig an die öffentlichen Debatten einer pluralisierten und interreligiösen Öffentlichkeit sein". Ähnlich Pirner (2018a: 88f.), der unter dem „Aspekt der Selbstübersetzung" eine Aufgabe Öffentlicher Theologie versteht, „eine Sprache zu finden, die auch nichtreligiöse Menschen verstehen können; eine Diskussionsebene zu finden, die auch nicht wissenschaftlich gebildete Menschen nachvollziehen können; und Medien zu finden, die auch Nichtakademiker erreichen können."

jenseits ihrer Traditionsgrenzen unverständlich und verliert damit ihre breitere Öffentlichkeit."[205]

Martin Laube konkretisiert diese Problematik, indem er Bedford-Strohm vorwirft, *Übersetzen* und Zweisprachigkeit auf das Beherrschen einer in säkularen Diskursen geführten Sprache zu beschränken; vielmehr besteht eine der Theologie grundlegende Vermittlungsaufgabe darin, „im Vollzug der Übersetzungsarbeit diese Sprache kreativ zu öffnen und in ihr mehr zu sagen, als sie von sich aus zu sagen vermag".[206]

Thomas Wabel schlägt zur Lösung dieses Dilemmas ein Zusammendenken von Partikularem und Allgemeinem vor, wozu er u. a. auf die philosophische Konzeption von Matthias Jung (2009) zurückgreift,[207] der sowohl die menschliche Artikulation als auch die Ausdrucksformen der Religion als physische, mediale und soziokulturelle Verkörperungen in den Öffentlichkeiten ansieht.[208] Im Umkehrschluss sind die Öffentlichkeiten auf Verkörperungen angewiesen, bzw. sind die gesamten Öffentlichkeiten als ein Raum sozialer Verkörperungen anzusehen, in denen sich Möglichkeiten für die gegenseitige Verständigung eröffnen.[209] Dies bedeutet jedoch nicht von vornherein, dass der *Übersetzungsarbeit* keine Grenze mehr gesetzt ist; diese „prinzipielle Grenze" besteht in der untrennbaren Verbundenheit zwischen der Pragmatik des Religiösen und deren Semantik, wodurch keine Explikationen möglich sind.[210] Höhne knüpft an den von Wabel betonten Aspekt der Verkörperung an und fordert in diesem Zusammenhang eine Abkehr von einer ausschließlichen Betonung eines semantikpointierten *Übersetzungsbegriffs* für die Öffentliche Theologie und damit die Weitung auf einen praxispointierten *Übersetzungsbegriff*, „der die Relation zweier sozialer und verkörperter Praktiken reflektiert".[211] Höhne argumentiert, dass eine Semantikpointierung nur das rationale Verständlichmachen einer als religiös verstandenen Sprache im Blick hat, wohingegen eine Praxisorientierung im Zuge der Verkörperungen auch performative Elemente miteinbezieht, nämlich den gesamten menschlichen Körper mitsamt dem ihm inhärenten Habitus; es bleibt ein Desiderat, inwieweit diese theoretischen Überlegungen in die Praxis umgesetzt werden können,

---

[205] Höhne (2015) 77. Ähnlich Wabel (2016) 169. Ähnlich Breul (2018) 9: „Eine hermetisch verriegelte Gemeinschaft, deren Sprache nur die eigenen Mitglieder verstehen können, ist nicht in der Lage, ein interreligiöses Gespräch zu führen."
[206] Laube (2019) 64.
[207] Wabel (2016) 161–167.
[208] Ebd. 161–163.
[209] Ebd. 163f.
[210] Ebd. 168. Ähnlich Wabel (2019b) 20f.
[211] Höhne (2019) 38. Ähnlich Oorschot (2019: 33), die für *Übersetzungen* plädiert, die nicht ausschließlich auf einer kognitiven Ebene verlaufen, „sondern sowohl die existenzielle Dimension als auch die religiöse Praxis berücksichtigen [müssen]." So auch Pirner (2019a: 99), der im Hinblick auf das Gelingen einer *Übersetzung* auch die pragmatische Ebene einbezieht; der Ansatz wird besprochen in Kap. I 1.3.1.2.2.

nämlich wie „dieses Über-setzen zwischen verschiedenen Milieus, Lebensstilen und gesellschaftlichen Klassen aussehen [kann]".[212]

Wabel regt eine Ausweitung des Wahrnehmungsfeldes Öffentlicher Theologie im Hinblick auf öffentlichkeitsrelevante Diskursformen an, so dass sich die *Übersetzungsarbeit* und Zweisprachigkeit nicht nur auf eine Sprache i. S. eines homogenen Raums zu beziehen hat, sondern eine „Vielzahl je kontextgebundener Zielsprachen" berücksichtigen muss,[213] worunter sowohl National-, als auch Fachsprachen zu zählen sind;[214] dabei muss sich Öffentliche Theologie stets vor Augen halten, dass eine vollständige *Übersetzung* in eine rationale Sprache unmöglich ist.[215] Als Konsequenz fordert Tietz von religiösen Gruppierungen eine Zweisprachigkeit in öffentlichen Diskursen ein, damit zum einen „deutlich [bleibt], *wer* hier redet und warum", und zum anderen, dass bspw. öffentliche Stellungnahmen der Kirchen nicht nur von religiösen Menschen verstanden werden.[216]

Auf diese Problematik geht Wabel ein, indem er bezüglich der *Übersetzungsintention* für Öffentliche Theologie einwendet, dass das *Übersetzen* unter zwei begrenzten Bedingungen abläuft: „In der Vielzahl zu verwendender (Übersetzungs-)Sprachen und im zeitlichen Index, den jede Übersetzung trägt [...]."[217] Vor diesem Hintergrund entwirft Wabel drei Möglichkeiten für eine gelingende *Übersetzung*.

Die erste Möglichkeit bezeichnet er als eine „kooperative Übersetzung", welche u. a. in Unterrichtswerken für den Religionsunterricht beobachtet werden kann.[218] Darunter versteht er „approaches to present religion as a phenomenon and different religions to those who might not regard themselves as religious".[219] Diese Annäherungen stellen entweder Texte oder Bilder dar, welche den RezipientInnen die Weltanschauung eines religiösen Menschen eröffnen, so dass – vorrangig nicht- und andersreligiöse – SuS einerseits nachempfinden können, wie Religiosität den Blick auf das Alltägliche verändern kann, andererseits auf den Stellenwert von Religionen und auf die diesbezüglichen,

---

[212] Höhne (2019) 56.
[213] Wabel (2016) 173.
[214] Ebd. 174.
[215] Ebd.
[216] Tietz (2012) 99 (Hervorh. im Original). Tietz (ebd.) benennt in diesem Zusammenhang auch „Beispiele für eine derartige Übersetzung und dann Zweisprachigkeit [...]: das Rechtfertigungsgeschehen und der Gedanke, dass der Mensch mehr ist als seine Leistungen; die Heiligung des Feiertags und dies, dass der Mensch Zeiten der Zweckfreiheit braucht; das Zweite ist dabei jeweils kein Zusätzliches, sondern ein ins Nichtreligiöse Übersetztes."
[217] Wabel (2019c) 67.
[218] Das von Wabel herangezogene Beispiel wird im Rahmen der Thematisierung von *Übersetzungen* in Unterrichtswerken besprochen: Kap. I 1.3.4 (Punkt 1.2.2.2).
[219] Wabel (2019a) 189.

im öffentlichen Diskurs präsenten Sichtweisen und Argumentationsmuster aufmerksam gemacht werden.[220]

Die zweite Möglichkeit bezeichnet er als „Übersetzung als Unterbrechung", womit er u. a. an Armin Nassehis (2017, 2015) systemtheoretische Sicht auf die Gesellschaft anknüpft, in der aufgrund der Polykontextualität *Übersetzungen* unausweichlich sind;[221] mit „Unterbrechung" nimmt Wabel allerdings nicht auf Nassehis „Management von Unterbrechungen" (Kap. I 1.2.3) Bezug. Die aus der Polykontextualität erwachsenden Perspektivendifferenzen sind nur kontextgebunden abgleichbar, was als ein fortwährender Prozess zu verstehen ist, der also nie zu einem abschließenden Ende kommt. „Übersetzung" ist somit „ein Vorgang der je und je neu zu vollziehenden Aneignung – einer Aneignung freilich, die vom anderen her und damit im Durchgang durch Andersheit vollzogen wird".[222] In diesem Zuge kommt es zu einer Perspektivenumkehr, der nicht von vornherein Erfolg beschieden ist, wie Wabel an folgendem Beispiel verdeutlicht:[223] Der Schriftsteller und Orientalist Navid Kermani macht vor dem Hintergrund seines muslimischen Glaubens keinen Hehl daraus, dass er Kreuzen gegenüber „prinzipiell negativ eingestellt" sei, welche er als „Hypostasierung des Schmerzes barbarisch, körperfeindlich, ein Undank gegenüber der Schöpfung" erachtet. Obwohl er die Kreuzestheologie als „Gotteslästerung und Idolatrie" ansieht, empfand Kermani den Anblick einer Kreuzigungsdarstellung des Barockmalers Guido Reni in einer Kirche im italienischen Lucina „so berückend, so voller Segen, dass ich am liebsten nicht mehr aufgestanden wäre. Erstmals dachte ich: Ich – nicht nur: man –, könnte an ein Kreuz glauben." Die Wahrnehmung bzw. die Interpretation Kermanis vor dem Hintergrund seines muslimischen Glaubens bezeichnet Wabel als eine *Übersetzung* in einem ästhetischen Kontext, die zudem als „gelungen" einzustufen ist, weil sie „mehr und andere Dimensionen umfasst als die Übertragung propositionaler Gehalte von einer Semantik in eine andere.[224] Eine derartige *Überset-*

---

[220] Ebd. 190.
[221] Wabel (2019c) 67. Wabel (2019b: 30) erarbeitet im Zuge der stark ausdifferenzierten Polykontextualität der Gesellschaft Impulse für eine methodische Neubesinnung Öffentlicher Theologie und plädiert dafür, die häufig rezipierte Definition für Öffentliche Theologie von Vögele (1994: 421f.: „Reflexion des Wirkens und der Wirkungen des Christentums in die Öffentlichkeiten der Gesellschaft hinein") „abzuändern: Statt von den Wirkungen des Christentums ‚*in die* Öffentlichkeiten der Gesellschaft *hinein*' sollte besser vom Wirken ‚*innerhalb* der Öffentlichkeiten einer Gesellschaft' die Rede sein" (Hervorh. im Original).
[222] Wabel (2019c) 68f.
[223] Wabel (2016) 171. Die nachfolgenden Zitate Kermanis nach: Kermani, Navid, Bildansichten: Warum hast Du uns verlassen?, in: *Neue Zürcher Zeitung*, 14.03.2009, www.nzz.ch/warum_hast_du_uns_verlassen_guido_renis_kreuzigung-1.2195409 (Zugriff: 01.11.2021).
[224] Wabel (2016) 172. Kermani äußert sich über den besagten Essay in der *Neuen Zürcher Zeitung* hinaus auch andernorts über seine positive Annäherung an das Christentum durch Kunstwerke, bspw. Kermani (2015). Siehe auch Wabel (2019b) 25f., (2019c) 69f.

zung stellt präziser eine „*Transformation durch das Auge des anderen*" dar,[225] worunter eine Reformulierung zu verstehen ist; auf den *Übersetzungsgegenstand*, der in einer bestimmten Sprachebene verortet ist bzw. seine spezifische Bedeutung durch die Verwendung in dieser Sprachebene erlangt – hier: die Sprache der Religion(en) christlicher Prägung –, erfolgt ein sprachlicher Zugriff aus einer anderen Sprachebene – hier: die Sprache der Religion(en) muslimischer Prägung. Es findet somit eine „umgekehrt[e] Zuordnung von Außen- und Binnenperspektive" statt,[226] wie es treffend Ulrich H. J. Körtner formuliert: Es geht

> „nicht nur darum, eine Außenperspektive in die theologische Binnenperspektive zu integrieren, sie also von einer Außenperspektive zu einem Moment der Binnenperspektive zu transformieren und damit als Außenperspektive aufzuheben. Die eigentliche Herausforderung besteht vielmehr darin, die Außenperspektive am Ort der Binnenperspektive so zur Sprache zu bringen, dass das Andere zur eigenen Perspektive als dieses gewahrt bleibt."[227]

Diese Verschränkung der Innen- und Außenperspektive stellt somit einen hermeneutischen Akt dar, durch den sich „beide Perspektivierungen gegenseitig erhellen" können.[228] Durch diese Reformulierung bzw. Transformation wird eine neue Sicht auf das eigene Verständnis eröffnet, so dass zusammenfassend die „Unterbrechungserfahrung heterogener Kontexte […] dazu beitragen [kann], dass in der Übersetzung Theologie gerade zu ihrem Eigenen zurückgeführt wird".[229]

Die dritte Möglichkeit knüpft an die zweite an und wird von Wabel als „Übersetzung als Einladung" bezeichnet.[230] Hierbei ist allerdings zwischen „Einladung" und „Einbeziehung" zu trennen, denn

> „die Einladung liefe ins Leere, setzte sie ein vereinheitlichtes Verständnis dessen voraus, worum es bei dem entsprechenden Inhalt zu tun ist. Übersetzen gelingt nicht trotz, sondern wegen des Abschieds von den Idealbildern der abgeschlossenen Übersetzung und des Kriteriums eines Dritten, an dem sich gelungene Übersetzungen als solche identifizieren ließen."[231]

Wabel greift bezüglich der Metapher der Gastfreundschaft auf Paul Ricœurs „sprachliche Gastfreundschaft (hospitalité langagière)" zurück,[232] „in der der Übersetzer […] ,sein Glück finden' kann, indem ,das Vergnügen, die Sprache

---

[225] Wabel (2019c) 70 (Hervorh. im Original). Ebenso (2019b) 25f., (2019a) 190f. mit weiteren Beispielen von Kermani.
[226] Wabel (2019b) 24.
[227] Körtner (2016) 196.
[228] Wabel (2019b) 26.
[229] Wabel (2019c) 71.
[230] Ebd., Wabel (2019a) 192–194.
[231] Wabel (2019c) 71.
[232] Ricœur (2016a) 11: „Hospitalité langagière donc, où le plaisir d'habiter la langue de l'autre est compensé par le plaisir de recevoir chez soi, dans sa propre demeure d'accueil, la parole de l'étranger."

des anderen zu bewohnen, vergolten wird durch ein Vergnügen, bei sich, in [der] eigenen [...] Bleibe, das Wort des Fremden zu empfangen".[233] Differenziert man diese Metapher weiter aus, wird klar, dass derartige Einladungen einerseits Unterbrechungen der Normalität darstellen und auch mit dem Risiko eines Scheiterns behaftet sind, wie es Wabel anhand einer Plakataktion der Evangelischen Kirche in Hessen und Nassau anlässlich Karfreitag 2012 exemplifiziert: Vor einem als Himmel zu identifizierenden Hintergrund ist eine zum „victory"-Zeichen geformte Hand abgebildet, auf der das blutige Stigma sichtbar ist; am oberen Bildrand befindet sich die Aufschrift „opfer?", am unteren Rand – neben der Internetadresse www.karfreitag.de und einer Nummer eines Infotelefons – der Satz „Der Tag ist wichtig!"[234] Die InitiatorInnen dieser Aktion beabsichtigten, „gesellschaftliche Mechanismen der Viktimisierung aufzudecken und auf das Potenzial christlich-religiöser Bearbeitung hinzuweisen".[235] So subsumiert die Doppeldeutigkeit von „Opfer" sowohl die Nuance „zum Opfer fallen", „sich aufopfern" als auch das unter Kinder und Jugendlichen verbreitete Schimpfwort „(du) Opfer". Eine derartige *Übersetzung* ist deshalb als „überzeugend [gelungen]" zu bewerten, da sie „eine Ausweitung des Adressatenkreises christlicher Überlieferung bewirken [kann], die die herkömmliche Zuordnung von ‚innen' und ‚außen' hinter sich lässt".[236] Dieses Beispiel wird darüber hinaus einer Forderung von Wabel gerecht, dass für Öffentliche Theologie aus den unterschiedlichen gesellschaftlichen Kontexten die Aufgabe einer inszenierten Medialität erwächst.[237] An der Plakataktion werden die beiden Möglichkeiten für eine *Übersetzung* unter „nichtidealen Bedingungen" praktisch greifbar: „Übersetzung vollzieht sich hier als Einladung und Unterbrechung: Einladende Wirkung kann das Plakat nur entfalten, weil und sofern es eingeschliffene Erwartungen hinsichtlich kirchlicher Öffentlichkeitsarbeit unterbricht."[238] Wabel konkretisiert die besagte Medialität im Hinblick auf die ästhetische Dimension für Lernarrangements im Religionsunterricht: Dabei vertritt er den Standpunkt, dass religiöse Perspektiven nur dann von Nicht- oder Andersgläubigen eingenommen werden können, wenn es gelingt, einen gemeinsamen als ästhetisch schön eingestuften Ausgangspunkt zu finden, der als Vehikel für die Bereitschaft fungiert, sich mit Religion(en) auseinanderzusetzen. Eine derartige Auseinandersetzung auf einer ästhetischen Ebene versteht Wabel als „transformative experience".[239]

---

[233] Wabel (2019c) 71 mit übernommenem Zitat aus Ricœur (2016b) 17f.
[234] Ebd. 73, ebenso Wabel (2019b) 24f.
[235] Wabel (2019c) 73. Siehe auch das von Wabel angesprochene Beispiel im *Kursbuch Religion Sekundarstufe II* (Rupp/Dieterich 2014, Hg.: 126) innerhalb von Kap. I 1.3.4 (Punkt 2.1.3).
[236] Ebd.
[237] Wabel (2019b) 24. Zu dem ästhetischen Aspekt als Medium für *Übersetzungen* als „Einladungen" siehe auch Wabel (2019a) 192f.
[238] Wabel (2019c) 73.
[239] Wabel (2019a) 194f.

Wie noch zu zeigen ist, wirken sich die aus der Debatte des Selbstverständnisses Öffentlicher Theologie hervorgehenden Impulse auf die religionspädagogische Implementierung von *Übersetzungen* aus.[240] Für eine auszuarbeitende sprach- und translationssensible Religionsdidaktik erwächst aus den obigen Ausführungen der Impuls, *Übersetzungen* „einladend" zu gestalten, so dass die *übersetzenden* SuS sich eingeladen fühlen, sich mit dem *Übersetzungsgegenstand* auseinanderzusetzen und über die so ermöglichte Affinität zu ihm ein *Übersetzungsprodukt* anzufertigen, das auf die AdressatInnen einladend wirkt, um deren Sprachwelten für die Freisetzung von hermeneutischen Wechselwirkungen gewinnen zu können. Somit kann eine Verbindung zwischen den Sprachebenen ermöglicht und ein ins Stocken geratener Kommunikationsfluss wieder aufgenommen werden.

Wie es zwischen den unterschiedlichen Sprachen in den Öffentlichkeiten zu Unterbrechungen kommen kann und wie diese nach Armin Nassehi gemanagt werden können, wird im folgenden Kapitel besprochen.

1.2.3 „Übersetzungskonflikte" (Armin Nassehi)

Der Soziologe Armin Nassehi entfaltet *Übersetzungskonflikte* als Kriterium einer polykontextualen Gesellschaft in *Die letzte Stunde der Wahrheit* (2015) und in der gleichnamigen, nur im Untertitel differenten, völlig überarbeiteten und ergänzten Ausgabe (2017). Durch ein systemtheoretisches Prisma betrachtet, bildet das Hauptmerkmal der heutigen Gesellschaft deren unauflösliche Komplexität, die nicht mehr auf eine Zentralperspektive hin auszuloten ist.[241] Daraus geht eine „Mehrfachbedeutung" für alles in der Gesellschaft Vorhandene an Wörtern und Theorien hervor, die sich insofern als problematisch erweist, als die Polykontextualität keine alleinige Betrachtung zulässt; vielmehr sind tradierte Wörter und Theorien obsolet für eine Beschreibung der Gesellschaft geworden, so dass mehrere Perspektiven, welche sich in unterschiedlichen Sprachspielen niederschlagen, gleichwertig nebeneinander stehen.[242] Als ein Beispiel führt Nassehi die Debatte über die ökologische Gefährdung des Klimawandels an, welche die Gesellschaft „eben nicht als eine einheitliche Gesellschaft, sondern gleichzeitig politisch, ökonomisch, rechtlich, wissenschaftlich künstlerisch, religiös, pädagogisch, medial und nicht zuletzt in konkreten privaten Entscheidungsprogrammen [verarbeitet]".[243] In diesem Zusammenhang ist auch der Titel *Die letzte Stunde der Wahrheit* zu deuten, denn trotz der

---

[240] Bes. Pirner (2019b, 2018a–b, 2015c), dessen Ansatz in Kap. I 1.3.1.2.2 besprochen wird.
[241] Nassehi (2017) 16: „In allen gesellschaftlichen Bereichen reden inzwischen unterschiedlichste Instanzen gleichzeitig mit [...]. Es entsteht eine komplexe Wechselseitigkeit von Unkoordiniertem, das noch aufeinander bezogen werden muss."
[242] Ebd. 65.
[243] Nassehi (2017) 200.

offensichtlichen Bedrohung ist eine eindeutige Wahrheit i. S. einer einheitlichen gesellschaftlichen Lösungsstrategie nicht in Sicht bzw. unmöglich, da es eben unterschiedliche Argumentationsmuster der vielen Sprachspiele gibt, die untereinander Verständigungsprobleme haben.[244]

In diesem Zusammenhang kommt es zwar zu *Übersetzungen* zwischen den Sprachspielen, allerdings betont Nassehi im Anschluss an unterschiedliche Theorien des Übersetzens die Unmöglichkeit einer Eins-zu-eins-Übertragung von Informationen von Sprache A in Sprache B; vielmehr erzeugen *Übersetzungen* „stets neue Realitäten, schon weil sie sich in anderen (kulturellen) Kontexten bewähren müssen und an andere Traditionen anschließen müssen, Metaphern und Bilder nicht einfach übertragen werden können".[245] Nach dem von Claude E. Shannon und Warren Weaver in den 1940er-Jahren entworfenen ‚klassischen' Kommunikationsmodell ist die Übertragung einer Information nicht damit beendet, wenn sie vom Sender zur Empfängerin gelangt ist; nun beginnt erst die Verarbeitung der Information durch die Empfängerin, indem sie sie auf ihren Erfahrungshorizont bezieht, dabei restrukturiert und schließlich in eine eigene, für sie relevante Information *übersetzt*.[246] Gerade weil die Gesellschaft so stark ausdifferenziert ist und es keine Eins-zu-eins-Übertragungen gibt, stellt für Nassehi jede Kommunikationssituation einen *Übersetzungsprozess* dar;[247] demzufolge gilt es, „*Unterbrechungen* als Bedingungen für Verbindungen [zu] identifizieren",[248] so dass Kommunikation gleichermaßen wie *Übersetzungen* als Konzepte anzusehen sind, „die weniger Verbindungen und Kopplungen im Blick haben als vielmehr ein Management von Unterbrechungen beinhalten".[249] Daraus folgert Nassehi zweierlei: Die polykontextuale Gesellschaft muss erstens Konflikte als *Übersetzungskonflikte* rekonstruieren und ihre Komplexität darauf zurückführen, „dass Kontexte sich widersprechen und an den Kontaktzonen der unterschiedlichen Logiken je unterschiedlicher Übersetzungsleistungen *gleichzeitig* vorgenommen werden".[250] Das „Bezugsproblem" der *Übersetzungskonflikte* besteht also in der „Gleichzeitigkeit unterschiedlicher Kontexte".[251] Zweitens rät Nassehi zur Ausbildung einer *Übersetzungskompetenz*, um derartige Konflikte zu vermeiden.[252] Damit ist nicht gemeint, alle unter-

---

[244] Ebd. Hierzu auch Pirner (2019a) 102f.
[245] Nassehi (2015) 268.
[246] Nassehi (2017) 199, (2015) 162: „*Der Empfänger empfängt nach eigenen Verarbeitungsregeln, über die der Sender nicht verfügen kann!*" (Hervorh. im Original).
[247] Nassehis Argumentationsduktus ähnelt dem Übersetzungsverständnis von Steiner (1975) 47: „Any model of communication is at the same time a model of translation." Demnach ist Übersetzung in metaphorischer Hinsicht als Sprachverstehen aufzufassen (Kap. I 1.1.4.2.1).
[248] Nassehi (2015) 274 (Hervorh. im Original).
[249] Nassehi (2017) 199, (2015) 269.
[250] Nassehi (2015) 273.
[251] Ebd.
[252] Nassehi (2017) 199, (2015) 276.

schiedlichen Kontexte einer Gesellschaft auf eine allgemeingültige Wahrheit hin zu nivellieren, sondern es geht darum, die unterschiedlichen Perspektiven anzuerkennen und „zu zeigen, dass die Akteure aktiv mit der Perspektivendifferenz der Gesellschaft umgehen lernen müssen".[253] Als ein Beispiel für die gelungene Einübung einer Perspektivendifferenz nennt Nassehi den Deutschen Ethikrat, der sich – entgegen einer möglichen ersten Vermutung – nicht ausschließlich aus EthikerInnen zusammensetzt; diese stellen neben anderen VertreterInnen aus unterschiedlichen wissenschaftlichen Tätigkeitsfeldern eine Minderheit dar. In diesem Gremium setzen sich die MitgliederInnen mit unterschiedlichen Sprachspielen auseinander, versuchen, diese aufeinander zu beziehen und sich mit ihnen argumentativ auseinanderzusetzen.[254] Eine derartige Auseinandersetzung mit unterschiedlichen Perspektiven bzw. unterschiedlichen Sprachspielen bezeichnet Nassehi als eine „performative Einübung in Perspektivendifferenz".[255]

Nassehis Überlegungen bündelt Stefan Altmeyer für religionspädagogische Belange im Hinblick auf eine als religiös verstandene Sprache, die aufgrund der Polykontextualität ebenfalls als ein komplexes Gebilde anzusehen ist. Die diesbezügliche *Übersetzungskompetenz* muss in der Fähigkeit bestehen,

> „die Vielfalt unterschiedlicher religiöser Sprechweisen kooperativ und moderierend aufeinander beziehen zu können […]. Je pluraler und heterogener eine Gesellschaft, desto mehr erfordert religiöses Sprechen eine Kombination aus einer diachronen und synchronen *Übersetzungskompetenz*."[256]

Ähnlich äußert sich Manfred L. Pirner, der gerade den Religionsunterricht aufgrund der hier aufeinandertreffenden Pluralität an Weltanschauungen als einen idealen Ort für die von Nassehi eingeforderte „Einübung von Perspektivendifferenz" erachtet.[257]

1.2.4 Ertrag

Das interdependente Verhältnis von Religion(en), Sprache und *Übersetzung* ist im öffentlichen Diskurs in zweierlei Hinsicht von Relevanz: Erstens existieren innerhalb einer Gesellschaft unterschiedliche Sprachspiele und zwischen diesen *Übersetzungen*, welche aus deren Polykontextualität erwachsen. Dabei ist der als religiös verstandenen Sprache innerhalb der vielen Sprachspiele ein hoher Stellenwert deshalb zuzurechnen, weil – gemäß der von Habermas konstatierten postsäkularen Gesellschaft – trotz des Rückgangs ihrer traditionell-kulturellen Prägekraft Religion(en) ein öffentliches Interesse entgegengebracht wird.

---

[253] Nassehi (2017) 200, ebenso ebd. 206, 209.
[254] Ebd. 207f.
[255] Ebd. 208.
[256] Altmeyer (2017b) 110f.; der Ansatz wird besprochen in Kap. I 1.3.1.2.2.
[257] Pirner (2019a) 104; der Ansatz wird besprochen in Kap. I 1.3.1.2.2.

Die zweite Relevanz besteht in den aus dem obigen Befund erwachsenden Konsequenzen, nämlich nicht nur in der Notwendigkeit von *Übersetzungen*, sondern auch in deren Thematisierung. Dabei handelt es sich um *Übersetzungen* von einer als religiös verstandenen Sprache in eine säkulare im Anschluss an das Postulat von Habermas, zweitens von Glaubenswahrheiten sowie von kirchlichen und biblischen Themen in die pluralen Öffentlichkeiten im Kontext Öffentlicher Theologie, welche Zweisprachigkeit als zu ihrem Selbstverständnis zugehörig erachtet, und drittens zwischen den unterschiedlichen in einer polykontextualen Gesellschaft vorhandenen Sprachspielen, von denen das religiöse eines davon darstellt. Dabei gilt es stets zu bedenken, dass man nicht ‚alles' in eine als religiös verstandene Sprache und umgekehrt in eine als säkular verstandene Sprache und weitere Sprachspiele *übersetzen* kann, ohne dass die *Übersetzungsprodukte* der Gefahr unterliegen, den *Übersetzungsgegenstand* zu verfälschen.

Führt man an diesem Punkt die Ergebnisse der Relevanz des Forschungsfeldes im öffentlichen Diskurs zusammen, besteht der Ertrag für eine auszuarbeitende sprach- und translationssensible Religionsdidaktik in zwei zu forcierenden Konsequenzen: Erstens bedarf es im Hinblick auf die gesellschaftliche Polykontextualität, welche im Religionsunterricht vor dem Hintergrund unterschiedlicher aufeinandertreffender Sprachen bzw. Sprachspiele und deren Zugriffe auf die Sprache der Religion(en) erfahrbar wird, eines unterrichtlichen Arrangements für den Religionsunterricht als einen heterogenen Raum, in dem mehrere Sprachen gesprochen werden. Demzufolge erweist sich eine „Zweisprachigkeit", wie sie mit Bezug auf Habermas im Kontext der Öffentlichen Theologie postuliert wird, als eine verkürzte Sicht auf die Kommunikationssituation im Religionsunterricht, der sich nicht dichotomisch in SuS aufspaltet, die eine als religiös und eine als säkular verstandene Sprache sprechen; vielmehr erweist sich „Mehrsprachigkeit" als eine treffendere Bezeichnung für das Objekt einer anzuvisierenden Sprachsensibilität, wozu dann die Sprache der Religion(en), die Sprache für Religiöses, die Sprachspiele der pluralen Öffentlichkeiten und die Sprachwelten der SuS zu rechnen sind. Aufgrund der schon im Rahmen des Ertrags von der Relevanz der Thematik im fachwissenschaftlichen Diskurs (Kap. I 1.1.5) erwähnten, in einer Gesellschaft vorhandenen unterschiedlichen Ausprägungen von Religion(en) ist eine Weitung für das Verständnis von Sprache für deren religionspädagogische und -didaktische Erfassung sinnvoll, die nicht nur schriftliche und mündliche Äußerungen, sondern auch Bilder, Verkörperungen etc. miteinbezieht. Somit kann sowohl das Spektrum für *Übersetzungsgegenstände* und für *Übersetzungsprodukte* breiter gefasst als auch der Spielraum für die Begegnung bzw. Annäherung verschiedener Sprachen erweitert werden. In diesem Zusammenhang erweist es sich als unpräzise,[258] intralinguale und intersemiotische *Übersetzun-*

---

[258] Bspw. Emmelmann (2018) 156, Kumlehn (2014) 264.

gen als metaphorisch einzustufen,[259] da dann kaum eine Ausweitung der *Übersetzungsgegenstände* und auch *Übersetzungsprodukte,* die über das ‚klassische' Verständnis einer interlingualen Übersetzung hinausreicht, als notwendig einsichtig gemacht werden kann.

Die zweite Konsequenz richtet sich an die *ÜbersetzerInnen*, denen Kriterien für ein *Übersetzungsverfahren* und diesbezügliche Strategien an die Hand gegeben werden müssen, auf dass die *Übersetzungsprodukte* als angemessen im Verhältnis zu ihrem Gegenstand bewertet werden können, wozu ebenfalls Kriterien für eine Beurteilung notwendig sind. Weiterhin kann man nicht idealtypisch davon ausgehen, dass die an einen bestimmten Adressatenkreis gerichteten *Übersetzungsprodukte* verstanden werden und verstanden werden wollen. Es sind demnach *Übersetzungsverfahren* nötig, für die unterschiedliche Impulse aus den besprochenen Ansätzen hervorgehen: Im Anschluss an Habermas wird *Übersetzen* als eine Art „Transport" einer als religiös verstandenen Sprache in eine säkulare aufgefasst, welche auch für „religiös unmusikalische" Menschen verständlich ist. Dieses *Übersetzungsparadigma* findet unterschiedliche exemplarische Ausdifferenzierungen: Hardmeier/Ott (2015) und Benk (2016) verstehen den „Transport" als einen hermeneutischen Akt, in dem Umschreibungen und Erklärungen von Wörtern, Redewendungen und ganzen biblischen Texten vorkommen, um so die Distanz von nichtreligiösen AdressatInnen zu diesen zu überbrücken und um die Relevanz der darin enthaltenen Aussagen für sie aufzudecken. Tietz (2012) richtet den Blick auf das Selbstverständnis der *ÜbersetzerInnen* für den Gegenstand der von ihnen anzufertigenden *Übersetzungen* einerseits und auf die Verständlichkeit des Produkts andererseits. Hierzu legt sie einen zweistufigen *Übersetzungsprozess* vor: Zuerst müssen sich die *ÜbersetzerInnen* vertieft mit dem Gegenstand auseinandersetzen, um ihn in seiner religiösen Tragweite erschließen zu können, damit die Weichen für den zweiten Schritt gestellt sind, in dem das Produkt nach der Überführung in eine rational zugängliche Sprache für die AdressatInnen plausibel erscheint. Ein weiterer Impuls geht aus dem Kontext der Öffentlichen Theologie hervor, der sich ebenfalls auf die AdressatInnen bezieht, damit diese sich mit dem *Übersetzungsprodukt* auseinandersetzen können, ohne sich dabei von der als religiös verstandenen Seite als vereinnahmt zu fühlen. Hier empfiehlt es sich, das *Übersetzungsprodukt* als eine „Einladung" zu gestalten, die dann gelingen kann, wenn gängige Erwartungen an den *Übersetzungsgegenstand* „unterbrochen" werden und in einem neuen, unerwarteten Licht erscheinen. Weiterhin kann ein *Übersetzungsprodukt* als gelungen eingestuft werden, wenn die *ÜbersetzerInnen* eine Verbesserung ihrer eigenen Wahrnehmung durch die Augen der AdressatInnen erlangen. Eine ästhetische Ebene als Medium kann sich dabei als förderlich für die Annäherung und den Perspektivenwechsel unterschiedlicher Religionen und Weltanschauungen erweisen; damit gehen dann v. a. in-

---

[259] Bspw. Schwarz/Haußmann/Roth u. a. (2019) 16.

tersemiotische *Übersetzungen* einher. Schließlich hat die systemtheoretische Sicht Nassehis auf die Gesellschaft den Impuls für *Übersetzungsverfahren* offengelegt, die die unterschiedlichen Sprachspiele durch Einübung einer Perspektivendifferenz in deren Kontexte, in welchen sie gesprochen werden, erfassen und damit in andere Sprachspiele *übersetzen* können. Durch deren reziproken Bezug kann einerseits eine störungsfreie, also eine von Un- und Missverständnissen freie Kommunikation, in der polykontextualen Gesellschaft möglich sein, andererseits können hermeneutische Wechselwirkungen freigesetzt werden, die sich förderlich auf Wörter auswirken, auf die als *Übersetzungsgegenstände* im Religionsunterricht der Fokus zu richten ist.

Die hier angeführten Impulse sollen nicht so verstanden werden, als ob sie alle in eine auszuarbeitende sprach- und translationssensible Religionsdidaktik aufzunehmen seien. Kriterien für ihre Implementierung konstituieren sich durch ihre Vereinbarkeit sowohl mit theologischen und translationswissenschaftlichen als auch mit religionspädagogischen und -didaktischen Faktoren; Letztere gehen aus Impulsen hervor, die sich durch die im folgenden Kapitel zu unternehmende Besprechung der Relevanz von Religion(en), Sprache und *Übersetzungen* im religionspädagogischen und -didaktischen Diskurs einstellen.

1.3 Relevanz im religionspädagogischen und -didaktischen Diskurs

Die Auslotung der Relevanz des komplexen Verhältnisses von Religion(en), Sprache und *Übersetzung* im religionspädagogischen und -didaktischen Diskurs erfolgt in dem umfangreichsten Kapitel innerhalb der Darstellung des Forschungsfeldes auf vier Ebenen: Diskutiert werden religionspädagogische und -didaktische Ansätze (Kap. I 1.3.1), Texte und Denkschriften der EKD und DBK (Kap. I 1.3.2), Kompetenzen und Bildungsstandards (Kap. I 1.3.3) und *Übersetzungsaufgaben* in Unterrichtswerken für den evangelischen und katholischen Religionsunterricht (Kap. I 1.3.4); im abschließenden Ertrag wird der Befund der Diskussion im Hinblick auf mögliche Impulse für die Ausarbeitung einer sprach- und translationssensiblen Religionsdidaktik ausgelotet (Kap. I 1.3.5).

1.3.1 Religionspädagogische und -didaktische Ansätze

Auf dieser Ebene erfolgt eine Differenzierung in konzeptionelle (Kap. 1.3.1.1) und weitere Ansätze mit kommunikations- und übersetzungstheoretischen/ *übersetzungstheoretischen* Verankerungen (Kap. I 1.3.1.2). Diese Auswahl ist exemplarisch und nicht so zu verstehen, als ob über die hier diskutierten Ansätze hinaus keine weiteren die Relevanz der Interdependenz von Religion(en), Sprache und *Übersetzung* widerspiegeln bzw. als ob andere hier nicht angeführte (konzeptionelle und individuelle) Ansätze keine *Übersetzungsprozesse* beinhalten würden. Generell bestand spätestens seit Mitte der 1950er-Jahre, beginnend mit dem Hermeneutischen Religionsunterricht, das Kernanliegen religionspädagogischer und -didaktischer Überlegungen darin, die auch noch gegenwärtig zu konstatierende Kluft zwischen einer als religiös verstandenen Sprache und der Lebenswelt der SuS durch *Übersetzungen* zu überwinden.[260] Dieses Kernanliegen – und damit die Relevanz des komplexen Verhältnisses von Religion(en), Sprache und *Übersetzung* – kommt bei der in diesem Kapitel getroffenen Auswahl der Ansätze pointiert zum Ausdruck.

1.3.1.1 Konzeptionelle Ansätze

Zu Wort kommen in diesem Kapitel ausschnittweise der Hermeneutische Religionsunterricht (Kap. I 1.3.1.1.1), die Korrelationsdidaktik als Beispiel für Erträge der Problemorientierten Phase (Kap. I 1.3.1.1.2), die Symbol- und die Zeichendidaktik (Kap. I 1.3.1.1.3), die Gestaltpädagogik und die Performative Religionsdidaktik (Kap. I 1.3.1.1.4).

1.3.1.1.1 Hermeneutischer Religionsunterricht

In Abgrenzung zu der Evangelischen Unterweisung wollte die Religionspädagogik Mitte der 1950er-Jahre den Religionsunterricht von der Schule her begründen; an die Stelle einer Verkündigung des christlichen Glaubens trat ein existenziales Interpretieren der biblischen Überlieferung, das sich gemäß der Etymologie dieser religionspädagogischen Konzeption als ein verstehendes und vergegenwärtigendes Auslegen verstand. Der theologische Hintergrund bildet das von Rudolf Bultmann geprägte Wort „Entmythologisierung"; hierunter verstand er „ein hermeneutisches Verfahren, das mythologische Aussagen bzw. Texte nach ihrem Wirklichkeitsgehalt befragt. Vorausgesetzt ist dabei, daß der Mythos zwar von einer Wirklichkeit redet, aber in einer nicht adäquaten Weise."[261] Die Religionslehrkraft als Hermeneutin muss demnach durch den Glauben mit dem Text verbunden sein, um den SuSn einen „Weg zum Verstehen der Welt und ihres eigenen Lebens" zu weisen.[262] Im Folgenden kommen als VertreterInnen dieser Konzeption exemplarisch Liselotte Corbach und Gert Otto zu Wort, da in ihren Ansätzen das Verhältnis von Religion(en), Sprache und *Übersetzung* einen hohen Stellenwert einnimmt.

Corbach hielt „das ‚Übersetzen' der sprachlichen und historischen Gebundenheit biblischer Texte in die Situation der Kinder [...] für die zentrale Auf-

---

[260] Altmeyer (2018) 47, Langenhorst (2013) 66.
[261] Bultmann (1963) 20.
[262] Klappenecker (2017) 5.

gabe der Lehrenden".²⁶³ Im Rahmen einer intralingualen *Übersetzung* kommt der Religionslehrkraft die

> „Aufgabe der Interpretation [zu]. Interpretieren bedeutet dolmetschen. Ein Dolmetscher hat nicht selbst etwas zu sagen, er hat vielmehr den Zuhörern das zu vermitteln, was schon gesagt ist. Bei dieser Arbeit wird ihn sowohl die Treue dem Gesagten gegenüber als auch die liebevolle Einfühlung in den Zuhörer leiten. So ist der Dolmetscher die lebendige Brücke zwischen dem zuvor gesprochenen Wort und dem Zuhörer."²⁶⁴

Die „liebevolle Einfühlung" in die SuS als die AdressatInnen der *Übersetzung* intendiert bei der Vermittlung der biblischen Sprach- und Kulturwelt eine Skopos-Orientierung im Hinblick auf die Existenz der SuS; die Religionslehrkraft als *Übersetzerin* muss demnach zuerst den Text selbst verstanden haben, in einem zweiten Schritt dessen Sinn erfassen und ihn drittens auf die gegenwärtige Wirklichkeit der SuS hin auslegen. Corbach formuliert *Übersetzungskriterien* auf einer intralingualen Ebene, die, v. a. hinsichtlich des Situationskontextes der Adressatenschaft, auch auf einer interlingualen Ebene greifen und sich als anschlussfähig an Martin Luthers Übersetzungskonzept seiner Bibelübersetzung erweisen.²⁶⁵ Die Arbeit an einem Text versteht Corbach von außen nach innen.²⁶⁶ Für die selbstständige Arbeit an der äußeren Textgestalt empfiehlt Corbach die „Benutzung moderner Übersetzungen", bspw. die *Menge-Bibel* oder eine Übersetzung der Bibel ins Plattdeutsche.²⁶⁷ Im Hinblick auf die innere Textgestalt besteht das *Übersetzen* in der Übertragung der Botschaft eines Textes, der in einer bestimmten Lebenssituation entstanden ist, in die Situation der SuS; als Beispiele nennt Corbach die Wörter „Rock" und „Mantel" in Mt 5,40 oder „Meile" in Mt 5,41.²⁶⁸

Otto richtet den hermeneutischen Fokus auf die Sprache als Grundlage des Weltverstehens bzw. auf die „Sprach-Existenz" der SuS, so dass er die „Gesamtaufgabe" des Religionsunterrichts als *Sprach-* und *Lese-Unterricht* bestimmt.²⁶⁹ Als Hürde des Verstehens biblischer Texte erachtet Otto die Einbindung der Sprache in einen bestimmt Kontext, so dass zu der gegenwärtigen von den SuSn verwendeten Sprache ein „Abstand" zu verzeichnen ist, der dadurch überwunden werden kann, „daß die Texte, die die biblische Sprache *gebunden* in sich bergen, derart *hören* und *lesen* gelehrt werden müssen, daß sie in unsere Sprache *entbunden* werden".²⁷⁰ Damit beschreibt Otto

---

263   Pithan (1997) 153. Zu Leben und Werk von Corbach ausführlich ebd. passim.
264   Corbach (²1962) 37f.
265   Zu Luthers Übersetzungskonzept ausführlich Hild (2016) 54–59.
266   Corbach (²1962) 39: „Wir verstehen dabei unter ‚außen' das Klären und Erfassen der äußeren Textgestalt, unter ‚innen' die Bemühung um den Skopus (Zielgedanken) des jeweiligen Textabschnittes."
267   Ebd. 41.
268   Ebd. 38, 40.
269   Otto (1964) 238f. (Hervorh. im Original).
270   Ebd. 239 (Hervorh. im Original).

einen intralingualen *Übersetzungsvorgang*, in dem ein Weg zur Sprachsensibilisierung sowohl für die „biblische Sprache" als auch für „unsere Sprache" eingeschlagen werden kann. Sein Postulat der „Verwandlung von Texten in Sprache" orientiert sich an den beiden Leitfragen, was dort geschrieben steht und was damit gemeint ist; im Zuge der Beantwortung wird eine dem existenzialen Verstehen zuträgliche „Rückverwandlung der Texte in Sprache" vollzogen.[271] Somit konstituiert sich aus den beiden Leitfragen ein „Weg vom Verstehen *von* Sprache zum Verstehen *durch* Sprache. So kommt das Wort in seine hermeneutische Funktion. Es wird im Humboldt'schen Sinn zur ‚Erzeugung'."[272]

Die Herangehensweise von Corbach und Otto entspricht Wittgensteins Sicht auf Sprache bzw. auf unterschiedliche Sprachspiele (Kap. I 1.1.3), nämlich konkret auf die Sprachspiele biblischer Textwelten und die von SuSn; intendiert wird ein von der Religionslehrkraft unternommener *Übersetzungsvorgang*, der auf die Bedeutungsverschiebungen einzelner Wörter innerhalb dieser Sprachspiele aufmerksam macht und so die „Grammatik" biblischer Textwelten zu erschließen versucht.

1.3.1.1.2 Korrelationsdidaktik als Beispiel für die Erträge der Problemorientierten Phase

Die Kritik an der starken Bibelzentrierung des Hermeneutischen Religionsunterrichts war die „Initialzündung der Problemorientierung", welche die Religionspädagogik zwischen 1966 und 1974 zu bestimmen begann.[273] Der Entstehungskontext steht in einem engen Zusammenhang mit der konzeptionellen Ausrichtung des Problemorientierten Unterrichts im Allgemeinen und mit dessen Verständnis von *Übersetzung* im Speziellen: Im Zuge der Studentenbewegungen entstand eine neue kritische Haltung gegenüber dem Staat, der Kirche und dem Religionsunterricht im Hinblick auf dessen Stellung im Fächerkanon der öffentlichen Schule. Eine ablehnende Haltung gegenüber Kirche und Religion führte zu einer weithin gesellschaftlichen Distanz gegenüber der biblischen Sprache.[274]

Die religionspädagogische Konsequenz bestand darin, dass die damals aktuellen gesellschaftlich relevanten Themen, welche bis dato weder im Religionsunterricht noch in anderen Fächern vorkamen, zum unterrichtlichen Gegenstand erhoben wurden, um, ausgehend von diesem sog. „Themenbezug", in einen offenen Dialog mit theologischen und nichttheologischen Disziplinen einzutreten.[275] Die Probleme, mit denen sich SuS konfrontiert sa-

---

[271] Ebd. 240.
[272] Ebd. 241 (Hervorh. im Original).
[273] Knauth (2003) 175. Ausführlich zum Entstehungskontext der Problemorientierung ebd. 51–83.
[274] Ebd. 169.
[275] Rickers (2003: 80) nennt bspw. „Angst", „Dritte Welt", „Homosexualität", „Rassismus", „Sexualität", „Umweltschutz".

hen, galt es nicht, „theologisch-pädagogisch [zu] konstruieren, sondern [zu] rekonstruieren, um damit der Wirklichkeit der jungen Menschen auf die Spur zu kommen".[276] Dieser Dialog des christlichen Glaubens mit als säkular verstandenen gesellschaftlichen Sprachmustern konnte sich bspw. in der *Übersetzung* des „Exodus als Beispiel einer gelungenen politischen Befreiung" äußern.[277]

Das Konzept der Problemorientierung ist nicht als homogen zu verstehen; vielmehr haben sich unterschiedliche Ansätze unter diesem „umbrella term" herausgebildet.[278] Der von der Problemorientierung intendierte „Wechselbezug von christl[ichem] Glauben u[nd] erfahrener gesellschaftl[icher] Lebenswirklichkeit"[279] war u. a. impulsgebend für das Konzept der innerhalb der katholischen Religionspädagogik während der 1970er- und 1980er-Jahre aufkommenden Korrelationsdidaktik, das nun als Beispiel genauer aufgenommen wird.

Gemäß der Etymologie von „Korrelation" soll die Wechselwirkung zwischen christlichem Glauben und den Alltagserfahrungen der SuS aufgedeckt werden. Das Korrelationsprinzip ist nicht auf den religionsdidaktischen Bereich beschränkt, sondern wurde zuvor als systematisch-theologisches Prinzip u. a. von Paul Tillich[280] im Hinblick auf die Wechselbeziehung von Philosophie und Theologie bzw. zwischen der christlichen Botschaft und der menschlichen Existenz eingeführt,[281] wobei die Rezeption Tillichs als bestenfalls bruchstückhaft bezeichnet werden muss.

Es liegen unterschiedliche Ausprägungen des Aufdeckens der „wechselseitige[n] Verschränkung von Glauben-Lernen und Leben-Lernen" vor,[282] die allesamt dem didaktischen Grundprinzip „einer wechselseitigen Erschließung religiöser Symbolsysteme und anthropologischer Lebensdimension" unterliegen.[283] An dieser Stelle soll ausführlicher auf die abduktive Korrelation eingegangen werden, da sie sich mit *Übersetzungen* auseinandersetzt, genauer: mit den „Transformationen" von Elementen der christlichen Tradition im Alltag der SuS: In einem ersten Lernschritt gilt es, diese transformierten Semantiken bewusst zu machen, die zweitens in einzelne Teile dekonstruiert werden, um in einem dritten Schritt die freigelegten religiösen Elemente an den persönlichen Erfahrungshorizont der SuS zu binden. Das Ziel besteht also darin, die von den SuSn „mitgebrachte[n] Semantiken bewusst zu machen und

---

[276] Hahn (2016) 3.
[277] Rickers (2003) 90.
[278] Hahn (2016) 3f.
[279] Nipkow (²2001) 1561.
[280] Zu den Problemen bei der Rezeption von Tillich siehe Kubik (2011) passim.
[281] Schambeck (2021) 222f.
[282] Ziebertz/Heil/Prokopf (2003) 23.
[283] Ebd. Zur rekonstruktiven, produktiven und normativen Korrelation siehe ebd. 29f. und Heil (2016) 5f.

durch die Erfahrung von Neuem alte Muster zu transformieren",[284] so dass religiöse Kommunikation darin besteht, „sich innerhalb einer bestimmten kulturellen Tradition mit ihren Regeln (Syntaktik) und religiösen Bedeutungen (Semantik) zu verständigen und sich dabei als Person zu konstituieren (Pragmatik)".[285] M. a. W. konzentriert sich die abduktive Korrelation auf „die Dimension der religiösen Semantiken [...] als ‚verbindendes Drittes' zwischen Erfahrung und Situation. In ihnen wird Tradition thematisiert, die in der Lebenssituation [...] verarbeitet ist."[286] Im Hinblick auf *Übersetzungen* besteht deren Gegenstand in durch die Kultur überformten und in den Semantiken der Sprachwelten der SuS zum Ausdruck kommenden Elementen der christlichen Tradition, deren theologischer Gehalt freigelegt wird, um dann von den SuSn ganz individuell auf ihre eigene Lebenssituation ausgelegt werden zu können; dieses *Übersetzungsprodukt* gilt aufgrund der Offenheit des Resultats als ein „Wagnis".[287] Durch diesen *Übersetzungsprozess* wird eine persönliche Entwicklung der SuS intendiert, die maßgeblich von der sachgerechten Partizipation an religiösen Praktiken beeinflusst wird.[288]

Das Prinzip der Korrelation gilt katholischerseits „seit den 1970er-Jahren als Fundamentalkategorie der Religionsdidaktik."[289] Die religionsdidaktische Denkfigur übte Einfluss auf mehrere religionspädagogische und -didaktische Planungsmodelle und Ansätze aus, darunter die nachfolgend zu besprechende Symbol- und Zeichendidaktik (Kap. I 1.3.1.1.3),[290] und verzeichnet auch noch gegenwärtig theoretische Fortschreibungen.[291]

1.3.1.1.3 Symbol- und Zeichendidaktik

Die Symbol- bzw. Zeichendidaktik richtet den Fokus auf die religiöse Kommunikation, die nur durch eine fundierte Kenntnis von Symbolen als möglich erachtet wird; diese Kenntnis gilt als ein geeignetes didaktisches Mittel, um die Distanz der Lebenswelt von SuSn und der religiösen Tradition zu überwinden; Symbole und Zeichen dienen – durch ihre Ingebrauchnahme – als „Brücke des Verstehens zwischen der Lebenswelt der Kinder und Jugendlichen und der Welt der Religion".[292] Die nacheinander vorzustellenden Entwürfe von Peter Biehl auf evangelischer und von Hubertus Halbfas auf katholischer Seite sowie von Michael Meyer-Blanck wiederum evangelischerseits sehen in

---

[284] Ziebertz/Heil/Prokopf (2003) 30.
[285] Ebd. 29.
[286] Simon (2003) 79.
[287] Hermans (2003) 51.
[288] Ebd.
[289] Schambeck (2021) 221.
[290] Heil (2016) 9, 11.
[291] Schambeck (2021) 229f.
[292] Biehl (1996) 217.

der pädagogischen Fokussierung auf Symbole zudem eine Abkehr von einem eher textbasierenden Religionsunterricht.

Biehls programmatische Formulierung „Symbole geben zu lernen"[293] lässt Inhalt und Ziel seiner Intention erkennen: Symbole sind mit Bedeutungen angefüllt, die über ihren Gegenstand hinausreichen. Durch deren unterrichtliche Ingebrauchnahme setzen sie dann – so Thomas Klies Interpretation von Biehl – „frei, was sie in sich gleichsam an religiöser Energie gespeichert haben".[294] Biehl bezeichnet diese Art der Symbolkunde als „kritisch", da sie darauf abzielt, SuS zu einer selbstständigen und kreativen Auseinandersetzung mit Symbolen anzuhalten, die auch gesellschaftskritische Aspekte beinhalten kann; diese werden also erst durch die soziale und religiöse Ingebrauchnahme zu Symbolen und nehmen „neben einer ausdrucksfördernden Funktion vor allem eine didaktische Brückenfunktion" ein.[295]

Halbfas betont „tendenziell noch stärker als Biehl" das Erfahren von Symbolen.[296] Der Lernraum bedarf einer bestimmten Ausstattung, um dem Verständnis der Symboldidaktik als „ein ganzheitlicher Prozeß, der Schweigen und Handeln, Erzählen und Spielen, Arbeiten und Feiern, Text, Bild und Musik umgreift", gerecht werden zu können.[297] Halbfas setzt sich in seinen neueren drei, sich aufeinander beziehenden, Werken mit der Katholischen Kirche, der Dogmatik und dem Religionsunterricht kritisch auseinander. Deren Betitelungen stecken komprimiert die Eckpunkte der Kritik und auch deren Lösungsvorschläge ab: *Glaubensverlust* (2011), *Religionsunterricht nach dem Glaubensverlust* (2012a), *Religiöse Sprachlehre. Theorie und Praxis* (2012b).[298] Der durch den „Traditionsabbruch"[299] bedingte Glaubensverlust bildet jeweils den Ansatzpunkt, der einen Keil zwischen Kirche und religiöse Tradition auf der einen Seite und das gesellschaftliche Gros, v. a. der Schülerschaft, auf der anderen Seite getrieben hat. In einer systematischen religiösen Sprachlehre als erstrebenswerter Kompetenz erachtet Halbfas den Königsweg für die Über-

---

[293] So die gleichlautenden Buchtitel von Biehl (1989, 1993). Mit „Symbole geben zu verstehen" betitelt er einen Aufsatz (Biehl 1991).
[294] Klie (2003) 173.
[295] Biehl (1996) 217. Mendl (²2013: 47) sieht in diesem Aspekt eine evidente Nähe zur performativen Sprechakttheorie gegeben, und Klie (2003: 173) schreibt der Symboldidaktik die für die Performative Religionsdidaktik (Kap. 1.3.1.1.4) wegbereitende Erkenntnis zu, dass Religion als eine „Formsache" anzusehen ist.
[296] Freund (2004) 126.
[297] Halbfas (1984) 86f.
[298] Den Auftakt für eine Auseinandersetzung mit der religiösen Sprache im Religionsunterricht bildet Halbfas' *Fundamentalkatechetik* (1968), die von Sitzberger (2013: 48–65) ausführlich besprochen wird. Da das Kernanliegen von Halbfas (1968) in den neuesten Werken nicht nur aufgegriffen, sondern auch spezifiziert wird, bleibt eine Darstellung der *Fundamentalkatechetik* aus. Die *Religiöse Sprachlehre* (2012b) wird – gemäß dem Inhaltsverzeichnis – in vierfacher Hinsicht entfaltet als „Der Weg der Sprache", „Wahrheit der Formen", „Biblische Sprachlehre" und „Dogmatische Sprachlehre".
[299] Halbfas (2012b) 13–20.

windung dieser Kluft. Diese wird durch den in Halbfas weiterem Sinne „religiöse[n] Analphabetismus" auch von kirchlichen Amtsträgern befeuert, aus deren Feder Katechismen und Dogmatiken stammen, die ein „gegenständlich-reales Verständnis kaum durchbrechen".[300]

Die Zeichendidaktik nach Meyer-Blanck intendiert als eine „semiotische Korrektur" der Symboldidaktik „keine Ablehnung, sondern eine Weiterführung des Konzepts von Biehl".[301] Meyer-Blanck konzentriert sich nicht nur auf als religiös verstandene Zeichen, sondern auch auf solche, denen Jugendliche in ihrem Alltag begegnen; sämtliche Kommunikation geht stets mit der Ingebrauchnahme von Zeichen einher, zu denen auch sprachliche Codes zählen, die kultureller Prägung und Veränderung unterworfen sind. Daraus folgert er eine Interdependenz zwischen alltäglicher Kommunikation und religiöser Tradition: Der Religionsunterricht zielt somit darauf, „funktionierende Codes symbolischer Kommunikation zu erproben".[302] Dabei stehen die SuS als *ÜbersetzerInnen* im didaktischen Mittelpunkt. Einer semiotischen Didaktik liegt demnach die Trias des Studierens, des Probierens und des Kritisierens zugrunde.[303] Meyer-Blanck greift auf Umberto Ecos Ausführungen über die Semiotik zurück, der Zeichen nicht auf einzelne Wörter reduziert, sondern darunter „alles, was sich als signifizierender Vertreter für etwas anderes auffassen lässt", verstand.[304] Demzufolge erweist sich im Religionsunterricht die Alternative eines wörtlichen oder symbolischen Verständnisses nicht als zielführend; diese, so die Empfehlung aus einer zeichendidaktischen Perspektive, „sollte vielmehr durch einen verstehendkritischen Umgang mit eigenen und fremden theologischen Zeichen und Codes eingeholt werden".[305]

1.3.1.1.4 Gestaltpädagogik und Performative Religionsdidaktik

Die Gestaltpädagogik gilt als „Wegbereiter dessen, was sich heute als ‚performativer Religionsunterricht' darstellt".[306] Im Unterricht soll mit der religiö-

---

[300] Ebd. 12.
[301] Meyer-Blanck (²2002) 93. Das Abendmahl bildet in Meyer-Blancks semiotischer Revision der Symboldidaktik u. a. eine Folie für eine kritische Auseinandersetzung mit Biehls (1993: 57, Anm. 145) „Realsymbolik"; hierzu ausführlich Meyer-Blanck (1995) 340. Bei der Behandlung des Abendmahls dürfe dessen Verständnis nicht ausschließlich von einer Brot- und Weinsymbolik abgeleitet werden, sondern es müsse vielmehr deren unterschiedliche transzendentale Interpretation innerhalb von Kommunikationsgemeinschaften herausgestellt werden, so dass es durch den Einbezug unterschiedlicher Sprachen zu *Übersetzungsprozessen* kommt, aus denen sich ein hermeneutischer Raum konstituiert.
[302] Ebd. 18.
[303] Ebd. 57.
[304] Ebd. 80 mit übernommenem Zitat von Eco (⁶1988) 26.
[305] Ebd.
[306] Englert (2008) 3. Ähnlich ebd. 12, der in Christoph Bizer den „Altmeister performativer Religionspädagogik" sieht.

1 Religion(en), Sprache und *Übersetzung*

sen Tradition elementar umgegangen werden, da sie sonst umgangen wird.[307] Entscheidend ist ein ausgewogenes Verhältnis von Räumlichkeit und Körperlichkeit, da die Religion nur durch den Körper in Erscheinung treten und so in die Welt kommen kann. Nachfolgend wird zunächst stärker auf die vorauslaufende Gestaltpädagogik und dann ausführlicher auf die Performative Religionsdidaktik eingegangen.

Zunächst also zur Gestaltpädagogik: Deren Arrangements machen „sich gestaltpädagogisch als leibräumlicher und kommunikativer Kontaktprozess begreifbar, in dem Person und Religion eingebunden sind und durch den sie einander verändern".[308] Ebenso wie bei der Performativen Religionsdidaktik wird ein dominanter Einsatz von Texten als Medien für den Religionsunterricht abgelehnt. Eine diesbezügliche Begründung rekurriert auf eine derartige didaktische Sichtweise auf die Bibel, die den SuSn nicht ausschließlich als ein Text dargeboten werden darf, der darüber hinaus auch einer strikten historisch-kritischen Auslegung unterzogen wird; die Bibel muss „als Bündel zu gestaltender ‚Wortlaute'" angesehen werden, um religionspädagogisch fruchtbar sein zu können.[309] Indem die jeweilige Struktur des religiösen Gebrauchs zum Unterrichtsgegenstand erhoben wird, „gelangen zwangsläufig auch liturgische Verläufe in die Reichweite einer religiösen Didaktik und Methodik".[310]

Christoph Bizer, der maßgebliche Vertreter des gestaltpädagogischen Ansatzes, entfaltet seine Überlegungen ausgehend von Luthers Schrift *Eine einfältige Weise zu beten für einen guten Freund* aus dem Jahre 1535 (WA 38, 358–375). Darin erteilt der Reformator dem Barbier Peter Ratschläge für die Ausübung religiöser Praxis. Bizer schlussfolgert aus diesen Ratschlägen, dass es den religiösen Raum nicht voraussetzungslos gibt, „sondern er entsteht, und zwar dort, wo religiöse Formen, Wortlaute der Heiligen Schrift [...] wahrnehmend und auf Wahrnehmung hin entfaltet werden".[311] Die diesbezügliche Art der Beteiligung der SuS an der Religion im Unterricht beschreibt Bizer folgendermaßen:

> „Das authentische Wort der Religion selber formen, in den Mund nehmen – und in Handlung übersetzen –, das ist religionspädagogisch das Verhalten, in dem das lernende Subjekt an Religion herankommt, sich in Religion einbringt und doch, seiner selbst mächtig, lernend bleiben kann."[312]

Bizer setzt den Lernerfolg in Bezug zu einem *Übersetzungsprozess*, welchen die SuS als *ÜbersetzerInnen* auch leiblich inszenieren und an dessen Ende ein intersemiotisches *Übersetzungsprodukt* steht.

---

[307] Leonhard (2003) 186.
[308] Ebd. 186f.
[309] Klie (2003) 174.
[310] Ebd.
[311] Bizer (2003) 33.
[312] Bizer (1989) 95.

Zum Teil im Gespräch mit diesen Überlegungen wurde die Performative Religionsdidaktik entwickelt. Ganz allgemein formuliert, werden bei dieser Religionsdidaktik, der Etymologie entsprechend, Inhalte „durch eine bestimmte Form (*per formam*) in Szene gesetzt".[313] Im Vergleich zu manchen katholischen[314] betrachten evangelische Entwürfe der Performativen Religionsdidaktik den sog. „Traditionsabbruch" nicht als ein zu kompensierendes Defizit, sondern begreifen ihn als eine religionspädagogische Herausforderung und didaktische Chance für Neues: Der Fokus richtet sich demnach auf die je zu entwickelnde Performance:[315] Es gilt durch das In-Szene-Setzen die leibliche Dimension einzubeziehen und einen Selbstbezug zum jeweiligen Thema zu entwickeln, ohne dass es dabei notwendig um persönlichen Glauben gehen muss.

Neben den konfessionsspezifischen Varianten bestehen zwischen den VertreterInnen der Performativen Religionsdidaktik Differenzen im Hinblick auf die Interpretation des Performativen. Michael Domsgen unterscheidet in diesem Zusammenhang eine Performative Religionsdidaktik im engeren und weiteren Sinn.[316] Bei dem ersteren, also engeren Verständnis, steht im Vordergrund des Unterrichtsgeschehens die Performance, die vom Unterrichtsgegenstand geradezu gefordert wird; nur so kann Religion für die TeilnehmerInnen zustande kommen. Ein solcher Unterricht ist nicht planbar, dessen Vorbereitung in einer Prozessanalyse besteht; die im Unterricht vorherrschende Dramaturgie richtet sich nicht nur auf die Darstellung wahrnehmbarer Bewegungen, sondern auch auf die Selbstwahrnehmung der Beteiligten als *ÜbersetzerInnen* in einem intersemiotischen *Übersetzungsprozess*. Von dieser ‚radikalen' Interpretation unterscheidet sich die Performative Religionsdiaktik im weiteren Sinn mit der Zielsetzung, den Lernenden durch das In-Szene-Setzen von Inhalten religiöse Erfahrungen zu eröffnen; diese sprachlich-semiotische Variante strebt durch eine „leiblich-räumliche Ausdehnung" die Überwindung eines kognitionslastigen Religionsunterrichts an.[317] Religion findet in liturgischen und narrativen Vollzügen statt, indem sie gezeigt, d. h. dargestellt und inszeniert, wird.[318] In dem Zusammenhang sieht Hans Mendl die „Dimen-

---

[313] Leonhard/Klie (2003) 10 (Hervorh. im Original).
[314] Hierzu ausführlich Mendl (2019b). Der Ansatz einer Performativen Religionsdidaktik weist starke Ähnlichkeiten bzw. Überschneidungen mit dem Bibliodrama auf (Hanneken 2018: 102), das als eine (intersemiotische) *Übersetzung* biblischer Textwelten verstanden werden kann (Aldebert 2019, Öhler 2012).
[315] Englert (2008) 7f.
[316] Domsgen (2005) 33f.
[317] Leonhard/Klie (2003) 9.
[318] Obst (2007) 118, Dressler (2002a) 11. Einer probeweisen Ingebrauchnahme sind auch Grenzen gesetzt, bspw. die unterrichtliche Inszenierung einer Abendmahlsfeier im Klassenraum; Schulte (2002: 57) subsumiert diese Problematik, indem sie es dem Religionsunterricht abspricht, „unmittelbar in den sakramentalen Vollzug selbst [einzuführen]". Ähnlich Husmann (2013) 114, Freund (2004) 134.

1 Religion(en), Sprache und *Übersetzung*

sionen Raum und Leib" als „Brückenelemente" für „Annäherungs- und Übersetzungsprozesse zwischen Lernenden und Lerngegenständen"[319] und spricht von einer „leiblich-räumlichen Übersetzung" performativen Lernens, bei denen die didaktischen Prinzipien Verlangsamung, Versinnlichung, Begegnung, Berührung, Emotionalität und Aneignung dominieren.[320]

Bernhard Dressler und Thomas Klie subsumieren im Rahmen ihrer eigenen Herangehensweise hinsichtlich des Zusammenhangs zwischen religiöser Sprache und einer als performativ konzipierten Didaktik folgendermaßen:

> „Zur religiösen Bildung, als ‚Sprachlehre' verstanden, gehört es also, den Charakter religiöser Deutungen nicht nur thematisch zu bedenken, sondern auch anhand ihrer Sprach- bzw. Zeichen*gestalt* zu erschließen, und zwar nicht nur in einer hermeneutischen Perspektive, sondern auch durch das Erlernen sachangemessener *Ingebrauchnahme* religiöser Zeichen."[321]

Eine religiöse Sprache ist demnach nur durch die Inszenierung der religiösen Zeichen erlernbar, die somit im Umkehrschluss nur durch eine Ingebrauchnahme als solche erfahrbar und so verstehbar werden. Dressler/Klie konkretisieren: Im schulischen Lernumfeld soll Religion artifiziell erfahren werden – „etsi deus daretur, als ob es Gott gäbe".[322] Dies schlägt sich in dem Verhältnis von Teilnehmer- und Beobachterperspektive nieder: Im sogenannten Probehandeln gehen beide ineinander auf. Durch die Charakterisierung als Probe bleiben Gemeinde und der Lernort Schule getrennt, der gleichwohl ohne Vereinnahmung bei SuSn „‚Sinn und Geschmack' für eine dann individuell zu findende religiöse Orientierung [fördert]".[323] Aufgrund dieser Verschränkung der Perspektiven ist zu differenzieren zwischen „religiösem Reden" und dem „Reden über Religion"; beides gehört nach Dressler komplementär zusammen und sollte auch eine Fähigkeit von nicht christlich-religiös sozialisierten SuSn darstellen, um innerhalb der pluralen Gesellschaft dialogfähig zu bleiben und ein kulturhermeneutisches Gespür für religiöse Spuren in der Gesellschaft zu entwickeln.[324]

---

[319] Mendl (2019a) 133.
[320] Ebd. 134f. Darüber hinaus beschreitet Mendl einen Sonderweg und fordert, ausgehend von der Enttraditionalisierung, eine Interdependenz von erfahrungs- und handlungsorientiertem Lernen im Sinne der Performativen Religionsdidaktik. Unter Verweis auf John Austins Sprechakttheorie und deren Unterscheidung in perlokutäre und illokutäre Sprechakte erachtet Mendl die Ingebrauchnahme religiöser Handlungen als legitim, denn „eine gemeinsam vollzogene performative Handlung kann [...] individuell und subjektiv auf unterschiedliche Weise gedeutet werden" (Mendl ²2013: 42). So muss der Religionsunterricht den SuSn die Möglichkeit zu Sprachspielen eröffnen, um die der Sprache innewohnende Mehrperspektivität erfassen und reflektieren zu können (ebd.).
[321] Dressler/Klie (2008) 217 (Hervorh. im Original).
[322] Ebd. 221 (Hervorh. im Original).
[323] Ebd. 224.
[324] Dressler (2012b) 69f.

1.3.1.2 Weitere Ansätze mit kommunikations- und übersetzungstheoretischen/*übersetzungstheoretischen* Verankerungen

Die zahlreichen weiteren Ansätze, die das komplexe Verhältnis von Religion(en), Sprache und *Übersetzung* widerspiegeln, lassen sich im Hinblick auf den Ansatz bzw. auf die Schwerpunktsetzung für die Überwindung von Verstehensbarrieren grob zwischen einer als religiös verstandenen Sprache und den Sprachwelten der SuS unterteilen in sprach- und kommunikationstheoretische Ansätze (Kap. I 1.3.1.2.1) und in übersetzungstheoretische/*übersetzungstheoretische* Ansätze (Kap. I 1.3.1.2.2); dabei kommt es vereinzelt zu Überschneidungen.[325] Von der jeweils chronologisch angelegten Besprechung sind diejenigen AutorInnen ausgenommen, die in unterschiedlichen Jahren publiziert haben; sie werden en bloc behandelt.

1.3.1.2.1 Sprach- und kommunikationstheoretische Ansätze

Die Besprechung der sprach- und kommunikationstheoretischen Ansätze nimmt ihren Ausgang bei Hans Zirker, da mit ihm die religionspädagogische Reflexion über die religiöse „Sprachkrise" im Religionsunterricht beginnt.[326] Für die Anbahnung einer Sensibilisierung für die der christlichen Religion eigentümliche Sprache erachtet es Zirker als förderlich, wenn zu überkommenen Formulierungen von bspw. Glaubensaussagen ein „unbefangeneres Verhältnis" aufgebaut werden könne.[327] Um dies zu erreichen, müssen die Verfremdungen einer religiösen Sprache aufgedeckt und im Horizont der Alltagssprache der SuS reflektiert werden; darin besteht das Kernanliegen von Zirker, der unter „Verfremdung" den „Abstand [...] von allzu Vertrautem" versteht.[328] Als ein eigens erprobtes Beispiel nennt Zirker „Katechismen

---

[325] Kap. I 1.3.1.2.1: Zirker (1972), Weidmann (1973), Moran (1989), Schulte (1998, 2001b), Pirner (1998), Grethlein (2005, 2012b), Dressler (2006), Feige/Gennerich (2008), Altmeyer (2011, 2018, 2021), Mette (2012), Altmeyer/Funken (2016), Langenhorst (2013, 2017, 2018, 2019), Kohlmeyer/Reis/Viertel u. a. (2020). Kap. I 1.3.1.2.2: Pirner (2012, 2015a/c, 2016, 2018b, 2019a–b), Kumlehn (2012, 2014, 2016, 2021), Schulte (2019b), Großhans (2018), Altmeyer/Baaden/Menne (2019), Altmeyer (2017b), Käbisch (2018), Grümme (2021). – Überschneidungen zwischen einem sprach- und kommunikationstheoretischen und einem übersetzungstheoretischen/*übersetzungstheoretischen* Ansatz: Pirner (2012), Kumlehn (2012, 2014, 2016, 2021), Großhans (2018), Langenhorst (2019), Schulte (2019b). Bei Überschneidungen richtet sich die Zuordnung zu einem Ansatz bzw. Kapitel nach dem dominanteren von den AutorInnen gewählten Fokus.

[326] Langenhorst (2018) 91f.

[327] Zirker (1972) 55. Dieser Ansatz wird ausführlich besprochen von Sitzberger (2013) 67–73.

[328] Ebd. 45. Einen ähnlichen Weg beschreitet Fritz Weidmann (1973), ausführlich besprochen von Sitzberger (2013) 73–82: Weidmann führt den Bedeutungsverlust einer als religiös verstandenen Sprache bei SuSn auf die Unkenntnis ihrer semantischen Funktion zurück (45, 72f.). Demnach müssen sich Religionslehrkräfte bemühen, einerseits

1 Religion(en), Sprache und *Übersetzung*

der unteren Klassen", die von SuSn der Oberstufe nicht auf die „Wahrheit" der einzelnen Sätze hin überprüft werden sollen, sondern auf ihre Verständlichkeit und Eignung für die jüngeren SuS; die somit „unvertraute Weise, auf die Formulierungen hinzuhören, schafft eine größere Offenheit als die direkte Gegenüberstellung von Glaubensaussagen".[329] Der Ansatz macht darauf aufmerksam, dass eine Sensibilisierung für Sprachen und *Übersetzungsprozesse* nicht in einem homogenisierenden Lehr-Lern-Arrangement gelingen kann; diesbezüglichen Lernprozessen ist der Aufbau einer persönlichen Beziehung zu den Lerngegenständen zugängig. Die von Zirker anvisierte Reformulierung lässt allerdings als Frage entsprechende Kriterien bzw. methodische und didaktische Strukturen offen.

Mit Gabriel Moran soll an dieser Stelle ausnahmsweise ein US-amerikanischer Religionspädagoge zu Wort kommen, der eine als religiös verstandene Sprache als „second language" erachtet, deren Erlernen bereits mit der nationalen Muttersprache unreflektiert einsetzt; diese „second language" muss im Rahmen religiöser Erziehung („religious education") von einer „Dialektsprache" zu einer „Hochsprache" weiter ausgebildet werden, um mit anderen Religionen in deren Sprache mit dem Ziel eines friedlichen Miteinanders kommunizieren zu können.[330] Dementsprechend ist dieser „Zweitsprache" eine interreligiöse Komponente inhärent, so dass das Erlernen sich nicht auf *eine* religiöse bzw. konfessionelle Sprache beschränkt.[331] Es wird deutlich, dass die Sensibilisierung für eine als religiös verstandene Sprache nicht von national-

---

die SuS mit einer Sprache zu konfrontieren, die sie anspricht und mit ihren eigenen Erfahrungen verbunden ist, andererseits die SuS zu derartigen Sprachhandlungen zu ermutigen, wozu er Verfremdungen von Gebeten, biblischen Texten etc. als förderlich erachtet, bspw. erscheint die folgende Verfremdung von Mt 5,38f. „den Heranwachsenden kaum gleichgültig: ‚Ihr hört, daß gesagt wird: Wenn dir einer einen Zahn ausbricht, dann brich ihm zwei aus. Ein Schlag verlangt den direkten Gegenschlag. Ihr kommt nur zum Ziel, wenn ihr die Schrauben anzieht. Ich aber sage euch: Ändert eure Ziele! Schafft statt der Vernichtungsmittel Mittel zur Heilung! Ersetzt die Eskalation zum Tod durch eine Eskalation zum Leben'" (93).

[329] Zirker (1972) 46.

[330] Moran (1989) 23: „Religious education has the characteristics of a language people learn after they have learned a native language. My thesis is that although religious education is somewhat alien to most speakers today, its development and spread are important to tolerance, understanding, and peace in the world." Ähnlich ebd. 25f.: „A different way to think of religious education as a second language is with the analogy of dialect and lingua franca. This letter phrase refers to a language formed from several dialects for the purpose of mediating communication between communities." Hierzu auch Sajak (2010) 168.

[331] Sajak (2010) 167. Weiterhin stellt diese „Zweitsprache" für Moran zugleich eine Möglichkeit für die Reflexion der Nationalsprache dar, als eine „Kommunikationsmöglichkeit über die Sprache, in der Menschen das ausdrücken, was sie unbedingt angeht, als Metasprache über die Muttersprache" (Heimbrock 1991: 113). Bei all dem hat Moran auch den Bedeutungswandel von Sprache im Blick, auf den religiöse Bildung einzugehen hat (ebd.).

sprachlichem Wortstruktur- und -funktionswissen entkoppelt sein kann. Es lohnt sich, Morans Überlegungen insofern weiterzudenken, als im Zuge einer Sprach- und Translationssensibilisierung Scharniere zu den Sprachen anderer Weltreligionen freigelegt werden und i. S. eines interreligiösen Lernens didaktisch aufbereitet werden können. Dies kann im vorliegenden Werk allerdings nur angedeutet werden.

Manfred L. Pirner spricht sich für eine Einführung in die christliche Sprache aus, „die didaktisch kontrollierte und verantwortete ‚Übergänge' bzw. Aneignungsprozesse anstößt und ermöglicht".[332] Den Rekurs bilden Sprachmodelle, die ihren Ausgang in Sprachspielen im Wittgenstein'schen Sinne nehmen.[333] Pirner richtet den didaktischen Blick auf die sich im sprachlich pluriformen Klassenzimmer freigesetzen hermeneutischen Wechselwirkungen, wofür es klarer Kriterien bedarf, da diese nicht stillschweigend vorauszusetzen sind. Er macht weiterhin auf die Ausweitung der Lernorte aufmerksam; so lohnt es sich weiterzudenken, welche außerschulischen Lernorte für eine Sprach- und Translationssensibilisierung geeignet sein können.

Andrea Schulte plädiert dafür, dass Religionslehrkräfte den SuSn Möglichkeiten für Sprachspiele eröffnen,[334] wodurch sich die SuS zwei „Alphabete" aneignen: „das der Symbole und Bilder und das der Buchstaben und Wörter, damit sie ihre (religiöse[n]) Erfahrungen, Überzeugungen etc. ‚buchstabieren' und ausdrücken können".[335] Ausgehend von der betonten Verwobenheit der Alltagssprache mit einer als religiös verstandenen Sprache, gilt es weiterzudenken, inwieweit im Sprachgebrauch des Alltags *Übersetzungsprodukte* schon vorhanden sind und wie sie für eine Sprach- und Translationssensibilisierung fruchtbar gemacht werden können.

Christian Grethlein entwickelt in einem kommunikationstheoretischen Ansatz[336] – in Anlehnung an Ernst Lange – die „Kommunikation des Evange-

---

[332] Pirner (1998) 6. Pirners *übersetzungstheoretische* Überlegungen werden ausführlich in Kap. I 1.3.1.2.2 besprochen.

[333] Ebd.

[334] Schulte (1998) 256. Schultes *übersetzungstheoretische* Überlegungen werden ausführlich in Kap. I 1.3.1.2.2 besprochen.

[335] Schulte (2001b) 36.

[336] Unabhängig von Grethlein existieren noch weitere kommunikationstheoretische Ansätze: So sieht bspw. Mette (2012) den Glauben als eine „kommunikative Praxis" an, „für die die Initiative bei Gott liegt, an der partnerschaftlich sich zu beteiligen er die Menschen berufen hat" (ebd.: 40). Die Tradierung religiöser Inhalte kann bei Kindern und Jugendlichen nur noch gelingen, wenn ihnen „in Sachen Religion jene Spiel- und Experimentierräume mitsamt authentisch sich darin einbringenden Erwachsenen zur Verfügung [gestellt werden]" (ebd.: 41). Eine dem Verständnis von Religion bzw. Glaube als kommunikativem Handeln verpflichtete Religionspädagogik muss nach fünf Dimensionen der Kommunikation strukturiert werden, die sich an das Kommunikationsverständnis des katholischen Theologen Edmund Arens (2002) orientieren: Eine intersubjektive, eine gegenständliche oder inhaltliche Dimension, eine kontextuelle oder situative, eine mediale und eine intentionale Dimension (Mette 2012: 43–49).

liums" als religionspädagogischen Leitbegriff, den er zu einem System der Praktischen Theologie konstituiert. Auf die heutige Zeit bezogen, stellt sich die Frage nach einer zeitgemäßen „Kommunikation des Evangeliums",[337] die auch SuS anzusprechen vermag, die einer anderen oder keiner Konfession bzw. Religion angehören.[338] Im Anschluss an Jesu Wirken sieht Grethlein Lehren und Lernen, gemeinschaftliches Feiern und Helfen zum Leben als die drei Modi der Kommunikation des Evangeliums an,[339] wie sie sich gegenwärtig äußern als erzählen, miteinander sprechen und predigen als Kommunikation über Gott, beten, singen und Abendmahl feiern als Kommunikation mit Gott, und schließlich segnen, heilen, taufen als Kommunikation von Gott her.[340] Grethleins Ansatz gibt zu bedenken, dass zu einer Sprach- und Translationssensibilisierung eine intersemiotische Komponente insofern einzuspielen ist, als die SuS im Lernraum Schule Möglichkeiten erfahren, praktische Dimensionen der *Übersetzungsgegenstände* als *Übersetzungsprodukte* freisetzen zu können, bspw. in der Gestaltung eines Schulgottesdienstes oder in der Projektierung einer Schulseelsorge. Dabei bedarf es aber sowohl didaktischer als auch methodischer Strukturen für die Einbindung der weltanschaulich heterogenen Lerngruppe für den gemeinsamen christlichen Zielhorizont.

Bernhard Dressler plädiert für eine im Religionsunterricht zu fördernde „Fähigkeit zum sprachlichen Perspektivenwechsel", die er folgendermaßen begründet:

> „Die Welt wird im Medium einer bestimmten Sprach- und Rationalitätsform nicht einfach vermittelt, sondern angeeignet. Die christliche Religion evangelischer Spielart unterliegt schon seit der Reformation den Bedingungen individueller Anverwandlung [...]. Religiöse Semantiken bedürfen der besonderen Pflege, Traditionen lassen sich nicht mehr einfach ‚weitergeben'."[341]

Dressler betont damit die subjektive Rezeption der Tradition und die Notwendigkeit einer *Übersetzung* der Tradition, die ihren ursprünglichen Charakter einerseits, ihre kulturell-gesellschaftliche Überformung andererseits zum Ausdruck zu bringen vermag und die auf die Zukunft hin ausgerichtet ist, indem eine sich ständig wandelnde Rezeption angenommen wird. Auf religiöse Symbole bezogen ergibt sich die Forderung nach der Inszenierung von Kommunikationssituationen bzw. nach einer Ingebrauchnahme der Symbole, um sie in einem ersten Schritt als religiös konstituieren und sie in einem zweiten als

---

[337] „Kommunikation des Evangeliums" subsumiert – gerade auch in theologischer und rezeptionsästhetischer Hinsicht – das protestantische Bildungsverständnis, da „alle Kommunizierenden an Verständigungsprozessen aktiv beteiligt sind – im Gegensatz zu einem einlinigen Sender- und Empfänger-Modell" (Grethlein 2005: 148).
[338] Schmidt-Leukel (2014) diskutiert eine interreligiöse Ausweitung von Grethleins (2012a–b) Ansatz.
[339] Grethlein (2005) 149.
[340] Grethlein (2012b) 493.
[341] Dressler (2006) 44f.

spezifische Kommunikationsformen erschließen zu können.[342] Dresslers Überlegungen wirken ermutigend, eine als religiös verstandene Sprache in Gebrauch zu nehmen und sie auch subjektorientiert zu verändern. Dies wirft allerdings auch die Frage nach diesbezüglichen Grenzen und Kriterien auf.

Andres Feige und Carsten Gennerich bestätigen mit ihren Forschungsergebnissen Dressler in folgender Hinsicht: Die Auswertung einer Befragung von 8000 christlichen, nicht-christlichen und muslimischen BerufsschülerInnen über Moral und Religion ergab orientierungsbedingte Unterschiede hinsichtlich des Verständnisses von „Sünde".[343] Die Semantik von religiösen Wörtern unterliegt den durch sozio-kulturelle Prozesse herbeigeführten Überformungen. Als Konsequenz wird von Religionslehrern und Pfarrerinnen die Befähigung zu einer Erweiterung der Sprachkompetenz bei den zu Unterrichtenden gefordert:

> „Gefühlserfahrungen müssen anschlussfähig gemacht werden an Sprachmuster, die nun auch von Jugendlichen/jungen Erwachsenen explizit als ‚religiöse' akzeptiert werden, weil sie etwas thematisierbar, ansprechfähig machen können, was – und zwar je individuell und überindividuell – offenkundig anders eben nicht artikuliert werden kann, obwohl man es doch fühlt."[344]

Ein Religionsunterricht, der sich neuen hermeneutischen Registern verschließt, ist damit ebenso zum Scheitern verurteilt wie der Versuch, Gott zu einem „pädagogischen Begriff" zu machen, anstatt ihn über eine das individuelle Gefühl berücksichtigende Beziehungskategorie zu verstehen.[345] Für eine Sprach- und Translationssensibilisierung gilt es davon ausgehend zu bedenken, dass die eigenen Sprachwelten der SuS ein Wirklichkeitsverständnis und eine darauf bezogene Lebenspraxis spiegeln, aus der eine individuelle Sprache erwächst, die es als hermeneutische Chance im Unterrichtsgeschehen einzuspielen gilt, bei dem – im Umkehrschluss – stets die Frage mitzuschwingen hat, wie sprachliche Homogenisierungen vermieden werden können.

Stefan Altmeyer nimmt eine zweifache Differenzierung vor:[346] Zum einen zwischen der sachorientierten Sprache der Religion und der subjektorien-

---

[342] Ebd. 75.
[343] Feige/Gennerich (2008) 139f. Unterschieden wird nach Autonomieorientierung, Beziehungsorientierung, Traditionsorientierung und Selbstorientierung. „Sünde" wird bspw. verstanden bzw. *übersetzt* als „sexuelle Beziehung vor der Ehe" (Selbstorientierung/Traditionsorientierung), „Vertrauen missbrauchen" (Autonomieorientierung/Beziehungsorientierung), „Lust auf Rache ausleben" (Beziehungsorientierung/Traditionsorientierung).
[344] Ebd. 203.
[345] Ebd.
[346] Diese Feststellung rekurriert auf Überlegungen zu Antwortmöglichkeiten auf die Frage, inwieweit in der postsäkularen Gesellschaft Religion als eine „Fremdsprache" wahrgenommen wird (Altmeyer 2011, ausführlich besprochen von Nanz 2016, 157–164). Nach der sprachempirischen Analyse von drei Korpora (161f., 192f., 238) kommt er zu dem Ergebnis, dass die Diagnosen einer Sprachkrise des Christentums einerseits

tierten Sprache für Religiöses, zum anderen hinsichtlich der Standpunkte der SprecherInnen, die „- idealtypisch - im Innen oder Außen von Religion verortet werden. Entsprechend wäre zwischen den Polen ‚Religiöses Sprechen' (innen) und ‚Sprechen über Religion' (außen) zu unterscheiden".[347] Zur Verortung religionsdidaktischer Entscheidungen im Hinblick auf eine als religiös verstandene Sprache vor dem Hintergrund der für einen sprachsensiblen (Religions-)Unterricht unerlässlichen Einheit von sprachlichem und fachlichem Lernen modelliert Altmeyer diese unterschiedlichen als religiös verstandenen sprachlichen Repräsentationsformen (Sprache der Religion/religiöses Sprechen, Sprache für Religiöses/Sprechen über Religion) gemäß den Unterrichtsmodi „Religion erläutern" und „Religion erörtern", „Religion erleben", „Religion erfinden" bzw. „Religion entdecken".[348] Verknüpft werden diese Repräsentationsformen und diese Modellierung durch folgende Strategien der Relevanzkonstruktion: Aneignung, Aktualisierung, Übertragung, Vertiefung. Ausgehend von diesem Modell zeigt Altmeyer folgende Sprachkompetenzen in religiösen Lernprozessen auf: Sprechen lernen, Sprachgebrauch reflektieren, Auskunft geben lernen, Relevanz prüfen, Wahrnehmen und Ausdrücken lernen, Verstehen lernen.[349] Die von Altmeyer angeführten Entscheidungen konturieren einen religionsdidaktischen Zielhorizont; im Hinblick auf eine Sprach- und Translationssensibilisierung bedeutet dies eine fundierte Einbettung in die grundlagentheoretische Struktur des (Evangelischen) Religionsunterrichts, die zugleich so transparent zu gestalten ist, dass

---

und einer zur Fremdsprache gewordenen Gottessprache andererseits modifiziert werden müssen; vielmehr sei von einer „grundlegenden Transformation der Gottesrede zu sprechen: weg von der (christlichen) religiösen Sprache im Singular hin zu einem Plural je individueller religiöser Sprachen" (313f.). Kinder und Jugendliche verfügen zwar nicht mehr über einen fundierten Wortschatz von theologischen Wörtern und biblisch geprägter Sprache, wohl aber „über eine Sprache für Gott und eine Sprache, in der sie zu Gott sprechen können" (316). Demzufolge steht eine als religiös verstandene Sprache der Alltagssprache nicht gegenüber, sondern stellt vielmehr eine „Alltagssprache mit besonderer Qualität" dar, die auch „als eine signifikante ‚Anderssprache' […] für die Artikulation des Eigenen hilfreich sein kann" (318f. mit Verweis auf Kurz 2004, 95; ähnlich Altmeyer 2018, 202f.). Diesen Befund konkretisiert er im Hinblick auf die im Religionsunterricht zu erwerbende religiöse Sprachkompetenz, indem er auf einen in der Religionsdidaktik verwurzelten „Denkfehler" aufmerksam macht, der in der Annahme besteht, „dass, wer nur versteht, wie religiöse Sprache funktioniert, schon dadurch zum eigenständigen religiösen Sprechen befähigt werden soll" (Altmeyer 2018, 194). Zudem betonen Altmeyer/Funken (2016: 122), dass eine als religiös verstandene Sprachkompetenz, die sich aus formalen und inhaltlichen Kriterien zusammensetzt, einerseits von der Schulform sowie von der jeweiligen religiösen und kulturellen Prägung der SuS abhängig ist, sich andererseits entscheidend auf die „Art der Gottesvorstellung" auswirkt.

[347] Altmeyer (2018) 195.
[348] Altmeyer (2021) 24-26. Ähnlich Altmeyer (2018) 200-202 und (2017a) 164-169.
[349] Ebd. 28.

die SuS das diesbezügliche didaktische Potenzial erkennen und ihnen als *ÜbersetzerInnen* eine Wertschätzung entgegengebracht wird, die den Weg in atmosphärischer und methodischer Hinsicht für die Ausbildung ihrer eigenen als religiös verstandenen Sprache ebnet.

Georg Langenhorst sieht die Problematik der die Religionspädagogik seit den 1970er-Jahren fordernden Sprachkrise in einer oberflächlichen Diagnose gegeben, da es dabei nicht allein um Sprache, sondern auch um Glauben, Denken und religiöse Vorstellungen als ein komplexes interdependentes Verhältnis gehe. Vielmehr müsse man von einer „Ohnmachtsspirale religiöser Rede" ausgehen: „Wie soll ich in Sprache fassen, was ich letztlich nicht verstehe? Wie soll ich verstehen, wofür ich letztlich keine Sprache habe?"[350] Die daraus erwachsende „Hauptaufgabe einer zukunftsfähigen Religionspädagogik und Religionsdidaktik" sieht Langenhorst in „der Entwicklung von zeitgemäß möglichem affirmativen religiösen Denken und Sprechen" gegeben.[351] Die Umsetzung besteht in der Behandlung von poetischen Texten der Gegenwartsliteratur über die Gottesfrage in dem „sprachliche[n] Herantasten an die Möglichkeit, dass es Gott geben könnte und dass er sich uns und wir uns ihm annähern können".[352] Langenhorst ist sich dabei bewusst, dass diese poetische Sprache nicht der Alltagssprache der SuS – auch nicht der von vielen Erwachsenen – entspricht, jedoch ermöglicht sie es, die „Tradition des Theotops nach innen wie außen sprachlich noch einmal anders zu fas-

---

[350] Langenhorst (2013) 66, Langenhorst (2019) 128f. In diesem Zusammenhang sieht er eine dreifache Krise des „Theotops", dem sich durch eine spezielle Sprache und Praxis auszeichnenden ‚Lebensbereich' traditionell Gläubiger, gegeben: Erstens wachsen dort immer weniger Kinder und Jugendliche auf; einige wandern auch aus. Zweitens mangelt es zunehmend an der Vermittlung der in dem Theotop vorherrschenden Binnenregeln zur Außenwelt hin. Drittens erschwert sich die Kommunikation der BewohnerInnen untereinander, da Glaube immer individueller gestaltet wird (Langenhorst 2013: 66f.).

[351] Langenhorst (2013) 76. Einen Impuls für eine als religiös verstandene Sprachschulung sieht Langenhorst in den Bemühungen der Ordensfrau Silja Walter (1919–2011) gegeben, ihrem weltlich orientierten Bruder die eigene religiöse Überzeugung zu erklären (Walter 1999: 150f.). Als Reaktion auf das mit ihrem Bruder gescheiterte Gespräch verfasste sie den Gedichtband *Die Feuertaube* (Walter 1985), so dass religionspädagogisch und -didaktisch zu gelten habe: „Wovon man nicht sprechen kann, darüber muss man dichten" bzw. „darüber muss man erzählen", da die Poesie als diejenige Sprachform anzusehen ist, „die den Grundregeln der analogen Gottesrede entspricht" (Langenhorst 2018, 97). Dabei nimmt er bewusst Bezug auf Ludwig Wittgensteins Postulat: „Wovon man nicht sprechen kann, darüber muß man schweigen." Siehe dazu auch Kap. I 1.1.3. Langenhorst (2019) bezeichnet Silja Walters Reden von Gott als „Theopoesie" (135f.) und benennt diesbezüglich noch folgende AutorInnen und Auszüge aus deren Werken (137–141): Musil (2001), Domin (1987); Langenhorst (2017: 34) verweist auf die Gedichte des Exiliraners SAID (2007) als ein Beispiel, „wie Rationalität, wie Poetizität im Blick auf Religion funktionieren kann".

[352] Langenhorst (2018) 111, ähnlich (2017) 35. Siehe dazu auch die Textsammlung von Langenhorst/Willebrand (2017).

sen".[353] Für eine Sprach- und Translationssensibilisierung erwächst daraus der Impuls, Kriterien zu entwickeln, dass die SuS selbst zu ErzählerInnen bzw. zu *Übersetzerinnen* werden und sie selbst gleichermaßen eine Metareflexion ihrer Entscheidungen anstellen.

Theresa Kohlmeyer, Oliver Reis, Franziska Viertel und Katharina Rohlfing beobachten, dass SuS aufgrund einer abnehmenden religiösen Sozialisation immer weniger über als religiös verstandene Wörter in ihrem Wortschatz verfügen und ihnen so „zu bestimmten Themenfeldern die Begriffe und Begriffsstrukturen fehlen".[354] Für die AutorInnen setzt die Ausbildung einer religiösen Sprachfähigkeit bei einzelnen Wörtern an, wobei eine didaktische Differenzierung vorzunehmen ist zwischen der Begriffsintension, den wesentlichen Merkmalen eines Begriffs, und der Begriffsextension, die „sich auf den Begriffsumfang bezieht und die unterschiedlichen Situationen zusammenfasst, unter denen die Verwendung des Begriffs angemessen ist".[355] Die AutorInnen erachten es „für eine erfolgreiche religiöse Begriffsentwicklung" als „wichtig […], die Intension und unterschiedliche Formen der Extension eines Begriffs aufzunehmen, die Kontextgebundenheit dieser zu kommunizieren und sie emotional in stimmige Praktiken zu perspektivieren".[356] Die angestellten Erfahrungen der AutorInnen bestärken „translatio religionis" in dem bei einzelnen Wörtern fußenden Ausgangspunkt und machen auf die zu entwickelnde – altersgerechte – didaktische und methodische Stellgröße für eine persönliche Beziehung der SuS zu den einzelnen Wörtern und deren verschiedenen Intensionen und Extensionen aufmerksam.

---

[353] Langenhorst (2018) 111.

[354] Kohlmeyer/Reis/Viertel u. a. (2020) 334. Wie in Anm. 42 (Einleitung) bereits erwähnt und begründet, wird in dem vorliegenden Buch die Bezeichnung „Wort" bzw. „Wortverbindung" gewählt; diese AutorInnen allerdings verwenden durchgehend die Bezeichnung „Begriff".

[355] Ebd. 335. So werden im Hinblick auf die Extension für „Barmherzigkeit" als unterschiedliche Situationen bzw. Verwendungskontexte die zwischenmenschliche Interaktion, die habitualisierte Orthopraxie, die institutionalisierte Fürsorge und die Kirchenrechtsprechung angeführt (ebd.: 336f.).

[356] Ebd. 341. Diese Grundidee wird im Rahmen eines Projekts an einer Grundschule in Paderborn getestet: Den SuSn wird von sieben Wörtern (u. a. „Segen", „Treue") die ihnen „in den unterschiedlichen religiösen Liedern des Jahres begegnen", ein breites Spektrum an Extensionen eröffnet, indem sie über biblische Geschichten unterschiedlich kontextualisiert werden (ebd.). Um den persönlichen Bezug der SuS zu den Wörtern aufzubauen, werden sie „regelmäßig dazu aufgefordert, die Grundbegriffe mit Emotionsworten, Farben und Gesten zu kombinieren, um eine emotionale Valenz zu ermöglichen. Gerahmt wird das Begriffslernen […] durch eine religiöse Praktik, die die gelernten Begriffe einfordert" (ebd.).

1.3.1.2.2 Übersetzungstheoretische/*übersetzungstheoretische* Ansätze

Manfred L. Pirner erachtet *Übersetzung* als eine geeignete Möglichkeit, die „Beiträge von Religionen zum ‚Gemeinwohl'" kommunizieren zu können,[357] und in diesem Zusammenhang „als Schlüsselkategorie einer Öffentlichen Theologie und Religionspädagogik".[358] In kritischer Auseinandersetzung mit dem Habermas'schen *Übersetzungsparadigma* plädiert er für einen „doppelten Übersetzungsvorgang":

> „Zum einen die Übersetzung in eine Sprache und Argumentation, die auch für Nicht-Gläubige – oder Andersgläubige – nachvollziehbar ist: zum anderen die Übersetzung in eine Sprache und Argumentation, die auch für die Sachkundigen eines bestimmten Gesellschaftsbereichs nachvollziehbar und sachlich sinnvoll erscheint."[359]

Diesem Vorgang legt er einen mehrdimensionalen *Übersetzungsbegriff* zugrunde, der sich „nicht lediglich als das Finden von semantischen Äquivalenzen [versteht], sondern auf pragmatische Dimensionen hin zu erweitern [ist]";[360] als ein Beispiel verweist Pirner auf eine sich als agnostisch bezeichnende Lehrerin an einer evangelischen Schule, die das öffentlich abgehaltene Fürbittengebet für kranke KollegInnen nicht als ein Gebet an Gott erlebte, sondern von der Warte ihrer Weltsicht aus; das pragmatische Moment sieht Pirner hier in der „Übersetzung christlich-religiöser Praxis in persönlich stimmige (nicht-religiöse) Interpretation".[361] Die von Pirner daraus entwickelten Konsequenzen

---

[357] Pirner (2015a) 310.
[358] Pirner (2015c) 450. Dieser Ansatz wird kritisch besprochen von Grümme (2021) 187–189.
[359] Ebd. 454. Ähnlich Pirner (2012) 83. Aus der EKD-Denkschrift *Maße des Menschlichen* (EKD 2003, Hg.), in der die AutorInnen von einer Nachvollziehbarkeit christlicher Perspektiven von Bildung auch für Nicht-Christen und Nicht-Religiöse ausgehen, leitet Pirner ab, dass „dezidiert religiöse Sprachspiele, die den christlichen Gottesglauben voraussetzen, in säkulare bzw. erziehungswissenschaftliche Sprachspiele übersetzbar sind"; derartige *Übersetzungsmöglichkeiten* werden gegenwärtig „auch angeboten, indem [...] christliche Perspektiven auf die aktuelle bildungspolitische Lage oder den erziehungswissenschaftlichen Diskurs bezogen werden" (ebd).
[360] Pirner (2015c) 455. Bezüglich des kulturtheoretischen Horizontes weist Pirner auf das Fehlen einer Definition von „Übersetzung" hin und schlägt eine Erweiterung eines Paradigmas vor, das nicht nur von einer semantischen Äquivalenz von Ausgangs- und Zielsprache ausgeht, sondern auch das Verstehen der Kultur der Zielsprache für das Gelingen einer *Übersetzung* berücksichtigt. In Anlehnung an das von dem US-amerikanischen Ethnologen Clifford Geertz entwickelten Konzept der „dichten Beschreibung" für das Verständnis einer Kultur fordert Pirner eine pragmatische Komponente für ein noch ausstehendes *Übersetzungskonzept*; es stellt sich dann die Frage, ob der *übersetzte* Text „in einer entsprechenden Handlungssituation äquivalente Funktionen erfüllt wie der ursprüngliche Text" (Pirner 2012: 86; mit Bezug auf Geertz 1973c).
[361] Pirner (2015c) 455. Weiteres Beispiel bei Pirner (2012) 83. Pirner verweist auf die von ihm selbst durchgeführte Studie *Christliche Pädagogik. Grundsatzüberlegungen, empirische Befunde und konzeptionelle Leitlinien* (Pirner 2008).

1 Religion(en), Sprache und *Übersetzung*

bewegen sich zwischen einer Sprachschulung und *Übersetzung*, fluchten auf eine „adressatenbezogene Re-präsentation, *Übersetzung* als zentrale Aufgabe einer Öffentlichen Religionspädagogik"[362] und knüpfen somit an diesbezügliche Kernforderungen Öffentlicher Theologie (Kap. I 1.2.2) an[363] und sind im Horizont des zunehmend infrage gestellten Religionsunterrichts zu lesen.[364] Hervorzuheben ist das besonders für das Kernanliegen von „translatio religionis" zuarbeitende Postulat, christlich-sozialisierte, nicht- und andersreligiöse SuS, sowohl in christlich-religiöse Sprache einzuführen als auch dazu anzuleiten, „eigenständig und kooperativ Übersetzungen in ihre Lebenswelt bis hin zur gesellschaftlichen Welt zu versuchen".[365] Die der Fachdidaktik daraus erwachsende Doppelaufgabe besteht in „der Einführung in die jeweilige Fachsprache und der Übersetzung von fachbezogenen Sprachwelten in die Sprachwelt der Schüler".[366] Dabei geht es jedoch nicht darum, dass die Religionslehrkraft als *Übersetzerin* auftritt, sondern dass sie es vermag, „bei den Schülern selbst eine Übersetzungskompetenz aufzubauen bzw. zu fördern; das gelingt nur, wenn sie auch in die jeweiligen Sprachspiele und Sprachen eingeführt werden und sich auf sie einlassen".[367] Die „translatorische Dimension der Religionsdidaktik"[368] fluchtet auf einen Zielhorizont des Religionsunterrichts, der im Anschluss an die EKD-Denkschrift *Religiöse Orientierung gewinnen* in einer „Pluralitätsfähigkeit, die allerdings im Sinne einer mehrsprachigen Kommunikationsfähigkeit in pluralen öffentlichen Räumen zu fassen wäre",[369] besteht. In diesem Zusammenhang spricht Pirner von *Übersetzung* „als differenzsensible Kategorie",[370] vor deren Hintergrund sich auch eine „Differenzkompetenz" im Zuge des Postulats von *Übersetzungen* im Religionsunterricht etablieren sollte.[371] In diesem Zusammenhang betont Pirner im Anschluss an Nassehi (Kap. I 1.2.3) die Bedeutung von *Übersetzungen* als Medien der sozialen Integration: Im Religionsunterricht wird die von Nassehi beobachtete

---

[362] Pirner (2015c) 456. Zur Verbindung von Öffentlicher Theologie und Religionspädagogik siehe auch Pirner (2019b) passim.
[363] Zu dieser Verknüpfung siehe auch Höhne (2019) 42, Anm. 37, und Schliesser (2019) 112.
[364] Pirner (2018b) 62–67. Ähnlich Pirner (2019b), bes. 47–50. Siehe auch Pirner (2016), der neben den Überlegungen von Habermas auch die ähnlichen von John Rawls auf die Frage kanalisiert, wie die Menschenrechte in den theologischen Diskurs und als Unterrichtsgegenstand in den Religionsunterricht Eingang finden können.
[365] Pirner (2018b) 64.
[366] Ebd. 65.
[367] Ebd. 106.
[368] Ebd.
[369] Ebd. 67 mit Bezug auf EKD (2014b, Hg.) 93–95.
[370] Ebd. 98
[371] Ebd. 100; Kumlehn (2012, 2014, 2016, 2021) verwendet in einem ähnlichen Zusammenhang das Wort „Differenzkompetenz" und Grümme (2021: 200) spricht von *Übersetzungen* als einer „Differenzpraxis". – Beide Ansätze werden in diesem Kapitel besprochen.

Polykontextualität der Gesellschaft greifbar, so dass sich an diesem Ort eine Perspektivendifferenz unter idealen Bedingungen einüben lässt.[372] Pirners angedachten, aus dem *Übersetzungsparadigma* erwachsenden Möglichkeiten, zeigen sich auch dessen mitzubedenkende Grenzen insofern auf, als *Übersetzungen* im Allgemeinen und im Hinblick auf den Religionsunterricht bezogen im Speziellen zu determinieren sind, so dass im Umkehrschluss nicht ‚alles' als *Übersetzung* zu verstehen ist – demzufolge bedarf es einer konzisen Bestimmung dessen, was *Übersetzung* im Rahmen einer Sprach- und Translationssensibilisierung (nicht) zu leisten vermag.

Martina Kumlehn sieht in religiös heterogenen Lerngruppen eine Chance für das Erlernen einer als religiös verstandenen Sprache durch die „Dynamis der Differenz"[373]. Dieses religionspädagogische Potenzial „im Sinne eines dynamisierten Verständnisses von Eigenem und Fremden" kann durch die Einleitung von Perspektivenwechseln und Differenzerfahrungen entfaltet werden.[374] Die religionsdidaktische Konsequenz besteht in dem Initiieren von differenzorientierten Grenzgängen, „die alle Beteiligten zum Neu- und Anderssehen anregen können".[375] In diesem Zusammenhang gilt es, die konfessionell gebundenen und nicht gebundenen SuS – im Anschluss an Altmeyer –[376] zum Finden einer „Suchsprache" bzw. zu sprachlichen „Suchbewegungen" anzuhalten, „so dass wechselseitig nach neuen Ausdrucksformen zu suchen ist".[377] Kumlehn betont, dass es bei der diesbezüglich wechselseitigen Überwindung von Sprachbarrieren auch zu *Übersetzungsprozessen* kommt, deren neu entstandene Produkte zur beiderseitigen Erhellung weltanschaulicher Perspektiven beitragen können.[378] Dabei gilt es zu beachten, dass eine als religiös verstandene Sprache nicht absorbiert wird, was Kumlehn am Beispiel religiöser Metaphern ausführt; diese können nämlich „nicht einfach durch (säkulare) Begriffe ersetzt werden, sondern brauchen allenfalls Bilder und Metaphern, die neue Facetten im Sich-Verhalten-zum-Unverfügbaren eröffnen".[379] Das pädagogische und didaktische Kernanliegen Kumlehns besteht darin, „Begegnungen mit Formen religiöser Sprache zu inszenieren, die im Zwischenraum Neues entstehen lassen, das weder die

---

[372] Pirner (2019a) 104.
[373] Kumlehn (2012) 57.
[374] Kumlehn (2014) 268.
[375] Ebd. 267, ähnlich 263.
[376] Altmeyer (2011) 314.
[377] Kumlehn (2014) 270.
[378] Ebd., Kumlehn (2021) 38. Kumlehn (2016) 134: Literatur erweist sich bspw. als Hilfe für das Finden von „angemessenen neuen Ausdrucksformen", indem es zu einer „Erschließung von Resonanzräumen zwischen zwei Deutungswelten" kommt, die sich in bestimmten Punkten berühren, bspw. ein Thema, ein Motiv, eine Frage etc.
[379] Ebd. Kumlehn (2021: 38f.) spricht in diesem Zusammenhang von „grenzbewusstem Übersetzen".

Fremdheit bestätigt noch einfach aufhebt, sondern die Option der Selbsterkundung und -artikulation erweitert".[380] Sprache wird in diesem Zusammenhang sehr weit gefasst; neben „Formen religiöser Sprache" verwendet Kumlehn auch „Ausdruckswelten" von Religion, welche „[v]on der symbolischen Kommunikation über die Entfaltung von semantischen, syntaktischen und pragmatischen Formen des religiösen Zeichengebrauchs bis zur Betonung des Lernens an den spezifischen performativen Darstellungsformen der christlichen Religion und den Modellen der Begegnung mit gelebter christlicher Religion" reichen.[381] Diese Weitung ist auch im Hinblick auf die bei *Übersetzungsprozessen* anvisierten Zielsprachen zu denken; so postuliert Kumlehn, dass „insbesondere auch verschiedene ästhetische Sprachspiele im Blick sein [sollten], die sich ihrerseits am Sagen des Unsagbaren abarbeiten und der theologischen Sprache von daher neue Übersetzungsmöglichkeiten zuspielen können".[382] Kumlehn verdichtet ihre Überlegungen im Kontext einer deutungsmachtsensiblen Religionspädagogik, in deren Sinne darauf zu achten ist, die SuS

> „selbst zur Übersetzung ihres Sprachgebrauchs anzuregen und zu befähigen – in wechselseitiger differenz- und grenzbewusster hermeneutischer Erschließung der verschiedenen Sprachwelten und ihrer jeweiligen Weltsichten. Differenz- und sprachsensible Übersetzungskompetenz wäre dann ein integrativer Bestandteil religiöser Bildung."[383]

Kumlehns Ausführungen setzen für den auszuarbeitenden sprach- und translationssensiblen Zielhorizont ein Ausrufungszeichen in zweierlei Hinsicht: Zum einen darf bei den SuSn nicht der Eindruck entstehen, ein *Übersetzungsprodukt* als Nivellierung von zwischen den unterschiedlichen Sprachen auftretenden Differenzen zu begreifen und so auch religiöse Wahrheiten zu homogenisieren. In diesem Zusammenhang kommt zweitens die anzustellende Überlegung auf, wieweit der Grad der Veränderung gehen darf und wie die SuS auf bleibende Differenzen zu sensibilisieren sind.

Andrea Schulte richtet den Blick auf die Mehrsprachigkeit, die man innerhalb eines „sprachsensiblen Religionsunterrichts" didaktisch zu fokussieren und in zwei Richtungen auszudifferenzieren vermag:[384] Auf einer intralingualen Ebene lassen sich im konfessionell-kooperativen Religionsunterricht sprachliche, auf die unterschiedlichen Konfessionen rekurrierende Differenzen im Hinblick auf Mehrsprachigkeit thematisieren, zum anderen kann die individuelle Mehrsprachigkeit der SuS als Chance für die Sprachbildung her-

---

[380] Ebd. Ähnlich Langenhorst (2019) 128, dessen Ansatz in Kap. I 1.3.1.2.1 besprochen wird.
[381] Kumlehn (2014) 269.
[382] Kumlehn (2021) 40.
[383] Ebd.
[384] Zum sprachsensiblen Fachunterricht im Allgemeinen und hinsichtlich des Religionsunterrichts im Speziellen ausführlich Kap. II 1.1.2.

angezogen werden, bspw. die Analyse von Dialekten und der Jugendsprache.[385] Auf einer interlingualen Ebene spielt die Mehrsprachigkeit auch eine nicht zu übersehende Rolle beim interreligiösen Lernen; in diesem Zusammenhang geht es um das Bewusstmachen der hermeneutischen und konstruktivistischen Einsicht, dass es sowohl bei intra- als auch, wie in diesem Fall, interlingualen Übersetzungen nie eine lückenlose „1:1"-Übertragung religiös verstandener Wörter, Semantiken und Konzepte geben kann;[386] die Grenzen von Übersetzungen/*Übersetzungen* werden oftmals übersehen, wenn bspw. schlankerhand „Imam" mit „Pfarrer" oder „Priester" *übersetzt* wird.[387] Darüber hinaus ist es wichtig, darauf hinzuweisen, dass keine neutrale Position in der Art eines „Prüfsteins" existiert, die über das Gelingen einer *Übersetzung* befinden kann; vielmehr ist nach den AdressatInnen der *Übersetzung* und deren Bildung und Kultur zu fragen. Im Anschluss an Wittgenstein bilden Sprachspiele, die gemeinsam geteilt werden können, eine zentrale Voraussetzung für das gegenseitige Verstehen und damit für den interreligiösen Dialog.[388] Die Überlegungen sind für eine auszuarbeitende sprach- und translationssensible Religionspädagogik insofern von Relevanz, als es ein translatorisches „anything goes" zu vermeiden gilt, indem ein methodisches und didaktisches Paradigma für die kriterienbasierte Beurteilung eines *Übersetzungsprodukts* als (nicht) gelungen aufgestellt wird; gerade weil die SuS als *ÜbersetzerInnen* im Mittelpunkt des Lehr-Lern-Arrangements stehen sollen, ist auch dessen Setting im Hinblick auf die Rollen aller daran Beteiligten abzustimmen.

Hans-Peter Großhans stellt die These auf, dass religiöse Sprache nicht als eine von menschlichen Lebenszusammenhängen isolierte Sprache verstanden werden darf, sondern „auf das Konkrete bezogen" ist; somit ist sie „als veränder- und kritisierbar, ja, veränderungs- und kritikbedürftig zu begreifen".[389] Die Konsequenz für eine Verständlichkeit religiöser Sprache besteht in einem gelungenen Bezug zu anderen Bereichen des menschlichen Lebens. Dazu bedarf es einer „Transformation" religiöser Sprache, die so nicht verändert, son-

---

[385] Schulte (2019b) 118f. Gerade für die zweite Richtung erachtet Schulte (ebd.: 119) die von Altmeyer/Baaden/Menne (2019) vorgeschlagene *Übersetzung* religiös verstandener Wörter in die sog. „Leichte Sprache" als zielführend; zum letztgenannten Ansatz siehe weiter unten in dem vorliegenden Kapitel.

[386] Hierzu auch Dressler/Klie (2008) 86.

[387] Schulte (2019b) 119. Siehe auch Schulte (2019c) passim.

[388] Ebd. mit dem Verweis auf Stosch (2015), dass für die Frage, ob „Gott" mit „Allah" *übersetzt* werden kann, die Kontextgebundenheit ausschlaggebend ist. Zu Stosch (2015) siehe auch Kap. I 1.1.4.2.3.2.

[389] Großhans (2018) 182 mit Verweis auf den walisischen Religionsphilosophen Dewi Z. Phillips (1986). Der Bezugspunkt einer Sprache mit der Lebenssituation wird auch von Wittgenstein bei den Überlegungen zu Sprachspielen explizit betont, so dass sich religiöse Sprache derselben Wort- und Satzarten der Umgangssprache bedient. Wittgenstein (1984a) 246: „Und eine Sprache vorstellen heißt, sich eine Lebensform vorzustellen" (PU 19). Großhans (2018) 183f. Zu Wittgenstein ausführlich Kap. I 1.1.3.

dern anders zum Ausdruck gebracht werden soll. Im Anschluss an Wittgenstein postuliert Großhans das „Erfinden neuer Gleichnisse" zur Mobilisierung der Lernfähigkeit, zum Aufbrechen fixierter Vorstellungen und zur Eröffnung neuer Möglichkeiten für die Verbindung des eigenen Lebens der SuS mit dem der Umwelt vor dem Hintergrund religiöser Sprache.[390] Das Finden neuer Vergleiche und die damit verbundene Transformation des Glaubens wirkt sich förderlich für das Verständnis des Christentums aus, so dass „die religionspädagogische Aufgabe in Schule und Gemeinde [...] nur halb [erfolgen würde], wenn nur die Vermittlung traditioneller Sprach- und Bibelwelten erfolgte".[391] Eine derartige Herangehensweise kann SuS ermutigen, mit einer als religiös verstandenen Sprache zu experimentieren und diese auf ihren Lebenskontext zu transformieren; gleichermaßen wirft auch dieser Ansatz die Frage nach Kriterien für die „neuen Gleichnisse" auf.

Stefan Altmeyer, Julia Baaden und Andreas Menne betonen die Verständlichkeit als zentrales Kriterium von Kommunikationssituationen, die deshalb so komplex sind, da – im Anschluss an Habermas – sich nie klar bestimmen lässt, worauf eine Aussage abzielt.[392] Eine Realisierung des Postulats der Verständlichkeit sehen die AutorInnen in der „Leichten Sprache" gegeben.[393] Altmeyer hat mit dem an der Universität Mainz verorteten Projekt *Sag's doch einfach* ein didaktisches Konzept für religiöse Bildungsprozesse entwickelt, bei dem SuS komplex erscheinende Wörter nach vorgegebenen Regeln in „Leichte Sprache" *übersetzen*.[394]

---

[390] Großhans (2018) 188f. Dabei nimmt er Bezug auf Wittgenstein (1984b) 476: „Was ich erfinde, sind neue Gleichnisse."

[391] Großhans (2018) 189.

[392] Die an einer Kommunikation Teilnehmenden beziehen sich nämlich stets „auf etwas in der objektiven, der sozialen und der subjektiven Welt zugleich [...], auch wenn sie in ihrer Äußerung thematisch nur eine der drei Komponenten hervorheben" (Habermas ⁴1987: 184). Siehe auch Altmeyer/Baaden/Menne (2019) 150.

[393] Das Regelwerk für die diesbezüglichen Rechtschreibe- und Sprachregeln der auf eine leichte Verständlichkeit zielenden Sprache i. S. einer Barrierefreiheit wird seit dem Jahr 2006 von dem *Netzwerk Leichte Sprache* herausgegeben: www.leichte-sprache.org (Zugriff: 01.11.2021).

[394] „Benutze deine eigenen Wörter, um den Begriff zu erklären.
- Verwende dazu anschauliche Beispiele oder Vergleiche.
- Fallen dir dazu vielleicht auch Erfahrungen oder Erlebnisse ein, die dir helfen könnten, den Begriff zu verstehen?
- Verwende keine schwierigen Wörter (Fremd- oder Fachwörter). Wenn du sie verwenden musst, erkläre sie.
- Benutze leicht verständliche Wörter, die allgemein bekannt sind.
- Verwende bildliche Sprache (Metapher) nur dann, wenn sie verständlich und nachvollziehbar ist. [...]
- Achte auf einen logischen Textaufbau: Man sollte dem Text leicht folgen können. Schreibe keine komplizierten Sätze.
- Schreib kurze Sätze: Pro Satz nur einen ‚Gedanken'.
- Schreibe in jede Zeile nur einen Satz. [...]"

Der *Übersetzungsprozess* durchläuft drei konsekutive Phasen: Eine Vorbereitungsphase hinsichtlich einer sach- und subjektorientierten Auseinandersetzung mit dem *Übersetzungsgegenstand*, eine Erarbeitungsphase des *Übersetzungsprodukts*, wozu u. a. auch eine Überarbeitung i. S. eines „Plausibilitätscheks" gehört, und eine abschließende Phase, die einen Vergleich der *Übersetzungsprodukte*, eine vertiefende und reflektierte Auseinandersetzung mit ihnen umfasst.[395] Das Ziel, die *Übersetzungsintention*, besteht in der Förderung der eigenen dia- und synchronen *Übersetzungstätigkeit* der SuS, die

> „[i]m Sinne einer diachronen Übersetzung [...] angeleitet [werden], die ‚Sprache der Religion' mit ihren vorgegebenen Wörtern und Konzepten in eigenes ‚religiöses Sprechen' bzw. ‚Sprechen über Religion' zu übersetzen und darin aneignend zu vergegenwärtigen. Synchrone Übersetzungen finden im diskursiven Austausch über die notwendig unterschiedlichen individuellen Zugänge und Textvorschläge statt."[396]

So lautet das von einem Schüler einer achten Jahrgangsstufe angefertigte *Übersetzungsprodukt* des *Übersetzungsgegenstands* „Glauben" folgendermaßen:

> „Manchmal brauchst du Hilfe. Dann ist es gut, wenn dir jemand hilft. Gott ist jemand, der dir hilft. Gott kann man nicht sehen. Gott kann man aber glauben. Glauben heißt fest an etwas denken. Du kannst denken, dass Gott bei dir ist. Selbst dann, wenn du ihn nicht siehst. Wenn du denkst, dass du alleine bist. Er ist bei dir. Er hilft dir. Das kannst du glauben."[397]

Der didaktische Mehrwert liegt in einer vertieften Auseinandersetzung der *ÜbersetzerInnen* mit dem *Übersetzungsprodukt* und mit den damit verbundenen elementaren Wahrheiten, in einer Art Lernerfolgskontrolle über den erlernten Stoff – sowohl für die Lehrkräfte als auch für die SuS selbst.[398] Die Verständlichkeit des *Übersetzungsprodukts* sehen Altmeyer/Baaden/Menne in Einklang mit dem Vorschlag des französischen Philosophen und Soziologen Bruno Latour, der im Hinblick auf „religiöse Übersetzungen" das Kriterium des Gelingens weder in der Wiederholung noch in der Information noch in der Erklärung gegeben sieht, sondern darin, ob die ursprüngliche, dem *Übersetzungsgegenstand* inhärente „Beziehung" im *Übersetzungsprodukt* erhalten bleibt: Dies exemplifiziert Latour anhand der sich in der Kommunikation zwischen Liebenden zu verortenden Frage „Liebst Du mich?". Die darauf Bezug nehmende Antwort „transportiert keinerlei Information und doch fühlt sie, die Liebende, sich hingerissen, verwandelt, nahezu erschüttert, verändert, wiederhergestellt – oder im Gegenteil distanziert, geknickt, vergessen, abgelegt, gedemü-

---

(www.relpaed.kath.theologie.uni-mainz.de/files/2017/12/Regeln-Folienvorlage.pdf, Zugriff: 01.11.2021). Vgl. hierzu auch Altmeyer/Baaden/Menne (2019) 154–159.

[395] www.relpaed.kath.theologie.uni-mainz.de/files/2017/10/SDE-Lehrerheft.pdf (Zugriff: 01.11.2021).
[396] Altmeyer/Baaden/Menne (2019) 156.
[397] Ebd. 157f.
[398] Ebd. 158f.

1 Religion(en), Sprache und *Übersetzung*

tigt".[399] Demzufolge ist es entscheidend, „ob in der Antwort die Beziehung zwischen den Partnern erneut verwirklicht und gegenwärtig werden kann".[400]

Bernhard Grümme stellt die gegenwärtig jüngsten Überlegungen zu religionspädagogischen Implikationen von unterschiedlichen *Übersetzungstheoremen* an: Er erachtet „Übersetzung" als einen von mehreren religionspädagogischen „Grundbegriffen", vor deren Hintergrund er praxeologische Überlegungen anstellt, die im Kontext der Heterogenität der Religionspädagogik Impulse für einen kritischen Blick auf die Tiefenstrukturen des Religionsunterrichts geben. Hierzu versucht er, sechs teilweise sich überlappende Übersetzungstheorien/*Übersetzungstheorien*, auf die größtenteils in Teil I eingegangen wird, religionspädagogisch zu konturieren.[401] Dabei verweist Grümme besonders auf die Diagnose machttheoretischer Verschärfungen von Übersetzungen/*Übersetzungen*, der im „posttraditionalen Kontext"[402] insofern eine hohe religionspädagogische Relevanz zukommt, als Traditionsgut, sowohl im Zuge der Überlieferung als auch durch die es überliefernden Menschen als eigenständige Subjekte, verändert wird: „In dem Maße, in dem sich der Übersetzungsgedanke von objektivistischen Vorannahmen gelöst und in intersubjektive Konstruktionsprozesse eingetragen hat, in dem Maße rückt das Subjekt und dessen Übersetzungspotenz ins Zentrum."[403] Vor diesem Hintergrund ist eine Übersetzung/*Übersetzung* als eine „Differenzpraxis" zu begreifen, die hegemonial strukturiert ist,[404] und an sie die Fragen zu richten hat: „Wer übersetzt? Wer wird übersetzt? Was wird übersetzt? Was darf übersetzt werden? Und vor allem: Was wird nicht übersetzt?"[405] Die von Grümme

---

[399] Latour (2011) 41.
[400] Ebd. 146. Ähnlich Altmeyer (2017b) 106f., dessen Überlegungen zu einer „Beziehung" in Kap. II 1.2.1.1 differenzierter dargestellt werden.
[401] Grümme (2021) 167–213. Siehe bspw. die Überlegungen zu *Übersetzungen* vonseiten der Öffentlichen Theologie (Kap. I 1.2.2) und die sich u. a. daran anschließenden von Pirner (2019a–b, 2018, 2015a/c) ausdifferenzierten religionspädagogischen Konsequenzen für eine „Öffentliche Religionspädagogik", auf die innerhalb dieses Kapitels eingegangen wird.
[402] Grümme (2021: 169) versteht darunter, dass ein „Traditionsabbruch […] erkennbar [ist], von dem nicht klar ist, wie dieser Abbruch in konstruktiv-kritischer Weise so bearbeitet werden kann, dass den Heranwachsenden Religion zumindest als verheißungsvolle Perspektive ihres Lebens erscheinen und von ihnen adaptiert zu werden vermag". In diesem Kontext stellt sich für die Religionspädagogik folgende Frage (ebd.): „Inwieweit konzipiert sie einen Religionsunterricht, der jenseits der Einseitigkeiten eines expressiven Individualismus dem Freiheitsvollzug des Ichs ebenso gerecht wird wie die Freiheit des Anderen in seinem Anderssein und das auch für die gesellschaftlich-ökonomischen Bedingungen des Handelns aufzukommen vermag?"
[403] Ebd. 201.
[404] Ebd. 200.
[405] Ebd. 201. Ähnlich Käbisch (2018), der auf den Mehrwert für die Religionspädagogik aufmerksam macht, der sich aus den Translational Studies ergibt, die „kulturelle Kontakte und Konflikte handlungsanalytisch beschreiben: Wer übersetzt einen Text wann,

aufgeworfenen Aspekte verweisen auf eine methodisch und auch didaktisch zu modellierende Verantwortung, wie SuS mit ihrer „Übersetzungspotenz" mit als religiös verstandenen Wörtern – sowohl in pragmatischer als auch in theologisch-translationswissenschaftlicher Hinsicht – umgehen und auch wie sie *Übersetzungsprodukte* – eigene angefertigte oder fremde – deuten.

Nach der voluminösen Darstellung konzeptioneller und weiterer Ansätze bedarf es im folgenden Kapitel eines Zwischenfazits für eine Kanalisierung der freigelegten Defizite und Impulse für eine auszuarbeitende sprach- und translationssensible Religionsdidaktik.

1.3.1.3 Zwischenfazit

Den Ausgangspunkt der konzeptionellen Ansätze (Kap. I 1.3.1.1) stellt die Distanz zwischen biblischen Textwelten und christlicher Tradition auf der einen und der Alltagswelt mitsamt der darin eingebetteten Interessen der SuS und ihrer Sprache auf der anderen Seite dar; diese Kluft soll auf unterschiedlichen Wegen überbrückt werden, damit religiöses Bildungsbemühen bei den SuSn auf fruchtbaren Boden fallen kann, indem es auch von ihnen verstanden wird. Im Hermeneutischen Religionsunterricht soll, ausgehend von dem Wort „Hermeneutik", das Verständnis der SuS für biblische Texte geweckt und damit die Distanz zu diesen durch ausführliche Erklärungen aufgehoben werden; diese Erklärungen bergen Ansätze einer Sprachsensibilisierung, die Texte in Sprache zu verwandeln sucht, um auf deren Kontextgebundenheit und diesbezügliche Spezifika aufmerksam zu machen. Die Religionslehrkraft fungiert dabei als *Übersetzerin*, indem sie zwischen dem sprachlichen Kontext der Bibel und dem der SuS als Vermittlerin tätig ist. Der Problemorientierte Religionsunterricht hat nicht die sprachliche Distanz der SuS zu biblischen Texten im Blick, sondern die thematische Distanz, welche durch das Aufzeigen einer Wechselbeziehung zu der alltäglichen Lebenswirklichkeit herausgestellt werden soll. Diese Wechselbeziehung wird von der Korrelationsdidaktik auf die von SuSn größtenteils unbewusst in Gebrauch genommenen Semantiken und Praktiken konkretisiert, um diese dann in den Horizont des christlichen Glaubens zu *übersetzen*. Die Symboldidaktik richtet den Fokus enger auf Symbole als Verstehensbrücken zwischen der christlichen Tradition und der Alltagswelt der SuS, die für den christlichen Glauben sprachfähig gemacht werden sollen. Hierzu zählt auch Körperlichkeit hinsichtlich einer beabsich-

---

wo, wie und mit welcher Absicht aus einem Kontext in einen anderen?" (ebd.: 73). *Übersetzung* meint hier in einem weit gefassten Sinn „die Übertragung einer sozialen Praxis aus einem kulturellen Kontext in einen anderen" (ebd.: 71). Im Hinblick auf religiöse Bildung wird *Übersetzung* als das zentrale Medium hervorgehoben, in dem sich Menschen unterschiedlicher nationaler und weltanschaulicher Provenienz begegnen; hierzu sind nicht nur textbasierte Medien zu zählen, sondern auch Praktiken.

tigten aktiven Teilnahme an christlich-religiösen Praktiken. Besonders Halbfas (2012a–b, 2011) sieht in der Sensibilisierung für eine als religiös verstandene Sprache den Königsweg für die Überwindung der Kluft zwischen ihr und der Sprachwelt der SuS. Die Zeichendidaktik nimmt alle Zeichen ins religionspädagogische Blickfeld und umgreift stärker als die Symboldidaktik die in einer Gesellschaft vorhandenen sprachlichen Codes und damit auch unterschiedliche Sprachspiele. Der Aspekt der *Übersetzung* besteht in der Beantwortung der Frage, welches Signifikat sich hinter dem entsprechenden Signifikanten verbirgt; das Ziel der *Übersetzungen* besteht in der Aufdeckung des Zusammenhangs zwischen religiöser Tradition und alltäglicher Kommunikation, um die Funktionsweise von Religion greifbarer zu gestalten, die als eine in der Kultur eingelagerte Praxis aufgefasst wird und in Abhängigkeit von dem jeweiligen Vorwissen der SuS unterschiedlich rezipiert werden kann. Die Gestaltpädagogik forciert die Körperlichkeit, indem die SuS bspw. die Wörter biblischer Texte oder rituelle Aussagegehalte in Handlungen *übersetzen* bzw. rituelle Gesten in eigener Sprache reflektieren; durch diese intersemiotische *Übersetzung* erfahren sie eine Sensibilisierung für die Wörter wie auch für die Leiblichkeit als Verstehensgrundlage dieser Texte. Diese Methodik wird von der Performativen Religionsdidaktik aufgegriffen und auf unterschiedliche Schwerpunkte hin ausgerichtet: Die SuS werden zu *ÜbersetzerInnen* der christlichen Tradition, welche sie durch deren In-Form-Bringen leiblich wie sprachlich neu inszenieren.

Das Ziel der Überbrückung der Distanz zwischen der Lebenswirklichkeit der SuS und der christlichen Tradition, insbesondere biblischer Texte, zieht zwei unterschiedliche pädagogische und didaktische Ausrichtungen mit sich. Erstens richten der Hermeneutische Religionsunterricht, die Korrelations-, die Symbol- und die Zeichendidaktik den Blick auf das Aufdecken wechselseitiger Bezüge zwischen der christlichen Tradition und dem Alltag der SuS, indem sie deren diesbezügliches Bewusstsein zu schärfen suchen, entweder in Bezug auf Themen, Praktiken oder Semantiken. Zweitens richten die Gestaltpädagogik, die Performative Religionsdidaktik, teilweise auch die Symbol- und Zeichendidaktik den Blick auf die Veränderung der biblisch-christlichen Tradition durch ihre Ingebrauchnahme als Verstehensbrücke; die SuS werden zu AkteurInnen in einem intersemiotischen *Übersetzungsprozess*. Problematisch erweist sich das Ausblenden der sog. „Ohnmachtsspirale",[406] wie SuS etwas versprachlichen sollen, was sie nicht verstehen, und wie sie etwas verstehen können, wofür ihnen das sprachliche Ausdrucksvermögen fehlt. Die Versuche des Durchbruchs dieser „Ohnmachtsspirale" fluchten auf die Kenntnis, das Verstehen und die Anwendung von Sprache und damit auf die Syntax und die Semantik der deutschen Sprache, für die die SuS sensibilisiert werden müssen. Deren Beherrschung bildet die Grundvoraussetzung für eine

---

[406] Langenhorst (2013) 66. Ähnlich Langenhorst (2019) 128f.

Einführung in die Sprache der Religion(en), die Sprache für Religiöses, die unterschiedlichen Sprachspiele pluraler Öffentlichkeiten und die Sprachwelten der SuS. Diesen Schritt vernachlässigen die konzeptionellen Ansätze ebenso wie die im Religionsunterricht aufeinandertreffenden Sprachspiele und Sprachwelten, für die ebenfalls eine Sensibilisierung erforderlich ist.

Im Unterschied zu den konzeptionellen Ansätzen richten weitere Ansätze mit kommunikations- und übersetzungstheoretischen/*übersetzungstheoretischen* Verankerungen (Kap. I 1.3.1.2) den Blick verstärkt auf die Sprache in sach- und subjektorientierter Hinsicht; dabei herrscht Konsens über das wachsende Nichtverstehen einer als religiös verstandenen Sprache bei SuSn und über den Verlust des Bedeutungsgehalts von hierzu zählenden Wörtern einerseits, über die Thematisierung von Sprache und Religion(en) als Voraussetzung für ein angemessenes Sprechen von, über und mit Gott und für eine gezielte Einleitung von Übungen für das Erlernen einer religiösen Sprachfähigkeit andererseits. Dabei werden die Sprache der Religion(en) und die Alltagssprache nicht als zwei gegenüberliegende Größen verstanden, sondern die Sprache der Religion(en) wird als eine Sprache neben der Sprache für Religiöses und neben unterschiedlichen Sprachspielen aufgefasst, so dass das Erlernen einer als religiös verstandenen Sprachfähigkeit auf diese Sprachen ausgeweitet wird. Bemerkenswert ist die seltene religionspädagogische und -didaktische Fokussierung einzelner Wörter i. S. eines Begrifflernens als Ausgangspunkt für eine als religiös verstandene Sprachbildung.[407] Den religionspädagogischen Hintergrund der weiteren Ansätze mit kommunikations- und übersetzungstheoretischen/*übersetzungstheoretischen* Verankerungen bildet jeweils die anwachsende religiöse Pluralität und die zunehmend heterogener werdende Gesellschaft im Hinblick auf die pädagogische und didaktische Neujustierung des Religionsunterrichts in der postsäkularen Gesellschaft. Somit stellen auch Säkularität und diesbezügliche Themenfelder, die Berührungspunkte mit der Sprache der Religion(en) aufweisen, Medien für die Spracherlernung, die auf eine Mehrsprachigkeit und eine Kommunikationsfähigkeit in der Gemengelage der Sprachen zielt. Diese Sprachen werden dabei nicht als unveränderbare und starr nebeneinanderstehende Korpora angesehen, sondern ihre Wandelbarkeit einerseits sowie ihre Schnittmengen andererseits rücken in den religionspädagogischen und -didaktischen Fokus. Somit kann es auch nicht mehr um die Überwindung von Distanzen bzw. *einer* Kluft gehen, sondern um die Sensibilisierung für die verschiedenen Sprachen und ihre gegenseitige Verwobenheit zur Schärfung des Verständnis- und Ausdruckspotenzials der SuS. Für *Übersetzungen* „von fachbezogenen Sprachwelten in die Sprachwelt der Schüler"[408] bedeutet dies zum einen eine Ausweitung der Ausgangs- wie auch der Ziel-

---

[407] Kohlmeyer/Reis/Viertel u. a. (2020) 334.
[408] Pirner (2018b) 65.

sprachen, zum anderen eine religionsdidaktische Fokussierung auf die SuS und ihre „Übersetzungspotenz",[409] zu der auch Kriterien für einen verantwortungsvollen Umgang zu treten haben, um einerseits ein translatorisches ‚anything goes' zu vermeiden, andererseits das *Übersetzungsprodukt* im pragmatischen und im theologisch-translatorischen Sinn als gelungen ausweisen zu können.

1.3.2 Texte und Denkschriften der EKD und DBK

Die nachfolgende Korpusanalyse[410] von Texten und Denkschriften der EKD und der DBK konzentriert sich auf Aussagen über eine als religiös verstandene Sprache, über *Übersetzungen* und Kommunikation; ausgehend von der Annahme, dass viele Menschen nicht (mehr) in einer als religiös verstandenen Sprache versiert sind, werden Möglichkeiten für Kirche und Religionsunterricht eruiert, die christliche Tradition bzw. deren Sprache angesichts von Pluralisierung, Globalisierung, Individualisierung und Säkularisierung kommunikabel zu halten.

In der Gesamtschau auf das Textkorpus lässt sich eine vierfache Spezifizierung verzeichnen: Erstens erachten AutorInnen von *Das rechte Wort zur rechten Zeit* für ein besseres Verständnis dieser Denkschrift eine „Übersetzung" für notwendig, die sie als „kommunikative ‚Gebrauchsanweisung'" verstehen, um die „Bedeutung für Menschen eindrücklich zu machen, die der fachlichen Details nicht kundig sind".[411] *Übersetzung* wird hier intralingual verstanden, um den AdressatInnen, die offensichtlich nicht alle in diesen „fachlichen Details" bewandert sind, die theologische Fachsprache zu erklären.[412] Die Überwindung der sprachlichen Kluft wird unter einer zu entwickelnden „Gebrauchsanweisung" subsumiert, ohne diese weiter zu spezifizieren.

Zweitens nehmen die AutorInnen der Denkschrift *Räume der Begegnung. Religion und Kultur in evangelischer Perspektive* eine Erweiterung des verständlich zu machenden Sprachobjekts vor, indem sie quasi den gesamten Protestantismus zum *Übersetzungsgegenstand* erheben: Um dessen „kraftvollen Beitrag [...]

---

[409] Grümme (2021) 211. Ähnlich Kumlehn (2021) 40, Pirner (2019a) 106.
[410] Das Textkorpus umfasst EKD (2015, Hg.), (⁴2015, Hg.), (2014a-b, Hg.), (2010a-b, Hg.), (2010, Hg.), (2008, Hg.), (2006a-b, Hg.), (2002, Hg.), EKD (1997, Hg.), Kirchenamt der EKD (2010, Hg.), (1997, Hg.); (³2005, Hg.) wurde zwar in die Recherche mit eingebunden, jedoch ergab die Stichwortsuche keine Treffer. Sekretariat der Deutschen Bischofskonferenz (2016a-b, Hg.), (2005, Hg.); (2014, Hg.) und (2010, Hg.) wurden zwar in die Recherche mit eingebunden, jedoch ergab die Stichwortsuche keine Treffer.
[411] EKD (2008, Hg.) 57f.
[412] Dieses Verständnis von *Übersetzung* entspricht dem an eine Öffentliche Theologie gerichteten Postulat von Pirner (2018a: 88), „eine Diskussionsebene zu finden, die auch nicht wissenschaftlich gebildete Menschen nachvollziehen können". Zur Fachsprache ausführlich Kap. II 1.1.1.2.

zu den Zentralsymbolen der modernen Kultur zu würdigen", besteht „eine bedeutende Übersetzungsleistung" darin,

> „wenn aus religiösen Zentralsymbolen säkulare Deutungskategorien und Leitvorstellungen werden. Denn gerade kraft dieser Kompetenz zur Übersetzung in andere ‚Sprachen' und Symbolsysteme wie Recht und Bildung, aber auch Ethik oder Wissenschaft konnte der Protestantismus seine kulturstiftende Kraft entfalten. Andererseits gilt es aber auch, die Kräfte zu ermitteln und darzustellen, die diese ureigensten Zentralsymbole bestritten oder gar vernichtet haben."[413]

Die *Übersetzung* in „säkulare Deutungskategorien und Leitvorstellungen" erinnert an das diesbezügliche Postulat von Jürgen Habermas, das er ein Jahr vor dieser Denkschrift in den öffentlichen Diskurs eingebracht hat. Die Deutungskategorien bejahen das Vorhandensein mehrerer Sprachspiele, indem zwischen den vier verschiedenen Sprachen des Rechts, der Bildung, der Ethik und der Wissenschaft differenziert wird. Demnach hat eine gelungene *Übersetzung* zwar schon stattgefunden, jedoch wird nicht präzise ausformuliert, was unter den „religiösen Zentralsymbolen" als *Übersetzungsgegenstand* zu fassen ist, wie der *Übersetzungsprozess* angeleitet wurde, wer die *ÜbersetzerInnen* waren, worauf die *Übersetzungskriterien* gründeten, worin das *Übersetzungsprodukt* bestand und weshalb es genau gelang, „die kulturstiftende Kraft" des Protestantismus zu „entfalten"; es wird deutlich, dass das *Übersetzungsprodukt* als gelungen angesehen wird, gerade weil es vor dem Hintergrund „anderer ‚Sprachen' und Symbolsysteme" gelesen werden kann. Eine derartige Verschränkung der Binnen- und Außenperspektive als hermeneutischer Akt zum Verständniszugewinn von Bevölkerungsgruppen, die jeweils andere Sprachspiele sprechen, korreliert mit einer der Forderungen, welche sich an die Öffentliche Theologie bezüglich gelingender *Übersetzungen* richten.[414] Für ein gelingendes „Entfalten" wird eine „Kompetenz zur Übersetzung" als Voraussetzung genannt.

Drittens findet eine Konzentration auf das Evangelium und seine Sprache statt. Als schwierig erachten es die AutorInnen unterschiedlicher Denkschriften, „dass sich das Evangelium in der geprägten Gestalt der christlich-kirchlichen Sprache nicht ohne Weiteres kommunizieren lässt. Diese Sprache wird als ‚fremd', ‚lebensfern' und manchmal sogar als ‚abstoßend' empfunden".[415] Um kommunikabel zu sein, muss sie sich durch Verständlichkeit auf der Binnenebene und auf den Ebenen der in einer Gesellschaft vorhandenen Sprachspiele auszeichnen.[416] Problematisch erscheint es zudem, dass „[v]iele Men-

---

[413] EKD (2002, Hg.) 18.
[414] Zur Öffentlichen Theologie ausführlich Kap. I 1.2.2.
[415] EKD (2010a, Hg.) 16.
[416] EKD (2008, Hg.) 41f.: „Kirchliche Äußerungen nach ‚innen' und nach ‚außen' können in dem Maß verstanden und aufgenommen werden, in dem sie den Wissens- und Verstehenshorizont sowie das Kommunikationsverhalten derer, die angesprochen werden sollen, berücksichtigen. Sie müssen grundsätzlich klar und verständlich sein. Deshalb

1 Religion(en), Sprache und *Übersetzung*

schen [...] im persönlichen Umgang mit letzten oder ersten Fragen längst ohne die Sprache des Christentums aus[kommen]".[417] Aufgrund dieser Verständigungsprobleme ist die Kirche herausgefordert,

> „die Verbindung zwischen der Bewahrung ihrer eigenen Traditionen und der Pluralitätsfähigkeit als Institution im Umgang mit der Vielfalt religiöser Bedürfnisse von Jugendlichen neu auszubuchstabieren und mutig die Elastizität ihrer Kerngehalte angesichts des individualisierten jugendlichen Zugangs zu Religion zu erproben."[418]

Diesen Zeilen ist die Aufforderung zu einer *Übersetzung* i. S. einer „kreativen Hermeneutik" der „Traditionen" inhärent, d. h. die „Kerngehalte" beizubehalten und sie gleichzeitig „elastisch" an die jeweils gegenwärtigen Zeit- und Gesellschaftsumstände anzupassen.[419] Hervorzuheben ist die Erwähnung bzw. Berücksichtigung des „kulturellen Kontextes", an dem sich die *ÜbersetzerInnen* hinsichtlich des *Überstzungsproduktes* orientieren müssen. Gerade weil eine „Elastizität" dem Wort zugestanden wird, bedarf es einer verantwortungsvollen *Übersetzung* des Wortes, damit sein – als religiös zu verstehender – „Kerngehalt" durch die Veränderungen im *Übersetzungsprodukt* nicht ‚beschädigt' wird, worauf oben u. a. in Kap. I 1.1.1 und Kap. I 1.2.1.1 hingewiesen wird.

Viertens werden mit „Rechtfertigung" bzw. „Rechtfertigungsglaube" konkrete Wörter als *Übersetzungsgegenstände* einer intralingualen *Übersetzung* genannt: Die AutorInnen der EKD-Denkschrift *Rechtfertigung und Freiheit* empfehlen für eine plausibel erscheinende Annäherung an „Rechtfertigung" mit „Liebe", „Anerkennung und Würdigung", „Vergebung" und „Freiheit" *„vier gegenwärtig häufiger verwendete[] Begriffe[]"*,[420] um so die „Erfahrungen der Rechtfertigung für die Gegenwart übersetzen zu können".[421] Diese Wörter sind zum einen in der Alltagssprache geläufig und weisen zum anderen eine Schnittmenge mit alltäglichen Erfahrungen von Menschen auf,[422] die aus unterschiedlichen Gründen mit der theologischen Tiefe von „Rechtfertigung" nicht allzu sehr vertraut sind. Eine derartige Annäherung erinnert an die von Wittgenstein (Kap. I 1.1.3) herausgestellte Bedeutungsverschiebung von Wörtern in Abhängigkeit von ihrer Verwendung in unterschiedlichen Sprachspielen. Diese Art von *Übersetzung* exemplifizieren die AutorInnen anhand des Wortes „Anerkennung", das eine Brückenfunktion zwischen unterschiedlichen Sprachspielen einnimmt, um sich „Rechtfertigung" anzunähern:

---

    ist es unverzichtbar, dass bei der Vorbereitung kirchlicher Äußerungen die Fragen nach der Verstehbarkeit sowie der erhofften Evidenz und Akzeptanz in die Überlegungen über Sprache, Inhalt und Vermittlung einbezogen werden."

[417] EKD (2006a, Hg.) 16.
[418] EKD (2010b, Hg.) 9.
[419] Zur kreativen Hermeneutik ausführlich Kap. II 1.1.4.
[420] EKD (⁴2015, Hg.) 28. Hierzu auch Kap. III 8.1.
[421] Ebd. 32. Ebenso ebd. 29, 30.
[422] Ebd. 31.

> „Erfährt der Mensch Anerkennung durch Gott und wird ihm die Nachricht von dieser Anerkennung weitergesagt, kann das daher zu einer existenziell bewegenden Erkenntnis werden: Ich bin anerkannt, auch wenn ich es nicht verdient habe. Einfach so. Geschenkt! Theologisch gesprochen: aus Gnade. ‚Weil Gott dich ansieht, bist du eine angesehene Person.' – mit diesem Wortspiel wird die Wirkung der Rechtfertigung heute gelegentlich beschrieben. Die Antwort des Menschen auf diese Anerkennung ist, dass er sich Gott anvertraut glaubt."[423]

Bei dieser Methodik gilt es allerdings zu beachten, dass die von den AutorInnen genannten Wörter nicht als *Übersetzungsprodukte* von „Rechtfertigung" bzw. „Rechtfertigungsglaube" anzusehen sind, sondern jeweils nur als eine Annäherung an einzelne Teilaspekte! Dies ist insofern von Relevanz, als eine ‚vollständige' *Übersetzung* und damit auch eine vollständige Erschließung von Wörtern, die im Glauben verortet sind, von einer theologischen Warte aus problematisch ist, worauf oben bspw. in Kap. I 1.2.1.1 hingewiesen wird und was bei der praktischen Umsetzung einer sprach- und translationssensiblen Religionsdidaktik im Hinblick auf Translationsgrenzen eine Rolle spielt (Kap. II 1.6.1).

Für den Religionsunterricht besteht eine aus der zunehmend pluraler werdenden Gesellschaft erwachsende Konsequenz in einer „klar erkennbare[n] Kommunikationsbereitschaft",[424] gerade weil Religion „wesentlich kommunikativ verfasst" ist.[425] Um in einen Dialog mit den unterschiedlichen Sprachspielen der Kommunikationsgemeinschaften eintreten zu können, bedarf es der „Einübung des Perspektivenwechsels und der Koordination von Innen- und Außenperspektive, Selbst- und Fremdwahrnehmung".[426] Für den katholischen Religionsunterricht wird diesbezüglich eine „geprächsfähige Identität"[427] postuliert: Diese

> „schließt die Fähigkeit und Bereitschaft, eine religiöse Überzeugung auszubilden und zu vertreten, ebenso ein wie die Fähigkeit und Bereitschaft, sich mit Andersgläubigen und Nicht-Glaubenden zu verständigen. Beide Fähigkeiten bedingen einander. Nur wer eine eigene Überzeugung hat, kann in einen gehaltvollen Dialog mit anderen eintreten. Umgekehrt gilt aber auch, dass die eigene Überzeugung sich im Dialog mit anderen bildet und weiterentwickelt."[428]

Damit bestehen in *Übersetzungsprozessen* im Umkehrschluss die Voraussetzungen für die Bildung und Weiterentwicklung eigener Überzeugungen, da sich diese eben nur „im Dialog mit anderen" entwickeln können. So stellt ein Lernen, „das durch die Auseinandersetzung mit dem Anderen und Fremden das Eigene besser versteht und gleichzeitig Respekt für andere Überzeugungen entwickelt", „die besondere Aufgabe des Religionsunterrichts in der gymna-

---

[423] EKD (⁴2015, Hg.) 30.
[424] EKD (2014b, Hg.) 76.
[425] EKD (2014a, Hg.) 66.
[426] EKD (2014b, Hg.) 80.
[427] Sekretariat der DBK (2016a, Hg.) 10 mit Verweis auf Sekretariat der DBK (⁵2009, Hg.) 49. Ähnlich Sekretariat der DBK (2005, Hg.) 4.
[428] Sekretariat der DBK (2016a, Hg.) 10.

1 Religion(en), Sprache und *Übersetzung*

sialen Oberstufe" dar.[429] Diese beiden Feststellungen entsprechen den oben besprochenen Ausschnitten aus der Denkschrift *Räume der Begegnung* (EKD 2002, Hg.) und formulieren indirekt zwei sich interdependent zueinander verhaltende Phasen für eine „gesprächsfähige Identität": Die eine bezieht sich auf eine Klärung der eigenen religiösen Überzeugung innerhalb der Binnenperspektive, die andere auf deren weitere Erhellung vor dem Hintergrund der Außenperspektive.[430]

Um gesprächsfähig bleiben zu können, bedarf es folglich einer binnensprachlichen Weitung. Schon 1997 wurde in einer Stellungnahme der Kammer der EKD für Bildung und Erziehung die Forderung erhoben, dass die Evangelische Erwachsenenbildung „mehrsprachig" angelegt sein müsse: Mehrsprachigkeit wird hier weit gefasst[431] und richtet sich sowohl auf eine religiöse Binnensprache als auch auf die Sprache der „anderen" und damit auf nicht näher spezifizierte Sprachspiele in pluralen Öffentlichkeiten. Diesbezüglich konkreter äußern sich die AutorInnen der Denkschrift *Religiöse Bildung angesichts Konfessionslosigkeit* und richten ihre Einforderung der „Dreisprachigkeit" an die Kirche und auch an den Religionsunterricht, „um sich ökumenisch, interreligiös und inter-weltanschaulich verständlich zu machen, ohne mit gespaltener Zunge zu sprechen".[432] Diese „Dreisprachigkeit" verlangt

> „nicht nur unterschiedliche kommunikative Ausdrucksweisen, Medien und Themen, sondern auch hermeneutische Anstrengungen in verschiedene Richtungen: drei ‚Sprachen' eben. Keine der drei ist verzichtbar. Allerdings müssen sie ‚übersetzbar' bleiben, denn es ist die gleiche Sache, die in ihnen zu kommunizieren ist."[433]

Die drei Sprachen stellen das Medium für den Transport der christlichen Tradition als *Übersetzungsgegenstand* dar, dessen *Übersetzung* in die unterschiedli-

---

[429] Kirchenamt der EKD (2004, Hg.) 7.
[430] Diese beiden Phasen gleichen den im Kontext Öffentlicher Theologie (Kap. I 1.2.2) vorgelegten *Übersetzungsverfahren*: Tietz (2012) erachtet es für das Gelingen einer *Übersetzung* einer als religiös verstandenen Sprache in eine rational zugängliche Sprache im Anschluss an Habermas als notwendig, dass sich die ÜbersetzerInnen in einem ersten Schritt innerhalb der Binnenperspektive vertieft mit dem *Übersetzungsgegenstand* auseinandersetzen, um ihn dann so in die Zielsprache *übersetzen* zu können, dass er von den AdressatInnen als plausibel wahrgenommen wird. Wabel (2019a: 190f.; 2019b: 25f.; 2019c: 70–73) betont im Hinblick auf das *Übersetzungsprodukt* eine Schärfung der Binnenperspektive durch die Augen der AdressatInnen, welche einer anderen oder keiner Religion angehören und dementsprechend eine andere Sprache als die christlich-religiöse Sprache zu sprechen gewohnt sind.
[431] EKD (1997, Hg.) 60: So wird „die Bereitschaft und Fähigkeit [gefördert], [...] sich selbst auszudrücken, [...] mit anderen vernünftig zu argumentieren, [...] gemeinsam in etwas einzustimmen, [...] gerade bei Dissens Verständnis und Toleranz zu zeigen, [...] die Sprache der Kunst und der Symbole zu sprechen, [...] mit der Sprache der Liturgie, mit Bitten, Loben und Danken vertraut zu werden".
[432] EKD (2020, Hg.) 145.
[433] Ebd. 102.

chen Sprachen auch Grenzen gesetzt sind, die nicht weiter spezifiziert werden.

Für die Religionspädagogik und -didaktik bedeutet dies konkret eine „Entwicklung zeitgemäßer Ausdrucks- und Kommunikationsformen".[434] Eine Spracherlernung i. S. einer „Alphabetisierung im Glauben" hingegen greift

> „noch zu kurz, als es Kindern, Jugendlichen und Erwachsenen nicht einfach am Zugang zu Text und Schrift fehlt, sondern bereits an einer Sprache, die sich überhaupt für die religiöse Kommunikation eignet. Unter dieser Voraussetzung müssen Zugänge zu religiöser Sprache allererst eröffnet werden und müssen sprachliche Formen identifiziert werden, die in neuer Weise für die kirchliche Kommunikation genutzt werden können."[435]

Somit ist es weder ausreichend, ausschließlich die Sprache der Religion(en), noch ausschließlich die Sprache für Religiöses einzuüben, sondern nur im Zusammenspiel zwischen einer sach- und subjektorientierten Ebene können beide Sprachen erlernt werden.[436]

Zusammenfassend lässt sich feststellen, dass die Texte und Denkschriften der EKD und der DBK die Wandelbarkeit von Sprache und den Ausdrucksformen von Religion(en) betonen, woraus als Konsequenz die Förderung von Ausdrucks- und Kommunikationsformen erwächst, welche sich sowohl an den besagten Wandel als auch an die unterschiedlichen Sprachspiele in einer weltanschaulich pluralen Gesellschaft als anschlussfähig erweisen, um mit diesen in einen Dialog eintreten zu können. *Übersetzungen* und *Kommunikationsfähigkeit* gehören zusammen und müssen in ihrer Interdependenz pädagogisch und didaktisch aufgegriffen werden.

1.3.3 Kompetenzen und Bildungsstandards

In diesem Kapitel wird der Frage nachgegangen, wie sich die aus einem weltanschaulich pluralen Kontext hervorgehenden religionspädagogischen und -didaktischen Konsequenzen in Kompetenzen und Bildungsstandards niederschlagen, die in mehreren Schriften des Kirchenamtes der EKD, des Comenius-Instituts und in Lehrplänen im Hinblick auf Kompetenzen und Bildungsstandards für den Evangelischen Religionsunterricht enthalten sind.[437]

In der vom Comenius-Institut erstellten Expertise für eine Kompetenzorientierung im Evangelischen Religionsunterricht heißt es zu einer „gebildeten Religion":

> „Über die Urteilsfähigkeit in religiösen Angelegenheiten hinaus muss daher die Fähigkeit und Bereitschaft gehören, symbolische Sprache als solche erkennen

---

[434] EKD (2010a, Hg.) 65.
[435] Ebd. 67.
[436] Ähnlich Schulte (2001b) 36.
[437] Kirchenamt der EKD (2011, Hg.), (2010, Hg.), (2008, Hg.), (2004, Hg.), Fischer/Elsenbast (2006).

1 Religion(en), Sprache und *Übersetzung*

und deuten zu können bzw. selbst symbolisch zu kommunizieren. Nicht die Verpflichtung auf einen Glauben ist das Unterrichtsziel, sondern die Befähigung zur Identifizierung und zum situativ angemessenen Gebrauch religiöser Sprache und religiösen Ausdrucks, auch in Analogie zu oder Unterscheidung von anderen Modi des Weltverstehens. Gebildete Religion erfordert diese Differenzierungsfähigkeit (vgl. Korsch 2003)."[438]

Die eingangs formulierte Hypothese des vorliegenden Buches findet in der Textpassage einen Anschluss im Hinblick auf die von als religiös verstandenen Wörtern durchzogenen vier Sprachebenen, die hier indirekt angesprochen werden; sowohl „religiöse Sprache" als auch „religiöser Ausdruck" sind in den Sprachspielen der Öffentlichkeiten vorhanden, die es zu segmentieren und in Relation zu „anderen Modi des Weltverstehens" zu setzen gilt. Im Zuge des Erkennens und Deutens der Sprache der Religion(en) wird auch die eigene Fähigkeit der SuS zur eigenständigen symbolischen Kommunikation angesprochen und somit die Sprache für Religiöses im Rahmen des ihnen zur Verfügung stehenden individuellen Wortschatzes. Dies korreliert sowohl mit einer im vorangehenden Kapitel besprochenen Empfehlung der EKD, bei den SuSn die „Entwicklung zeitgemäßer Ausdrucks- und Kommunikationsformen" zu fördern,[439] als auch mit einer Einschätzung von Langenhorst, der „kreative sprachliche Neuversuche" als *Übersetzungsprodukte* anvisiert.[440]

Die Expertise nennt als „Grundformen religiöser Sprache", welche die SuS „kennen, unterscheiden und deuten" können, „z. B. Mythos, Gleichnis, Symbol, Bekenntnis, Gebet, Gebärden, Dogma, Weisung".[441] Die Erwähnung von „Gebärden" verweist auf ein weit gefasstes Sprachverständnis, das auch Körperlichkeit umfasst. Für diese erwähnte Kompetenz wird folgende Beispielaufgabe angeführt:

> „Liebe Schülerin, lieber Schüler!
> Jede Religion hat ihre eigene Sprache und ihre besonderen Ausdrucksformen. Wenn man in ihr und mit ihr kommunizieren will, muss man diese Sprache bzw. Ausdrucksformen kennen. Auch im Christentum gibt es immer wiederkehrende Grundformen der religiösen Sprache, besonders in ihrer heiligen Schrift, der Bibel, aber auch in ihrer Lehre, dem Dogma, und in ihren religiösen Feiern, den Gottesdiensten. Die bekannteste Sprachform vieler Religionen ist das Symbol. Häufig tauchen solche Grundformen religiöser Sprache auch in zeitgenössischen Texten und/oder Liedern mit religiösen Inhalten auf, so auch in dem folgenden Pop-Song der Sängerin Cae Gauntt [i. e. *Hopegarden* aus dem Jahr 1999, C. H.]. An diesem Beispiel kannst du deine Kenntnisse über solche Grundformen religiöser Sprache zeigen.

---

[438] Fischer/Elsenbast (2006) 14. Ähnlich Kumlehn (2014) 270.
[439] EKD (2010a) 65.
[440] Langenhorst (2019) 128 (im Original kursiviert). Dieser Ansatz wird ausführlich besprochen in Kap. I 1.3.1.2.1.
[441] Fischer/Elsenbast (2006) 35. So auch der Erwartungshorizont der zu besprechenden Beispielaufgabe (ebd.: 37): „[...] implizit erfasst sind zudem Bekenntnis und Gebärde."

Aufgaben
1) Fasse den Inhalt des Textes zusammen und beschreibe seine Sprachform. Nenne dabei mögliche Gründe, die den Grafiker dazu veranlasst haben könnten, den Liedtext mit der Form eines Kreuzes zu verbinden!
2) Wähle zwei im Text verwendete Symbole aus und erläutere diese im Zusammenhang des Textes!
3) Die Sängerin Cae Gauntt schreibt dieses Lied „für Rainer und Bettina", ein befreundetes Ehepaar. Bettina hat Krebs im Endstadium und weiß, dass sie nicht mehr lange zu leben hat. Das Lied endet mit der Aufforderung: ‚Lasst uns Hoffnung verbreiten, weil sie genau hier wächst.' Erörtere, inwiefern Bettina dieses Lied als Trost oder als Zumutung empfinden könnte!"[442]

Aus dieser Aufgabenstellung geht hervor, dass man für die Kommunikation „in" und „mit" einer Religion ihre „eigenen Sprach- und „Ausdrucksformen" kennen muss. In den Aufgaben wird unausgesprochen auf *Übersetzungen* verwiesen, nämlich auf den in Form eines Kreuzes gestalteten Liedtext als Produkt der *Übersetzung* und auf die Intention der *Übersetzung* der Sängerin im Zusammenhang mit den AdressatInnen der *Übersetzung*, dem befreundeten Ehepaar.

Bei den im *Kerncurriculum für das Fach Evangelische Religionslehre in der gymnasialen Oberstufe* (Kirchenamt der EKD 2010, Hg.) formulierten Kompetenzen und auch den *Kompetenzen und Standards für den Evangelischen Religionsunterricht in der Sekundarstufe I* (Kirchenamt der EKD 2011, Hg.) wird die Sprache der Religion(en) unterschiedlich benannt und ausdifferenziert; dabei erfolgt nur eine Spezifizierung bezüglich „religiöser Sprachformen".[443] Die Sprache für Religiöses findet verhältnismäßig wenig Erwähnung.[444] Dies ist insofern

---

[442] Ebd. 35.
[443] Zur Vereinfachung werden die Kompetenzen abgekürzt: „K" = „Kompetenz"; „TK" = „Teilkompetenz". Der Zusatz „I" bzw. „II" in eckigen Klammern differenziert die Kompetenzen für die Sekundarstufe I und für die gymnasiale Oberstufe/Sekundarstufe II: Religiös bedeutsame Phänomene (K 1 [I]), religiöse Spuren und Dimensionen (TK 1.1 [I]), religiös bedeutsame Sprache und Zeugnisse (K 2 [I]), religiöse Sprachformen (Beispiele: Gebet, Lied, Segen, Credo, Mythos, Grußformeln, Symbole) (TK 2.1 [I]), religiöse Motive und Elemente in Texten, ästhetisch-künstlerische und mediale Ausdrucksformen (Beispiele: biographische und literarische Texte, Bilder, Musik, Werbung, Filme) (TK 2.2 [I]), biblische Texte, die für den christlichen Glauben grundlegend sind (TK 2.3 [I]), theologische Texte (TK 2.4 [I]), Glaubenszeugnisse (TK 2.5 [I]), religiös bedeutsame Ausdrucks- und Gestaltungsformen (K 5 [I]), typische Sprachformen der Bibel (TK 5.1 [I]), Aspekte des christlichen Glaubens in textbezogenen Formen (TK 5.2 [I]), Ausdrucksformen des christlichen Glaubens (TK 5.3 [I]), religiöse Symbole und Rituale der Alltagskultur (TK 5.4 [I]), Grundformen biblischer Überlieferung und religiöser Sprache (K 2 [II]), biblische und religiöse Sprachformen (TK 2.2 [II]), Grundlagen des christlichen Glaubens (TK 4.1 [II]), Brennpunkte der Christentumsgeschichte (TK 4.2 [II]), religiöse Motive und Elemente (K 8 [II]), Motive aus Bibel und christlicher Tradition (TK 8.2 [II]). Siehe auch eine diesbezügliche knappe Zusammenfassung bei Altmeyer (2017a) 157f. unter Einbezug von Sekretariat der DBK (⁴2010, Hg.).
[444] K 1 [II], TK 1.2 [II].

auffällig, als in Denkschriften der EKD die Ausbildung einer subjektorientierten Sprache für Religiöses gefordert wird, welche sich in dem Gewinn und der Kommunikation von eigenen religiösen Überzeugungen[445] und der „Entwicklung zeitgemäßer Ausdrucks- und Kommunikationsformen"[446] äußert.

Stefan Altmeyer betrachtet Bildungsstandards für den evangelischen und katholischen Religionsunterricht mit dem Prisma eines ausgewogenen Verhältnisses von Fach- und Sprachlichkeit: Im Mittelpunkt der Kompetenzformulierungen stehen das

> „Verständnis und sachgemäßer Gebrauch der charakteristischen Merkmale von Sprache im Bereich Religion, und zwar was Einzelformen (Metapher, Symbol etc.), Gattungen (Gebet, Bekenntnis, biblische Gattungen etc.) und religiöse Sprachhandlungen (loben, klagen, danken, bitten etc.) angeht".[447]

Die Kompetenzbereiche sind alle durchdrungen von unterschiedlichen unterrichtssprachlichen Funktionen, die sich als Sprachhandlungen in den Operatoren „darstellen", „urteilen", „ausdrücken" und „sich verständigen" äußern.[448]

Andrea Schulte beobachtet Kompetenzerwartungen, die sich auf den Fachwortschatz bzw. auf den Umgang mit fachspezifischen Textgattungen richten, wobei jedoch Konkretisierungen der diesbezüglichen von SuSn empfundenen Verstehensbarrieren und didaktische Möglichkeiten zu ihrer Überwindung nicht aufgeführt sind; um diese Lücke zu füllen, erachtet Schulte die mittlerweile in zahlreichen Lehr- und Bildungsplänen angeführten Fachwortübersichten zur Unterstützung der Kompetenzentwicklung als einen „bemerkenswerten Vorstoß".[449]

1.3.4 Unterrichtswerke und Unterrichtsentwürfe

Um einen Überblick zu erhalten, in welche didaktischen Formen die seitens der Öffentlichen Theologie, der Religionspädagogik und -didaktik, der Denkschriften der EKD und DBK sowie der Kompetenzen und Bildungsstandards gemachten Anregungen für die Verbesserung einer als religiös verstandenen Sprach- und Ausdrucksfähigkeit sowie für *Übersetzungen* gegossen werden, erweist sich ein Blick in Unterrichtswerke und Unterrichtsentwürfe als lohnenswert.[450]

---

[445] EKD (2010a, Hg.) 9, 13.
[446] Ebd. 65.
[447] Altmeyer (2019: 190) bezieht sich dabei auf Kirchenamt der EKD (2011, Hg.) und Sekretariat der DBK (⁴2010, Hg.).
[448] Ebd. 190f.
[449] Ebd. 89.
[450] Um Missverständnissen vorzubeugen: Die in diesem Kapitel vorgestellten Arbeitsaufträge zu Übersetzungen/*Übersetzungen* befinden sich in Unterrichtswerken überwiegend jüngeren Erscheinungsdatums. Dies bedeutet jedoch nicht, dass in älteren Unterrichtswerken keine diesbezüglichen Aufträge zu finden sind. So heißt es bspw. im *Kursbuch Religion 5/6* (Busch/Knödler/Petri u. a. 1976: 151f.): „Die Gleichnisse im Neuen

Diese Angebote lassen sich auf einer allgemeinen Ebene differenzieren im Hinblick auf intralinguale (1), intersemiotische (2) und interlinguale Übersetzungen/*Übersetzungen* (3) sowie auf eigenständige Thematisierungen von Übersetzungsprozessen und von einer als religiös verstandenen Sprache (4); auf einer speziellen Ebene sind zahlreiche didaktische Varianten zu verzeichnen. Im Folgenden wird in der Regel jeweils nur auf ein Beispiel in einem Unterrichtswerk verwiesen.[451]

1. Intralinguale *Übersetzungen*
1.1 Bereitstellung von intralingualen *Übersetzungsprodukten*
1.1.1 Für die Erklärung einzelner Wörter finden sich in vielen Unterrichtswerken unterschiedliche Formen, bspw. ein Glossar oder eine Art „Infokasten" am Seitenrand.[452]
1.1.2 Zur Erschließung biblischer Texte der *Luther-* oder *Einheitsübersetzung* werden alternative *Übersetzungen* zum Vergleich dargeboten bspw. die *Volxbibel*, die *Bibel in gerechter Sprache*, *Hoffnung für alle* etc.[453] Als Vergleich kann auch ein Gattungstransfer, eine „zweck- und zielgruppengerichtete Bearbeitung",[454] dienen.[455]

Testament sind in einer uns fremden Sprache und zu anderen Zuhörern gesprochen. Die Umstände, von denen sie berichten, sind uns oft nicht vertraut. Deswegen lohnt es sich, die Gleichnisse zu übersetzen in Verhaltensweisen unserer Zeit. [...] Versucht, selbst ‚Gleichnisse' zu erfinden: Natürlich könnt ihr auch eigene Überschriften für eure Gleichnisse erfinden. Wenn ihr die Gleichnisse neu erzählt, müßt ihr aufpassen, daß die ‚neue Welt Gottes' immer das eigentliche Thema bleibt. [...] Das Fest Mt 22,1–10 – Halbe Klasse feiert gelungene Party."

[451] Schulte (2019a: 120–122; 2017: 76–87) hat anhand einer Analyse von kompetenzorientierten Unterrichtswerken für den evangelischen und katholischen Religionsunterricht in der Unter- und Mittelstufe unterschiedliche *Übersetzungsangebote* herausgearbeitet.

[452] Husmann/Merkel (2014) 197: Hier wird im Rahmen einer thematischen Einheit zum Abendmahl „Sakrament" am Seitenrand erklärt, indem auch auf das diesbezügliche evangelische und katholische Verständnis Bezug genommen wird. Rupp/Dieterich (2014, Hg.) verwenden „Info-Blöcke" für „Grundwissen und Fachbegriffe", welche die NutzerInnen des Unterrichtswerks „immer wieder brauchen" (ebd.: 9).

[453] Dierk/Freudenberger-Lötz/Heuschele u. a. (2016, Hg.: 104) unterscheiden „Urtextnahe (‚philologische') Übersetzungen", „Verständnisorientierte (‚kommunikative') Übersetzungen", „Übersetzungen des Mittelweges", „Freie Übertragungen". Zur semantischen und syntaktischen Erleichterung biblischer Texte wird eine „freie Übersetzung" angeboten, um so ein schnelles und zugleich fundiertes Verstehen des Textes zu ermöglichen: Hahn/Schulte (2013: 22) mit einer „freien Übersetzung" von Gen 1,27f.: „Gott schuf also die Menschen nach seinem Ebenbild. Und er schuf sie als Mann und Frau. Und Gott segnete die Menschen und sagte ihnen: Gründet Familien und bekommt Kinder. Breitet euch über die Erde aus und geht verantwortlich mit ihr um! Kümmert euch um die Fische im Meer, die Vögel in der Luft und alle Tiere, die auf der Erde leben." Hierzu Schulte (2017) 82.

[454] Schreiber (1993) 99, 116f.

[455] Bubolz/Hallermann-Dockhorn (2006: 18–34) stellen Auszüge des Romans *Das Evangelium des G.* (1987) von Vincente Leñero Lk 22,14-38 gegenüber und halten die SuS zu einer Beurteilung des *Übersetzungsprodukts* als gelungen oder unangemessen an: Der

1.1.3 Um die SuS auf semantische und syntaktische Spezifika sowie auf das *Übersetzen* an sich aufmerksam zu machen, werden Wörter einer als religiös verstandenen Sprache als deutungsoffene *Übersetzungsprodukte* thematisiert. Ein diesbezüglicher Arbeitsauftrag lautet bspw.: „‚Wie im Himmel': Metaphern machen unsere Hoffnung stark. Nachfolgend werden die biblischen Metaphern als dialektische Versuche vorgestellt, Gott (den Unübersetzbaren) in eine deutungsoffene Sprache zu übersetzen, die von Hoffnung und Vertrauen getragen ist."[456]

1.2 SuS werden zu *ÜbersetzerInnen* – entweder einer als religiös verstandenen Sprache in andere Sprachebenen hinein (1.2.1) oder umgekehrt (1.2.2).

1.2.1 Die SuS *übersetzen* eine als religiös verstandene Sprache in andere Sprachebenen.

1.2.1.1 Die SuS erschließen sich – besonders im Rahmen einer kompetenzorientierten Aufgabenkultur unter Nennung von Operatoren – eine als religiös verstandene Sprache. Konkret äußert sich dies in Aufgaben, welche *Übersetzungen* als die Beförderung einer „kognitive[n] Erschließung religiöser Gehalte in säkulare Semantiken" verstehen: Hierzu zählen *Übersetzungen* im Hinblick auf

> „religiös-theologische Semantiken (z. B. Abendmahl, Auferstehung, Konfessionen) und Gehalte (z. B. Segen, Schuld, Sünde, Visionen), die Eigenart religiöser Sprache (Metapher [Bildwort], Gleichnis, Wundererzählung) sowie auf den persönlichen, individuellen Bedeutungshorizont abstrakter Begriffe (Pubertät, Freiheit)".[457]

Die Operatoren erweisen sich in der Gestalt entsprechender Verben wie „deuten", „interpretieren", „erklären", „bezeichnen", „verstehen unter" als „Übersetzungshilfen".[458] Eine diesbezügliche Aufgabenstellung lautet bspw.: „Erklären Sie anhand von Mt 4,19 und 16,24f., was ‚Nachfolge' bedeutet."[459]

1.2.1.2 Konkreter als das obige Aufgabenformat sind *Übersetzungsangebote* einer als religiös verstandenen Sprache in (jugendliche) Alltags- und Gebrauchssprache. Die Zielsprachen changieren dabei in „verständliche

---

mexikanische Autor versetzt die Handlung des Lukasevangeliums in den soziokulturellen Kontext seiner Heimat: Der Protagonist Jesucristo Gómez kommt in einem Slum in Mexico-City zur Welt und zieht als „idealistischer Abenteurer" mit Müllsammlern, arbeitslosen Bauern und weiteren Repräsentanten der Unterschicht durchs Land und zeichnet sich durch uneigennütziges Handeln zum Wohle der Bevölkerung aus. Der Antagonist ist ein korrupter Präsidentschaftskandidat, der schließlich für den Tod von Jesucristo verantwortlich ist; der Leichnam wird in einem Massengrab beigesetzt.

[456] Schulte (2017) 85 mit übernommenen Zitat aus Tomberg (2014, Hg.) 33.
[457] Ebd. 83.
[458] Ebd.
[459] Rupp/Dieterich (2014, Hg.) 133.

Sprache", "heutige Sprache", "vertraute Sprache" oder ganz allgemein "in die heutige Zeit" o. ä.[460] Auf der Wortebene kann ein Arbeitsauftrag lauten: „Formuliere eine ‚Übersetzung' des alltagssprachlich gebrauchten Begriffs ‚glauben' und vergleiche sie mit ‚glauben' in biblischem Sinne."[461] Auf der Textebene kann ein Arbeitsauftrag lauten: „Formulieren Sie eine eigene Übersetzung von Mt 5,43–48 in heutiger, Ihnen vertrauter Sprache. Notieren Sie, was man bei einer solch aktualisierenden Übersetzung berücksichtigen muss."[462] Eine Variante dieser Aufgabenformate stellt die gezielte Einnahme einer nichtchristlichen Sprachebene dar, in die Elemente der als religiös verstandenen Sprache *übersetzt* werden.[463]

1.2.1.3 Weiterhin halten *Übersetzungsangebote* zu einer kreativen Auseinandersetzung mit als religiös verstandener Sprache an, so dass die SuS

> „zu ihrer Sicht, Perspektive und Deutung in Sachen Religion kommen (z. B. Textverdichtung, Texttheater, Textspaziergang, Mindmap, Elfchen und andere Formen kreativen Schreibens, Reizwörtergeschichte, Leserbrief, Schreibmeditation, Schreibgespräch, Zeitungsartikel schreiben)".[464]

Eine diesbezügliche Aufgabenstellung besteht bspw. darin, dass die SuS zu einem Psalm ihrer Wahl ein dadaistisches Gedicht entwerfen.[465]

1.2.2 Die SuS *übersetzen* unterschiedliche Sprachebenen in eine als religiös verstandene Sprache: Bei dem folgenden Beispiel *übersetzen* die SuS ihre – eventuell protestantisch geprägte – Sprachebene in eine katholische oder muslimische: „Versetzen Sie sich in die Lage eines Katholiken oder Muslims, der von Protestanten zu einer gemeinsamen Abendmahlsfeier eingeladen wird. Formulieren Sie eine begründete Annahme oder höfliche Ablehnung dieser Einladung."[466] Eine Variante dieses *Übersetzungsangebots* stellt eine „kooperative Übersetzung" im Anschluss an Thomas Wabel dar: Diese besteht in dem Versuch, dass nichtreligiöse Menschen eine religiöse Sichtweise einzunehmen versuchen.[467] Wabel verweist für ein Beispiel auf das *Religionsbuch*

---

[460] Bspw. Heidemann/Hofmann/Hülsmann u. a. (2015, Hg.) 137, Rupp/Dieterich (2014, Hg.) 166, Tomberg (2013, Hg.) 30.
[461] Tomberg (2013, Hg.) 7.
[462] Rupp/Dieterich (2014, Hg.) 156.
[463] Heidemann/Hofmann/Hoffmeister u. a. (2015, Hg.) 95: „Entwerfen Sie einen Artikel für ein Philosophie-Magazin zum Thema ‚Gott – Eine gute Idee?'"
[464] Schulte (2017) 86. Die Methode des Texttheaters ist allerdings auf einer intersemiotischen Ebene anzusiedeln.
[465] Rupp/Dieterich (2014, Hg.) 159. Als Entscheidungshilfe wird Ps 84 genannt.
[466] Richardt (2012) 137.
[467] Wabel (2019c) 189. Dieser Ansatz wird ausführlich besprochen in Kap. I 1.2.2.

Oberstufe: Im Rahmen der Sequenz „Was ist, wie entsteht, worin äußert sich Religion" sind Photos von einem mit Getreide bewachsenen Bergtal, einer glücklich wirkenden Familie, einem aktiven Vulkan und einer Sonnenfinsternis um einen Textauszug von Albert Einstein gruppiert, in dem der Physiker das Gefühl einer tiefen Ergriffenheit mit Religiosität in Verbindung bringt.[468] Der diesbezügliche Arbeitsauftrag besteht in einer Erörterung, was Menschen religiös macht und welche Erfahrungen zu religiösen Vorstellungen führen können. Den SuSn wird so eröffnet, eine religiöse Sichtweise einzunehmen bzw. ihr Sprach- und Ausdrucksvermögen in diese Sichtweise zu *übersetzen*.

2. Intersemiotische *Übersetzungen*
2.1 Bereitstellung von intersemiotischen *Übersetzungsprodukten*
2.1.1 Künstlerische Darstellung, Werbeanzeigen, Comics oder auch Szenen aus Spielfilmen werden als Vergleich zu kirchengeschichtlichen Ereignissen,[469] biblischen Texten[470] oder theologischen Sachverhalten[471] herangezogen.
2.1.2 In dem für die 9.–10. Jahrgangsstufe konzipierten Unterrichtswerk *Moment mal! 3* findet sich ein Beispiel für die von Wabel im Kontext der *Übersetzungsintention* Öffentlicher Theologie angeführte „*Transformation durch das Auge des anderen*":[472] Die Einheit „Warum musste Jesus sterben?" mit dem Schwerpunkt „Was bedeutet eigentlich das Kreuz?" beginnt mit der Überschrift „Abendmahl aus der Sicht von Nichtchristen".[473] Hierzu ist ein Dialog aus dem Spielfilm *Almanya - Willkommen in Deutschland* (2011) von Yasemin Şamdereli abgedruckt, der u. a. ein Schicksal türkischer Gastarbeiter in den 1960er-Jahren beleuchtet: Am Abend vor der Abreise nach Deutschland bringen

---

[468] Baumann/Schweitzer (2006) 11; Einstein (2005) 12: „Zu wissen, dass das, was wir nicht ergründen können, wirklich existiert, drückt sich als höchste Weisheit und strahlende Schönheit aus, die unsere dumpfen Sinne nur in ihrer primitivsten Form wahrnehmen können – dieses Wissen, dieses Spüren ist der Kern wahrer Religiosität." In der neueren Ausgabe des Unterrichtswerks (Baumann/Schweitzer 2015a) ist diese Aufgabe nicht mehr enthalten.
[469] Dierk/Freudenberger-Lötz/Heuschele u. a. (2016, Hg.: 104): Comic-Zeichnung zum Bauernkrieg. Ebd. 106: Filmsequenz und zeitgenössischer Stich zu Luther als Bibelübersetzer.
[470] Rupp/Dieterich (2014, Hg.) 156: Zu Gen 11,1–9 und dem von Peter Brueghel d. Ä. im Jahr 1563 angefertigten Gemälde *Der Turmbau zu Babel* lautet ein Arbeitsauftrag: „Wie übersetzt der Maler die Turmbaugeschichte?" Zu Werbeanzeigen als Vergleiche: Husmann/Merkel (2013b, Hg.) 20f.
[471] Husmann/Merkel (2013b, Hg.) 86: „Analysiere das Kunstwerk von Lisbeth Zwerger. Untersuche, was es mit Jesu Botschaft vom Reich Gottes zu tun hat. Gib dem Bild einen Titel."
[472] Wabel (2019c) 70 (Hervorh. im Original), ebenso (2019a) 190f., (2019b) 25f.
[473] Husmann/Merkel (2014, Hg.) 24, Arbeitsaufträge: 25.

zwei Brüder ihr Unverständnis zum Ausdruck, dass „die Ungläubigen" sonntags von einem „toten Mann am Kreuz" essen und dessen Blut trinken; daraus folgern sie, dass „die Deutschen" Menschen essen. In einem diesbezüglichen Arbeitsauftrag sollen die SuS die Genese einer derartigen Einschätzung bzw. Transformation eines Aspekts der christlichen Tradition erläutern; durch die Verschränkung der christlichen Binnen- und der nicht-/andersreligiösen Außenperspektive erhalten die SuS eine neue Sichtweise auf die Sprache der Religion(en), hier bezogen auf abendmahlstheologische Fragestellungen.

2.1.3 Im *Kursbuch Religion Sekundarstufe II* findet sich das von Wabel angeführte Beispiel für eine gelungene *Übersetzung* als „Einladung und Unterbrechung".[474] Dabei handelt es sich um eine Photoinstallation, auf die oben schon kurz eingegangen wurde: Vor einem Himmel als Hintergrund ist eine zum „victory"-Zeichen geformte Hand abgebildet, auf der das blutige Stigma sichtbar ist; am oberen Bildrand befindet sich die Aufschrift „opfer?"[475] Der Arbeitsauftrag hierzu besteht in der Wiedergabe der Wirkung dieses Plakats und in einer Beurteilung, ob so die Hervorhebung der Bedeutung von Karfreitag gelungen ist. Die Doppeldeutigkeit von „Opfer" bezüglich des Themenschwerpunkts des Unterrichtswerks „Hat Jesus sich für mich geopfert?" und des unter Kindern und Jugendlichen verbreiteten Schimpfworts „(du) Opfer" ist für Wabel deshalb als eine gelungene *Übersetzung* zu bewerten, da sie „eine Ausweitung des Adressatenkreises christlicher Überlieferung bewirken [kann], die die herkömmliche Zuordnung von ‚innen' und ‚außen' hinter sich lässt".[476]

2.2 Die SuS werden zu *ÜbersetzerInnen*.

2.2.1 Schriftliche Verbalsprache in Bildsprache
Im *Kursbuch Religion Sekundarstufe II* wird innerhalb des Themenschwerpunktes „Zwischen Pluralismus und Wahrheitsfrage" ein Plakat des Berliner Senats aus dem Jahr 1995 dargeboten, auf dem evangelische, katholische, orthodoxe ChristInnen, ein Imam und ein Jude abgebildet sind; darunter steht „Berlin?" und „Wir glauben dran." Der diesbezügliche Arbeitsauftrag besteht in der Frage, wie man „Toleranz noch darstellen" könnte.[477] Eine derartige Darstellung kann in

---

[474] Wabel (2019c) 73. Dieser Ansatz wird ausführlich besprochen in Kap. I 1.2.2.
[475] Rupp/Dieterich (2014, Hg.) 126. Wabel (2019c: 73) konkretisiert, dass diese Photoinstallation im Rahmen einer Plakataktion der Evangelischen Kirche Hessen-Nassau anlässlich Karfreitag 2012 verwendet wurde; auf dem Plakat findet sich bei Wabels Besprechung noch der Zusatz „Der Tag ist uns wichtig" und als Kontaktadresse www.karfreitag.de.
[476] Wabel (2019c) 73.
[477] Rupp/Dieterich (2014, Hg.) 203.

1 Religion(en), Sprache und *Übersetzung*

Form eines Textes oder, im Anschluss an die Vorgabe, eines Plakats o. ä. erstellt werden.

2.2.2 Schriftliche in mündliche Verbalsprache oder nonverbale Sprache
Die SuS *übersetzen* biblische und andere Texte in Performanz und Interaktion. Dabei fertigen sie *Übersetzungsprodukte* in Form von Standbildern, Rollenspielen, Pro- und Contra-Talkshows und Sprechmotetten an.[478] Diese Methoden als „Übersetzungsbrücke[n]"[479] ermöglichen ein Zusammenspiel unterschiedlicher Deutungen, so dass die SuS „zu einem intersubjektiven Austausch über Religion und religiöse Sprache [kommen], der von Pluralität von Deutungen, Perspektiven und Sichtweisen lebt", wodurch die „Kompetenz in sprachlicher und nichtsprachlicher religiöser Ausdrucks- und Kommunikationsfähigkeit" erreicht werden soll.[480]

2.2.3 Nonverbale Sprache in mündliche bzw. schriftliche Verbalsprache
Ein diesbezüglicher Arbeitsauftrag, der sich auf Abbildungen von betenden Menschen unterschiedlicher Religionszugehörigkeit bezieht, lautet: „Schau dir die betenden Menschen genau an. ‚Übersetze' ihre Körpersprache in Wortsprache."[481]

2.2.4 Verbalsprache in Symbolsprache
Hierunter fallen Arbeitsaufträge, die zum Grafisieren anhalten, bspw.: „Grafisiere das Verhältnis von Gott, Adam und Eva, wie es vor und nach dem ‚Sündenfall' in Gen 2 und 3 dargestellt ist."[482]

2.2.5 Eine Variante stellt das von Wabel mit „transformative experience" beschriebene *Übersetzungsverfahren* dar, das in der Bereitstellung von ästhetischen Lernarrangements als Annäherung an religiöse Erfahrungen besteht.[483] Als ein Beispiel verweist Wabel auf einen Arbeitsauftrag aus *Lernen mit Luthers Katechismus*: Zu sehen ist ein Kirchenfenster von außen zusammen mit der Aussage einer Besucherin der Kirche: „Ich bin dann doch hineingegangen. Halbdunkel hat mich umfangen. Nach der Hitze draußen wohltuende Kühle. Dieser dunkle Raum ... Wo ist mein Fenster? Was sehe ich? Es strahlt. Es funkelt wie ein Regenbogen."[484] Die SuS werden zum *Übersetzen* angehalten, indem sie eine schwarz-weiße Abbildung eines Kirchenfensters nach ihrem eigenen ästhetischen Empfinden ausmalen und den Unterschied zwischen innen und außen in eigenen Worten formulieren

---

[478] Grill-Ahollinger/Görnitz-Rückert (2015, Hg.) 202: „Bringt 1Kor 13,4–7 auf unterschiedliche Weise zu Gehör, z. B. als Dialog, als Sprechmotette, als Texttheater!"
[479] Schulte (2019b) 122.
[480] Schulte (2017) 86f.
[481] Tomberg (2011, Hg.) 29.
[482] Husmann/Merkel (2013b, Hg.) 55.
[483] Wabel (2019a) 194f.
[484] Schobert (2006a) 94.

sollen. Durch diese ästhetische Erfahrung als „key to a systematic reflection on religion and perspectivity"[485] bilden sie ihre eigene Sprache für Religiöses aus.

3. Interlinguale Übersetzungen

3.1 Bei einem Übersetzungsvergleich können wörtliche Übersetzungen von Wörtern des biblischen Urtextes mit unterschiedlichen Bibelübersetzungen verglichen werden.[486]

3.2 Ein Arbeitsauftrag besteht darin, eine Kombination aus dem Übersetzungsvergleich und dem selbstständigen Anfertigen eines Übersetzungsprodukts herzustellen, wobei die SuS eine englische, französische und lateinische Version von Joh 8,3–11 ins Deutsche übersetzen, sich dann über aufgetretene Probleme austauschen und schließlich ihre Übersetzungsprodukte mit dem Text der *Lutherbibel* vergleichen.[487] Die Lernenden sollen so ein Verständnis für Hermeneutik entwickeln und erkennen, dass sie als ÜbersetzerInnen mit zahlreichen zu treffenden Entscheidungen konfrontiert sind.[488]

4. Thematisierungen von Übersetzungsprozessen

Bei derartigen Thematisierungen lässt sich eine translationswissenschaftliche (4.1) und eine theologische Schwerpunktsetzung (4.2) beobachten.

4.1 Translationswissenschaftliche Schwerpunktsetzung

Anhand des Auszuges eines Aufsatzes von Jacques Derrida wird im *Kursbuch Religion Sekundarstufe II* der Frage nachgegangen, welche Prozesse bei einer Übersetzung ablaufen.[489] Gemäß der von Derrida vertretenen Philosophie der Dekonstruktion, wonach das Original zur Vollständigkeit stets einer Ergänzung in Form einer Übersetzung bedarf, müssen die ÜbersetzerInnen diese „Schuld" einlösen, jedoch wird es ihnen niemals gelingen, das Original in Gänze abbilden zu können. Diesbezüglich sollen die SuS erstens erläutern, was bei einem Übersetzungsprozess geschieht, zweitens sollen sie den von Derrida angeführten Aspekt der Schuld der ÜbersetzerInnen skizzieren. Gemäß den zugehörigen *Lehrermaterialien* soll der biblische Text als das Produkt eines Rezeptionsprozesses verstanden werden, der ein „schwer zu ordnendes Spurenlesen ist, welches Räume (der Erinnerung, des Heiligen) und Zeiten (der Vergangenheit, Gegenwart und

---

[485] Wabel (2019a) 195. Dieser Ansatz wird ausführlich besprochen in Kap. I 1.2.2.
[486] Husmann/Merkel (2013b, Hg.) 87: „Das griechische Wort, das wörtlich ‚Königsherrschaft heiß, wird in der Bibel-Übersetzung ‚Die Gute Nachricht' mit *Gottes neue Welt* übersetzt. Erkläre, wie die Herausgeber auf diese Übersetzung kommen."
[487] Baumann/Schweitzer (2015a) 98f.
[488] Baumann/Schweitzer (2015b) 47.
[489] Rupp/Dieterich (2014, Hg.) 156, ohne genaue Seitenangabe des Auszugs von Derrida (1997).

Zukunft) nicht nur ineinander öffnet, sondern in den Rezipierenden zu einer (nicht selten ereignishaften, überraschenden und erschütternden) Verdichtung führt".[490]

Überschrieben mit „Text und Kontext" folgt ein Informationshinweis über Hermeneutik als Auslegungswissenschaft; das Verstehen – und damit auch das Übersetzen – eines biblischen Textes erfolgt in Interdependenz zwischen dem geschichtlichen und dem heutigen Kontext. Dies leitet zu einem Auszug aus Hans-Georg Gadamers Abhandlung *Wahrheit und Methode* über,[491] anhand derer die SuS die „hermeneutische Wechselwirkung" als Chance für den Umgang mit biblischen Texten erkennen sollen. Ähnlich wird im *Religionsbuch Oberstufe* im Rahmen des Themas „Übersetzen – interpretieren – verstehen" der Frage nachgegangen, wie man einen biblischen Text angesichts anderer Sprachsysteme und Zeitumstände „richtig" verstehen könne.[492]

4.2 Theologische Schwerpunktsetzung

Eine theologische Sichtweise auf translationswissenschaftliche Fragestellungen thematisiert Henning Hupe, indem er sich auf Streitigkeiten bezüglich des Übersetzungsprodukts der Einsetzungsworte des Abendmahls konzentriert: Papst Benedikt XVI. wies im April 2012 die Mitglieder der Deutschen Bischofskonferenz an, das Übersetzungsprodukt des Kelchworts „für alle" in die markinisch-matthäische Version „für viele" abzuändern.[493] Der in fünf Schritten angelegte Unterrichtsentwurf möchte die SuS dazu befähigen, in dieser Debatte „inhaltlich mitzudiskutieren und zu erfassen, was hinter dem Streit um Wörter eigentlich verhandelt wird"; in diesem Zusammenhang sollen die unterschiedlichen Deutungen des Todes Jesu wahrgenommen werden, „um eine eigene theologische Position im großen Ringen um Abendmahl, Sühne, Opfer(Hin-)Gabe und das befreiende Leben vorzubereiten".[494] Ein weiteres Beispiel für eine theologische Sichtweise auf translationswissenschaftliche Fragestellungen findet sich im *Religionsbuch Oberstufe*: Überschrieben mit „Die Sprache der Bedeutsamkeit entschlüsseln", konfrontiert ein Informationstext die SuS mit dem Grundsatz „scriptura ipsius interpres" und erklärt die ausschließliche Alternative „Fakt oder Fiktion" bei der Interpretation

---

[490] Rupp/Dieterich (2015, Hg.) 93.
[491] In den Lehrermaterialien finden sich Erläuterungen zur didaktischen Einbindung: Baumann/Schweitzer (2015b) 47.
[492] Baumann/Schweitzer (2015a) 98–102. Hierzu ausführlich die diesbezüglichen *Lehrermaterialien* (Baumann/Schweitzer 2015b: 47).
[493] http://w2.vatican.va/content/benedict-xvi/de/letters/2012/documents/hf_ben-xvi_let_20120414_zollitsch.html (Zugriff: 01.11.2020).
[494] Hupe (2015) 50f.

biblischer Texte als unverhältnismäßig. Eine Exemplifizierung erfolgt anhand des „Seewandels Jesu" (Mk 6,45–52 parr).[495]

1.3.5 Ertrag

Das interdependente Verhältnis von Religion(en), Sprache und *Übersetzung* ist im religionspädagogischen und -didaktischen Diskurs in dreifacher Hinsicht von Relevanz, die, auf einen groben Nenner gebracht, darin besteht, angesichts der komplexen Gemengelage einer zunehmenden Pluralisierung, Globalisierung, Individualisierung und Säkularisierung den Zugang zu einer als religiös verstandenen Sprache und die darauf bezogene Kommunikationsfähigkeit zu erleichtern; hierzu wird der Fokus sowohl auf die Sprache selbst als auch auf die Kommunikation und schließlich das *Übersetzen* gerichtet.

Erstens schlägt sich eine nicht vorhandene einheitliche Definition einer als religiös verstandenen Sprache, wie schon in Kap. I 1.1.1 herausgestellt, in unterschiedlichen Ausdifferenzierungen nieder, die sich überwiegend auf formale Kriterien und Textgattungen, aber kaum auf einzelne Wörter beziehen.[496] Dabei wird sowohl eine durch Zeit, Gesellschaft und Kultur beeinflusste Wandelbarkeit von (als religiös verstandener) Sprache und Kommunikationsformen konstatiert, ebenso wie das individuell differente Verständnis für die Bezeichnung einer Sprache als religiös einerseits, für die semantische Füllung von als religiös verstandenen Wörtern andererseits. In diesem Zusammenhang wird betont, dass eine als religiös verstandene Sprache nicht isoliert von der Alltagssprache auftritt, sondern auch in unterschiedlichen Sprachspielen im Wittgenstein'schen Sinne und in Sprachwelten der SuS inkorporiert ist und auf dieser Ebene religionspädagogisch und -didaktisch erschlossen werden kann.

---

[495] Baumann/Schweitzer (2015a) 113–115.
[496] Altmeyer (2018: 193) benennt als für religiöse Sprache elementare Charakteristika einen spezifischen Wortschatz, Metaphorik und Syntax. Dressler/Klie (2008: 213) fächern religiöse Sprache in „Geschichten, Metaphern, Gesten, Liturgie" auf. Die gegenwärtig gültigen *Einheitlichen Prüfungsanforderungen in der Abiturprüfung Evangelische Religionslehre* (Sekretariat der Ständigen Konferenz der Kultusminister der Länder der Bundesrepublik Deutschland 2006, Hg.) bzw. das *Kerncurriculum für das Fach Evangelische Religionslehre in der gymnasialen Oberstufe* und die *Kompetenzen und Standards für den Evangelischen Religionsunterricht in der Sekundarstufe I* (Kirchenamt der EKD 2010, Hg.: 11, 19f., 24; 2011, Hg.: 17) differenzieren zwischen religiösen Sprachformen (Gebet, Lied, Segen, Credo, Mythos, Grußformeln, Symbole) und religiösen Ausdrucksformen (Symbole, Riten, Mythen, Räume, Zeiten). Die Autoren des *Kursbuchs Religion Sekundarstufe II* nehmen in den zugehörigen *Lehrermaterialien* eine Ausdifferenzierung der religiösen Sprache im Allgemeinen durch spezifische religiöse Sprachformen vor: „Dazu gehören Mythen, Metaphern, Symbole, Allegorien, Apokalypsen, Wundergeschichten, aber auch Prophetensprüche und Berichte" (Rupp/Dieterich 2015, Hg.: 97).

Zweitens bilden die unterschiedlichen Kommunikationsgemeinschaften einer polykontextualen Gesellschaft einen nicht auszublendenden Faktor für die Religionspädagogik im Hinblick auf diesbezügliche neue Themenfelder und für die Religionsdidaktik im Hinblick auf die „Entwicklung zeitgemäßer Ausdrucks- und Kommunikationsformen".[497] Sie erwachsen aus der gezielten Wahrnehmung der religiösen Interessen von Kindern und Jugendlichen, „weil sie sich den herkömmlichen kirchlichen und theologischen Zugängen und Begriffen weithin entziehen".[498] Dies bringt religionspädagogisch und -didaktisch gesehen eine Gratwanderung mit sich, einerseits auf einer sachorientierten Ebene die Gehalte der christlichen Tradition beizubehalten, andererseits subjektorientierten Deutungen und auch neuen Kommunikationsformen Raum zu geben. Zusammenfassend besteht das religionspädagogische und -didaktische Kernanliegen hinsichtlich einer Kommunikationsfähigkeit darin, „sich in der religiösen Pluralität der modernen Welt zu orientieren, eigene religiöse Überzeugungen zu gewinnen, darüber auskunfts- und dialogfähig zu sein"[499] und in diesem Zuge „fremde Überzeugungen" – in ihren sprachlichen Gehalten wie in weiteren Zeichensystemen – „zu verstehen", resp. das Handwerkszeug sprachlicher Verständigung zu haben, das gewissermaßen multivalent in verschiedenen Zusammenhängen angewandt werden kann.[500]

Drittens erfolgen *Übersetzungen* im Religionsunterricht aus unterschiedlichen Ausgangs- in unterschiedliche Zielsprachen, i. S. der in den Öffentlichkeiten vorherrschenden Sprachspiele und der Sprachwelten der SuS. Als Ziel der *Übersetzungen* wird einerseits ein angemessenes Reden mit, zu und von Gott erachtet, andererseits auch eine durch dieses angemessene Reden und Verstehen bewirkte Vermeidung von Konflikten, die auf das Nichtverstehen der unterschiedlichen Sprachspiele und die verschiedenen semantischen Füllungen einer als religiös verstandenen Sprache rekurrieren, die aufgrund ihrer vielfachen Deutungsoffenheit anfällig für Fundamentalismus ist. Religionsdidaktisch äußert sich dies in zweierlei Hinsicht: Zum einen werden die SuS mit Übersetzungsprodukten/*Übersetzungsprodukten* konfrontiert, vor deren Hintergrund die hermeneutischen Wechselwirkungen zwischen biblischen Textwelten und den RezipientInnen als Voraussetzung für deren vertieftes Verständnis herausgestellt werden. Zum anderen werden die SuS durch bereitgestellte Übersetzungsangebote/*Übersetzungsangebote* selbst als ÜbersetzerInnen/*ÜbersetzerInnen* tätig, um bspw. einerseits traditionelle Formen der Gottesrede zu verstehen und um andererseits untereinander als Sender und Empfängerinnen in einen Dialog über als religiös verstandene Themen eintreten zu können, so dass sie die Sprache der Religion(en) in sachorientierter

---

[497] EKD (2010a, Hg.) 65.
[498] Ebd.
[499] Kirchenamt der EKD (2010, Hg.) 13.
[500] Ebd. 9.

Hinsicht als Sender gebrauchen und als Empfängerinnen verstehen können; dies schließt ein, ihnen in subjektorientierter Hinsicht Raum zu geben, ihre eigene Sprache für Religiöses zu entwickeln.

Für eine sprach- und translationssensible Religionsdidaktik erwachsen daraus die Fragen, welche Gegenstände, welche Verfahren und welche darauf abgestimmten Strategien sich als geeignet für im Religionsunterricht zu realisierende *Übersetzungsprozesse* erweisen, bei denen vorrangig die SuS – und nicht die Religionslehrkräfte – als *ÜbersetzerInnen* fungieren sollen. Für einen Antwortversuch bedarf es einer Analyse des Lehr- und Lernfeldes bezüglich der anvisierten *Übersetzungsintention*. Leitend wird der Befund sein, dass die Sprache im Religionsunterricht nicht homogen ist bzw. nicht in *die* Sprache der Religionslehrkraft und *die* Sprache der SuS aufgeteilt werden kann. Demnach kann auch nicht von *der* Lebenswirklichkeit der SuS gesprochen werden, sondern treffender von *den* Lebenswirklichkei*ten*; somit rücken mehrdimensionale Barrieren bei der Kommunikation über als religiös verstandene Themen im Horizont unterschiedlicher Sprachkontexte und -ebenen und auch unter den SuSn in den Blickpunkt. Dementsprechend geht es nicht nur darum, „religiöse Spuren und Dimensionen in der Lebenswelt auf[zu]decken",[501] sondern zuerst um die Differenzierung *der* Lebenswelt in unterschiedliche gesellschaftliche Kontexte bzw. Lebenswel*ten* und dann um die Frage, wie sich diese Spuren in den jeweiligen Sprachspielen und in den Sprachwelten der SuS äußern.[502] Dasselbe gilt für Themen, Praktiken und Wörter, welche die Wechselbeziehungen zwischen den Lebenswelten und der christlichen Tradition markieren; diese sind zwar vorhanden, werden allerdings unterschiedlich verstanden und jeweils in anderen Sprachspielen versprachlicht.

Führt man an diesem Punkt die Ergebnisse der Relevanz des Forschungsfeldes im religionspädagogischen und -didaktischen Diskurs zusammen, besteht der Ertrag für die Ausdifferenzierung einer sprach- und translationssensiblen Religionsdidaktik in zwei zu forcierenden Konsequenzen: Erstens bedarf es aufgrund der unterschiedlichen im Religionsunterricht aufeinandertreffenden Sprachebenen und der unterschiedlichen Definitionen von „religiös" einer Spezifizierung für die diesbezügliche Sach- und auch für die Subjektbezogenheit der darauf bezogenen Sprache(n) im Hinblick auf die Ausgangs- und die Zielsprache(n), um die SuS zu „kreative[n] sprachliche[n] Neuversuche[n]"[503] mit pluralitätsoffenen Deutungen anzuhalten und diese auf ihre theologisch-

---

[501] Kirchenamt der EKD (2010, Hg.) 19.
[502] Altmeyer (2011: 313f.) hält es in diesem Zusammenhang für angemessen, von einer „grundlegenden Transformation der Gottesrede zu sprechen: weg von der (christlichen) religiösen Sprache im Singular hin zu einem Plural je individueller religiöser Sprachen". Ähnlich Schulte (2020) 3. Zu Altmeyer (2011) ausführlich in Kap. I 1.3.1.2.1.
[503] Langenhorst (2019) 128 (im Original kursiviert). Dieser Ansatz wird ausführlich besprochen in Kap. I 1.3.1.2.1.

translationswissenschaftliche Angemessenheit beurteilen zu können; hierzu erweist sich ein im Zuge von *Übersetzungen* ermöglichter sprachlicher Perspektivenwechsel als Voraussetzung für eine Mehrsprachigkeit als hilfreich. Diese besteht darin, dass christlich sozialisierte, nicht- und andersreligiöse SuS als Sender und als Empfängerinnen in sprachlich heterogenen Kommunikationssituationen, in denen als religiös verstandene Wörter Verwendung finden, aktiv partizipieren können; in gleicher Weise gilt dies auch für die Religionslehrkräfte,[504] die in derartigen Kommunikationssituationen zugegen sind, sie leiten und auf jeweilige Unterrichtsinhalte lenken.

Zweitens ist es hierzu erforderlich, dass geeignete Themen und Wörter bereitgestellt oder curricular gebundene aufgegriffen und im Sinne einer Sprach- und Translationssensibilisierung aufbereitet werden. Diese Themen und Wörter evozieren als Schnittstellen zwischen der Alltagswelt und der als religiös verstandenen Sachbezogenheit Gesprächsanlässe, die einerseits selbst *Übersetzungsprodukte* darstellen, andererseits die SuS zum *Übersetzen* und damit auch zum Sprechen anhalten.[505] Die Themen und Wörter sollen allerdings nicht ausschließlich durch die Religionslehrkräfte bereitgestellt werden, sondern auch in einem besonderen Maße von den SuSn als im Mittelpunkt des Lehr-Lern-Arrangements einer sprach- und translationssensiblen Religionsdidaktik stehenden *ÜbersetzerInnen* selbst aufgespürt werden, so dass es das Finden von Wörtern als *Übersetzungsgegenständen* auch zu didaktisieren gilt. In diesem Zusammenhang müssen sowohl die Religionslehrkräfte als auch die SuS *Übersetzungsverfahren* und darauf abgestimmte *Übersetzungsstrategien* kennen, um diese auf die gewählten Themen bzw. Wörter abstimmen zu können, so dass die SuS eine als religiös verstandene Sprache in andere Sprachebenen oder umgekehrt *übersetzen* und zum Thema erhobene *Übersetzungsprozesse* und -produkte analysieren bzw. eigene Erarbeitungsstrategien für einen solchen Prozess entwickeln können.

---

[504] Kohler-Spiegel (2014) 159.
[505] Pirner (2019a) 104: „Der Religionsunterricht befasst sich inhaltlich wie kein anderes Fach mit den Schnittstellen zwischen verschiedenen gesellschaftlichen Bereichen, zwischen verschiedenen epistemischen Bereichen (v. a. zwischen den Bereichen Glauben und Wissen, aber auch zwischen Ethik und Glauben sowie Ethik und Wissen) und schließlich zwischen diversen weltanschaulich-religiösen und wissenschaftlichen Bereichen."

2 Problemkonstellationen und Strukturen zur weiteren Präzisierung der Aufgaben und Zielsetzungen

2.1 Schwierigkeiten und Vorüberlegungen zu Aufgaben und Zielsetzungen

In den vorangehenden Abschnitten von Teil I wurde das komplexe Verhältnis von Religion(en), Sprache und *Übersetzung* als Forschungsfeld aus drei unterschiedlichen Perspektiven beleuchtet, die für die Entwicklung einer sprach- und translationssensiblen Religionsdidaktik vor dem Hintergrund des fachwissenschaftlichen (Kap. I 1.1), des öffentlichen (Kap. I 1.2) und des religionspädagogischen und religionsdidaktischen Diskurses (Kap. I 1.3) sowohl Impulse als auch Desiderate freilegen; der jeweilige religionspädagogische und -didaktische Ertrag für die in der Einleitung formulierte Hypothese wurde dabei jeweils am Ende der drei unterschiedlichen Perspektiven (Kap. I 1.1.5, 1.2.4, 1.3.5) sowie in einem Zwischenfazit (Kap. I 1.3.1.3) zusammengefasst.

Führt man an diesem Punkt die einzelnen Ergebnisse aus der Darstellung des Forschungsfeldes auf einer religionspädagogischen und -didaktischen Ebene zusammen, wird eine *Übersetzung* „von fachbezogenen Sprachwelten in die Sprachwelt der Schüler"[506] gegenwärtig als eine wichtige Aufgabe der Religionspädagogik erachtet, um christliche Traditionen für christlich sozialisierte, anders- und nichtreligiöse SuS verständlich zu machen. Auch die Öffentliche Theologie postuliert *Übersetzungen* zur Vermeidung von Konflikten und zur Profilierung der protestantischen Identität in den pluralen Öffentlichkeiten. Aus dieser als einleuchtend erscheinenden Erkenntnis erwachsen Schwierigkeiten für die praktische Umsetzung des zu einem überwiegend auf einer theoretischen Ebene erhobenen Postulats, die sowohl theologisch, linguistisch, sprachphilosophisch und translationswissenschaftlich als auch religionspädagogisch und -didaktisch gelagert sind bzw. sich interdependent zueinander verhalten und deren Ausgangspunkt – im Allgemeinen und im Speziellen – sich an dem Wort „Übersetzung" festmachen lässt.

Auf einer allgemeinen Ebene weist „Übersetzung" für religionspädagogische und -didaktische Belange in sechsfacher Hinsicht unterschiedliche Bruch- und Leerstellen auf, zu deren Veranschaulichung sich die bildliche Vorstellung des „Über-setzens" über einen Fluss[507] als hilfreich

---

[506] Pirner (2018b) 65.
[507] Nach dem *Duden* ist das deutsche Wort „übersetzen" aller Wahrscheinlichkeit nach im 17. Jahrhundert als Lehnbildung zu den lateinischen Verben „traducere" und „transferre" entstanden, deren Grundbedeutung mit „hinüber bringen" wiederzugeben ist;

erweist:[508] Erstens kann der Eindruck entstehen, als sei die Richtung der *Übersetzung* von A nach B oder – ganz im Bild der Metaphorik – von dem einen zum anderen Ufer festgelegt, so dass die Möglichkeit der *Übersetzung* von der erreichten Seite des Ufers zu der ursprünglichen ausgeblendet und eine *Übersetzung* i. S. eines komplementären Lernprozesses negiert wird. Dies ist ein Aspekt, der nicht übergangen werden darf, weil die im Religionsunterricht vier aufeinandertreffenden Sprachebenen nicht dichotomisch voneinander getrennt sind und auch nicht getrennt sein können, da sie keine von einer Nationalsprache entkoppelten Sprachsysteme darstellen.[509]

Zweitens kann der falsche Eindruck entstehen, als sei mit der Durchquerung des Flusses der Prozess des „Über-setzens" abgeschlossen, so dass einerseits die Wandelbarkeit von Sprache im Allgemeinen und der Sprache der Religion(en), der Sprache für Religiöses, der gesellschaftlichen Sprachspiele und der Sprachwelten der SuS im Speziellen unberücksichtigt bleiben und dass andererseits die jeder Übersetzung/*Übersetzung* inhärente und durch ihren zeitlichen Index bedingte Unabschließbarkeit außer Acht gelassen wird.[510] Bei einer Übersetzung/*Übersetzung* handelt es sich demnach auch nicht um ein Produkt, welches das Original überflüssig werden lässt, sondern „vielmehr ist es die *Übersetzung* selbst, welche die unabschließbare Unübersetzbarkeit des Originals regeneriert und neu in Geltung bringt".[511]

Drittens insinuiert das Wort „Übersetzung" nur ein Ufer sowohl auf der Seite, von der aus man die Überquerung antritt, als auch auf der anderen Seite des Flusses, so dass im Umkehrschluss mehrere Ufer i. S. einer unterschiedlichen Beschaffenheit von Uferabschnitten aus dem Blickfeld geraten. Bezüglich der im Religionsunterricht greifbaren Pluralität würden die dort kulminierenden unterschiedlichen Sprachspiele ausgeblendet: auf der ‚einen Seite' die Sprache der Religion(en) und die Sprache für Religiöses, auf der ‚anderen Seite' die in den Öffentlichkeiten vorhandenen Sprachspiele und die individuellen Sprachwelten der SuS, die ebenfalls keinen sprachlich monolingualen Kommunikationsraum bilden.[512]

---

auch hier wird auf die Mehrdeutigkeit verwiesen (Duden, s. v. „übersetzen"). Jacob Grimm („Über das Pedantische in der deutschen Sprache", Berlin 1847, zitiert nach Störig 1973: 11) erklärt das Wort folgendermaßen: „übersétzen ist 'übersetzen, traducere navem. Wer nun, zur seefart aufgelegt, ein schif bemannen und mit vollem segel an das gestade jenseits führen kann, musz dennoch landen, wo andrer boden ist und andre luft streicht." Zur Entwicklung des Begriffs ausführlich Schäffner (2004) 102–104, Dimova (2003) 307–310.

[508] Langenhorst (2019) 127f., Naurath (2019) 177.
[509] Wabel (2019c) 61.
[510] Ebd., ebd. 65–67.
[511] Laube (2019) 67.
[512] Schulte (2019b) 118f.

Viertens wird idealtypisch vorausgesetzt, dass die *ÜbersetzerInnen* ihren Weg zum anderen Ufer kennen, wissen, wo sie anlanden müssen.[513] Bei diesem Bild bleibt unbeantwortet, nach welcher Intention die damit verbundenen Kriterien und die darauf abgestimmten Strategien der *Übersetzungsprozesse* initiiert werden und welche Methoden daraus hervorgehen sollen, um das angestrebte Ziel erreichen zu können, d. h. die Intentionalität und die Bedeutung des Prozesses drohen aus dem Blick zu geraten.

Fünftens könnte man im Anschluss an den vierten Punkt zur Ansicht gelangen, dass sich die *ÜbersetzerInnen* an beiden Ufern von vornherein auskennen.[514] Hieraus können zwei Missverständnisse erwachsen: Zum einen entsteht gemäß einem basalen Übersetzungsverständnis der Eindruck, als sei die lückenlose Übertragung eines semantischen Gehalts von Sprache A in Sprache B möglich, so dass im Umkehrschluss eine als religiös verstandene Sprache ohne Bedeutungsverlust komplett in eine als säkular verstandene oder rational nachvollziehbare Sprache übertragen werden könnte – letztendlich also auch „Gott".[515] Zum anderen wird so bei den *ÜbersetzerInnen* eine Zweisprachigkeit vermutet, als seien sie in beiden Sprachsystemen versiert. Daraus ergibt sich jedoch im Anschluss an die obigen Punkte eine zweifache Problematik, welche auf der stark ausdifferenzierten Heterogenität in Lerngruppen und auf der komplexen Gemengelage von Pluralisierung, Globalisierung, Individualisierung und Säkularisierung fußt: Einerseits kann weder davon ausgegangen werden, dass christlich sozialisierte, nicht- und andersreligiöse SuS über ausreichende Kenntnisse des ‚einen Ufers', der sachorientierten Sprache der Religion(en), und des ‚anderen Ufers', also der anderen Sprachebenen, verfügen, um problemlos – in der Art eines fachbezogenen Auswechselns von einzelnen Wörtern – Informationen übertragen zu können. Andererseits kann nicht vorausgesetzt werden, dass alle SuS, gleich über welche Kenntnisse der Sprache der Religion(en) sie verfügen, die im Religionsunterricht vorherrschende Nationalsprache im Hinblick auf Wortschatz und Grammatik ohne Einschränkungen beherrschen – seien dies nun deutschsprachige oder sprachlich anderweitig geprägte Kinder.[516] Somit gilt es im Umkehrschluss, anstatt einer Zweisprachigkeit eine Mehrsprachigkeit der SuS anzuvisieren, welche die Sprache der Religion(en), die Sprache für Religiöses, die ausdifferenzierten Sprachspiele der Öffentlichkeiten und die Sprachwelten der SuS (Nationalsprachen, Jugendsprachen, Dialekte) einbeziehen kann.[517]

---

[513] Langenhorst (2019) 127f.
[514] Ebd.
[515] Wabel (2019c) 60.
[516] Danilovich (2019) 170.
[517] Schulte (2019b) 118f. Ähnlich Kohler-Spiegel (2014) 159 und Pirner (2019a) 105 (Hervorh. im Original): „[...] dass es beides braucht: Die Übersetzung religiöser Sprache

Sechstens bleibt bei dem Wort „Übersetzung" unklar, ob damit der Prozess des *Übersetzens* oder dessen Produkt gemeint ist.[518] Hinzu kommt, dass sowohl bei den besprochenen Ansätzen als auch darüber hinaus zahlreiche unterschiedliche Definitionen und Weitungen von *Übersetzung* bzw. *übersetzen* kursieren;[519] diese beiden Wörter werden auch nicht von „dolmetschen" und „Stegreifdolmetschen" getrennt, auch als „Vom-Blatt-Übersetzen" und „Spontan-Übersetzen" bezeichnet, bei dem der Ausgangstext mündlich, der Zieltext schriftlich ist oder umgekehrt, obwohl innerhalb von Kommunikationssituationen im Religionsunterricht Translationen nicht ausschließlich auf einer schriftlichen Ebene verlaufen, sondern auch zwischen Religionslehrkräften und SuSn in Form von Erklärungen stattfinden.[520] Als Konsequenz soll daher Folgendes gelten: Um einerseits den Neuwert des Ansatzes des vorliegenden Buches hervorzuheben und ihn sowohl von bisherigen *Übersetzungen* im Religionsunterricht als auch von dem missverständlich wirkenden Wort „Übersetzung" abzugrenzen, und um andererseits den Bezug zu „translatio religionis" als religionspädagogischen und -didaktischen Dreh- und Angelpunkt der Überführung einzelner Wörter in die Sprachebenen herzustellen, soll anstatt *„übersetzen"*, *„ÜbersetzerIn"* etc. im Folgenden „transferieren", „TranslatorIn" etc. in dem Fall verwendet werden, wenn es ausschließlich um den hier zu entwickelnden Neuansatz geht;[521] hierunter fallen inter-, intralinguale und intersemiotische Translationen,[522] für die dann im Folgenden die Kursivsetzung entfällt.[523] Dies ist zwar ‚nur' ins Lateinische gewendet, schafft aber im Kontext einer deutschen Abhandlung eine gewisse Verfremdung und dadurch Sensibi-

---

und Traditionen in *allgemeinverständliche Sprache* einerseits und in spezifische Kontexte sowie *für spezifische Adressatinnen und Adressaten* andererseits."
[518] Nord (⁴2009) 40.
[519] Siever (2010: 331) und Renn/Straub/Shimada (2002: 9-11) verweisen auf eine diesbezüglich inhaltliche Inflation der Wörter „Übersetzung" und „übersetzen".
[520] Schulte (2015) 74. Ähnlich Przyczyna (2011) 28. Corbach (²1962: 37f.) spricht in diesem Zusammenhang von der Religionslehrkraft als „Dolmetscher".
[521] Sie gehen zurück auf die übliche Bezeichnung von „translatorisch" etc. in der Translationswissenschaft. Pirner (2018b: 66) spricht bspw. ebenfalls von der *„translatorische[n] Dimension der Religionsdidaktik"* (Hervorh. im Original).
[522] Diese Unterteilung wurde von Jakobson (1966) unternommen und besitzt auch gegenwärtig Gültigkeit in der Translationswissenschaft; sie wird in Kap. I 1.1.4.1 ebenso vorgestellt wie eine diesbezügliche Erweiterung um die Aspekte der Zeit (intra-, interchronal) und der Kultur (intra-, interkulturell). Wie in Kap. I 1.1.5 angekündigt, werden diese beiden Aspekte im Folgenden nicht eigens genannt, da sie sich für die Translation von Wörtern im Hinblick auf eine genaue Definition von Zeit und Kultur als problematisch erweisen. Allerdings werden sie nicht im Umkehrschluss ausgeblendet; sie eignen sich bei der Anfertigung und der Bewertung von Translaten als Impulse für Diskussionen und Interpretationsansätze hinsichtlich der Interdependenz von Religion(en), Sprachen und Translationen vor dem Hintergrund der jeweiligen zu Translationsgegenständen erhobenen Wörter.
[523] Die kursive Schreibweise bleibt im weiteren Verlauf nur noch erhalten für eine explizite Differenzierung interlingualer Übersetzungsprozesse einerseits, intralingualer und

lität gegenüber einem abzuhebenden besonderen Prozess, der einer sprach- und translationssensiblen Religionsdidaktik zugrunde liegt.

Im Speziellen führt die Konsequenz aus den aufgezeigten Bruch- und Leerstellen zu der Aufstellung eines umfassenden Translationsprozesses in der Auseinandersetzung mit einer anzubahnenden Sprach- und Translationssensibilisierung. Wie oben dargelegt, richten die besprochenen Ansätze den Fokus jeweils nur auf einzelne Elemente, bspw. in theoretischer Hinsicht auf eine *Übersetzungsintention*, ein *Übersetzungsverfahren* oder in praktischer Hinsicht auf eine *Übersetzungsstrategie*.[524] Dies ist insofern problematisch, als durch eine partielle Betrachtung eine Interdependenz aller Elemente ausbleibt, um einen ganzen Prozess auf den Weg zu bringen, wie dies auch bei interlingualen Übersetzungen gängig ist.[525] Weiterhin kann ebenso wenig eine Analyse von Übersetzungen/*Übersetzungen* stattfinden, die im Religionsunterricht thematisiert werden, bspw. kulturelle Überformungen der christlichen Tradition bzw. „religiöse Spuren und Dimensionen",[526] wie dies u. a. Käbisch (2018) anregt, da unklar bleibt, worauf genau sich eine derartige Analyse zu richten hat. Somit bedarf es sowohl einer Ausdifferenzierung dieser Elemente als auch ihrer religionspädagogischen und -didaktischen Zusammenführung und des Austarierens ihrer Interdependenz.

2.2 Fragekatalog im Blick auf weitere Strukturierungen

Die einzelnen Elemente des aufzustellenden Translationsprozesses lassen sich als Fragenkatalog wie folgt formulieren.[527] Dazu steigen wir zunächst gegenüber den Höhenflügen der generellen Problemlage in die Niederungen konkreter Fragen:

1. Worin besteht die Intention des Translationsprozesses (Translationsintention)?
2. Wer nimmt an dem Translationsprozess teil und welche Fertigkeiten müssen gemäß der Translationsintention, dem Translationsverfahren und den Translationsstrategien erlernt werden (TranslatorInnen)?

---

intersemiotischer *Übersetzungsprozesse* andererseits, bei Zitaten und bei Bezügen zu bereits besprochenen Ansätzen.

[524] *Übersetzungsintention*: bspw. Hardmeier/Ott (2015), Pirner (2015c), Kumlehn (2014), Tietz (2012). *Übersetzungsverfahren*: bspw. Pirner (2018b, 2015c), Schulte (2019b), Wabel (2019a–c), Tietz (2012). *Übersetzungsstrategien*: bspw. Altmeyer/Baaden/Menne (2019), Langenhorst (2017–2019, 2013), *ÜbersetzerInnen*: Altmeyer/Baaden/Menne (2019), Tietz (2012).
[525] Nord (⁴2009) 40f.
[526] Kirchenamt der EKD (2010, Hg.) 19.
[527] Im Anschluss an Nord (⁴2009) 40.

3. Was wird transferiert (Translationsgegenstand)?
4. Nach welchen Kriterien wird im Anschluss an die Translationsintention transferiert (Translationsverfahren)?
5. Welche methodischen Möglichkeiten eröffnen sich für das Transferieren im Anschluss an das Translationsverfahren und diesbezügliche Translationsgegenstände (Translationsstrategien)?
6. In was kann der Translationsgegenstand transferiert werden (Translat)? In diesem Zusammenhang stellen sich die Fragen, was am Ende den Möglichkeiten des Transferierens entzogen ist und was voraussichtlich in der anderen Sprache unverständlich bleibt bzw. bleiben muss (Translationsgrenzen).
7. Und konkret bzw. wichtig für das Fach Religion: Wo befinden sich außerhalb des Religionsunterrichts Orte und Situationen, in denen die SuS zum Transferieren angehalten sind (Translationsräume)?

Im Folgenden werden die aus den jeweiligen Erträgen und dem Zwischenfazit (Kap. I 1.1.5, 1.2.4, 1.3.1.3, 1.3.5) ersichtlich gewordenen Impulse und Defizite zusammengefasst und im Hinblick auf die Konsequenzen für eine auszuarbeitende sprach- und translationssensible Religionsdidaktik im Raster der einzelnen Elemente eines Translationsprozesses kanalisiert.

Ad 1: Translationsintention
Vor dem Hintergrund der komplexen Gemengelage von Pluralisierung, Globalisierung, Individualisierung und Säkularisierung muss der Religionsunterricht einerseits die Komplexität von religiösen Kommunikationssituationen, andererseits die unterschiedlichen als religiös verstandenen Sprechweisen im Blick haben.[528] Die Ausbildung einer als religiös verstandenen Sprachkompetenz als alleiniges Ziel ist demnach unzureichend; es bedarf darüber hinaus einer Ausbildung der „Fähigkeit, die Vielfalt unterschiedlicher religiöser Sprechweisen kooperativ und moderierend aufeinander beziehen zu können".[529] *Übersetzen*, das Suchen und Finden von Sprache gehen dabei Hand in Hand,[530] indem *Übersetzen* als ein Weg der Sprachfindung auf einer Ebene der Sachorientierung und auf einer Ebene der Subjektorientierung in Sachen Religion(en) zu verstehen ist, um Möglichkeiten der Kommunikation innerhalb des von religiöser Sprache durchzogenen öffentlichen Diskurses zu eröffnen und die Pluralitätsfähigkeit zu fördern.[531] Durch Pluralitätsfähigkeit können Konflikte, die aufgrund mangelnder Sachkenntnis und wegen falsch verstandener Sprachspiele in Bezug auf den eigenen Referenzrahmen entstanden

---

[528] Altmeyer (2017b) 113f.
[529] Ebd. 110f.
[530] Kumlehn (2016, 2014: passim), Cebulj (2014: passim) und Altmeyer (2011: 314) verwenden die Bezeichnung „Suchsprache".
[531] Altmeyer (2018) 202–204, Schulte (2017) 77.

sind, vermieden oder zumindest reduziert werden.[532] Eine weitere Intention von *Übersetzungen* im Religionsunterricht besteht in diesem Zusammenhang in dem Erwerb einer Mehrsprachigkeit i. S. einer Kommunikationsfähigkeit auf einer Ebene unterschiedlicher Religionen und Konfessionen und auf einer Ebene von unterschiedlichen Sprachspielen und Dialekten.[533] Neben diesen kommunikationstheoretischen Impulsen gilt es auch, die Wahrnehmungen von *Übersetzungen* von Religion(en) in den Öffentlichkeiten bzw. von gesellschaftlichen, kulturellen und zeitlichen Überformungen zu schärfen; hierzu sind Analysekriterien notwendig, für die sich die Erkenntnisse aus dem „translational turn", „religious turn" und „spatial turn" als geeignet erweisen (Kap. I 1.1.4.2.2.1–1.1.4.2.2.3).

Für eine auszuarbeitende sprach- und translationssensible Religionsdidaktik ergeben sich daraus die Fragen, wie Translationen mit dem Finden von Sprache verbunden werden können, wie in dieser Hinsicht einerseits auf einer fachwissenschaftlichen Ebene eine Arbeitshypothese von Religion(en), Sprache und Translationen aufzustellen ist, um andererseits daraus auf einer fachdidaktischen Ebene eine Definition für religiöse Sprach- und Translationssensibilität als angestrebte Intention des Translationsprozesses aufstellen zu können.

Ad 2: TranslatorInnen
Im Religionsunterricht können sowohl die Lehrkräfte als auch die SuS die Rolle von *ÜbersetzerInnen* einnehmen. Religionslehrkräfte tun dies ohnehin, wenn sie Erklärungen vornehmen und dabei eine der Altersstufe ihrer jeweiligen Lerngruppen angemessene Wahl der Syntax und Semantik treffen.[534] Hinsichtlich eines umfassenden Translationsprozesses und der Befähigung zur Sprach- und Translationssensibilität kommt Religionslehrkräften die Aufgabe zu, „bei den Schülern selbst eine Übersetzungskompetenz aufzubauen bzw. zu fördern; das gelingt nur, wenn sie auch in die jeweiligen Sprachspiele und Sprachen eingeführt werden und sich auf sie einlassen".[535] Demzufolge gilt es, innerhalb des Unterrichtsgeschehens die SuS als „Subjekt[e] und [deren] Übersetzungspotenz ins Zentrum [zu rücken]".[536]

Für eine auszuarbeitende sprach- und translationssensible Religionsdidaktik ergeben sich daraus die Fragen, wie dieser Aufbau und diese Förderung eingeleitet werden können und welche Fertigkeiten gemäß der Translationsintention, dem Translationsverfahren und den Translationsstrategien erlernt werden müssen, damit die SuS selbstständig als TranslatorInnen tätig werden können.

---

[532] Pirner (2019a) 101–106, Altmeyer (2017b) 109f.; beide mit Bezug auf Nassehi (2015).
[533] Kumlehn (2021) 40, Pirner (2019a) 106, Schulte (2019b) 118.
[534] Schulte (2015) 74. Ähnlich Przyczyna (2011) 28, Corbach (²1962) 37f.
[535] Pirner (2019a) 106.
[536] Grümme (2021) 211. Ähnlich Kumlehn (2021) 40.

In diesem Zusammenhang ist danach zu fragen, welche Hilfsmittel für den Translationsprozess zur Verfügung gestellt werden sollen, inwieweit eine Verhältnisbestimmung zwischen den TranslatorInnen und dem Translationsgegenstand und dem Translat ermöglicht bzw. das translatorische Grundverhalten – Verstehen, Auslegen, Neuformulieren – eingeübt werden kann,[537] so dass die TranslatorInnen ein Gespür für die ihnen zukommende Verantwortung im Hinblick auf die von ihnen unternommenen Veränderungen des Translationsgegenstands entwickeln;[538] dies ist – wie noch zu zeigen ist – notwendig für die Präsenz der TranslatorInnen im Translat und es ist von Bedeutung für die abschließende Einschätzung, ob ein Translat gelungen ist oder nicht, und ob es in theologisch-translationswissenschaftlicher Hinsicht als angemessen gelten kann. Generell ist auch im Hinblick auf die Sprachsensibilisierung weiter danach zu fragen, wie bei den TranslatorInnen ein Sprachgefühl ausgebildet werden kann[539] und inwieweit der Umfang und die Art der Ausbildung in Relation zum Alter der SuS zu setzen sind.

Ad 3: Translationsgegenstand
Die Sprache der Religion(en) bzw. „religiöse Sprache", wie sie in den besprochenen Ansätzen überwiegend genannt wird, ist unterschiedlich ausdifferenziert.[540] Gemeinsam ist den besprochenen Ansätzen, Sprache nicht nur auf gesprochene und verschriftlichte Sprache zu reduzieren, sondern auszuweiten auf Bilder, Praktiken, Gesten und, ganz allgemein formuliert, auch auf Religion(en) und Kultur. Neben der Sprache der Religion(en) kann auch die Sprache für Religiöses den Translationsgegenstand bilden, wie „den persönlichen, individuellen Bedeutungshorizont" tangierende abstrakte Wörter, bspw. „Freiheit".[541] Allerdings kann auch nicht jeder einer als religiös verstandenen Sprache zugewiesene Translationsgegenstand, bspw. „Gott", in ein Translat überführt werden, da er sein Proprium verlieren könnte.

Für eine auszuarbeitende sprach- und translationssensible Religionsdidaktik ergeben sich daraus die Fragen, die teilweise an die Translationsintention anknüpfen bzw. eine Präzisierung darstellen hinsichtlich der Bezeichnung von Sprache als religiös, aber auch als nichtreligiös, und wie diese zum

---

[537] Cercel (2013) 345, Stolze (2009) 22.
[538] Zur Verantwortung von ÜbersetzerInnen/ÜbersetzerInnen: Ausführlich Gil/Gili (2020) 332–334. Ähnlich Gil (2009) 326, Gil (2008) 288f.
[539] Zum Sprachgefühl bei ÜbersetzerInnen/ÜbersetzerInnen: Stolze (2017) 274f. Zum Sprachgefühl ausführlich Kap. II 1.1.4.
[540] Neben „religiöser Sprache" existieren auch die Bezeichnungen „Sprache des Glaubens" (bspw. Schoberth 2002), „Erinnerungssprache" (bspw. Martin 2003), „kirchlich-biblische Sprache" (bspw. Dube 2004), „Glaubenssprache" (bspw. Pirner 2015c), „christlich-theologische Sprache" (bspw. Benk 2016), „Alltagssprache mit besonderer Qualität" (Altmeyer 2011), „Anderssprache" (ebd. mit Bezug auf Kurz 2004). Unter „Sprache der Theologie" wird eine Fachsprache verstanden (bspw. Kohlmeyer 2018, Schulte 1992).
[541] Schulte (2017) 83.

Translationsgegenstand modelliert werden kann. Es wurde schon darauf hingewiesen, dass – gemäß der Hypothese des vorliegenden Buches – der Fokus auf einzelnen Wörtern liegen soll; nun wird danach zu fragen sein, inwieweit mögliche Klassifizierungen von Wörtern als religiös vorgenommen werden können. Dies ist von Relevanz, um nach der Beendigung des Translationsprozesses das Translat im Verhältnis zum Translationsgegenstand wahrnehmen, deuten und als pragmatisch gelungen und theologisch-translationswissenschaftlich angemessen ausweisen zu können. Weiterhin stellt sich die Frage, welche Translationsgegenstände geeignet sind, um im Rahmen eines Translationsprozesses SuS zur Sprach- und Translationssensibilität zu befähigen.

Ad 4: Translationsverfahren
Die *Übersetzungsverfahren* sind in den besprochenen Ansätzen sowohl auf einer intralingualen als auch auf einer intersemiotischen Ebene, sehr selten auf einer interlingualen Ebene angelegt, d. h. als *Übersetzungsgegenstände* werden neben Schrift und Sprache auch andere Zeichen angenommen wie Bilder, Gesten und, ganz allgemein formuliert, Religion(en) und auch Kultur. Diese *Übersetzungsverfahren* sind in zweierlei Hinsicht gefasst: Zum einen werden sie im Anschluss an die Übersetzungsmetapher (Kap. I 1.1.4.2) als eine analytische Kategorie herangezogen, um die in der Alltagswelt vorhandenen zeitlich, gesellschaftlich und kulturell bedingten Überformungen bzw. *Übersetzungen* von Religion(en) besser wahrnehmen und ausdifferenzieren zu können.[542] Zum anderen dienen sie im Anschluss an den Übersetzungsbegriff (Kap. I 1.1.4.1) als Impuls für das bessere Verständlichmachen einer als religiös verstandenen Sprache und weiterer Sprachen, in denen Elemente einer als religiös verstandenen Sprache Eingang finden. Eine modellhafte religiöse und säkulare Dichotomie der SuS in einer Lerngruppe kann aufgrund der zunehmenden Pluralität und der unterschiedlichen als religiös verstandenen Sprechweisen zwar nicht mehr vorausgesetzt werden, allerdings erweist sich eine von Seiten der Öffentlichen Theologie markierte theologische Binnen- und Außenperspektive als Impuls für die weiterführenden Überlegungen, der auf ein wechselseitiges Verstehen als Ziel von *Übersetzungsverfahren* aufmerksam macht und in diesem Zusammenhang auf Verschränkungen der Binnen- und Außenperspektive als einen hermeneutischen Akt verweist, welcher für „beide Seiten" förderlich ist.[543] Anstatt der modellhaften zwei Seiten sind freilich noch weitere vorhanden, bspw. wird in der EKD-Denkschrift *Religiöse Bildung angesichts Konfessionslosigkeit* von einer „Dreisprachigkeit" ausgegangen.[544] Im Religionsunterricht treffen gemäß der schon mehrmals erwähnten Grundannahme einer sprach- und translationssensiblen Religionsdidaktik vier Sprachebenen aufeinander: die Sprache der Reli-

---

[542] Bspw. Käbisch (2018) 71–73 unter bes. Berücksichtigung des Aspekts des Kulturverstehens (Kap. I 1.1.4.2.2).
[543] Wabel (2019b) 26. Ähnlich Rosenow (2019) 222.
[544] EKD (2020, Hg.) 101f.

gion(en), die Sprache für Religiöses, die Sprachwelten der SuS und die im Zuge der komplexen Gemengelage von Pluralisierung, Globalisierung, Individualisierung und Säkularisierung stark ausdifferenzierten Sprachspiele der Öffentlichkeiten. Daraus geht hervor, dass sich Fremdwahrnehmungen der eigenen Sprache für das Verständnis der eigenen Weltdeutung als zuträglich erweisen, welche dann über die von der Öffentlichen Theologie markierten beiden Pole Kirche und Öffentlichkeiten hinausgehen und auf die unterschiedlichen gesellschaftlichen Sprachspiele auszudehnen sind. Demzufolge richten sich *Übersetzungsverfahren* auf das Initiieren von „Sprachspiel-Eröffnungen", wodurch die SuS mit unterschiedlichen Sprachspielen in Kontakt kommen und diese im Hinblick auf Religion(en) und Religiosität zu deuten lernen; in diesem Zusammenhang wird die Verbindung zwischen *Übersetzungsprozessen* und der Förderung der Sensibilität von Sprachen greifbar.[545]

Die *Übersetzungsverfahren* verlaufen auf drei verschiedenen Ebenen: Erstens wird im Anschluss an Habermas *Übersetzen* als eine Art „Transport" (Wabel 2019a) einer als religiös verstandenen Sprache in eine säkulare bzw. rational zugängliche aufgefasst. Dies äußert sich in einem hermeneutischen Akt, der „dogmatische Verkapselungen aufzubrechen" versucht.[546] Im Anschluss daran verstehen Hardmeier/Ott (2015) und auch Benk (2016) *Übersetzung* als eine Auslegung, bei der von den *ÜbersetzerInnen* Wörter mit vermeintlich verständlicheren Wörtern umschrieben werden. Tietz (2012) legt einen zweistufigen *Übersetzungsprozess* vor, bei dem auf eine Phase der Plausibilisierung[547] des *Übersetzungsgegenstands* auf der religiösen Binnenebene eine Phase der ethischen Argumentation folgt, um auf der Ebene der Außenperspektive überzeugend wirken zu können.

Zweitens ergeben sich im Anschluss an die zum Selbstverständnis Öffentlicher Theologie gehörende *Übersetzungsaufgabe* drei unterschiedliche Verfahren, welche von Wabel (2019a) zusammengefasst und präzisiert werden: Zum einen handelt es sich um *Übersetzungen*, welche gleichermaßen als „Unterbrechung" und als „Einladung" zu verstehen sind: Nicht- und andersreligiöse Menschen können durch die Transformation christlicher Tradition hierzu eingeladen werden – was gelingen kann, wenn diese „Einladung" es ermöglicht, „eingeschliffene Erwartungen" zu „unterbrechen".[548] In diesem Zusammenhang wird eine Abkehr von einem ausschließlich semantikpointierten *Überset-*

---

[545] Schulte (2019b) 117. Ähnlich Großhans (2018) 182.
[546] Laube (2019) 54. Ähnlich Wabel (2019a: 187f.) mit Bezug auf Waldenfels (2012: 383), der diese Form von *Übersetzung* als „schwach" bezeichnet, da bei ihr „das Original nahezu restlos durch einen neuen Text ersetzt werden kann".
[547] Zur theologischen Problematik von Plausibilisierungen innerhalb der jüdisch geprägten Sprache der Religion ausführlich Kap. I 1.2.1.1.
[548] „Unterbrechung"/„unterbrechen" hat hier also eine andere Nuance als bei Nassehi (2017, 2015); zu unterschiedlichen theologischen Nuancen dieser beiden Wörter siehe ausführlich Anm. 30 (Einleitung).

zungsbegriff und eine Ausweitung auf Verkörperungen gefordert, die nämlich auch zu Religion(en) und deren Praxis zu zählen sind. Zum anderen besteht ein damit eng verbundenes *Übersetzungsverfahren* in der Ermöglichung einer Verbesserung der Eigenwahrnehmung durch die „Augen des Anderen"; hier geht es um Reformulierungen christlicher Tradition durch die Augen von Menschen, welche einer anderen oder keiner Religion angehören. Schließlich versteht sich ein weiteres *Übersetzungsverfahren* als eine kooperativ verlaufende *Übersetzung*, bei der nichtchristliche und andersreligiöse Menschen eine christlich-religiöse Sichtweise wahrnehmen und in ihre eigene Sprache zu fassen bzw. zu *übersetzen* suchen.

Drittens ergibt sich im Anschluss an die systemtheoretische Sicht Nassehis (2017, 2015) ein *Übersetzungsverfahren*, welches sich treffender als die Einübung einer Perspektivendifferenz beschreiben lässt. Dadurch sind die unterschiedlichen Sprachspiele im Allgemeinen und die unterschiedlichen religiösen Sprechweisen im Speziellen reziprok aufeinander zu beziehen, so dass eine störungsfreie Kommunikation in der stark heterogenen Gesellschaft möglich wird und es dabei zu einer Verringerung von aus Un- und Missverständnissen erwachsenden Konflikten kommt; in diesem Zusammenhang ist dieses Verfahren als ein „Medium sozialer Integration" zu verstehen.[549]

Für eine auszuarbeitende sprach- und translationssensible Religionsdidaktik ergeben sich daraus die Fragen, wie ein Translationsverfahren ausdifferenziert werden kann, das einerseits die unterschiedlichen im Religionsunterricht aufeinandertreffenden Sprachebenen miteinander zu verschränken vermag und das andererseits zugleich als ein analytisches Verfahren herangezogen werden kann, um die im Alltag auftretenden Translate einer als religiös verstandenen Sprache sowohl als solche zu erkennen als auch den von ihnen durchlaufenen Translationsprozess nachvollziehen und deuten zu können. Im Zusammenhang mit den skizzierten *Übersetzungsverfahren* muss geklärt werden, inwieweit eine sprach- und translationssensible Religionsdidaktik daran anschlussfähig ist, und ob sich deren Adaption, ganz oder in Teilen, als zielführend erweist, gerade weil Translationsprozesse – bildlich gesprochen – Barrieren zu überwinden suchen und bezüglich des Translationsgegenstands für christlich sozialisierte, nicht- und andersreligiöse SuS gleichermaßen „einladend" sein sollten.

Ad 5: Translationsstrategien
Translationsverfahren und Translationsstrategien sind eng miteinander verbunden: Dabei wird im Folgenden unter Translationsstrategie ein methodisches Vorgehen verstanden, das von der Translationsintention abhängt und das den Rahmen für die darauf abgestimmten Translationsstrategien setzt;[550]

---

[549] Pirner (2019a) 101. Ähnlich Naurath (2019) 177, Altmeyer (2017b) 109f.
[550] Schreiber (1993) 54.

diese Methoden zielen auf eine erfolgreiche Umsetzung des Translationsverfahrens und damit auf eine mögliche Lösung des Problems, das im vorliegenden Fall in der Unterbrechung einer Kommunikationssituation nach Nassehi (2017, 2015) besteht (Kap. I 1.2.3).

Sowohl im Hinblick auf die Translationsverfahren als auch auf die Translationsstrategien besteht ein Desiderat in der Bereitstellung von Translationsangeboten, welche es christlich sozialisierten, nicht- und andersreligiösen SuSn ermöglicht, traditionelle Formen der Gottesrede zu verstehen und untereinander als Sender und Empfängerinnen in einen Dialog über als religiös empfundene Themen eintreten zu können, in dem es dann nicht zu Unterbrechungen im obigen Sinn kommt bzw. diese gemanagt werden können.[551] Ausformulierte Strategien i. S. von kriteriengeleiteten Methoden sind spärlich. Sie finden einerseits auf einer theoretischen Ebene statt, andererseits beschränkt sich ihre didaktische Ausgestaltung – mit der Ausnahme von Altmeyer/Baaden/Menne (2019) – auf die Aufgabenstellungen in Unterrichtswerken (Kap. I 1.3.4). Diese Strategien richten sich einerseits auf eine Einteilung der Gesellschaft in eine religiöse und eine nichtreligiöse bzw. säkulare, andererseits auf die religiöse Pluralität im Klassenzimmer und damit auch auf die unterschiedlichen dort zusammenlaufenden Sprachebenen der SuS. Es bleibt jedoch ein Desiderat, das die gesellschaftliche Heterogenität weiter fasst und das somit in der praktischen Umsetzung von Translationen „zwischen verschiedenen Milieus, Lebensstilen und gesellschaftlichen Klassen" liegt.[552] Dieses Desiderat ist anschlussfähig an den noch zu besprechenden Punkt der Translationsräume, da ferner noch zu fragen ist nach einer Differenzierung zwischen den im Religionsunterricht am Lernort Schule bereitzustellenden Translationsstrategien und der außerhalb dieses artifiziellen Raums von den SuSn selbst auszulotenden Strategien.

Für eine auszuarbeitende spach- und translationssensible Religionsdidaktik ergeben sich daraus die Fragen, welche Translationsstrategien sich aus dem Translationsverfahren ableiten lassen und wie sie auf die Translationsgegenstände abzustimmen sind.

Ad 6: Translat
Aus den besprochenen Ansätzen geht eine Differenzierung in zweifacher Hinsicht hervor: zum einen in Produkte, welche, ursprünglich als *Übersetzungsgegenstände*, von SuSn im Rahmen eines *Übersetzungsprozesses* in ein *Übersetzungsprodukt* überführt worden sind bzw. werden sollen, und zum anderen in Produkte, die gesellschaftliche, kulturelle und zeitliche Überformungen bzw. *Übersetzungen* von Religion(en) darstellen, denen die SuS sowohl im Religionsunterricht als auch in ihrem Alltag beegnen. Bei den von den SuSn anzuferti-

---

[551] Schulte (2019b) 113.
[552] Höhne (2019) 56. Ähnlich Kumlehn (2021) 40, Pirner (2019a) 106, Schulte (2019b) 124.

genden *Übersetzungsprodukten* oszilliert die Zielsprache zwischen einer als säkular/rational verstandenen Sprache,[553] „Rationalitäten und Plausibilitäten",[554] einer „Suchsprache",[555] einer erziehungswissenschaftlichen[556] und einer speziell für Kinder und Jugendliche verständlichen Sprache i. S. einer Erklärung[557] sowie einer „Vielzahl je kontextgebundener Zielsprachen",[558] wozu National-, Fachsprachen,[559] die unterschiedlichen Sprachspiele der pluralen Öffentlichkeiten und die Sprachwelten der SuS[560] zählen.

Die Frage nach Kriterien, die das *Übersetzungsprodukt* als gelungen ausweisen können, wird von den besprochenen Ansätzen unterschiedlich beantwortet: Erstens gilt ein *Übersetzungsprodukt* als gelungen, wenn es in dem Sprachspiel bzw. in den Augen der AdressatInnen reformuliert werden kann und sich dabei „beide Perspektivierungen gegenseitig erhellen" können.[561] Zweitens erweist sich ein Gelingen darin, wenn der mit der als religiös verstandenen Sprache bezeichnete *Übersetzungsgegenstand* nicht verloren geht bzw. nicht vollständig von einer als rational verstandenen Sprache absorbiert wird.[562] Diese Wahrung des Propriums des *Übersetzungsgegenstandes* im *Übersetzungsprodukt* lässt sich drittens präzisieren, indem das Gelingen sich darin zeigt, ob die Beziehung zwischen dem *Übersetzungsgegenstand* und dem ihn in Gebrauch nehmenden Menschen im *Übersetzungsprodukt* gewahrt bleibt.[563] Viertens gilt es als gelungen, wenn „eine Ausweitung des Adressatenkreises christlicher Überlieferung [bewirkt werden kann], die die herkömmliche Zuordnung von ,innen' und ,außen' hinter sich lässt".[564] Fünftens wird das Gelingen von *Übersetzungsprozessen* nach ihrer Pluralitätsoffenheit bemessen, durch deren Zusammenspiel die SuS „zu einem intersubjektiven Austausch über Religion und religiöse Sprache [kommen], der von Pluralität von Deutungen, Perspektiven und Sichtweisen lebt", wodurch die „Kompetenz in sprachlicher und nichtsprachlicher religiöser Ausdrucks- und Kommunikationsfähigkeit" erreicht werden soll.[565]

---

[553] Pirner (2012) 79.
[554] Ebd.
[555] Kumlehn (2016, 2014) passim, Cebulj (2014) passim, Altmeyer (2011) 314.
[556] Pirner (2012) 79.
[557] Schulte (2015) 74, Przyczyna (2011) 28, Corbach (²1962) 37f.
[558] Wabel (2016) 173f.
[559] Ebd. 174.
[560] Kumlehn (2021) 40, Pirner (2019a) 106, Schulte (2019b) 118f.
[561] Wabel (2019b) 26. Ähnlich Rosenow (2019) 222.
[562] Bspw. Habermas (2001) 24: „Säkulare Sprachen, die das, was einmal gemeint war, bloß eliminieren, hinterlassen Irritationen. Als sich Sünde in Schuld, das Vergehen gegen göttliche Gebote in den Verstoß gegen menschliche Gesetze verwandelte, ging etwas verloren." Hierzu auch Körtner (2016) 196, Wabel (2016) 174.
[563] Altmeyer/Baaden/Menne (2019) 157f., Altmeyer (2017b) 106f.
[564] Wabel (2019c) 73.
[565] Schulte (2017) 86f.

Für eine auszuarbeitende sprach- und translationssensible Religionsdidaktik ergeben sich daraus die Fragen, nach welchen Kriterien ein Translat als gelungen bezeichnet werden kann, so dass es sowohl in pragmatischer Hinsicht von den AdressatInnen verstanden wird als auch in theologisch-translationswissenschaftlicher Hinsicht als angemessen gelten kann. Damit verbunden ist auch die Frage, welchen Anteil die Präsenz der TranslatorInnen im Translat an dem Gelingen und dem Verstehen des Translats haben.[566] Dabei gilt es, die religionspädagogische und -didaktische Aufmerksamkeit auf den Umstand zu richten, dass mit dem Translat der Translationsprozess noch nicht beendet ist.[567] Es muss also in Betracht gezogen werden, dass Translationsgegenstände mehrere Prozesse durchlaufen können bzw. – im Anschluss an die auszuarbeitende Translationsintention – auch sollen. Darüber hinaus ist auch die Frage nach den Translationsgrenzen zu beantworten; dies meint zum einen, welche Translationsgegenstände v. a. aus theologischen Gründen nicht transferiert werden können und ‚unverständlich' bleiben müssen, und zum anderen, wie Translationsgrenzen bzw. Translationsgegenstände mit Translationsgrenzen in eine sprach- und translationssensible Religionsdidaktik eingebunden werden können.[568]

Ad 7: Translationsräume
Der Religionsunterricht bildet „*den* zentralen Lernort für gesellschaftliche Zusammengehörigkeit und Pluralität",[569] der „sich immer mehr zu einer mehrsprachigen Lerngemeinschaft [entwickelt]";[570] hier kommen die in den Öffentlichkeiten vorherrschenden unterschiedlichen Sprachspiele – im wahrsten Sinne des Wortes – zur Sprache und müssen deshalb mitunter Translationsprozessen unterzogen werden. Der Religionsunterricht stellt demnach einen artifiziellen Raum sowohl für die Ausbildung einer Sprach- als auch einer Translationssensibilität dar.[571]

Für eine auszuarbeitende sprach- und translationssensible Religionsdidaktik ist mit Pirner danach zu fragen,[572] wo die SuS außerhalb des Lernorts

---

[566] Die Aspekte des Verstehens und der Präsenz der ÜbersetzerInnen im (interlingualen) Übersetzungsprodukt bilden in der neueren Translationswissenschaft eine nicht auszublendende Größe; ausführlich Cercel (2015).
[567] Wabel (2019c) 68f.
[568] Kumlehn (2021: 38f.) spricht in diesem Zusammenhang von „grenzbewusstem Übersetzen", bei dem es gilt, „die Gewinne und Verluste von Übersetzungsprozessen kritisch zu reflektieren und zu fragen: Bleibt der religiöse Weltzugang bzw. der religiöse Sprachgebrauch in der Übersetzung erkennbar oder wird er invisibilisiert?"
[569] Pirner (2019a) 104 (Hervorh. im Original). Ähnlich Schulte (2019b) 113f.
[570] Schulte (2018a) 157.
[571] Treffend Kirchenamt der EKD (2011, Hg.) 11: „Aus Sicht der Evangelischen Kirche erprobt der Religionsunterricht unter den unterrichtlichen Voraussetzungen der Schule als ein Angebot an alle die Sprach-, Toleranz- und Dialogfähigkeit christlichen Glaubens in der Gesellschaft."
[572] Pirner (2015c) 454.

Schule sowohl unter Anleitung der Religionslehrkraft als auch selbstständig als TranslatorInnen fungieren (müssen), so dass sie praxisorientiert auf diese Situationen vorbereitet werden können. Hierzu sind Kriterien notwendig, um einen Raum konstituieren zu können, in dem anhand von Translationen eine Sprach- und Translationssensibilisierung erfolgen kann.

Bringt man die aus den sieben einzelnen Elementen eines Translationsprozesses hervorgehenden Impulse sowohl für die Theoriebildung als auch für die praktische Umsetzung zusammen, wird eine Interdependenz zwischen einer Sensibilisierung für Sprache und für Translationsprozesse offenkundig; eine Sprach- und eine Translationssensibilisierung können nicht isoliert voneinander eingeleitet werden. Im Hinblick auf Sprache bedeutet dies eine pädagogische und didaktische Erschließung der Sprache der Religion(en), der Sprache für Religiöses, der Sprachspiele der pluralen Öffentlichkeiten und der Sprachwelten der SuS.

Analog dazu richtet sich eine Translationssensibilisierung auf diese vier Sprachebenen hinsichtlich der Ausgangs- und der Zielsprache innerhalb des Translationsprozesses. Damit bleibt allerdings immer noch offen, welcher Gegenstand einen Translationsprozess durchlaufen soll. In den besprochenen Ansätzen innerhalb von Teil I wird eine als religiös verstandene Sprache zum *Übersetzungsgegenstand* bestimmt; die hier unterschiedlichen Ausdifferenzierungen beziehen sich überwiegend auf formale Kriterien bzw. Textgattungen. So wurde bereits herausgestellt, dass es v. a. die einzelnen als religiös verstandenen Wörter sind, die Kinder und Jugendliche einerseits als „fremd oder restriktiv"[573] wahrnehmen und die andererseits von ihnen „nur schwer in ihren eigenen Lebens- und Erfahrungskontext übersetzt werden [können]".[574] Freilich bereitet auch die Syntax von religiös verstandenen Texten Schwierigkeiten,[575] jedoch sind Wörter, aus denen stehende Wendungen werden können, für ein Sprachsystem grundlegend.[576] Dies bedeutet auf einer religionspädagogischen Ebene die Suche nach geeigneten Wörtern; auf einer religionsdidaktischen Ebene ergibt sich daraus eine Sensibilisierung für die deutsche Sprache im Hinblick auf geeignete Wörter, um überhaupt Translationsprozesse einleiten zu können. Anstatt also ein Gebet als Ganzes zum Translationsgegenstand zu erheben, ist ein Schritt zuvor unerlässlich, nämlich zu klären, was ein Gebet an sich ist, wie und warum man das Wort „Gebet" zum Translationsgegenstand erheben kann. Dies ist keineswegs so banal, wie es sich für kirchlich geschulte Ohren anhört, sondern beinhaltet neben

---

[573] Calmbach/Borgstedt/Borchard u. a. (2016) 357f. Siehe ausführlich Anm. 13 (Einleitung).
[574] Kirchenamt der EKD (1997, Hg.) 29.
[575] Altmeyer (2018) 193.
[576] Thaler (2012) 223, Neveling (2004) 11.

formalen Fragen (Adressat, Bitte, Dank) auch die Klärung des Kerns dessen, worum es bei einem Gebet geht.

Bei den besprochenen *Übersetzungsangeboten* in Unterrichtswerken (Kap. I 1.3.4) können unterschiedliche *Übersetzungsgegenstände* und diesbezügliche unterschiedliche Strategien ausgemacht werden, die sich auch auf den Umfang des *Übersetzungsprozesses* auswirken: So kann es bspw. für „Tora" ausreichend sein, wenn im Rahmen eines hermeneutischen Aktes eine Erklärung formuliert wird – entweder von der Religionslehrkraft, kundigen SuSn oder durch einen sog. „Infokasten" in Unterrichtswerken. Für die Ausbildung einer Sprach- und Translationssensibilität ist bei diesen Wörtern in einem christlichen Kontext (gegenüber einem jüdischen) wenig Zugewinn zu erwarten, da bei konkreten Fachwörtern aus einem mehr oder minder unbekannten Zusammenhang eine Deutungsoffenheit oft eher gering ausfällt, ein mehrperspektivischer Zugriff aus den anderen Sprachebenen somit nicht vorhanden ist und in diesem Zusammenhang der kommunikative Anteil des Translationsprozesses i. S. eines intersubjektiven Austauschs unter der sprachlich heterogenen (aber ganz überwiegend nicht jüdischen) Schülerschaft über pluralitätsoffene (Be-)Deutungen von Wörtern ausbleibt. Ertragreicher hingegen sind diejenigen Wörter, die aufgrund ihrer Deutungsoffenheit für die vier Sprachebenen durchlässig sind und sich als Schnittmenge von ihnen konstituieren.

Vor dem Hintergrund dieses Befunds lässt sich die in der Einleitung aufgestellte Hypothese präzisieren und folgende These formulieren: Für eine sprach- und translationssensible Religionsdidaktik, welche in einer heterogenen Lerngruppe die Sprachbildung und die Kommunikationsfähigkeit christlich sozialisierter, nicht- und andersreligiöser SuS untereinander im Hinblick auf die Sprache der Religion(en), auf die Sprache für Religiöses, auf die Sprachspiele der pluralen Öffentlichkeiten und auf die Sprachwelten der SuS befördern möchte, sind eine religionspädagogische und eine religionsdidaktische Ebene konstitutiv, die interdependent gelagert sind:

Auf einer religionspädagogischen Ebene bedarf es für die Ausbildung einer Mehrsprachigkeit der Fokussierung von Wörtern, auf die ein mehrperspektivischer Zugriff möglich ist, d. h. in denen als Translationsgegenständen unterschiedliche Perspektiven und Erfahrungen konkretisiert werden, so dass im Umkehrschluss – gemäß der unterschiedlichen vier Sprachebenen – mehrere Translate als kreativ-sprachliche Neuversuche[577] mit pluralitätsoffenen Deutungen möglich sind.

---

[577] Für Langenhorst (2019: 128, Hervorh. im Original) geht es „bei der Suche nach religiöser Gegenwartssprache […] *nicht* um *Übersetzungen*, sondern um *kreative sprachliche Neuversuche*". In Abgrenzung zu Langenhorst wird hier – und auch im Folgenden – bewusst *kreativ-sprachliche Neuversuche* verwendet: Bei einer sprach- und translationssensiblen Religionsdidaktik geht es erstens um Translationen, wodurch die SuS für die

Auf einer religionsdidaktischen Ebene bedarf es einer konzisen Ausdifferenzierung der einzelnen zum Translationsprozess gehörenden Elemente. Hierzu zählt eine Verhältnisbestimmung dieser Elemente untereinander, in deren Zentrum ein Translationsverfahren steht, welches einerseits die Desiderate sowohl auf der Ebene der Sprachbildung und Kommunikationsfähigkeit als auch auf der Ebene des *Übersetzens* schließen kann und andererseits die vier im Religionsunterricht aufeinandertreffenden Sprachebenen wechselseitig zu verbinden vermag – ein Translationsverfahren, das theologisch wie auch translationswissenschaftlich begründet werden kann.

Dieses Verfahren soll als **Transkreieren**[578] bezeichnet werden: Durch eine pädagogisch und didaktisch einzuleitende *Trans*lation von als religiös verstandenen Wörtern in die vier Sprachebenen *kreieren* die SuS ein neu entstehendes Translat, wodurch sie ihre eigene Sprache entdecken und ausbilden, „in der sie plausibel und verständlich religiös und über Religion sprechen sowie den Unterschied beider Perspektiven benennen und ihre Position begründen können".[579]

3 Zur Methodik bei der Erfassung mündlicher und schriftlicher Zitate von SchülerInnen

In allen Teilen der Arbeit wird auf Ergebnisse zurückgegriffen, die von SuSn produziert wurden; das methodische Vorgehen zu deren Erfassung sei hier kurz aufgeschlüsselt. Greifbar wird die praktische Umsetzung einer sprach- und translationssensiblen Religionsdidaktik anhand von sog. „Darstellungsmitteln".[580] Sie setzen sich in zweierlei Hinsicht zusammen und werden folgendermaßen methodisch erfasst:

Erstens wurden von mir die von SuSn schriftlich angefertigten Arbeitsergebnisse für eine schnellere inhaltliche Erfassung im Wortlaut (aus Heften oder Arbeitsblöcken) abgeschrieben. Die von SuSn erstellten Zeichnungen und Bilder wurden abfotographiert und in den Fließtext integriert. In beiden Fällen erfolgt jeweils eine Nennung des Namens, der das Geschlecht markiert

---

Interrelation von Translationen auf der einen Seite und von der vier im Religionsunterricht aufeinandertreffenden Sprachebenen auf der anderen Seite sensibilisiert werden. Diese Neuversuche sind sprachlich – und gerade weil sie durch Translationen herbeigeführt werden, sind sie kreativ-sprachlich – ganz im Sinne des Transkreierens, worauf etwas weiter unten eingegangen wird.

[578] Zur Etymologie, zu bereits vorhandenen Ansätzen und zur speziellen Ausgestaltung dieses Translationsverfahrens im Hinblick auf eine Sprach- und Translationssensibilisierung ausführlich Kap. II 1.4.2.

[579] Altmeyer (2018) 202f. Ähnlich Kropač (2021) 77, Schulte (2017) 77.

[580] Mayring (⁶2016) 87.

und aus datenschutzrechtlichen Gründen geändert ist, des Alters, der Jahrgangsstufe und des Datums der Abfassung;[581] handelt es sich dabei um Ergebnisse, die gruppenarbeitsteilig angefertigt wurden, erfolgt nur eine Nennung der Jahrgangsstufe. Die SuS waren jeweils mit der Veröffentlichung unter einem Pseudonym einverstanden.

Zweitens wurden die verbalen Äußerungen durch meine eigenen Mitschriften und auch durch Transkripte erfasst, die von Mitschnitten von Unterrichtssituationen durch mein Smartphone stammen. Auch hier wurde das Einverständnis der SuS bzw. Eltern eingeholt. Es erfolgen dieselben Angaben wie oben, es sei denn, dass sie ganz oder teilweise in dem voranstehenden Fließtext Erwähnung finden; werden die Äußerungen von mehreren SuSn abgebildet, erfolgt anstelle einzelner Namen nur ein Verweis auf die Lerngruppe und deren Jahrgangsstufe. In der Forschungsliteratur liegen unterschiedliche Möglichkeiten mit dem Umgang von Transkripten vor, die in Abhängigkeit von dem Forschungsdesign mehr oder weniger umfangreich ausfallen können.[582] Im vorliegenden Fall stellt die interpretative Auswertung der von SuSn angefertigten Ergebnisse keine umfassende Korpusanalyse dar; die einzelnen für eine unterrichtliche Realisierung konstitutiven Bausteine werden im Rahmen ihrer Entwicklung (Teil II) und ihrer praktischen Umsetzung (Teil III) mit Beispielen gefüllt, die den Gegenstand für eine Bewertung der Praxistauglichkeit einer sprach- und translationssensiblen Religionsdidaktik bilden und ihre in den vorangehenden Kapiteln herausgearbeiteten Kernanliegen greifbar erscheinen lassen sollen. Somit handelt es sich „um eine vergleichend angelegte deskriptive Darstellung von Informationen", bei der auf die Dokumentation von Tonhöhen, Lautstärke, Sprechpausen etc. verzichtet werden kann und bei der eine „reine Abschrift [reicht]".[583] Die Transkripte und Mitschriften sind als „wörtlich" zu verstehen: durch sie „wird eine vollständige Textfassung verbal erhobenen Materials hergestellt", ohne dass darin Kommentare enthalten sind.[584]

---

[581] Boer (2012: 77) führt zudem die Benennung der Unterrichtssituation als weiteres Qualitätskriterium an; dies erfolgt jeweils im Fließtext.
[582] Strübing (2013) 105f.
[583] Ebd. 106.
[584] Mayring ([2]2016) 89.

Teil II: Theorie einer sprach- und translationssensiblen Religionsdidaktik

Die Theorie einer sprach- und translationssensiblen Religionsdidaktik bezieht sich auf den Translationsprozess, der den im Unterricht einzuleitenden Translationen zugrunde liegt. Die Ausarbeitung der Theorie richtet sich in einem ersten Schritt auf die einzelnen Elemente des Translationsprozesses (Kap. II 1) und in einem zweiten Schritt auf die darauf abgestimmte religionspädagogische und -didaktische Realisierung mit einem entsprechenden Lehr-Lern-Arrangement (Kap. II 2).

1 Die Elemente des Translationsprozesses

Wie in Kap. I 2 herausgearbeitet, liegen dem Translationsprozess sieben Elemente zugrunde: die Translationsintention, die TranslatorInnen, der Translationsgegenstand, das Translationsverfahren, die daraus erwachsenden Translationsstrategien, das Translat und die Translationsräume.

1.1 Translationsintention

Die konzise Ausformulierung der Translationsintention setzt sich aus interdependent zueinander stehenden Grundlagen zusammen (Kap. II 1.1.1): Zuerst bedarf es der Entwicklung einer Arbeitshypothese für die Interrelation von Religion(en), Sprache und Translationen, welche sich für eine sprach- und translationssensible Religionsdidaktik als kompatibel erweist (Kap. II 1.1.1.1). Ausgehend davon können die im Religionsunterricht als Fachunterricht auftretenden Sprachen präzisiert werden (Kap. II 1.1.1.2), um das für eine Sprach- und Translationssensibilisierung zugrunde liegende Verständnis von Sprache (Kap. II 1.1.1.3) und „translatio religionis" auszuarbeiten (Kap. II 1.1.1.4). Somit sind die Weichen gestellt, um das auf diesem religionsdidaktischen Ansatz basierende Verständnis von Sprach- und Translationssensibilisierung sowie deren Interrelation zu bestimmen (Kap. II 1.1.2–1.1.4).

1.1.1 Grundlagen

Für das Verständnis von Religion(en), Sprache und Translationen sind folgende Kriterien leitend, die in Kap. I 2 im Zuge der Ausarbeitung der einer sprach- und translationssensiblen Religionsdidaktik zugrunde liegenden These herausgestellt werden: Eine Fokussierung von Wörtern als Translationsgegenstände, auf die ein mehrperspektivischer Zugriff möglich ist, Translate als kreativ-sprachliche Neuversuche, die pluralitätsoffene Deutungen zulassen, und schließlich die dadurch von den SuSn zu erwerbende Befähigung, an allen Sprachebenen im Religionsunterricht als Sender und Empfängerinnen partizipieren zu können. Der mehrperspektivische Zugriff auf die Translationsgegenstände korreliert mit den pluralitätsoffenen Deutungen der Translate. Leitend dabei ist die im Klassenzimmer vorherrschende Pluralität der Sprachebenen, die sich einerseits aus der stark heterogenen Schülerschaft, andererseits durch die im Religionsunterricht thematisch bedingten Schnittstellen zwischen unterschiedlichen Sprachebenen ergibt.[1] Demzufolge sollten die Translationsgegenstände möglichst nicht nur für einen bestimmten Teil der Lerngruppe, bspw. für christlich sozialisierte SuS, zugänglich bzw. für sie – im wahrsten Sinne des Wortes – ‚ansprechend' sein, sondern sie sollten für viele SuS bzw. deren Sprachwelten die Möglichkeit eröffnen, ihre Perspektiven in den Wörtern aufzuspüren und zugleich in Verbindung mit anderen darin zusammenlaufenden Sprachebenen zu setzen; für die Translate, die gerade als kreativ-sprachliche Neuversuche neue Impulse zur sprachlichen Erschließung und damit für das Verständnis der Translationsgegenstände für möglichst alle SuS erwirken sollen, besteht die Pluralitätsoffenheit darin, dass religiöse, nicht- und andersreligiöse Deutungsmuster nicht nur möglich sein, sondern auch gleichwertig und sich einander ergänzend nebeneinander stehen können,[2] um es realisierbar zu machen, dass durch ihre Verschränkungen eine hermeneutische Wechselwirkung freigesetzt wird.

---

[1] Pirner (2019a) 104.

[2] Rosenow (2019: 221) (Hervorh. im Original) postuliert angesichts der weltanschaulich zunehmend heterogener werdenden Schülerschaft für einen ‚ansprechenden' Religionsunterricht: „*Multiperspektivische Zugänge der Erkenntnis* sollten ebenso gleichrangig nebeneinander gestellt werden wie Weltdeutungen und -anschauungen. Dazu ist es nötig, das Verständnis von Wahrheit zu relativieren. In einem offenen Unterricht werden die Deutungskonstrukte der Lernenden als solche identifiziert und wertschätzend akzeptiert – insofern sie argumentativ begründet werden. [...] Ein breites Angebot an Deutungsmöglichkeiten verhilft den Lernenden zur eigenen Positionierung." Ähnlich EKD (2010a, Hg.) 65: „Die religiösen Interessen von Kindern, Jugendlichen und Erwachsenen müssen heute eigens wahrgenommen werden, weil sie sich den herkömmlichen kirchlichen und theologischen Zugängen und Begriffen weithin entziehen." Eine diesbezüglich treffende Begründung unternimmt Rosenow (2019) 218: „Individuell artikulierte Symbolisationen existenziellen Erlebens können den gleichen Verweischarakter tragen wie tradierte Symbolik." Ähnlich Körtner (2016) 87. Simojoki (2021: 31) sieht vor dem Hintergrund der Säkularisierungsthese eine religionsdidaktische Implikation in der Bewusstmachung gegeben, „dass religiöse Wirklichkeitszugänge nicht in Konkurrenz zur neuzeitlichen Rationalität stehen, sondern eine wichtige Ergänzung derselben darstellen."

1.1.1.1 Religion(en), Sprache und Translationen

Für eine Annäherung an eine Definition von Religion(en) im Anschluss an die obigen Kriterien soll Religion als eine „diskursive Kategorie" angesehen werden, „die in gesellschaftlichen Aushandlungsprozessen geformt und beständig verändert wird".[3] Somit kann nicht mehr von *der* Religion gesprochen werden, die sich präzise von Bereichen, Elementen etc. abgrenzen lässt, die ‚keine' Religion darstellen, zumal erstens eine derartige Grenzziehung „nicht in allen Sprachkulturen [...] geteilt wird und zweitens auch in den ‚westlichen' Denktraditionen gar nicht so eindeutig zu umgrenzen ist".[4] Demzufolge ist es für Karlo Meyer unzutreffend, von *dem* Islam und von *dem* Christentum etc. zu sprechen, so dass anstatt des Wortes „Religion" die „offenere Formulierung *religiöse Traditionen*" als treffender zu erachten ist, um

> „im Bewusstsein zu halten (wie [...] bei jüdischen, buddhistischen etc. Traditionen), dass das jeweils begrifflich Gemeinte keinesfalls scharf abgezirkelt ist, sondern innerhalb von Diskursen, aber auch zwischen verschiedenen geografischen, kulturellen und sprachlichen Diskursräumen Wandlungen erfährt, eine große Vielfalt in sich trägt, offene Ränder und Graubereiche mit sich bringt und in unserem Fall durch europäische sprachliche Traditionen geprägt ist."[5]

Mit der von Meyer vorgeschlagenen Formulierung lässt sich der Bogen zu Sprache und Translationen schlagen. Im Bezug auf Sprache erweist sich eine „offenere Formulierung" in zweifacher Hinsicht als förderlich:

Erstens wurde schon darauf hingewiesen, dass zwischen der Sprache der Religion(en) und der Sprache für Religiöses ebenso wenig eine scharfe Trennlinie gezogen werden kann wie zwischen den anderen im Religionsunterricht aufeinandertreffenden Sprachebenen, zu denen die in den Öffentlichkeiten vorhandenen Sprachspiele und die Sprachwelten der SuS zählen.[6] Auf dieser

---

[3] Schröder (2015) 4.
[4] Meyer (2019) 36.
[5] Ebd. 37 (Hervorh. im Original). Im Hinblick auf Sprachspiele in pluralen Öffentlichkeiten kann ebensowenig von *dem* Säkularen wie von *dem* Christentum ausgegangen werden, in dem unterschiedliche Konfessiolekte gesprochen werden, worauf oben verwiesen wird. Die Bezeichnung „als säkular verstandene Sprache" ist insofern zielführend, als unterschiedliche als säkular zu verstehende sprachliche Ausprägungen berücksichtigt werden können. Hinsichtlich der Wechselwirkung zwischen dem jeweiligen Verständnis von „religiös" und „säkular" plädiert Wilhelm Gräb für einen „religionsfreundliche[n] Begriff des Säkularen", das somit als „das Andere des Religiösen" angesehen werden kann (Gräb 2019: 14). Dies muss auch „nicht das Areligiöse, schon gar nicht das Antireligiöse sein; das Säkulare kann auch das religiös Unbestimmte, aus nicht näher bestimmten Gründen zur institutionalisierten Religion in Distanz Tretende sein" (ebd.: 21).
[6] Altmeyer (2018) 194. So wurde schon in der Einleitung „als religiös verstandene Sprache" als Sammelbezeichnung für die Sprache der Religion(en) und die Sprache für Religiöses verwendet.

Grundlage wird im weiteren Verlauf anstatt von der Sprache der Religion(en) im Allgemeinen von der *Sprache der religiösen Traditionen* gesprochen und – im Speziellen auf das Christentum bezogen – von der *Sprache der christlichen Traditionen*: Diese Bezeichnung subsumiert auch die einer Konfession inhärenten verschiedenen Sprachen bzw. Konfessiolekte[7] und kann gegebenenfalls von anderen religiösen Traditionen leichter unterschieden werden, bspw. von der Sprache der jüdischen Traditionen. Das Adjektiv „religiös" versteht sich demzufolge im Anschluss an das Verständnis von Religion als ein Konstrukt mit einem relativen Charakter. Weiterhin bleibt daneben die subjektorientierte Bezeichnung „Sprache für Religiöses" ebenso wie die zur Zusammenfassung dieser beiden Sprachen verwendete Bezeichnung „als religiös verstandene Sprache" bestehen. Die Sprache der christlichen Traditionen lässt sich im Anschluss an die Charakterisierung des Evangelischen Religionsunterrichts im *Kerncurriculum für das Fach Evangelische Religion in der Oberstufe* folgendermaßen beschreiben – dabei wird im Folgenden „Religionsunterricht" durch „Sprache" ersetzt, da die Sprache der christlichen Traditionen mit dieser Charakterisierung korreliert bzw. diese – im wahrsten Sinne des Wortes – zur Sprache bringt: Die Sprache „ist durch ein Verständnis des Menschen und seiner Wirklichkeit geprägt, das in der biblisch bezeugten Geschichte Gottes mit den Menschen gründet".[8] Eine Spezifizierung im Hinblick auf einen protestantischen Konfessiolekt würde – als unmittelbare Fortführung der obigen Beschreibung – dann folgendermaßen lauten:

> „Für dieses Verständnis ist eine Grunderfahrung konstitutiv, die in reformatorischer Tradition als Rechtfertigung ‚allein aus Gnade' und ‚allein durch den Glauben' zu beschreiben ist. Damit wird zum Ausdruck gebracht, dass der Mensch den Grund, den Sinn und das Ziel seiner Existenz allein Gott verdankt. Gottes unbedingte Annahme enthebt den Menschen des Zwangs zur Selbstrechtfertigung und Selbstbehauptung seines Lebens. Sie stellt ihn in die Freiheit und befähigt zu einem Leben in Verantwortung. In der Gemeinschaft der Glaubenden ist ihm das Zeugnis für das Evangelium Jesu Christi aufgetragen."[9]

Die Sprache der christlichen Traditionen in evangelischer Ausrichtung bringt dann – ebenso wie der Religionsunterricht – diese Perspektive zur Geltung.

Zweitens ist durch die Bezeichnung „Traditionen" eine weitere Fassung der Äußerungsformen ihrer Sprachen möglich: So kommt in „Tradition" in etymologischer Hinsicht zum Ausdruck, dass seit der Antike Traditionsbegriffe sich nicht nur auf materielle Dinge als Gegenstände einer Weiter- bzw. Übergabe richten, sondern auch Geistiges miteinbeziehen.[10] Diese Tradita

---

[7] Macha (2014) 30. Ähnlich Kohlmeyer (2018) 62, Danilovich (2017b) 19, Balbach (2014) 18.
[8] Kirchenamt der EKD (2010, Hg.) 9.
[9] Ebd.
[10] Winter (2017) 160. Zur Etymologie von „Tradition" und weiterer terminologischer Grundbestimmungen ausführlich ebd. 159–161.

können differenziert werden in Sach-, Handlungs- und Sprachtraditionen; dabei können die Sprachtraditionen wiederum untergliedert werden in Oral- und Literaltraditionen.[11] Weiter unterfüttert werden kann dieser Umstand von einer religionswissenschaftlichen Warte, die eine Analogie zwischen Sprache und Religion(en) feststellt – in unserem Fall bleiben wir allerdings bei „religiösen Traditionen" –, die „ebenso wie Sprache als Zeichensysteme aufzufassen" sind;[12] als Zeichen sind hierbei „nicht nur oder vorrangig Wörter und Sätze, sondern natürlich auch optische Zeichen, Ornamente etwa und ‚Bilder', nicht zuletzt aber auch konventionalisierte Bewegungsabläufe (Gesten, ‚ritualisierte' Bewegungen, Tänze)" zu verstehen.[13] So wird die Unschärfe einer unterschiedlichen Verwendung von Übersetzen als Begriff und als Metapher (Kap. I 1.1.4.1–1.1.4.2) umschifft, da auch Gesten und Praxis zur Sprache zu zählen sind, die transferiert werden können.

Bezüglich Translationen erweist sich die Bezeichnung „religiöse Traditionen" ebenfalls als hilfreich, denn „Tradition" ist kein starrer, sondern ein dynamischer Begriff, der sich als ein Prozess versteht bzw. als ein Traditionsakt, zu dem TradentInnen, Tradita und AkzipientInnen zählen;[14] in diesem Zusammenhang sind dem Wort „Tradition" inter- und intralinguale sowie intersemiotische Translationen inhärent.[15] Dies schärft den Blick der TranslatorInnen einer sprach- und translationssensiblen Religionsdidaktik in zweierlei Hinsicht: Erstens für den Translationsgegenstand, der auch schon in einer transferierten Gestalt vorliegen kann und damit auch schon einen Prozess durchlaufen hat. Zweitens für das Translat, das nicht als ‚fertig' verstanden werden darf, da es als ein kreativ-sprachlicher Neuversuch zum einen den Translationsgegenstand bzw. das ‚Original' nicht als solchen überflüssig erscheinen lässt, sondern die „unabschließbare Unübersetzbarkeit des Originals regeneriert und neu in Geltung bringt";[16] zum anderen würde ein „starres" Translat einem pluralitätsoffenen Deutungszugang entgegenstehen.

1.1.1.2 Die Sprachen im Religionsunterricht

Für eine Annäherung an das mit einer sprach- und translationssensiblen Religionsdidaktik kompatible Sprachverständnis im folgenden Kapitel bedarf es an dieser Stelle einer Betrachtung der Sprachen am Lernort Schule im Allgemeinen, an dem Sprache das „wichtigste Medium des Lernens [...] und zugleich das zentrale Kommunikationsmittel" darstellt,[17] und im Religionsun-

---

[11] Dittmann (2004) 124.
[12] Gladigow (1988) 16.
[13] Ebd.
[14] Winter (2017) 161.
[15] OLD, s. v. „traditio", 1956.
[16] Laube (2019) 67.
[17] Altmeyer (2019) 184, Kniffka/Neuer (2017) 37.

terricht im Speziellen, wo Sprache eine gewichtige pädagogische und auch didaktische Größe darstellt.[18]

Im Religionsunterricht kulminieren vier unterschiedliche Sprachebenen, worauf schon mehrfach hingewiesen wurde: erstens die Sprache der religiösen Traditionen, welche sich auffächern lässt in die Sprache der christlichen Traditionen etc., zweitens die Sprache für Religiöses, drittens die Sprachspiele der pluralen Öffentlichkeiten und viertens die Sprachwelten der SuS. Die Ebenen sind nicht strikt voneinander trennbar, Überschneidungen sind möglich. Im Folgenden werden speziell die Sprachen innerhalb eines Fachunterrichts am Lernort Schule differenziert, da eine Sprach- und Translationssensibilisierung in einem solchen sprachlichen Unterrichtsrahmen stattfindet.

Im Fachunterricht gibt es nicht *die* Sprache, sondern Sprache „findet vielmehr auf verschiedenen Abstraktions- und Darstellungsebenen und in verschiedenen Darstellungs- und Sprachformen statt".[19] Die Abstraktions- und Darstellungsebenen umfassen demnach die gegenständliche, bildliche, sprachliche, symbolische und mathematische Ebene; die Darstellungsformen, auch als Symbolisierungs- oder Repräsentationsformen bezeichnet, und die Sprachformen verhalten sich folgendermaßen zueinander:[20]

Darstellungsform:	gegenständlich/ leiblich	bildlich	sprachlich	symbolisch	mathematisch
Sprachform:	nonverbal	Bildsprache	Verbalsprache: Alltags- Fach-, Unterrichtssprache	Symbolsprache	mathematische Sprache
Beispiel:	Gegenstand, Experiment, Handlung, Gesten	Bild, Filmleiste, Piktogramm	Sprache, Text, Mind Map, Gliederung	Struktur- und Flussdiagramm, Graph, Tabelle	mathematisches Gesetz, Formel

Die tabellarische Aufstellung ist zum Teil zwar naturwissenschaftlich geprägt, allerdings kann auch auf solche Sprachformen zur Veranschaulichung von

---

[18] Schulte (2020) 5, Altmeyer (2019) 184, Altmeyer/Funken (2016) 122, Altmeyer (2017a) 157f., Nanz (2016) passim, Sitzberger (2013) passim. Das Kirchenamt der EKD (2010, Hg.: 18) sieht den Dialog als „zentrales Prinzip des Religionsunterrichts" an, der „nicht nur [darin besteht], dass sich der Unterricht selbst vornehmlich im Gespräch der Schülerinnen und Schüler untereinander und mit der Lehrkraft vollzieht, sondern dass er auf die Begegnung mit Religion in unterschiedlichen Erscheinungsformen zielt, an religiöse Erfahrungen, Deutungsmuster und Entwürfe anknüpft und zur kritischen Auseinandersetzung damit anleitet".
[19] Leisen (2015) 228.
[20] Tabelle in Anlehnung an Leisen (2015) 229, (2013b) 153.

Wörtern und Themen zurückgegriffen werden, die für die Sprache der religiösen Traditionen charakteristisch sind, wodurch eine hermeneutische Auseinandersetzung mit ihr stattfinden kann.[21]

Im Folgenden richtet sich der Fokus auf die drei Verbalsprachen Alltags-, Fach- und Bildungssprache, die – wie in Kap. II 1.1.2 noch zu zeigen ist – für die Sprachsensibilisierung relevant sind: Die Alltagssprache, derer man sich zur Bewältigung von „kommunikativen Situationen des Lebensalltags" bedient, ist „situativ und kommunikativ" und zeichnet sich durch unvollständige Sätze aus, durch unpräzisen Wortgebrauch, Diskurspartikeln, Wiederholungen, Gedankensprünge und auch grammatikalische Fehler.[22] Alltagssprache wird vorrangig mündlich in Gebrauch genommen; darüber hinaus findet sie sich auch in schriftlicher Form in Unterrichtswerken, wenn bspw. einführende Texte eine Alltagserfahrung beschreiben und diese dann auf fachliche Fragestellungen hin ausrichten.[23]

Die Fachsprache stellt „die normierte, kodifizierte und verfasste Sprache des Fachs bzw. des Berufsstandes" dar; sie ist im Unterschied zur Alltagssprache „nicht kommunikativ und meistens verschriftlicht" und zeichnet sich aus durch vollständige und komplexe Sätze, einen präzisen Wortgebrauch, wenige Wiederholungen und weist keine Diskurspartikeln, Gedankensprünge und grammatikalischen Fehler auf.[24] Die Fachsprache des Religionsunterrichts „integriert die religiöse und die theologische Sprache [...], hält allerdings auch für die didaktischen Zwecke der Vermittlung und Aneignung von Religion sprachliche Instrumente des Lehrens vor und verbindet damit sprachbezoge-

---

[21] Bei der Besprechung der Unterrichtswerke (Kap. I 1.3.4, Punkt 2.2.4) wird u. a. auf den folgenden Arbeitsauftrag hingewiesen (Husmann/Merkel 2013b, Hg.: 55): „Grafisiere das Verhältnis von Gott, Adam und Eva, wie es vor und nach dem ‚Sündenfall' in Gen 2 und 3 dargestellt ist." Husmann/Merkel (2013a, Hg.: 55) erklären die Methode des Grafisierens für SuS folgendermaßen: „Durch Grafisieren kann man Texte anschaulich machen. Dabei wird das, was sie ‚sagen', *sicht*bar gemacht, um es so besser erklären zu können. Veranschaulichen kannst du Dinge durch Zeichen oder kleine Bildchen (zum Beispiel ‚geboren' durch ein Sternchen *). Du kannst auch Beziehungen zwischen Dingen oder Personen deutlich machen. Hier hast du viele Möglichkeiten: einfache Pfeile, Doppelpfeile, gestrichelte Linien, verschiedene Farben, Symbole". (Hervorh. im Original)

[22] Leisen (2018) 13.

[23] Leisen (2015) 228, Altmeyer (2021) 20f., (2019) 186.

[24] Leisen (2018) 13, Kohlmeyer (2018) 61, Altmeyer (2021) 21f., (2019) 186. Gemäß der in der Fachsprachenforschung immer wieder aufgegriffenen Definition von Hoffmann (1985: 53) ist Fachsprache „die Gesamtheit aller sprachlichen Mittel, die in einem fachlich begrenzbaren Kommunikationsbereich verwendet werden, um die Verständigung zwischen den in diesem Bereich tätigen Menschen zu gewährleisten. [...] Unter Gesamtheit aller sprachlichen Mittel ist nicht etwa nur eine Art Inventar phonetischer, morphologischer und lexikalischer Elemente bzw. Regeln zu verstehen, sondern ihr funktionales Zusammenwirken bei allen in diesem Bereich möglichen Kommunikationsakten." Einen Überblick über weitere Definitionen gibt Niederhauser (1999) 24f.

ne Verhaltenserwartungen".[25] Sie bildet den Rahmen für das bereits erläuterte Aufeinandertreffen der vier Sprachebenen, so dass die Fachsprachendidaktik dem Religionsunterricht wichtige Impulse darüber zu verleihen vermag, inwieweit Lesen, Schreiben und Sprechen das religiöse Lernen befördern können.[26] Hierzu lassen sich mit Wörtern, Sätzen, Texten und Diskursen vier Ebenen für die Sprachbildung und Spachsensibilisierung differenzieren,[27] auf denen greifbar wird, worin detailliert die Schwierigkeiten bestehen, dass die Sprache der religiösen Traditionen von SuSn im Vergleich zur Alltagssprache vielfach als fremd bzw. als eine „Anderssprache"[28] empfunden wird, so dass es zu Unterbrechungen in Kommunikationssituationen auf einer Wort-, Satz-, Text- und Diskursebene kommen kann: Auf der Wortebene ist eine zweifache Differenzierung vorzunehmen. Während die Einführung in bestimmte Fachterminologien, bspw. „AT" und „NT" oder „verkünden" als typisches im biblischen Kontext verwendetes Verb, auf einer kognitiven Schiene verlaufen kann, benötigt es zur Sensibilisierung für Metaphern und Symbole eine Entfaltung des deutungstheoretischen Zugriffs auf die christlich-jüdischen Traditionen als eine Folie, auf der die Erfahrungen der Menschen mit Gott, die sie in diesen Sprachformen zum Ausdruck brachten, wahrgenommen werden können.[29] In diesem Zusammenhang bedarf es mitunter der Sensibilisierung für einen Perspektivenwechsel bspw. in die Sprache der christlichen Traditionen, die „Mensch und Welt in der Perspektive des Evangeliums, in der Perspektive der Verheißung des Handelns Gottes sehen [lässt]".[30] Auf der Satzebene richtet sich eine Sensibilisierung auf ‚anders' wirkende Satzkonstruktionen, welche SuSn vielfach bei einer Erschließung der Inhalte im Wege stehen, bspw. steht bei „Vater unser im Himmel" das Possessivpronomen hinter seinem Bezugswort, oder bei „geheiligt werde dein Name" wird das Partizip Perfekt an den Satzanfang gestellt, gefolgt von einer im Konjunktiv Präsens stehenden Verbform.[31] Auf der Textebene richten sich die Sensibilisierungen zum einen auf die für den Religionsunterricht spezifischen Textgattungen, bspw. Gebet, Psalm, Gleichnis etc., zum anderen auf diesbezügliche Erschließungsmethoden, wozu auch die Ausbildung von Kompetenzen wie „globale Kohärenz, Textverstehen, -erschließen und -deuten sowie Adressatenbezug" zählen.[32] Auf der Diskursebene erfolgt eine Sen-

---

[25] Schulte (2019c) 98.
[26] Altmeyer (2019) 185. Altmeyer/Funken (2016) 122.
[27] Kniffka/Neuer (2017) 40–43. Schulte (2019b: 100f.) führt zu den einzelnen Ebenen jeweils Beispiele aus Unterrichtswerken an. Ähnlich Altmeyer (2017a) 158.
[28] Kurz (2004) 95. Hierzu Altmeyer (2011) 318.
[29] Berg (2018: 29) führt die Sprachlosigkeit im Religionsunterricht u.a. darauf zurück, dass die SuS der „Anstrengung des Begriffs" ausweichen.
[30] Haag (1998) 42.
[31] Altmeyer (2017a) 158.
[32] Ebd. Ähnlich Schulte (2019c) 101.

sibilisierung für die Erledigung von Aufgabenstellungen unter Zuhilfenahme von Operatoren, die unterschiedliche Sprachhandlungen benennen, bspw. „erklären", „beurteilen" etc.

Die vier sprachlichen Ziele des Evangelischen Religionsunterrichts, welche im Rahmen des *Kerncurriculums für das Fach Evangelische Religionslehre in der gymnasialen Oberstufe* (Kirchenamt der EKD 2010, Hg.) und der *Kompetenzen und Standards für den Evangelischen Religionsunterricht in der Sekundarstufe I* (Kirchenamt der EKD 2011, Hg.) an unterschiedlichen Stellen formuliert werden, legen eine Verknüpfung von fachlichem und sprachlichem Lernen offen und lassen sich folgendermaßen zusammenfassen:

> „1. Erwerb eines Fachwortschatzes Religion, der über die Realisierung der mit den Operatoren benannten Sprachhandlungen *benennen, beschreiben, zum Ausdruck bringen* eingefordert wird; 2. Rezeption religiöser Phänomene und Sachverhalte, worauf die Operatoren *verstehen, deuten* verweisen; 3. Erwerb und Gebrauch eines ethischen, ästhetischen, personalen, performativen Sprachrepertoires, das über die Operatoren *eine eigene Meinung formulieren, urteilen, Einfühlungsvermögen zeigen, sprachlich darstellen* abgerufen wird; 4. Kontextgebundene und fachorientierte Kommunikation, wozu über die Operatoren *im Gespräch interpretieren, (respektvoll) kommunizieren* eingeladen wird."[33]

Die unterschiedlichen Operatoren fördern einerseits die Sensibilisierung für Sprache im Allgemeinen, und für die besagten vier im Religionsunterricht kulminierenden Sprachebenen, andererseits, wie es in Kap. I 1.3.4 herausgestellt wird, dienen sie als „Übersetzungshilfen".[34] Diese Operatoren sind spezifisch für den Fachunterricht Religion und gehören damit einer auf dieses Fach bezogenen Unterrichts- bzw. Schulsprache an. Diese ist „stark von bildungssprachlichen Standards geprägt"[35] und stellt „weder die Alltagssprache noch die Fachsprache, sondern eine Zwischensprache zum Lernen auf dem Weg zum Verstehen dar".[36] Sie kann

> „je nach Fach [...] unterschiedliche spezifische Ausprägungen aufweisen. Diese Unterschiede können sich sowohl auf die Darstellungsform und -ebene als auch auf den Grad der mit der Darstellungsform bzw. Darstellungsebene einhergehenden Abstraktionen beziehen".[37]

Demnach umfasst die Bildungssprache, deren Förderung und Erwerb in allen Unterrichtsfächern im Vordergrund steht[38] und die „unabdingbar an das schulische Lernen gebunden" ist, die Fach- und auch die Unterrichtssprache mitsamt den genannten Darstellungsformen.[39]

---

[33] Schulte (2019c) 98 (Hervorh. im Original). Ähnlich Altmeyer (2019) 190f., (2017) 159f.
[34] Schulte (2017) 83.
[35] Altmeyer (2019) 187.
[36] Leisen (2018) 12.
[37] Leisen (2015) 229.
[38] Schulte (2019b) 118, Anm. 12.
[39] Leisen (2018) 13.

Abgesehen von den oben ausdifferenzierten drei Verbalsprachen, Alltags-, Fach- und Bildungssprache, ist für einen sprachsensiblen Religionsunterricht zudem die Unterscheidung zwischen einer Sprache des Verstehens und einer Sprache des Verstandenen relevant: So ist die Sprache des Verstehens prozesshaft, wohingegen die Sprache des Verstandenen das „Resultat eines oft langwierigen Verstehens- und Verständigungsprozesses ist".[40] Im Hinblick auf einen sprachsensiblen *Religions*unterricht sind diese beiden Sprachen nicht hierarchisierend, sondern dialogisch aufeinander zu beziehen, da es einem religiösen Lernen „nicht nur um die Erschließung einer vorgegebenen Sprache, sondern auch um die Entwicklung einer eigenen Ausdrucksfähigkeit im Umgang mit dem religiösen Weltzugang [geht]".[41] Diese Betrachtungsweise von Sprachen ist lohnenswert für die Unterstützung von SuSn beim Entdecken und bei der Ausbildung einer eigenen Sprache, damit sie einerseits sowohl religiös als auch über Religion sprechen, andererseits zwischen beiden Sprechweisen differenzieren können.[42]

Zusammenfassend richtet sich eine Sprachsensibilisierung im Rahmen einer sprach- und translationssensiblen Religionsdidaktik auf die vier im Religionsunterricht kulminierenden Sprachebenen in ihren unterschiedlichen Darstellungs- und Sprachformen, wie es oben dargestellt wird. Aus dieser Ausdifferenzierung geht hervor, dass im Religionsunterricht eine Mehrsprachigkeit vorhanden ist, derer sich – so lehrt es die Erfahrung – sowohl SuS als auch Religionslehrkräfte nicht von vornherein bewusst sind. Diese Mehrsprachigkeit soll im folgenden Kapitel als ein Phänomen im Unterricht vorgestellt und im Hinblick auf das einer sprach- und translationssensiblen Religionsdidaktik zugrunde liegende Sprachverständnis der Translingualität näher präzisiert werden.

1.1.1.3 Translingualität

Es liegen unterschiedliche Modelle der Mehrsprachigkeit vor,[43] bei denen sprachliche Vielfalt aus unterschiedlichen Perspektiven betrachtet wird. Yauheniya Danilovich und Galina Putjata orientieren sich hinsichtlich der Situation im Fachunterricht im Allgemeinen und derjenigen im Religionsunterricht im Speziellen vor dem Hintergrund eines sprachsensiblen Fachunterrichts an folgender Definition, die an derjenigen des Sprachwissenschaftlers Mario Wandruszka ausgerichtet ist, der sich schon in den 1970er-Jahren ausführlich mit der Materie befasste; Mehrsprachigkeit wird demnach verstanden als die

---

[40] Altmeyer (2021) 20.
[41] Ebd. 22.
[42] Kropač (2021) 77, Altmeyer (2018) 202f., Schulte (2017) 77.
[43] Hu (2010) 214. Einen Überblick über die Modelle gibt Roche (2013) 168–180.

„sprachliche Diversität aus plurizentrischer Perspektive (Varianten einer Sprache in verschiedenen Nationalstaaten), aus der Perspektive der inneren Mehrsprachigkeit (Standardsprache, Dialekte, Soziolekte) sowie aus der Perspektive der äußeren Mehrsprachigkeit (verschiedene (National-)Sprachen, die wiederum in sich vielfältig sind)".[44]

Die spachliche Vielfalt fordert eine Sprachsensibilität ein.[45] Für einen sprachsensiblen Religionsunterricht und in diesem Zusammenhang auch für Translationen ist vor allem die innersprachliche Mehrsprachigkeit von Belang:[46] Andrea Schulte unterscheidet hier eine konfessionelle Mehrsprachigkeit und eine individuelle hinsichtlich Dialekten und Jugendsprachen, verweist aber auch darauf, angesichts des zunehmend pluraler werdenden Klassenzimmers im Zuge von Flucht- und Migrationsbewegungen den „Begriff der Mehrsprachigkeit und mit ihm das zwischensprachliche und innersprachliche Übersetzen sowohl im interkonfessionellen und interreligiösen Kontext als auch in Bezug auf Religion aus phänomenologischer Sicht breiter aufzufassen".[47]

Die weitere Ausdifferenzierung von „Mehrsprachigkeit", die sich für die auszuarbeitende sprach- und translationssensible Religionsdidaktik als anschlussfähig erweisen kann, orientiert sich an der Interdependenz zwischen dem für dieses Buch zugrunde liegenden Verständnis von Religion(en), Sprache und Translationen, andererseits muss sie auch schon die noch auszuarbeitenden Kompetenzen einer Sprach- und Translationssensibilisierung (Kap. IV 3.2) im Blick behalten. Damit sich das Verständnis von Sprache in dieses übergeordnete Ziel einreihen kann, muss die postulierte Mehrsprachigkeit handlungsorientiert sein; d.h., wie in Kap. II 1.1.2 noch zu zeigen ist, die sog. Sprachhandlungsorientierung stellt einen gewichtigen Aspekt der Durchgängigen Sprachbildung dar, die als sprachdidaktische Richtlinie für einen sprachsensiblen Fachunterricht hilfreich ist. Eine hierzu geeignete Grundlage bildet ein Verständnis von Kommunikation und Sprache, das wie der *Gemeinsame Europäische Referenzrahmen für Sprachen* (GERS) „den Menschen als ganzen in Anspruch [nimmt]".[48] Demnach geht „[a]ls sozial Handelnder [...] jeder Mensch Beziehungen mit einem sich ständig erweiternden Geflecht überlappender sozialer Gruppierungen ein, was insgesamt seine ‚Identität' definiert".[49] In diesem Zusammenhang stehen auch die einzelnen Kompetenzen

---

[44] Danilovich/Putjata (2019a) 2, Anm. 1. Wandruszka (1979: 18) definiert Mehrsprachigkeit als „die von den Kindern mitgebrachten Sprachen, Dialekte, Regiolekte und Soziolekte"; diese muss die Lehrkraft „in ihrem Eigenwert anerkennen" und die SchülerInnen „von da aus in eine anders geartete Bildungssprache einführen".
[45] Schulte (2019b) 118.
[46] Zur äußeren Mehrsprachigkeit als religionspädagogische Lernchance siehe Cebulj (2014) 170–174.
[47] Schulte (2019b) 120.
[48] Europarat (2017) 26.
[49] Ebd. 14.

des Referenzrahmens, die „auf komplexe Weise bei der Entwicklung jedes einzelnen Menschen [interagieren]".[50]

Neben „Mehrsprachigkeit" existiert auch „Vielsprachigkeit" bzw. „Multilingualität", die als „ein gesellschaftliches Phänomen des eher additiven Nebeneinanders von Sprachen" verstanden wird.[51] Eine derartige Vielsprachigkeit kann man in der Schule erlangen, wenn man mehr als eine Fremdsprache erlernt. Dieser starren Koexistenz mehrerer Sprachen steht das Konzept der Mehrsprachigkeit gegenüber, das dem GERS zugrunde liegt.[52] Dessen AutorInnen heben die Verwobenheit von individuellen Sprachwelten mit anderen kulturellen Kontexten und als Konsequenz daraus die Ausbildung einer Sprachwelt durch vielfältige Einflüsse hervor. Diese Verwobenheit geht aus dem im Einleitungsteil zitierten Dialog aus dem Klassenzimmer dahingehend hervor, dass Philipp evangelisch geprägte Wörter mit eher katholischen mischt.[53] Anknüpfend an die in Kap. II 1.1.1.1 ausdifferenzierte Interrelation von Religion(en), Sprache und *Übersetzungen*, welche die Sprachebene nicht nur text- und sprachgebunden in einem engen linguistischen Verständnis sieht, erweist sich die Betonung der Möglichkeit einer gelingenden Kommunikation dann als anschlussfähig, wenn Menschen

„ihren ganzen Vorrat an linguistischem Wissen ins Spiel bringen und mit alternativen Formen des Ausdrucks in verschiedenen Sprachen oder Dialekten experi-

---

[50] Ebd.
[51] Hu (2010) 214.
[52] Europarat (2017) 17: „Mehrsprachigkeit [...] betont die Tatsache, dass sich die Spracherfahrung eines Menschen in seinen kulturellen Kontexten erweitert, von der Sprache im Elternhaus über die Sprache der ganzen Gesellschaft bis zu den Sprachen anderer Völker (die er entweder in der Schule oder auf der Universität lernt oder durch direkte Erfahrung erwirbt). Diese Sprachen und Kulturen werden aber nicht in strikt voneinander getrennten mentalen Bereichen gespeichert, sondern bilden vielmehr gemeinsam eine kommunikative Kompetenz, zu der alle Sprachkenntnisse und Spracherfahrungen beitragen und in der die Sprachen miteinander in Beziehung stehen und interagieren. In verschiedenen Situationen können Menschen flexibel auf verschiedene Teile dieser Kompetenz zurückgreifen, um eine effektive Kommunikation mit einem bestimmten Gesprächspartner zu erreichen. Zum Beispiel können Gesprächspartner von einer Sprache oder einem Dialekt zu einer oder einem anderen wechseln und dadurch alle Möglichkeiten der jeweiligen Sprache oder Varietät ausschöpfen, indem sie sich z. B. in einer Sprache ausdrücken und den Partner in der anderen verstehen. Man kann auch auf die Kenntnis mehrerer Sprachen zurückgreifen, um den Sinn eines geschriebenen oder gesprochenen Textes zu verstehen, der in einer eigentlich ‚unbekannten' Sprache verfasst wurde; dabei erkennt man zum Beispiel Wörter aus einem Vorrat an Internationalismen, die hier nur in neuer Gestalt auftreten. Jemand mit – wenn vielleicht auch nur geringen – Sprachkenntnissen kann diese benutzen, um anderen, die über gar keine verfügen, bei der Kommunikation zu helfen, indem er zwischen den Gesprächspartnern ohne gemeinsame Sprache sprachmittelnd aktiv wird."
[53] Siehe oben: Einleitung, S. 12f.

mentieren und dabei paralinguistische Mittel nutzen (Mimik, Gestik, Gesichtsausdruck usw.) und ihre Sprache radikal vereinfachen".[54]

Dieses Verständnis von Mehrsprachigkeit lässt sich präziser als *Translingualität* bezeichnen, die auf die Annahme rekurriert,

> „dass Sprachen so wie Kulturen keine einheitlichen, klar voneinander trennbaren Entitäten bilden. Darin unterscheidet es [i. e. das Konzept der Translingualität] sich von dem Terminus Multilingualität (bzw. Multikulturalität), denn dieser basiert (noch) eher auf einem interkulturellen bzw. sprachlichen ‚Insel'- oder ‚Kugel'-Modell, in dem eine territoriale Ko-Präsenz von Sprachen angenommen wird, die grundsätzlich von einer internen Homogenität und einer externen Abgrenzung der einzelnen Sprachen ausgeht [...]. Im Gegensatz dazu postuliert das Translingualitätskonzept die Kreuzung, Verflechtung und Durchdringung von Sprachen. Translingualität bedeutet, vermeintliche Grenzen von Sprachsystemen und Sprachstrukturen zu überschreiten und stattdessen die Komplexität von Sprachaustauschprozessen sichtbar zu machen. Das erzeugt ein sprachreflexives, kreatives und transformatives Potenzial, welches dazu beiträgt, sich von feststehenden nationalsprachlich geprägten Sprachidentitäten zu lösen. In der Vorsilbe ‚trans-' wird also eine Grenzüberschreitung ausgedrückt und betont [...]. Anstelle von einer Trennung oder Hierarchisierung betont er [i. e. der Begriff der Translingualität] vielmehr die dynamische Verflechtung und ständige Erneuerung von Sprachen."[55]

Auf den Religionsunterricht angewendet, drückt Translingualität, gemäß der obigen Definition und auch dem Konzept des GERS, sprachliche Diversität dreier unterschiedlicher Perspektiven aus: Die erste ist eine innere Perspektive, nämlich die Sprache der religiösen Traditionen, die Sprache für Religiöses, die in einer Gesellschaft vorhandenen unterschiedlichen Sprachspiele und die Sprachwelten der SuS, zu denen einerseits Jugendsprache und Dialekte zu zählen sind, andererseits auch Nationalsprachen, so dass im letztgenannten Punkt auch als zweite eine äußere und als dritte eine plurizentrische Perspektive anklingen. Deren Darstellungsformen sind nicht nur sprachlich, sondern auch gegenständlich, bildlich etc. Sprachliche Diversität ist demnach immer auch als ein – didaktisch kontrollierter – Sprachaustauschprozess zur sprachrezeptiven und -produktiven Förderung zu verstehen; durch die Erzeugung eines „sprachreflexive[n], kreative[n] und transformative[n] Potenzial[s]" lernen die SuS an sich und auch an anderen, die an einer Kommunikationssituation teilnehmen, das gesamte zur Verfügung stehende linguistische und paralinguistische Potenzial zu entdecken und die unterschiedlichen Sprachebenen mitsamt ihren Darstellungsformen zu differenzieren.

Eine derartige Verschränkung zwischen den unterschiedlichen Perspektiven sprachlicher Diversität und dem individuellen sprachlichen Repertoire der SuS wird durch „translanguaging" gefördert als ein

---

[54] Europarat (2017) 17.
[55] Benteler (2019) 175.

> „Prozess, in dem Personen flexibel und strategisch auf ihr gesamtes sprachliches und nicht-sprachliches Repertoire zurückgreifen, um zu kommunizieren, Wissen zu konstruieren, Verständnis zu erzeugen und ihre sprachliche Identität auszudrücken. Somit geht ‚Translanguaging' über ‚code-switching' (Sprachwechsel) hinaus. Ausgangspunkt bei ‚Translanguaging' ist nämlich die kommunizierende Person mit ihren vielfältigen Ressourcen."[56]

In Kap. II 1.1.1.1 wird zum Religionsbegriff herausgearbeitet, dass zu der Sprache der religiösen Traditionen nicht nur sprach- und textgebundene Äußerungsformen zu zählen sind, so dass das Erlernen sowohl dieser sachorientierten Sprache als auch der subjektorientierten Sprache für Religiöses durch den Einbezug des *gesamtsprachlichen Repertoires* der SuS gefördert werden kann, so wie es auch in dem Konzept des „translanguaging" gesehen wird; SuS „entwickeln Sprachen, indem sie mit unterschiedlichen Menschen in bedeutungsvollen, gesamtkörperlichen, objektgebundenen und kulturspezifischen Situationen interagieren".[57] Im Hinblick auf Nationalsprachen führen Claudine Kirsch und Simone Mortini folgendes Beispiel an: „Wenn ein 18 Monate altes Kind, das Luxemburgisch und Französisch sprechen lernt, auf den Garten zeigt und ‚ech jardin' sagt, benutzt es Wörter aus seinem mehrsprachigen Repertoire zuzüglich einer Geste, um zu vermitteln, dass es in den Garten gehen möchte."[58] Eine weitere Möglichkeit der didaktischen Umsetzung von „translanguaging" besteht in der Anfertigung von Plakaten zu bestimmten Themen, Ereignissen etc., um die Sprachenvielfalt im Klassenzimmer zu repräsentieren.[59] Auf die sprachliche Situation im Religionsunterricht angewendet, bedeutet „translanguaging" eine Möglichkeit, dass die SuS ihre eigene Sprache für Religiöses entdecken, indem sie ermuntert werden, theologische Sachverhalte, Argumentationen etc. mit dem ihnen zur Verfügung stehenden linguistischen und paralinguistischen Repertoire auszudrücken; das bedeutet freilich nicht, dass die Einübung fachtypischer Sprachstrukturen behindert wird, sondern dass Barrieren für deren Verwendung abgebaut werden, indem auch Umschreibungen als zulässig angesehen werden, die auch in Dialekten oder Jugendsprachen formuliert werden.[60] Im Prinzip findet „trans-

---

[56] Kirsch/Mortini (2016) 23.
[57] Ebd. „Translanguaging" hat in jüngster Zeit Aufmerksamkeit erlangt, so dass auch von einem „translanguaging turn" in den Sprachwissenschaften die Rede ist (Benteler 2019: 172). Mazak (2017: 5) definiert „translanguaging" als „pedagogical stance that teachers and students take on that allows them to draw on all their linguistic and semiotic resources". Ähnlich Wei (2011) 1223: „[T]ranslanguaging is both going between different structures and systems, including different modalities (speaking, writing, signing, listening, reading, remembering) and going beyond them." Einen Überblick über die Entwicklung und den gegenwärtigen Stand der Forschung gibt Seidl (2020) 115–118.
[58] Kirsch/Mortini (2016) 23.
[59] Krompàk (2014) 21.
[60] Ein Beispiel für die Unterdrückung sprachlicher Individualität gibt Leisen (2003: 8) in Form einer Schüleräußerung: „Manchmal liegt mir etwas auf der Zunge, aber mir feh-

languaging" in jedem Schulfach statt, wenn bspw. die Lernerfolgskontrolle formuliert wird: „Gebt [x] mit euren eigenen Worten wieder." Allerdings bleibt dann eine Thematisierung und auch eine Didaktisierung der unterschiedlich verwendeten Sprachen – und ihrer Darstellungsformen – aus.

Zur Vermeidung von Missverständnissen, welche aus den unterschiedlichen Definitionen von Mehrsprachigkeit hervorgehen, soll fortan die Bezeichnung *Translingualität* verwendet werden. Mit diesem Verständnis von Sprache wird der Verschränkung zwischen Sprach- und Translationssensibilisierung in zweierlei Hinsicht Kontur verliehen: Auf der Ebene der Sprache erfolgt eine Aktivierung des SuSn innewohnenden Sprachrepertoires und damit eine Integration ihrer Translingualität in das Unterrichtsgeschehen; damit wird diese nicht nur zu einem Ziel, sondern sie bildet auch die Grundlage für ein didaktisches Arrangement, das sich u. a. in dem „translanguaging" äußert (Kap. II 2.6, III 6). Auf der Ebene des Transferierens erweist sich dieses Verständnis von Sprache als anschlussfähig an „translatio religionis"; diese versteht sich unter Bezugnahme auf Nassehi (2017, 2015) als ein Management von Unterbrechungen und greift so die verschiedenen Darstellungsformen von Sprache als Schnittmenge zwischen Translingualität und dem aus der Etymologie von „managen"[61] hervorgehenden Einbezug von Körpersprache[62] während eines Translationsprozesses auf; wenn man Unterbrechungen managt, also bewerkstelligt, bedarf es hermeneutischer und selbstexpressiver Gestaltungsfragen, kurz: man gebraucht seine Hand, man setzt mitunter auch den ganzen Körper ein und greift auf die gesamten zur Verfügung stehenden linguistischen und auch paralinguistischen Möglichkeiten, bspw. Mimik, Gestik etc., zurück.

Es wird in Kap. I 2 darauf hingewiesen, dass Sprach- und Translationssensibilisierung nicht isoliert voneinander eingeleitet werden können. Demzufolge erweist es sich als

---

len die deutschen Wörter – Fachbegriffe sagt unsere Lehrerin – und ich kann und darf nicht wie im Deutschunterricht umschreiben, denn im Geographieunterricht müssen wir immer den richtigen Fachbegriff nennen. So habe ich manchmal das Gefühl, mehr zu wissen, als ich in Deutsch sagen kann und das macht mich traurig." Berg (2018: 29) führt die Sprachlosigkeit im Religionsunterricht u. a. darauf zurück, dass die SuS der „Anstrengung des Begriffs" ausweichen.

[61] Das englische Verb geht aus dem erstmals im Jahr 1588 bei William Shakespeare belegten Substantiv „manager" hervor und bedeutet „handhaben", „bewerkstelligen", „bewältigen". Die etymologischen Wurzeln liegen bei dem lateinischen Nomen „manus" (deutsch: „Hand"), so dass das Bewerkstelligen in einem weiten Sinne nicht ausschließlich durch die gesprochene Sprache, sondern auch unter Zuhilfenahme der Hände erfolgt: OED, s. v. „manage", Feldhoff (1980) 709.

[62] Delling (2021: 1) definiert Körpersprache als das „nonverbale, nonvokale menschliche Verhalten […], das weder verbale Äußerung noch deren stimmliche Variation darstellt, und innerhalb eines bestimmten sozialen bzw. situativen Kontextes Bedeutung erhält".

„didaktisch [...] zwingend, den Wechsel der Darstellungsform in das Zentrum der Didaktik des sprachsensiblen Fachunterrichts zu stellen. Dadurch, dass Lernende einzelne Darstellungsformen in eine andere übertragen, eröffnen sich zusätzliche und didaktisch fruchtbare Chancen. Denn was ein Lernender in der einen Darstellungsform nicht versteht, erschließt sich ihm vielleicht in einer anderen besser oder überhaupt erst. Somit arbeiten die Darstellungsformen einander wechselseitig zu; häufig erweist sich sogar deren Wechsel als didaktischer Schlüssel zum fachlichen Verstehen. Zudem bietet jeder Wechsel einen Anlass zur fachlichen Kommunikation. Immer dann, wenn eine Darstellungsform in eine andere überführt wird, eröffnen sich Gelegenheiten zum Sprechen, Schreiben und Lesen."[63]

Ein derartiger Wechsel der Darstellungsformen bzw. die Überführung von Wörtern von einer Darstellungsform in eine andere i. S. interlingualer oder intersemiotischer Translationen wird durch unterschiedlich gelagerte Argumente gestützt: In fachlicher Hinsicht erfolgt eine bestimmte Darstellung so, wie sie dem Unterrichtsgegenstand am angemessensten ist, in didaktischer Hinsicht kann er so besser erschlossen und damit verstanden werden, in methodischer Hinsicht erweist sich ein Wechsel motivierender und beansprucht auf einer lernpsychologischen Ebene unterschiedliche Wahrnehmungskanäle der Lernenden, und in pädagogischer Hinsicht ist ein derartiger Wechsel der Binnendifferenzierung zuträglich.[64]

Indem das Verständnis von Sprache als Translingualität die „sprachliche Interaktion von mehrsprachigen SprecherInnen" vorantreibt, „die zum Entstehen von innovativen Sprechweisen beiträgt",[65] arbeitet es den leitenden Kriterien einer sprach- und translationssensiblen Religionsdidaktik zu: erstens zu einer Fokussierung von Wörtern als Translationsgegenständen, auf die ein mehrperspektivischer Zugriff möglich ist, zweitens zu Translaten als kreativ-sprachlichen Neuversuchen, die pluralitätsoffene Deutungen zulassen, und schließlich zu der dadurch von den SuSn zu erwerbenden Befähigung, an allen Sprachebenen im Religionsunterricht als Sender und Empfängerinnen mit den gesamten ihnen zur Verfügung stehenden linguistischen und paralinguistischen Mitteln partizipieren zu können.

1.1.1.4 „Translatio religionis"

Dem Prinzip „translatio religionis" als religionspädagogischer und -didaktischer Dreh- und Angelpunkt des Translationsprozesses liegt die Annahme zugrunde, dass in Kommunikationssituationen über Themen, die von mindestens einem Kommunikationsteilnehmenden als religiös verstanden werden, vier Sprachebenen virulent sind, wie oben erläutert: die sachorientierte Sprache der religiösen Traditionen, die subjektorientierte Sprache für Religiöses,

---

[63] Leisen (2018) 15.
[64] Leisen (2013a) 158.
[65] Benteler (2019) 173.

Sprachspiele der pluralen Öffentlichkeiten und die individuell ausgeprägten Sprachwelten der SuS. Diese vier Ebenen sind allesamt von Wörtern (bspw. „Sünde") bzw. Wortverbindungen, die zu stehenden Wendungen werden können (bspw. „Vergebung der Sünden"), durchzogen. Für eine bessere Lesbarkeit wird hierfür im Folgenden „Wörter" verwendet;[66] der Plural subsumiert ein einzelnes Wort und auch eine mehrere Wörter umfassende Wortverbindung.

In Kommunikationssituationen können Unterbrechungen gemäß dem Verständnis von Armin Nassehi (2017, 2015) dann auftreten,[67] wenn SuS als Empfänger als religiös verstandene Wörter nicht verstehen, weil sie ihnen entweder unbekannt sind oder sie diese unterschiedlich semantisch füllen bzw. sie als Senderinnen nicht darauf zurückgreifen können, so dass die in Wörtern zusammentreffenden Sprachebenen voneinander getrennt sind und es bei den Kommunikationsteilnehmenden zu Nichtverstehen oder Missverständnissen kommt.

Für die auszuarbeitende sprach- und translationssensible Religionsdidaktik ergibt sich aus diesem Befund eine pädagogische und didaktische Erschließung von Wörtern und ihren changierenden Bedeutungen innerhalb der Sprachebenen sowie von deren Vernetzungen in den dafür spezifischen Sprachebenen. Den religionspädagogischen und -didaktischen Mittelpunkt bilden demnach Wörter, in denen die vier Sprachebenen aufeinandertreffen können; so werden diese Sprachebenen einerseits im Hinblick auf die subjektorientierte Anbahnung religiöser Sprachbildung, andererseits im Hinblick auf die sachorientierte Anbahnung von Sprachfähigkeit in Sachen Religion auf Wörter hin ausgerichtet.

Eine Verbindung dieser vier Sprachebenen wird durch die wechselseitige Translation der Wörter in die unterschiedlichen Sprachebenen ermöglicht, wie es in der Bezeichnung „translatio religionis" – in Abhängigkeit von der syntaktischen Lesart – hinsichtlich der Übertragungsrichtung zum Ausdruck kommt, worauf bereits in der Einleitung hingewiesen wird: Als Genetivus subiectivus wird „religionis" zum Subjekt der Überführung, d. h. eine als religiös verstandene Sprachdimension bietet Sprache an, um Phänomene auf den Begriff zu bringen, die sich in anderen Sprachwelten nur mühsam umschreiben lassen, und leistet so Translationshilfe.[68] Als Genetivus obiectivus wird

---

[66] Siehe dazu auch Anm. 42 (Einleitung).
[67] Siehe dazu ausführlich Kap. I 1.2.3. „Unterbrechung" hat hier keine systematisch-theologische Note, wie bspw. bei Johann B. Metz (2016: 184f.) oder bei Eberhard Jüngel (1989: 7); siehe dazu ausführlich Anm. 30 (Einleitung).
[68] Altmeyer (2011: 318) betont – unter Bezugnahme auf Kurz (2004: 95) –, „dass ‚fremde' religiöse Sprache eine signifikante ‚Anderssprache' ist, die für die Artikulation des Eigenen hilfreich sein kann". Dressler (2007) 95: „Im Medium religiöser Sprache eröffnet sich keine andere Welt, sondern die Welt als eine andere." Ähnlich Schulz (2005) 149. Haag (1998) 42: Das Sprachspiel für das Christentum „lässt Mensch und Welt in der Perspektive des Evangeliums, in der Perspektive der Verheißung des Handelns Gottes

"religionis" zum Objekt der Translation, d. h. Wörter können durch die Translation aus dem Verwendungskontext der Sprache der religiösen Traditionen und der Sprache für Religiöses in die anderen zwei Sprachebenen eine andere Bedeutung erhalten; in Abhängigkeit von den unterschiedlichen Sprachebenen eröffnen sich für Wörter dann jeweils andere Kookkurrenzen, also typische Partnerwörter und Wortkombinationen, wodurch die Zusammenhänge von Wörtern innerhalb der jeweiligen Sprachebene zutage treten. Die SuS erhalten durch diesen kreativ-hermeneutischen Akt von der jeweiligen Warte der Sprachebenen einen neuen Blick auf die einzelnen Wörter und gelangen zu einer vertiefenden Interpretation, die „tiefere Schichten" der Wörter freizulegen vermag, als dies bei einer einseitigen Betrachtung, also von der Warte einer einzelnen der vier Sprachebenen, hätte erfolgen können.[69] Dies verspricht dann christlich sozialisierten, nichtchristlichen und andersreligiösen SuSn, Möglichkeiten einer translingualen Kommunikationsfähigkeit innerhalb einer pluralen Gesellschaft zu eröffnen,[70] indem sie das gesamte ihnen zur Verfügung stehende linguistische und paralinguistische Potenzial ausschöpfen und ihre Translingualität ausbilden können.

Das Wort „translatio" erweist sich in etymologischer Hinsicht als geeignet zur Zusammenfassung unterschiedlicher Translationen und unterschiedlicher Translationsgegenstände; grundlegend ist das antike Verständnis von „translatio" als Translation von Personen, Dingen und Ideen in eine andere Zeit und/oder einen anderen Kontext.[71] So sind Translationen als die „Vermittlung kultureller Schätze von Generation zu Generation und von einer Kulturgemeinschaft in die andere" zu verstehen, und damit als „translatio studii" – oder, wie in dem vorliegenden Fall, als „translatio religionis".[72]

Dies ist in vierfacher Hinsicht von Relevanz: Erstens unterliegen Religionen unterschiedlichen Übersetzungsprozessen/*Übersetzungsprozessen*. Auf deren Produkte stoßen die SuS in ihrem Alltag sowohl in der Gestalt unter-

---

sehen". Ähnlich sah Luther in der Christusbotschaft eine Veränderung der Sprache gegeben: „Certum est tamen, omnia vocabula in Christo novam significationem accipere in eadem re significata" (WA 39 II, 94, 17f.). Wie noch in Kap. II 1.3 aufzuzeigen ist, erweist sich diese im Horizont der Sprache der christlichen Traditionen andere semantische Füllung von Wörtern besonders bei solchen Wörtern für SuS als erhellend, die ihnen zwar aus anderen Sprachebenen geläufig sind, die aber innerhalb der Sprache der christlichen Traditionen bislang nicht verstanden worden sind (bspw. „Vater").

[69] Gil (2015) 152. Zur kreativen Hermeneutik als Problemlöseverfahren bei Übersetzungen ausführlich Kap. II 1.4.1.

[70] Pirner (2018b: 67) sieht das Ziel des Religionsunterrichts in einer „Pluralitätsfähigkeit, die allerdings im Sinne einer mehrsprachigen Kommunikationsfähigkeit in pluralen öffentlichen Räumen zu fassen wäre"; Pirner nimmt dabei Bezug auf EKD (2014b, Hg.) 94f. Ähnlich Pirner (2019a: 99), der die soziale Komponente des *Übersetzens* betont.

[71] OLD s. v. „translatio", bes. 4, 1966. Dardenay (2013) 109.

[72] Gil/Kirstein (2015a) 8.

schiedlicher medialer Ausprägungen als auch in Form von Artikulationsformen,[73] die sie wiederum für sich deuten und in den Religionsunterricht – teils unreflektiert – mitbringen. Zweitens kann die angestrebte Verbindung der vier Sprachebenen nicht ausschließlich in intralingualer, sondern – in Abhängigkeit von einem möglicherweise besseren Verständnis – auch in intersemiotischer oder gegebenenfalls interlingualer Hinsicht eingeleitet werden und demnach auch bspw. in der Translation von Wörtern in eine Zeichnung bestehen.[74] Drittens erweist sich „translatio" als anschlussfähig an „Translation", den Oberbegriff für unterschiedliche Übertragungsarten, welche bei einer sprach- und translationssensiblen Religionsdidaktik zum Einsatz kommen sollen; diese bestehen erstens in der schriftlichen Übertragung eines schriftlichen Ausgangstextes in einen schriftlichen Zieltext, zweitens im Dolmetschen, einer mündlichen Übertragung eines in mündlicher Form vorliegenden Ausgangstexts in einen entsprechenden Zieltext, drittens in Mischformen der beiden obigen Übertragungsarten, wenn bspw. der Ausgangstext mündlich, der Zieltext schriftlich ist oder umgekehrt, was als „Stegreifübersetzen" bezeichnet wird.[75] Viertens findet die Verbindung der unterschiedlichen Sprachebenen vor dem Hintergrund kulturell bedingter Unterschiede statt,[76] deren Gemengelage bereits hinreichend beschrieben wurde.

Sprach- und Translationssensibilisierung verlaufen nicht isoliert voneinander,[77] so dass beide Sensibilisierungen in ihrer Interdependenz in den religionspädagogischen und -didaktischen Fokus rücken. Das Prinzip „translatio religionis" als der einer auszuarbeitenden sprach- und translationssensiblen Religionsdidaktik zugrunde liegende religionspädagogische und -didaktische Dreh- und Angelpunkt des Translationsprozesses und das Transkreieren als das darauf abgestimmte Translationsverfahren (Kap. II 1.4.2) vermögen eine derartige Verbindung von allen im Religionsunterricht zusammenlaufenden Sprachebenen als ein wechselseitiges Managen von Unterbrechungen zu ermöglichen, denn durch die wechselseitige Translation von Wörtern kreieren die SuS ein für pluralititätsoffene Deutungen zugängliches Translat, auf das

---

[73] EKD (2002, Hg.) 16, EKD (2006a, Hg.) 44, Kirchenamt der EKD (2010, Hg.) 11. Ähnlich Kirchenamt der EKD (2004, Hg.) 18. So auch die folgende Kompetenz für den Evangelischen Religionsunterricht in der Sekundarstufe I (Kirchenamt der EKD 2011, Hg.: 22): „Die Schülerinnen und Schüler können Motive aus Bibel und christlicher Tradition in Musik, darstellender Kunst, Film, Literatur oder populärer Kultur entdecken und ihre Bedeutung erklären."

[74] Am Rande sei vermerkt, dass dies zudem eine Entsprechung der Gestaltungskompetenz innerhalb der Kompetenzen des *Kerncurriculums für das Fach Evangelische Religionslehre in der gymnasialen Oberstufe* (Kirchenamt der EKD 2010, Hg.: 21) findet: „typische Sprachformen der Bibel theologisch reflektiert transformieren".

[75] Nord (2010) 234f., Schreiber (1993) 82f.

[76] Schulte (2019b) 118f.

[77] Der Titel des Aufsatzes von Pirner (2018b) lautet in diesem Zusammenhang treffend: „Religionsunterricht zwischen Sprachschulung und Übersetzung […]".

ein mehrperspektivischer Zugriff möglich ist. Somit werden die SuS als TranslatorInnen sowohl für die Sprachebenen und ihre Darstellungsformen als auch für Translationen sensibilisiert; was darunter genau zu verstehen ist, wird in den folgenden Kapiteln ausdifferenziert.

1.1.2 Sprachsensibilisierung

Im Allgemeinen kann ein sprachsensibler bzw. sprachbewusster oder auch -intensiver Fachunterricht (SFU) als der „bewusste Umgang mit Sprache beim Lehren und Lernen im Fach"[78] beschrieben werden. Demnach ist jeder Fachunterricht auch als Sprachunterricht konzipiert, der sich allerdings nicht als eine Art Sprachförderunterricht versteht. Vielmehr gilt: „Sprachsensibler Fachunterricht betreibt sachbezogenes Sprachlernen. Hier wird Sprache an und mit der Sache (den Fachinhalten) gelernt. Damit fördert er die Sprache an und mit den Fragestellungen im Fach."[79] Eine einheitliche Definition für den SFU liegt nicht vor; die in diesem Zusammenhang auftretenden Wörter „Sprachförderung" und „Sprachbildung" fallen „vielfältig und schillernd" aus.[80] Diese pädagogische und didaktische Ausrichtung des Fachunterrichts rekurriert auf diesbezügliche Überlegungen von Josef Leisen im Hinblick auf den Deutschunterricht im Auslandsschulwesen Mitte der 1990er-Jahre, woraus ca. 10 Jahre später das Konzept eines SFUs hervorging.[81]

Für einen sprachsensiblen Religionsunterricht im Allgemeinen[82] und für eine sprach- und translationssensible Religionsdidaktik im Speziellen bedarf es einer Bestimmung der Objekte der Sensibilisierung bzw. einer Antwort auf

---

[78] Schulte (2019b) 118.
[79] Leisen (2013b) 6. Die von Leisen betreute Homepage www.sprachsensiblerfachunterricht.de bzw. www.josefleisen.de (Zugriff: 01.11.2021) verfügt über unterschiedliche Impulse für ein sprachsensibles Unterrichtsangebot, Literaturhinweise und über einen Zugriff auf zahlreiche Aufsätze von Leisen. Darüber hinaus existieren viele Ansätze für die Anbahnung einer Sprachsensibilisierung in unterschiedlichen Schulfächern, bspw. Danilovich/Putjata (2019b) oder der Landesbildungsserver Baden-Württemberg (www.schule-bw.de/themen-und-impulse/migration-integration-bildung/bildungssprache/regelunterricht/sprachsensibler_fachunterricht, Zugriff: 01.11.2021).
[80] Röttger (2019) 92. Treffend ebd. 97: „Wo von ‚sprachsensibel' oder ‚Sprachförderung' die Rede ist, ist nicht unbedingt Sprachsensibles oder Sprachförderliches zu erkennen (und umgekehrt)."
[81] Ebd. 88–90 zeichnet die Entwicklung des SFUs detailliert nach. Der gegenwärtig aktuelle Diskussionsstand wird zusammengefasst und kommentiert von Gogolin (2021).
[82] Erste allgemeine Überlegungen zum evangelischen und katholischen Religionsunterricht liegen vor bei Tacke (2022), Altmeyer/Grümme/Kohler-Spiegel u. a. (2021, Hg.), Altmeyer (2021, 2019, 2017), Kottenhoff (2020), Danilovich (2019), Eiff (2019), Münch (2019), Schulte (2020, 2019c), Kohlmeyer (2018); Gronover/Schnabel-Henke (2021) konzentrieren ihre diesbezüglichen Überlegungen auf Berufliche Schulen und Oberthür (2021) bezieht seine auf den Grundschulbereich. Zum Islamischen Religionsunterricht: Ulfat (2019a).

die Fragen, für welche Sprachen und nach welchen didaktischen Prinzipien die SuS sensibilisiert werden. Die im Religionsunterricht auftretenden Sprachebenen werden durch die im Unterricht eines jeden Faches zu forcierende Bildungssprache gebündelt, die wiederum die Fach- und auch die Unterrichtssprache umfasst (Kap. II 1.1.1.2). Aufgrund der zunehmenden sprachlichen Heterogenität an öffentlichen Schulen, wozu im Zuge der gegenwärtigen Migrations- und Fluchtbewegungen auch Nationalsprachen zählen, ist auch für den Religionsunterricht die auf sprachlichen Aspekten fußende Ausgestaltung einer pädagogischen und didaktischen Grundlage notwendig, die sich an alle am Religionsunterricht teilnehmenden SuS und auch deren Sprachen richtet. Stefan Altmeyer schlägt hierzu das im Rahmen des Modellprogramms *Fördern von Kindern und Jugendlichen mit Migrationshintergrund* (FörMig) entwickelte Konzept der Durchgängigen Sprachbildung vor, das auch für das vorliegende Buch als sprachdidaktische Richtlinie grundlegend sein soll:

> „Durchgängige Sprachbildung meint [...] die systematische Entwicklung schul- und bildungsrelevanter sprachlicher Fähig- und Fertigkeiten als gesamtschulische Aufgabe, die auf doppelte Weise durchgängig gestaltet sein soll: Zum einen wird eine vertikale Durchgängigkeit gefördert im Sinne einer kontinuierlichen sprachlichen Entwicklung und Förderung über die ganze Bildungsbiografie hinweg. Zum anderen soll dies mit einer horizontalen Durchgängigkeit zwischen den beteiligten Fächern und Institutionen einhergehen, in die auch die häufig anzutreffende Mehrsprachigkeit der Lernenden als Ressource einbezogen werden soll."[83]

Unterstrichen wird zum einen, dass die sprachliche Förderung bzw. die Sensibilisierung nicht nur eine unter vielen didaktisch-methodischen Varianten darstellt, sondern wie die sprach- und translationssensible Religionsdidaktik auch ein sprachförderndes Konzept bildet, das sich als umfassend versteht hinsichtlich der Bildungsbiografie der SuS im Allgemeinen und hinsichtlich aller im Religionsunterricht curricular gebundenen Themen.[84] Zum anderen erweist sich eine Durchgängige Sprachbildung als ein geeigneter pädagogischer und didaktischer Nährboden für die Entfaltung des einer sprach- und translationssensiblen Religionsdidaktik zugrunde gelegten Verständnisses von Sprache als Translingualität, da die verschiedenen von den SuSn in Anspruch genommenen Sprachen in ihren unterschiedlichen Ausprägungen als Ressource und Chance für die Umsetzung der „Kernaufgabe religiöser Bildung" dienen, den SuSn zu „helfen, ihre eigene Sprache zu entdecken, eine Sprache, in der sie plausibel und verständlich religiös und über Religion sprechen sowie den Unterschied beider Perspektiven benennen und ihre Position begründen können".[85]

---

[83] Altmeyer (2019) 187f.
[84] Zur Erstellung einer Sprachbiografie als Einstieg in eine Sprach- und Translationssensibilisierung ausführlich Kap. II 2.1, III 1.
[85] Altmeyer (2018) 202f.

Zur Sensibilisierung für Sprache gehört auch der bewusste Umgang mit der Fähigkeit, Sprachhandlungen auszuführen: Zur sog. Sprachhandlungsfähigkeit, die einen bedeutenden Aspekt der Durchgängigen Sprachbildung bildet, zählen im schulischen Kontext prototypisch die Operatoren „berichten", „erzählen", „zusammenfassen", „instruieren", „beschreiben", „vergleichen", „erklären", „begründen" und „argumentieren".[86] Dem Wortschatz kommt dabei eine Schlüsselfunktion zu: Konkret bedeutet Sprachhandlungsfähigkeit für Lehrkräfte, die SuS

> „darin zu unterstützen, dass sie über einen für die Sprachhandlungsfähigkeit erforderlichen Wortschatz und die notwendigen sprachlichen Strukturen verfügen", und für die SuS, „[a]lles fragen zu können, was man fragen möchte. Alles sagen zu können, was man sagen möchte. Alles verstehen zu können, was man verstehen möchte. Alles lesen zu können, was man lesen möchte. Alles schreiben zu können, was man schreiben möchte."[87]

Sowohl für die Lehrkräfte als auch für die SuS bedeutet Sprachhandlungsfähigkeit dabei „nicht, nur fachlich Richtiges zu sagen, sondern auch, Unklarheiten, Missverständnisse oder fachlich Falsches ausdrücken zu können. Nur wenn die Lernenden sich präzise äußern können, können Lehrkräfte entsprechend fachdidaktisch handeln."[88]

Demnach kann eine reibungslose Kommunikation im Fachunterricht bzw. eine Vermeidung von Unterbrechungen im Anschluss an Armin Nassehi (2017, 2015) durch eine sprachsensible pädagogische und didaktische Erschließung des Wortschatzes erreicht oder ausgeräumt werden, wozu es einer sprachrezeptiven und -produktiven Benennung der Unterbrechungen und der darauf abgestimmten Lösungsstrategien bedarf, die dann wiederum in die Sprachwelten der am Unterricht Teilnehmenden *übersetzt* werden müssen, um zu gruppendynamischen Lösungen gelangen zu können. Indem im Rahmen eines sprachsensibel ausgerichteten (Religions-)Unterrichts die Erlernung einer als religiös verstandenen Sprache anhand und mit den Fachinhalten erlernt wird, wird das Sprachhandeln nicht nur eingeübt, sondern gleichsam auch praktisch vollzogen, wodurch sowohl die Lehrkräfte als auch im Besonderen die SuS zu TranslatorInnen werden (Kap. II 1.2).

1.1.3 Translationssensibilisierung

Im vorangehenden Kapitel wurde eingangs auf eine allgemeine Charakterisierung des SFUs hingewiesen, die man auch auf Translationen zu einer Annäherung an das diesbezügliche Verständnis einer sprach- und translationssensiblen Religionsdidaktik anwenden kann, wonach in einem ersten Schritt ein translationssensibler Fachunterricht als der bewusste Umgang mit Translatio-

---

[86] Tajmel/Hägi-Mead (2017) 15.
[87] Ebd. 17.
[88] Ebd.

nen beim Lehren und Lernen im Fach zu bestimmen wäre. Während sich bei der Sprachhandlungsfähigkeit die Frage hinsichtlich ihres Objekts, also der Sprachen, gestellt hat, bedarf es hier einer Klärung, worin die Sensibilisierung für Translationen genau besteht. Wie schon bei der Besprechung der einzelnen religionspädagogischen und -didaktischen Ansätze (Kap. I 1.3.1.2) und der *Übersetzungsangebote* in Unterrichtswerken (Kap. I 1.3.4) herausgearbeitet wurde, finden zwar einzelne Elemente eines Translationsprozesses Erwähnung, jedoch fehlt es an einer Fokussierung der Interrelation der einzelnen Elemente und des Translationsprozesses als Ganzem. Weiterhin wurde als Desiderat benannt, dass nicht die Religionslehrkräfte, sondern die SuS sowohl Translationen anfertigen als auch beurteilen sollen.

Demnach ist in einem zweiten Schritt eine Spezifizierung vorzunehmen und *Translationssensibilisierung als der bewusste Umgang mit den einzelnen Elementen eines Translationsprozesses sowohl bei der Durchführung als auch bei der Beurteilung einer Translation beim Lehren und Lernen im Fach* zu bestimmen. Die einzelnen Elemente eines Translationsprozesses dürfen demzufolge auch nicht isoliert voneinander betrachtet werden. Im Folgenden gilt es, eine Sensibilisierung für die einzelnen Elemente des Translationsprozesses und ihr Zusammenspiel für die im Rahmen einer sprach- und translationssensiblen Religionsdidaktik einzuleitenden Translationen zu präzisieren. Einzelne Aspekte, die für die Einleitung einer Sensibilisierung konstitutiv sind, werden im weiteren Verlauf von Kap. II im Rahmen der einzelnen Elemente aufgegriffen und vertieft, so dass an dieser Stelle lediglich eine skizzenhafte Zusammenführung dieser Aspekte erfolgt.

Für eine Translationsintention zu sensibilisieren bedeutet, sich der Verortung der eigenen religiösen Ausprägung und des diesbezüglichen Sprachrepertoires in Relation zu anderen Sprachebenen bewusst zu werden. Diese Verortung bildet die Voraussetzung einerseits für die Analyse eines Translationsprozesses beim Verstehen und Auslegen eines Translats im Hinblick auf die dahinterstehende Intention und das Religions- und Sprachverständnis. Andererseits bedeutet eine Sensibilisierung für die Translationsintention im Rahmen der Neuformulierung eine Austarierung des Koordinatensystems bzw. der Fragen, für welche AdressatInnen die Neuformulierung in welcher Sprache erfolgt und welche Strategien sich hierfür als zuträglich erweisen.

Als TranslatorIn sensibel zu werden heißt nicht nur, sich der anderen Elemente eines Translationsprozesses und deren Interrelationen bewusst zu werden, sondern im Speziellen richtet sich die Sensibilisierung auf das schon angesprochene translatorische Grundverhalten Verstehen, Auslegen und Neuformulieren. Zur Verdeutlichung soll folgender Arbeitsauftrag aus dem Unterrichtswerk *Leben gestalten 3* dienen: „Formuliere die einzelnen Verse des Psalms 69 in ‚heutiges Deutsch' um."[89] Hier ist die Angabe der Zielspra-

---

[89] Tomberg (2013, Hg.) 30 (gemeint sind die Verse 2–4.8f.12.21).

che zwar vorhanden, aber es fehlen Informationen bezüglich der AdressatInnen, so dass den SuSn nicht vorgegeben wird, in welche Sprachebene sie die Verse *übersetzen* sollen. Aus diesem und auch den anderen in diesem Zusammenhang gestellten Arbeitsaufträgen in Unterrichtswerken (Kap. I 1.3.4) geht auch nicht hervor, in welchem Maße eine Veränderung zulässig ist und wie sich diese hinsichtlich einzelner Wörter, Sätze und schließlich der Textgattung auszuwirken haben. Die Erfahrung lehrt, dass sich SuS mit derartigen Arbeitsaufträgen überfordert fühlen, da ihnen die einzelnen Elemente eines Translationsprozesses unbekannt sind. So können Banalisierungen das Ergebnis darstellen, und gerade vor diesem Hintergrund gewinnt die Verantwortung, welche TranslatorInnen als SprachmittlerInnen auf sich nehmen,[90] Kontur.

Sensibilität für den Translationsgegenstand bedeutet die Bereitschaft, sich auf ihn und die mit ihm verbundene Sprache einzulassen, um ihn in einem zweiten Schritt verstehen und auslegen zu können. Wie schon mehrfach erwähnt wurde, sollen die SuS einen mehrperspektivischen Zugriff auf die Translationsgegenstände leisten, was die Voraussetzung für die kreativsprachlichen Neuversuche in Gestalt der Translate darstellt.

Eine Sensibilisierung für Translationsverfahren äußert sich in dem von den TranslatorInnen getroffenen Entschluss, wie das Transferieren ‚einladend' gestaltet werden kann, um die an einer Kommunikationssituation Teilnehmenden zu ermutigen, die Perspektive ihrer eigenen Sprachwelt auf eine andere auszuweiten und bereitwillig zu öffnen, so dass die Sensibilisierung konkret in Plausibilisierungen besteht, die eigene Sprachwelt im Lichte einer anderen zu sehen: Ein derartiges Verlassen der eigenen Sprachebene kann – sowohl für die SuS als auch für die Religionslehrkräfte – eine Erhellung der eigenen Sichtweise einleiten, aber auch zu Enttäuschungen, Verwunderungen o. ä. führen, so dass hierfür eine Sensibilisierung für die TranslatorInnen im Hinblick auf die möglichen Reaktionen ihrer AdressatInnen und auch im Hinblick auf ihre eigene Positionierung notwendig ist.

Sensibilität für die Translationsstrategien besteht in der Bewusstmachung der Subjektivität der Verortung von Wörtern in unterschiedlichen Sprachebenen, bspw. verbinden SuS unterschiedliche Vorstellungen mit dem Wort „Vater" in Abhängigkeit von ihren guten oder schlechten Erfahrungen mit ihrem eigenen Vater und von ihren Aufenthalten in Sprachebenen; dies gilt es bei der Translation von „Vater" zu berücksichtigen, wenn das Wort in der Sprache der religiösen Traditionen verortet ist.

Eine Sensibilität für die Translate zu entwickeln bedeutet, Translate zu erkennen und im Anschluss an das Element der Translationsintention diese vor dem Hintergrund der Veränderungen gegenüber dem Translationsgegenstand

---

[90] Ausführlich Gil/Gili (2020) 332–334. Ähnlich Gil (2009) 326, Gil (2008) 288f. Hierzu auch Kap. II 1.2.1.1.

wahrnehmen und deuten zu können. Dabei richtet sich die Sensibilisierung auf die Ausbildung eines theologischen Bewusstseins dafür, worin Translationsgrenzen bestehen und wie man mit ihnen umgehen kann.

Sensibilisierung für Translationsräume bedeutet die Entwicklung eines Gespürs für Orte und Situationen außerhalb des Religionsunterrichts, an denen *Übersetzungen* bzw. Translationen vorgenommen werden und an denen man als TranslatorIn tätig werden kann, wenn dadurch bspw. Möglichkeiten für die Lösungen von Konflikten auf den Weg gebracht werden können.

Zusammenfassend lässt sich feststellen, dass in *Translationssensibilität* zwei unterschiedliche Perspektiven zum Ausdruck kommen, welche für die SuS als TranslatorInnen maßgebend sind:

Erstens sollen sie Sensibilität für die Anfertigung von Translationen entwickeln. Das bedeutet, dass sie sich des translatorischen Grundverhaltens Verstehen, Auslegen, Neuformulieren bewusst sind und vor diesem Hintergrund bei Translationen die einzelnen Elemente eines Translationsprozesses voneinander unterscheiden und aufeinander beziehen können. Die Sensibilisierung richtet sich hier sowohl auf Lehr-Lern-Prozesse im Unterricht als auch auf außerschulische Lernorte, bei denen Translationen angefertigt werden sollen oder bei denen Unterbrechungen beim Kommunizieren auftreten, welche die SuS dann selbstständig zu managen vermögen.

Zweitens sollen sie sensibilisiert, also empfindsam bzw. empfänglich für *Übersetzungen* bzw. Translationen gemacht werden. Das bedeutet, sie können einerseits „kulturelle Kontakte und Konflikte handlungsanalytisch beschreiben" und mögliche Antworten auf die Fragen geben „Wer übersetzt einen Text wann, wo, wie und mit welcher Absicht aus einem Kontext in einen anderen?"[91] Andererseits merken sie, wann in Kommunikationssituationen *Übersetzungen* bzw. Translationen stattfinden bzw. mit welchen sog. „Heckenausdrücken" sie eingeleitet werden können, bspw. „[...] *das bedeutet*, ein Kind würde [x] so bezeichnen/ausdrücken etc."[92]

Bei beiden Perspektiven gehört es dazu, dass die SuS für die Wörter „Übersetzung", „Dolmetschen" und „Stegreifdolmetschen", „Vom-Blatt-Übersetzen" und „Spontan-Übersetzen" sensibilisiert werden, und natürlich auch für die Wörter „Translation", „Translat", „transferieren" etc.

Im Anschluss an die Sprachhandlungsfähigkeit äußert sich diese Translationssensibilisierung in der Praxis in einer die obigen Perspektiven einer Translationssensibilisierung aufnehmenden Fähigkeit, die – mit dem hier neu einzuführenden Wort – als *Translationshandlungsfähigkeit* bezeichnet wird: Wenn Sprachhandlungsfähigkeit darin besteht, alles sagen, verstehen, lesen

---

[91] Käbisch (2018) 73. Ähnlich Grümme (2021) 184f. Beide Ansätze werden besprochen innerhalb von Kap. I 1.3.1.2.2. Darüber hinaus erwachsen diesbezügliche Impulse aus dem „translational turn" (Kap. I 1.1.4.2.2.1) und dem „religious turn" (Kap. I 1.1.4.2.2.2).

[92] Hervorhebung C. H.; zu den „Heckenausdrücken" ausführlich in Kap. III 8.2.

und schreiben zu können, was man möchte,[93] dann richtet sich eine Translationshandlungsfähigkeit auf die diesbezügliche Verschränkung mit anderen Sprachebenen, so dass man einerseits (fast) alles, was man in seiner eigenen Sprachwelt durch die Sprachhandlungsfähigkeit zum Ausdruck bringen kann, auch in anderen Sprachebenen durch die Translationshandlungsfähigkeit zu artikulieren vermag, und andererseits im Umkehrschluss auch innerhalb anderer Sprachebenen getätigte Äußerungen dechiffrieren kann; hierzu gehört allerdings auch, Translationsgrenzen zu erkennen und mit ihnen angemessen umzugehen, d. h. trotz der Grenzen translations- und auch sprachhandlungsfähig zu bleiben, worauf ausführlich in Kap. II 1.6.1–1.6.2 eingegangen wird.

Wie durch die obigen Ausführungen deutlich wird, ist Sprach- und Translationssensibilisierung nicht isoliert voneinander zu denken. Die diesbezüglich für eine sprach- und translationssensible Religionsdidaktik charakteristische Interrelation wird im folgenden Kapitel entfaltet.

1.1.4 Die Interrelation von Sprach- und Translationssensibilisierung

Wie in Teil I, besonders in Kap. I 1.3.4, dargelegt wird, existieren zwar sog. *Übersetzungsangebote*, welche überwiegend in kompetenzorientierten Unterrichtswerken verortet und dementsprechend auf die Kompetenzen und Bildungsstandards des Religionsunterrichts hin ausgerichtet sind; entsprechende Operatoren halten die SuS zum *Übersetzen* an. Ausgeblendet wird aber, dass einerseits sprachliche Voraussetzungen geschaffen werden müssen, die bei den SuSn nicht von vornherein als gegeben betrachtet werden können, die allerdings für die erfolgreiche Bearbeitung eines derartigen *Übersetzungsangebots* notwendig sind,[94] andererseits muss das translatorische Grundverhalten Verstehen, Auslegen, Neuformulieren didaktisiert werden.

Gerade für die angestrebte Sprach- und Translationshandlungsfähigkeit in unterschiedlichen Kommunikationssituationen ist eine enge Relation zwischen Sprache und Translationen bedeutend, wie es auch im GERS formuliert ist:

> „Die kommunikative Sprachkompetenz eines Lernenden oder Sprachverwenders wird in verschiedenen kommunikativen Sprachaktivitäten aktiviert, die Rezeption, Produktion, Interaktion und Sprachmittlung (insbesondere Dolmetschen und Übersetzung) umfassen, wobei jeder dieser Typen von Aktivitäten in mündlicher oder schriftlicher Form oder in beiden vorkommen kann."[95]

Auf den Religionsunterricht im Allgemeinen und auf eine sprach- und translationssensible Religionsdidaktik gewendet, bildet das Bewusstsein für die

---

[93] Tajmel/Hägi-Mead (2017) 17; oben in Kap. II 1.1.2 ausführlich.
[94] Nord (2010: 123) verweist auf das Vorhandensein einer Sprachkompetenz als Voraussetzung für den Erwerb einer Übersetzungskompetenz.
[95] Europarat (2017) 25.

individuelle sprachliche Ausprägung die Voraussetzung für den Aufbau von Relationen zwischen den im Klassenzimmer aufeinandertreffenden Sprachebenen, auf deren Folie die eigene Sprachwelt hinsichtlich des Religionsverständnisses Kontur gewinnen kann.[96] Die didaktischen Konsequenzen bzw. Prinzipien sind demnach in der Interrelation zwischen Sprach- und Translationssensibilisierung zu fassen und orientieren sich an dem Leitsatz: **Sensibel werden durch Translationen für Sprachen bedeutet zugleich sensibel zu werden für Translationen durch Sprachen.**[97]

Die nachfolgenden didaktischen Prinzipien einer sprach- und translationssensiblen Religionsdidaktik nehmen ihren Ausgang bei den didaktischen Prinzipien des SFUs; Magdalena Michalak, Valerie Lemke und Marius Goeke schlagen insgesamt zehn solcher Prinzipien vor,[98] auf die auch Stefan Altmeyer zurückgreift, da sie „auch im Religionsunterricht zu einer breiteren Teilhabebefähigung führen [können]", wenn „das Verhältnis von Fachlichkeit und Sprachlichkeit spezifisch ausgestaltet [wird]".[99]

Nachfolgend werden vier der zehn Prinzipien aufgegriffen; dies bedeutet keinen kategorischen Auschluss der anderen, sondern die nachfolgenden Prinzipien erweisen sich als eine geeignete Grundlage, um den obigen Leitsatz einer sprach- und translationssensiblen Religionsdidaktik umsetzen zu können. Diese unterscheiden sich von denen eines reinen SFUs dadurch, dass sie sich auf die Interrelation von fachlichem, sprachlichem *und* translatorischem Lernen beziehen. Sie alle sollen allerdings nicht so verstanden werden, dass sie sich ausschließlich an die Religionslehrkräfte richten. Charakteristisch für derartige Translationen ist v. a. die Schülerorientierung, indem die SuS – und nicht die Religionslehrkräfte – als TranslatorInnen eine dominierende Rolle in dem Lehr-Lern-Arrangement einnehmen, so dass diese Prinzipien auch von den SuSn aktiv zu berücksichtigen und umzusetzen sind:

---

[96] Treffend Kumlehn (2021) 38f.: „Sprachsensible Religionspädagogik und ihre Modelle der Verschränkung unterschiedlicher individueller und traditionsbezogener Sprachebenen und Sprachvollzüge können nicht ohne eine intensive Integration von Überlegungen zur wechselseitigen Bedingtheit von Übersetzung, Hermeneutik und Transformation auskommen."

[97] Eine Translationssensibilisierung umgreift auch eine Sensibilisierung für andere Übersetzungen/*Übersetzungen*, bspw. entsprechende Arbeitsaufträge in Unterrichtswerken (hierzu ausführlich Kap. I 1.3.4).

[98] Michalak/Lemke/Goeke (2015) 135–157: „Verknüpfung von fachlichem und sprachlichem Lernen", „Transparenz der Anforderungen", „Berücksichtigung der sprachlichen Voraussetzungen der Lernenden", „Von der Alltagssprache zur fachlichen Kommunikation", „Vermittlung von Textkompetenz", „Fokus auf sprachliche Strukturen", „Gezielte Wortschatzarbeit im fachlichen Kontext", „Anlässe zum sprachlichen Handeln durch Methodenvielfalt", „Berücksichtigung sprachlicher Aspekte bei der Leistungsermittlung und -bewertung", „Angemessene Lehrersprache".

[99] Altmeyer (2019) 189.

1 Die Elemente des Translationsprozesses

1. Berücksichtigung der sprachlichen Voraussetzung der Lernenden in ihrer Heterogenität

Berücksichtigung für sprachliche Heterogenität bedeutet, die vielfältigen Sprachen im Klassenzimmer auszudifferenzieren und sie in eine hermeneutische Wechselwirkung zu den anderen zu stellen, um die Voraussetzungen für einen Translationsprozess zu schaffen und so eine Folie zur gegenseitigen Erhellung der Sprachwelten der SuS zu konstituieren. Dabei sind die zu behandelnden Fachinhalte in Relation zu den sprachlichen Voraussetzungen der SuS zu stellen und sowohl in pädagogischer als auch in didaktischer Hinsicht auszutarieren.

In pädagogischer Hinsicht ist eine Strukturierung curricular gebundener Lerninhalte vor Schuljahresbeginn vorzunehmen und dabei zu fragen, wie sie auf die sprachlichen Voraussetzungen der SuS einerseits und auf thematische Verknüpfungen im Hinblick auf Wörter andererseits abgestimmt werden können. Die Klärung dieser Frage ist vor dem Hintergrund zu führen, inwieweit bei der Durchnahme der Lerninhalte Situationen segmentiert werden können, in denen Sprachebenen aufeinandertreffen und sich so unterschiedliche Perspektiven eröffnen, in die man im Zuge der Translationen wechseln kann. Derartige Perspektivierungen eröffnen sich im (Religions-)Unterricht auf drei unterschiedlichen Wahrnehmungsschienen, die es für die Beantwortung der obigen Frage einzubeziehen gilt:

Erstens erfolgt auf einer intradisziplinären Wahrnehmungsschiene das Eruieren der auftretenden Wörter mit einem fach- und bildungssprachlichen Prisma. In fachwissenschaftlicher Hinsicht ist zu prüfen, ob Wörter schon bekannt sind, d. h. in welcher Sprachebene und mit welchen Kookkurrenzen sie schon Eingang in den Religionsunterricht gefunden haben und ob sie schon einmal eine Translation i. S. einer sprach- und translationssensiblen Religionsdidaktik oder auch im Rahmen eines *Übersetzungsangebots* in Unterrichtswerken durchlaufen haben. Der spiralförmige Aufbau des Lehrplans leistet hierzu eine Hilfestellung.[100] Zudem sind bspw. in einzelnen Lehrplänen „Basisbegriffe" zu den Themen der jeweiligen Jahrgangsstufen angeführt.[101] In bildungssprachlicher Hinsicht ist zu klären, mit welchen Operatoren die SuS vertraut sind und in welchem Maß sie in diesem Zusammenhang Wörter in eine Darstellungsform *übersetzen* bzw. transferieren können, bspw. ob ihnen der Operator „grafisieren" geläufig ist.

---

[100] Der gegenwärtige Lehrplan Evangelische Religion des Saarlandes für die Jahrgangsstufen 5–9 beinhaltet nach jedem Lernbereich „Querverweise" zu anderen Lernbereichen in den jeweiligen Jahrgangsstufen; diese Querverweise „machen deutlich, dass Unterrichtsreihen nicht selten die Grenzen des Lernbereiches überschreiten" (Ministerium für Bildung und Kultur des Saarlandes 2017, Hg.: 9).

[101] Ebd. 10, 59f. Zu Fachwortübersichten in Lehr- und Bildungsplänen Schulte (2021) 88.

Zweitens ist auf einer interdisziplinären Wahrnehmungsschiene nach Anknüpfungspunkten zu Unterrichtsreihen in anderen Fächern zu fragen, die eine Materie des Religionsunterrichts entweder in einer anderen Sprachebene behandeln oder für den Religionsunterricht eine Vorentlastung von Wörtern leisten. Dies gilt auch für die Darstellungsformen von Sprache; so empfiehlt es sich bspw. in der fünften Jahrgangsstufe im Rahmen der Einheit „Bibel" ein Gleichnis oder dessen Höhepunkt o. ä. als Comic anfertigen zu lassen, wenn diese Darstellungsform auch im Deutschunterricht eingeübt wird/wurde.

Drittens richtet sich auf einer extradisziplinären Ebene der Blick auf den Einbezug allgemeiner Themen, die zwar nicht nur den Religionsunterricht mit seinen curricular gebundenen Inhalten tangieren, gleichwohl aber vor dem Hintergrund der dort dominierenden Sprache der christlichen Traditionen zur Entfaltung gebracht werden können, bspw. das zutage tretende Leid im Zuge des Kriegs in der Ukraine im Zusammenhang von Antwortversuchen auf die Theodizeefrage.

In didaktischer Hinsicht bedeutet die Berücksichtigung der sprachlichen Heterogenität das Schaffen eines methodischen Nährbodens für die Entfaltung der im Klassenzimmer vorhandenen Translingualität.[102] Wie in der religionspädagogischen und -didaktischen Realisierung noch detailliert zu zeigen ist (Kap. II 2), eröffnen sich sowohl bei der rezeptiven als auch bei der produktiven Phase der Translationen gerade durch Gruppenarbeit unmittelbarere Kontakte mit den Sprachebenen, die sich gegenseitig besser erhellen, als dies bei einem fragend-entwickelnden Unterrichtsgespräch möglich wäre. Für die Förderung der Translingualität erweist sich das „translanguaging" als eine förderliche Methode, um SuS zum Sprechen zu ermutigen, worauf in Kap. II 1.1.1.3 hingewiesen wird; konkrete Beispiele folgen in Kap. II 2.6 und III 6.

2. Unterstützung von Übergängen zwischen den Sprachwelten der SuS zu anderen Sprachebenen und zu der Fachsprache des Religionsunterrichts

Dieses didaktische Prinzip überschneidet sich teilweise mit dem obigen und findet seine Erweiterung in dem Aufzeigen der unterschiedlichen Sprachebenen und ihren Überlappungen in Wörtern im Zuge der Progression der Lernbewegungen vom Konkreten zum Abstrakten, so dass die jeweils eigene Sprachwelt der SuS als Folie für die Wahrnehmung der anderen Sprachebenen dient. Michalak/Lemke/Goeke betonen als Ziel dieses Prinzips die Einübung der Fachsprache.[103] Wie schon in Kap. II 1.1.1.2 herausgestellt, bündelt die Fachsprache unterschiedliche Sprachebenen, indem durch sie der Ablauf des Religionsunterrichts strukturiert wird. Um die Mehrsprachigkeit im Klas-

---

[102] Michalak/Lemke/Goeke (2015) 138.
[103] Ebd. 140.

senzimmer im Allgemeinen und die Translingualität im Speziellen zur Entfaltung bringen zu können, müssen den SuSn durch die Fachsprache des Religionsunterrichts Gelegenheiten zum Sprechen eröffnet werden, welche durch diese Fachsprache auch gelenkt werden. Für einen behutsamen sprachlichen Übergang empfehlen Michalak/Lemke/Goeke für das bessere Verständnis von Fachtexten die Methode, sie zu „übersetzen" bzw. bei dem Vergleich eines Fachtextes in Alltagssprache Entsprechungen auf Wort- und Textebene ausfindig zu machen.[104] Im Religionsunterricht eignet sich analog bspw. ein Vergleich von Auszügen aus der *Lutherbibel* und der *Volxbibel*, die eine Sprache aufweist, „die man auch im Jugendzentrum oder auf dem Schulhof spricht".[105] Weiterhin eignet sich „scaffolding" zur Unterstützung von sprachlichen Übergängen, indem die SuS aus ihrem vorhandenen Sprachrepertoire in sukzessiven Phasen ein sprachliches Gerüst (engl. „scaffold") aufbauen und dabei frühere Lernprozesse mit einer aktuellen Lernsituation verbinden; Jens-Peter Green (2021) überträgt diese Methode auf Sprachbildungsprozesse im Religionsunterricht.

3. Schaffen von vielfältigen Anlässen zum sprachlichen Handeln
Im SFU ist es für die Ausbildung der angestrebten sprachlichen Kompetenzen der SuS unerlässlich, dass sich ihr Redeanteil im Vergleich zu dem der Lehrkräfte deutlich erhöht, wozu entsprechende Anlässe geschaffen werden müssen. So erfolgt eine Förderung des Kontakts der SuS mit anderen im Klassenraum vorhandenen Sprachebenen und damit ihre Sensibilisierung für Unterbrechungen in Kommunikationssituationen, an denen sie als Sender und Empfängerinnen partizipieren, und auch für deren Management. Dieses didaktische Prinzip greift innerhalb und außerhalb des Lernorts Schule. Im Klassenzimmer ergeben sich während des Durchlaufens eines Translationsprozesses durch das Arrangement von sprachlichen Perspektivenwechseln zwischen den Sprachebenen und durch die sich anschließende Metareflexion über die Translate Anlässe, bei denen den SuSn ein hoher Redeanteil zukommt, weil sie – und nicht die Religionslehrkräfte – im Mittelpunkt des Translationsprozesses stehen (Kap. II 2.5, III 5). Außerhalb des Klassenzim-

---

[104] Ebd.
[105] Dreyer (2020) lotet Chancen und Grenzen des Einsatzes der *Volxbibel* im Religionsunterricht aus. Zitat: ebd. 134. Ein diesbezüglicher Vergleich findet sich in dem Unterrichtswerk *reli plus 3* (Hahn/Schulte 2015a, Hg.) als Kopiervorlage in dem Lehrerkommentar (Hahn/Schulte 2015b, Hg.) auf CD-Rom im Rahmen der Unterrichtsreihe „Frei sein" zu Jeremias Berufung zum Propheten (Jer 1,4–9). Bezüglich des Vergleichs lauten die Arbeitsaufträge (ebd., CD-Rom: KV_04pdf.): „1. Notiere die unterschiedlichen Gottesbezeichnungen der beiden Übersetzungen. 2. Wähle die Gottesbezeichnung aus, die deiner Meinung nach am besten passt. Begründe." Der Lehrerkommentar hält hierzu fest (ebd.: 23): „Der Übersetzungsvergleich auf KV 4 ermöglicht eine vertiefende Auseinandersetzung mit der Situation des Jeremia und seiner Perspektive auf Gott."

mers bieten – wie noch in Kap. II 1.7 zu zeigen ist – sog. Translationsräume Anlässe zu Sprach- und Translationshandlungen.

4. Einbindung von Wortschatzarbeit im fachlichen Kontext

Für das Prinzip „translatio religionis", bei dem einzelne Wörter im pädagogischen und didaktischen Fokus stehen, spielt die Einbindung von Wortschatzarbeit eine gewichtige didaktische Rolle hinsichtlich der sprachlichen Erschließung eines Translationsgegenstands als Voraussetzung für die Translationen. Beim Wortschatz ist in dreifacher Hinsicht zu differenzieren: Der aktive Wortschatz umfasst alle Wörter, auf die man bei der produktiven Sprachvermittlung zurückgreifen kann; so wird dieser Wortschatz auch als produktiver Wortschatz oder Mitteilungswortschatz bezeichnet. Zum passiven Wortschatz zählen alle Wörter, die nicht dem aktiven Wortschatz angehören, deren Bedeutung man allerdings beim Hören oder Sprechen verstehen kann; so wird dieser Wortschatz auch als rezeptiver Wortschatz oder als Verstehenswortschatz bezeichnet. Daneben umfasst der potenzielle Wortschatz alle Wörter, deren Bedeutung man sich durch den aktiven und passiven Wortschatz im Hinblick auf Wortbildungsregeln erschließen kann.[106] Der gesamte Wortschatz ist in einem individuell ausgeprägten „mentalen Lexikon" mit unterschiedlichen Konzepten gespeichert, an denen sich Übungen zum Wortschatzerwerb mit dem Ziel des Identifizierens, des Behaltens, des Abrufens und des situationsangemessenen Gebrauchs orientieren.[107] Demzufolge lassen sich „Netzwerke" nach unterschiedlichen Aspekten erstellen, bspw. Begriffs-, Sachfelder-, Klang-, Assoziationsnetze, semantische, morphologische, syntagmatische Netze, Verknüpfungen in Wortklassen gleicher syntaktischer Funktionen.[108] In diesem Zusammenhang werden auch Wortstruktur- und Wortfunktionswissen eingeübt; beides ist hilfreich für die sprachliche Erschließung während der Translationsprozesse, bei denen gemäß einer sprach- und translationssensiblen Religionsdidaktik einzelne Wörter im Mittelpunkt stehen.[109] Die unterrichtliche Einbindung derartiger Netzwerke sollte nicht ausschließlich auf der Grundlage eines einzigen Aspekts erfolgen, denn die „Vielfalt und Struktur der Vernet-

---

[106] Michalak/Lemke/Goeke (2015) 144.
[107] Ebd. 148.
[108] Ebd. 148f. mit jeweiligen Beispielen. Ähnlich Neveling (2004) 42.
[109] Steinhoff (2009) 22f.: Das Wortstrukturwissen umfasst „das phonetisch-phonologische Wissen: Wer ein Wort kennt, ist in der Lage, es mündlich zu produzieren und zu rezipieren", „das graphematisch-orthographische Wissen: Wer ein Wort kennt, ist in der Lage, es schriftlich zu produzieren und zu rezipieren", „das morphologische Wissen: Wer ein Wort kennt, beherrscht die innere grammatische Struktur des Worts." Das Wortfunktionswissen umfasst „das syntaktische Wissen: Wer ein Wort kennt, kann es im Satz verschieben und ersetzen. [D]as semantische Wissen: Wer ein Wort kennt, kennt sein Bedeutungsspektrum. [D]as pragmatische Wissen: Wer ein Wort kennt, ist in der Lage, es in den üblichen Handlungskontexten zu verwenden."

zung eines Wortes entscheiden darüber, wie sicher es im Gedächtnis aufbewahrt und wie gut bzw. schnell es abgerufen werden kann",[110] so dass gemäß dem mentalen Lexikon eine Wortschatzarbeit „gehirngerecht" ausgerichtet sein sollte. Dieses didaktische Prinzip greift bei einer sprach- und translationssensiblen Religionsdidaktik in der rezeptiven Phase zu Beginn des Translationsprozesses, um eine Beziehung zwischen den TranslatorInnen und den Wörtern aufbauen zu können (Kap. II 1.2.1.1); dies erfolgt konkret anhand des sprachlichen Beziehungsaufbaus (Kap. II 2.3.2, III 3.2).

Zusammenfassend lässt sich feststellen, dass sich die Sensibilität für die Interdependenz von Sprache und Translationen in einer bewussten Sprachrezeption und -produktion, dem Sprachgefühl, äußert, worunter weitaus mehr zu verstehen ist als ein korrektes grammatikalisches, syntaktisches und semantisches Ausdrucksvermögen; vielmehr ist Sprachgefühl im Hinblick auf unterschiedliche Sprachen innerhalb einer Gesellschaft zu bestimmen, die jeweils gemäß der sozialen Schichtung, den fachlichen und historisch gewachsenen Ausprägungen und den regional bedingten Dialekten differieren.[111] So ergibt sich Sprachgefühl für Radegundis Stolze

> „für den Sprecher aus dem Abstand zwischen dem in seiner Umgebung faktisch Geäußerten, der Sprachwirklichkeit in der Rede, und der Norm, der er sich subjektiv, zumindest in bestimmten Situationen, verpflichtet fühlt. Sprachgefühl ist bildbar, und es ist wandelbar, es hat dynamischen Charakter, womit gesagt ist, dass bestimmte Formulierungen für das Sprachgefühl der Menschen nicht zu allen Zeiten unverändert gültig bleiben. Und es ist auch nicht intersubjektiv identisch, jedes individuelle Sprachgefühl realisiert das System auf je eigene Weise."[112]

Ein Teil des bewussten Sprachgebrauchs und des Sprachgefühls ist die sprachliche Kreativität, die darin besteht, „die Fülle der Sprache zu kennen, mit der Sprache schöpferisch umgehen zu können, die Wörter zu finden, die dem nahe kommen, was man sagen möchte".[113] Die Kenntnis dieser Sprach-

---

[110] Michalak/Lemke/Goeke (2005) 149. Ebd. benennen folgende Konsequenzen für die „gehirngerechte Wortschatzarbeit": Der Wortschatz soll „nicht losgelöst, sondern in sinnvollen Bedeutungszusammenhängen gelehrt und gelernt werden, in möglichst vielen Bezugssystemen, die sich an der möglichen Strukturierung im mentalen Lexikon orientieren, präsentiert und abgespeichert werden, in Übungen angeboten werden, die das Visualisieren, Ordnen und Assoziieren von Begriffen ermöglichen, im Unterricht nicht nur erklärt, sondern durch Übungen automatisiert und aktiv in vielfältigen Situationen angewendet werden, strukturiert werden, um begriffliche Vernetzungen zu verdeutlichen, mit bildhaften Vorstellungen verknüpft werden, sowohl kognitiv als auch unter Berücksichtigung aller Sinne verarbeitet werden, mit persönlichen Inhalten (Einstellungen, Präferenzen etc.) gefüllt werden."
[111] Stolze (2017: 274f.) nimmt dabei Bezug auf den österreichischen Romanisten und Sprachwissenschaftler Wandruszka (1979) 13-17.
[112] Stolze (2017) 274f.
[113] Ebd. 275. Ebd. 276: „Sprachliche Kreativität ist ein Teil des Sprachbewusstseins und des Sprachgefühls, denn das Kreative des schöpferisch freien Redens wurzelt in einem

fülle bildet wiederum eine Voraussetzung für kreative Translationen, die ebenso wie Sprache zeitliche Ausdrucksformen darstellen und wandelbar sind, so dass die SuS auf der Basis ihres „sprachreflexive[n], kreative[n] und transformative[n] Potenzial[s]"[114] immer wieder zu kreativ-sprachlichen Neuversuchen anzuhalten sind und die diesbezüglichen Translate als Ergebnisse nicht als absolut, sondern als die Momentaufnahme *einer* Translation aufzufassen sind, die in einer anderen Lerngruppe unter den dortigen sprachlichen Voraussetzungen ganz anders ausfallen würde.

1.2 TranslatorInnen

Im Folgenden gilt es den Fragen nachzugehen, wie unter den Voraussetzungen der Translationsintention sowohl die SchülerInnen (Kap. II 1.2.1) als auch die Religionslehrkräfte (Kap. II 1.2.2) für das translatorische Grundverhalten Verstehen, Auslegen, Neuformulieren im Allgemeinen und für das Translationsverfahren des Transkreierens, das in Kap. II 1.4 vorgestellt wird, im Speziellen sensibilisiert werden können.

1.2.1 SchülerInnen

Der persönliche Bezug der SuS zum Translationsgegenstand und auch zum Translat und zu den in diesem Zusammenhang auftretenden Sprachebenen lässt sich durch drei Wörter fassen, die sich interdependent zueinander verhalten: *Beziehung* (Kap. II 1.2.1.1), *fidélité créatrice* („schöpferische Treue") (Kap. II 1.2.1.2) und *Horizontverschmelzung* (Kap. II 1.2.1.3).

1.2.1.1 Beziehung

Der Aspekt der Beziehung ist für die Erschließung der Sprache der christlichen Traditionen so bedeutsam, weil diese besonders Kindern und Jugendlichen fremd erscheint und ihnen so Verständnisprobleme bereitet. Stefan Altmeyer hat als eine Konsequenz für den religionsdidaktischen Umgang mit der bei vielen Kindern und Jugendlichen zur „Fremdsprache" gewordenen Sprache der religiösen Traditionen den Aufbau einer vermittelnden Beziehung zwischen

---

sensiblen und umfassenden Sprachwissen durch Ausbildung. Es gehört dazu die sichere Kenntnis der Sprache mit ihren Regeln, Normen und stilistischen Möglichkeiten als Wissensbasis, das Verständnis für situative Gegebenheiten, um intentionsadäquat reden zu können, und die Fähigkeit zu immer neuen Aussagen, neben dem Wissen um assoziative Verbindungen. Kreativität ist wie Intuition ein genereller psychologischer Faktor im menschlichen Verhalten, der auch im Sprachverhalten und Übersetzen zum Ausdruck kommt."

[114] Benteler (2019) 175.

1 Die Elemente des Translationsprozesses   177

dieser und den SuSn postuliert.[115] Der Aspekt der Beziehung wird von unterschiedlichen AutorInnen aufgegriffen, um das Verhältnis von TranslatorInnen zum Translationsgegenstand und auch dessen Veränderungen im Zuge von Translationen als Gradmesser für diese Veränderungen heranzuziehen.

Altmeyer greift auf den französischen Soziologen und Philosophen Bruno Latour zurück, der im religiösen Sprechen keine bloße Informationsübertragung sieht, die sich an bestimmten Wörtern, Themen oder sich als religiös einschätzenden SprecherInnen festmachen ließe, sondern eine „Beziehung einer Aussage *zu dem, der sie aussprechen will*".[116] Dies exemplifiziert Latour an der Aussage „Ja, ich liebe dich." als Antwort auf eine diesbezügliche Frage zwischen PartnerInnen innerhalb einer Beziehung; diese Aussage kann öfters in einer Liebesbeziehung aufkommen und variiert in ihrem jeweiligen Aussagegehalt abhängig von der Intonation, so dass das Kriterium des Gelingens von religiösem Sprechen dessen Auswirkungen in der jeweiligen gegenwärtigen Situation darstellt.[117] Für Translationen der Sprache der christlichen Traditionen bedeutet dies, dass sie nicht einfach nur eine Art von Erklärungen darstellen dürfen, da so die AdressatInnen sich von dem Translat abwenden könnten; vielmehr müssen Translate eine „Vergegenwärtigung" darstellen, was nur zu erreichen ist, wenn der Aspekt der Beziehung inhärent bleibt.[118] Im Umkehrschluss besteht für Latour die Schwäche der religiösen Rede darin, dass sie entweder in ein abstraktes Erklären oder in ein formelhaftes konservatives Wiederholen umschlägt. Für Translationen bedeutet dies, dass die Beziehung zwischen den TranslatorInnen und dem Translationsgegenstand sich auch im Translat niederschlägt. Entscheidend ist, ob die Beziehung auch nach der Translation erhalten werden kann.[119] Dabei muss man sich bewusst sein, dass mit einer Translation stets Veränderungen einhergehen bzw. – um im Bild einer Beziehung zu bleiben – dass folgende Paradoxie gilt:

> „[U]m treu zu bleiben, muß man untreu werden, um den Geist wiederzufinden, muß man den Buchstaben aufgeben, um neu zu übersetzen, muß man die alte Übersetzung zu opfern wagen; um erneut zu verraten und zu übersetzen, darf man nicht zögern [...], erneut zu übersetzen und zu verraten."[120]

Für Latour besteht demzufolge das Charakteristikum religiösen Sprechens in den in der Gegenwart einzulösenden „unbeglichenen Übersetzungen", die weder vermieden noch abschließend realisiert werden können.[121]

---

[115] Altmeyer (2011) 315.
[116] Latour (2011) 146. Hierzu Altmeyer (2017b) 106.
[117] Latour (2011) 139: „Das Original steckt nicht in der Vergangenheit, sondern in der Gegenwart, immer in der Gegenwart."
[118] Altmeyer (2017b) 107f.
[119] Ebd. Ähnlich Altmeyer/Baaden/Menne (2019) 146.
[120] Latour (2011) 74. Hierzu Altmeyer (2017b) 108.
[121] Latour (2011) 25. Hierzu Altmeyer (2017b) 107f. So fährt Latour (2011: 26) fort: „Die Kirche ist nicht mehr verfugt, die Worte haben keinen Sinn mehr. Als man aufhörte

Der Aspekt der Beziehung innerhalb einer Kommunikationssituation wird auch von Martin Buber aufgegriffen und von Alberto Gil und Guido Gili (2020) und Alberto Gil (2021, 2009, 2008) auf interlinguale Übersetzungsprozesse resp. als „Bejahung" des Übersetzungsgegenstands hinsichtlich dessen Verstehens angewendet. Buber konkretisiert die personale Dimension folgendermaßen: „Ich werde am Du; Ich werdend spreche ich Du."[122] Eine vollständige wechselseitige Erschließung ist nur „in der wechselwirkenden Kraft des Gegenübers" möglich.[123] Dies kann gelingen durch die Kategorie der „personalen Vergegenwärtigung",[124] bei der es darum geht, „des anderen in der Gesamtheit seiner Person innezuwerden und ihn in seiner einmaligen Lebendigkeit zu bejahen"[125] und so eine Beziehung mit ihm einzugehen. Diese ist nicht als eine Liebesbeziehung im klassischen Sinne zu verstehen, sondern konstituiert sich darin, dass Menschen „zu einer lebendigen Mitte in lebendig gegenseitiger Beziehung stehen und daß sie untereinander in lebendig gegenseitiger Beziehung stehen".[126] In diesem Zusammenhang greift Buber auf das Wort „Genosse" zurück, worunter er den Menschen „nicht im allgemeinen, sondern d[en] mir jeweils lebensmäßig begegnende[n] Mensch[en]" versteht.[127] Zu dem Bejahen des Gegenübers gehört auch eine Bejahung seiner Sprachebene und damit auch des aus dieser Ebene zu transferierenden Wortes; auf einer derartigen Beziehungsebene können dann – im Anschluss an Gil/Gili und Gil – eine verantwortungsvolle Kommunikation und Übersetzungsprozesse gelingen.[128] In diesem Punkt wird die Schnittmenge zwischen Latour und Buber offensichtlich,[129] indem eine Beziehung als ein dynamisches wechselseitiges Verhältnis anzusehen ist, das sich im Verändern, im Wandel konstituiert.

Der Aufbau einer derartigen Beziehung ist für die Translation der Sprache der christlichen Traditionen deshalb wichtig, weil so ein Kriterium vorhanden ist, die im Translat zutage tretenden Veränderungen des Translationsgegenstands als angemessen beurteilen zu können oder nicht; dies geschieht in Abhängigkeit von der Antwort auf die Fragen, ob die Beziehung erhalten geblieben ist und ob in diesem Zusammenhang sich die TranslatorInnen ihrer Verantwortung gegenüber dem Translationsgegenstand bewusst geworden

---

zu übersetzen, hörte man auf zu bewahren, das hat die Wortmühle, die Gebetsmühle zerstört."
[122] Buber (2004/1923) 12.
[123] Ebd. 26.
[124] Buber (^{10}2006) 284.
[125] Gil (2009) 324. Ähnlich Gil/Gili (2020) 336.
[126] Buber (2004/1923) 43.
[127] Buber (^{10}2006) 217.
[128] Gil/Gili (2020) 332–336, Gil (2009) 324, Gil (2008) 288f.
[129] Aus Latours (2011) Überlegungen geht nicht hervor, dass er gezielt auf Buber zurückgreift.

sind, die darin besteht, die Kreativität nicht als Mittel zum Zweck werden zu lassen, so dass die Beziehung durch die überdeutliche Präsenz der TranslatorInnen im Translat unausgewogen würde.[130]

Demnach besteht der erste Schritt in der sprachlichen Erschließung des Translationsgegenstands und damit im Aufbau einer Beziehung zu ihm. Das so entstehende wechselseitige Verhältnis dient auch dem Abbau von möglichen Barrieren, die sich zwischen den TranslatorInnen und den Translationsgegenständen aufgrund bestimmter Vorerfahrungen eingestellt haben könnten, bspw. die oben angesprochene restriktive Haltung von Kindern und Jugendlichen gegenüber kirchlich geprägten Wörtern. Derartige Vorbehalte, die sich auf das Verstehen und auch auf die hermeneutischen Auseinandersetzungen auswirken, bezeichnet Hans-Georg Gadamer als die „wesenhafte Vorurteilsfähigkeit allen Verstehens";[131] demnach können sich Menschen als von vielen Eindrücken geprägte Subjekte einer vorstrukturierten Verstehensfähigkeit nicht entziehen.[132]

Ein derartiger Aufbau einer Beziehung zu dem Translationsgegenstand lässt sich auch von der Warte einer Gastfreundschaft aus gestalten,[133] worauf Thomas Wabel (2019c) unter Bezugnahme auf Paul Ricœur hinweist (Kap. I 1.2.2). Hans Weder greift ebenfalls die Metapher der Gastfreundschaft auf und wendet sie auf die neutestamentliche Hermeneutik an, indem er es als das „Geschäft der Hermeneutik" ansieht, „Verhältnisse zu schaffen, wo keine sind, Beziehungen zu klären, wo sie gestört sind, zur Sprache kommen zu lassen, was nach Sprache verlangt".[134]

Für den Aufbau einer derartigen Beziehung zwischen dem Translationsgegenstand und den TranslatorInnen erweist sich dessen sprachliche Erschließung als hilfreich.[135] Sie begreift sich als „das Verstehen der Sache durch das Medium der Sprache".[136] Dies korreliert mit dem Grundanliegen eines sprach-

---

[130] Gil (2009) 326, Gil (2022) passim. Dies bedeutet allerdings nicht, die Präsenz der TranslatorInnen im Translat auszublenden, was auch gar nicht möglich ist. Hierzu ausführlich Kap. II 2.5.2.

[131] Gadamer ([7]2010) 274.

[132] Auf Gadamers hermeneutischen Ansatz nehmen die TeilnehmerInnen der Vorlesungsreihe „Religionen übersetzen" (Kap. I 1.1.4.2.3.1) vorrangig Bezug, um davon ausgehend ihr Konzept von „Religionen übersetzen" zu entwickeln, das sie als einen „intra- und interkulturelle[n] Versuch lebensweltlichen Verstehens und Handelns mit dem gleichzeitigen Ziel der Anerkennung und Überwindung von Differenz" definieren (Bultmann/Linkenbach 2015a: 11).

[133] Gil (2009) 326.

[134] Weder (1986) 43.

[135] Hier wird differenziert zwischen einem deduktiven (Kap. II 2.3.1, III 3.1) und einem induktiven (Kap. II 2.3.2, III 3.2) sprachlichen Beziehungsaufbau.

[136] Gil (2019) 95 mit Bezug auf Gadamer ([7]2010) 388: „Eine Sprache verstehen ist selbst noch kein wirkliches Verstehen und schließt keinen Interpretationsvorgang ein, sondern ist ein Lebensvollzug. Eine Sprache versteht man, indem man in ihr lebt – ein Satz, der bekanntlich nicht nur für lebende, sondern sogar für tote Sprachen gilt. Das hermeneu-

sensiblen Fachunterrichts im Allgemeinen und mit einer sprach- und translationssensiblen Religionsdidaktik im Speziellen, v. a. bezüglich der angestrebten Verbindung von Sprachlichkeit und Fachlichkeit: Im Religionsunterricht und auch im Alltag der SuS sind eine Vielzahl unterschiedlicher Sprachebenen und auch Sprachspiele vorhanden, wie es Armin Nassehi (2017, 2015) mit einer systemtheoretischen Sicht auf die Gesellschaft beobachtet. Durch einen solchen Unterricht lernen die SuS ihre eigene Sprachebene im Horizont von anderen kennen und können somit auch einen (hermeneutischen) Zugewinn für ihre eigene verzeichnen. Das alles geschieht anhand des Translationsgegenstands, den man so besser ‚kennen lernen' bzw. zu dem man schrittweise eine Beziehung aufbauen kann.

1.2.1.2 „Fidélité créatrice" (Gabriel Marcel)

Gerade weil die obige Beziehung dynamisch ist und Veränderungen des Translationsgegenstands für sie konstitutiv sind, bedarf es eines speziell darauf abgestimmten Treueverständnisses für die TranslatorInnen. Fündig wird man bei dem französischen Philosophen Gabriel Marcel (1889–1973) mit der von ihm geprägten Wortverbindung „fidélité créatrice" („schöpferische Treue"), die er im Rahmen seiner Überlegungen zur Identität in dem spannungsgeladenen Verhältnis von Liebe und Treue im Hinblick auf das für ihn zentrale Verständnis der Existenz als einer Gabe entwickelte.[137] Marcel nimmt bei dem Verhältnis zu materiellen und geistigen Phänomenen eine Differenzierung zwischen bloßen „Zuschauern" („spectateurs") und „Zeugen" („témoins") vor; Letztere setzen sich im Vergleich zu den „Zuschauern" so intensiv mit einer Sache auseinander, dass sie mit ihr eine Art Treuebündnis eingehen. Das Besondere an der Treue ist die ihr inhärente Dynamik, so dass ein „Zeuge" durch die „Treue" zu einer Sache zu neuen erhellenden Erkenntnissen über den jeweiligen Gegenstand gelangt.[138]

Alberto Gil entfaltet ausführlich die Anwendung der „schöpferischen Treue" für eine kreative Hermeneutik im Zuge von interlingualen Übersetzungsprozessen; sie stellt deshalb einen so wertvollen Impuls dar, weil durch die Überwindung der Dichotomien des Bewahrens und Schaffens Bewahren

---

tische Problem ist also kein Problem der richtigen Sprachbeherrschung, sondern der rechten Verständigung über eine Sache, die im Medium der Sprache geschieht."

[137] Eine detaillierte Auseinandersetzung mit dem Gesamtœuvre von Marcel im Hinblick auf die an unterschiedlichen Stellen besprochene „fidélité créatrice" würde den Rahmen sprengen; hier erfolgt eine Beschränkung auf die daraus erwachsenden translationswissenschaftlichen Aspekte. Zu Marcel vor diesem Hintergrund Gil (2021) mit mehreren Verweisen auf Primärquellen und Beispielen aus der Übersetzungspraxis. Ähnlich Gil/Gili (2020) 333.

[138] Speziell zum Verhältnis von „témoin" und „spectateur" hinsichtlich der „fidélité créatrice": Marcel (1946) 186–188.

als Schaffen verstanden wird. Für Übersetzungsprozesse bedeutet das, „der Kreativität eine Dimension der Entdeckung zu verleihen", so dass sich die „schöpferische Treue" „zum Original in der aktiven Suche nach tiefergehenden Schichten seiner Bedeutung" äußert.[139] Eine derartige Auffassung von Kreativität als Vehikulum für das Verstehen liegt dem an der Universität Leipzig verorteten Forschungszentrum *Hermeneutik und Kreativität* zugrunde, worauf in Kap. II 1.4.1 kurz eingegangen wird.

Das Prinzip einer „schöpferischen Treue" greift besonders bei der Sprache der christlichen Traditionen, die, worauf schon mehrfach hingewiesen wurde, eine sehr deutungsoffene Sprache ist, was auf den deutungstheoretischen Zugang zum Christusereignis rekurriert. Demnach sind Übersetzungsprozesse/*Übersetzungsprozesse* der Sprache der christlichen Traditionen nicht nur per se inhärent, sondern sie sind zu deren Verständnis geradezu erforderlich.[140] Hier reihen sich auch die AutorInnen der EKD-Handreichung *Kirche und Jugend* ein, indem sie sich aufgrund der „Verständigungsprobleme zwischen Jugendlichen und Kirche" herausgefordert sehen, „mutig die Elastizität ihrer [i. e. der Kirche] Kerngehalte angesichts des individualisierten jugendlichen Zugangs zu Religion zu erproben".[141] Die Sprache der christlichen Traditionen ist nicht starr, was sich auch in der Liturgik niederschlägt; so betonen die AutorInnen eines Thesenpapiers der VELKD im Hinblick auf die *Evangelisch-lutherische liturgische Identität* die „Traditionskontinuität" des Gottesdienstes und dass in diesem Zusammenhang Glaube

> „in seiner gelebten Praxis (,Frömmigkeit', ,Spiritualität') ein kreatives Geschehen aus der Tradition heraus [ist]. Christliche Bildung bedeutet immer die Einübung von Traditionen, die als Verhaltensrepertoire einerseits vorliegen, andererseits beständig weiter entwickelt und transformiert werden."[142]

Eine kreative Entwicklung bzw. Transformation wird hier als konstitutiv für die christliche Tradition angesehen; eine Weiterentwicklung, die trotz der damit einhergehenden Veränderungen treu ist, entspricht Marcels Verständnis der „fidélité créatrice".[143]

Das Konzept „Translating Religion" (Kap. I 1.1.4.2.3.2) visiert eine Annäherung an die Religion(en) durch ein gegenseitiges Verstehen an; hierzu orientiert man sich an Hans-Georg Gadamers Überlegungen zur Pflege der Traditio-

---

[139] Gil (2021) 125. Ähnlich Gil/Gili (2020) 333.
[140] Ausführlich Gil/Gili (2020) 322–326. Treffend Stolze (2018) 80: „Die Bibel als Heilige Schrift der Christen scheint ihre Wirkung eher in ihren Übersetzungen zu entfalten als im Original." Die Lebendigkeit des Wortes Gottes, wie sie bspw. in Hebr 4,12 („Das Wort Gottes ist lebendig und wirkmächtig und schärfer.") greifbar wird, erfordert geradezu kreative Übersetzungsprozesse i. S. einer schöpferischen Treue: Gil/Gili (2020) 326, 333.
[141] EKD (2010b) 9. Eine ausführliche Besprechung findet in Kap. I 1.3.2 statt.
[142] VELKD (2014, Hg.) 6.
[143] Hild/Rego (2021) 278–280.

nen.¹⁴⁴ Eine derartige Pflege intendiert in hermeneutischer Hinsicht ebenfalls eine Form der Treue, welche zugleich in diesem Rahmen Veränderungen nicht nur zulässt, sondern sie ob der Treue geradezu einfordert.¹⁴⁵

Im vorangehenden Kapitel wurde der Aufbau einer sprachlichen Beziehung zum Translationsgegenstand als ein wichtiger erster Schritt für den Translationsprozess hervorgehoben. Um diese Beziehung während und auch nach Abschluss des Translationsprozesses mit dem Translat aufrechterhalten zu können, müssen die TranslatorInnen dem Translationsgegenstand treu sein; diese Treue kann allerdings eben nur aufgebaut und auch – schöpferisch – bewahrt werden, wenn der Translationsgegenstand verstanden¹⁴⁶ worden ist.

1.2.1.3 Horizontverschmelzung

Es wurde schon mehrfach darauf hingewiesen, dass Translationen dazu verhelfen können, Sprachebenen zu erschließen, wenn diese so vor dem Hintergrund anderer wahrgenommen werden können. Dies hat Hans-Georg Gadamer mit dem für seine Hermeneutik zentralen Wort „Horizontverschmelzung" verdeutlicht: Eine unerlässliche Voraussetzung für Translationen ist der „Dialog" mit dem Translationsgegenstand, um die hermeneutische Situation zu rekonstruieren, in der die Gegenstände – bei Gadamer: historische Texte – entstanden sind.¹⁴⁷ Hierzu bringt man seinen eigenen Horizont mit ein, zu dem eigene Vorurteile, Erfahrungen etc. gehören, derer man sich nicht entledigen kann und auch nicht soll, da sie als eine Art Gesprächsgrundlage mit dem Translationsgegenstand dienen. Anders gesagt: Man errichtet in diesem Dialog eine Art Netzwerk mit dem Translationsgegenstand, d.h. man sucht nach Verbindungen, die in den eigenen Erfahrungen vorhanden sind.¹⁴⁸ So kann man in der Horizontverschmelzung „die Vollzugsform des Gesprächs [erkennen], in welchem eine Sache zum Ausdruck kommt, die nicht nur meine oder die meines Autors, sondern eine gemeinsame Sache ist".¹⁴⁹ Ein derartiges Gespräch

---

[144] Gadamer (⁷2010) 286: „Auch die echteste, gediegenste Tradition vollzieht sich nicht naturhaft dank der Beharrung dessen, was einmal da ist, sondern bedarf der Bejahung, der Ergreifung und der Pflege." Hierzu auch kurz Kap. I 1.1.4.2.3.2.
[145] Delannoy (2006) 334: „Traditionspflege ist Bewährung und Bewahrung von Überliefertem, Traditionsaneignung und -vermittlung im Dienst der individuellen Selbstaneignung. Da das daraus resultierende Selbstwissen nicht absolut ist, sondern endlich bleibt, ist das hermeneutisch geschulte Bewußtsein ein stets für den Dialog und für die Erfahrung des Anderen bereites Bewußtsein." Ähnlich Dressler (2006) 45: „Religiöse Semantiken bedürfen der besonderen Pflege, Traditionen lassen sich nicht mehr einfach ‚weitergeben'."
[146] Ein derartiges Verstehen ist nicht von vornherein mit einer (theologischen) Zustimmung gleichzusetzen; hierzu mehr in Kap. II 1.6.3.
[147] Stanley (2018) 265f.
[148] Ebd. 266: „referential framework".
[149] Gadamer (⁷2010) 392.

mit dem Translationsgegenstand erfolgt durch den deduktiven und induktiven sprachlichen Beziehungsaufbau (Kap. II 2.3, III 3), indem unterschiedliche Impulse für die Vernetzung von Wörtern einen Dialog eröffnen, der durch individuelle Erfahrungen Wege zu Kookkurrenzen und anderen Sprachebenen eröffnet, so dass auch das für die Translationen nötige sprachliche Potenzial freigesetzt wird.

Demzufolge sind TranslatorInnen kreativ-hermeneutisch Handelnde, indem sie als AuslegerInnen kreativ-hermeneutische Dimensionen des Translationsgegenstands freisetzen und versuchen, „zur Sprache zu bringen, was gemeint ist, mit dem Original ‚gemeinsame Sache' machen', die ‚Horizonte verschmelzen'".[150] Ein derartiger Dialog verläuft nicht unidirektional, sondern geschieht im Sinne von Gadamer in einem Gespräch mit dem Text, also gewissermaßen in einer dialogen Annäherung an einen Translationsgegenstand, er gestattet die Vorbehalte und die jeweiligen Erfahrungen bzw. er sieht sie als notwendig an, um sie durch den Prozess des gegenseitigen Austarierens von eigenen Zusammenhängen und denen des Textes oder Translationsgegenstands zu einem Erkenntnisgewinn werden zu lassen, der im Translat greifbar wird.

Thomas Wabel (2019a-c) hat drei unterschiedliche Möglichkeiten für eine Annäherung an einen fremden *Übersetzungsgegenstand* und das daraus resultierende gelungene *Übersetzungsprodukt* entworfen (Kap. I. 1.2.2): Eine „kooperative Übersetzung", eine „Transformation durch die Augen der Anderen" und eine „Übersetzung als Einladung und Unterbrechung" treffen sich allesamt in dem Punkt einer Horizontverschmelzung.

Zusammenfassend lässt sich feststellen, dass durch „Beziehung", „fidélité créatrice" und „Horizontverschmelzung" der persönliche Bezug der SuS zum Translationsgegenstand und zum Translat abgesteckt werden kann. So eröffnen sich Impulse auf zwei Ebenen: Auf einer religionspädagogischen Ebene können bei Wörtern, die für die Sprache der religiösen Traditionen charakteristisch sind, Schranken i. S. von Vorbehalten abgebaut werden. Die SuS können sich an derartige Wörter als Translationsgegenstände annähern, indem sie sie verändern dürfen bzw. sogar müssen, um ihnen inhärente Nuancen im Translat verständlicher zum Ausdruck zu bringen. Dies leitet über zu den Impulsen auf einer religionsdidaktischen Ebene: die kreativ-sprachlichen Neuversuche sind demnach nicht als ein Mittel zum Zweck zu begreifen, sondern die SuS verfügen über Richtlinien, welche einerseits die Pragmatik, andererseits auch die theologische Angemessenheit im Blick haben, was in Kap. II 1.6.1-1.6.2 hinsichtlich der Translationsgrenzen weiter ausdifferenziert wird. Im Anschluss an die oben genannten Vorbehalte gegenüber Wörtern, die für die Sprache der religiösen Traditionen charakteristisch sind, ermöglicht die kreative Auseinandersetzung den SuSn die Bildung bzw. „Schöpfung" von Ausdrucksformen für das eigene Verständnis von Religion,

---

[150] Gil (2019) 96.

an denen es ihnen häufig fehlt.[151] „Beziehung", „fidélité créatrice" und „Horizontverschmelzung" bilden auch Anhaltspunkte für die Rolle der Religionslehrkräfte im Translationsprozess, worauf im folgenden Kapitel einzugehen ist.

1.2.2 Religionslehrkräfte

Manfred L. Pirner betont die Aufgabe der Religionslehrkräfte, „bei den Schülern selbst eine Übersetzungskompetenz aufzubauen bzw. zu fördern; das gelingt nur, wenn sie auch in die jeweiligen Sprachspiele und Sprachen eingeführt werden und sich auf sie einlassen."[152] Demzufolge nehmen die Religionslehrkräfte nicht die Translationen vor,[153] sondern leiten die SuS selbst dazu an; diese sind dann keine professionellen TranslatorInnen, die die Sprache der christlichen Traditionen genauso zielsicher verstehen, gebrauchen und damit auch transferieren können. Dies entspricht dem Anliegen einer sprach- und translationssensiblen Religionsdidaktik, indem eben nicht, wie es bei der überwiegenden Mehrheit der religionspädagogischen und -didaktischen Ansätze (Kap. I 1.3.1.1–1.3.1.2) der Fall ist, die Religionslehrkräfte als TranslatorInnen fungieren, sondern die SuS; den Religionslehrkräften kommt die Aufgabe der pädagogisch-didaktischen Begleitung der Translationsprozesse zu.

Um deren Rollen innerhalb einer sprach- und translationssensiblen Religionsdidaktik zu veranschaulichen, soll im Folgenden die bisher gewählte Ebene metasprachlicher Klärungen verlassen werden, um stattdessen illustrativ auf das sehr konkrete Bild einer Reiseleitung am Ufer eines Flusses zurückzugreifen:[154] Eine Reiseleitung plant, organisiert und führt eine Reise für ihre Lerngruppe durch unterschiedliche Sprachebenen hindurch. Als Reiseleiterin sensibilisiert die Religionslehrkraft ihre Lerngruppe für einzelne Elemente des Translationsprozesses und führt sie durch einzelne oder auch mehrere „Bausteine"[155] einer sprach- und translationssensiblen Religionsdidaktik bzw. begleitet sie die SuS bei dem ‚Über-setzen' über einen Fluss. Auf dieses Bild, das auch in Kap. I 2 aufgenommen wird, soll im Folgenden zurückgegriffen werden, um die Aufgaben der Religionslehrkraft im Rahmen einer sprach- und translationssensiblen Religionsdidaktik zu veranschaulichen:

---

[151] Schulte (2019b) 114. Hierzu auch Anm. 14 (Einleitung).
[152] Pirner (2019a) 106. Ähnlich Grümme (2021) 211, Kumlehn (2021) 40.
[153] Unabhängig davon fungieren Religionslehrkräfte tagtäglich als *ÜbersetzerInnen*, wenn sie komplexe Wörter o. ä. reduzieren, um sie für SuS verständlich zu machen: Schulte (2015) 74.
[154] Das Bild des Reiseleiters bzw. der Fremdenführerin wird auch verwendet von Pohl-Patalong (2013) bei der Beschreibung der Rolle der Religionslehrkräfte beim Bibliolog (57) und bei der Performativen Religionsdidaktik (96).
[155] Bei der konkreten praktischen Umsetzung soll von einzelnen „Bausteinen" gesprochen werden: Kap. II 2.1–2.7, III 1–7.

1 Die Elemente des Translationsprozesses

Die Reise beginnt am Ufer eines Flusses. Hier trifft die Reiseleitung ihre Vorbereitungen für die Reise, deren Route sie ausgewählt und sich dabei auf mögliche Stellen eingestellt hat, an denen sie anhalten muss; diese sind mögliche Unterbrechungen des Kommunikationsflusses, welche durch bestimmte Wörter ausgelöst werden können und die erstens als Einstieg oder als Vorentlastung einer Unterrichtsreihe, zweitens als Vertiefung und drittens als Instrumentarium für eine strukturierte und reflektierte Herangehensweise von *Übersetzungsangeboten* in Unterrichtswerken auftreten; darüber hinaus hat sich die Reiseleitung darauf vorbereitet, auch an anderen Stellen anzuhalten, wo Unterbrechungen auftreten, die von der Gruppe wahrgenommen werden, ihr aber bei der Vorbereitung nicht aufgefallen sind; dementsprechend ermuntert sie dazu, eigene Erkundungen im Rahmen dieser Route zu unternehmen. Um der Gruppe alles erklären zu können, berücksichtigt die Reiseleitung die sprachliche Heterogenität der Gruppe; die Reiseleitung ist also in der Lage, die vier im Religionsunterricht aufeinandertreffenden Sprachebenen zu verstehen und sich darin ausdrücken zu können.[156]

Die Reiseleitung muss auch erklären, dass die Reise nicht mit dem Überqueren des Flusses beendet ist, sondern dass sie darin besteht, die unterschiedlichen Ufer auf beiden Seiten des Flusses, gewissermaßen die Böschungen und Strandpartien kennenzulernen, so dass es also nicht um *eine* Translation in *eine* andere Zielsprache geht, sondern um mehrere Translationen in mehrere Zielsprachen; in diesem Zusammenhang wird deutlich, dass die Reise mit einem Translat nicht beendet ist, sondern einen dynamischen Prozess zwischen den Sprachebenen darstellt, bei dem unterschiedliche Translate das Ergebnis darstellen, die aufgrund ihrer Verschiedenheit nicht den Translationsgegenstand als überflüssig erscheinen lassen, sondern jeweils neue Aspekte von ihm zutage fördern.

Bei der Überquerung des Flusses stellt die Reiseleitung die methodischen Hilfsmittel zur Verfügung; sie selbst hält sich zurück, steht aber als Lernbegleitung immer mit Rat und Tat zur Stelle und zeigt sich aufgeschlossen gegenüber den Translationsstrategien, welche die Gruppe angewendet hat. Die Translate nimmt die Religionslehrkraft in ihrer Diversität wahr und lernt so mitunter selbst eine neue Sicht auf den Translationsgegenstand kennen, die ihr bislang verborgen geblieben ist. Ein fest vorgegebenes Ziel der Reise existiert nicht, sondern der Weg, auf dem neue Erkenntnisse angeregt werden, ist das Ziel.[157] Damit die Translate voll und ganz wahrgenommen werden

---

[156] Berg (2018: 31) rät Religionslehrkräften zu einem gezielten Suchen der „Sprachebene junger Menschen", Kohler-Spiegel (2014: 159) postuliert eine „Mehrsprachigkeit" bzw. eine „Vielstimmigkeit" von Religionslehrkräften, um die SuS ‚verstehen' zu können.

[157] Das folgende Ziel ist von Pohl-Patalong (2013: 57) für den Bibliolog formuliert worden, allerdings bringt es auch treffend zum Ausdruck, wie sich der Erkenntnisgewinn bei der „Reise" einer sprach- und translationssensiblen Religionsdidaktik zusammensetzt: „Es ist nicht das Ziel der Reiseleitung, dass alle mit den gleichen, vorab bestimmten

können, stellt die Religionslehrkraft als stimulierende Gesprächspartnerin Anlässe zum Sprechen bereit und ermöglicht ein „Verstehen der Sache durch das Medium der Sprache",[158] so dass Übergänge zwischen den unterschiedlichen Sprachwelten geschaffen werden können. Hier lässt sich mit dem anschlussfähigen Vergleich von Elisabeth Naurath ergänzend präzisieren:

> „Es braucht daher Häfen wie Aussichtspunkte, die Offenheit generieren und einladen, Über-Setzungs-Versuche ‚nach drüben' zu ermöglichen und dazu auch zu befähigen. Ebenso bedarf es gemeinsamer Ankerplätze gleichsam als dritte Orte, von wo sich das Eigene aus der Distanz betrachten und darstellen lässt und von wo gemeinsam auf Entdeckungstour (kennenlernen, verstehen, sich verständigen ...) gestartet werden kann."[159]

Wie alle Gleichnisse und Allegorien hinkt auch dieses selbstverständlich. Einige SuS sind vermutlich an mehreren ‚Uferstücken' zugleich unterwegs, was im Bild nicht ausgedrückt werden kann. Die Rede von den Ufern kann jedoch die Vorbereitung, die Dynamik und den offenen Aufforderungscharakter verdeutlichen, die von der Reiseleitung ausgehen sollten. Ein Hauptaugenmerk liegt auf dem Translationsgegenstand, der nicht als Mittel zum Zweck über den Fluss geführt werden soll; hierzu ist es erforderlich, den Religionslehrkräften – und natürlich auch den SuSn – Anhaltspunkte an die Hand zu geben, welche Wörter Translationsgegenstände darstellen und welche von diesen sich als geeignet für eine Sprach- und Translationssensibilisierung erweisen, was es im folgenden Kapitel auszudifferenzieren gilt.

1.3 Translationsgegenstand

Für die Auswahl von Wörtern als Translationsgegenstand bedarf es der Berücksichtigung der in Kap. II 1.1.1.1 vorgenommenen Aufgliederung der Sprache der religiösen Traditionen in die Sprache der christlichen Traditionen, die Sprache der muslimischen Traditionen usw. Als die Sprache, die der religiösen sachorientierten Ebene zugeordnet werden kann und die gemäß „translatio religionis" einerseits transferiert wird, aber in die andererseits auch transferiert wird, soll die Sprache der christlichen Traditionen mit protestantischer Färbung herangezogen werden, da die auszuarbeitende Sprach- und Translationssensibilisierung und auch in besonderem Maße ihre praktische Umsetzung, von der aus eine allgemeine Evaluation dieser Didaktik er-

---

Eindrücken und Erkenntnissen von der Route zurückkehren, wohl aber, dass alle eine wertvolle und inspirierende Begegnung mit dem Land, seiner Kultur und seinen Leuten hatten, die nach- und weiterwirkt und möglicherweise ein anderes Verhältnis zu diesem Land evoziert, als es vor der Reise vorhanden war."

[158] Gil (2019) 95.
[159] Naurath (2019) 177. Ebd. erachtet „Mitgefühl" im Rahmen einer Friedenspädagogik als eine auf ihren Vergleich zugeschnittene Thematik.

1 Die Elemente des Translationsprozesses

folgt, im Evangelischen Religionsunterricht verortet ist, der „die religiöse Dimension des Lebens in der besonderen Perspektive [erschließt], die auf die konkrete Gestalt, Praxis und Begründung des christlichen Glaubens in seiner evangelischen Ausprägung bezogen ist".[160] Das soll nicht heißen, dass Wörter, bspw. „Beichtstuhl", die für den Katholizismus oder eine andere Weltreligion, bspw. „Zakat", charakteristisch sind, von vornherein ausgeblendet werden; diese Sprachebenen, in denen die obigen Beispielwörter verortet sind, werden den Sprachwelten der SuS zugeordnet – so ist es wahrscheinlich, dass in einer Lerngruppe des Evangelischen Religionsunterrichts auch katholische und/oder muslimische SuS anwesend sind, die ihre Sprachwelten in den Unterricht mitbringen, welche von dem Rest der Lerngruppe möglicherweise nicht verstanden werden.

Demzufolge geht es in diesem Kapitel um die Beantwortung von zwei Fragen: Welche Wörter rufen erstens bei Kommunikationssituationen im Religionsunterricht Unterbrechungen hervor und welche von diesen erweisen sich zweitens als geeignet für die Anbahnung einer Sprach- und Translationssensibilisierung gemäß der Translationsintention?

Im Rahmen meiner 19-jährigen Berufserfahrung als Religionslehrer sind mir sechs verschiedene Typen von Wörtern begegnet, die in Kommunikationssituationen zu Unterbrechungen führen können (ein Anspruch auf Vollständigkeit wird nicht erhoben); diese sind

Typ I   unbekannt (bspw. „Parament", „Liturgie"),
Typ II   bekannt, aber werden innerhalb der Sprache der christlichen Traditionen nicht verstanden (bspw. „Vater", Symbole) bzw. anders semantisch gefüllt (bspw. „Jude" als Schimpfwort) oder mit einer anderen Sprachebene in Verbindung gebracht (bspw. „Opfer"),
Typ III in Umrissen bekannt, aber können bestenfalls bruchstückartig erklärt werden (bspw. „Pfingsten", „Segen"),
Typ IV   bekannt und können inhaltlich bspw. in Form einer Definition erklärt werden, aber sie sind von den SuSn inhaltlich nicht (ganz) verstanden worden (bspw. „Theodizeefrage", „Auferstehung"),
Typ V   bekannt, können inhaltlich gefüllt werden und sind verstanden worden, ihnen fehlt jedoch eine vertiefende Erfahrung, d. h. sie sind noch nicht erlebt bzw. mit selbst- oder fremderlebten Vollzügen verknüpft worden (bspw. „Gebet", „Abendmahl"),

---

[160] Kirchenamt der EKD (2010, Hg.) 9. Haag (1998: 50) hält es für unmöglich, im Religionsunterricht eine Sprachfähigkeit anzuvisieren, die sich auf alle Weltreligionen richtet, und schlägt stattdessen für den Evangelischen Religionsunterricht – im Anschluss an Wittgenstein – die ausschließliche Konzentration auf die Einführung in das Sprachspiel und die Grammatik des evangelischen Glaubens vor.

Typ VI gemäß den obigen Ausführungen mehr oder auch weniger bekannt, jedoch erscheinen sie den SuSn im Anschluss an eins der Ergebnisse der im Jahr 2016 vorgestellten *Sinus-Jugendstudie* über die Lebenswelten der 14- bis 17-jährigen Deutschen als „fremd oder restriktiv"[161] (bspw. „Glaube" oder auch die oben genannten Wörter).

Das Potenzial für die Anbahnung einer Sprach- und Translationssensibilisierung ist nicht bei allen Wörtern gleich. So kann auch eine Übersetzung/*Übersetzung* i. S. einer Erklärung ausreichend sein, um Nichtverstehen seitens der SuS und damit Unterbrechungen zu beseitigen; bspw. reicht bei „Antependium" ein Verweis auf die lateinischen Wurzeln „ante" und „pendere" aus, um über „Vor-Hang" zu dem Behang an Kanzeln und Altären überzuleiten. Damit sind zwar auch Unterbrechungen in einer Kommunikationssituation ausgeräumt, allerdings ist noch kein Beitrag für eine Sprach- und Translationssensibilisierung erbracht worden. Demzufolge braucht man Auswahlkriterien für unterbrechende Wörter, die über ausreichendes Potenzial zum Transkreieren verfügen, d. h. sie müssen sich als anschlussfähig an die Grundlagen einer sprach- und translationssensiblen Religionsdidaktik (Kap. II 1.1.1) erweisen: Für Wörter als Translationsgegenstände bedeutet dies einen mehrperspektivischen Zugriff, so dass deren Translationen kreativ-sprachliche Neuversuche als Translate hervorbringen, die pluralitätsoffene Deutungen zulassen, wodurch SuS befähigt werden, an allen Sprachebenen im Religionsunterricht als Sender und Empfängerinnen partizipieren zu können.

Der mehrperspektivische Zugriff versteht sich als möglicher Zugriff aus den unterschiedlichen Sprachebenen auf das Wort. Für deren anzubahnende sprachliche Erschließung heißt dies zweierlei: Erstens eröffnet sich durch den jeweiligen Zugriff aus einer anderen Sprachebene ein Zugang zu den Wörtern, der unterschiedliche Bedeutungen und damit einhergehende Aspekte freilegt, die von der Warte einer Sprachebene aus nicht zutage treten würden; in diesem Zusammenhang legt diese Mehrdeutigkeit auch Differenzen zwischen den Bedeutungsverschiebungen der Sprachebenen offen, die in Unterbrechungen im Kommunikationsfluss greifbar werden. Zweitens fließen so umso mehr unterschiedliche – also aus den Sprachebenen gespeiste – Erfahrungen in das Wort ein, so dass ein derartiger Translationsgegenstand einen Anlass zum sprachlichen Handeln darstellt, einem Prinzip des SFUs und der sprach- und translationssensiblen Religionsdidaktik (Kap. II 1.1.4). Der mehrperspektivische Zugriff auf den Translationsgegenstand bildet demnach die Grundvoraussetzung für kreativ-sprachliche Neuversuche im Zuge der Translation, für pluralitätsoffene Deutungen des Translats und damit für die Anbahnung von Sprach- und Translationssensibilität.

---

[161] Calmbach/Borgstedt/Borchard u. a. (2016) 357f. Ähnlich EKD (2010a, Hg.) 16.

Um dies zu gewährleisten, muss ein Translationsgegenstand *hermeneutisches Potenzial* aufweisen; darunter verstehe ich in Anlehnung an Ursula Wienen das Spektrum an Deutungszugängen, die Wörter in unterschiedlichen Sprachebenen zulassen,[162] so dass im Zuge von intralingualen, intersemiotischen und gegebenenfalls auch interlingualen Translationen kreativ-sprachliche Neuversuche auf den Weg gebracht werden können, die „tiefere Schichten"[163] des Translationsgegenstands freilegen. Für die in diesem Zusammenhang angestrebte Anbahnung einer Sprach- und Translationssensibilisierung sind die drei folgenden potenzialkonstituierenden Faktoren hilfreich:

Erstens sollte der Translationsgegenstand über eine hohe Deutungsoffenheit bzw. einen Bedeutungsüberschuss verfügen. Das heißt, Wörter sind offen für mehrere Deutungen und/oder sind sehr oder so sehr voll Bedeutungen, dass ein Bedeutungsüberschuss vorhanden ist, dem bspw. „keine Lexikondefinition gerecht wird".[164] Die Deutungsoffenheit ist ein Charakteristikum der Sprache der christlichen Traditionen.[165] Dies hat jedoch nicht den Umkehrschluss zur Folge, dass der Wortschatz einer anderen Sprachebene nicht als deutungsoffen zu bezeichnen wäre. Die Deutungsoffenheit kann umso höher sein, wenn es sich bei dem Translationsgegenstand um ein abstraktes Wort handelt anstatt um ein konkretes, da in ein abstraktes Wort mehr individuelle Erfahrungen oder Vorstellungen einfließen und demzufolge auch mehr Kookkurrenzen vorhanden sein können. Wie noch bei den Translationsstrategien (Kap. II 1.5) zu zeigen ist, spielt die Visualisierung als erster Schritt zur Erschließung des zu transferierenden Gegenstandes eine wichtige Rolle. Darunter soll an dieser Stelle eine Art des ‚Ausmalens' von geistigen Bildern verstanden werden, welche durch Wörter ausgelöst werden.[166]

Zweitens sollte der Translationsgegenstand Familienähnlichkeiten mit anderen Sprachebenen aufweisen. Dieses Wort prägte Wittgenstein (wie oben in Kap. I 1.1.3 ausführlich beschrieben), der im Hinblick auf die Ähnlichkeit der Bedeutungen eines einzelnen Wortes von „Familienähnlichkeiten" oder „Familienverwandtschaften" spricht,[167] die innerhalb des Kontextes ihrer Sprach-

---

[162] Wienen (2022) passim.
[163] Gil (2015) 152.
[164] Altmeyer (2019) 161.
[165] Die Deutungsoffenheit der Sprache der christlichen Traditionen rekurriert auf deren deutungstheoretischen Zugang durch das Christusereignis, das die Grundlage des Glaubens bildet (Dressler 2002a: 11; Dressler 2007: 95; Dressler/Klie 2008: 251f.). Die daraus erwachsenden Deutungen bedürfen wiederum bestimmter Zeichen, welche „immer deutungsoffen und deutungsbedürftig sind" (Dressler 2007: 95). Ähnlich Gil/Gili (2020) 322f.
[166] Kußmaul (³2015) 147: „Beim Verstehensprozess entstehen in unseren Köpfen mentale Repräsentationen, und wenn wir übersetzen, sind diese Repräsentationen Ausgangspunkt für unsere Neuformulierungen." Zur Visualisierung ausführlich Kap. II 2.4.2, III 4.2.
[167] Wittgenstein (1984a) 277 (PU 65) (Hervorh. im Original): „Statt etwas anzugeben, was allem, was wir Sprache nennen, gemeinsam ist, sage ich, es ist diesen Erscheinungen

spiele unterschiedliche Bedeutungen annehmen und die außerhalb der Sprachspiele, bzw. von ihnen entkoppelt, „tot" sind.[168] „Familienverwandtschaften" bilden das Proprium von Nationalsprachen im Allgemeinen und von Sprachspielen im Speziellen, zu deren Verständnis es weniger um die Frage geht, *was* ihnen gemeinsam ist, als vielmehr darum, *ob* ihnen etwas gemeinsam ist:

> „Sag nicht: ‚Es muß ihnen etwas gemeinsam sein, sonst hießen sie nicht ‚Spiele' – sondern schau, ob ihnen allen etwas gemeinsam ist. – Denn wenn du sie anschaust, wirst du zwar nicht etwas sehen, was allen gemeinsam wäre, aber du wirst Ähnlichkeiten, Verwandtschaften sehen, und zwar eine ganze Reihe. Wie gesagt: denk nicht, sondern schau!"[169]

Entscheidend ist die Dichotomie von Denken und Schauen: Während Denken eine hypothetische Vorgehensweise intendiert und somit die Wirklichkeit mit Modellen schablonenhaft erschließt, meint Schauen bei Wittgenstein hingegen, „die tatsächliche Sprache in ihrer Anwendung zu beobachten, um dann ihre innere Logik unserer Wörter – ihre Grammatik – beschreiben zu können".[170] Das Ergebnis dieses „Schauens" besteht in dem Aufdecken eines „komplizierte[n] Netz[es] von Ähnlichkeiten [...], die einander übergreifen und kreuzen".[171] Für die Verbindung der Sprachebenen durch Translationen ist es umso leichter, wenn eine Verbindung der Sprachebenen schon gegeben ist, wenn also nicht Wörter, die wie „Liturgie" vorwiegend für eine Sprachebene charakteristisch sind, den Translationsgegenstand bilden, sondern solche, die Familienähnlichkeiten aufweisen wie „Rechtfertigung" oder „Sünde", die in mehreren Sprachebenen mit jeweils anderen Bedeutungen verortet sind, zu denen auch unterschiedliche Kookkurrenzen zählen, die weitere Familienähnlichkeiten offenlegen. Thomas Wabel hat anhand des mehrdeutigen Wortes „Opfer" auf Chancen für die Einbindung von AdressatInnen, welche nicht in der Sprache der christlichen Traditionen versiert sind, in die Diskussion um gesellschaftliche Viktimisierungen und diesbezügliche christliche Be-

---

gar nicht Eines gemeinsam, weswegen wir für alle das gleiche Wort verwenden, sondern sie sind miteinander in vielen verschiedenen Weisen, *verwandt*. Und dieser Verwandtschaft, oder dieser Verwandtschaften wegen nennen wir sie alle ‚Sprachen'." Ebd. (PU 66): „Betrachte z.B. einmal die Vorgänge, die wir ‚Spiele' nennen. Ich meine Brettspiele, Kartenspiele, Ballspiele, Kampfspiele, usw. Was ist allen diesen gemeinsam? [...] Und das Ergebnis dieser Betrachtung lautet nun: Wir sehen ein kompliziertes Netz von Ähnlichkeiten, die einander übergreifen und kreuzen. Ähnlichkeiten im Großen und Kleinen." Ebd. 278 (PU 67): „Ich kann diese Ähnlichkeiten nicht besser charakterisieren als durch das Wort ‚Familienähnlichkeiten': denn so übergreifen und kreuzen sich die verschiedenen Ähnlichkeiten, die zwischen den Gliedern einer Familie bestehen: Wuchs, Gesichtszüge, Augenfarbe, Gang, Temperament, etc. etc. – Und ich werde sagen; die ‚Spiele' bilden eine Familie."

[168] Ebd. 416 (PU 432).
[169] Ebd. 277 (PU 66).
[170] Oliveira (2015) 95.
[171] Wittgenstein (1984a) 277 (PU 66).

zugspunkte hingewiesen.[172] Dieses Beispiel zeigt die religionspädagogischen Chancen von familienähnlichen Wörtern im Hinblick auf die Bereitschaft bzw. innere Motivation für die inhaltliche Auseinandersetzung mit ihnen seitens der SuS. Wabel betont, dass Wörter wie „Opfer" eine Schnittmenge zwischen weltanschaulich unterschiedlich orientierten Gruppierungen eröffnen und damit einen Translationsprozess zwischen ihren Sprachebenen in der Art einer „Einladung" ermöglichen.

Drittens sollten Wörter über möglichst viele Kookkurrenzen verfügen, die die Bezüge zu möglichst vielen Sprachebenen herstellen. Wie noch in Kap. II 2.3.1 aufzuzeigen ist, bietet das *Digitale Wörterbuch der Deutschen Sprache* (DWDS) einen Überblick von Kookkurrenzen zu Ausdrücken, die auf unterschiedlichen Textkorpora basieren bspw. auf den Ausgaben der Wochenzeitung *Die Zeit* von 1946–2019.[173] Die Kookkurrenzen erweisen sich als hilfreich für die sprachliche Verortung und auch Zuordnung von Wörtern. Dabei kann man den Blick auf zwei Ebenen richten: Erstens legt eine Betrachtung der Binnenebenen mögliche Kookkurrenzen von Wörtern innerhalb der Sprache der christlichen Traditionen frei, sofern man sie als solche zu erkennen vermag. Zweitens werden auf einer Außenebene die Kookkurrenzen bzw. Vernetzungen zu anderen Sprachebenen offenkundig. Beide Ebenen eröffnen auch Einblicke in die verschiedenen Themenfelder des Religionsunterrichts und auch in die Verknüpfungen zu anderen Unterrichtsfächern und können mit der Wortschatzarbeit verbunden werden, einem charakteristischen Prinzip des SFUs im Allgemeinen und einer sprach- und translationssensiblen Religionsdidaktik im Speziellen (Kap. II 1.1.4). Für die Relevanz von Kookkurrenzen für eine Sprachsensibilisierung eignet sich ein Beispiel aus dem Fremdsprachenunterricht: Um neue Vokabeln einzuführen, dienen zu Beginn von Lektionstexten oft Wimmelbilder als Impulse.[174] Dort abgebildete Handlungen und Gegenstände sind den SuSn bekannt, aber sie kennen die entsprechenden englischen Bezeichnungen möglicherweise nicht alle, v. a. nicht die neu einzuführenden Vokabeln. Durch deren Verortung innerhalb des Kontexts des Wimmelbilds vermögen sie es, mit dem ihnen schon bekannten Vokabular Umschreibungen für die unbekannten Vokabeln zu formulieren. Wendet man diese Szenerie auf den Religionsunterricht im Hinblick auf die

---

[172] Wabel (2019c) 73. Dieser Ansatz wird ausführlich besprochen in Kap. I 1.2.2. Siehe auch das von Wabel angesprochene Beispiel im *Kursbuch Religion Sekundarstufe II* (Rupp/Dieterich 2014, Hg.: 126) innerhalb von Kap. I 1.3.4 (Punkt 2.1.3). Auch Schulte (2019b: 117) sieht zur Annäherung an eine als religiös verstandene Sprache durch *Übersetzungen* eine Chance in Familienähnlichkeiten gegeben, denn so „kann Raum ermöglicht werden, dass sich an den gegebenen Sprachspielen mit ihren je spezifischen Einstellungen und Überzeugungen zum Leben die Fragestellungen über *Gott* und die *Welt* entwickeln können." (Hervorh. im Original)

[173] www.dwds.de/r (Zugriff: 01.11.2021).

[174] Bspw. Hanus/Kratz/Reuter (2014) 8f.

den SuSn ‚unbekannten' Wörter an, lässt sich differenzieren: Sind sie völlig unbekannt, können sie die SuS mittels ihres zur Verfügung stehenden Wortschatzes mitunter umschreiben, bspw. wird dann der Teil eines Bildes, den sie in der Sprache der christlichen Traditionen als „Antependium" identifizieren würden, von den SuSn möglicherweise als ein „Tuch, das vor dem Altar hängt" beschrieben; „Tuch", „hängen" und womöglich auch „Altar" sind den SuSn als Wörter bekannt, allerdings oftmals nicht als Kookkurrenzen zu „Antependium". Oder im Bezug auf ein weiteres Beispiel: „austeilen", „trinken" und „essen" sind geläufige Wörter, welche SuS in ihrem Alltag gebrauchen, jedoch kann nicht von der Religionslehrkraft von vornherein angenommen werden, dass sie diese als Kookkurrenzen von „Abendmahl" ansehen, also eine diesbezügliche Familienähnlichkeit kennen. Ein religionspädagogischer Fokus auf Kookkurrenzen schult einen sachorientierten Gebrauch von Wörtern innerhalb von Sprachebenen, so dass das Spektrum eines mehrperspektivischen Zugriffs erleichtert wird.

Zusammenfassend lässt sich feststellen: Die für einen mehrperspektivischen Zugriff auf einen Translationsgegenstand zuträglichen Faktoren für hermeneutisches Potenzial der Deutungsoffenheit bzw. des Bedeutungsüberschusses, der Familienähnlichkeiten und möglichst vieler in anderen Sprachebenen zu verortenden Kookkurrenzen schließen einander nicht aus, sondern sie können sich ganz oder auch in Teilen in einem Wort überschneiden, bspw. in „Opfer". Weiterhin bildet der sprachliche Rahmen des (Evangelischen) Religionsunterrichtes ein grundlegendes Kriterium für die Auswahl, da die Sprach- und Translationssensibilisierung nicht bspw. im Deutschunterricht erfolgt; der Translationsgegenstand ist somit entweder für die Sprache der christlichen Traditionen charakteristisch oder erhält bei einer Translation in die Sprache der christlichen Traditionen eine andere Bedeutung als diejenige, mit der er zum Translationsgegenstand erhoben wurde. Demzufolge erweisen sich Wörter als Translationsgegenstand geeignet, wenn sie

- zu den o. g. Typen I–VI gehören,
- und deutungsoffen sind bzw. einen Bedeutungsüberschuss aufweisen,
- und familienähnlich sind, sie also der Sprache der christlichen Traditionen oder einer anderen Sprachebene angehören und sie bei einer Translation aus dieser Sprachebene in die Sprache der christlichen Traditionen eine andere Bedeutung erhalten als diejenige, mit der sie zum Translationsgegenstand erhoben wurden,
- und möglichst viele Kookkurrenzen aufweisen, die mindestens noch einer anderen Sprachebene angehören, von denen eine die Sprache der christlichen Traditionen ist.

Hierzu zwei Beispiele: „Sünde" ließe sich Typ IV zuordnen, da erfahrungsgemäß SuS das Wort schon oft wahrgenommen und auch selbst verwendet ha-

1 Die Elemente des Translationsprozesses

ben, jedoch nicht die Bedeutung innerhalb der Sprache der christlichen Traditionen und eine diesbezügliche Abgrenzung zu anderen Sprachebenen erklären können, in denen das Wort häufig Verwendung findet. Neben diesem Kriterium greift bei „Sünde" auch das der Deutungsoffenheit bzw. des Bedeutungsüberschusses, was eine besondere Rolle bei den Translationsstrategien spielt, wie noch zu zeigen ist. Weiterhin weist „Sünde" zahlreiche Kookkurrenzen auf, die erfahrungsgemäß bei den SuSn evoziert werden und die zudem unterschiedlichen Sprachebenen zugeordnet werden können, wie es exemplarisch das nachfolgende Wortprofil von DWDS zeigt:

„Ablass Buße **Erlösung** Geist **Gnade** **Homosexualität** Laster Reue Sold Sühne Vergangenheit **Vergebung** abbüßen begangen begehen beichten bereuen bestrafen büßen **lässlich** ordnungspolitisch reinigen reinwaschen städtebaulich süß tilgen **unverzeihlich** vergeben"

Abb. 1[175]

Das zweite Beispiel bezieht sich auf ein weniger geeignetes Wort für einen Translationsgegenstand: „Altar" kann je nach Lerngruppe entweder Typ I als ein vollkommen unbekanntes Wort oder auch Typ III als ein bekanntes Wort, das nicht erklärt werden kann, zugeordnet werden. Das Wort bezeichnet im Vergleich zu „Sünde" einen konkreten Gegenstand, so dass die Deutungsoffenheit sehr gering ausfällt bzw. kein Bedeutungsüberschuss vorhanden ist. Weiterhin ist das Wort sehr in der Sprache der christlichen Traditionen verhaftet, so dass sich auch die Kookkurrenzen überwiegend in dieser Sprachebene bewegen, wie es exemplarisch das Wortprofil von DWDS zeigt:

„Ehre **Kanzel** **Kapelle** **Kerze** **Kruzifix** Marienkirche Opfergabe Orgel Reliquie Sakrament Statue Tabernakel **Taufbecken** Taufstein Tempel **Thron** **Vaterland** barock darbringen geschmückt geweiht gotisch **knien** mittelalterlich **opfern** schmücken schreiten weihen"

Abb. 2[176]

---
[175] www.dwds.de/wb/Sünde (Zugriff: 01.11.2021). Die Größe der Wörter richtet sich nach der Häufigkeit ihrer Verwendung.
[176] www.dwds.de/wb/Altar (Zugriff: 01.11.2021).

Wenn „Altar" eine Unterbrechung in einer Kommunikationssituation hervorrufen würde, bestünde eine ausreichende *Übersetzung* in Form einer Erklärung, die zwar Verständnisschwierigkeiten beseitigt, aber nicht zu einer Sprach- und Translationssensibilisierung beiträgt.

Um Missverständnissen vorzubeugen: Wenn Wörter nicht über ausreichendes hermeneutisches Potenzial verfügen, das in den obigen potenzialkonstituierenden Faktoren greifbar wird, bedeutet dies allerdings keinen Ausschluss von Translationen, wie es bei der Besprechung von *Übersetzungsangeboten* in Unterrichtswerken (Kap. I 1.3.4) deutlich wird. Vielmehr bildet das hermeneutische Potenzial eine Voraussetzung für einen kreativ-sprachlichen Neuversuch, mit dem sowohl eine Sprach- als auch eine Translationssensibilisierung einhergeht – gemäß dem in Kap. II 1.1.4 formulierten Leitsatz: Sensibel werden *durch* Translationen *für* Sprachen bedeutet, zugleich sensibel zu werden *für* Translationen *durch* Sprachen.[177] Demzufolge soll es vermieden werden, Wörter als *ungeeignet* zum Transkreieren zu bezeichnen, vielmehr soll in diesem Fall davon gesprochen werden, dass sie *weniger geeignet* sind.

1.4 Translationsverfahren

Im Anschluss an diesen Leitsatz wurde Transkreieren in einem ersten Schritt als ein Translationsverfahren bestimmt, das diese Interrelation zu leisten vermag (Kap. I 2); hierzu gehört auch, dass Translate neue Sichtweisen auf den Translationsgegenstand eröffnen. Demnach ist dieses Translationsverfahren in der translatorischen Hermeneutik zu verorten, bei der „Verstehen, Interpretieren, Kreativität, Intuition und Subjektivität [...] die Eckpfeiler dar[stellen]".[178]

Zur präziseren translatorischen Verortung des Transkreierens wird zunächst das Translationskonzept der translatorischen Hermeneutik beschrieben (Kap. II 1.4.1). Damit sind die Weichen für eine Ausdifferenzierung des Transkreierens gestellt, wie es im Rahmen einer sprach- und translationssensiblen Religionsdidaktik verstanden werden soll (Kap. II 1.4.2).

1.4.1 Translatorische Hermeneutik

Translation und Hermeneutik stehen in einem analytischen Verhältnis, das sich auch etymologisch erklären lässt: So heißt „übersetzen" im Altgriechischen ἑρμηνεύειν, dessen deutsche Grundbedeutungen „auslegen", „erklären"

---

[177] Eine Translationssensibilisierung umgreift auch eine Sensibilisierung für andere Übersetzungen/*Übersetzungen*, bspw. entsprechende Arbeitsaufträge in Unterrichtswerken.
[178] Cercel (2013) 10.

und „übersetzen" lauten.[179] Das Translationskonzept der „Übersetzungshermeneutik" wird seit den 1970er-Jahren als eine Forschungsrichtung wahrgenommen und hat sich mittlerweile – v. a. durch die diesbezüglich systematische Pionierarbeit von Larisa Cercel – in der Translationswissenschaft etabliert; es „versucht zu zeigen, wie der subjektive Faktor in die wissenschaftliche Betrachtung des Übersetzungsvorgangs einbezogen werden kann".[180]

Das Translationskonzept findet bei unterschiedlichen Translationsgegenständen Anwendung, die jetzt nicht in Gänze angeführt werden sollen.[181] Stattdessen soll zunächst ein allgemeiner Blick auf die translatorische Wechselwirkung von Hermeneutik und Kreativität gerichtet werden, der sich das an der Universität Leipzig verortete Forschungszentrum *Hermeneutik und Kreativität* mit unterschiedlicher Schwerpunktsetzung widmet.[182] Die translatorische Interrelation von Hermeneutik und Kreativität fragt danach, inwieweit Translationsgegenstände erst durch eine kreative Translation vollkommen verstanden bzw. durchdrungen werden können.[183] Als translatorische Größe nimmt Kreativität „gegenwärtig eine zentrale Position in der Translationswissenschaft ein".[184] Gerrit Bayer-Hohenwarter verweist auf die zahlreichen unterschiedlichen Definitionen von Kreativität im Allgemeinen und, auf Translationen bezogen, im Speziellen. Für Letzteres erachtet sie die folgende Definition als „hilfreich": „Creativity is the interplay between ability and process by which an individual or group produces an outcome or product that is both novel and useful as defined within some social context."[185] Nach einem

---

[179] Gadamer (1974) 1061: „Hermeneutik ist die Kunst des ἑρμηνεύειν, d. h. des Verkündens, Dolmetschens, Erklärens und Auslegens. ‚Hermes' hieß der Götterbote, der die Botschaften der Götter den Sterblichen ausrichtet. Sein Verkünden ist offenkundig kein bloßes Mitteilen, sondern Erklären von göttlichen Befehlen, und zwar so, daß er diese in sterbliche Sprache und Verständlichkeit übersetzt." Dazu auch ausführlich Cercel (2009) 8–11.

[180] Cercel (2013) 20.

[181] Als Überblick bspw. Cercel (2013), Cercel/Agnetta/Amido Lozano (2017a, Hg.), Stanley/O'Keeffe/Stolze u. a. (2018, Hg.).

[182] www.hermeneutik-und-kreativitaet.de (Zugriff: 01.11.2021).

[183] Gil (2021) 112. Ein prominentes Beispiel für eine Verbindung von Hermeneutik und Übersetzung stellt Martin Luthers Konzept für die Übersetzung des Neuen Testaments dar, wie er es im *Sendbrief vom Dolmetschen* (1530; WA 30 II, 632–646) und in *Summarien über die Psalmen und die Ursachen des Dolmetschens* (1531–1533; WA 38, 1–69) darlegte: Der Reformator schaute dem Volk „aufs Maul", d. h. er maß für ein idiomatisch richtiges Deutsch dem Textsinn einen höheren Stellenwert als der Wörtlichkeit bei. Hierzu Lüpke (2018) passim, Schulte (2017) 82, Hild (2016) 31–35, Kußmaul (2000) 47–51, 68–70, Stolt (2000) 89.

[184] Cercel/Agnetta/Amido Lozano (2017b) 11. Einen sehr ausführlichen Überblick über Kreativität als translationswissenschaftliche Größe mit dem Schwerpunkt literarischer Übersetzungen gibt Amido Lozano (2019) 63–125.

[185] Bayer-Hohenwarter (2012) 9; ebd. 12 zitiert Plucker/Beghetto (2004) 156.

Vergleich von mehreren Definitionen translatorischer Kreativität fasst Bayer-Hohenwarter zusammen:

„Translatorische Kreativität ist ein Leistungsmerkmal translatorischen Handelns, das im Translationsprozess und/oder -produkt an Ausdrucksformen von Originalität, Flexibilität und Denkflüssigkeit erkennbar wird und im Idealfall in ein optimal angemessenes Translat mündet."[186]

Die wesentlichen Merkmale dieser Definition, die für das vorliegende Buch gelten soll, bilden die Neuheit *und* die Angemessenheit. Es kursieren nämlich auch Ansätze, bei denen nur die Neuheit ausschlaggebend ist.[187] Dies ist von Relevanz, da auch die Frage zu stellen ist, wie sehr das Translat den Translationsgegenstand in theologischer Hinsicht verändern kann bzw. darf; mögliche Antworten auf diese Frage bzw. Kriterien für gelungene Translate werden in Kap. II 1.6.3 eruiert.

Die Wurzeln translatorischer Kreativität liegen in der „ambivalenten Bindung des Übersetzers zum Original: Sie hemmt und fordert zugleich heraus, mahnt zur Zurückhaltung und lädt zum Wagnis ein".[188] Herausforderung und Hemmnis entspringen dem translatorischen Grundverhalten, vor Beginn der Translation den Translationsgegenstand erst einmal verstanden und ausgelegt, also interpretiert haben zu müssen, um ihn dann in der Zielsprache einschließlich des kulturellen Kontextes reformulieren zu können.[189] Das Verstehen des Translationsgegenstands stellt aus übersetzungshermeneutischer Sicht einen „binäre[n] Prozess" dar, „der sich durch das Zusammenspiel von Kognition und Intuition konstituiert".[190]

Kognition und Intuition sind bei einer kreativen Hermeneutik als ein gleichwertiges Zusammenspiel in den Translationsprozess eingebunden, der sich so als ein „unabschließbarer Prozess" versteht, da der gesamte Akt des Verstehens von Geschichtlichkeit gekennzeichnet ist, der Translationsgegenstand sowie der gesamte Translationsprozess orts- und zeitgebunden und auch abhängig von den TranslatorInnen ist.[191] Somit ist eine kreative Hermeneutik als ein zutiefst menschlicher Prozess anzusehen: Einerseits steht er

---

[186] Bayer-Hohenwarter (2012) 78. Treffend Kußmaul (2000) 186: „Für das Übersetzen bedeutet dieser Kreativitätsbegriff, daß eine relativ wörtliche Übersetzung, wenn sie auch noch so anschaulich und gut gelungen ist, per definitionem nicht kreativ sein kann."

[187] Bayer-Hohenwarter (2012) 63. Einer dieser Ansätze stellt bspw. das *Übersetzungskonzept* von „Religionen übersetzen" dar (Kap. I 1.1.4.2.3.1): Hier wird nicht nach dem Gelingen oder Scheitern einer *Übersetzung* gefragt, sondern das Interesse richtet sich auf die durch die „kreative Leistung" herbeigeführten Veränderungen des *Übersetzungsgegenstands* durch das *Übersetzungsprodukt*.

[188] Cercel/Agnetta/Amido Lozano (2017b) 11.

[189] Ebd.

[190] Cercel (2013) 345.

[191] Ebd. 345f. Zitat 345.

maschinellen Translationen diametral gegenüber, andererseits rückt die Präsenz der TranslatorInnen im Translat in den Fokus. In diesem Zusammenhang wird nicht nur das Transferieren, sondern, damit verbunden, auch die Sprache als ein menschlicher Vorgang etikettiert bzw. ins Bewusstsein gerückt.[192]

Kreativität beim Transferieren stellt sich erst mit dem Bewusstsein ein, dass ein zu überwindendes Problem vorliegt: Somit ist kreative Hermeneutik als ein „Problemlöseverfahren" zu verstehen,[193] welches mit dem erwähnten Wagnis der TranslatorInnen korreliert. Durch eine kreative Translation können „tiefere Schichten des Originals freigelegt werden, die sonst nur im Bereich der Ausdruckspotenzialität geblieben wären".[194] Hierzu ein Beispiel aus einem Flyer des Tourismusverbandes des Dreiländerecks Deutschland, Luxemburg und Frankreich – ganz ohne religiöse Bezüge, aber sehr anschaulich. Dort heißt es u. a.:[195] „Nach dem Wandern können Sie sich guten Gewissens mit einem Moselwein und regionalen Spezialitäten stärken." Das französische Übersetzungsprodukt lautet: „Après l'effort, le réconfort. Nos restaurateurs vous accueillent pour vous faire déguster les spécialités viticoles et gastronomiques de la Moselle." Richten wir nun das Augenmerk auf den ersten französischen Satz, der das – im eigentlichen Sinne – ‚falsche' Übersetzungsprodukt von „Nach dem Wandern" (statt: „Nach der Anstrengung") darstellt, das jedoch als kreativ-hermeneutisch einzustufen ist, da so die besagten „tieferen Schichten"[196] freigelegt werden können: „Nach dem Wandern" bringt zum Ausdruck, dass Wanderer einen Weg mit Erfolg zurückgelegt haben und dabei Hunger und Durst verspüren, wozu ja dann auch – so der zweite Teil – mehrere Einkehrmöglichkeiten vorhanden sind. Somit ist das Verhältnis zwischen Translationsgegenstand und Translat durch eine „Bidirektionalität"[197] gekennzeichnet, die für das Verständnis von beiden zuträglich ist, wie auf anderer Ebene ähnlich der Bidirektionalität der Horizontverschmelzung nach Gadamer (Kap. II 1.2.1.3).[198]

---

[192] Ebd. 344. Treffend auch in diesem Zusammenhang Cercel (2009) 11: „Sprache und Übersetzen werden als zur Seinsstruktur des Menschen gehörend angesehen."
[193] Stolze (2017) 269f., Gil (2014) passim, Cercel (2013) 269–275.
[194] Gil (2015) 152.
[195] www.tourisme-ccce.fr/data/medias/documents/RANDONNEE_SANS_FRONTIERES.pdf (Zugriff: 01.11.2021).
[196] Gil (2015) 152.
[197] Cercel/Agnetta/Amido Lozano (2017b) 13. Treffend Laube (2019) 66f.: „Eine Übersetzung verändert nicht nur die Sprache, in die übersetzt wird, sondern auch das Original, das übersetzt wird."
[198] Von einer theologischen Warte aus sah bspw. Tillich (²1978: 208, 222) eine „Dämonisierung" der zur Religion gehörenden Sprache als dann gegeben, wenn deren Übersetzung keinen Unterschied zum Original aufweist. Im Umkehrschluss bedeutet dies eine gebotene Veränderung eines diesbezüglichen Translationsgegenstands in Form des Translats, hierzu bspw. EKD (2010b, Hg.) 9: Die Kirche muss „mutig die Elastizität ihrer

Ein Beispiel für kreatives Übersetzen von Metaphern und bildlichen Ausdrücken gibt John W. Stanley: Die Schwierigkeit besteht hier darin, dass einerseits „sehr detaillierte und sehr umfassende Kenntnisse der Zielsprache und der Zielweltansicht" gefordert sind, andererseits Nachschlagewerke nur die gängigen Metaphern anführen.[199] Zur Lösung dieser Problematik empfiehlt Stanley folgende Herangehensweise: Der erste Schritt besteht nicht in der Überlegung, wie das Wort nun zu transferieren ist, sondern in dem Eruieren der Funktionsweise der Metapher im Ganzen, wozu es „äußerst wichtig" ist, den „‚Erkenntniskräften' [...], Gefühlen, Sinneswahrnehmungen und [...] Phantasie (Einbildungskraft) freien Lauf zu gestatten", was „die Kreativität fördert".[200] Als Zweites erfolgt eine Auseinandersetzung mit unterschiedlichen Sprachspielen,[201] die sich auf das besagte Wort und dessen Bedeutung im eigentlichen Sinne innerhalb der Metapher beziehen können; so wird es ermöglicht,

> „eine Reihe von semantischen und syntaktischen Beispielen aus dem vorhandenen kollektiven Gedächtnis der Gruppe [i. e. die gemeinsam Übersetzenden] zu schöpfen. Das Ordnungsgefüge der Sprachspiele, das dem Gebrauch der Metaphern zugrunde liegt, liegt latent im Gedächtnis der Gesellschaft."[202]

Für den dritten Schritt, das Übersetzen, empfiehlt Stanley – im Rekurs auf Wittgenstein – den „Begriff von ‚Familienverwandtschaften' einzusetzen" und dessen diesbezüglicher Devise „Denk nicht, sondern schau!" zu folgen;[203] dabei wird das sog. Schauen „dadurch verwirklicht, indem wir ‚Sprachspiele' in der Zielsprache hervorrufen, die möglicherweise der Metapher in der Ausgangssprache entsprechen".[204] Stanley verweist als Beispiel auf den Satz „Nun ziehen Samsung und LG offenbar die Reißleine".[205] Gemäß dem ersten Schritt erfolgte eine Auseinandersetzung mit der Metapher „die Reißleine

---

Kerngehalte angesichts des individualisierten jugendlichen Zugangs zu Religion [...] erproben". EKD (2002, Hg.) 18: Durch die „Kompetenz zur Übersetzung in andere ‚Sprachen' und Symbolsysteme wie Recht und Bildung, aber auch Ethik oder Wissenschaft konnte der Protestantismus seine kulturstiftende Kraft entfalten". Hierzu ausführlich in Kap. I 1.3.2.

[199] Stanley (2017) 343.
[200] Dabei gilt es zu fragen (ebd.: 344): „Was bezweckte der Autor mit dieser Metapher? Möchte sie etwas verkaufen? Will sie vielleicht den Leser von etwas überzeugen? Warum will sie diese Gefühle im Spiel haben? Wie beeinflusst das Bedeutungsgefüge der Metapher unser Verhalten von dem ‚fremden Sachverhalt', den sie veranschaulichen soll?"
[201] Stanley (2017) greift auf Gadamers Verständnis von Sprachspielen zurück, das sich im Wesentlichen nicht von Wittgensteins Verständnis unterscheidet. Zu Gadamers „sprachlichen Spielen": Stanley (2017) 335–342. Zu Wittgenstein: Kap. I 1.1.3.
[202] Stanley (2017) 344.
[203] Ebd. mit Bezug auf Wittgenstein (1984a) 277 (PU 66). Zu den „Familienverwandtschaften": Kap. II 1.3.
[204] Stanley (2017) 344.
[205] Ebd. 345.

ziehen" im Allgemeinen und auf den Situationskontext gewendet im Speziellen. Als Zweites gelangte die Gruppe von ÜbersetzerInnen zu dem Ergebnis, dass für die besagten Unternehmen eine bestimmte Maßnahme aufgrund einer unzureichenden Rentabiliät beendet werden müsse. Schließlich ergab die Suche nach passenden Metaphern im Englischen, dass gerade innerhalb dieses Kontextes die Wörter „parachuting" oder „pulling the ripcord" unzutreffend sind; stattdessen wurde die eigentlich aus dem Sprachspiel des Boxsports stammende Metapher „to throw in the towel" als angemessenes Übersetzungsprodukt erachtet.[206] Das von Stanley angeführte Beispiel macht deutlich, dass ein Translat als ein kreativ-sprachlicher Neuversuch ein tieferes Verständnis des Translationsgegenstands zu eröffnen vermag.

Martina Kumlehn schlägt ein ähnliches Verfahren für das *Übersetzen* von Metaphern vor, welche für die Sprache der christlichen Traditionen charakteristisch sind, indem sie es für deren Verständnis nicht als angemessen erachtet, sie durch „(säkulare) Begriffe [zu ersetzen]"; stattdessen schlägt sie für eine Förderung des Verständnisses „andere Bilder und Metaphern [vor], die neue Facetten im Sich-Verhalten-zum-Unverfügbaren eröffnen".[207] Damit nimmt Kumlehn unausgesprochen Bezug auf die Ausbildung der subjektorientierten Sprache für Religiöses. Allerdings bleibt offen, nach welchen Kriterien diejenigen Wörter, die im Zuge des *Übersetzens* einer Metapher „andere Bilder und Metaphern" konstituieren, als religiös oder eben als säkular zu bemessen sind, und wo diese etwaigen Kriterien zu verorten wären; selbstverständlich wird die Religionslehrkraft in dieser Hinsicht anders urteilen als die SuS.

Für die Beförderung der religiösen Sprachfähigkeit stehen bei einer sprach- und translationssensiblen Religionsdidaktik allerdings die SuS als TranslatorInnen im Mittelpunkt, die zum Ausdruck ihres Verständnisses für Religiosität unter Umständen auch Wörter heranziehen, welche von einer theologisch versierten Religionslehrkraft als säkular eingestuft würden. Dies meint als Konsequenz nicht ein translatorisches „anything goes", sondern es bedarf einer Ausdifferenzierung von Translationsgrenzen, einer Ausarbeitung von Möglichkeiten im Umgang mit Translationsgrenzen und in diesem Zusammenhang auch des Aufstellens eines Kriterienkatalogs für die Beurteilung von als gelungen geltenden Translaten; diesen drei Aspekten widmen sich die Kap. II 1.6.1–1.6.3.

1.4.2 Transkreieren

Auf eine Darstellung der Etymologie von „transkreieren"/„Transkreation" (Kap. II 1.4.2.1) folgt eine Skizze der vorhandenen – unterschiedlichen – translationswissenschaftlichen Ansätze, die sich dieses Wortes bedienen (Kap.

---
[206] Ebd.
[207] Kumlehn (2014) 271.

II 1.4.2.2), um schließlich – sowohl unter Bezugnahme auf als auch zur Abgrenzung zu diesen Ansätzen – das Verständnis von Transkreieren auszuarbeiten, wie es im Rahmen der sprach- und translationssensiblen Religionsdidaktik zu verstehen ist, nämlich als ein kreativ-hermeneutisches Problemlöseverfahren (Kap. II 1.4.2.3).

1.4.2.1 Etymologie

Das Nomen „transcreatio" wird erstmals von Gottfried Wilhelm Leibniz (1646–1716) in seinem Werk *Pacidius Philalethi* aus dem Jahre 1676 erwähnt, in dem er eine Theorie der Bewegung und der Veränderung umreißt;[208] mit „transcreatio" sieht Leibniz die Möglichkeit gegeben, „sowohl die Kontinuität der Bewegung als auch ihre Gegenwärtigkeit in jedem möglich anzunehmenden Punkt zu vereinigen".[209] Mit dem „wunderschönen Wort" erklärt er weiterhin die Fähigkeit Gottes, einerseits zu erschaffen, andererseits zu zerstören.[210] In seinem 1705 publizierten Werk *Die Theodicee* erklärt Leibniz seinen Neologismus im Hinblick auf die Seelen innewohnende Vernunft: Seelen werden präexistent gedacht und erhalten ihre Vernunft, wenn sie dem Menschen innewohnen, durch „eine Art Transkreation (übertragende Schöpfung),"[211] die er auch in diesem Zusammenhang als einen „Mittelzustand zwischen Schöpfung und völliger Präexistenz"[212] bezeichnet. Angetrieben wurden diese Überlegun-

---

[208] McCaffery (2001) 241, Anm. 24, mit Verweis auf C 617: „Qui saltus illos statuet, nihil aliud habet quam ut dicat, mobile E cum aliquandiu in loco afuerit, extingui et annihilari, et in B momento post iterum emergere ac recreari; quod motus genus possimus dicere transcreationem." Ähnlich Hattler (2004) 36f., Jorgensen (2013) 73f.

[209] Hattler (2004) 37.

[210] C 624: „Cha[rinus]: At quomodo, quaso, transfertur corpus ex puncto B in corpus D, postquam momentum transitionis seu status medii sustulimus? Pa[cidius]: Hoc non puto explicari posse melius quam si dicamus corpus E extingui quodammodo et annihilari in B, creari vero denuo ac resuscitari in D. quod posses novo sed pulcherrimo vocabulo appellare *trans-creationem*." C 625: „The[ophilus]: Hinc mirifice confirmatur quod praeclare olim a Theologis dictum est, conversationem esse perpetuam creationem, huic enim sententiae affine est quod a te demonstratur, mutationem omnem esse transcreationem." (Hervorh. im Original)

[211] T 90: „Aus mehreren Gründen aber erscheint es mir noch wahrscheinlicher, daß die Seelen damals nur in sensitivem oder animalischem Zustand, mit Vorstellungsvermögen und Empfindungen begabt, aber ohne Vernunft existierten; und daß sie in diesem Zustande bis auf die Zeit verblieben, wo der Mensch, dem sie angehören sollten, erzeugt wurde, daß sie aber auch dann erst Vernunft erhielten, entweder dadurch, daß eine sensitive Seele auf natürlichem Wege zur vernünftigen Seele werden kann (was ich aber schwer begreife), oder dadurch, daß Gott dieser Seele auf eine besondere Weise Vernunft einpflanzte, oder endlich durch eine Art Transkreation (übertragende Schöpfung). Dem kann man sich umso leichter anschließen, als uns die Offenbarung von einer Reihe anderer unmittelbarer Einwirkungen Gottes auf unsere Seele Kunde gibt."

[212] T 397: „Wie ich [...] gezeigt habe, können die Seelen auf natürlichem Wege weder entstehen noch aus einander erschaffen werden, und muß auch die unserige entweder

gen von der Frage der „Vereinbarkeit der unendlichen Teilbarkeit der Materie wie des Kontinuums überhaupt und der von ihm geforderten Notwendigkeit letzter Einheiten".²¹³ Zusammenfassend entwickelt Leibniz das Prinzip der „transcreatio" in seinem Gesamtœuvre allerdings nur „mangelhaft".²¹⁴

Gegenwärtig ist weder im *Duden* noch im *Larousse* „transkreieren" bzw. „transcréer" belegt. Im *Oxford English Dictionary* (OED) hingegen wird „to transcreate" als ein „nonce-verb" charakterisiert; dabei wird auf eine Verwendung des Verbs innerhalb des Gesamtwerks von Samuel T. Coleridge (1772-1834) verwiesen.²¹⁵ Das OED definiert ausgehend von der zitierten Textstelle „to transcreate" als „to create by or in the way of transmission".²¹⁶

1.4.2.2 Vorhandene Ansätze

Zwei Ansätze sind in diesem Kapitel zu besprechen: Zum einen das von dem brasilianischen Dichter und Übersetzer Haroldo de Campos geprägte, auf literarische Texte bezogene, Übersetzungsverfahren „transcriação" (Kap. II 1.4.2.2.1), zum anderen das besonders bei Werbetexten angewendete Übersetzungsverfahren des Transkreierens als eine Art des „Über-Textens" (Kap. II 1.4.2.2.2).

---

geschaffen oder präexistierend sein. Ich habe sogar auf einen gewissen Mittelzustand zwischen Schöpfung und völliger Präexistenz hingewiesen, als ich die Behauptung aufstellte, die im Samen seit Anbeginn der Dinge präexistierende Seele sei nur mit Empfindungen begabt, sie werde aber zu höherem Grade, zur Vernunft, emporgehoben, wenn der Mensch, dem diese Seele zu eigen sein soll, geschaffen worden und der organisierte Körper, der unter vielen Veränderungen von Anfang an ständige Begleiter dieser Seele, zur Bildung des menschlichen Körpers bestimmt worden ist. [...] Diese Erzeugung ist eine Art Traduktion, doch ist sie annehmbarer als die gewöhnlich gelehrte: sie läßt nicht die Seelen, sondern nur die Lebewesen auseinander hervorgehen und vermeidet die häufigen Wunder einer neuen Schöpfung, durch die eine neue Seele einem Körper einverleibt wird, der sie zugrunde richten muß." Hierzu ausführlich Cook (2008) 456.

²¹³ Hattler (2004) 36. In diesem Zusammenhang wird auch das Verb „transcreare" in einem Brief an Buchard de Volder, datiert auf den 24. März/3. April 1699, verwendet: „Cum enim omnia perpetua Dei productione et, ut loquuntur, continua creatione fiant, quidni potuisset ille corpus, ut ita dicam, transcreare de loco in locum distantem, hiatus relicto vel in tempore vel in loco, verbi gratia producendo corpus in A, deinde in B etc." Zitiert nach Hattler (2004) 42, Anm. 83.

²¹⁴ Hattler (2004) 37.

²¹⁵ OED, s. v. „transcreate": „Not the qualities merely, but the root of the qualities is trans-created. How else could it be a birth – a creation?" Der britische Dichter und Philosoph drückte mit dem Verb aus, wie ein Kommentar – hier: zum Ersten Petrusbrief – zu verstehen ist. Hierzu Katan (2014) 16f.: „Again it is the essence of the substance that is retained."

²¹⁶ Ebd. Katan (2014) 17: „Again both ideas of (1) faithful transmission and (2) creation is retained."

1.4.2.2.1 „Transcriação" (Haroldo de Campos)

Der brasilianische Dichter und Übersetzer Haroldo de Campos (1929–2003) prägt das Wort mit der Intention, dem Übersetzungsprodukt als einer eigenständigen Größe Kontur zu verleihen. Zusammen mit seinem Bruder Augusto gehörte er dem Zirkel *Movimento Antropófago* an, dessen Mitglieder Übersetzungsprozesse mit Kannibalismus verglichen; dieser ist jedoch nicht im Sinne europäischer Assoziationen als Zerlegen und Verschlingen zu verstehen, sondern als eine Art der Nahrungsaufnahme und Nahrungsübernahme, bei der die Eigenschaften eines Körpers durch das Blut inkorporiert werden.[217] Das Anliegen des Zirkels bestand demnach darin, durch Übersetzungen Kolonisatoren zu ‚übernehmen' bzw. zu unterwerfen; so stellten für Haroldo und Augusto de Campos die Übersetzungsprodukte von bspw. Goethe, Shakespeare etc. eine Art des Widerstandes dar, welcher in diesem Zusammenhang auch eine gesellschaftliche Veränderung in den ehemaligen Kolonien und eine Kapitalismuskritik intendierte.[218]

Die „transcriação" fluchtet auf eine Modernisierung des Übersetzungsgegenstands durch eine Sprache, die zur Zeit der Anfertigung des Übersetzungsprodukts gängig ist; demzufolge ‚inkorporieren' die ÜbersetzerInnen das Übersetzungsprodukt, indem sie es durch ihre Kreativität in ihre Zeit, in ihre Kultur und in ihre gängigen Sprachformen bringen und so neu erschaffen, ohne dabei die Form und den Inhalt antasten zu wollen; die Wahrung der Treue zum Übersetzungsgegenstand ist bei dem Übersetzungsprozess ebenso maßgeblich wie die kulturellen und auch sprachlichen Veränderungen bzw. Neuschöpfungen als Übersetzungsprodukte.[219]

Allerdings darf nicht jedes Übersetzungsprodukt als der Versuch einer Unterwerfung im obigen Sinne angesehen werden: Campos wandte sich auch biblischen Büchern zu und übersetzte sie gemäß dem Prinzip der „transcriação".[220] Neben dem ersten Buch Mose (Campos 1993) und dem Hohelied (Campos 2004 [posthum]) widmete er sich auch dem Buch Kohelet (Campos 1990), bei dem er neben dem hebräischen Urtext auch mehrere Übersetzungen, bspw. deutsche, italienische, englische etc., heranzog, um durch diese phonetische, semantische und syntaktische Mehrdimensionalität die ästhetische Qualität des portugiesischen Übersetzungsprodukts zu steigern:[221]

---

[217] Gentzler (2004) 169, Vieira (1999) 102–105.
[218] Gentzler (2004) 169.
[219] Amido Lozano (2019) 61.
[220] Amaral (2013) 262, 266.
[221] Ebd. 266.

1 Die Elemente des Translationsprozesses

Lutherbibel (2017)

„1 Dies sind die Reden des Predigers, des Sohnes Davids, des Königs zu Jerusalem.
2 Es ist alles ganz eitel, sprach der Prediger, es ist alles ganz eitel.
3 Was hat der Mensch für Gewinn von all seiner Mühe, die er hat unter der Sonne?
4 Ein Geschlecht vergeht, das andere kommt; die Erde aber bleibt immer bestehen.
5 Die Sonne geht auf und geht unter und läuft an ihren Ort, dass sie dort wieder aufgehe."

Campos (1990)[222]

„1 Palavras de Qohélet filho de Davi rei em Jerusalém.
2 Névoa de nadas disse O-que-Sabe névoa de nadas tudo névoa-nada.
3 Que proveito para o homem
De todo o seu afã
Fadiga de afazeres sob o sol.
4 Geração-que-vai e geração-que-vem e a terra durando para sempre.
5 E o sol desponta e o sol se põe
E ao mesmo ponto
aspira de onde ele reponta."

Das Prinzip der „transcriação" vollzieht sich bspw. bei einem Gedicht in zwei Schritten, einem hermeneutischen und einem kreativen: Zuerst müssen sich die ÜbersetzerInnen die Komplexität des Gedichtes hinsichtlich dessen Form und Inhalt vor Augen führen und es dann über die Historizität und den Kontext erschließen, damit die Neuschöpfung es vermag, zwischen den beiden Kulturen und Zeiten zu vermitteln.[223] Demzufolge steht hier in erster Linie ein interkultureller Aspekt des Übersetzens (Kap. I 1.1.4.1) im Vordergrund.

Haroldo de Campos betonte ausdrücklich, dass die Übersetzungsprodukte mit dem Übersetzungsgegenstand verbunden bleiben und sich zueinander, physikalisch gesprochen, wie isomorphische Körper verhalten.[224] So versteht er „transcriação" als „tentato captar a ‚vibração' do original non seu ‚eu'",[225] also als einen Versuch, die Schwingungen des Originals und nicht es selbst

---

[222] Campos (1990) 45 zitiert nach Amaral (2013) 267; es bleibt unklar, welche Bibelübersetzung Campos als Vorlage diente, so dass für den Übersetzungsvergleich die *Lutherbibel* (2017) als Orientierung herangezogen wird. Christine Doerr (Saarbrücken) hat das folgende deutsche Übersetzungsprodukt angefertigt:
„1 Worte von Qohélet, dem Sohn Davids, König in Jerusalem.
2 Nebel des Nichts sagte Er-wer-weiß
Nebel des Nichts alle Nebel des Nichts.
3 Welcher Gewinn für den Menschen
Von all seinem Treiben und Treiben
Müdigkeit der Arbeit unter der Sonne.
4 Kommende und gehende Generation
und die Erde währt ewig.
5 Und die Sonne geht auf und die Sonne geht unter
und an der gleichen Stelle
strebt von dort, wo sie sich erhebt."
[223] Amido Lozano (2019) 62.
[224] Campos (1992) 34: „Teremos [...] em outra língua, uma outra informação estética, autônoma, mas ambas estarão ligadas entre si por uma relação de isomorfia: serão diferentes enquanto linguagem, mas, como os corpos isomorfos, cristalizar-se-ão dentro de um mesmo sistema."
[225] Campos (1983) 241.

einzufangen. Die bewusst vorgenommenen sprachlichen und kulturellen Veränderungen bei einer gleichzeitigen Verbundenheit von Übersetzungsgegenstand und Übersetzungsprodukt ermöglichen zwischen beiden hermeneutische Wechselwirkungen und setzen neue Sichtweisen frei, bspw. auf den obigen Prediger als „O-que-Sabe" („Derjenige, der (es) weiß" bzw. „Der (es) wirklich Wissende") oder auf „eitel" als „névoa de nadas" („Nebel des Nichts", V. 2), da gerade Kindern und Jugendlichen dieses Wort überwiegend in der Bedeutung „selbstgefällig" geläufig ist; zudem fängt diese Wendung die „Schwingungen" des hebräischen Originals als „Windhauch" (הֶבֶל) auf, der in zahlreichen Büchern des Alten Testaments im metaphorischen Sinne als etwas „Wertloses, Leeres, Macht- und Hilfloses" verwendet wird und der besonders im Buch Kohelet mit der Nuance des Vergänglichen behaftet ist,[226] die durch „Nebel" als eine diesbezüglich gängige Metapher an Kontur erlangt.

1.4.2.2.2 Transkreieren als Über-Texten

„Transcreation" hat sich in der Marketingbranche für „Übersetzungen und kreative Neuschöpfungen von Werbetexten und Internetauftritten" etabliert.[227] Auch im Deutschen wird in diesem Zusammenhang seit 2016 von „Transkreation" gesprochen, als von Nina Sattler-Hovdar zu der Thematik eine Monographie vorgelegt wurde;[228] für die Autorin ist

> „Transkreation immer dann erforderlich, wenn der übertragene Text für das Image (und dadurch mittelbar oder unmittelbar für den Umsatz) des Auftraggebers wichtig ist. Transkreation betrifft also Texte, die ‚in das Markenkonto einzahlen', wie die Profis sagen. Gemeint sind damit Texte, die das Image einer Marke wesentlich fördern (bzw. bei Nichterfüllung nachhaltig schädigen) können. Die Marke kann dabei ein Produkt, eine Dienstleistung, ein Unternehmen oder eine Person sein – im Grunde alles, was sich verkaufen will. Und das möglichst gut."[229]

Damit umfasst eine Transkreation zwei Schritte: zum einen die Übersetzung in die Zielsprache, zum anderen die dem Übersetzungsprodukt zuträgliche Aufwertung i. S. eines „Über-Textens";[230] in diesem Schritt werden dann alle diejenigen Elemente herausgefiltert, welche sich als geeignet für eine Veränderung zum Zweck der Aufwertung eines Konsumprodukts erweisen.[231] Um eine derartige Aufwertung zu erreichen, wird die Aufmerksamkeit durch ein vermeintlich falsches Übersetzungsprodukt erregt; hierzu zählen bspw. Auslassungen, Hinzufügungen, syntaktische Fehler und eine komplett andere Satzstruktur im Vergleich zum Original, wodurch eine bewusste Verfremdung

---

[226] Fischer (2010) 1f.
[227] Rupcic (2020) 307, Schreiber (2017) 353.
[228] Schreiber (2017) 354.
[229] Sattler-Hovdar (2016) 20.
[230] Der Untertitel der Monographie von ebd. lautet: „Vom Über-*Setzen* zum Über-*Texten*". Siehe auch ebd. 25.
[231] Schreiber (2017) 355.

herbeigeführt und so bestimmte AdressatInnen bzw. ein bestimmter Markt erreicht werden soll.[232] Hierzu ein markantes Beispiel aus dem Jahr 1959:[233] Der Benzin-Hersteller *Esso* warb im englischsprachigen Raum für sein Produkt mit dem Slogan „Put a tiger in your tank." Die italienische Transkreation lautete „Metti un tigre nel motore." – Dieses Übersetzungsprodukt ist auf den ersten Blick falsch, da anstatt „tank" nun „motore" verwendet wurde und „tigre", ein im Italienischen feminines Nomen, einen maskulinen Artikel erhielt. Für diese Veränderungen liegen zwei Gründe vor: Erstens hätte das wörtliche Übersetzungsprodukt „serbatoio" für „tank" den musikalischen Rhythmus nicht wiedergeben können und zweitens hätte die Verwendung des korrekten Femininums nicht der zu jener Zeit – und gerade in Italien – von Männern beanspruchten Domäne für Autos entsprochen. An dem Beispiel wird deutlich, dass bei Transkreationen der interkulturelle Aspekt im Vordergrund steht und die ÜbersetzerInnen vor allem in dieser Hinsicht geschult werden müssen.[234]

Kreativität bildet somit zwar ein entscheidendes Merkmal für eine Transkreation, jedoch darf man sie nicht schlankerhand als das einzige Alleinstellungsmerkmal profilieren und in diesem Zuge anderen Übersetzungsverfahren gegenüberstellen, so als ob diese keinerlei kreativen Elemente enthielten;[235] vielmehr ist es überwiegend der „Normalfall", dass durch die Übertragung in die Zielsprache keine direkten Entsprechungen zur Ausgangssprache möglich sind und Veränderungen, für die ganz allgemein Kreativität erforderlich ist, unumgänglich sind.[236] Somit darf auch nicht fälschlicherweise kreatives Übersetzen mit Transkreieren i. S. von „Über-Texten" gleichgesetzt werden.[237]

1.4.2.3 Transkreieren als kreativ-hermeneutisches Problemlöseverfahren

Sowohl der Blick auf die Etymologie (Kap. II 1.4.2.1) als auch auf vorhandene Ansätze des Transkreierens (Kap. II 1.4.2.2) legt eine unterschiedliche Füllung von „Transkreieren" offen, deren Schnittmenge in vier Punkten besteht: ers-

---

[232] Benetello (2018) 40f.: „Writing advertising or marketing copy for a specific market, starting copy written in a source language, as if the target text had originated in the target language and culture." – Der entscheidende Unterschied zwischen Transkreationen und funktionalen Übersetzungsformen ist: „Der Versuch, Komponenten des Ausgangstextes zu erhalten, tritt vollkommen hinter dem Bestreben zurück, einen eigenständigen Werbetext zu produzieren, der auf dem Zielmarkt seine (appellative) Funktion erfüllt" (Rupcic 2020: 310).
[233] Eine Auflistung von Beispielen findet sich bei Schreiber (2017) 355f., Benetello (2018) 30-40; das nachfolgende Beispiel ist entnommen aus Benetello (2018) 34.
[234] Rupcic (2020) 307. Ebd. 314f. spricht in diesem Zusammenhang von einer „Kulturkompetenz".
[235] Ebd. 307.
[236] Kußmaul (2000) 21.
[237] Benetello (2018) 29.

tens in einer Translation von sprachlichen Zeichen, zweitens in einer gezielten Veränderung dieser sprachlichen Zeichen, wobei drittens der ‚Kern' der sprachlichen Zeichen unverändert bleibt. Den Dreh- und Angelpunkt dieser Translation bildet viertens dabei die Kreativität, die gemäß ihrem lateinischen Ursprung „creare"/„creatio" in der Schaffung von etwas Neuem durch das Translat besteht.

Die bislang auf einer interlingualen Ebene verlaufenden Ausführungen sollen gemäß „translatio religionis" auch auf einer intralingualen und intersemiotischen Ebene Anwendung finden: Durch eine wechselseitige *Translation* von Wörtern in die vier Sprachebenen, die Sprache der christlichen Traditionen, die Sprache für Religiöses, die Sprachspiele der pluralen Öffentlichkeiten und die Sprachwelten der SuS, *kreieren* die SuS selbst in intralingualer und intersemiotischer und gegebenenfalls interlingualer Hinsicht Wörter neu, erhalten von unterschiedlichen Warten anderer Sprachebenen und anderer Darstellungsformen aus eine andere Sichtweise auf die Wörter und legen „tiefere Schichten"[238] der ursprünglich nicht verstandenen Wörter frei. Dabei erfolgt eine Erweiterung des aktiven, des passiven und des rezeptiven Wortschatzes: Durch die Herausstellung von Vernetzungen ihres eigenen Wortschatzes mit den anderen Sprachebenen üben die SuS, Unterbrechungen in Kommunikationssituationen bei als religiös verstandenen Themen zu managen, indem sie als Sender und Empfängerinnen die ihnen nicht zur Verfügung stehenden Wörter auf einer intralingualen Ebene durch andere Wörter und/oder auf einer intersemiotischen Ebene, gegebenenfalls auch auf einer interlingualen Ebene, durch andere Zeichen ersetzen.[239] Das Verb „managen" korreliert mit dem Prinzip des Transkreierens, da die Unterbrechungen durch eine anvisierte Translingualität vermieden werden sollen, zu der nicht nur mündliche, sondern auch körperliche Äußerungsformen, wie bspw. Gesten, zählen. Die im Unterricht gemanagden Unterbrechungen, also die Lösungen der ursprünglichen Kommunikationsstörungen in Form der Translate, sind somit nicht als endgültig anzusehen, sondern müssen von Zeit zu Zeit und von Situation zu Situation erneuert werden, da Religion(en), Sprache, Kommunikationsformen und gesellschaftliche Strukturen einem ständigen Wandel unterliegen; es kann also nicht von *dem einen* Translat als *der einen* Lösung eines Problems gesprochen werden.[240]

---

[238] Gil (2015) 152.
[239] Treffend Englert (2013) 53: „In einer religiös homogenen Gesellschaft lernen Heranwachsende religiöse Begriffe wie ihre Muttersprache: beiläufig und integriert in den Gesamtzusammenhang alltäglicher Vollzüge. In einer religiös pluralen und in vieler Hinsicht säkularen Gesellschaft lernen Heranwachsende religiöse Begriffe wie eine Fremdsprache: indem sie muttersprachliche Wörter durch Wörter der für sie fremden Sprache zu ersetzen versuchen."
[240] Nassehi (2017: 16) verweist aufgrund der „Mehrfachbedeutungen" auf die Unmöglichkeit, aus nur einer Sprachebene heraus einen Zugriff auf ein Thema zu unternehmen;

Im Folgenden werden Translationstrategien vorgestellt, die sich als anschlussfähig an das Transkreieren erweisen. Dies geschieht vergleichsweise ausführlich, da daran anschließend direkt praktische Beispiele analysiert werden können.

1.5 Translationsstrategien

1.5.1 Grundlage: „Kreatives Übersetzen" (Paul Kußmaul)

Besonders Paul Kußmaul hat unterschiedliche Strategien für kreative Übersetzungsprodukte, die sowohl neuwertig gegenüber dem Übersetzungsgegenstand als auch angemessen sind, zusammengestellt und ausdifferenziert. Der Ausgangspunkt von Kußmauls Ansatz besteht in der Annahme, dass Übersetzen per se einen kreativen Vorgang darstellt; kreatives Übersetzen ist für Kußmaul ebenso wie kreatives Denken „etwas ganz Normales".[241] Für die Entwicklung unterschiedlicher Übersetzungsstrategien, die dieser Kreativität entsprechen, greift er auf unterschiedliche kognitionswissenschaftliche und psycholinguistische Erkenntnisse zurück, darunter auf die Prototypentheorie unter besonderer Berücksichtigung ihrer Weiterentwicklung durch George Lakoff und auf die „Scenes-and-frames–Semantik" von Charles F. Fillmore.[242]

Der Vorteil des Rückgriffs auf diese Forschungsergebnisse besteht für Kußmaul darin, dass sie seinem Kernanliegen zuträglich sind, das in der Bildung von Hypothesen durch Interpretationen besteht, als Voraussetzung für die Entwicklung von Strategien bei Übersetzungsproblemen. Hierzu ist Kreativität bzw. kreatives Denken gefragt, das „sehr häufig visuelles Denken" ist.[243] Die Verwendung einzelner Wörter unterliegt dem jeweiligen subjektiven, von Vorerfahrungen geprägten Verständnis bzw. – im Anschluss an die Prototypentheorie – den Kategorien, innerhalb derer sich Vorstellungen bewegen und die Welt geordnet wird.[244] In diesem Punkt führt Kußmaul die Ergebnisse von Lakoff und Fillmore zusammen, indem er betont, dass für eine Übersetzung ein Wort nicht isoliert von anderen und seinem Kontext betrachtet werden darf. Somit sind die Bedeutungen von Wörtern und Sätzen keine sta-

---

die gesellschaftliche Polykontextualität macht eine solche ‚einseitige' Betrachtung obsolet. Zu Nassehi (2017, 2015) ausführlich Kap. I 1.2.3.

[241] Kußmaul (2004: 98) spricht in diesem Zusammenhang auch von einer „Entmythifizierung" kreativen Denkens, zu dem jeder Mensch fähig ist.

[242] Ausführlich Kußmaul (2004) 108–114, (2000) 152–188; kurze Zusammenfassungen bei Bayer-Hohenwarter (2012) 69–72, Siever (2010) 191–198. Eine detaillierte Auseinandersetzung mit Kußmauls Ansatz würde den Rahmen der darzustellenden Grundlage sprengen, für die lediglich die Übersetzungsstrategien relevant sind zur Weiterentwicklung im Hinblick auf eine sprach- und translationssensible Religionsdidaktik.

[243] Kußmaul (2004) 99.

[244] Kußmaul (2000) 114.

tischen Einheiten, sondern „sie sind dynamisch und unterliegen zum Beispiel durch Situation und Kontext bewirkten Veränderungen".[245]

In diesem Zusammenhang sind auch die für Kußmauls Ansatz typischen Wörter „Rahmen" und „Szene" zu lesen. Im Anschluss an Fillmore „sind die Wörter, die wir in Texten lesen, die ‚Rahmen', durch die mentale Bilder oder ‚Szenen' in unserem Gedächtnis aktiviert werden".[246] Auch ein Satz oder mehrere Sätze können einen Rahmen bilden, in den der „Leser seine mentalen Bilder einfügt".[247] Unter „Szene" versteht Kußmaul eine Metapher „für noch größere mentale Einheiten".[248] Als ein Beispiel nennt er u. a. Luthers Ausführungen im *Kleinen Katechismus* zu Mt 6,11: Hier stellt Luther die Frage, was unter „Brot" zu verstehen sei. Für seine Antwort richtet Luther den Blick auf unterschiedliche in dem Rahmen „Brot" eingefasste Szenen, nämlich „[a]lles, was zur Leibes Nahrung und Notdurft gehört als Essen, Trinken, Kleider [...]".[249]

Im Zusammenhang von Rahmen und Szenen verwendet Kußmaul die Wörter „Kern(element)" und „Rand(element)". Als ein Beispiel führt er ein Bild an, dessen Rahmen der Titel *Die Anbetung der Könige* bildet, der unterschiedliche Szenen des Bildes zusammenfasst. Deren Kerne stellen die in der Mitte abgebildete Maria mit Jesuskind, Gold, Weihrauch, ein kniender Mann etc. dar; als Randelemente sind ein nicht ganz zu sehendes Kamel am linken und Büsche am rechten Bildrand zu nennen.[250] Kerne und Ränder spielen bei Übersetzungen eine wichtige Rolle: Bei der Übersetzung von bspw. „bird" denken ÜbersetzerInnen im deutschen Kulturkreis an prototypische Vögel wie Amseln, Krähen etc., wohingegen Pinguine eher Randelemente bilden.[251] Für das Verstehen der Übersetzungsgegenstände als Voraussetzung für das Übersetzen erachtet Kußmaul in der Praxis lautes Denken und diesbezügliche Visualisierungen,[252] das detaillierte ‚Ausmalen' von Rahmen mit Szenen, als ein unerlässliches Ziel der Übersetzungsdidaktik; diese Methode bildet „als Loslösung vom Wortlaut eine unabdingbare Etappe im Verstehen, weil [...] Erfahrungen mental in Form von miteinander vernetzten Szenenelementen [...] gespeichert werden, die sich dann durch neue Erfahrungen in neue Assoziationsketten organisieren lassen".[253]

Für ein kreatives Übersetzen erweist sich die von Lakoff im Anschluss an die Prototypentheorie gemachte Beobachtung des „chaining" als zuträglich,

---

[245] Siever (2010) 192.
[246] Kußmaul (2004) 99.
[247] Kußmaul (2000) 158.
[248] Ebd. 114.
[249] Ebd. 30 mit übernommenem Zitat aus dem *Kleinen Katechismus* ohne genaue Quellenangabe.
[250] Kußmaul (2000) 116f.
[251] Kußmaul (2004) 101.
[252] Kußmaul (1996) 236.
[253] Cercel (2013) 272.

d. h. dass Kategorien durch „Verkettungen" miteinander verbunden werden; diese „Verkettung" geschieht „über zentrale Elemente des Szenarios, und zwar über metaphorische und metonymische prototypische Vorstellungen",[254] bspw. werden so „die beiden Kategorien *anger* und *lust* im menschlichen Denken verknüpft".[255] Kußmaul betont, dass es im Zusammenhang des kreativen Übersetzens wichtig ist, „die durch Kategorien vorgegebenen Schranken des Denkens durchbrechen und mittels Verkettungen von einer Kategorie in eine andere hinüberwechseln zu können".[256] Die sog. „Kategoriensprünge" haben Verschiebungen und Veränderungen von Ausdrücken für ein besseres Verständnis zur Folge:

> „Wenn wir übersetzen, kann unser Gehirn einen Kategoriensprung vollziehen, d. h. eine Kategorie oder Szene des Ausgangstexts mit einer auf den ersten Blick anderen Kategorie oder Szene verknüpfen, indem es ein gemeinsames oder mehrere gemeinsame Elemente erkennt. Für die Verbalisierung der Übersetzung können wir von diesen Szenenelementen oder von Rahmen für eine Szene, welche die jeweiligen Elemente enthält, Gebrauch machen."[257]

Für ein kreatives Übersetzen sind somit (deutliche) Unterschiede zwischen Übersetzungsprodukt und Übersetzungsgegenstand geradezu konstitutiv, so dass die ÜbersetzerInnen „in diesem Sinn fast immer etwas ‚Neues' [schaffen]".[258] Dementsprechend sind bei diesbezüglichen Übersetzungsstrategien unterschiedliche Arten der Veränderungen der Gegenstände charakteristisch, wie bspw. Abstraktion von Sachverhalten, Änderung, Ausdrucksverschiebung, Auslassung, Ergänzung, lexikalische Neuschöpfung, Modifikation von Mustern, Reduktion, Substitution, Veränderung in den hypero-/hyponymischen Beziehungen, Verwendung von Alltagssprache.[259]

Die nachfolgenden Strategien und auch die jeweils von Kußmaul aufgeführten Beispiele beziehen sich dementsprechend auf interlinguale Übersetzungen und sollen gemäß der These des vorliegenden Buches auch auf die intralinguale und die intersemiotische Ebene ausgeweitet werden (Kap. II 1.5.2– 1.5.6). Diese Strategien sind nicht als voneinander abgetrennt zu betrachten, sondern gehen teilweise ineinander über:[260]

1. Wiedergabe eines Rahmens durch einen Rahmen
2. Wiedergabe eines Rahmens durch eine Szene
3. Wiedergabe einer Szene durch eine Szene
   3.1 Szenenwechsel

---

[254] Kußmaul (2000) 123.
[255] Ebd. (Hervorh. im Original).
[256] Ebd. 124.
[257] Ebd. 126 (im Original Fettdruck).
[258] Kußmaul (1999) 178.
[259] Bayer-Hohenwarter (2012) 60.
[260] Kußmaul (2004) 109, (2000) 179.

3.2 Szenenerweiterung
4. Auswahl von Szenenelementen innerhalb einer Szene
5. Wiedergabe einer Szene durch einen Rahmen
   5.1 Einrahmung
   5.2 Neurahmung

Ad 1: Wiedergabe eines Rahmens durch einen Rahmen
Bei dieser Strategie wird der im ausgangssprachlichen Text (AS-Text) eine Szene suggerierende Rahmen durch einen anderen Rahmen im zielsprachlichen Text (ZS-Text) ersetzt, der alle Elemente der Szene des AS-Textes – und eventuell noch andere – enthält. Hierzu zählt bspw. der sich in der Übersetzung vollziehende Ersatz einer Redewendung oder einer Metapher, für die eine entsprechende Übersetzung einfach nicht möglich ist. Als ein Beispiel führt Kußmaul u. a. einen Satz an, der in einen Artikel aus *The Economist* (18.10.1997) über englisch-japanische maschinelle Übersetzungsprogramme eingebettet ist: „But they do come up with surprisingly good first drafts for expert translators to get their teeth into." Das Problem besteht darin, dass es im Deutschen keine idiomatische Wendung für „to get their teeth into" gibt. Ein kreativer Rahmenwechsel äußert sich folgendermaßen: Der im AS-Text stehende Rahmen, die Metapher „to get their teeth into", wird mit „Optimierung" durch einen anderen nicht metaphorischen Rahmen ersetzt bzw. übersetzt,[261] allerdings bleiben die in beiden Rahmen enthaltenen Szenen gleich; zudem ist die Lösung des Übersetzungsproblems insofern als kreativ anzusehen, als „etwas verändert wurde und dadurch in gewisser Weise etwas Neues entstand".[262]

Zu dieser Strategie gehört auch der sog. „Fokuswechsel", den Kußmaul anhand der Übersetzung eines englischen Zeitungsartikels direkt nach der deutschen Wiedervereinigung über die neuen Bundesländer exemplifiziert. Darin heißt es u. a.: „Shiny service stations come equipped with well-stocked convenience stores [...]".[263] Die Problematik, welche zu Kreativität anhält und ihr auch einen Nährboden bereitet, stellt „well-stocked convenience stores" dar. Um zu einer kreativen Übersetzung zu gelangen, die zudem angemessen ist, bedarf es – nicht nur bei dieser Strategie – der Visualisierung derjenigen Szene, die durch die zu übersetzenden Wörter ‚eingerahmt' ist. Aus einem Protokoll, das ein Brainstorming von ÜbersetzerInnen während des Übersetzungsprozesses dokumentiert, geht hervor, dass in dieser Form von Geschäft „alles Mögliche" zu kaufen ist, bspw. „Geschenke, Landkarten, Lebensmittel in Kühltheken, Joghurt, Getränke und Zeitungen".[264] Das Ergebnis lautete: „mit

---

[261] Kußmaul (2000) 153.
[262] Ebd.
[263] Ebd. 154.
[264] Ebd. 155.

gut sortierten Geschäften, in denen man alles finden kann, was das Herz begehrt".[265] Dieses Übersetzungsprodukt ist insofern kreativ, als es durch einen Fokuswechsel gekennzeichnet ist: „In den Blick kommen nicht nur die Waren auf den Regalen, sondern auch die Kunden, die vor den Regalen stehen und ihre Wünsche."[266]

Ad 2: Wiedergabe eines Rahmens durch eine Szene
Bei dieser Strategie wird der Rahmen des AS-Textes durch eine ‚eingerahmte' Szene im ZS-Text wiedergegeben; leitend ist dabei die Auswahl unterschiedlicher Elemente, die in einem Rahmen enthalten sind.

Hierzu führt Kußmaul folgendes Beispiel an: Thomas S. Eliot beschreibt in dem *Old Possum's Book of Practical Cats* einen Kater u. a. mit: „He likes to lie in the bureau drawer."[267] In der deutschen Ausgabe wird daraus: „In der Schreibtischschublade ruhe ich mich aus." Abgesehen von dem Perspektivenwechsel ist die Übersetzung „ausruhen" für „lie" bemerkenswert: Bei der szenischen Vorstellung einer liegenden Katze assoziiert man typischerweise eine Hauskatze, die nun nicht auf der Lauer „liegt", sondern „zusammengerollt auf Sesseln, Betten, Sofas und Teppichen schläft",[268] so dass „ausruhen" den sog. Kernbereich einer Szene umfasst und kreativ wiedergibt, anstatt Randvorstellungen dieser Szene aufzugreifen, welche „liegen" als Folgeerscheinung einer Verletzung oder Krankheit einordnen.[269]

Ad 3: Wiedergabe einer Szene durch eine Szene
3.1 Szenenwechsel
Bei einem Szenenwechsel handelt es sich um den Austausch einer Szene des AS-Textes durch eine andere im ZS-Text. Eine Grundvoraussetzung besteht in der Kenntnis des Gesamtszenarios des AS-Textes und in der Interrelation aller Szenen, die dieses Gesamtszenario in der Summe konstituieren. Neben „Szenenwechsel" ist für diese Strategie auch die Bezeichnung „Kategoriensprung" aus „pädagogischen Gründen [...] dazu geeignet, zur Kreativität zu ermutigen. ‚Springen' ist ein Wagnis, und ohne Wagnis keine Kreativität."[270]

---

[265] Ebd.
[266] Ebd.
[267] Eliot (1961) 28. Kußmaul (2000) 162.
[268] Kußmaul (2000) 163.
[269] Ein wichtiger Punkt allerdings ist das Fehlen des in „to like" intendierten Wortes „gerne" in der deutschen Version; der Kater liegt – im AS-Text – „gerne" in der Schreibtischschublade; womöglich wird „gerne" bei der Vorstellung an eine nicht auf der Lauer liegende, sondern „zusammengerollt" schlafende Katze bei vielen Menschen angenommen, die gemäß ihrer subjektiv gefärbten Eindrücke ein solches ‚Liegen' bewerten und mit entsprechenden Szenen verknüpfen.
[270] Kußmaul (2000) 170. Den Vergleich des Springens und den damit verbundenen Mut zur Kreativität wählt auch Nord (2014) passim.

Als ein Beispiel führt Kußmaul die unterschiedlichen Namen von Figuren in der *Asterix*-Serie an: So heißt im französischen Original der Fischhändler „Ordralfabétrix", eine Ableitung von „ordre alphabétique", wodurch auf seine Gewohnheit angespielt wird, die Fische in alphabetischer Reihenfolge ihrer Namen anzubieten und auf seinem Verkaufsstand anzurichten. In der englischen Ausgabe heißt er „Unhygienix", womit das Augenmerk auf den stets stinkenden Fisch gerichtet wird, und in den deutschen Ausgaben rückt „Verleihnix" eine Szene seiner Geschäftstüchtigkeit in den Vordergrund.[271] An diesem Beispiel wird deutlich, dass eine derartige Variation nur durch die Kenntnis des Gesamtszenarios und die Verknüpfung vieler Szenen möglich ist. Dabei handelt es sich bei diesem lateralen bzw. divergenten Denken nicht um ein Schubladendenken, da es nicht einzelne Kategorien voneinander abtrennt, sondern um ein Denken, das durch Flexibilität die Kategorien überwindet und von der Warte der Gesamtschau neue Zuordnungen schafft.[272]

Kußmaul formuliert diese Strategie als Imperativ folgendermaßen: „Stelle dir das Gesamtszenario vor, das durch die Textstelle des AS-Textes suggeriert und durch den größeren Kontext bestätigt wird, und richte deinen Blick auf die einzelnen Bestandteile dieses Szenarios, um dich für eine Übersetzung inspirieren zu lassen."[273]

3.2 Szenenerweiterung

Kußmaul differenziert zwei Arten der Erweiterung: Erstens kann die Erweiterung aus Elementen der Szene bestehen, die nicht im AS-Text genannt sind, jedoch mit dem Gesamtszenario vereinbar sind. Zweitens kann der ZS-Text weitere Elemente von Szenen enthalten, welche innerhalb des Gesamtszenarios des AS-Textes zu finden sind. Als ein Beispiel für die erste Art der Erweiterung nennt Kußmaul eine englische Version von Christian Morgensterns Gedicht *Der Werwolf*, in dem ein Werwolf einen toten Dorfschullehrer an dessen Grab aufsucht und darum bittet, seinen Namen zu deklinieren. Die zweite Strophe beginnt mit den Versen „Der Dorfschullehrer stieg hinauf//auf seines Blechschilds Messingknauf." Das Übersetzungsprodukt lautet: „The teacher climbed up straight//upon his grave stone with its plate."[274] In der englischen Übersetzung wird mit „straight" ein Element hinzugefügt, das in der Szene des AS-Textes nicht genannt ist und als angemessen zu bewerten ist, da es in der durch „aufsteigen" suggerierten Vorstellung enthalten ist, die mit unserem Weltwissen um Friedhöfe bzw. Gräber korreliert, wo also die Bewegung vom Grab zum Grabstein und von unten nach oben erfolgt.[275] Für

---

[271] Kußmaul (2004) 111, (2000) 170.
[272] Kußmaul (2004) 111, (2000) 170.
[273] Kußmaul (2004) 111, (2000) 170.
[274] Kußmaul (2000) 178 mit Verweis auf Morgenstern (1972) ohne Seitenangabe.
[275] Kußmaul (2004) 111. In einer anderen Übersetzung wird als Szenenelement des Aufstiegs des Lehrers „with a groan" ergänzt, das ebenfalls mit dem Aufstieg eines Toten vom Grab zum Grabstein in Einklang steht (ebd.).

1 Die Elemente des Translationsprozesses

die zweite Art der Erweiterung führt Kußmaul wiederum ein Beispiel aus der deutschen Ausgabe von *Old Possum's Book of Practical Cats* an: Die Beschreibung der Katze Growltiger „pursued his evil aims" lautet in der deutschen Ausgabe „trieb's der Räuber dreist und keck".[276] Diese Elemente sind neu; es findet sich zwar keine Entsprechung in den Wörtern im AS-Text, wohl aber im Gesamtszenario, in dem der Kater u. a. charakterisiert wird mit den Attributen „roughest cat" und „his manners and appearance did not calculate".

Kußmaul formuliert diese Strategie folgendermaßen: „Du kannst versuchen, die mentalen Vorstellungen, die eine Textstelle bei dir auslöst, durch dein Hintergrundwissen zu erweitern, und/oder du kannst versuchen, dich bei der Erweiterung dieser Vorstellungen durch den Blick auf den Kontext stimulieren zu lassen."[277]

Ad 4: Auswahl von Szenenelementen innerhalb einer Szene
Zur Verdeutlichung dieser Strategie führt Kußmaul folgendes Beispiel an: Über einen schüchternen und an Minderwertigkeitskomplexen leidenden Mann heißt es im AS-Text: „He began to make progress in becoming a human being instead of a rubbish bin."[278] Als Problem wurde während des Übersetzungsprozesses „rubbish bin" empfunden, da das Übersetzungsprodukt „Mülleimer" oder „Abfalleimer" nicht in das genannte Gesamtszenario passt. Ein derartiges Übersetzungsprodukt wäre allenfalls als ein Rahmenwechsel zu bezeichnen, der aber an dieser Stelle aus dem oben genannten Grund nicht als angemessen einzustufen wäre. Während der Visualisierung vergegenwärtigten sich die ÜbersetzerInnen die Situation des Mannes und gelangten zu der kreativen Lösung „Fußabtreter"; dieses Übersetzungsprodukt suggeriert das Szenenelement, dass auf diesem Mann „herumgetrampelt" wird.[279]

Dieses Beispiel veranschaulicht, wie Wörter des AS- und des ZS-Textes „über eine Gesamtszene und darin über metaphorische Vorstellungen miteinander verknüpft [sind]", wobei besonders für die Bewertung des Übersetzungsprodukts als kreativ der Umstand wiegt, dass „Metaphern des Ausgangstexts über metaphorisierte szenische Vorstellungen zu neuen Metaphern führen".[280] Im Zuge des gemeinsamen Visualisierens der ÜbersetzerInnen

---

[276] Eliot (1961) 16, 19. Kußmaul (2000) 179.
[277] Kußmaul (2000) 180.
[278] Ebd. 166, Satz aus: Hauck (1981) 2.
[279] Ebd. 167: „Es geht hier nicht um Wörter, sondern um Vorstellungen. Der Begriff ‚Szene' suggeriert außerdem, daß es um komplexe Vorstellungen geht. Zu dieser Szene [...] gehören zwei Menschen: einer, der ausnutzt, und einer, der ausgenutzt wird. Außerdem gehören dazu verschiedene Eigenschaften und Bewertungen der Person und eine Reihe von Handlungen. Und eine dieser Handlungen [...] wird von der Übersetzerin verbalisiert, und zwar ebenfalls als Metapher."
[280] Ebd.

äußert sich die Kreativität in dem probeweise Verbalisieren unterschiedlicher Szenenelemente und in dem probeweisen Fokuswechsel.[281]

Ad 5: Wiedergabe einer Szene durch einen Rahmen
5.1 Einrahmung
Die Strategie geht den umgekehrten Weg zu der obigen Erweiterung einer Szene, indem eine Vorstellung, die im AS-Text durch mehrere Details ausformuliert wird, im ZS-Text durch einen abstrakten Begriff, bspw. eine Metapher oder eine Redewendung, subsumiert wird. Für ein Beispiel greift Kußmaul wieder auf Thomas S. Eliots *Old Possum's Book of Practical Cats* zurück: „He can prick any card from a pack." Dieser Satz wird kreativ übersetzt mit „Seine Kartentricks sind sehr gefragt."[282] Das Wort „Kartentricks" rahmt die im AS-Text dargestellte Szene, die aus mehreren Details besteht, und fasst sie somit zusammen, wodurch zudem die einzelnen Elemente im AS-Text Kontur gewinnen, bspw. der Zauberer, die Zuschauerinnen und die unterschiedlichen Tricks.[283] Als ein weiteres Beispiel nennt Kußmaul einen Textausschnitt aus *The Economist* aus dem Jahr 1998, in dem Wolfgang Schäuble als möglicher Kanzlerkandidat gehandelt wird. Seine Charakterisierung lautet u. a.: „When it comes to keeping his often restive parliamentary troops in line, Mr Schäuble has a talent for wheedling and arm-twisting second to none." Während des Übersetzungsprozesses versuchte man, sich „wheedling and arm-twisting" innerhalb eines Bundestagsszenarios, v. a. innerhalb des zuvor beschriebenen Fraktionszwangs vorzustellen; schließlich wurden diese Wörter mit „Zuckerbrot und Peitsche" übersetzt, wodurch zahlreiche Elemente der Szene ‚gerahmt' werden.

5.2 Neurahmung
Charakteristisch für diese Strategie ist die Bildung eines neuen Rahmens i. S. einer speziellen Wortschöpfung, die „nicht konventionellerweise für einen bestimmten Inhalt, eine bestimmte Szene benutzt wird".[284] Als Beispiel nennt Kußmaul den Satz „Starch is cheap and filling, so sausages composed chiefly of bread seem somehow right.", dessen Kontext eine Kritik an den Nahrungsmitteln an Autobahnraststätten in Großbritannien bildet. Während der Visua-

---

[281] Ebd. 168 (Hervorh. im Original): „Beim Wechsel von *Abfalleimer* zu *herumtrampeln* verändert sich die Blickrichtung vom Objekt der Mißachtung auf die Handlung der mißachtenden Personen, und mit *Fußabtreter* wird dann wieder das Objekt der Mißachtung in den Vordergrund gerückt. Wichtig ist hier die Beobachtung, daß die Blickrichtung nicht gleich bleibt, sondern wechselt, auch wenn am Schluß wieder die ursprüngliche Richtung eingenommen wird. Ohne das Hin- und Herwechseln zwischen verschiedenen Blickrichtungen hätte sich am Schluß nicht die neue Lösung ergeben."
[282] Eliot (1961) 59. Kußmaul (2000) 185.
[283] Kußmaul (2000) 186.
[284] Ebd. 156.

lisierung im Zuge des Übersetzungsprozesses kamen die ÜbersetzerInnen zu dem Ergebnis, dass das Übersetzungsprodukt „Hot dogs mit viel Brot und Würstchen mit Baguette" suggeriere, das Brot umfasse die Wurst, wohingegen im AS-Text das Brot in der Wurst sei. Als kreatives Übersetzungsprodukt wurde schließlich das Wort „Brotwurst" genannt, das sowohl angemessen als auch neu ist, da es eine speziell für dieses Übersetzungsproblem kreierte Wortschöpfung darstellt.[285]

Zusammenfassend spricht Kußmaul bezüglich der Relation von einzelnen Wörtern und dem Gesamtszenario auch von deren „Kontext", womit er im konkreten Fall bei einigen Exemplifizierungen der Übersetzungsstrategien Thomas S. Eliots *Old Possum's Book of Practical Cats* meint.[286] Der Handlungsstrang dieses Werks ist mitunter wichtig für Hintergrundinformationen für Rahmen und Szenen. Eine weitere Voraussetzung für kreatives Übersetzen besteht für Kußmaul im „Weltwissen" der ÜbersetzerInnen als das Wissen bzw. die Kenntnis von bspw. Materialbeschaffenheit, Begleiterscheinungen, Konsequenzen von Handlungen etc.[287]

Im Zentrum einer sprach- und translationssensiblen Religionsdidaktik stehen einzelne Wörter. Das bedeutet jedoch keinesfalls, diese isoliert zu betrachten, sondern immer innerhalb ihres Kontextes. Auch Kußmaul erachtet für kreatives Übersetzen die isolierte Betrachtung von Wörtern als ein „nicht-professionelles Verhalten".[288] Kußmauls Urteil rekurriert auch auf die als hilfreich für Kreativität erachtete „Scenes-and-frames-Semantik" von Fillmore, da demnach die Bedeutungen von Wörtern nicht als statische Größen aufgefasst werden; vielmehr werden sie „durch die Kommunikationssituation und den Kontext beeinflusst, ja oft sogar zuweilen durch diese geschaffen".[289] Die Visualisierungen tragen zu der Einbindung eines größeren Zusammenhangs bzw. Kontexts im Hinblick auf Hintergrundinformationen für die Auswahl der Translationsstrategien bei,[290] allerdings erweist sich eine diesbezügliche Präzisierung als sinnvoll. Fortan soll eine Differenzierung des ‚einen' Kontextes in drei unterschiedliche Kontexte erfolgen, die als *Kontext I-III* bezeichnet werden. Diese drei Kontexte stehen allesamt in einer Interrelation zueinander, die im Translat greifbar wird, wie es das folgende Beispiel illus-

---

[285] Ebd. 157: „Die Lösung ist angemessen, denn man kann sie auf die englische Situation beziehen, und sie ist neu, denn sie faßt die im englischen Text genannten Einzelelemente (cheap, filling, composed of bread) zusammen, mit anderen Worten, sie rahmt sie ein. Es kommt aber noch etwas hinzu, und das ist hier besonders effektvoll. Diese Übersetzung ist eine Wortschöpfung und zugleich ein Wortspiel (Bratwurst – Brotwurst) und verstärkt damit die Satire."
[286] Ebd. 159, 180.
[287] Bspw. Kußmaul (2000) 178.
[288] Kußmaul (1996) 236.
[289] Ebd. 231.
[290] Kußmaul (³2015) 147.

triert: Im Unterrichtswerk *Leben gestalten 3* findet sich innerhalb der Einheit „Die Bibel: ein Buch voll unterschiedlicher Erfahrungen" folgender Arbeitsauftrag: „Formuliere die einzelnen Verse des Psalms 69 (2–4.8f.12.21.31.33–35) in ‚heutiges Deutsch' um."[291] Die Aufgabe wurde in meiner eigenen Lerngruppe der zehnten Jahrgangsstufe gruppenarbeitsteilig bearbeitet. Das Ergebnis einer Gruppe zu Vers 33 lautet folgendermaßen:

Lutherbibel (2017)	Translat (Mitschrift: 27.08.2019)
„Die Elenden sehen es und freuen sich! Die ihr Gott sucht, euer Herz lebe auf!"	„Das hast du schon mehrfach bewiesen. An alle, denen es richtig schlecht geht und die sich trotz Enttäuschungen nicht von Gott abbringen lassen: Macht euch keine Gedanken! Ein Hoch auf euch!"

Bei der Präsentation des Ergebnisses erklärten die SuS, dass sie „Gott suchen" als eine Unterbrechung wahrgenommen haben. Sie erklärten ihre Entscheidungen und die vorangehende Visualisierung folgendermaßen:

> „Uns war wichtig zu klären, warum jemand Gott sucht. ‚Gott suchen' bedeutet ja, dass er gerade für jemanden nicht da ist. Oder derjenige sieht ihn nicht. Oder er will ihn nicht sehen. Nein, wenn man Gott suchen will, dann glaubt man, dann will man doch eine Antwort von ihm. Wahrscheinlich geht es derjenigen Person gerade schlecht. Passt ja auch zum Psalm, was man in dem Vers in dem Satz durch ‚die Elenden' erkennt. Außerdem geht es dem Beter in dem gesamten Psalm ziemlich schlecht, weil er zu Gott steht, obwohl alle ihn deshalb verspotten; er lässt sich nicht beirren, zu Recht, wenn man den Rest des Psalms liest. Mir fällt da noch die Theodizeefrage ein; an Gott zweifeln und ihn suchen ist doch ‚Glauben pur', denn sonst würde man ihn ja vergessen, wenn es einem schlecht geht, so wie bei Hiob; der hat ja alles verloren und war auf der Suche nach ihm. Dann kann man doch ‚Gott suchen' übersetzen mit ‚sich trotz Enttäuschungen nicht von Gott abbringen lassen'. Dann wird das auch verständlich für Leute, die nicht gläubig sind und hier sagen können: ‚Warum soll man Gott suchen; den gibt es doch gar nicht'." (Transkript: 27.08.2019)

Der erste Kontext (Kontext I) besteht in der unmittelbaren Umgebung der Wörter: „Gott suchen" hat mit „ihr" „die Elenden" zum Subjekt und damit eine Gruppe von Menschen, denen es einerseits schlecht geht, denen andererseits auch Hoffnung zuteil wird, da ihr Herz „aufleben" kann. Diese Informationen sind aus dem zugehörigen Satz bzw. aus dem ganzen Vers zu entnehmen, der noch einen weiteren Satz enthält.

Der zweite Kontext (Kontext II) besteht in der mittelbaren Umgebung der Wörter. Im vorliegenden Beispiel sind dies der gesamte Psalm 69 bzw. die vorangehenden Verse, aus denen die SuS weitere Informationen zum Zustand des Beters, der auch auf die Reaktionen seiner Mitmenschen über sein vertrauensvolles Verhältnis zu Gott rekurriert, entnehmen und auf den Vers mit den besagten Wörtern übertragen konnten.

---

[291] Tomberg (2013, Hg.) 30.

Der dritte Kontext (Kontext III) stellt das Vorwissen und die persönlichen Erfahrungen der SuS dar: Dies zeigt sich in dem Wissen um die Theodizeefrage und das in diesem Zusammenhang ein Schuljahr zuvor behandelte Schicksal von Hiob. Bemerkenswert hierbei ist „Glauben pur" für an „Gott zweifeln und ihn suchen", da eine derartige Äußerung zumindest nicht im Unterrichtsgeschehen gefallen ist und demzufolge entweder eine eigene Deutung der SuS darstellt oder in diesem Wortlaut aus einem anderen Zusammenhang entstammt. Durch dieses Vorwissen vermögen die SuS einen Bezug zu den Wörtern innerhalb der Kontexte I und II zu setzen und schließlich im Translat zusammenzuführen. Das Translat „Ein Hoch auf euch" für die als schwerfällig empfundenen Wörter „euer Herz lebe auf" ist – so ergab es die Nachfrage – eine Anlehnung an den Popsong „Ein Hoch auf uns" von Andreas Bourani aus dem Jahr 2014, den die SuS im Ohr hatten und als geeignet für die Wörter von aufmunternder Freude erachteten, wie sie in Vers 33 zum Ausdruck kommt.

Nachfolgend werden die einzelnen interlingualen Strategien von Kußmaul auf einer intralingualen und intersemiotischen Ebene für Translationen der im Religionsunterricht aufeinandertreffenden vier Sprachebenen ausgelegt. Dies erfolgt jeweils anhand einer praktischen Erprobung der Strategien, die in meinem eigenen (Evangelischen) Religionsunterricht am Gymnasium am Schloss in Saarbrücken mit unterschiedlichen Jahrgangsstufen stattfand. Die nachfolgenden kommentierten Ergebnisse bestehen einerseits aus von SuSn angefertigten Bildern, Gedichten etc. als Translate, andererseits in Äußerungen, bspw. in Form von Metareflexionen, die als von mir angefertigte Transkripte, Mitschriften oder Abschriften von Heft- und Blockeinträgen der SuS vorliegen; diese Methodik wird ausdifferenziert in Kap. I 3.

1.5.2 Wiedergabe eines Rahmens durch einen Rahmen

Bei dieser Strategie wird der Rahmen, der Szenen im Translationsgegenstand umfasst, durch einen anderen ersetzt; die Elemente der Szenen bleiben erhalten, eventuell kommen sogar noch weitere hinzu, so dass das Gesamtszenario durch diesen neu gewählten Rahmen für bestimmte Sprachebenen zugänglicher und so verständlicher werden kann.

Hierzu ein Beispiel, das an das am Ende des obigen Kapitels angeführte anknüpft: eine Translation von Ps 69 in „heutiges Deutsch"[292] in einer zehnten Jahrgangsstufe. Zu einer Unterbrechung im Kommunikationsfluss kam es durch „Name Gottes" innerhalb von V. 31a („Ich will den Namen Gottes loben mit einem Lied [...]"). Die SuS fragten sich, wie Gott denn heiße, ob „Gott" nicht schon sein Name sei und wie man das in Verbindung zu Ex 3,14 setzen könnte; „Name Gottes" einfach als „Ich werde sein" zu *übersetzen*, würde noch zu größeren Unterbrechungen im Kommunikationsfluss führen. In

---

[292] Tomberg (2013, Hg.) 30.

Kap. II 1.3 wird auf unterschiedliche Typen von Wörtern eingegangen; in dem vorliegenden Fall handelt es sich bei „Name" um Typ II, also um ein Wort, das den SuSn zwar bekannt ist, aber innerhalb der Sprache der christlichen Traditionen – also als „Name Gottes" – nicht verstanden bzw. anders semantisch gefüllt oder mit einer anderen Sprachebene in Verbindung gebracht wird. Im Klassenverband wurde eine Visualisierung vorgenommen, bei der einige SuS schon konkrete Vorschläge für Translate entwickelten:[293]

> „Der Betende betont, dass er den Namen Gottes loben will, also ‚Gott' allein scheint ihm nicht gereicht zu haben." – „Also muss man auch das Loben berücksichtigen, darum geht es ja." – „Aber vergesst nicht, dass der Betende mitten im Schlamassel steckt; denkt mal an die anderen Verse." – „Trotz allem lobt er ihn – schon krass!" – „Vorher heißt es doch, dass er gerade wegen Gott von seinen Mitmenschen gedisst wird." – „Und später heißt es, dass Gott gerade für die ‚Gebeugten' da ist, ihre Gebete erhört. Erinnert mich an Psalm 23!" – „Stimmt, und da ‚heißt' Gott zum Beispiel Hirte". – „Er ‚heißt' nicht so, sondern da wird er wie ein Hirte wahrgenommen." – „Dann lasst es uns doch so machen: Wir wissen ja nicht, welche Erfahrungen der Beter sonst noch außer denen in dem Psalm hier gemacht hat; dann formulieren wir offen und übersetzen ‚Name' mit ‚meine Erfahrungen mit dir'." – „Bin ich noch nicht ganz einverstanden; irgendwie muss man noch die Verschiedenheit der Erfahrungen berücksichtigen." – „Ja, denn wenn man Gott folgt, wird man ja auch Erfahrungen mit ihm machen." – „Dann verbinden wir das mit der Geschichte vom brennenden Dornbusch und Gott Mose seinen Namen nennt: ‚Ich bin, der ich bin, der ich war, der ich sein werde.'" – „Und wenn der Beter hier ausdrücklich den Namen von Gott loben will, dann sollte er in unserer Übersetzung doch Gott direkt anreden. Das ist persönlicher." – „Und anstatt Name kann man doch dann quasi als Zusammenfassung nehmen ‚so unterschiedlich meine Erfahrungen mit Dir waren, sind und sein werden'." (Transkript: 20.08.2019)

Hier lassen sich ebenfalls die Kontexte I–III erkennen, die die SuS heranziehen: Bezüglich Kontext I wird das Loben als Situation genannt, in der das Wort eingebettet ist. Die SuS berücksichtigen auch von selbst „die anderen Verse" im Hinblick auf die Situation des Betenden und damit den mittelbaren Kontext II. Schließlich greifen sie auf Kontext III zurück, indem sie erstens die Situation von Ps 23 als vergleichenswert erachten und zweitens Ex 3,14 im Hinblick auf den Namen einbeziehen. Das Translat von Vers 31a lautet folgendermaßen: „Ich will dich, so unterschiedlich meine Erfahrungen mit Dir waren, sind und sein werden, trotzdem loben mit einem Lied" (Abschrift: 20.08.2019). Für die SuS stellte „so unterschiedlich meine Erfahrungen mit Dir waren, sind und sein werden" einen Rahmen dar, in dem für sie die gleichen Szenen enthalten waren wie in dem Rahmen „Name Gottes", der so verständlicher wird. Eine Erweiterung stellt „trotzdem" dar, um – wie in der Visualisierung deutlich wurde – auch negative Begleitumstände der Erfahrun-

---

[293] Der Text ist eine Zusammenstellung der Visualisierung in der Lerngruppe; dabei trennen die Gedankenstriche die unterschiedlichen Äußerungen der SuS.

gen aufzugreifen und sie nicht als einen Grund für den Abfall von Gott zu deuten, sondern in die Nachfolge einzubinden.

Das nächste Beispiel bezieht sich auf ein Wort, das von SuSn in den Unterricht eingebracht worden ist und somit nicht in einem direkten Zusammenhang mit dem Unterrichtsgeschehen steht. In einer Lerngruppe der zehnten Jahrgangsstufe kam die Frage auf, was denn Aufkleber in Regenbogenfarben mit der Kontur eines Fisches bedeuten bzw. was Menschen der Außenwelt damit zu verstehen geben wollen, wenn sie einen derartigen Aufkleber auf einem ihrer Besitztümer anbringen. Einige vermuteten, dass so vermutlich die Zugehörigkeit zu einem Angelsportverein o.ä. zum Ausdruck gebracht werden solle. Andere SuS hatten aus in anderen Jahrgangsstufen durchgenommenen Unterrichtsreihen noch in Erinnerung, dass der Fisch als ein christliches Symbol in der Zeit der Christenverfolgungen im Römischen Reich seinen Ursprung hat. In einem fragend-entwickelnden Unterrichtsgespräch wurde die Situation der ersten ChristInnen im Römischen Reich aufgegriffen und skizzenhaft dargestellt. Gruppenarbeitsteilig gingen die SuS der Frage nach, wie man „Fisch" für jemanden transferieren könne, der mit dem Symbol die Zugehörigkeit zu einem Angelsportverein vermutet, dem also dieses Symbol innerhalb der Sprache der christlichen Traditionen unbekannt ist. Gemäß der in Kap. II 1.3 vorgenommenen Typisierung handelt es sich wie in dem vorangehenden Beispiel um ein Wort von Typ II, das also SuSn zwar als solches bekannt ist, jedoch innerhalb der Sprache der christlichen Traditionen nicht verstanden bzw. anders semantisch gefüllt oder mit einer anderen Sprachebene in Verbindung gebracht wird.

Ein Translat lautete „Zusammenhalt durch Glauben", das von der Gruppe folgendermaßen metareflektiert wurde:

> „Die griechischen Buchstaben für ‚Fisch' sind ja die Anfangsbuchstaben für ein Glaubensbekenntnis, das man ja damals nicht offiziell sagen durfte, weil das gegen den Götterglauben verstoßen hätte oder ihn eigentlich auch infrage gestellt hätte. Die Lösung mit dem Fisch ist echt kreativ, da die Römer darauf nicht gekommen sind; für die war der Fisch ein Fisch, für die Christen ein Symbol, weil sie auch die Taufe drin hatten: Wasser passt ja zu Fisch und viele Fische bilden einen Schwarm, der Jesus folgt, der ja auch ein Menschenfischer war; durch die Taufe war man ‚Clubmitglied'. Mit dem Erkennungszeichen konnten sich die ersten Christen schützen und gegenseitig erkennen, um ihren Glauben auszuleben – so was schweißt zusammen, deshalb haben wir den Rahmen ‚Fisch' durch den Rahmen ‚Zusammenhalt durch Glauben' ersetzt. Das sollte nun jeder verstehen und auch jemand, der die Sprache der christlichen Tradition perfekt spricht, könnte nichts dagegen sagen, weil der Inhalt der Rahmen gleich bleibt." (Abschrift: 30.10.2019)

Die SuS können ihre gewählte Translationsstrategie benennen und auch im Hinblick auf die Sprache der AdressatInnen, die nicht oder nur teilweise in der Sprache der christlichen Traditionen versiert sind, begründen. Dabei greifen sie auch den Aspekt der Beziehung auf (Kap. II 1.2.1.1), welche sie mit dem zu transferierenden Wort eingegangen sind; die Beziehung bleibt ihres Erachtens im Translat die gleiche wie im Translationsgegenstand, da das Translat als Rahmen für jemanden, der die Sprache der christlichen Traditionen „perfekt spricht", verstanden werden kann und der Inhalt des Rahmens gleich geblieben ist.

1.5.3 Wiedergabe eines Rahmens durch eine Szene

Bei dieser Strategie ersetzt das Element einer Szene deren Rahmen. Hierzu ein Beispiel: In einer zwölften Jahrgangsstufe geriet innerhalb der Unterrichtsreihe „Glaube und Wissen" der Kommunikationsfluss beim Lesen von Gen 1,26f. ins Stocken. Die Unterbrechung in der Kommunikationssituation kam konkret bei dem Wort „Bild" auf, das den SuSn als solches geläufig ist, jedoch für sie innerhalb des Kontextes I in Zusammenhang mit „zu seinem" und „Bilde Gottes" unverständlich blieb. Gemäß der Typisierung von Wörtern handelt es sich um Typ III: Das Wort ist zwar bekannt, kann aber im betreffenden Zusammenhang nicht erklärt werden.

In der Lerngruppe entstand eine Diskussion, welches Verhältnis zwischen Gott und Mensch sowie zwischen den Menschen untereinander zum Ausdruck kommt, wenn der Mensch von Gott nach seinem Bilde erschaffen wurde; in diesem Zuge wurde „Ebenbild Gottes" von den SuSn eingebracht und zum Translationsgegenstand erhoben. Mit diesen Vorklärungen bezüglich des Kontextes begann die gruppenarbeitsteilige Translation. Ein Ergebnis stellte als intralinguales Translat folgendes Gedicht dar:

> „Menschen sind wir alle,
> das macht uns alle gleich,
> denkt daran in jedem Falle,
> ob arm oder reich,
> wer ihr auch seid,
> Erwachsener oder Kind:
> Es endet da die Freiheit,
> wo die des anderen beginnt". (Abschrift: 20.01.2020)

Auffällig ist zunächst, dass „Gott" ganz verschwunden zu sein scheint und Menschen in den Vordergrund rücken; auf die Problematik von Reduzierungen oder auch Auflösungen von Aspekten im Translat im Hinblick auf eine theologische Vereinbarkeit wird in Kap. II 1.6.1 eingegangen. Die Metareflexion des Translats lautete folgendermaßen:

> „Wir haben uns gedacht, dass Ebenbild Gottes zu sein auch die Forderung an uns richtet, einfach Menschen zu sein und so zu handeln. Wir haben bei der Visualisierung viel gesehen, zum Beispiel einen verantwortlichen Umgang mit der Natur, die praktische Umsetzung von Nächstenliebe, die Bereitschaft, zu verzeihen und alle Menschen als gleich anzusehen und auch so zu behandeln, und haben uns ganz allgemein auf den Punkt der Gleichheit geeinigt, die wir mit Freiheit in

1 Die Elemente des Translationsprozesses 221

> Verbindung gebracht haben, die aber auch zugleich durch die Menschenwürde begrenzt ist. Sie ist das höchste Gut, sie gehört zum Menschen, dem Höhepunkt der Schöpfung. Das versteht ja jetzt auch jemand wie Wladi, der nicht gläubig ist. Außerdem ist dann das Original nicht in seinem Kern verändert, denn der Mythos entstand ja in Abgrenzung zu den babylonischen Göttern, bei denen ja kein gleichwertiges Verhältnis zwischen ihnen und den Menschen war." (Transkript: 20.01.2020)

Auch hier lassen sich unterschiedliche Kontexte ausmachen, auf die die SuS zur Visualisierung und damit zur Füllung des Rahmens zurückgegriffen haben. Mit dem „verantwortlichen Umgang mit der Natur" wird auf den unmittelbaren Kontext I verwiesen. Kontext II spiegelt sich in dem Verweis auf die Verortung der Erschaffung des Menschen innerhalb der Schöpfungswerke und der diesbezüglichen Interpretation im Hinblick auf die Menschenwürde. Die Translationsstrategie wird indirekt beschrieben, indem nach der Nennung mehrerer Szenen des Rahmens die Einigung „auf den Punkt der Gleichheit" bzw. auf die Szene erfolgt und damit begründet wird, dass sie auch einem bekennenden Atheisten wie dem Schüler Wladi und damit in dessen Sprachebene verständlich sein müsse. Mit der Erwähnung und Erklärung der Sprachform des Mythos und der Hintergründe der Entstehung des ersten Schöpfungsberichts wird Kontext III deutlich. Dem wäre auch das angesprochene Verhältnis von Freiheit und Determination zuzuordnen, mit dem die SuS Gen 1,26f. am Ende des Gedichts in Verbindung bringen.

Eine andere Tischgruppe präsentierte als intersemiotisches Translat ein Bild, auf dem mehrere Menschen unterschiedlichen Alters und unterschiedlicher Hautfarbe, Behinderte, Kranke und Kinder erkennbar sind, und das den Titel „Ein Ebenbild – viele Gesichter" trägt. Es wurde folgendermaßen erklärt:

> „Also wie auch von der anderen Gruppe schon gesagt worden ist, war uns der Aspekt der Gleichheit wichtig, den wir weiter ausgeführt haben. Der Vers ist ja in einen Mythos eingebaut, der das Dasein des Menschen in der Welt erklären will. Und auch zum Handeln auffordern will. Uns war auch wichtig, dass wir mit unserem Translat niemanden ausgrenzen und auch die zum Handeln auffordern können, die eben nicht an Gott glauben. Wir haben uns für ein Bild entschieden, da es ja um das Ebenbild Gottes geht, das viele menschliche Gesichter zeigt, was besser als ein Text rüberkommt. Alle Menschen sind Gottes Ebenbild, auch Kinder, Frauen, Alte, Kranke. Sie alle gehören zusammen und sollen merken, dass sie alle zusammen gehören, also quasi an einem Tisch sitzen." (Transkript: 03.02.2020)

In der Metareflexion wird auch auf die Relation von Form und Inhalt und damit auch auf die gewählte Darstellungsform dieses Bildes eingegangen:

Abb. 3

1.5.4 Wiedergabe einer Szene durch eine Szene

1.5.4.1 Szenenwechsel

Während der Unterrichtsreihe „Dekalog" in einer zehnten Jahrgangsstufe kam die Frage auf, ob die Zehn Gebote nur für gläubige Christen und Jüdinnen einen Sinn ergeben und ob im Umkehrschluss nicht- und andersreligiöse Menschen keinerlei Impulse daraus ziehen könnten. Damit waren die Zielsprachen formuliert und die SuS nahmen gruppenarbeitsteilig eine Translation vor. Ein Translat lautete „Kochrezept für Freiheit, die allen schmeckt", das sich aus folgenden ‚Zutaten' zusammensetzt:

> „Man schüttet in einem Topf jeweils eine Portion Unabhängigkeit, Meinungsfreiheit, Gleichberechtigung zusammen und verrührt alles. In einem anderen Gefäß rührt man eine Mischung aus Rücksicht, Respekt, Hilfsbereitschaft und Menschenwürde an. Dies gießt man dann langsam in den anderen Topf bei ständigem Rühren. Jetzt kommt das Wichtigste: Als Bindemittel für die zwei Mischungen gibt man eine Prise Verantwortung dazu. Viele lassen sie weg, da sie ein wenig teurer ist. Wenn man das mit Verantwortung lange genug rührt, schmeckt das allen, man muss nur Geduld haben. Dann ab in den Ofen und warten, bis eine schö-

ne Kruste entsteht, die wie aneinandergereihte Buchstaben aussehen und den Satz ergeben ‚Die eigene Freiheit hört da auf, wo die des anderen beginnt'." (Abschrift: 03.12.2019)

Die Metareflexion des Translats lautete folgendermaßen:

„Wir haben uns das Gesamtszenario der Zehn Gebote vor Augen gerufen und uns einzelne Szenen angeschaut, um uns für eine Translation Eindrücke zu holen. Dann haben wir die Perspektive gewechselt und eine Szene herausgesucht, welche allen Zehn Geboten gemeinsam ist und die jeder verstehen sollte, also ‚die allen schmeckt': Sie dienen dazu, dass die Freiheit, die Gott seinem Volk durch die Befreiung aus Ägypten gab, weiterhin bleiben soll. Die Gebote sind eine Empfehlung hierzu. Aber sie sind nicht selbstverständlich. Man muss die Freiheit pflegen und darf sich nicht von falschen Freiheitsverständnissen verführen lassen, welche die Verantwortung von jedem Einzelnen für jeden Einzelnen nicht betonen. Für ‚Kochrezept' haben wir uns deshalb entschieden, da diese Freiheit eben erst einmal viele andere Zutaten braucht, die zusammen reifen müssen, dass sie schmeckt." (Transkript: 03.12.2019)

Die SuS wechselten innerhalb des Gesamtkontexts des Dekalogs die Sichtweise auf die einzelnen Gebote unter dem Aspekt der Freiheit. Damit dieses „Kochrezept" auch allen „schmecken", also von allen verstanden werden kann, greifen die SuS auf Wörter zurück, die nicht vorrangig charakteristisch für die Sprache der christlichen Traditionen sind und in den Vergleich des Kochens eingebettet sind. Gleichzeitig ist aber festzustellen, dass der Gottesbezug im Translat selbst (wohl aus Rücksicht auf die Zielgruppe) nicht recht aufgefangen wird; wir werden unten in der Zusammenfassung (Kap. II 1.5.6) noch einmal darauf eingehen.

1.5.4.2 Szenenerweiterung

Bei dieser Translationsstrategie kann eine Szene durch Elemente erweitert werden, die den Kontexten I–III entstammen.

Hierzu ein Beispiel, das an das obige anknüpft: eine Translation von Ps 69 in „heutiges Deutsch"[294] in einer zehnten Jahrgangsstufe. In der Version der *Lutherbibel* (2017) lautet Vers 8: „Denn um deinetwillen trage ich Schmach, mein Angesicht ist voller Schande." Die SuS empfanden „deinetwillen" als eine Unterbrechung des Kommunikationsflusses, wie es bei der Präsentation des Ergebnisses und der damit einhergehenden Metareflexion des Translats zum Ausdruck kam:

„Wir haben uns gefragt, warum der Sprecher verhöhnt wurde. ‚Deinetwillen' ist sehr deutungsoffen, und gerade wenn jemand nicht fließend die Sprache der christlichen Religion spricht, könnte der überhaupt nicht verstehen, weshalb jemand verhöhnt wird, obwohl man doch angeblich Gott auf seiner Seite hat. Diesen vermeintlichen Widerspruch haben wir versucht aufzulösen und haben die

---

[294] Tomberg (2013, Hg.) 30.

Szene, die der Rahmen ‚deinetwillen' fasst, erweitert, also wir haben quasi eine Erklärung für jemanden gemacht, der eben nicht wie wir so viele Hintergründe und damit Szenen kennt. Wir haben die Szene erweitert und dann einmal eine Verbindung zu den Infos davor hergestellt und dann mit dem, was wir aus Reli wissen." (Transkript: 03.09.2019)

Zur Verdeutlichung der Szenenerweiterung und der damit verbundenen „Verbindung zu den Infos davor" umfasst der folgende Vergleich zwischen dem Translat von Vers 8 und der *Lutherbibel* auch den – gemäß der Aufgabenstellung – vorangehenden Vers 4:

Lutherbibel (2017)	Translat (Mitschrift: 04.09.2019)
„4 Ich habe mich müde geschrien, mein Hals ist heiser. Meine Augen sind trübe geworden, weil ich so lange harren muss auf meinen Gott.	„4 Ich kann einfach nicht mehr, bin völlig down, mir wird irgendwie schwarz vor Augen,
8 Denn um deinetwillen trage ich Schmach, mein Angesicht ist voller Schande."	8 gerade weil ich Dir, Gott, gefolgt bin und nun auf Dich am Warten bin."

Das Wort „deinetwillen" bezieht sich einerseits auf den unmittelbaren Kontext I, nämlich „Schmach" und „Schande" in Vers 8 und als diesbezügliche Vertiefung in Vers 4, der mit einem Kausalsatz verbunden wird. Dieses Kausalverhältnis ist zwar auch in „deinetwillen" erhalten, wird aber durch den Zusatz „gerade" verstärkt und mit Kontext III (Vorwissen der SuS), der Nachfolge, in Verbindung gebracht. Kontext II, die sich in dem gesamten Psalm spiegelnde Situation, findet sich in den Wörtern „nun auf Dich am Warten bin", die das Ausharren des Betenden in einer schwierigen, mit mehreren Facetten beschriebenen Situation aufgreift.

1.5.4.3 Auswahl von Szenenelementen innerhalb einer Szene

Während der Unterrichtsreihe „Jesus Christus" in einer siebten Jahrgangsstufe wurde nach der Durchnahme von Ostern als Lernerfolgskontrolle folgender Arbeitsauftrag formuliert: „Entwirf dein persönliches Osterbild."[295] Ein Ergebnis stellte ein Bild dar, das folgendermaßen metareflektiert wurde:

„An Ostern ist Jesus auferstanden. Das steht so in der Bibel. Ich verbinde damit mehr das Entstehen von Leben, von etwas Neuem, etwas, das entsteht, obwohl die Bedingungen hier nicht gut sind. Wie die Blume, die aus Steinen wächst. Das passt ja auch zur Jahreszeit, wenn wieder alles zu blühen beginnt. So geht es mir an Ostern, dann kommt in mir Hoffnung auf. Wenn ich das sehe, gibt mir das Hoffnung, dass nach dem Tod das Leben nicht vorbei ist. Man geht in den Himmel, was die Treppe zeigt." (Mitschrift: 06.03.2020)

---

[295] Ebd. 169.

1 Die Elemente des Translationsprozesses   225

Abb. 4

Hier wurden sehr viele Szenen aufgerufen, die zum einen der Sprache der christlichen Traditionen zuzuordnen sind (bspw. „auferstanden") und der Sprache für Religiöses (bspw. „Blume, die aus Steinen wächst"). Zwischen beiden Sprachebenen wird differenziert: „An Ostern ist Jesus auferstanden" wird durch „Das steht so in der Bibel" der Sprache für die christlichen Traditionen zugeordnet. Die eigene Deutung in der subjektorientierten Sprache für Religiöses wird mit Pronomina bspw. „mir" markiert.

1.5.5 Wiedergabe einer Szene durch einen Rahmen

1.5.5.1 Einrahmung

In dem Unterrichtswerk *Moment mal! 2* findet sich hierzu ein passendes Beispiel: „Analysiere das Kunstwerk von Lisbeth Zwerger. Untersuche, was es mit Jesu Botschaft vom Reich Gottes zu tun hat. Gib dem Bild einen Titel."[296] Zu sehen ist ein über einer steppenähnlichen Landschaft schwebendes geöffnetes Fenster, aus dem Licht fällt. Dieser Arbeitsauftrag, gestellt in einer siebten Jahrgangsstufe am Ende der Unterrichtsreihe „Jesus Christus", hält durch die Operatoren „analysieren" und „untersuchen" zu einer vertieften Auseinandersetzung mit den in dem Bild dargestellten Szenen und zu einer Verbin-

---

[296] Husmann/Merkel (2013b, Hg.) 86.

dung mit den Kontexten I–III an. Der Arbeitsauftrag besteht demnach in einer intersemiotischen Translation von „Jesu Botschaft vom Reich Gottes".

Die folgenden vier Translate bilden die Ergebnisse der Gruppenarbeitsphase: „Himmlisches Licht ins menschliche Dunkel", „Der Scheinwerfer Gottes", „Das Lebenslicht", „Der Blick ins Paradies". Exemplarisch soll auf die Metareflexion des letzten Translats eingegangen werden:

> „Wir haben ja gelernt, dass Jesus Kranke heilt, Geister vertreibt und Wunder wahr werden lässt. Damit bringt er den Leuten den Himmel auf die Erde, eigentlich übersetzt er ihnen, was ‚Himmel' alles bedeuten kann. Nur er kann das, weil er zwei Sprachen spricht, nämlich die von den Menschen und die von Gott. Und auf dem Bild sieht man, dass es auf der Welt, wo nur die Sprache der Menschen gesprochen wird, dunkel ist. Damit ist gemeint, dass die Menschen selbst daran schuld sind, dass es dunkel ist, weil sie Kriege führen, neidisch aufeinander sind, böse sein können. Und durch Jesus kommt ein bisschen Licht auf die Erde, aber auch nur ein bisschen, weil es ja noch die Welt der Menschen ist." (Transkript: 26.2.2020)

In diesem Translat kommt besonders Kontext III zum Ausdruck: Zum einen durch die Verwendung von Wörtern wie „übersetzen" und „verschiedene Sprachen" zu der Erklärung des Verhältnisses von „Himmel", Jesus und den Menschen,[297] zum anderen als Vorwissen der Gruppe („Wir haben ja gelernt […]").

Das nächste Beispiel zeigt, wie eine Translation in die Sprache der christlichen Traditionen verlaufen kann. Als Einstieg in die Unterrichtsreihe „Diakonie und Soziale Frage" in einer neunten Jahrgangsstufe sollten die SuS als Hausaufgabe Spuren der Diakonie in ihrem Alltag suchen. Eine Schülerin brachte ein abfotografiertes Plakat des Diakonischen Werks mit: Zu sehen ist ein lächelnder Mann mit Down-Syndrom, der eine ebenso glücklich aussehende Frau umarmt. Oben links steht „Diakonie. Aus der Nächsten Nähe." und unten rechts „Ich glaube, dass Glück keine Behinderung kennt." Eine Unterbrechung des Kommunikationsflusses stellte sich deshalb ein, da viele SuS nicht verstanden haben, was dieses Plakat mit Religion zu tun hat. Für eine Antwort auf eine derartige Frage, die häufiger im Religionsunterricht auftritt, erweisen sich Translationen in die Sprache der christlichen Traditionen als eine Verstehenserleichterung, da sie als Sprachdimension Sprache anbietet, um Phänomene auf den Begriff zu bringen, die sich in anderen Sprachwelten nur mühsam umschreiben lassen.[298] Daraufhin wurde im Klassenverband eine Visualisierung vorgenommen:[299]

---

[297] Die SuS sind durch ein entsprechendes, von mir gestaltetes Lehr-Lern-Arrangement in diesen Ausdrücken versiert und denken in diesen Kategorien.
[298] Siehe hierzu Anm. 68 (Kap. II 1.1.1.4).
[299] Der Text ist eine Zusammenstellung der Visualisierung in der Lerngruppe; dabei trennen die Gedankenstriche die unterschiedlichen Äußerungen der SuS.

„Beide auf dem Bild wirken glücklich: Der behinderte Mann, weil er von der Frau angenommen wird und sie ihm durchs Leben hilft." – „Aber warum ist die Frau glücklich?" – „Die macht eben keinen Unterschied, ob der Mann behindert ist oder nicht, sie schaut in sein Herz, wie meine Mutter immer sagt, und scheint ihn richtig zu mögen. Man sieht ja auch nur mit dem Herzen gut, heißt es doch." – „Vielleicht liebt sie ihn ja auch." – „Sie sieht nur den Menschen, wir alle sind ja auch Menschen." – „Klar, aber viele wollen oder können es nicht sehen, weil jemand eine andere Hautfarbe hat oder eben behindert ist." – „Dann lasst uns doch mal wie so eine Brille aufziehen, durch die Herr Hild als Reli-Lehrer schaut, und schauen, was wir dann so sehen." – „Was haben wir denn schon so gemacht, was könnte denn da passen?" – „Also wie würde Herr Hild das Poster nennen? Gott liebt ja alle Menschen gleich. Und die Menschen sind ja so ähnlich wie Gott. Oder er so ähnlich wie wir. So hat er sie gemacht." (Transkript: 23.01.2020)

Zur Hilfestellung wurde von mir Gen 1,27 zitiert, worauf in der vorangehenden Jahrgangsstufe innerhalb der Unterrichtsreihe „Nach Gott fragen" mehrfach Bezug genommen wurde. Danach einigte sich die Lerngruppe auf das intersemiotische Translat „Gottesebenbildlichkeit" als geeigneten Titel für dieses Plakat. Hier lässt sich eine Abgrenzung von Sprachebenen verzeichnen: Mit „Herr Hild" wird die Sprache der christlichen Traditionen als personalisierte Perspektive umschrieben, die die SuS einzunehmen versuchen, indem sie sich die diesbezügliche „Brille aufziehen". Durch „wie meine Mutter immer sagt" und „heißt es doch" verweisen die SuS auf andere Sprachebenen, die ihnen geläufig sind bzw. mit denen sie in Kontakt kommen.

1.5.5.2 Neurahmung

Bei dieser Strategie wird der Rahmen, der eine Szene im Translationsgegenstand umfasst, durch einen anderen ersetzt; die Elemente der Szene bleiben erhalten, eventuell kommen sogar noch weitere hinzu, so dass das Gesamtszenario durch diesen neu gewählten Rahmen besser zum Ausdruck kommt bzw. für die AdressatInnen zugänglicher und so verständlicher werden kann.

Hierzu ein Beispiel: Während der Unterrichtsreihe „Propheten und prophetische Gestalten" in einer achten Jahrgangsstufe kam es zu einer Unterbrechung im Kommunikationsfluss bei dem Bonhoeffer-Zitat: „Unser Christsein wird heute nur in zweierlei bestehen: im Beten und im Tun des Gerechten unter den Menschen."[300] Konkret äußerten die SuS Verständnisschwierigkeiten bei „beten" bzw. „Gebet". Dabei handelt es sich um unterbrechende Wörter von Typ V: Wörter, die zwar bekannt sind, inhaltlich gefüllt werden können und verstanden worden sind, die jedoch nicht erlebt bzw. mit selbst- oder fremderlebten Vollzügen verknüpft sind.

Im Klassenverband wurde eine Visualisierung mit einem anschließenden Versuch von Translationen vorgenommen. Die SuS wollten herausfinden, was

---

[300] DBW 8, 435.

„beten"/„Gebet" in der Sprache der christlichen Traditionen bedeutet. Die Vorgabe bestand darin, ein ganz spezielles neues Wort zu kreieren. Durch lautes Denken malten sich die SuS den Rahmen von „beten"/„Gebet" aus:[301]

> „Wenn man betet, dann wendet man sich direkt an Gott, man redet mit ihm, er hört zu." – „Das ist aber kein normales Gespräch, denn man wird nicht gestört, und niemand kann dich abhören." – „Man wird aber auch nicht gestört, dass die Leitung nicht gestört ist wegen Wartungsarbeiten oder so." – „Aber dann ist doch das ganze Drumherum auch was Besonderes, eine spezielle Verbindung." – „Dann nennt man das doch besser ‚skype heaven'." – „Nein, das wäre doch nicht richtig, denn dann könntest du Gott ja sehen und heimlich abfotografieren." – „Dann müssen wir eine andere Verbindung wählen, eben wie ein Telefonat, immer Anschluss bei dieser Nummer." – „Dann nehmen wir doch ‚vodafone heaven', das klingt hip und versteht jeder, auch wer nicht soviel Ahnung von Reli oder vom Beten hat. Oder ‚heißer Draht zu Gott'." (Transkript: 29.11.2019)

Das Visualieren zeigt, dass SuS durch subjektorientierte Deutungen zu sachorientierten Ergebnissen gelangen können. Bei dieser Strategie lassen sich die Sprachwelten der SuS besonders gut integrieren, so dass die SuS durch das Translat auch gegenüber dem Translationsgegenstand eine positivere Haltung einnehmen („klingt hip"). Die sprachliche Neuschöpfung sehen die SuS in diesem Fall als eine Art universelle Sprache an; sie „versteht jeder, auch wer nicht soviel Ahnung von Reli oder vom Beten hat."

1.5.6 Zusammenfassung

Es wurde schon mehrfach darauf hingewiesen, dass im Zentrum einer sprach- und translationssensiblen Religionsdidaktik einzelne Wörter stehen; diese sind allerdings immer in der Relation zu ihrem Kontext zu sehen, der in einen unmittelbaren Kontext I, einen mittelbaren Kontext II und einen übergeordneten Kontext III aufgefächert wurde. Diese Differenzierung ermöglicht eine gezielte Erschließung des Wortes innerhalb der jeweiligen Sprachebene und erweist sich als hilfreich für die Visualisierung von Rahmen und Szenen als Voraussetzung für kreative Translationen, für Metareflexionen des Translationsprozesses und für eine Beurteilung von Metareflexionen (Kap. II 2.5, III 5).

Transkreieren als ein kreativ-hermeneutisches Problemlöseverfahren speist sich durch kreatives Denken und darauf bezogenes kreatives Transferieren. Im Anschluss an Kußmaul müssen hierzu keine speziellen kognitiven Fähigkeiten mitgebracht werden; ebenso wie Kreativität beim Transferieren können diesbezügliche Techniken – im Religionsunterricht – erlernt und auch gefördert werden.[302] In unteren Jahrgangsstufen erweisen sich gezielte,

---

[301] Der Text ist eine Zusammenstellung der Visualisierung in der Lerngruppe; dabei trennen die Gedankenstriche die unterschiedlichen Äußerungen der SuS.
[302] Kußmaul (2004) 98, (2000) 59.

auf einzelne Translationsstrategien abgestimmte Impulse als hilfreich für die Einleitung kreativer Translationen, worauf in Kap. II 2.4.3 ausführlich eingegangen wird; in den höheren Jahrgangsstufen ist es möglich, dass die SuS über den diesbezüglichen Fachwortschatz verfügen, dass sie die Strategien nicht nur benennen, sondern in diesem Zusammenhang auch selbst entscheiden und auch begründen können, welche Strategien für Translationen als sinnvoll erscheinen.

Wenn den SuSn die Auswahl der Translationsstrategien zugestanden wird, sind Überschneidungen nicht auszuschließen, welche bei Wörtern auftreten können, die einerseits sehr deutungsoffen, andererseits aber sehr erfahrungsgeladen sind, da SuS mit ihnen im Alltag oft in Berührung kommen. In dem obigen Beispiel zur „Auswahl von Szenenelementen in einer Szene" (Kap. II 1.5.4.3) wurde bei der Translation von „Ostern" in einer siebten Jahrgangsstufe auf das Szenenelement der Auferstehung im Zusammenhang mit einer auf einem unwirtlichen Grund sich entfaltenden Blume zurückgegriffen. In einer zehnten Jahrgangsstufe stellte das Translat von „Ostern" u. a. das folgende Haiku dar:

„Auferstehungen
Im Leben und nach dem Tod
Gott richtet mich auf." (Abschrift: 11.03.2020)

Hier wurde auch auf das Szenenelement der Auferstehung und der diesbezüglichen Aufrichtung im Diesseits zurückgegriffen, das in der anschließenden Metareflexion als die Strategie „Wiedergabe eines Rahmens durch eine Szene" (Kap. II 1.5.3) beschrieben wurde. Derartige Entscheidungen und Begründungen hängen mit der subjektiven Gewichtung einzelner Erfahrungen mit dem Translationsgegenstand zusammen und lassen auch Rückschlüsse auf die Ausprägung der Sprachebenen der TranslatorInnen zu. Für eine diesbezügliche Didaktisierung können die von SuSn angefertigten Translate in anderen Lerngruppen besprochen und im Hinblick auf die getroffenen Entscheidungen der TranslatorInnen analysiert werden; hier können dann die SuS wieder ganz andere Translationsstrategien herauslesen.[303] Um dabei allerdings keine Beliebigkeit walten zu lassen, bedarf es – wie auch bei der Präsentation von Translaten – einer reflektierten Begründung für die gewählten Translationsstrategien.

Die Übersetzungsstrategien von Kußmaul bieten einen idealen Ausgangspunkt für Translationsstrategien zur Anbahnung einer Sprach- und Translationssensibilisierung, da bei ihr die in Kap. II 1.1.4 in Anlehnung an den sprachsensiblen Fachunterricht (SFU) erarbeiteten didaktischen Prinzipien einer sprach- und translationssensiblen Religionsdidaktik greifen.[304] Die Trans-

---

[303] Hierzu ausführlich Kap. II 2.1.5. Ebenso Käbisch (2018) 71, dessen Ansatz in Kap. I 1.3.1.2.2 besprochen wird.

[304] Die Prinzipien sind: Berücksichtigung der sprachlichen Voraussetzungen in ihrer Heterogenität, Unterstützung von Übergängen zwischen den Sprachwelten der SuS zu an-

lationsstrategien eröffnen weiterhin einen mehrperspektivischen Zugang auf die Translationsgegenstände mit pluralitätsoffenen Deutungen, die in den unterschiedlichen Sprachebenen, die im Religionsunterricht aufeinandertreffen, zusammengeführt werden können.

Bei den besprochenen Beispielen wurden jeweils eine oder mehrere Darstellungsformen vorgestellt; auch hier vermeidet man eine Instrumentalisierung, indem bewusst eine Antwort auf die Fragen gefunden werden soll, inwieweit Inhalt und Form in einem angemessenen Verhältnis austariert werden können und für wen bzw. für welche Sprachebene durch die Translation eine Unterbrechung des Kommunikationsflusses aufgehoben werden konnte. In diesem Zusammenhang ist stets weiter zu fragen, welche Darstellungsformen außerhalb der jeweils gewählten denkbar wären und wie die getroffene Wahl begründet werden kann.

Zu fragen ist weiter nach der Relation zwischen Translat und Translationsgegenstand im Hinblick auf den Grad von Veränderungen, welche sich auf Gott oder auf ihn gelenkte Bezüge richten. So wurde bei den oben vorgestellten Translaten und deren Metareflexionen mehrfach Gott oder der auf ihn gelenkte Bezug entweder stark reduziert oder in allgemeine ethische Verhaltensweisen übergeführt bzw. aufgelöst, die anhand von zwischenmenschlichen Beziehungen greifbar gemacht wurden. Im Hinblick auf die Reduzierung wurde in Kap. II 1.5.4.3 bei dem Entwurf eines persönlichen Osterbildes die Gottesebene mit einer zum Himmel führenden Treppe markiert; in der Metareflexion ist „Gott" so lediglich durch ein unbestimmtes ‚Oben' präsent. Im Hinblick auf die Auflösung wurde in Kap. II 1.5.3 „Ebenbild Gottes" in ein Gedicht transferiert, bei dem ausschließlich Menschen und ihr von gegenseitiger Achtung geprägter Umgang thematisiert werden. In der Metareflexion wurde zwar darauf verwiesen, dass sich Gott in den Menschen zeige, was jedoch nichts daran ändert, dass der kreativ-sprachliche Neuversuch – ganz ohne den Blick auf diese Metareflexion – den Menschen in den Vordergrund stellt. Noch deutlicher wurde diese Tendenz in Kap. II 1.5.4.1 bei der Translation der Zehn Gebote in ein „Kochrezept für Freiheit, die allen schmeckt": Unter dessen „Zutaten" fanden sich Wörter wie „Respekt", „Rücksicht", „Hilfsbereitschaft" und „Menschenwürde", allerdings keine, die konkret mit der Sprache der christlichen Traditionen in Verbindung gebracht werden. In diesem Translat wurde die Gottesebene, die im Translationsgegenstand mit „Ich bin der Herr, dein Gott" die alles verknüpfende Überschrift der Zehn Gebote darstellt, durch die ethische Ebene der Verantwortung ersetzt.

Dieser Befund wirft Fragen bezüglich etwaiger Grenzen der Translationen auf; dabei geht es nicht um die Veränderungen im Hinblick auf die Form,

---

deren Sprachebenen und auch zur Fachsprache des Religionsunterrichts, Schaffen von vielfältigen Anlässen zum sprachlichen Handeln, Einbindung von Wortschatzarbeit im fachlichen Kontext.

sondern darum, ob durch eine derartige Reduzierung und komplette Auflösung ins Ethische der Translationsgegenstand, für den ein Bezug zur Gottesebene konstitutiv ist, im Translat überhaupt noch erkennbar ist bzw. ob im Translat überhaupt noch die „Beziehung" zum Translationsgegenstand aufrechterhalten werden konnte. Diese Fragen werden im folgenden Kapitel aufgegriffen, weiter ausdifferenziert und zu beantworten versucht.

1.6 Translat

Der Translationsgegenstand kann entweder in intralingualer, intersemiotischer oder auch interlingualer Hinsicht in unterschiedliche Translate überführt werden. Durch einen kreativ-hermeneutischen Akt sollen gemäß den Translationsstrategien „tiefere Schichten"[305] des Translationsgegenstands freigelegt werden. Das Transkreieren ist als ein kreativ-hermeneutisches Problemlöseverfahren zu betrachten, wobei sich die translatorische Kreativität in zwei Merkmalen des Translats im Vergleich zum Translationsgegenstand vor der Translation niederschlägt: Erstens in der Neuwertigkeit, die sich zum einen durch den Bedeutungswandel in einer anderen Sprachebene und zudem auch in einer anderen Darstellungsform im Zuge einer intersemiotischen Translation äußern kann. Zweitens in der Angemessenheit dieser Neuwertigkeit, die es in diesem Kapitel in theologisch-translationswissenschaftlicher Hinsicht auszudifferenzieren gilt, indem der Frage nachgegangen werden soll, worin die Grenzen der Translationen bestehen bzw. was am Ende den Möglichkeiten des Transferierens entzogen worden ist, was voraussichtlich in anderen Sprachebenen unverständlich bleibt oder auch bleiben muss, bzw. was von SuSn ausgelassen oder reduziert wurde (Kap. II 1.6.1); damit gehen auch die Fragen einher, wie man mit derartigen Translationsgrenzen im Religionsunterricht umgeht und wie trotzdem eine sprachliche Erschließung von derartigen Wörtern ermöglicht werden kann (Kap. II 1.6.2). Nach diesen Erörterungen werden Kriterien entwickelt, bei deren Anwendung die Translate als gelungen eingestuft werden können (Kap. II 1.6.3).

1.6.1 Translationsgrenzen

Für eine Präzisierung der Translationsgrenzen erweisen sich drei Thesen bzw. Denkansätze zur Differenzierung der Übersetzbarkeit/*Übersetzbarkeit* als hilfreich, die in die generelle Frage nach der Äquivalenz,[306] nach der Beziehung zwischen dem Translationsgegenstand und dem Translat, eingebettet

---

[305] Gil (2015) 152.
[306] Die Frage der Äquivalenz bildet in der Translationswissenschaft eine kontrovers geführte Diskussion (Koller ⁶2001: 159), auf die an dieser Stelle nicht eingegangen werden kann.

sind.[307] Diese unterschiedlichen, sich widersprechenden Thesen sind hier kurz zu diskutieren.

Erstens sollte als These die Möglichkeit oder Unmöglichkeit von vollständigen Translationen diskutiert werden. Alberto Gil sieht hier die prinzipielle Möglichkeit als gegeben, bei einem Übersetzungsgegenstand die „kleinsten Verästelungen seines Sinns zu durchdringen und ihn mit den hierzu angemessenen Ressourcen der Zielsprache verstehbar und annehmbar neu zu gestalten".[308] Dem ist jedoch differenzierend zu widersprechen: Mit dieser Prämisse geht unweigerlich die Problematik einer Vereinnahmung des Translationsgegenstands einher, der im Translat absorbiert werden könnte. Im Hinblick auf eine als religiös verstandene Sprache hätte diese dann im Translat ihre Charakteristik als religiös verloren.[309] Problematisch erweist sich eine derartige Durchdringung, da im Glauben wurzelnde Wörter auf Inhalte verweisen, die in theologischer Hinsicht unverfügbar sind und nicht vollkommen durchdrungen werden können, so dass durch derartige Versuche als religiös verstandene Wörter – wie in Kap. I 1.1.1 schon ausgeführt – „beim ‚Über-setzen' an das andere Ufer nicht nur [...] ‚nass', sondern ‚über-flüssig' [werden]; sie hören auf, *religiöse* Begriffe zu sein."[310] Hier eröffnet sich ein Gesamtproblem, das nicht einfach übergangen werden kann, wie wir oben gesehen haben. Dies leitet über zum nächsten Punkt.

Zweitens kann – quasi als Gegenpol – eine vollkommene Unübersetzbarkeit/*Unübersetzbarkeit* angenommen werden. Bei dieser Sichtweise werden die Barrieren zwischen Sprachen und Kulturen als unüberwindbar angesehen.[311] Im Hinblick auf die Sprache der christlichen Traditionen sind dies „unübersetzbare Reste", die oftmals den „Kern der Religion betreffen".[312] Hierzu zwei

---

[307] Nachfolgende Unterteilung im Anschluss an Koller (⁶2001) 159–161.
[308] Gil (2019) 89.
[309] Ziermann (2019) 83.
[310] Ebd. (Hervorh. im Original). Ähnlich Kumlehn (2021) 39. In diesem Zusammenhang hat schon Habermas (2001: 16) darauf hingewiesen, dass man eine *Übersetzung* in eine säkulare Sprache nur dann als gelungen sehen darf, wenn „[m]oralische Empfindungen, die bisher nur in religiöser Sprache einen hinreichend differenzierten Ausdruck besitzen, [...] allgemeine Resonanz finden [können], sobald sich für ein fast schon Vergessenes, aber implizit Vermisstes eine rettende Formulierung einstellt. Eine Säkularisierung, die nicht vernichtet, vollzieht sich im Modus der Übersetzung."
[311] Gil (2019) 93. Eine Diskussion über interlinguale Unübersetzbarkeit wird auch in der Translationswissenschaft geführt. Exemplarisch sei hierfür Albrecht (2005) genannt, der „klassische Argumente gegen die Möglichkeit des Übersetzens" (24) bespricht, bspw. „Die Unmöglichkeit der direkten Beobachtung von ‚Bedeutung', bzw. die Unmöglichkeit, intersubjektiv verifizierbare Kriterien für die Bestimmung der Bedeutung anzugeben" (24–26), „Die fundamentale Verschiedenheit der semantischen Strukturen der Einzelsprachen und die daraus resultierende Unmöglichkeit der Existenz genauer inhaltlicher Äquivalente zwischen zwei Sprachen" (26–28), „Die Ungleichheit des kulturellen Umfeldes, innerhalb dessen die jeweiligen Sprachen als Kommunikationsmittel dienen" (28f.).
[312] Rose/Wermke (2016a) 17f.

1 Die Elemente des Translationsprozesses

Beispiele: Christiane Tietz erachtet die *Übersetzung* von „Gottesebenbildlichkeit" in eine rational zugängliche Sprache als unmöglich, da das hinter dem Wort stehende Bild durch seinen moralischen Impuls etwas zu leisten vermag, „was in rational-argumentierender Sprache nicht in gleicher Weise zum Ausdruck gebracht werden kann und also letztlich unübersetzbar ist".[313] Ebenso ist die „Wahrheitsbehauptung der Existenz des christlichen Gottes" in eine rationale Sprache als *unübersetzbar* einzustufen, da die Existenz auf Glauben beruht und nicht in „einem vernünftigen Nachdenken über die Welt, an dessen Ende dann stünde, die Existenz des christlichen Gottes für *plausibler* als seine Nicht-Existenz zu halten".[314] Ein hier zutreffendes weiteres Beispiel führt Michael Wermke mit „christliche Nächstenliebe" an, die „nicht ohne weiteres in den Begriff ‚Solidarität' zu übersetzen ist, da Nächstenliebe nicht die Frucht eines humanistischen Selbstverständnisses ist, sondern sich aus dem Gottesverhältnis des Menschen ableitet".[315]

Drittens kann die Äquivalenz zwischen der Ausgangs- und der Zielsprache Schnittmengen bzw. – im Anschluss an Martina Kumlehm – „Resonanzräume" eröffnen,[316] innerhalb derer Translationen möglich, außerhalb davon aber unmöglich sind wie im obigen zweiten Fall. Wörter, die solchen Schnittmengen bzw. „Resonanzräumen" zuzuordnen sind, können alle Semantiken der Sprache der christlichen Traditionen sein, welche eben nicht zu den *unübersetzbaren* Resten gehören.[317] Kumlehn mahnt zu einem „grenzbewussten Übersetzen", bei dem es gilt, „die Gewinne und Verluste von Übersetzungsprozessen kritisch zu reflektieren und zu fragen: Bleibt der religiöse Weltzugang bzw. der religiöse Sprachgebrauch in der Übersetzung erkennbar oder wird er invisibilisiert?"[318] Kumlehn konkretisiert ihre Überlegungen zur *Unübersetzbarkeit* im Hinblick auf Metaphern. Deren *Übersetzung* ist nicht von vornherein auszuschließen; zu beachten gilt es allerdings, dass Metaphern „nicht einfach durch (säkulare) Begriffe ersetzt werden können, sondern an-

---

[313] Tietz (2012) 99. Ähnlich Körtner (2016) 192: „Die Grenzen der Übersetzbarkeit ergeben sich [...] daraus, dass alle Theologie von Gott zu reden hat." Ähnlich Wermke (2015) 299. Zu Tietz (2012): Kap. I 1.2.1.1. Hier zeigt sich ein grundlegender Unterschied zwischen dem Religions- und dem Ethikunterricht, der sich „an den Möglichkeiten und Grenzen der philosophischen *Vernunft* [orientiert], während der Religionsunterricht seine unveräußerlichen Grundlagen in den geschichtlichen Überlieferungen und gegenwärtigen Ausdrucksformen des christlichen *Glaubens* hat" (Kirchenamt der EKD 1994, Hg.: 79, Hervorh. im Original).
[314] Tietz (2012) 99f. (Hervorh. im Original).
[315] Wermke (2015) 299. Ähnlich Körtner (2016) 192 und Rose/Wermke (2016a) 18: „‚Gott' ist weder mit ‚Sinn', ‚Transzendenz', ‚Unendlichkeitsdimension' noch mit ‚Liebe' hinreichend übersetzbar." Zur theologischen Diskussion über Übersetzbarkeit/*Übersetzbarkeit* einer als religiös verstandenen Sprache siehe Kap. I 1.1.1.
[316] Kumlehn (2016) 134.
[317] Rose/Wermke (2016a) 17f.
[318] Kumlehn (2021) 39f.

derer Bilder und Metaphern bedürfen, die neue Facetten im Sich-Verhalten-zum-Unverfügbaren eröffnen".[319]

Nach den bisherigen Erörterungen dürfte deutlich geworden sein, dass der Verfasser seinen Akzent besonders auf die letzte Variante legt. Um dies noch einmal vertieft darzulegen, sind zwei Prämissen anzuführen, die jeweils Fragen aufwerfen, auf die im folgenden Kapitel Antworten im Rahmen des Umgangs mit Translationsgrenzen gefunden werden sollen.

Erstens gehen die obigen AutorInnen von *Übersetzungen* einer als religiös verstandenen Sprache aus, so dass im Umkehrschluss nicht die Frage beantwortet wird, wie es sich umgekehrt verhält, nämlich ob eine *Unübersetzbarkeit* auch für Wörter gilt, die einer anderen Sprachebene zuzuordnen sind und in die Sprache der christlichen Traditionen transferiert werden sollen.

Zweitens werden die *ÜbersetzerInnen* als in der Sprache der christlichen Traditionen versierte ExpertInnen angesehen, so dass sich die Frage stellt, inwieweit die Grenzen für Translationen im schulischen Bereich gelten bzw. umgesetzt werden können, zumal in Kap. I 1.3.4 eine große Auswahl von *Übersetzungsangeboten* in Unterrichtswerken festgestellt werden kann. Andrea Schulte benennt deren Aufgabe in der Beförderung einer „kognitive[n] Erschließung religiöser Gehalte in säkulare Semantiken"; hierunter fallen

> „religiös-theologische Semantiken (z. B. Abendmahl, Auferstehung, Konfessionen) und Gehalte (z. B. Segen, Schuld, Sünde, Visionen), die Eigenart religiöser Sprache (Metapher [Bildwort], Gleichnis, Wundererzählung) sowie auf den persönlichen, individuellen Bedeutungshorizont [bezogene] abstrakt[e] Begriffe (Pubertät, Freiheit)".[320]

Die Auflistung enthält bspw. mit „Auferstehung" Wörter, die gemäß dem obigen Argumentationsmuster von Tietz nicht *übersetzt* werden dürfen, da sie wie „Auferstehung" im Glauben verankert sind, der „in Gottes unableitbarer Bezogenheit auf uns [begründet ist]".[321] Im schulischen Bereich kann also weniger von einem generellen Übersetzungsverbot/*Übersetzungsverbot* bzw. Translationsverbot für die Sprache der christlichen Traditionen gesprochen werden, als vielmehr von der Eigenheit einer als religiös verstandenen Sprache, die Translationen von für diese Sprachebenen charakteristischen Wörtern nicht von vornherein verbietet oder im Allgemeinen für unmöglich hält.

Für eine sprach- und translationssensible Religionsdidaktik soll nachfolgend als Arbeitshypothese bezüglich der Translationsgrenzen gemäß „translatio religionis" Folgendes gelten: Wenn man in Anlehnung an Gil trotz aller Bedenken mindestens anstrebt, dass durch eine Translation bei einem Translationsgegenstand die „kleinsten Verästelungen seines Sinns" durchdrungen werden, um „ihn mit den hierzu angemessenen Ressourcen der Zielsprache

---

[319] Kumlehn (2014) 270.
[320] Schulte (2017) 83.
[321] Tietz (2012) 100.

1 Die Elemente des Translationsprozesses 235

verstehbar und annehmbar neu zu gestalten",[322] dann sind die Grenzen einer Translation in zweifacher Hinsicht zu bestimmen: Erstens sind sie in den zu transferierenden Wörtern ausfindig zu machen, da diese von vornherein gar nicht ganz durchdrungen werden können, weil sie im Glauben verortet sind bzw. ohne den Glauben an die Offenbarung Gottes körperlos würden, bspw. die Abstrakta „Gottesebenbildlichkeit" und „Rechtfertigung". Zweitens besteht eine Translationsgrenze in der Frage nach den „angemessenen Ressourcen der Zielsprache" nämlich dahingehend, ob die Zielsprache denn über derartige Ressourcen verfügt, um den Translationsgegenstand „verstehbar und annehmbar" neu wiedergeben zu können. Dies kann sich einerseits auf Wörter beziehen, die charakteristisch für die Sprache der christlichen Traditionen sind und die in eine andere transferiert werden sollen, bspw. die Translation von „Schuld" in das Sprachspiel der Justiz, andererseits auf Wörter, die in die Sprache der christlichen Traditionen transferiert werden sollen und für sie nicht charakteristisch sind, bspw. „Karma".

Eine sprach- und translationssensible Religionsdidaktik geht zwar von diesen Translationsgrenzen aus, allerdings schließt sie eine vollkommene Unübersetzbarkeit/*Unübersetzbarkeit* aus und strebt auch kein translatorisches „anything goes" an;[323] sie sucht nach translationswissenschaftlichen Möglichkeiten zur sprachlichen Erschließung von Wörtern unter den Perspektiven jeweils anderer Sprachebenen.[324] Demnach geht es bei Translationen um die Einnahme von Perspektiven bestimmter Sprachebenen, um eine andere Sichtweise zu erlangen, die den Translationsgegenstand und damit auch das eigene Verhältnis zu ihm in einem erhellenden Licht erscheinen lässt, wobei sowohl eine Sprach- als auch eine Translationssensibilisierung erfolgen soll.

Im folgenden Kapitel werden unterschiedliche Möglichkeiten für die sprachliche Erschließung mittels Translationen von Wörtern, die Translationsgrenzen im obigen Sinne aufweisen, diskutiert.

1.6.2 Umgang mit Translationsgrenzen

Für den Umgang mit Translationsgrenzen werden im Folgenden fünf Möglichkeiten vorgestellt: Teiltranslation (Kap. II 1.6.2.1), „homöomorphe Äqui-

---

[322] Gil (2019) 89.
[323] Es geht also nicht darum, eine Translation ohne Erwartungen hinsichtlich eines Gelingens oder Scheiterns durchzuführen und das Translat nur auf Veränderungen im Vergleich zum Translationsgegenstand zu befragen, wie dies bei „Religionen übersetzen" (Kap. I 1.1.4.2.3.1) der Fall ist. Auch im Hinblick auf die Sprache der muslimischen und jüdischen Traditionen gilt es, theologische Vorbehalte gegen Translationen zu thematisieren (siehe hierzu Kap. I 1.2.1.2 und Kap. V, Anm. 52).
[324] Auf einer allgemeinen Ebene dazu Breul (2018) 7: „Nur weil einige Elemente des Religiösen sich nicht versprachlichen lassen, folgt daraus nicht, dass Religion an sich sprachlich nicht zugänglich sei."

valente" (R. Panikkar) (Kap. II 1.6.2.2), „experience-near" und „experience-distance" (C. Geertz) (Kap. II 1.6.2.3), kooperative Translation (Kap. II 1.6.2.4) und sprachlich-situative Transposition (Kap. II 1.6.2.5).

1.6.2.1 Teiltranslation

Die erste Möglichkeit greift auf die im vorangehenden Kapitel erwähnte dritte Position zurück, dass nicht von vornherein der *ganze* Translationsgegenstand transferiert wird, sondern nur einzelne Teile bzw. einzelne Szenen. Andrea Schulte verweist in diesem Zusammenhang treffend auf die Dialektik, „[r]eligiöse Sprache übersetzen zu wollen, ohne sie letztlich vollends übersetzen zu können".[325]

Hierzu ein Beispiel: Innerhalb von Kap. II 1.5.3 wird die Translationsstrategie „Wiedergabe eines Rahmens durch eine Szene" anhand des Wortes „Gottesebenbildlichkeit" exemplifiziert. Dabei handelt es sich bei dem Rahmen um ein Wort, das durch einen bestimmten Teil, nämlich eine der sich innerhalb des Rahmens befindlichen Szenen, wiedergegeben wird; in dem genannten Beispiel stellt das Translat ein Gedicht dar, in dem die Szene der Gleichheit von Menschen entfaltet wird. Hier findet keine vollständige Translation statt und somit wird auch Gott als Bezugspunkt des Wortes nicht *als Ganzes* zu erfassen und in einer anderen Sprachebene zu erschließen versucht. Das Translat bezieht sich nur auf einen Teil des Wortes in Form einzelner Szenen, die aus den Erfahrungen der SuS hervorgehen. Wie schon von Christiane Tietz (2012) angemerkt wird, besteht die *Unübersetzbarkeit* von als religiös verstandenen Ausdrücken darin, dass sie im Glauben an die Offenbarung Gottes begründet sind bzw. in einem unmittelbaren Bezug dazu stehen und damit ein Wirklichkeitsverständnis eröffnen, das nicht rational-argumentierend wiedergegeben werden kann. Diese Trennlinie wird durch eine Teiltranslation nicht überschritten, da eben nicht der ganze Translationsgegenstand transferiert und damit seiner Undurchdringlichkeit beraubt wird.

Hierzu ein weiteres Beispiel: Michael Wermke erachtet, wie oben in Kap. II 1.6.1 angesprochen, „Solidarität" als *Übersetzungsprodukt* von „christlicher Nächstenliebe" als problematisch.[326] Dem kann zugestimmt werden, allerdings nur unter der Prämisse, dass es sich um eine ganze, vollständige Wiedergabe von „Solidarität" handelt, so dass dieses *Übersetzungsprodukt* eine Art Ersatz für „christliche Nächstenliebe" darstellen würde. Die Translationsstrategien einer sprach- und translationssensiblen Religionsdidaktik zielen allerdings nur auf die Translation eines Teils des Translationsgegenstands, zu

---

[325] Schulte (2019b) 115. Ähnlich Dressler/Klie (2008) 213: Man kann eine „religiöse Sprache des Glaubens – Geschichten, Metaphern, Gesten, Liturgien – [...] niemals vollständig in ein anderes Idiom übersetzen."
[326] Wermke (2015) 299.

dem in dem vorliegenden Fall auch „Solidarität" gehören könnte, quasi als pars pro toto.[327]

Ähnlich verhält es sich mit einer innerhalb von Kap. II 1.5.5.1 vorgestellten intersemiotischen Translation in die Sprache der christlichen Traditionen: Ein Plakat des Diakonischen Werks wird durch „Gottesebenbildlichkeit" ‚eingerahmt'. Hier liegt auch keine „1:1-Entsprechung" vor, sondern vielmehr bildet die Abbildung auf dem Plakat – ein Mann mit Down-Syndrom, der eine lächelnde Frau umarmt – eine von vielen möglichen Szenen, die bei den SuSn „Gottesebenbildlichkeit" hervorgerufen hat.

Die Unmöglichkeit der kompletten Erfassung der Translationsgegenstände schlägt sich zudem in *den* Translat*en* nieder, die sich als kreativ-sprachliche Neuversuche verstehen, die pluralitätsoffene Deutungen ermöglichen. Ebenso wie es unmöglich ist, Translationsgegenstände als Ganzes zu erfassen, ist es auch unmöglich, nur *ein* Translat als *die eine* Lösung *eines* Problems gelten zu lassen; Translationen sind also nicht als eine einmalige und abgeschlossene Sprach- und Translationshandlung zu verstehen, sondern immer als eine wieder neu zu vollziehende.[328] Zudem stellen sich aufgrund des multiperspektivischen Zugriffs auf die Translationsgegenstände auch mehrere Probleme bzw. Unterbrechungen ein,[329] die in unterschiedliche Lösungsstrategien und damit mehrere Translate münden, die wiederum neue Aspekte der Translationsgegenstände freilegen.[330]

1.6.2.2 „Homöomorphe Äquivalente" (Raimon Panikkar)

Die zweite Möglichkeit für den Umgang mit Translationsgrenzen bilden die von Raimon Panikkar (1918–2010) geprägten „homöomorphen Äquivalente". Für Panikkar streben alle Kulturen, zu denen auch die Religionen gehören, nach einem ähnlichen Ziel, wobei der diesbezügliche Weg in einer jeweils anderen Sprache ausgedrückt wird. Panikkar exemplifiziert seine Ausführungen mit dem Wort „Philosophie":

> „Die homöomorphen Äquivalente sind nicht bloß wörtliche Übersetzungen, noch übersetzen sie einfach die Funktion, die das Wort (*Philosophie* in diesem Fall) aus-

---

[327] Schlag/Brinkmann (2016) 7.
[328] Wabel (2019c) 71: „Übersetzen gelingt nicht trotz, sondern wegen des Abschieds von den Idealbildern der abgeschlossenen Übersetzung". Zu Wabel (2019c) ausführlich in Kap. I 1.2.2.
[329] Nassehi (2017: 16) verweist aufgrund der „Mehrfachbedeutungen" auf die Unmöglichkeit, aus nur einer Sprachebene heraus einen Zugriff auf ein Thema zu unternehmen; die gesellschaftliche Polykontextualität macht eine solche ‚einseitige' Betrachtung obsolet. Zu Nassehi (2017, 2015) ausführlich Kap. I 1.2.3.
[330] Treffend Laube (2019) 67: „[Es ist] die *Übersetzung* selbst, welche die unabschließbare Unübersetzbarkeit des Originals regeneriert und neu in Geltung bringt." Zu Laube (2019) auch in Kap. I 1.2.2.

> zufüllen vorgibt, sondern sie geben eine Funktion zu verstehen, die der vermeintlichen Rolle der Philosophie entspricht. Es handelt sich also um kein begriffliches, sondern um ein funktionales Äquivalent, nämlich um eine Analogie dritten Grades. Es wird nicht dieselbe Funktion (die die Philosophie ausübt), sondern dasjenige Äquivalent gesucht, das dem entspricht, was der Originalbegriff in der entsprechenden Weltanschauung bedeutet."[331]

Damit bleibt die unüberwindbare Kluft zwischen Sprachebenen, bzw. unter Umständen auch Kulturen, gewahrt, indem erst gar nicht der Versuch einer aller Voraussicht nach zum Scheitern verurteilten oder auch theologisch unangemessenen Translation unternommen wird, sondern indem funktionale Äquivalente beider Sprachebenen ins Visier genommen werden. Eine diesbezügliche Sicht auf einzelne Wörter und ihre Verortung in Sprachebenen ist mit Wittgensteins Sprachspielen vergleichbar; so haben die „homöomorphen Äquivalente"

> „in unterschiedlichen kulturellen Traditionen (bzw. Sprachspielen) im Insgesamt des Sinn- und Bedeutungszusammenhangs eine mehr oder weniger gleiche oder ähnliche Funktion (z. B. Läufer im Schach), können aber nicht einfach Eins zu Eins übersetzt werden (weil der Kontext auf dem Brett ein anderer ist)".[332]

Panikkar nennt als weiteres Beispiel das Wort „Brahman", das man nicht als ein Übersetzungsprodukt von „Gott" erachten kann, da weder die Wörter „einander entsprechen (ihre Attribute sind nicht dieselben) noch die Funktionen dieselben sind (Brahman hat keinen Grund, warum er wie Gott schöpferisch sein, Vorsehung ausüben und persönlich sein sollte)".[333] Trotz dieser Verschiedenheit drücken die „beiden Wörter eine funktionale Äquivalenz in den entsprechenden Weltanschauungen aus".[334]

Andrea Schulte verweist auf Grenzen bzw. auf mögliche falsche *Übersetzungsprodukte*, wenn bspw. „Imam" mit „Pfarrer" oder „Priester" wiedergegeben wird, da die Wörter in einem bestimmten religiösen und kulturellen Kontext verortet sind.[335] Im Anschluss an Panikkar wäre die Relation „Imam" – „Pfarrer", ähnlich wie oben „Brahman" – „Gott", als Ergebnis eines *Übersetzungsprozesses* zwar falsch, aber vor dem Hintergrund „homöomorpher Äquivalente" angemessen, da ein Priester in seiner Kultur bzw. in der Sprache der christlichen Traditionen eine vergleichbare Funktion wie ein Imam in seiner Kultur[336] und in seiner Sprache der muslimischen Traditionen ausübt. Hierzu

---

[331] Panikkar (1998) 15f. (Hervorh. im Original).
[332] Estermann (2017) 56, Anm. 24.
[333] Panikkar (1998) 16.
[334] Ebd.
[335] Schulte (2019b) 119. In Kap. I 1.1.4.2.3.2 wird auch eingegangen auf die Unmöglichkeit einer Übersetzung des Daoismus in die westliche Kultur (Zhang 2015), von Übersetzungen von „Gott" für „Allah" (Stosch 2015) sowie von „Glaube" („faith") und „Religion" für die aus vedischen Texten stammenden Wörter „śraddhā" und „dharma" (Lopez 2015).

1 Die Elemente des Translationsprozesses

bedarf es bestimmter Formulierungen, die eine derartige Relation markieren, bspw. „Ein christlicher Priester ist mit einem muslimischen Imam in dem Punkt vergleichbar, dass ...". Durch derartige Formulierungen als Schnittmenge zwischen beiden Wörtern bzw. Kulturen oder Sprachebenen, die sich aus der gleichen – nicht derselben! – Funktion konstituiert,[337] eröffnet sich die Möglichkeit einer hermeneutischen Auseinandersetzung beider Wörter bzw. „homöomorpher Äquivalente", ohne dass das eine Wort von der anderen Sprachebene im Zuge einer Translation absorbiert wird.

1.6.2.3 „Experience-near" und „experience-distance" (Clifford Geertz)

Eine weiterführende Ergänzung zu Panikkar stellt die Methodik „experience-near" und „experience-distance" von Clifford Geertz (1926–2006) dar.[338] Der US-amerikanische Ethnologe verstand unter „experience-near" ein Konzept, mit dem ein einer bestimmten Kultur angehörender Mensch seine Wahrnehmungen von dieser Kultur seinen Mitmenschen auszudrücken vermag.[339]

---

[336] Grundsätzlich birgt „Imam" einige Fallstricke, da das Wort sehr unterschiedliche Funktionen erfüllen kann (u. a. auch vergleichbar mit „Papst") und oft schlicht ein Gemeindeglied charakterisiert, das bereit war vorzubeten. Aufgrund von Schultes Wahl haben wir es dennoch bei dem Wort belassen.

[337] Hierzu Panikkar (1998: 16) bezüglich „interkultureller Philosophie": „Wir können also nicht den Anspruch erheben, mit einem einzigen Wort zu definieren, was interkulturelle Philosophie ist, und nicht einmal voraussetzen, daß solche Philosophie überhaupt existiert. Was jedenfalls möglich ist, das ist, die vielfachen homöomorphen Äquivalente wahrzunehmen und aus dem Inneren einer anderen Kultur heraus versuchen zu formulieren, was demjenigen, das wir auszudrücken versuchen, wenn wir den Namen Philosophie aussprechen, entsprechen könnte."

[338] Auf Geertz greift auch Gottwald (2000) zurück, der eine „Didaktik der religiösen Kommunikation" als eine zeitgemäße Neujustierung religiöser Bildung entwirft, die sich auf die Anthropogenese konzentriert, die Soziokultur und das kommunikative Handeln „im produktiven Wechselspiel zwischen Personen als Subjekten untereinander und in ihrer gemeinsamen Lebenswelt bzw. Alltagskultur" konstituiert (ebd.: 67). Im Anschluss an Geertz betrachtet Gottwald Religion als ein kulturelles Symbolsystem, mit dem die Menschen besonders durch die Massenmedien konfrontiert werden (ebd.: 27–30). Ausgehend von der gelebten Religion in der alltagskulturellen Praxis zielt diese Didaktik darauf, „Lernprozesse anzuregen und zu unterstützen, die dieses Beziehungsgeschehen erschließen, damit die Lernenden die Funktion und die Bedeutung der als religiös zu verstehenden Alltagsprozesse und Lebensformen entdecken und verstehen können" (ebd.: 97). Dementsprechend dienen als Materialien Werbeanzeigen und Spielfilme, in denen – vielfach verkannte – „Spuren der Transzendenz" enthalten sind (ebd.: 19–22).

[339] Geertz (1974) 28: „An experience-near concept is, roughly, one which an individual – a patient, a subject, in our case an informant – might himself naturally and effortlessly use to define what he or his fellows see, feel, think, imagine, and so on, and which he would readily understand when similarly applied by others." Ebd.: „An experience-dis-

Demgegenüber meint „experience-distance" die Perspektive des Ethnologen, aus der er heraus kulturelle Phänomene – mit seinem sprachlichen Ausdrucksvermögen – deutet; bspw. verweist Geertz auf „Religion" als „experience-distance" und in diesem Zusammenhang auf „Nirvana" als „experience-near" aus hinduistischer bzw. buddhistischer Perspektive. Es versteht sich dabei, dass das Nirvana nicht „selbst" erfahren wird, sondern mit dem Wort ein Assoziationshorizont ausgelöst wird, der sich für Gläubige mit inneren Erfahrungen verknüpft.

Diese ethnographische Differenzierung übertrugen Robert Jackson und Eleanor Nesbitt (1993) auf den Religionsunterricht in Großbritannien und entwickelten in diesem Zusammenhang eine eigene Methodik.[340] Die Ausgangsfrage bestand darin, „wie Kinder in den Religionen selbst ihre Tradition verstehen lernen".[341] Während in der Primarstufe die SuS mit ethnographisch aufbereitetem Material konfrontiert werden, können die SuS der Sekundarstufe Material selbst deuten. Dabei beginnt jede Interpretation mit der Wahrnehmung der fremden Wörter und der Grammatik, die „aber immer wieder der Interpretation durch die eigene Begriffswelt [bedürfen], um verstanden zu werden".[342] Jackson formuliert folgendermaßen: „Interpretation might start from the other's language and experience, then move to that of the student, and then move between the two."[343] In Anlehnung an die Methodik von Geertz sollte bei der Interpretation ein ausgewogenes Gleichgewicht zwischen den Konzepten von „experience-near" und „experience-distance" beibehalten werden; unter Letzterem verstand Jackson „Vokabular und Begriffe, die allen Schülerinnen und Schülern verständlich sind".[344] Diese Herangehensweise bezeichnet Karlo Meyer zu Recht als „mit Beobachtungen verknüpfte Übersetzungen zwischen einer fremden Tradition (z. B. mit den dortigen erfahrungsnahen Begriffen) und dem eigenen Kontext (z. B. mit einer vergleichsweise erfahrungsfernen Begrifflichkeit)".[345]

---

tant concept is one which various types of specialists – an analyst, an experimenter, an ethnographer, even a priest or an ideologist – employ to forward their scientific, philosophical, or practical aims. ‚Love' is an experience-near concept; ‚object cathexis' is an experience-distant one. ‚Social stratification', or perhaps for most peoples in the world even ‚religion' (and certainly, ‚religious system') are experience-distant; ‚caste' or ‚nirvana' are experience-near, at least for Hindus and Buddhists."

[340] Hierzu ausführlich Meyer (²2012) 246–260 und (2019) 248.
[341] Meyer (²2012) 247.
[342] Ebd. 248.
[343] Jackson (2008) 175.
[344] Meyer (²2012) 248.
[345] Meyer (2019) 367. Meyer spricht auch von „Übersetzungsbrücken" in Anlehnung an die mit „building bridges" betitelten ersten Buchreihen von Jackson. Diese Bezeichnung ist allerdings nicht deckungsgleich mit der von Schulte (2019b: 122), die unter „Übersetzungsbrücken" bspw. Rollenspiele, Sprechmotetten o. ä. als Methoden versteht; hierzu ausführlich in Kap. I 1.3.4.

Bei Geertz erfolgt zunächst nur eine fachwissenschaftliche Auffächerung in eine Binnen- und eine Außenperspektive. Für die Schule erweist es sich allerdings als problematisch, inwieweit SuS als ‚native speaker' in der Sprache der christlichen Traditionen angesehen werden können, die zwar bspw. in Deutschland aufgewachsen sind und am Religionsunterricht teilnehmen, allerdings nicht eng mit der Institution Kirche und mit religiöser Praxis verbunden sind; zudem können eine bspw. freikirchliche Prägung oder andere religiöse Einflüsse bei SuSn vorliegen, die sich selbst als gläubig und in der Sprache der christlichen Traditionen als versiert bezeichnen würden. Nicht immer ersichtlich ist, welche weiteren sprachlichen Ebenen bei diesen Differenzierungen (und auch Verzerrungen der Schülerperspektive) nach Jacksons Vorgehen berührt sein können. An dieser Stelle soll nicht eine detaillierte kritische Auseinandersetzung mit der Rezeption des Konzepts von Geertz durch Jackson und seinem Team erfolgen,[346] sondern es gilt, nach dem aus der ethnologischen Methodik erwachsenden Impuls für den Umgang mit Translationsgrenzen zu fragen. Der Impuls besteht darin, dass eine hermeneutische Auseinandersetzung mit einem Wort möglich ist, ohne dass es von der Sprachebene, von der aus der Zugriff erfolgt, absorbiert wird. Bei Panikkar wurde dies durch den Fokus auf die Funktion eines Wortes und einen ausdrücklichen mit *wie* zu erkennenden Vergleich erreicht.

Die angedeutete Methodik nach Geertz lässt sich im Hinblick auf Translationsgrenzen dahingehend modifizieren, dass unter „experience-near" eine sprachliche Auseinandersetzung zu verstehen ist, welche von einer subjektiven Betroffenheit und – mit Meyer gesprochen – von „erfahrungsnahen" Wörtern ihren Ausgang nimmt, wohingegen „experience-distance" mit „erfahrungsfernen" Wörtern einen Zugriff auf den Translationsgegenstand unternimmt, die allen SuSn einen Zugang zu dem Translationsgegenstand eröffnen. Die Perspektive „experience-distance" versteht sich hier in dem Versuch, die subjektorientierte Sprache für Religiöses in die Sprache der religiösen Traditionen zu transferieren. Dabei geht es auch nicht darum, eine Art neutrale oder objektive Position einzunehmen, da die „Annahme von Objektivität und eines neutralen Standpunktes in Sachen Religion eine Illusion ist".[347] Die SuS erkennen durch die Translation Charakteristika für die Sprache für Religiöses, bspw. persönliche Gefühlswahrnehmungen, und übertragen diese in die Sprache der religiösen Traditionen; die von Jackson anvisierte allgemeine Verständlichkeit der „experience-distance"-Perspektive besteht in der Auslassung subjektiv gefärbter Wörter, die zu Unterbrechungen führen könnten, weil die Einstellungen, Erfahrungen, Erlebnisse etc. individuell verankert sind. Das Translat bildet das Ergebnis eines Versuchs, von Wörtern zu sprechen, so dass einerseits der religiöse Bezug des Translationsgegenstands nicht verloren geht, anderer-

---

[346] Zur Kritik des Ansatzes ausführlich Meyer (²2012) 251–254.
[347] Meyer (2019) 45.

seits SuSn, die eher weniger oder gar nicht in der Sprache der christlichen Traditionen versiert sind, einen plausiblen Zugang zu dem Translationsgegenstand erhalten und so mögliche Schranken und Vorbehalte zu dem Translationsgegenstand abgebaut werden.

Eine Realisierung im Religionsunterricht kann folgendermaßen gestaltet werden: Die Religionslehrkraft wählt gemäß ihren Planungen Wörter, zu denen diejenigen SuS aufgefordert werden, sich schriftlich zu äußern, die schon einmal einen persönlichen Bezug zu dem Bezeichneten hatten; um dies zu unterstreichen, sollen die Erlebnisberichte in der Ich-Perspektive formuliert werden. In einer achten Jahrgangsstufe wählte ich das Wort „Abendmahl" nach der Behandlung von Luthers Verständnis. In einem zweiten Schritt wurden diese Erlebnisberichte mit SuSn getauscht, die noch nie am Abendmahl teilgenommen und demzufolge noch keinerlei persönliche Erfahrungen gesammelt hatten; diese sollten auf der schriftlichen Grundlage den Versuch unternehmen, diese „experience-near"-Erfahrung in eine „experience-distance"-Perspektive zu heben, indem die subjektorientierten Erfahrungen in allgemein verständliche transferiert werden. Dies meint allerdings nicht einen Wechsel der Sprachebene, bspw. in eine als säkular verstandene, sondern die Verständlichkeit äußert sich darin, dass die subjektiven Färbungen objektiviert werden, also die *Subjektorientierung in eine Sachorientierung übertragen wird*. Diese kann didaktisch realisiert werden, indem die SuS zu der Abfassung eines Lexikonartikels auf der Grundlage des subjektiven Erlebnisberichtes angehalten werden.

Diese Methodik findet sich auch in Unterrichtswerken, wodurch die SuS in einem besonderen Maß zur Ausbildung einer theologischen Fachsprache befähigt werden.[348] Der Arbeitsauftrag lautete folgendermaßen:

> „Verfasse einen Lexikonartikel zu ‚Abendmahl'. Achte darauf, die gefühlsbetonten Wörter des Erlebnisberichtes so umzuformulieren, dass sie auch Menschen klar und verständlich werden, die noch nicht solche persönlichen Erfahrungen gemacht haben."

Um Missverständnissen vorzubeugen: Es geht hier selbstverständlich nicht darum, einen makellosen Lexikonartikel zu produzieren, sondern ein Bewusstsein für Sprache zu entwickeln und allmählich das Handwerkszeug zu lernen – in diesem Fall eine perspektivische sprachliche Umformung auf eine sachbezogene, nicht-persönliche Ebene.

Zur besseren Übersicht über die Resultate erfolgt eine tabellarische Gegenüberstellung: Auf der linken Seite als „experience-near" der Erlebnisbericht einer Schülerin, die am Konfirmandenunterricht und laut eigener Aussage öfters am Abendmahl teilnimmt, auf der rechten Seite das Translat in der „experience-distance"-Perspektive einer Schülerin, die weder am Konfirmanden-

---

[348] Bspw. in *reli plus 2* (Hahn/Schulte 2014, Hg.: 131).

1 Die Elemente des Translationsprozesses

unterricht teilnimmt und laut eigener Aussage noch keine Abendmahlsfeier erlebt hat (Abschrift: Kathrin und Elina, beide 14, achte Jahrgangsstufe, 10.12.2020):

„Letzten Sonntag habe ich das Abendmahl gefeiert. Ich tue das, weil ich dadurch ein ganz starkes Gemeinschaftsgefühl habe. Ich bin als Christin vereint mit allen anderen Christen auf der ganzen Welt, die wie ich an die Auferstehung von Jesus glauben. Wenn ich das tue, fühle ich mich stark, weil ich das ganz sichere Gefühl habe, dass Jesus dann bei uns ist, weil ich wie er damals aus einem Kelch trinke, Brot esse und seine Einsetzungsworte höre. Dann kriege ich Gänsehaut. Das gibt mir ein sicheres Gefühl und außerdem habe ich dann vor dem Tod keine Angst mehr, weil ich fest daran glaube, dass ich wie Jesus nach dem Tod auferstehe."

„Das Abendmahl ist eine Feier des Christentums, die in einer Kirche stattfindet. Man steht um den Altar, reicht sich die Hände. Man hört die Worte, welche auch Jesus gesagt hat, als der das feierte. Man feiert es nach, weil man auch dieselben Nahrungsmittel nimmt. Bei Gläubigen löst diese Feier Glücksgefühle aus, weil sie sich ganz nah mit Jesus verbunden fühlen. Diese Nähe lässt sich [sic] richtig euphorisch werden. Sie fühlen sich stark, weil sie mit Jesus verbunden sind und mit allen Menschen, die genauso denken. Diese Feier findet öfters statt. Man erinnert sich an Jesus und denkt auch an die eigene Zeit nach dem Tod, die nicht vorbei ist."

Nach der Gegenüberstellung erarbeiten die SuS in Partnerarbeit einzelne Translationsgegenstände und diesbezügliche Translate. Somit wird beiden bewusst, welche Wörter Translationsgegenstände bilden können, da sie in einer persönlichen – und wie hier: religiösen – Erfahrung wurzeln. Auf diese Weise können Unterbrechungen in Kommunikationssituationen mit Menschen hervorgerufen werden, die solche Erfahrungen entweder noch nicht gemacht haben oder aufgrund ihrer (nicht-)religiösen Sichtweise auch nicht nachvollziehen können. Besonders geeignet sind hierfür Wörter, die gemäß der Kategorisierung von Kap. II 1.3 Typ V zugeordnet werden können, nämlich solche, die SuSn bekannt sind, inhaltlich gefüllt werden können und verstanden worden sind, wobei ihnen jedoch eine vertiefende Erfahrung mit den Wörtern fehlt, bzw. sie von ihnen noch nicht erlebt bzw. mit selbst- oder fremderlebten Vollzügen verknüpft worden sind.

Bei „experience-near" kann auch weiter in Wörter differenziert werden, die charakteristisch für die sachorientierte Sprache der christlichen Traditionen (bspw. „Einsetzungsworte", „Auferstehung von Jesus") und für die subjektorientierte Sprache für Religiöses („ganz sicheres Gefühl", „Gänsehaut") sind. Die SuS vergleichen beide Perspektiven, wobei auch hier wieder nicht das perfekte Ergebnis, sondern die analytische Arbeit selbst das Kernanliegen bildet:

„experience-near"	„experience-distance"
„aus Kelch trinken, Brot essen"	„Nahrungsmittel"
„Einsetzungsworte"	„Worte, welche auch Jesus gesagt hat, als der das feierte"
„Jesus bei uns ist"	„sich ganz nah mit Jesus verbunden fühlen"

„experience-near"	„experience-distance"
„Gänsehaut"	„richtig euphorisch"
„starkes Gemeinschaftsgefühl", „das ganz sichere Gefühl, „weil ich fest daran glaube"	„Glücksgefühle"
„auferstehen"	„man erinnert sich an Jesus", „Zeit nach dem Tod, die nicht vorbei ist"

Zusammenfassend lässt sich feststellen, dass der Translationsgegenstand durch diese Methodik nicht seiner im Glauben wurzelnden Bezüge beraubt wird. Durch die Perspektive „experience-near" werden in der Art eines Erlebnisberichtes Wörter mit ‚Abendmahl' in Verbindung gebracht, die charakteristisch für die Sprache für Religiöses und auch für die Sprache der christlichen Traditionen sind. Dabei werden im Anschluss an Kap. II 1.6.2.1 nur Teilaspekte des Abendmahls genannt, so dass das Translat aus der Perspektive „experience-distance" auch nicht als säkular verstandener ‚Ersatz' zu bewerten ist, der den Translationsgegenstand körperlos erscheinen ließe. Darüber hinaus bietet der Vergleich eine Möglichkeit der Auseinandersetzung und auch der Reflexion von verwendeter Sprache, inwieweit Unterbrechungen auftreten und wie sie möglicherweise behoben werden können, ohne den Translationsgegenstand zu verfälschen. Wenn nun „auferstehen" mit „man erinnert sich an Jesus" wiedergegeben wird, ist dies deshalb nicht als eine Auflösung in einem als säkular verstandenen Sprachspiel zu bewerten, da die Perspektive diejenige einer Beobachterin ist, die gar nicht erst versucht, den religiösen und damit den das Wort konstituierenden Gehalt zu entfernen, sondern in einer als religiös verstandenen Sprache bleibt, resp. der Sprache der christlichen Traditionen, und ferner versucht, Wörter zu finden, welche dennoch für diese Sprachebene charakteristisch sein können.

Dem Einwand, dass es sich dabei doch um eine Translation in eine als säkular verstandene Ebene handele, kann aus zwei Gründen widersprochen werden: Erstens wird den SuSn im Arbeitsauftrag nicht explizit ein Wechsel der Sprachebene vorgegeben; die Sprache eines Lexikonartikels stellt die theologische Fachsprache dar, die ebenfalls – wie in Kap. II 1.1.1.2 herausgearbeitet – der sachorientierten Sprache der religiösen Traditionen zuzurechnen ist. Zweitens wird im Anschluss an Kap. II 1.6.3 auch nicht der Versuch unternommen, den Grad der Religiosität nach Abschluss der Translationen zu bewerten, da weder das Sprachkorpus der Sprache der christlichen Traditionen abgrenzbar ist noch die persönliche Einstellung der TranslatorInnen im Hinblick auf Religiosität messbar ist; im Umkehrschluss ist auch nicht der Grad einer Säkularität abzuschätzen, den die SuS ihrem Translat beigemessen haben.

Der Impetus des kreativ-sprachlichen Neuversuchs besteht in dreierlei Hinsicht: Erstens setzen sich die SuS auf einer subjektorientierten Ebene mit dem Translationsgegenstand auseinander, die vertiefte Erfahrungen mit ihm gemacht haben, so dass diese ihre Sprache für Religiöses ausbilden. Zweitens werden diejenigen SuS, die keine subjektiven Erfahrungen ausgebaut haben, mit solchen Erfahrungen konfrontiert und müssen während der Translation versuchen, diese Erfahrungen zu verstehen, auszulegen und in der Sprache der christlichen Traditionen neuzuformulieren, so dass die subjektiven Eindrücke abstrahiert oder ausgetauscht werden. Drittens werden durch den abschließenden Vergleich „tiefere Schichten"[349] der Translationsgegenstände im Gespräch weiter ausgeführt, sowohl von einzelnen Wörtern als auch von dem subjektiven Erlebnisbericht. Bei dem Vergleich tauschen sich die SuS über die Sprache für Religiöses und die Sprache der christlichen Traditionen mittels ihrer eigenen Sprachwelten aus. Die Methodik von „experience-near" und „experience-distance" erweist sich deshalb geeignet für den Umgang mit Translationsgrenzen, da der Translationsgegenstand nicht notwendig analytisch durchdrungen wird; er oder besser diejenigen Teile, die für das jeweilige subjektive Erleben der SuS prägend waren, werden als ‚Erlebnisbericht' versprachlicht, der später in eine sachorientierte Sprache zu transferieren versucht wird.

1.6.2.4 Kooperative Translation

Die vierte Möglichkeit für den Umgang mit Translationsgrenzen orientiert sich an der von Thomas Wabel (2019c) entworfenen „kooperativen Übersetzung", die auf die Einnahme einer christlich-religiösen Sichtweise von Menschen abzielt, die sich selbst als anders- oder nichtreligiös bezeichnen (Kap. I 1.2.2). Eine praktische Umsetzung findet sich in einem Arbeitsauftrag im *Religionsbuch Oberstufe*, bei dem die SuS, ausgehend von einem Text, in dem Albert Einstein das Gefühl einer tiefen Ergriffenheit mit Religiosität in Verbindung bringt, erörtern sollen, was Menschen religiös machen kann und welche Erfahrungen zu religiösen Vorstellungen führen können.[350] Den SuSn wird so eröffnet, eine religiöse Sichtweise einzunehmen bzw. ihr Sprach- und Ausdrucksvermögen dahingehend zu transferieren.

Mit dem Verfahren einer kooperativen Translation kann bspw. die von Karlo Meyer aufgeworfene Frage beantwortet werden, wie „das Erleben einer Muslima bei der Pilgerfahrt nach Mekka" in eine nichtmuslimische Perspektive *übersetzt* werden kann.[351] Demnach könnte man den SuSn einen Textauszug präsentieren, der einen Erlebnisbericht der Hadsch darstellt, anhand dessen sie – im Anschluss an den obigen Arbeitsauftrag – erörtern sollen, worin sich die Religiosität der Muslima äußert und welche der von ihr gemachten Erfahrungen zu muslimisch-religiösen Vorstellungen führen können. Dieses Beispiel zeigt die Möglichkeit, wie die in einer Sprachebene ausgedrückte religiöse Erfahrung in eine andere transferiert werden kann, ohne dass der

---

[349] Gil (2015) 152.
[350] Baumann/Schweitzer (2006) 11 (Kap. I 1.3.4, Punkt 1.2.2).
[351] Meyer (2019) 321.

Translationsgegenstand in seinem eigentümlichen Charakter – hier: der Sprache der muslimischen Traditionen – angetastet bzw. durch ein Translat absorbiert wird, da sich die Translation in dem Versuch äußert, Wörter in einer Sprachebene auszumachen und unter Rückgriff auf das der eigenen Sprachwelt zugrunde liegende Verständnis von Religiosität zu deuten.

1.6.2.5 Sprachlich-situative Transposition

Bei der fünften Möglichkeit für den Umgang mit Translationsgrenzen erfolgt ein Zugriff auf den Translationsgegenstand aus einer anderen Sprachebene, indem er vor diesem Hintergrund lediglich wahrgenommen wird; er selbst bleibt unverändert und wird nur sprachlich-situativ transpositioniert, d. h. versetzt in eine konkrete Situation innerhalb einer anderen Sprachebene, welche nicht charakteristisch für diejenige Sprachebene ist, aus der er entnommen wurde. Der kreativ-sprachliche Neuversuch bezieht sich damit nicht primär auf das zu transferierende Wort, sondern auf die Interrelation des Wortes und der Sprachebene, um das Wort zu erklären und es in diesem sprachlichen Horizont wahrzunehmen.

Derartige sprachlich-situative Transpositionen sind gängige Methoden in der Werbung, wenn als religiös verstandene Motive aufgegriffen und mit einem bestimmten Produkt in Verbindung gebracht werden. Bspw. wurde während der Unterrichtsreihe „Dekalog" den SuSn einer zehnten Jahrgangsstufe folgendes Plakat präsentiert, mit dem die in Köln ansässige Brauerei *Früh* ihr Bier bewirbt:[352]

Abb. 5

---

[352] https://www.frueh.de/frueh-erleben/werbung/du-sollst-nicht-luegen/ (Zugriff: 01.11. 2021).

1 Die Elemente des Translationsprozesses

Die SuS erkannten, dass der Satz „Du sollst nicht lügen." aus dem alttestamentlichen Kontext in die Situation in einer Gaststätte eingebettet wurde: Legt man einen Bierdeckel auf das leere Glas, signalisiert man, dass man kein weiteres Bier mehr trinken möchte, ansonsten ist es in Köln üblich, ungefragt ein weiteres serviert zu bekommen. Somit wird mit dieser Werbeanzeige das biblische Gebot in die Situation der Gastronomie bzw. in das Sprachspiel Kölner Gasthäuser transpositioniert. An dem Beispiel wird deutlich, dass durch eine sprachlich-situative Transposition ein Translationsgegenstand – hier: „Du sollst nicht lügen."– unangetastet bleiben kann, durch den Wechsel der Sprachebene aber ein Dialog mit ihm einsetzt, der eine andere Betrachtungsweise und damit auch eine sprachliche Erschließung ermöglicht.

Ein weiteres Beispiel: Es gibt Wörter, die in unterschiedlichen Sprachebenen Verwendung finden und die auch nicht als familienähnlich (Kap. II 1.3) anzusehen sind, so dass sie bei einer Translation in eine andere Sprachebene nicht per se einen kreativ-sprachlichen Neuversuch darstellen würden, wie bspw. „Neonazi". Ein derartiges Wort bedarf augenscheinlich keiner Translation, da es in unterschiedlichen Sprachebenen dieselbe Bedeutung hat. Allerdings stellt sich bei einem solchen Wort die Frage, wie sich der *sprachliche Zugriff* aus der Perspektive unterschiedlicher Sprachebenen bzw. aus der Sprache der christlichen Traditionen gestaltet, d. h. mit welchen Argumentationsmustern die Sprache der christlichen Traditionen sich mit diesem Wort auseinandersetzt, was sie zu „Neonazi" ‚zu sagen' hat. Eine diesbezügliche Frage kam in einer elften Jahrgangsstufe während der Unterrichtsreihe „Moral und Gewissen" auf, als SuS wissen wollten, welchen Standpunkt die Evangelische Kirche gegenüber Neonazis vertrete; in diesem Zusammenhang konkretisierte die Lerngruppe, die mit Translationsverfahren innerhalb meines Religionsunterrichts vertraut war, diese Frage in der Aufforderung „Lasst uns doch ‚Neonazi' in die Sprache der christlichen Traditionen transferieren!" Das Ergebnis einer Tischgruppe lautete folgendermaßen:

> „Ein Neonazi tritt christliche Werte mit Füßen. Solche wollen die Ideologie von Hitler unterstützen. Wie Hitler zu den Kirchen gestanden hat, haben wir ja gesehen. Im Dritten Reich hieß es ja: ‚Entweder man ist Christ oder Deutscher.' Damit jemand, der sehr gläubig ist, also der komplett in der Sprache der christlichen Traditionen drin ist, ‚Neonazi' verstehen kann: Hierzu haben wir uns in so jemanden hineinversetzt und überlegt, was er zu Neonazis sagen würde, nämlich: Sie sind Menschen, die die Sprache der christlichen Traditionen nicht sprechen wollen; sie kennen sie vielleicht, aber sie haben sie nicht verstanden. Ihre Werte sind mit christlichen nicht vereinbar. Obwohl sie jedoch selbst menschenverachtend sind, dürfen wir ihnen so nicht begegnen, denn sie sind trotzdem auch Menschen wie wir." (Transkript: 06.10.2020)

Die SuS erkannten bei „Neonazi" als Translationsgrenze das fehlende hermeneutische Potenzial und die demzufolge fehlenden potenzialkonstituierenden Faktoren (Kap. II 1.3). Stattdessen unternahmen sie einen Zugriff auf „Neonazi" durch die Sprache der christlichen Traditionen, indem sie „Neonazi" zwar unverändert ließen, jedoch einen kreativ-sprachlichen Neuversuch im Hinblick auf die Interrelation mit dem Wort und der Sprachebene konstruierten; die Sprache der christlichen Traditionen stellte dabei Wörter zur Verfügung, welche „Neonazi" von einer anderen Warte aus anders erklären und damit auch durchdringen konnten, als dies bspw. der Fall durch das Sprachspiel der Justiz der Fall gewesen wäre, das Neonazis bezüglich ihrer Stellung zum Grundgesetz beschreiben würde.

1.6.3 Gelungene Translate

An unterschiedlichen Stellen in Teil I wird auf Kriterien für das Gelingen einer Übersetzung/*Übersetzung* einer als religiös verstandenen Sprache eingegangen. Diese sollen nun zunächst gebündelt werden, um im Anschluss daran Gemeinsamkeiten und Unterschiede herauszustellen, die Impulse für die Entwicklung eigener Kriterien für die Beurteilung von Translaten als gelungen eröffnen.

Die ausführlichste Auseinandersetzung im Hinblick auf das Gelingen von *Übersetzungsprozessen* einer als religiös verstandenen Sprache unternimmt Thomas Wabel (2019a-c). Dabei differenziert er in dreierlei Hinsicht:[353] Erstens kann ein *Übersetzungsprozess* gelingen, wenn er „kooperativ" verläuft. Die *Übersetzungsprodukte* sind für Wabel „approaches to present religion as a phenomenon and different religions to those who might not regard themselves as religious".[354] Zweitens ist ein *Übersetzungsprodukt* als gelungen zu bezeichnen, wenn es eine „Transformation durch das Auge des anderen" darstellt und es so zu einer Verschränkung der Innen- und Außenperspektive als hermeneutischem Akt kommt, durch den sich „beide Perspektivierungen gegenseitig erhellen" können.[355] Drittens ist ein *Übersetzungsprodukt*, das als „Einladung und Unterbrechung" fungiert, als gelungen zu betrachten, wenn es „eine Ausweitung des Adressatenkreises christlicher Überlieferung bewirken [kann], die die herkömmliche Zuordnung von ‚innen' und ‚außen' hinter sich lässt".[356] Unter „Einladung" versteht Wabel eine Art der sprachlichen Gastfreundschaft in Anlehnung an Paul Ricœurs „hospitalité langagière",[357] „in der der Übersetzer [...] ‚sein Glück finden' kann, indem ‚das Vergnügen, die

---

[353] Dieser Ansatz wird besprochen in Kap. I 1.2.2, so dass an dieser Stelle nur eine kurze Zusammenfassung erfolgt.
[354] Wabel (2019a) 189.
[355] Wabel (2019b) 26.
[356] Wabel (2019c) 73. Siehe auch das von Wabel angesprochene Beispiel im *Kursbuch Religion Sekundarstufe II* (Rupp/Dieterich 2014, Hg.: 126) innerhalb von Kap. I 1.3.4 (Punkt 2.1.3).
[357] Ricœur (2016a) 11: „Hospitalité langagière donc, où le plaisir d'habiter la langue de l'autre est compensé par le plaisir de recevoir chez soi, dans sa propre demeure d'accueil, la parole de l'étranger."

Sprache des anderen zu bewohnen, vergolten wird durch ein Vergnügen, bei sich, in [der] eigenen [...] Bleibe, das Wort des Fremden zu empfangen'".[358]

Auch Jürgen Habermas äußerte sich diesbezüglich im Rahmen seines Postulats von *Übersetzungen* zwischen religiösen und säkularen BürgerInnen und erachtete ein *Übersetzungsprodukt* als gelungen, wenn „[m]oralische Empfindungen, die bisher nur in religiöser Sprache einen hinreichend differenzierten Ausdruck besitzen, [...] allgemeine Resonanz finden [können], sobald sich für ein fast schon Vergessenes, aber implizit Vermisstes eine rettende Formulierung einstellt".[359]

Christof Hardmeier und Konrad Ott machen einen Erfolg von *Übersetzungsprozessen* biblischer Texte davon abhängig, ob das *Übersetzungsprodukt* sowohl für eine als religiös als auch für eine als säkular verstandene Sprache „‚einleuchtend' ist (oder nicht)" und so für eine Sprache eine erhellende „Neulektüre" darstellt.[360] Ähnlich argumentiert Georg Langenhorst, indem er aufgrund eines fehlenden Normsystems für die Bewertung der Richtigkeit von *Übersetzungsprodukten* als „Neuentwürfen" ein diesbezügliches Kriterium in deren Funktionsfähigkeit sieht.[361] Die Ansätze von Hardmeier/Ott und Langenhorst ähneln Wabels „Transformation durch die Augen des anderen". Hier ist auch die Überlegung von Rudolf Englert zu verorten, der die Erschließung der Sprache der religiösen Traditionen bzw. auf sie bezogene *Übersetzungsprozesse* nicht mit dem Erlernen von Vokabeln im herkömmlichen Fremdsprachenunterricht gleichsetzt, sondern als eine Eröffnung von „Lebensperspektiven" erachtet.[362] Derartige Perspektiven stellen – im Anschluss an Wabels (2019b) zweites Kriterium – eine „Erhellung" der eigenen Perspektive durch die einer anderen Sprachebene dar. Damit es überhaupt zu einer Annäherung unterschiedlicher Sprachen und auch Lebensentwürfen kommen kann, bedarf es der Plausibilisierungen; bei der Translation von einer als religiös verstandenen

---

[358] Wabel (2019c) 73 mit übernommenem Zitat aus Ricœur (2016b) 17f.
[359] Habermas (2001) 16. Zu Habermas ausführlich Kap. I 1.2.1.
[360] Hardmeier/Ott (2015) 36. Dieser Ansatz wird besprochen in Kap. I 1.2.1.2. Ähnlich äußert sich Schröder (2019: 125) angesichts der Religionsdistanz, indem er *Übersetzungen* im Religionsunterricht postuliert, worunter er versteht, „religiöse Gehalte in Werten und Worten zur Geltung zu bringen, die auch ohne religiöse Voraussetzungen einleuchten können". Eine diesbezüglich mögliche praktische Umsetzung zeigt Rosenow (2019) 222: „Bekenntnisse und dogmatische Denkfiguren – wie das Glaubensbekenntnis – lassen sich [...] analog in symbolisierte Beziehungsaussagen auffassen, die in der heutigen Zeit in andere Formulierungen gefasst worden wären. Dieser Zugang ermöglicht konfessionslosen Lernenden die Akzeptanz tradierter Ausdrucksformen, indem er sie plausibel und vor dem jeweiligen Entstehungshorizont als eine Perspektive unter anderen vorstellt; für religiös Sozialisierte stellt er oft ein erstes Hinterfragen dar, das eine neue Dimension des Verstehens ermöglicht."
[361] Langenhorst (2019) 128: „Allein die pragmatischen Beobachtungen können zeigen, ob die Neuentwürfe funktionieren."
[362] Englert (2013) 53.

Sprache ist dies eine Begründung, die nicht „dem *religiösen System* immanent ist [...], sondern weltimmanenten Charakter hat".[363]

Alle diese oben angeführten Kriterien für eine gelungene *Übersetzung* konzentrieren sich überwiegend auf die *Übersetzungsprodukte* und auch auf ihre AdressatInnen, so dass die Relation der *Übersetzungsprodukte* zu ihren Originalen einerseits, zu den *ÜbersetzerInnen* andererseits marginalisiert wird. Dies ist insofern problematisch, als lediglich die Aspekte des Neuen und der Verständlichkeit in den Vordergrund rücken und so ein theologisch-translationswissenschaftliches Gelingen hintangestellt wird. Zudem stellen bei einer sprach- und translationssensiblen Religionsdidaktik die SuS sowohl die AdressatInnen als auch die TranslatorInnen dar, so dass die Beurteilung eines Translats auch aus deren Perspektive zu erfolgen hat und nicht ausschließlich von der Warte der theologisch versierten Religionslehrkraft.

Um all dem Rechnung tragen zu können, erweist sich die Einbindung der Vehikel als hilfreich, welche den SuSn als TranslatorInnen zu einer Sensibilisierung des translatorischen Grundverhaltens Verstehen, Auslegen und Neuformulieren verhelfen; hierzu werden der Aufbau einer Beziehung, die „fidélité créatrice" und die Horizontverschmelzung genannt (Kap. II 1.2.1.1–1.2.1.3). Um demzufolge ein Translat als gelungen bezeichnen zu können, bedarf es einer Zusammenführung von zwei Kriterien: erstens die Pragmatik i. S. der Verständlichkeit, zweitens die theologisch-translationswissenschaftliche Angemessenheit.

Die *Pragmatik* beginnt mit dem Aufbau einer sprachlichen Beziehung zum Translationsgegenstand, da nach dessen Translation in andere Sprachebenen und eventuell auch in andere Darstellungsformen überprüft werden muss, ob diese Beziehung aufrechterhalten werden konnte, wenn nun das Translat neuwertig gegenüber dem Translationsgegenstand ist, also – im Sinne der „fidélité créatrice" – neue Facetten über den Translationsgegenstand aufweisen kann. Diese Neuwertigkeit kann jedoch in der Zielsprache nur dann erkannt werden, wenn sie für die darin beheimateten AdressatInnen sprachlich plausibel und verständlich ist.[364] Hier schließt sich die Überprüfung an, ob eine Horizontverschmelzung erfolgt ist, ob also vor dem Hintergrund des einzelnen Wortes eine Verschränkung der sprachlichen Innen- und Außenperspektive derart stattfindet, dass durch die Reformulierung des Wortes aus einer anderen Perspektive eine neue Perspektive für das eigene Verständnis des Wortes und somit für dessen Verwendungsweisen freigesetzt werden kann. In diesem Zusammenhang bedarf es einer Klärung, was eine sprach- und translationssensible Religionsdidaktik mit *verstehen* meint: Es geht nicht allein um

---

[363] Tietz (2012) 95 (Hervorh. im Original). Im Hinblick auf die Sprache der muslimischen und jüdischen Traditionen gilt es jedoch, theologische Vorbehalte gegen Translationen zu berücksichtigen (siehe hierzu Kap. I 1.2.1.2 und Kap. V, Anm. 51).
[364] Gil (2019) 95.

das bloße Verständnis von Wörtern i. S. eines Wortstrukturwissens, sondern im besonderen Maße i. S. eines Wortfunktionswissens, ein Verstehen, das sich auf die Verortung der Wörter innerhalb von vier Sprachebenen sowie auf die Vernetzungen zwischen diesen und diesbezüglichen Bedeutungsverschiebungen richtet. Wenn nun also im Zuge einer Sprach- und Translationssensibilisierung „tiefere Schichten"[365] eines Translationsgegenstands freigelegt werden, dann meint dies nicht, dass damit ein *umfassendes* Verständnis des Wortes durch das angefertigte Translat einhergeht und man die „kleinsten Verästelungen seines Sinns zu durchdringen"[366] vermag – dies ist auch in theologischer Hinsicht nicht geboten, da so der Eindruck entstehen könnte, man könne ein Wort wie „Gott" rational durchdringen und es somit umfassend ‚verstehen' (Kap. II 1.6.1). Ermöglicht wird allerdings ein selbstständiger sprachlicher Zugriff auf ein Wort, der Zugänge zu weiteren Facetten des Wortes zu ebnen vermag; hierzu erhalten die SuS das ‚Handwerkszeug' i. S. von Impulsen für das Management von Unterbrechungen, also wie sie selbst als TranslatorInnen tätig werden können, um sich durch den kreativ-hermeneutischen Akt des Translationsprozesses eigenständige Zugangsmöglichkeiten zu Wörtern zu verschaffen. Bei den beiden genannten Weisen des Verstehens (Wortstruktur- und Wortfunktionswissen) wird ein Wort nicht isoliert betrachtet, sondern immer im sprachlichen Verwendungszusammenhang unterschiedlicher Sprachebenen;[367] in einem besonderen Maße ermöglichen bspw. die Metareflexionen die sprachliche Ingebrauchnahme des Wortes. Diese hermeneutische Subjektorientierung äußert sich in dem schrittweisen Aufbau eines persönlichen Bezugs der SuS als TranslatorInnen zum Translationsgegenstand und auch zum Translat, dessen Eckpunkte *Beziehung*, *fidélité créatrice* und *Horizontverschmelzung* darstellen (Kap. II 1.2.1.1–1.2.1.3). So zielt die durch eine sprach- und translationssensible Erschließung herbeigeführte Förderung des Verständnisses eines Wortes nicht von vornherein auf eine Zustimmung seiner theologischen Bezüge, da sich die Lerngruppe aus christlich sozialisierten, nicht- und andersreligiösen SuS zusammensetzt und sich eine religiöse Überwältigung ohnehin verbietet; wenn allerdings einzelne SuS im Zuge des Translationsprozesses von sich aus zustimmen, kann dies in einem offenen Prozess möglicher Positionierungen konstruktiv aufgenommen werden.

Die *theologisch-translationswissenschaftliche Angemessenheit* richtet sich auf den Grad der Veränderung und bemisst sich daran, ob der Translationsgegenstand durch das Translat absorbiert wurde. Alberto Gil appelliert hinsichtlich

---

[365] Gil (2015) 152.
[366] Gil (2019) 89.
[367] Siehe hierzu auch ausführlich Kap. II 1.5.1 (Punkt 5.2). Wie schon in Kap. I 1.1.3 erwähnt, erachtet Wittgenstein (1984a: 416, PU 432) ein alleine stehendes Wort, das also von einem Sprachspiel entkoppelt ist, als „tot".

der im Zuge der translatorischen Kreativität vorgenommenen Veränderung an die Verantwortung der ÜbersetzerInnen, die Kreativität nicht als Mittel zum Zweck zu betrachten, um die vor dem Übersetzungsprozess aufgebaute Beziehung nicht durch die überdeutliche Präsenz der ÜbersetzerInnen im Übersetzungsprodukt zu beenden.[368] Hierzu gehört es, die SuS für Translationsgrenzen und für den diesbezüglichen Umgang zu sensibilisieren. Für die unterrichtliche Praxis empfehlen sich Impulse in der Art einer Checkliste, welche die SuS zu einer Reflexion der Kriterien anhalten, die entweder von der Religionslehrkraft vorgegeben oder zusammen mit den SuSn erarbeitet werden können (Kap. II 2.5.1–2.5.2, III 5.1–5.2).

Es soll hier aber nicht der Versuch einer Antwort auf die beiden Fragen unternommen werden, ob ein als religiös charakterisierter Translationsgegenstand nach der Translation in andere Sprachebenen nicht mehr als religiös zu bezeichnen ist und ob Wörter nach der Translation in die Sprache der christlichen Traditionen als religiös bezeichnet werden können, da weder das Sprachkorpus der Sprache der christlichen Traditionen abgrenzbar ist noch die persönliche Einstellung der TranslatorInnen im Hinblick auf Religiosität messbar ist. Demzufolge erübrigt sich auch die kontrovers diskutierte Frage (Kap. I 1.1.1–1.1.2.), ob Wörter durch die Einbettung in einen bestimmten Kontext oder auch losgelöst davon als religiös bezeichnet werden können. Eine Translation meint auch nicht die probeweise Ingebrauchnahme der Sprache der christlichen Traditionen in Anlehnung an die Performative Religionsdidaktik;[369] es geht also nicht darum, dass die SuS probeweise Gebets- oder Segenshaltungen einnehmen[370] oder probeweise einen Sachtext in eine Gebetsformulierung wenden,[371] um den Unterschied auf sich wirken zu lassen, sondern es geht bei einer sprach- und translationssensiblen Religionsdidaktik darum, dass sie die Wörter „Gebet" und „Segen" in unterschiedliche Sprachebenen transferieren und so eine Translations- und auch eine Sprachsensibilisierung ermöglicht werden kann, ohne dass der Gebrauch eine unmittelbare Rolle spielt.

Es bedarf hier allerdings einer genauen Definition, was unter „Gebrauch" zu verstehen ist, da es Sarah bei Translat 11.2 als hilfreich für das Verständnis erachtete, „eine kleine Showeinlage [zu machen], damit man fühlen kann, dass Verantwortung etwas Aktives ist, aus der heraus Leben entstehen kann".[372] Für die Schülerin war es also wichtig, dass sich die AdressatInnen in ihr als Bild gestaltetes Translat einfühlen, um es nachvollziehen zu können. Dieser Gebrauch unterscheidet sich allerdings von dem diesbezüglichen

---

[368] Gil (2009) 326, Gil (2022) passim.
[369] Mendl (2019a) 133f. Zur Performativen Religionsdidaktik: Kap. I 1.3.1.1.4.
[370] Bspw. Dressler/Klie (2008) 217, Grethlein (2006) 15, Klie (2006) 107.
[371] Bspw. Dressler (2015) 9.
[372] Metareflexion zu Translat 11.2 (Kap. III 5.1).

1 Die Elemente des Translationsprozesses

Verständnis der Performativen Religionsdidaktik dahingehend, dass sich die Ingebrauchnahme nicht auf die Sprache der religiösen Traditionen richtet, sondern auf das Translat und damit auf den kreativ-sprachlichen Neuversuch.

Aufgrund der anvisierten Sprach- und Translationssensibilisierung erübrigt sich auch die Frage, ob Wörter religiös *sind*. Die Frage muss präziser lauten, ob Wörter als religiös *wahrgenommen werden*, bzw. es erübrigt sich die Frage, ob Wörter der Sprache der christlichen Traditionen *angehören*, sondern es gilt zu fragen, ob sie ihr *angehören können*. Es geht also um die Entwicklung von Argumenten, ob Wörter der Sprache der christlichen Traditionen zugeordnet werden können. Eine derartige Zuordnung versteht sich lediglich als eine Einschätzung, die auch nach einer Begründung verlangt unter Zuhilfenahme von Wörtern, welche einerseits charakteristisch für diese Sprachebene sein und andererseits aus anderen Sprachebenen stammen können, so dass insgesamt ein mehrperspektivischer Zugriff auf die Wörter möglich ist und die SuS durch derartige Begründungen zu Sprachhandlungen angehalten werden, wodurch sie einerseits aus ihrer Perspektive den unterschiedlichen Sprachebenen Kontur verleihen, diese andererseits aber auch in Bezug zu ihrer eigenen Sprachwelt setzen können.

Damit erübrigt sich auch die Frage, ob Wörter nach der Translation nicht mehr religiös sind bzw. ob sie nicht mehr der Sprache der christlichen Traditionen angehören; vielmehr sind die Fragen relevant, ob die subjektive Beziehung der TranslatorInnen, welche diese zum Translationsgegenstand aufgebaut haben, auch im Translat wiedergefunden werden kann, ob demnach die TranslatorInnen den zu transferierenden Wörtern die „schöpferische Treue" gehalten haben und ob es zu einer Horizontverschmelzung zwischen unterschiedlichen Sprachebenen kommt, aus der ein mehrseitiger neuer Erkenntnisgewinn bezüglich der transferierten Wörter erwächst, und schließlich, ob das Translat als Neuschöpfung in einer anderen Sprachebene als theologisch-translationswissenschaftlich angemessen beurteilt werden kann.

Aus Redlichkeit gegenüber der Sache und auch gegenüber den SuSn sollte von der Religionslehrkraft darauf hingewiesen werden, wenn eine Ebene, wie die Gottesebene, am Ende schlicht entfällt. Dies ist nicht als Mahnung oder Kritik zu formulieren (und zu verstehen), sondern als Einspielen eines Problems oder schlicht eines Sachverhaltes, der sich bei der Translation ergeben hat. Gegebenenfalls kann diskutiert werden, was dieser Befund bedeutet bzw. welche gedanklichen Konsequenzen mit ihm verbunden sind.

1.7 Translationsräume

In den vorangehenden Kapiteln werden Translationsstrategien vorgestellt, welche allesamt im artifiziellen Rahmen der Schule verortet sind; konkret ist das didaktische Arrangement für die sprachliche Erschließung von Wörtern auf die räumliche Situation innerhalb des Klassenzimmers abgestimmt. Im Folgenden soll der Frage nachgegangen werden, wo außerhalb des Lernorts Schule Situationen und auch Orte vorhanden sind,[373] die einerseits die SuS mit Translaten konfrontieren und sie andererseits als TranslatorInnen herausfordern. Demzufolge sind religionspädagogische und -didaktische Bezüge zum Lernfeld außerschulischer Lernorte gegeben, das unter Rückgriff auf den „spatial turn" (Kap. I 1.1.4.2.2.3) erweitert werden kann.[374] Auf eine Darstellung dieser religionspädagogischen und -didaktischen Bezüge zur Verortung der Translationsräume (Kap. II 1.7.1) folgen mögliche Kriterien für die Sprach- und Translationssensibilisierung in außerschulischen Translationsräumen (Kap. II 1.7.2).

1.7.1 Religionspädagogische und -didaktische Bezüge

Andrea Schulte unterscheidet zwischen außerschulischen Lernorten, die „einen offensichtlichen und direkten Bezug zu Religiosität haben" können, bspw. Kirchen, Friedhöfe, Diakoniestationen, und solchen, die „einen indirekten oder impliziten Bezug zu Religion haben" können, bspw. Kaufhäuser, Bahnhöfe, Marktplätze.[375] Gerade im Hinblick auf den letztgenannten Bereich wird greifbar, dass sich für den Religionsunterricht geeignete außerschulische Lernorte mit dem „Lebens-Nahraum" der SuS überschneiden; durch die Didaktisierung dieser Orte nehmen die SuS ihr Lebensumfeld anders wahr, wodurch v. a. die Wahrnehmungskompetenz geschult wird.[376] Die didaktische Erschließung außerschulischer Lernorte eröffnet zudem den Dialog mit anderen Unterrichtsfächern und deren Fachdidaktiken, was mit der gegenwärtig zunehmenden Vernetzung von Welt und Umwelt und Wissensströmen korreliert.[377]

Zusammenfassend eröffnet diese Form der Lernkultur einen „pluralen und heterogenen Zugang zur Welt".[378] Somit treffen an außerschulischen Lernorten auch unterschiedliche Sprachebenen aufeinander, die SuS im Unterschied zu der Situation im Klassenzimmer anhand von anderen Menschen,

---

[373] Ähnlich Pirner (2015c) 454f.
[374] Schulte (2019a) 10.
[375] Schulte (2013) 15 (Kursivierung im Original).
[376] Ebd.
[377] Schulte (2019a) 6.
[378] Ebd. Ähnlich Schulte (2013) 26f.

Gegenständen und eben an anderen Orten wahrnehmen; diese können so einerseits zu „Gesprächsorten" werden „für Fragen an das Leben und seinen Sinn", andererseits können sie auch zu „Begegnungsorten werden, um mit Menschen verschiedener Herkünfte und Religionen über Gemeinsames und Fremdes ins Gespräch zu kommen".[379] Demzufolge können außerschulische Lernorte hermeneutisches Potenzial zur Sprach- und auch Translationssensibilisierung bergen, da an ihnen einerseits SuS mit Translaten konfrontiert und andererseits selbst als TranslatorInnen tätig werden können.[380] Auf diese Räume können die SuS auch in ihrem Alltag – außerhalb eines unterrichtlichen Arrangements – treffen, nämlich dort, wo sie als Sender und Empfängerinnen in Kommunikationssituationen agieren und reagieren müssen und durch die ihnen Anforderungssituationen für im Unterricht erworbene Kompetenzen (Kap. IV 3.2) im Alltag unmittelbar vor Augen treten.

Die für den Religionsunterricht geeigneten außerschulischen Lernorte, welche sich im Umfeld von Schulen befinden, sind mitunter nicht sehr zahlreich bzw. können innerhalb eines oder mehrerer Schuljahre auch erschöpft sein. Ein Lernort soll hier jedoch nicht nur als dreidimensionale lokale Verortung verstanden werden. Auch in einem sehr viel weiteren, übertragenen Sinne (gewissermaßen über das dreidimensionale Verständnis hinaus) kann von ‚Raum' gesprochen werden, wodurch sich weitere Möglichkeiten für Translationen ergeben. Dazu erweist sich ein Rekurs auf den „spatial turn" als hilfreich, auf den zu diesem Zweck in Kap. I 1.1.4.2.2.3 eingegangen wurde: Schulte sieht ein Desiderat in der diesbezüglichen didaktischen Ausarbeitung gegeben, woraus wertvolle Impulse für die Fortschreibung der Erschließung neuer außerschulischer Lernorte erwachsen können.[381] Aufgrund dessen soll im Folgenden bewusst von Translationsräumen gesprochen werden, welche sich sowohl, wie bereits erwähnt, auf herkömmliche außerschulische Lernorte als auch in einem ganz anderen, übertragenen Sinne gemäß dem „spatial turn" neu konstituierte Räume beziehen können.

---

[379] Schulte (2019a) 4.
[380] Schulte zählt u. a. zu den kommunikativen Kompetenzen außerschulischer Lernorte, dass sich die SuS „aus der Perspektive des christlichen Glaubens mit Gemeinsamkeiten und Unterschieden religiöser und weltanschaulicher Überzeugungen argumentativ auseinander [setzen]", und diese „in dialogen Kriterien für eine konstruktive Begegnung, die von Verständigung, Respekt und Anerkennung von Differenz geprägt ist, [berücksichtigen]" (ebd.: 5).
[381] Ebd. 10.

1.7.2 Sprach- und Translationssensibilisierung in außerschulischen Translationsräumen

In diesem Kapitel werden – in Anlehnung an Kap. II 1.3 bezüglich der Auswahl von Wörtern als Translationsgegenstände – die zwei folgenden Fragen beantwortet: Mit welchen Räumen außerhalb des Religionsunterrichts können SuS mit Kommunikationssituationen konfrontiert werden, in denen es zu Unterbrechungen kommt, und welche von diesen Räumen erweisen sich als geeignet für die Anbahnung einer Sprach- und Translationssensibilisierung gemäß der Translationsintention?

Im Rahmen meiner Berufserfahrung als Religionslehrer sind mir – analog zu den Wörtern in Kap. II 1.3 – sechs verschiedene Typen von Räumen begegnet, an denen für SuS Unterbrechungen in Kommunikationssituationen auftreten können (ein Anspruch auf Vollständigkeit wird nicht erhoben); es handelt sich hier um Räume, die SuSn

Typ I   unbekannt sind (bspw. ein Raum in einer orthodoxen Kirche),
Typ II   bekannt sind, aber innerhalb der Sprache der christlichen Traditionen nicht verstanden werden (bspw. eine „Wärmestubb" als Einrichtung des Caritasverbandes),
Typ III bekannt sind und von ihnen erklärt werden können, allerdings nicht (ganz) verstanden wurden (bspw. die sog. „Stolpersteine" als Erinnerungsräume[382]),
Typ IV   bekannt sind, allerdings von ihnen bislang nicht mit der Sprache der christlichen Traditionen in Verbindung gebracht wurden (bspw. Bahnhöfe[383]),
Typ V   bekannt sind, allerdings von ihnen nicht erlebt worden sind (bspw. Ostergottesdienste),
Typ VI   gemäß den obigen Ausführungen mehr oder auch weniger bekannt sind, die ihnen allerdings „fremd oder restriktiv"[384] erscheinen (bspw. ein Kirchenraum oder die oben genannten Räume).

Die Zuordnung von Räumen zu den einzelnen Typen ist nicht verbindlich, da bspw. die sich im Umfeld einer Schule befindenden Stolpersteine SuSn gänzlich unbekannt sein können. Das hermeneutische Potenzial dieser Räume variiert. Für eine sprach- und translationssensible Religionsdidaktik sind besonders die Räume von Relevanz, an denen Schnittstellen möglichst vieler

---

[382] Religionsdidaktisch zählen Stolpersteine zum Erinnerungslernen (Kabus 2016: 4).
[383] Hierzu Schulte (2013) 49–58.
[384] Calmbach/Borgstedt/Borchard u. a. (2016) 357f. Ähnlich EKD (2010a, Hg.) 16. Die genannten Quellen beziehen sich zwar auf Wörter, allerdings bezeichnen diese entweder einen konkreten Raum, der als fremd empfunden wird, oder sie bringen damit einen Raum in Verbindung und umgekehrt.

1 Die Elemente des Translationsprozesses

Sprachebenen anzutreffen sind, von denen – im Anschluss an Kap. II 1.1.1.4 und II 1.3 – eine die Sprachebene der Sprache der religiösen Traditionen darstellt. An den Sprachebenen nehmen die SuS einerseits Übersetzungen/*Übersetzungen* bzw. Translationen wahr und beurteilen sie, andererseits können sie selbst als TranslatorInnen tätig werden, um bspw. bei ‚Übertragungsproblemen' bzw. Unterbrechungen an derartigen Schnittstellen Lösungswege für ein gelingendes mehrseitiges Verstehen aufzeigen bzw. managen zu können; dies kann auf die obigen Typen I bis VI zutreffen.

Die Erschließung eines Translationsraumes stellt eine Art Feldversuch für das Management von Unterbrechungen im Anschluss an Armin Nassehi dar und bildet demzufolge eine praxisorientierte Ausrichtung von Translationen, die im Zuge der religionspädagogischen Diskussion über *Übersetzungen* im Religionsunterricht gefordert wird;[385] die SuS erkennen ‚vor Ort' exemplarisch – z.T. durch die Begegnung mit RepräsentantInnen der Sprachebenen – die in einer Gesellschaft unterschiedlichen Sprachebenen und dass die Verarbeitung von Themen „gleichzeitig politisch, ökonomisch, rechtlich, wissenschaftlich künstlerisch, religiös, pädagogisch, medial und nicht zuletzt in konkreten privaten Entscheidungsprogrammen" erfolgt.[386]

Bei allen unten angeführten drei Varianten zur Konstitution eines Translationsraumes vollzieht sich die Sprach- und Translationssensibilisierung in dem didaktischen Doppelschritt Wahrnehmen und Managen. Wahrnehmen bedeutet zweierlei: Zum einen nehmen die SuS Einrichtungen, Institutionen etc. als eigene Sprachebenen wahr und – sofern sie mit ihnen noch nicht in Berührung gekommen sind – erhalten sie eine Vorstellung von der Art des Sprechens. Darunter fallen bestimmte Wörter und spezielle Argumentationsmuster. Zum anderen nehmen sie die Schnittstellen von Sprachebenen wahr, an denen Verständnisschwierigkeiten aufkommen können, so dass als Konsequenz Translationen notwendig sind; demzufolge geht es im Anschluss an das in Kap. I 1.2.3 vorgestellte Verständnis von Nassehi darum, „*Unterbrechungen* als Bedingungen für Verbindungen [zu] identifizieren".[387] Das Managen besteht in der Konsequenz, eine Verbindung der Sprachebenen in den ausgemachten Schnittstellen innerhalb einer Kommunikationssituation zu finden und somit ein Management der Unterbrechungen zu versuchen. Hierzu gehört die Auslotung von Translationsstrategien, aber auch von möglichen Translationsgrenzen und des diesbezüglichen Umgangs mit ihnen, um das Translat anfertigen zu können, das dann als Bindeglied an der Schnittstelle fungiert, bei der der Kommunikationsfluss zwischen Sprachebenen ‚unterbrochen' wurde.

---

[385] Bspw. Pirner (2019a) 100, (2015c) 455, (2012) 86. Die Ansätze werden besprochen in Kap. I 1.3.1.2.2.
[386] Nassehi (2017) 200.
[387] Nassehi (2015) 274 (Hervorh. im Original).

Für die Konstituierung eines Translationsraumes sind drei unterschiedliche Varianten möglich: Die erste Variante geht von einem Raum aus, der baulich abgegrenzt und dementsprechend als solcher zu erkennen ist, den man auf bestimmten Wegen betreten und wieder verlassen kann, bspw. einen Kirchenraum. In diesen Räumen ist die Sprachebene vorgegeben, die dort vorwiegend von den Menschen, die den Raum zu einem bestimmten Zweck betreten, in Gebrauch genommen wird, um an einer Kommunikationssituation teilnehmen zu können. Dies heißt jedoch nicht, dass andere Sprachebenen nicht vorhanden sind, jedoch treten sie hinter die in diesen Räumen standardisierte Sprachebene zurück.

Die zweite Variante geht von einem offeneren Raum aus, der als solcher ausgewiesen ist, bspw. ein Erinnerungsraum; ein solcher Raum kann wie bei der ersten Variante begrenzt sein, bspw. das Holocaust-Mahnmal in Berlin. Ein Erinnerungsraum kann aber auch keine klar erkennbaren Grenzen haben, bspw. Stolpersteine. An solchen Räumen ist zwar auch eine bestimmte Sprachebene vorgegeben, jedoch treten die Sprachebenen der sich in dem Raum einfindenden Menschen nicht hinter die vorgegebene zurück; derartige Translationsräume konstituieren sich durch das innerhalb eines Translationsgegenstands eintretende Aufeinandertreffen unterschiedlicher Sprachebenen, deren Schnittmenge quasi die Grenze des Raums markiert, wenn er nicht räumlich abgegrenzt ist. Im Unterschied zu der ersten Variante ist in dem Raum nicht eine Sprachebene dominant, sondern es sind mehrere (annähernd gleichwertig) vorhanden, so dass hier mehr Unterbrechungen auftreten können.

Bei der dritten Variante konstituieren die SuS selbst den Raum, indem sie Sprachebenen innerhalb eines geographisch lokalen Raums erkennen und diese als ‚Eckpunkte' des Translationsraums festlegen, innerhalb deren Schnittmenge es zu Unterbrechungen und in diesem Zusammenhang zu Translationen kommen kann. Im Vergleich zu der zweiten Variante treffen die unterschiedlichen Sprachebenen nicht an einem Ort zusammen, bspw. an einem Stolperstein, sondern sie sind voneinander getrennt. Die SuS allerdings bringen sie zusammen, indem sie sie aufsuchen und eruieren, wie sie anhand eines Translationsgegenstands von den anderen vorhandenen Sprachebenen wahrgenommen und verstanden werden können. Sie überlegen, welche Bedeutungsverschiebungen der Translationsgegenstand und seine Kookkurrenzen in den unterschiedlichen Sprachebenen hätten, wie es dort zu Unterbrechungen oder auch zu Konflikten mit dem Translationsgegenstand kommen könnte und wie diese Konflikte durch Translationen entschärft werden könnten. Über den wahrgenommenen bzw. konstituierten Translationsraum nehmen die SuS ihnen vertraute Orte unter sprachlichen Gesichtspunkten (neu) wahr; diese Variante wird in Kap. III 7 praktisch umgesetzt.

Zusammenfassend lässt sich feststellen, dass auf einer religionsdidaktischen Ebene für die Segmentierung von sprachlichen Schnittstellen in Translationsräumen sich besonders diejenigen als geeignet erweisen, die SuS zu einem bereitwilligen Sprechen bewegen, etwa durch emotional aufgeladene Themen, die polarisieren und in diesem Zusammenhang unterschiedliche Sprachebenen vereinen, bspw. der Translationsraum in Sulzbach/Saar, an dem sich die Errichtung einer geplanten Moschee aufgrund von Protesten aus unterschiedlichen gesellschaftlichen Milieus verzögert.[388] Bei dem Aufsuchen eines derartigen Translationsraumes erweist es sich aus Gründen der Sprachbildung als hilfreich, wenn betroffene Menschen zu einem Gedankenaustausch mit den SuSn geladen werden, die sich sprachlich mit dem Translationsraum auseinandersetzen, so dass der didaktische Doppelschritt für eine sprach- und translationssensible Erschließung von Translationsräumen – Wahrnehmen und Managen – noch authentischer wird, indem den unterschiedlichen Schnittstellen der Sprachebenen durch deren RepräsentantInnen Kontur verliehen wird und sich während der Teilnahme an der Kommunikationssituation Möglichkeiten für sprachliche Perspektivenwechsel eröffnen.[389]

Auf einer religionspädagogischen Ebene lässt sich feststellen, dass sich die Translationen in Translationsräumen nicht vorrangig auf einzelne Wörter beziehen, sondern – als Erweiterung – auf Argumentationsmuster einzelner Sprachebenen, welche in einem Translationsraum zusammentreffen können. Somit findet durch das Aufsuchen und die selbstständige Erschließung von Translationsräumen eine zweifache Weitung statt: erstens von einer Semantikpointierung hin zu einer Praxisorientierung,[390] zweitens von einer überwiegenden Fokussierung auf textgebundene hin zu nicht-textgebundenen hermeneutischen Auseinandersetzungen.[391]

Im Anschluss an Edward W. Soja (1989) ermöglicht sich bei der Erschließung von Translationsräumen eine „spatiale Hermeneutik";[392] anhand von Translationen der den Raum konstituierenden Sprachebenen erfolgt eine Sprach- und auch Translationssensibilisierung. Deren Aufsuchen steht in Einklang mit der im Rahmen des Religionsunterrichts anvisierten „Pluralitätsfähigkeit [...] im Sinne einer mehrsprachigen Kommunikationsfähigkeit in pluralen öffentlichen Räumen".[393]

---

[388] www.saarbruecker-zeitung.de/nachrichten/politik/topthemen/eine-moschee-im-herzen-von-sulzbach_aid-6954508 (Zugriff: 01.11.2021).
[389] Dressler (2007a: 31) plädiert im Rahmen einer Didaktik des Perspektivenwechsels für eine Verschränkung „unterschiedlicher Weltbeobachtungs- und Weltgestaltungsperspektiven", die besonders gut ‚außerhalb' eines Faches und dessen spezifischer Fachsprache arrangiert werden können.
[390] So die Forderung von Pirner (2015c: 448) bei *Übersetzungen* im Religionsunterricht.
[391] So auch die Forderung vom Kirchenamt der EKD (2010, Hg.) 11.
[392] Hierzu Bachmann-Medick (^{5}2014) 304.
[393] Pirner (2018b) 67 mit Bezug auf EKD (2014b, Hg.) 93–95.

2 Religionspädagogische und -didaktische Realisierung des Translationsprozesses

Die religionspädagogische und -didaktische Realisierung der einzelnen Elemente des Translationsprozesses äußert sich in sieben Bausteinen, aus denen sich eine sprach- und translationssensible Religionsdidaktik zusammensetzt (Kap. II 2.1–2.7):

Baustein I   Einführung
Baustein II   Aufgreifen von Themenwörtern
Baustein III   Rezeption
Baustein IV   Produktion
Baustein V   Beurteilung von Translaten
Baustein VI   Repetitionen und Vertiefungen
Baustein VII   Bewährungsprobe in externen Translationsräumen

Die Bausteine können in Abhängigkeit von der Thematik oder von den durch die Religionslehrkraft intendierten Zielen als Ganzes oder in Teilen in den Religionsunterricht implementiert werden. Das Translationsverfahren des Transkreierens umfasst konkret die Bausteine III, IV und V. Eine praktische Umsetzung dieser im Folgenden auszuarbeitenden Bausteine in Gänze erfolgt in Kap. III, das analog zu diesem Kapitel aufgebaut ist.

2.1 Baustein I: Einführung

Eine umfassende Erklärung des speziellen Ablaufs muss nicht vor jeder Implementierung einer sprach- und translationssensiblen Religionsdidaktik in das Unterrichtsgeschehen durchlaufen werden, sondern die eigene Erfahrung lehrt, dass eine einmalige Thematisierung innerhalb eines Schuljahres ausreichend ist; sollte eine Lerngruppe mit den Bausteinen vertraut sein, ist eine Wiederholung des Prinzips in einem neuen Schuljahr nicht erforderlich.

Somit ist Baustein I als eine Einführung in die Sprach- und Translationssensibilisierung sowie in deren Interrelation zu verstehen. Dabei geht es um die Wahrnehmung sprachlicher Heterogenität innerhalb der Lerngruppe – von Seiten der Religionslehrkraft ebenso wie von Seiten der SuS. Für eine derartige Wahrnehmung erweist sich die Erstellung einer Sprachbiographie als hilfreich, worunter in der Forschungsliteratur Unterschiedliches verstanden wird; die Gemeinsamkeit der jeweiligen Zugänge besteht darin, „dass Sprachbiographien das persönliche Erleben von Sprache darstellen".[394] Sie dienen als

---
[394] Kirsch/Cicero Catanese (2017) 36.

ein Instrumentarium für die Forschungsmethodik und auch für die didaktische Praxis, „um eigene Sprachkompetenzen einzuschätzen und wertzuschätzen, Einflussfaktoren auf den Spracherwerb und emotionale Bezüge zu Sprachen zu erkennen, das Sprachverhalten im Kontext zu situieren und es kritisch zu hinterfragen sowie Sprachziele für die Zukunft festzulegen".[395]

Sprachbiographien eröffnen einerseits SuSn ein reflektierendes Verstehen für ihr eigenes Sprachverhalten und die Kontextualisierung innerhalb anderer Sprachebenen, andererseits zeigen sie der Religionslehrkraft auf, welche Sprachebenen in der Lerngruppe in welchem Maße vorhanden sind, so dass sie die Sprachangebote anpassen und, ausgehend von der Wahrnehmung der Translingualität, diese auch didaktisieren kann.[396] Somit leisten Sprachbiographien eine wichtige Vorarbeit für die innerhalb von Baustein III erfolgende Wortschatzarbeit im Zuge der Rezeption; diese erfolgt vorrangig auf der Erstellung von Vernetzungen der Translationsgegenstände, für die individuelle Erfahrungen und eben auch emotionale Bezüge maßgeblich sind. Es ist durchaus möglich, bei einer Sprachbiographie ein weites Verständnis von Sprache heranzuziehen, so dass neben den Schrift- und Verbalsprachen auch non-verbale Sprache aufgegriffen werden kann.[397] Dies ist insofern von Bedeutung, als einer sprach- und translationssensiblen Religionsdidaktik ebenfalls ein weites Verständnis von Sprache zugrunde liegt, die das ganze zur Verfügung stehende linguistische und paralinguistische Potenzial der SuS im Blick hat.

Für die Erstellung von Sprachbiographien liegen zahlreiche unterschiedliche Muster vor, die sich auf Nationalsprachen beziehen, bspw. das *Europäische Sprachenportfolio des European Language Council (ELC)/Conseil Européen pour les Langues (CEL)*, das sowohl für Kinder und Jugendliche als auch für Erwachsene konzipiert ist.[398] Die dort angeführten zahlreichen Impulse dienen für eine persönliche Reflexion der bisher erlernten Sprachen und der damit einhergehenden Begegnung mit anderen Kulturen, um ausgehend von diesem Befund weitere persönlich anvisierte sprachliche und interkulturelle Ziele und Kompetenzen formulieren zu können.[399]

Für die Erstellung einer Sprachbiographie im Rahmen dieses Bausteins werden die SuS ausdrücklich darauf aufmerksam gemacht, dass neben Nationalsprachen auch Dialekte und milieubedingte Sprachen zu nennen sind. Folgende Impulse können für die Erstellung leitend sein:[400]

---

[395] Ebd. 37.
[396] Ebd. 35. Ähnlich Seidl (2020) 119f., Grünhage-Monetti/Nispel (2016) 2.
[397] Kirsch/Cicero Catanese (2017) 38.
[398] www.sprachenportfolio.de, www.sprachenportfolio.ch (Zugriff: 01.11.2021).
[399] Europarat (2017) 169. Weitere Beispiele bei Seidl (2020) 119f., Grünhage-Monetti/Nispel (2016) 3f.
[400] Die hier angeführten Impulse orientieren sich an Seidl (2020) 119f. und Grünhage-Monetti/Nispel (2016) 2.

1. „Wann und warum bist du in deinem Leben mit Sprachen in Berührung gekommen? Markiere auf der Leiste dein Alter und die jeweiligen Sprachen."
2. „Welche dieser Sprachen sprichst du besonders gut, welche eher weniger gut? Versehe hierzu die von dir aufgeführten Sprachen mit +, ++ oder +++."
3. „Mit welcher dieser Sprachen könntest du Wörter, die deiner Meinung nach für die Sprache der christlichen Traditionen charakteristisch sind, jemandem verständlich machen, der diese Sprache nicht besonders gut oder gar nicht spricht. Begründe."

Während die beiden ersten Impulse auf die Reflexion des Erstkontakts mit den unterschiedlichen Nationalsprachen und Dialekten etc. sowie auf eine Einschätzung der Sprachbeherrschung zielen, stellt der dritte Impuls einen Wegbereiter für spätere Translationen dar.

Zu Baustein I gehört auch die Einführung einer Bezeichnung für die im Mittelpunkt der Sprach- und Translationssensibilisierung stehenden Wörter: Um über sie mit den SuSn sprechen zu können und um sie auch von anderen abgrenzen zu können, wird die Bezeichnung *Themenwörter* verwendet, da sie im Mittelpunkt des Unterrichtsgeschehens stehen und damit thematisiert werden. Zudem zeigt die Praxis, dass „Themenwort" den SuSn zugänglicher als „Translationsgegenstand" erscheint.

2.2 Baustein II: Aufgreifen von Themenwörtern

Das Aufgreifen von Themenwörtern hängt von der Implementierung des Transkreierens (Bausteine III, IV, V) ab, die an drei unterschiedlichen Punkten eines Unterrichtsgeschehens möglich ist: erstens als Einstieg oder als Vorentlastung einer Unterrichtsreihe, zweitens als Problematisierung und drittens als Instrumentarium für eine strukturierte und reflektierte Herangehensweise von *Übersetzungsangeboten* in Unterrichtswerken (Kap. I 1.3.4).

Als Einstieg oder als Vorentlastung eignet sich Transkreieren für innerhalb einer Unterrichtsreihe zentrale Wörter, die auf zwei unterschiedlichen Wegen zu Themenwörtern ausgewählt werden können: Erstens bieten sich die in Lehrplänen oder bei der Beschreibung der einzelnen Einheiten als „Basisbegriffe" o. ä. deklarierten aufgelisteten Wörter an.[401] Zweitens kann die Religionslehrkraft nach individueller Schwerpunktsetzung weitere Wörter für das Unterrichtsgeschehen als grundlegend erachten, die für das Transkreieren geeignet sind (Kap. II 1.3).

---

[401] Bspw. Ministerium für Bildung und Kultur des Saarlandes (2017, Hg.) 10, 59f.

2 Religionspädagogische und -didaktische Realisierung des Translationsprozesses   263

Hierzu erweist sich eine von der Religionslehrkraft aufgestellte Checkliste als hilfreich, die ungefähr folgendermaßen aussehen kann:

- „Bei welchen Wörtern können Unterbrechungen auftreten?"
- „Können diese Unterbrechungen mit einer interlingualen Übersetzung i. S. einer einfachen und kurzen Erklärung behoben werden?"
- „Wie umfangreich/vorgegeben/bekannt sind die Kontexte (I–III)/die Szenen des Wortes?"
- „Ist gemäß dem spiralförmigen Aufbau eines Lehrplans Vorwissen vorhanden?"
- „Besteht in diesem Zusammenhang der Dialog und damit eine hermeneutische Öffnung zu den Sprachspielen anderer Fächer?"

Als Vertiefung eignen sich Wörter, die von SuSn als transkreierenswert erachtet werden. Auch hier erweist sich eine Checkliste als förderlich, die den SuSn schon während des Verlaufs der Unterrichtsreihe vorliegt und bspw. folgende Impulse enthalten kann:

- „Welche Wörter, die dir während der Unterrichtsreihe begegnet sind, empfindest du als lohnenswert, um sie zu transkreieren? Begründe."
- „Welche Wörter hast du während der Unterrichtsreihe nicht ganz verstanden? Begründe."
- „Von welchen Wörtern willst du was mehr erfahren? Begründe."

Die Beantwortung der Fragen ist jeweils mit einer Begründung zu versehen, damit gemäß dem Prinzip eines sprachsensiblen Fachunterrichts (SFU) Anlässe zum Sprechen bereitgestellt werden.

Als Instrumentarium für die Bearbeitung von *Übersetzungsangeboten* in Unterrichtswerken erweisen sich einzelne Bausteine für eine strukturierte und reflektierte Herangehensweise des Translationsvorgangs in zweierlei Hinsicht als förderlich: Zum einen kann bei Vergleichen eine wechselseitige Erschließung von Translationsgegenstand und Translat besser vorgenommen werden, wenn die SuS etwaige Translationsstrategien ausmachen und Veränderungen erklären können (Kap. II 2.5.1). Zum anderen kann bei der Produktion von Translaten den SuSn die Herangehensweise an derartige Arbeitsaufträge und auch deren Ausführung erleichtert werden, da sie in einem translatorischen Grundverhalten versiert sind, Zielsprachen näher bestimmen können und Strategien kennen (Kap. II 2.5.2).

Das Transkreieren kann entweder im Klassenverband oder in Gruppenarbeit vollzogen werden; bei der letzteren Sozialform müssen sich nicht zwingend alle Gruppen demselben Themenwort widmen, sondern es ist durchaus in Abhängigkeit von den pädagogischen Entscheidungen der Religionslehrkräfte möglich, jeder Gruppe ein anderes Themenwort zum

Transkreieren zuzuweisen, dessen Ergebnis der ganzen Lerngruppe präsentiert wird.

2.3 Baustein III: Rezeption

Bei diesem Baustein geht es nicht allein um das bloße Verständnis von Wörtern i. S. des Wissens um ihre Bedeutungen bzw. einer Definition, sondern es geht um ein Verstehen, das sich auf die Verortung der Themenwörter innerhalb von vier Sprachebenen sowie auf die Vernetzungen zwischen diesen und diesbezüglichen Bedeutungsverschiebungen richtet. Hierzu erweist sich die Wortschatzarbeit im fachlichen Kontext, ein für den SFU charakteristisches Prinzip,[402] als hilfreich: Die Wortschatzkenntnisse als „Grundlage jeder sprachlichen Verständigung"[403] lassen sich in den aktiven, passiven und rezeptiven Wortschatz aufgliedern (Kap. II 1.1.4, Punkt 4). Dabei gilt es, die „Vielfalt und Struktur der Vernetzungen eines Wortes" herauszustellen, denn sie „entscheiden darüber, wie sicher es im Gedächtnis aufbewahrt und wie gut bzw. schnell es abgerufen werden kann".[404]

Die SuS werden durch die Vernetzung eines Wortes auf mögliche Kookkurrenzen und auf unterschiedliche Sprachebenen aufmerksam gemacht. Eine derartige Vernetzung auf der Wortebene bedient zudem religionspädagogische und -didaktische Grundanliegen: So betont bspw. Manfred L. Pirner, dass „religiöses Lernen immer vernetztes Lernen sein muss, dass religiöse Bildung immer vernetzte Bildung ist".[405] Diese Vernetzung ist als eine Verbindung der heterogenen Sprachen im Klassenzimmer insofern zu verstehen, als die Religionslehrkräfte und die SuS

> „gemeinsam eine religiöse Sprache als Verständigungsbasis finden und entwickeln, in der die wichtigen Existentialien heutiger Menschen und die Gehalte der religiösen Tradition für heute verständlich wiedergegeben und in Beziehung gesetzt werden können. Es müsste eine Sprache sein, die anschlussfähig ist sowohl für das Selbstverständnis heutiger Menschen wie für die Sprache der Tradition."[406]

Durch das vernetzte Lernen werden SuS dazu befähigt, Verknüpfungen zwischen Religion(en), der Kultur und dem Leben von Menschen „zu entdecken oder kreativ herzustellen".[407]

---

[402] Michalak/Lemke/Goeke (2015) 144–149. Zum SFU ausführlich Kap. II 1.1.2.
[403] Ebd. 144.
[404] Ebd. 149.
[405] Pirner (2003) 129.
[406] Ebd. 126. Pirner benennt die Popmusik als Beispiel für eine nicht-religiöse Sprache, die religiöse Themen zu transportieren vermag.
[407] Ebd. 129. Pirner verweist dabei auf Mertin (2000: 49), der „Link" metaphorisch auf ein wesentliches Grundmerkmal des Religionsunterrichts bezieht, der verstanden werden muss als eine „Fähigkeit, in die Kultur Links zur jüdisch-christlichen Erzähltradition

Um auf die Vernetzung von Wörtern in allen vier Sprachebenen aufmerksam zu machen, kann ein Aufbau der sprachlichen Beziehung auf einem deduktiven (Kap. II 2.3.1) und auf einem induktiven Weg (Kap. II 2.3.2) erfolgen; praktische Beispiele werden in Kap. III 3.1–3.2 gegeben.

2.3.1 Deduktiver sprachlicher Beziehungsaufbau

Für den deduktiven Beziehungsaufbau stellt das *Digitale Wörterbuch der Deutschen Sprache* (DWDS)[408] ein geeignetes Instrumentarium dar. Das Wortauskunftssystem zur deutschen Sprache in Geschichte und Gegenwart ist ein digitales lexikalisches System, das eine Verbindung herstellt zwischen den Belegen für mögliche Verwendungen eines Wortes und dessen verschiedenen Eigenschaften. Grundlage für die statistischen Auswertungen bezüglich der Häufigkeiten von Wörtern, ihrer typischen Verbindungen und der zeitlichen Verläufe ihrer Verwendungen über 400 Jahre stellen zum gegenwärtigen Zeitpunkt 465.000 Einträge in unterschiedlichen Wörterbüchern und 13.000.000 Belege aus historischen und gegenwartssprachlichen Textkorpora dar.[409]

Für die Wortschatzarbeit und für den Aufbau einer Beziehung zwischen den TranslatorInnen und dem Translationsgegenstand ist DWDS deshalb so geeignet, weil es Vernetzungen von einzelnen Wörtern innerhalb des Wortbestands der deutschen Sprache aufzeigt und stets nach Häufigkeit ordnet. Zu einzelnen Wörtern erhält man einen Überblick über die typischen Verbindungen im Allgemeinen und im Speziellen, bspw. bei einem Substantiv: „ist in Präpositionalgruppe", „hat Genitivattribut", „in Koordination mit", „ist Subjekt von", „hat Präpositionalgruppe", „ist Genitivattribut von", „in Koordination mit", „hat Adjektivattribut", „ist Akkusativ-/Dativobjekt von".

Neben dieser synchronen Sichtweise zeigt die sog. „Wortverlaufskurve" die Häufigkeit der Verwendung eines Wortes im Zeitraum von 1600 bis 2020 an; dabei kann man ab 1946 den Zeitraum bis auf zwei Jahre eingrenzen.[410] Als eine spezielle Ausgestaltung von DWDS ermöglicht DiaCollo eine „Kollokationsanalyse in diachroner Perspektive":[411] Auf der Grundlage unterschiedli-

---

einzutragen bzw. derartige Verbindungen zu entdecken. In diesem Sinne ist Religionsunterricht notwendig Kulturhermeneutik: ein Verstehen und Auslegen dessen, was in der Gegenwartskultur vor sich geht. Dadurch kann sowohl ein neuer Zugang zur christlichen Tradition eröffnet werden, wie auch ein tieferes Verständnis der Gegenwart ermöglicht werden."

[408] www.dwds.de (Zugriff: 01.11.2021).
[409] Zu dem Projekt ausführlich Klein/Geyken (2010).
[410] https://www.dwds.de/r/plot/?view=1&corpus=zeitungen&norm=date%2Bclass&smooth =spline&genres=0&grand=1&slice=1&prune=0&window=3&wbase=0&logavg=0&logscale =0&xrange=1946%3A2019&q1=Rechtfertigung (Zugriff: 01.11.2021).
[411] https://clarin-d.de/de/kollokationsanalyse-in-diachroner-perspektive (Zugriff: 01.11. 2021). Alle folgenden Zitate danach.

cher Korpora können Wörter entweder in einem bestimmten Zeitraum oder über verschiedene Zeiträume ermittelt werden. So lässt sich ein Bedeutungswandel von Wörtern in Abhängigkeit von zeitlich, gesellschaftlich und kulturell bedingten Strömungen und Tendenzen ermitteln; so überwiegen bspw. bei „Sünde" in den 1940er- und 1950er-Jahren als Kookkurrenzen „Krankheit" und „Welt", in den 1960er-Jahren „Vergangenheit" und „Geist", um das Jahr 2000 und zum gegenwärtigen Zeitpunkt „Homosexualität".[412] So kann die Mehrdeutigkeit von Wörtern herausgestellt werden, die sich bei einer Verwendung in unterschiedlichen Sprachebenen einstellt. Damit leistet DiaCollo einen Beitrag zur „Einsicht in die Prozesse der Bedeutungserweiterung und der Metaphernbildung" von Wörtern als einem der Ziele von Wortschatzarbeit.[413]

Ein deduktiver Beziehungsaufbau kann in unterschiedlichen Phasen einer Unterrichtsstunde eingebaut werden, bspw. als Einstieg in ein (Stunden-)Thema oder als Problematisierung, um auf Bedeutungsverschiebungen von Wörtern aufmerksam zu machen. Hierzu erweisen sich gezielte Impulse für die Erschließung und die Ausdifferenzierung eines Wortprofils als hilfreich, die nachfolgend auf das in Kap. II 1.3 aufgegriffene Wortprofil von „Sünde" angewendet werden, bspw.:

- „Was fällt auf?"/„Worüber wunderst du dich (Häufigkeit von Wörtern, Kookkurrenzen)? Begründe."

Diese Frage zielt auf die Hinweise zu anderen Sprachebenen und so auch auf mögliche Bedeutungsverschiebungen; gleichzeitig ermöglicht eine Thematisierung der Häufigkeit der Verwendung der Kookkurrenzen eine Verortung des Wortes innerhalb der deutschen Sprache. Bei einem unterrichtlichen Einsatz wundern sich die SuS erfahrungsgemäß zum einen über die Kookkurrenzen „Homosexualität" und „Vergangenheit" im Allgemeinen und um deren relativ sehr häufiges Auftreten im Speziellen, zum anderen über „ordnungspolitisch" und „städtebaulich", die ebenfalls bei „Sünde" erscheinen. In diesem Zusammenhang kann auch auf die sog. „Wortverlaufskurve" zurückgegriffen werden. Einen diesbezüglich präziseren Verlauf von zu einem Wort gehörenden Kookkurrenzen in Abhängigkeit von der Zeit bietet DiaCollo, worauf oben hingewiesen wird, so dass die Häufigkeit von „Vergangenheit" auf die Zeit nach dem Zweiten Weltkrieg bis in die 1960er-Jahre mit den im Namen des Hitler-Regimes verübten Verbrechen erklärt werden kann.

---

[412] http://kaskade.dwds.de/dstar/zeit/diacollo/?query=Sünde&_s=submit&date=&slice=10 &score=ld&kbest=20&cutoff=&profile=2&format=cloud&groupby=&eps=0 (Zugriff: 01.11. 2021). In Abhängigkeit von den Einstellungen im Hinblick auf zeitliche Eingrenzungen etc. können sich leichte Variationen ergeben.

[413] Ulrich (2007) 35.

- „Welche Wörter der Kookkurrenzen kennst du nicht? Begründe."

Diese Frage erübrigt sich in Abhängigkeit von der Jahrgangsstufe, da bspw. in einer Oberstufe ein größeres Sprachrepertoire als in einer Unterstufe vorhanden ist. In der Regel verweisen SuS auf Wörter, die charakteristisch für die Sprache der religiösen Traditionen sind, bspw. „lässlich". Bei der Erklärung derartiger Wörter fungiert in erster Linie die Religionslehrkraft als Translatorin; wenn allerdings auf Rückfrage das Wort nur einem Teil der SuS bekannt sein sollte, ergeht an diese die Aufforderung zur Erklärung, wodurch ihnen die Rolle von TranslatorInnen zukommt. Dies kann durch spezielle Nachfragen unterstützt werden, die sich auf die Gründe der gewählten Wortwahl beziehen etc.

- „Welche Kookkurrenzen hast du erwartet? Begründe."

Insbesondere bei dieser Frage sind die anschließenden Begründungen religionspädagogisch wertvoll, da SuS erfahrungsgemäß Wörter wie „Buße", „Gnade" und „Vergebung" nennen und als Begründung anführen, dass es sich hierbei um „religiöse Wörter" handele. Somit kann einerseits eine mögliche Segmentierung des (relativ gefassten) Korpus der Sprache der christlichen Traditionen unternommen werden, andererseits können auch Problematisierungen erfolgen, inwieweit bestimmte Wörter, bspw. „reinigen", anderen Sprachebenen zugeordnet werden können und wie sich dies auf deren Bedeutung auswirkt.

Speziell auf biblische Textwelten bezogen, ermöglicht *Bibleclouds* eine Erschließung von Büchern des Alten und Neuen Testament durch Wortwolken; diese Darstellungsweise eröffnet den LeserInnen „einen kompakten Überblick und gibt Hinweise auf die Inhalte und die Schwerpunkte eines biblischen Buches",[414] wobei die Größe einzelner Wörter von ihrer Häufigkeit abhängig ist.

2.3.2 Induktiver sprachlicher Beziehungsaufbau

Wie in Kap. II 1.1.4 herausgearbeitet wird, gehen für die didaktische Realisierung der Interrelation von Sprach- und Translationssensibilisierung hilfreiche Impulse aus den Prinzipien des SFUs hervor, bspw. die Einbindung von Wortschatzarbeit im fachlichen Kontext in Form von „Wortnetzen", die sich nach unterschiedlichen Aspekten zusammenstellen lassen, bspw. Begriffs-, Sachfelder-, Klang-, Assoziationsnetze, semantische, morphologische, syntagmatische Netze und Verknüpfungen in Wortklassen gleicher syntaktischer Funktionen.[415] Dabei empfiehlt sich eine Kombination aus den unterschiedli-

---

[414] Wolters (2012) 10. Siehe auch www.bibleclouds.de (Zugriff: 01.11.2021).
[415] Michalak/Lemke/Goeke (2015) 148f. mit jeweiligen Beispielen. Ähnlich Neveling (2004) 42.

chen Netzwerken, um einer „gehirngerechte[n] Wortschatzarbeit" zuzuarbeiten, wonach der Wortschatz

- „nicht losgelöst, sondern in sinnvollen Bedeutungszusammenhängen gelehrt und gelernt [wird],
- in möglichst vielen Bezugssystemen, die sich an der möglichen Strukturierung im mentalen Lexikon orientieren, präsentiert und abgespeichert [wird],
- in Übungen angeboten [wird], die das Visualisieren, Ordnen und Assoziieren von Begriffen ermöglichen,
- im Unterricht nicht nur erklärt, sondern auch durch Übungen automatisiert und aktiv in vielfältigen Situationen angewendet [wird],
- strukturiert [wird], um begriffliche Vernetzungen zu verdeutlichen,
- mit bildhaften Vorstellungen verknüpft [wird],
- sowohl kognitiv als auch unter Berücksichtigung aller Sinne verarbeitet [wird],
- mit persönlichen Inhalten (Einstellungen, Präferenzen etc.) gefüllt [wird]".[416]

Eine mögliche praktische Umsetzung der Kombination unterschiedlicher Netzwerke stellt der hier eigens eingeführte sprachliche Beziehungsaufbau (Kap. III 3.2) dar. Die Bezeichnung rekurriert auf den Aspekt der Beziehung (Kap. II 1.2.1.1), welche die SuS zu Themenwörtern vor deren Translation aufbauen, um dann auch im Anschluss ein Kriterium an der Hand zu haben, ob das Translat als gelungen beurteilt werden kann bzw. ob die Beziehung trotz der Veränderungen des Translationsgegenstands aufrechterhalten werden konnte.

Nachfolgend werden die einzelnen „Netzwerke" mit darauf abgestimmten Impulsen für einen sprachlichen Beziehungsaufbau vorgestellt,[417] mit auf den Religionsunterricht gewendeten Beispielen versehen und im Anschluss kommentiert:

Semantische Netze

- „Findet zu den Themenwörtern Synonyme (bspw. berichtigen – korrigieren) und Antonyme (bspw. gut – böse)."
  Bspw.: „beten" – „mit Gott sprechen", „Liebe" – „Hass".
- „Findet Wörter, die mit den Themenwörtern inhaltlich verwandt sind (bspw. Buch, Veröffentlichung, Lehrwerk, Roman usw.)."
  Bspw.: „Heilige Schrift" – „Bibel" – „Koran" – „Tora" – „Glaubensgrundlage".

Das erste Beispiel eignet sich sowohl für die Festigung der Sprache der religiösen Traditionen als auch für die Ausbildung der Sprache für Religiöses, v. a. wenn die SuS die Synonyme in beliebigen Sprachebenen suchen; dann

---

[416] Michalak/Lemke/Goeke (2015) 149.
[417] Die Impulse orientieren sich an ebd. 148f.

bilden derartige Netze eine Vorstufe für intralinguale Translationen, wenn bspw. „Gottestalk" als Synonym für „beten" genannt wird.[418] Das zweite Beispiel ermöglicht ein Heraustreten aus einer thematischen Binnenperspektive und die Zusammenführung von Wörtern auf der Ebene ihrer inhaltlichen Verwandtschaft, wodurch die Sprache der religiösen Traditionen gefestigt und auch systematisiert werden kann.

Begriffsnetze

- „Vernetzt die Themenwörter mit weiteren Wörtern nach den Kriterien Teil/Ganzes (Finger – Hand), Über-/Unterordnung (Obst – Apfel) oder nach gegensätzlichen bzw. sich ergänzenden Beziehungen (Salz – Pfeffer)."
Bspw.: „Evangelium" – „Passionserzählung", „Neues Testament" – „Evangelien", „Abend" – „Morgen" (bzgl. der Schöpfungswerke).

Die Netze eignen sich besonders für die Festigung von konkreten Fachwörtern, bspw. den sog. „Basisbegriffen" des kompetenzorientierten Lehrplans;[419] um derartige lexikalische Einheiten segmentieren zu können, müssen für die Erstellung der Netze ausreichende Wörter schon erarbeitet worden sein, so dass eine Verortung im Religionsunterricht erst ab der Mittelstufe realistisch ist.

Sachfeldernetze

- „Gestaltet ein Sachfeld zu den Themenwörtern (bspw. gehören zum Sachfeld Sitzmöbel Wörter wie Stuhl, Hocker, Sessel, Bank, Sofa u. a.)."
Bspw. „evangelischer Kirchenraum": „Altar", „Taufstein", „Orgel", „Kanzel", „Kreuz".

Ebenso wie die obigen Begriffsnetze greifen diese Netze weniger bei abstrakten, sondern eher bei konkreten Wörtern. Allerdings eröffnen sich hier Möglichkeiten für die Ausbildung einer subjektorientierten Sprache für Religiöses, indem bspw. zu einem bestimmen Sachfeld auch die Umschreibungen oder auch Deutungen der SuS zugelassen werden, bspw. beschreiben SuS der unteren Jahrgangsstufen die Innenausstattung eines evangelischen Kirchenraums erfahrungsgemäß u. a. mit „Tisch aus Stein, der ziemlich in der Mitte steht und Balkon an der Seite des Raums, auf den eine Treppe führt".

---

[418] Dieses Beispiel entstammt aus einer zehnten Jahrgangsstufe; die diesbezügliche – in dem Fall unbewusst gewählte – Translationsstrategie stellt die „Neurahmung" dar (Kap. II 1.5.5.2).
[419] Ministerium für Bildung und Kultur des Saarlandes (2017) 59f.

Morphologische Netze

- „Findet Wörter, die den gleichen Wortstamm wie die Themenwörter haben (bspw. spiel-: Spiel, Spielplatz, Spielfeld, spielen, Spielzeug, verspielt usw.)."
Bspw. „Schöpfungs-": „Schöpfungswerk", „Schöpfungsbericht", „Schöpfungslehre", „Schöpfungstag".

Um Wörter des gleichen Wortstamms ausfindig machen zu können, muss einerseits eine vertiefte Kenntnis von Fachwörtern vorhanden sein, andererseits existieren nicht viele Wörter, welche der Sprache der religiösen Traditionen angehören, die einen gleichen Wortstamm aufweisen.[420] Demzufolge ist es ratsam, diese Netze erst in höheren Jahrgangsstufen anfertigen zu lassen und dabei Wörter auszuwählen, die durch ihre diesbezügliche Verwandtschaft in der Zusammenschau eine thematische Vertiefung ermöglichen.

Syntagmatische Netze

- „Vernetzt die Themenwörter mit anderen Wörtern, die sich inhaltlich kombinieren (bspw. Zähne putzen/Salat putzen, aber Achtung: Zähne kann man nicht waschen.)."
Bspw.: „Segen spenden"/„Beifall spenden".

Die Netze bieten eine gute Gelegenheit für die Herausstellung von Bedeutungsverschiebungen einzelner Wörter – hier: „spenden" – in Abhängigkeit von ihrer Verwendung in unterschiedlichen Sprachebenen. Allerdings empfiehlt sich eine Verwendung dieser Netze erst in höheren Jahrgangsstufen, da ein bestimmter Grundwortschatz der Sprache der religiösen Traditionen einerseits, der deutschen Nationalsprache andererseits vorhanden sein muss.

Verknüpfungen in Wortklassen mit gleichen syntaktischen Funktionen

- „Mir fallen zu den Themenwörtern noch folgende Adjektive/Nomen/Verben ein."
Bspw. „Prophet": „alttestamentlich" – „Tempelrede" – „drohen".

Diese Netze eignen sich zur Systematisierung einer thematischen Einheit, bspw. als Wiederholung vor einer Leistungsüberprüfung. Der Schwerpunkt liegt auf der sachorientierten Sprache der religiösen Traditionen.

---

[420] So verhält es sich bspw. bei den „Basisbegriffen" (siehe ebd.).

2 Religionspädagogische und -didaktische Realisierung des Translationsprozesses   271

Klangnetze

- „Findet Wörter, die sich auf die Themenwörter reimen (bspw. Nase – Hase)."
Bspw.: „Glaube" – „Taube".

Diese Netze eignen sich für untere Jahrgangsstufen; der Schwerpunkt liegt auf der Festigung von einzelnen Wörtern, die für die Sprache der religiösen Traditionen charakteristisch sind, und weniger auf der Ausbildung einer subjektorientierten Sprache für Religiöses.

Assoziationsnetze

- „Welche Farbe/Gestik/Mimik/Körperhaltung/welches Bild fallen euch zu den Themenwörtern ein?"
Bspw.: „grün" – „Schöpfung" oder „Islam", „Gold" – „Weihnachten", „ausgebreitete Arme" – „Segen".

Die Assoziationen können sowohl in der Sprache der religiösen Traditionen als auch in der Sprache für Religiöses verortet sein. Die Erstellung dieser Netze ist besonders für untere Jahrgangsstufen geeignet, da die SuS ihre subjektiven Erlebnisse zu Wörtern der Sprache der religiösen Traditionen zur Sprache bringen und so ihre Sprache für Religiöses ausbilden können.

Affektive Netze

- „Welches Gefühl/Symbol/Ereignis/Lied/welche Melodie verbindet ihr mit den Themenwörtern?"
Bspw.: „Ostern" – „Aufbruchstimmung in der Natur".

Noch intensiver als die Assoziationsnetze können die SuS ihre Sprache für Religiöses ausbilden, indem sie ihre subjektiven Eindrücke mit dem ihnen zur Verfügung stehenden linguistischen und paralinguistischen Potenzial verbinden. Allerdings lehrt die Praxis, dass die SuS (v. a. unterer Jahrgangsstufen) Assoziationsnetze und affektive Netze leicht miteinander verwechseln.

Neben diesen Netzen erweisen sich folgende Impulse für die Erschließung von Themenwörtern und ihren Vernetzungen zum Aufbau einer Beziehung als hilfreich:

- „Würdet ihr das Themenwort als religiös bezeichnen? Begründet eure Entscheidung."
Bspw. „Gewissen":

„Wenn ich ‚Gewissen' höre, denke ich immer an eine Situation, wenn man einen Eid schwören muss, der endet mit ‚so wahr mir Gott helfe'. Dann frage ich mich, ob es einerseits nicht schwierig ist, wenn ich einen Eid geschworen habe, aber dann in ein Dilemma komme. Woran orientiere ich mich dann? Gott kann dann eine Alternative sein. Luther hat sein Gewissen ja auch an Gott gebunden. Aber ich würde sagen: ‚Gewissen' an sich ist nicht religiös, aber es lohnt sich, wenn man es unter religiösen Gesichtspunkten betrachtet." (Abschrift: Julian, 16 Jahre, elfte Jahrgangsstufe, 02.09.2019)

Mit einem derartigen Impuls kann bspw. ein sprachlicher Beziehungsaufbau zu einem Translationsgegenstand bzw. auch der Einstieg in eine Unterrichtsreihe beginnen; an deren Ende (so das obige Beispiel) können die SuS diese Frage wieder beantworten, um festzustellen, ob sie mit dem Wort durch herausgestellte Vernetzungen oder weitere Auseinandersetzungen zu neuen Erkenntnissen und Sichtweisen gelangt sind. Bei Wörtern, die auch von nicht- und andersreligiösen SuSn als religiös eingestuft werden, bspw. „Gebet", gehen v. a. aus den Begründungen weitere Impulse hervor, da in ihnen die Sprache für Religiöses greifbar wird.

- „Woran denkt ihr spontan? Gestaltet gemeinsam ein Wortnetz/Mindmap."[421]
  Bspw. kann ein solches Netz zu „Kirche" als Einstieg in die gleichnamige Unterrichtsreihe in der fünften Jahrgangsstufe folgendermaßen aussehen (03.02.20):

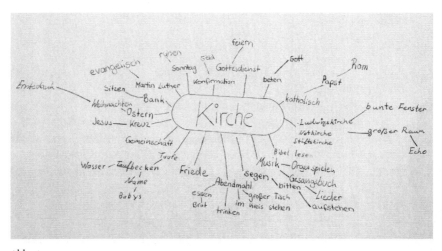

Abb. 6

---

[421] Die Erstellung einer Mindmap zählt zu den in Kap. I 1.3.4 besprochenen *Übersetzungsangeboten* in Unterrichtswerken. Diese Methode hält SuS zu einer kreativen Auseinandersetzung mit der Sprache der religiösen Traditionen an, so dass sie „zu ihrer Sicht, Perspektive und Deutung in Sachen Religion kommen (z. B. [...] Mindmap [...])" (Schulte 2017: 86).

Ein derartiger Impuls eignet sich besonders für die unteren Jahrgangsstufen, da i. S. eines Brainstormings alle Wörter zulässig sind, ohne dass Zuordnungsimpulse den Zugang zu den Themenwörtern erschweren und die Motivation bremsen, da noch nicht von einem so umfassenden Wortschatz auszugehen ist, dass problemlos bspw. morphologische oder syntagmatische Netze erstellt werden könnten. Der Impuls zur Verwendung von Nomina, Adjektiven und Verben verhilft, wie oben zu sehen ist, dazu, bekannte Wörter innerhalb der mit „Kirche" vorgegebenen Sprache der christlichen Traditionen wahrzunehmen, bspw. „feiern" in Bezug auf Gottesdienst, „spielen" in Bezug auf „Orgel", „bitten" und „aufstehen" in Bezug auf „Segen". Zu erkennen ist auch die Umschreibung für Gegenstände, deren fachsprachliche Bezeichnungen unbekannt zu sein scheinen, bspw. „großer Tisch" in Zusammenhang mit „Abendmahl" als eigene Deutung für „Altar".

- „Bei welchen Themen/In welchen Situationen/Zusammenhängen (im Religionsunterricht/in einem anderen Unterrichtsfach/innerhalb der Familie/bei Freunden) habt ihr die Themenwörter schon einmal wahrgenommen/selbst verwendet?"

Durch diesen Impuls verorten die SuS die Themenwörter in unterschiedlichen Sprachebenen und eruieren die dabei eventuell wechselnden Bedeutungen. In höheren Jahrgangsstufen ist eine weitreichendere Nennung von Situationen der Verwendung zu erwarten, zudem kann über die möglichen Bedeutungsverschiebungen eine ausführlichere Thematisierung stattfinden, weil eben bei älteren SuSn angenommen werden kann, dass sie schon mit mehreren Sprachebenen in Berührung gekommen sind; diesbezügliche Informationen gehen aus der Sprachbiographie hervor.

- „Wie könnte man die Themenwörter falsch verstehen, und wie könnt ihr dies möglicherweise korrigieren?" bzw. als Erweiterung: „Wo sorgen die Themenwörter für einen Konflikt und warum? Wie würdet ihr den Konflikt lösen?"
  Bspw. „Taufe":

  > „Wir hier im Religionsunterricht verbinden damit direkt die Taufe, welche auf Jesus zurückgeht. Es ist ein Zeichen für die Aufnahme in die Gemeinschaft der Christen. Im Konfirmationsunterricht haben wir gelernt, dass in der Taufe die Gnade Gottes symbolisch zugesprochen wird; ‚Fürchte dich nicht, ich bin bei dir' oder so ähnlich. Jemand, der das nicht kennt, würde meinen, dass die Taufe von einem Kind wie die Taufe von jemandem ist, der seine erste Ballonfahrt hinter sich hat, also dass jemand feierlich einen Namen erhält. Dem könnte ich sagen: Man erhält zwar auch einen Namen und man wird in eine Gemeinschaft aufgenommen, aber die Gemeinschaft der Christen ist vereint in dem Glauben, dass wir nach dem Tod auferstehen. Diese Gemeinschaft ist fester, weil sie auch nach dem Tod hält. Wer das nicht verstehen kann, der sollte einfach anerkennen, dass

das Christentum ein Verein ist, der eine längere Tradition hat als ein Ballonclub und eine Satzung hat, die im Glauben besteht." (Abschrift: Amelie, 16 Jahre, elfte Jahrgangsstufe, 10.02.2020)

Durch diesen Impuls werden die SuS angehalten, über mögliche Bedeutungsverschiebungen der Themenwörter bei der Verwendung in unterschiedlichen Sprachebenen zu reflektieren. Durch die Sozialform der Gruppenarbeit ist von dem Aufeinandertreffen mehrerer Sprachwelten auszugehen, die jeweils einen anderen Bezug zu den Themenwörtern haben und somit die Beantwortung der Frage erleichtern. Durch die Überlegung zur Entschärfung eines Konflikts werden die SuS zum Transferieren angehalten, indem sie die Themenwörter für diejenige Sprachebene, in der sie falsch verstanden werden können, angemessen bzw. verständlich machen. Konkret differenziert Amelie die Bedeutungsverschiebung von „Taufe" innerhalb der Sprache der christlichen Traditionen und in dem Sprachspiel der Ballonfahrer, das sie als Folie bzw. als Zielsprache für die Translation von „Taufe" verwendet (bspw. „Christentum" als „Verein"). Dadurch wird auch eine hermeneutische Wechselwirkung von beiden Sprachen greifbar, indem sie sich gegenseitig erhellen bzw. eine neue sprachliche Perspektive auf die andere eröffnen.

- „Formuliert eine Erklärung der Themenwörter für einen Menschen, der sie noch nie zuvor gehört hat."
  Bspw. „Himmel":

„Das Wort hat zwei verschiedene Bedeutungen. Schau einfach mal nach oben: Du siehst Wolken und dahinter ist es etwas blau, die Atmosphäre. Das ist der Himmel, in englisch heißt er ‚sky'. Wenn jemand in der Religion des Christentums das Wort ‚Himmel' hört, denkt er noch an etwas anderes. Er hört da nicht nur ‚sky', sondern vor allem auch ‚heaven' raus. Das ist der Ort, wo Gott wohnt. Wir glauben, dass wir nach dem Tod auferstehen und an diesen Ort kommen. Jesus, der Sohn Gottes, hat es vorgemacht: Nach seinem Tod ist er auferstanden, aufgefahren in den Himmel, wo er zur Rechten seines Vaters sitzt. Da geht es also weniger um ‚sky', der ein fester Ort da oben ist, sondern irgendeine Art location, in der man mit Gott zusammen ist. Wenn man also von ‚Himmelspisse' spricht, dann meint man den Regen, der aus dem ‚sky' kommt." (Abschrift: Ben, 17 Jahre, zwölfte Jahrgangsstufe, 11.12.2019)

Durch diesen Impuls werden die SuS konkret zum Transferieren angehalten. Nachdem sie sich zuvor mit mehreren Vernetzungsmöglichkeiten auseinandergesetzt haben, wenden sie diese nun an, um das vermeintlich unbekannte Wort zu umschreiben. An dieser Stelle wird bewusst darauf verzichtet, als Zielsprache bspw. die Sprachwelt von SuSn einer Grundschule[422] oder einer

---

[422] Bspw. ein Arbeitsauftrag im *Kursbuch Religion Sekundarstufe II* (Rupp/Dieterich 2014, Hg.: 57): „Ein Kind von neun Jahren fragt: Wann haben Adam und Eva gelebt? Entwerfen Sie eine Antwort."

„Leichten Sprache"[423] anzugeben, da so die vorausgehenden Vernetzungen auf Vereinfachungen reduziert werden könnten. So allerdings müssen sich die SuS selbst die Frage beantworten, ob die von ihnen gewählten Wörter passend für einen Menschen sein können, der die Themenwörter noch nie gehört hat, ganz gleich welchen Alters er ist und welcher Sprachwelt er möglicherweise vorrangig angehört. Bei dieser Erklärung wird auch die Translingualität von Ben greifbar, indem er unterschiedliche Sprachebenen mischt. Auf der Ebene der Nationalsprachen wechselt er zwischen Deutsch und Englisch zu einer Differenzierung der Bedeutung von Himmel als „sky" und „heaven", bzw. baut er englische Wörter in die deutsche Syntax als Satzglieder ein, um so die Sprache der christlichen Traditionen herauszustellen. Zu ihr zählen auch „Jesus, der Sohn Gottes" und die an das Apostolische Glaubensbekenntnis erinnernde Formulierung „auferstanden, aufgefahren in den Himmel, wo er zur Rechten seines Vaters sitzt". Daneben greift er bei der Differenzierung auf die Fachsprache des Geographieunterrichts („Atmosphäre") und auch auf Jugendsprache („Art location", „Himmelspisse") zurück. Alle diese Sprachen verwendet Ben innerhalb eines Satzes zur Erklärung eines Wortes bzw. zur Translation eines Wortes. Die Summe seiner gesamten zur Verfügung stehenden linguistischen und paralinguistischen Möglichkeiten – Gesten waren bei Bens Ausführungen zwar nicht zu erkennen, jedoch lässt sich schon vermuten, dass aller Wahrscheinlichkeit nach Ben bei einer Präsentation im Plenum „oben" auch mit einer entsprechenden Handbewegung versehen hätte können – bildet die subjektorientierte Sprache für Religiöses aus, welche durch „translanguaging" (Kap. II 2.6, III 6) gefördert werden kann.

Zusammenfassend für alle oben angeführten Beispiele für Wortnetze und Impulse lässt sich feststellen, dass diese in einem besonderen Maße für eine Systematisierung von Wörtern geeignet sind, die einer thematischen Einheit oder einer Unterrichtsreihe zugrunde liegen, bspw. können sog. „Basisbegriffe" eines kompetenzorientierten Lehrplans am Ende eines Schuljahres wiederholt und bzgl. etwaiger thematischer Überschneidungen aufgegriffen werden. Die meisten Netze, welche auf die Wortschatzarbeit im SFU rekurrieren, setzen schon einen Fundus an Wörtern voraus und sind für Konkreta geeignet; das schließt zwar nicht den Einsatz bei abstrakten Wörtern aus, allerdings sind diese für obere Jahrgangsstufen geeigneter. Ähnlich verhält es sich im Hinblick auf die Sach- und die Subjektorientierung: Die Ausbildung der Sprache der religiösen Traditionen wird durch die meisten Netze gefördert; für die gezielte Ausbildung der Sprache für Religiöses erweisen sich eigens darauf abgestimmte Impulse als hilfreich, welche die SuS zu Sprachhandlungen anhalten, die auf eine subjektive, d. h. eine auf die eigene Sprachwelt abgestimmte Erschließung von Wörtern abzielen, die für die Sprache der religiö-

---

[423] Altmeyer/Baaden/Menne (2019) 151–159; hierzu ausführlich in Kap. I 1.3.1.2.2.

sen Traditionen charakteristisch sind; *in diesem Zusammenhang findet bei der Erschließung auch eine Sensibilisierung für Translationen statt, indem sich die SuS unweigerlich mit dem translatorischen Grundverhalten Verstehen, Auslegen, Neuformulieren auseinandersetzen müssen.* Für den sprachlichen Beziehungsaufbau bedeutet dies eine von der Religionslehrkraft zu treffende Auswahl der Netze und weiterer Impulse zu Sprachhandlungen.

Die Ausbildung der Sprache der religiösen Traditionen und auch der Sprache für Religiöses kann durch Erklärungen der Netze bzw. der Impulse der SuS gefördert werden, indem die SuS ihre Gründe, bspw. persönliche Erlebnisse, versprachlichen, die sie zur Auswahl bestimmter Wörter bewogen haben. Dies kann entweder in der Gruppe oder im Plenum geschehen; bei der letztgenannten Variante wird einer breiteren Basis – und eben auch der Religionslehrkraft – die Möglichkeit zu Rückfragen und zu weiterführenden Impulsen eröffnet.

Durch das Aufzeigen der Kookkurrenzen, der Vernetzungen und möglichen Bedeutungsverschiebungen von Wörtern bieten Wortnetze und diesbezügliche Impulse zur Erschließung von Themenwörtern eine Hilfestellung für die spätere Translation: Erstens setzen sich die SuS intensiv mit dem Themenwort bzw. Translationsgegenstand auseinander, indem sie ihn verstehen lernen und sich selbst zu ihm positionieren, so dass sie eine Beziehung zu ihm aufbauen können. Zweitens bilden Wortnetze eine Voraussetzung für die Einübung von Translingualität (Kap. II 1.1.1.3) und insbesondere drittens für die innerhalb des folgenden Kapitels zu besprechende Visualisierung als eine wichtige Vorstufe für die Auswahl der Translationsstrategien.

2.4 Baustein IV: Produktion

Die Produktion meint die Translation, an deren Ende das Translat steht. Zu diesem Vorgang gehören das schöpferische Treueversprechen (Kap. II 2.4.1) und die Visualisierung (Kap. II 2.4.2) als Voraussetzungen für die zu treffende Auswahl der Translationsstrategien (Kap. II 2.4.3).

2.4.1 Schöpferisches Treueversprechen

Für die Berücksichtigung der Beziehung (Kap. II 1.2.1.1), der „fidélité creátrice" (Kap. II 1.2.1.2) und der Horizontverschmelzung (Kap. II 1.2.1.3) als Richtlinien während des Transkreierens für das Ziel eines gelungenen Translats (Kap. II 1.6) bedarf es vor der Visualisierung eines diesbezüglichen Korrektivs, so dass im Zuge der durch die Visualisierung aufgerufenen vielen Szenen Kreativität nicht als Mittel zum Zweck abdriftet und der Translationsgegenstand im Translat absorbiert wird, was bspw. durch folgenden Impuls erreicht werden kann, der fortan als *schöpferisches Treueversprechen* bezeichnet wird:

2 Religionspädagogische und -didaktische Realisierung des Translationsprozesses 277

„Stelle dir vor, das Themenwort wäre ein Mensch, über den du mehr erfahren willst, der auch über dich mehr erfahren will. Für eine Gesprächsgrundlage überlege, über welche *eine* von dessen Facetten du mehr erfahren willst, zu denen du zugleich auch eigene Erfahrungen gemacht hast. Formuliere dann eine Frage an das Themenwort und mache deutlich, wie du dich auf die Suche nach einer Antwort auf die Frage machst, damit du zum einen dir, zum anderen dem Themenwort/Translationsgegenstand helfen kannst, mehr von- und übereinander zu erfahren. Erkläre, wie du während der Suche zu dem Themenwort die Treue hältst und du also nicht aus Eigennutz nur etwas über dich selbst anhand von ihm in Erfahrung bringen willst."

Hier greifen mehrere Aspekte ineinander: Im Hinblick auf die Beziehung wird der Translationsgegenstand personalisiert, um den Abbau der sprachlichen Barrieren voranzutreiben. Um dieser *Personalisierung*, einer von mir eingeführten Bezeichnung, zuzuarbeiten, imaginieren die SuS eine Kommunikationssituation mit dem Themenwort als einer Person und mit deren Sprachebene, auf die sie sich einlassen, indem sie schrittweise etwas über sie in Erfahrung bringen wollen; die Erfahrung zeigt, dass sich SuS bereitwillig auf einen Dialog mit dem personalisierten Themenwort einlassen, gerade weil sie selbst durch ihre Fragen die Art und Weise der Annäherung an das Themenwort bestimmen können. Damit wird das Verstehen des Translationsgegenstands als erster Schritt des translatorischen Grundverhaltens durch das Medium der Sprache, das mit dem deduktiven/induktiven Beziehungsaufbau (Kap. II 2.3.1–2.3.2) beginnt, fortgesetzt. Mit dem Ziel einer gemeinsamen Gesprächsgrundlage wird die Horizontverschmelzung anvisiert, so dass ein gemeinsamer sprachlicher Austausch möglich wird, der sich anhand einer Facette entfaltet; dies ist deshalb von Bedeutung, da – wie in Kap. II 1.6.1 problematisiert – bei einem Verstehensprozess, der sich anschließenden Auslegung und dem Neuformulieren der Translationsgegenstand nicht völlig, also nicht in allen seinen Facetten, durchdrungen werden kann, wenn er im Glauben verankert ist. Die an den Translationsgegenstand gerichtete Frage bereitet den Aspekt der „fidélité créatrice" vor, indem die Suche einer Antwort auf die Frage, was die SuS von dem Translationsgegenstand erfahren wollen, zu einer wechselseitigen Erschließung führt: zum einen werden auf einer sachorientierten Ebene „tiefere Schichten"[424] des Translationsgegenstands durch das Translat freigelegt, zum anderen wird so ein Beitrag für die Ausbildung der subjektorientierten Sprache für Religiöses geleistet. Die Suche an sich meint das Eruieren von Translationsstrategien bei einem gleichzeitigen Abwägen, wieviel Kreativität nötig, aber auch möglich ist, um durch den kreativ-sprachlichen Neuversuch den Translationsgegenstand nicht zu absorbieren und ihm so die Treue zu halten, anstatt aus „Eigennutz" die Kreativität als Mittel zum Zweck werden zu lassen. In Kap. II 1.2.1.1 wird diesbezüglich auf das Problem einer überdeutlichen Präsenz der TranslatorInnen im

---

[424] Gil (2015) 152.

Translat hingewiesen. Deren Präsenz kann und soll auch nicht ausgeblendet werden, da über sie unterschiedliche Sprachebenen in das Translat eingehen, das so einen kreativ-sprachlichen Neuversuch darstellt. Die Ausgewogenheit dieser Präsenz im Translat wird durch den Beziehungsaufbau geleistet, indem die SuS als TranslatorInnen die ohnehin vorhandene emotionale Nähe zum Translationsgegenstand sich bewusst werden lassen und so mit ihm „in einen tieferen hermeneutischen Dialog ein[treten]".[425] Diese emotionale Nähe, die in der Translationswissenschaft auch mit „Geistesverwandtschaft" oder „Identifikation bzw. Solidarität mit der Mitteilung" bezeichnet wird, ist nicht als eine moralische Kategorie zu verstehen, da die TranslatorInnen nicht unbedingt mit dem Inhalt des Translationsgegenstands konform gehen, diesen allerdings „kognitiv-analytisch und emotional nachvollziehen" können.[426]

Das schöpferische Treueversprechen sensibilisiert weiterhin für die Visualisierung im Plenum, indem bei allen SuSn im Vorfeld eine individuelle Auseindersetzung bzw. Visualisierung stattgefunden hat, welche auch zu ersten Überlegungen im Hinblick auf das translatorische Grundverhalten angeregt hat; ausgehend davon sollte es auch in Einzelarbeit ausgeführt werden, damit sich die SuS individuell mit dem Themenwort auseinandersetzen und ihm durch Personalisierung ein Versprechen geben können. Diese individuelle Form der Auseinandersetzung ist nicht gleichzusetzen mit einer im Plenum durchgeführten fragend-entwickelnden Erarbeitung mit bspw. einem in Unterrichtswerken zu findenden *Übersetzungsangebot* (Kap. I 1.3.4); denn hier kommt der Religionslehrkraft die Rolle einer Direktive zu, mit Impulsen die Treue gegenüber dem *Übersetzungsgegenstand* einzufordern bzw. zu reflektieren. Ein praktisches Beispiel wird in Kap. III 4.1 gegeben.

2.4.2 Visualisierung

Auf die Methode der Visualisierung wurde sowohl bei der Darstellung der von Paul Kußmaul entworfenen Strategien eines kreativen Übersetzens als auch bei diesbezüglichen Beispielen für intralinguale und intersemiotische Translationen in Kap. II 1.5 hingewiesen. Dort wurde „Visualisierung" als das vor der Translation in der Gruppe stattfindende ‚Ausmalen' von Rahmen und Szenen bzw. Kontexten verstanden, welche das zu transferierende Wort bei den TranslatorInnen auslöst. Diese Erklärung soll nun weiter ausdifferenziert werden, um sie innerhalb des Bausteins der Produktion als eine wichtige Voraussetzung für die translatorische Kreativität im Allgemeinen und die diesbezüglichen Translationsstrategien im Speziellen didaktisieren zu können; in diesem Zusammenhang intensiviert die Visualisierung die Auseinanderset-

---

[425] Cercel (2015) 121.
[426] Ebd. 125.

zung der TranslatorInnen mit dem Translationsgegenstand und auch mit dem Translat im Hinblick auf die Aspekte der Beziehung, der „fidélité créatrice" und der Horizontverschmelzung (Kap. II 1.2.1.1–1.2.1.3).

Das Wort „Visualisierung" wird im Allgemeinen synonym für „Veranschaulichung" verwendet und stellt im Fremdsprachenunterricht eine gängige Methode für die Neueinführung von Vokabeln dar. Auch in Wörterbüchern oder ganz allgemein bspw. in Bedienungsanleitungen sind vielfach Bilder oder Piktogramme enthalten, um eine unbekannte Wortbedeutung bzw. einen unbekannten Sachverhalt aufzuzeigen und zu erklären. Im Anschluss an Kußmaul meint „Visualisierung" bei einer sprach- und translationssensiblen Religionsdidaktik etwas anderes, indem nämlich „nicht die Abbildungen in Texten der Ausgangspunkt für mentale Vorstellungen [sind], sondern das Endprodukt".[427] Während der zu kreativen Lösungen anhaltenden Visualisierung können Ergebnisse auftreten, die auch schon das gesuchte kreative Translat darstellen können.[428] Während der Visualisierung findet durch das laute Denken in der Gruppe eine Verbalisierung der mentalen Repräsentationen statt, die, „wenn man malen und zeichnen kann, [...] auch auf die Leinwand oder das Papier [übertragen werden könnten]".[429]

Die Visualisierungen sind nicht in Einzelarbeit, auch nicht in Partnerarbeit durchzuführen, sondern idealerweise geschehen sie innerhalb einer Gruppe *in Form von lautem Denken*; sie können auch im Rahmen eines fragend-entwickelnden Verfahrens durchgeführt werden, indem eine außenstehende Person – im Religionsunterricht also die Lehrkraft – Impulse für die Visualisierung gibt.[430] Der Nachteil einer Durchführung im Plenum besteht darin, dass das fragend-entwickelnde Unterrichtsgeschehen sprachlich auf die Religionslehrkraft konzentriert ist, wohingegen es bei einer Gruppenarbeit zu einer unmittelbaren Auseinandersetzung mit anderen Sprachebenen kommt. Durch die Visualisierung sind die Weichen für die Produktion gestellt, da die SuS nun mit mehreren Szenen und auch mit deren Verbalisierung durch unterschiedliche Sprachwelten in Berührung gekommen sind, weil aus dem Zusammenspiel unterschiedlicher Erfahrungen, kognitiver Erkenntnisse und eben unterschiedlicher Sprachebenen mehrere Kontexte eröffnet werden, die eine größere Voraussetzung für die Ausschöpfung von Kreativität bilden. Ein praktisches Beispiel wird in Kap. III 4.2 gegeben.

---

[427] Kußmaul (^{3}2015) 152.
[428] Ebd. 159.
[429] Ebd. 152.
[430] Ebd. 163.

2.4.3 Translationsstrategien

Für die Produktion kommen nach der Visualisierung nun unterschiedliche Translationsstrategien (Kap. II 1.5) infrage. In Jahrgangsstufen, v. a. in der Oberstufe, in denen schon einmal die Bausteine im Ganzen oder in Teilen aufgegriffen worden sind, können die SuS selbstständig auf das bekannte Repertoire zurückgreifen, das vor der Produktion unter Anleitung der Religionslehrkraft etwa im Rahmen eines fragend-entwickelnden Unterrichtsgesprächs ins Gedächtnis gerufen werden kann. In unteren Jahrgangsstufen, die zudem auch bislang mit keinen Bausteinen in Berührung gekommen sind, bieten sich von der Religionslehrkraft bereitgestellte Impulse an, welche auf die unterschiedlichen Strategien abgestimmt sind. In Abhängigkeit von den Translationsstrategien können die Impulse bspw. lauten:

<u>Wiedergabe eines Rahmens durch einen Rahmen</u> (Kap. II 1.5.2)

- „Ersetzt diesen Rahmen durch einen anderen, der möglichst viele Szenen des Themenworts enthält und so für jemanden verständlicher wird, der [Angabe der Sprachebene]. Welche neuen Sichtweisen eröffnen sich dadurch für euch?"
- „Findet ein anderes Wort für [x], damit es für jemanden, der [Angabe der Sprachebene], verständlicher wird. Welche neuen Sichtweisen eröffnen sich dadurch für euch?"
- „Durch welchen Rahmen könnte der vorliegende Rahmen ersetzt werden, dass möglichst viele Szenen erhalten bleiben und so bei dem Themenwort neue Aspekte freigesetzt werden, die sich für sein Verständnis als förderlich erweisen? Welche neuen Sichtweisen eröffnen sich dadurch für euch?"
- „Gebt [x] eine andere Überschrift/einen anderen Titel, damit es verständlicher wird für jemanden, der [Angabe der Sprachebene]. Welche neuen Sichtweisen eröffnen sich dadurch für euch?"

<u>Wiedergabe eines Rahmens durch eine Szene</u> (Kap. II 1.5.3)

- „Sucht euch eine Szene aus, die eurer Meinung nach den Gesamtkontext verständlicher erscheinen lässt für jemanden, der [Angabe der Sprachebene]. Welche neuen Sichtweisen eröffnen sich dadurch für euch?"
- „Wählt aus dem Rahmen eine Szene aus, die eurer Meinung nach besonders wichtig ist, und stellt sie dar als [Darstellungsform], damit der Rahmen so für jemanden verständlicher wird, der [Angabe der Sprachebene]. Welche neuen Sichtweisen eröffnen sich dadurch für euch?"
- „Durch welche Szene(n) könnte dieser Rahmen ersetzt werden, dass der Rahmen erhalten bleibt und so bei dem Themenwort neue Aspekte freigesetzt werden, die sich für sein Verständnis als förderlich erweisen?"

2 Religionspädagogische und -didaktische Realisierung des Translationsprozesses   281

Wiedergabe einer Szene durch eine Szene (Kap. II 1.5.4)
Szenenwechsel (Kap. I 1.5.4.1)

- „Sucht euch eine Szene aus und vertauscht sie mit einer anderen, um den Gesamtkontext für jemanden deutlich zu machen, der [Angabe der Sprachebene]."
- „Welche Szene(n) würde [Angabe der Sprachebene, bspw. ein Theologe/ eine Atheistin] auswählen und sie mit welcher vertauschen, damit es für ihn/sie deutlicher wird?"
- „Durch welche Szene(n) könnte diese Szene ersetzt werden, dass der Rahmen erhalten bleibt und so bei dem Themenwort neue Aspekte freigesetzt werden, die sich für sein Verständnis als förderlich erweisen?"

Szenenerweiterung (Kap. II 1.5.4.2)

- „Erweitert die Szene, damit sie für jemanden verständlich(er) wird, der [Angabe der Sprachebene]."
- „Mit welchen Informationen aus dem Gesamtkontext könnte die Szene erweitert werden, dass sich sowohl für euch neue Einsichten ergeben als auch für Menschen, die [Angabe der Sprachebene]."
- „Überlegt, mit welchen Hintergrundinformationen ihr die Szene erweitern könntet, dass sich sowohl für euch neue Einsichten ergeben als auch für Menschen, die [Angabe der Sprachebene]."

Auswahl von Szenenelementen in einer Szene (Kap. II 1.5.4.3)

- „Überlegt, wie die Szene aussehen würde, wenn man die Perspektive von [Angabe der Sprachebene] einnimmt/nur auf [x] schaut."
- „Benennt die Elemente der Szene, die nur [Angabe der Sprachebene, bspw. ein Theologe/eine Atheistin] auswählen würde, dass es ihm/ihr verständlich erscheint."
- „Sucht euch eine Szene aus, von der ihr denkt, dass sie wichtig ist für das Gesamtverständnis und nehmt die Perspektive von [Angabe der Sprachebene] ein, dass bei dem Themenwort neue Aspekte freigesetzt werden, die sich für sein Verständnis als förderlich erweisen."

Wiedergabe einer Szene durch einen Rahmen (Kap. II 1.5.5)
Einrahmung (Kap. II 1.5.5.1)

- „Fasst die Szene mit Wörtern zusammen, damit sie verständlicher wird für jemanden, der [Angabe der Sprachebene, bspw. ein Theologe/eine Atheistin]."

- „Mit welchen Wörtern würde [Angabe der Sprachebene] die Szene zusammenfassen, dass sich so sowohl für euch neue Einsichten ergeben als auch für Menschen die [Angabe der Sprachebene]."

Neurahmung (Kap. II 1.5.5.2)

- „Mit welchem eher ungewöhnlich klingenden Wort, das man eventuell sogar extra neu erfinden oder bilden muss, würde jemand, der [Angabe der Sprachebene], die Szene zusammenfassen, dass bei dem Themenwort neue Aspekte freigesetzt werden, die sich für sein Verständnis als förderlich erweisen?"
- „Findet oder bildet ein Wort, das es eventuell noch gar nicht gibt, damit diese ganze Szene sowohl für euch neue Einsichten eröffnen kann, als auch für Menschen, die [Angabe der Sprachebene]."

2.5 Baustein V: Beurteilung von Translaten

Bei der Beurteilung von Translaten wird in einem besonderen Maße die Interdependenz von Sprach- und Translationssensibilisierung greifbar: Die SuS werden durch die Beurteilung von Translaten zum einen zum Sprechen angehalten, zum anderen werden sie sensibilisiert für die unterschiedlichen Sprachebenen, die in ein Translat einfließen und sich möglicherweise im Vergleich zu dem Translationsgegenstand verändern. Eine derartige Beurteilung lässt sich differenzieren im Hinblick auf eigens angefertigte Translate, deren Zustandekommen die SuS im Rahmen der Präsentation metareflektieren (Kap. II 2.5.1), und auf den Vergleich von fremden Translaten mit den Translationsgegenständen (Kap. II 2.5.2). Die praktischen Beispiele werden in Kap. III 5.1–5.2 gegeben.

2.5.1 Eigene Translate

Bei der Metareflexion gilt es zu erwägen, dass bei der Beurteilung eines Translats keine neutrale Position in der Art eines „Prüfsteins" existiert.[431] Bei der von subjektiven Eindrücken geprägten Herangehensweise an die Beurteilung gilt es auch zu berücksichtigen, dass die TranslatorInnen unweigerlich eine das Translat färbende „Präsenz" hinterlassen,[432] die sie im Zuge des sprachlichen Beziehungsaufbaus und des schöpferischen Treueversprechens konstituiert haben. Diese Präsenz äußert sich in dem Rückgriff auf Sprachebenen, die für die TranslatorInnen charakteristisch sind und mit denen sie

---
[431] Schulte (2019b) 119.
[432] Cercel (2015), bes. 121–125. Siehe auch Kap. II 2.4.1.

2 Religionspädagogische und -didaktische Realisierung des Translationsprozesses

sich die Translationsgegenstände vor dem Transferieren erschlossen haben.[433] Somit können Rückschlüsse auf die Ausprägung der Sprache der christlichen Traditionen und der Sprache für Religiöses bei den TranslatorInnen unternommen werden, so wie sie im Translat zum Ausdruck kommen.[434]

Die Metareflexion dient dazu, die zwei folgenden Aspekte aufzugreifen. Erstens wird reflektiert, ob das angefertigte Translat als gelungen eingestuft werden kann; als diesbezügliche Kriterien werden die Beziehung, die „fidélité créatrice" und die Horizontverschmelzung genannt (Kap. II 1.2.1.1–1.2.1.3). Zweitens wird überprüft, inwieweit durch das Translat „tiefere Schichten"[435] des Translationsgegenstands freigelegt und so neue Sichtweisen ermöglicht werden. Letztgenannter Aspekt wird auch von Paul Kußmaul als ein Teil des kreativen Übersetzens angesehen, der einer eigenen Thematisierung bedarf, denn das Verstehen des Translationsgegenstands „sub specie translationis ist [...] problematisiertes und bewusstes Verstehen",[436] so dass TranslatorInnen diesen „mit den Augen der zielkulturellen Rezipientenschaft [lesen]".[437]

Um diese beiden Aspekte in die Metareflexion einfließen lassen zu können, kann den SuSn eine Art *Fragekatalog* bereitgestellt werden, der auch Impulse für die Vorbereitung auf die Translation freisetzt, da die Beurteilung des Translats vor dem Hintergrund der Veränderungen gegenüber dem Translationsgegenstand erfolgt. Die nachfolgenden Fragen nehmen Bezug auf die in Kap. II 1.6.3 aufgestellten Kriterien für gelungene Translate, die auf einer pragmatischen und theologisch-translationswissenschaftlichen Ebene liegen:

Pragmatische Ebene

1. Unterbrechung: „Worin besteht die Unterbrechung (was wurde warum nicht verstanden)?"
2. Ziel: „In welche Sprachebene soll das Themenwort transferiert werden und warum?"
3. Management: „Für welche Translationsstrategie habt ihr euch entschieden und warum?"

Diese Fragen, die auch als eine Rekapitulation der Strategie zu lesen sind, greifen insbesondere den Aspekt der „fidélité créatrice" auf, indem nach der Benennung der Unterbrechung und der anvisierten Zielsprache die gewählte Translationsstrategie begründet werden muss. Dadurch setzen sich die SuS

---

[433] Ebd. 132f., Stolze (2018) 94–96.
[434] Danilovich (2018) passim, Danilovich (2017b) 15. Ähnlich Linkenbach (2015) passim, Štimac (2015) passim.
[435] Gil (2015) 152.
[436] Kußmaul (1996) 231.
[437] Agnetta (2019) 306.

mit der Problematik auseinander, die Veränderungen als eine Notwendigkeit der Verständlichkeit für die AdressatInnen zu erachten, so dass die Veränderungen nicht als Mittel zum Zweck werden, die Präsenz der TranslatorInnen im Translat zu dominant wird und dadurch die zutage geförderten tieferen Schichten des Translationsgegenstands hinter die allzu große Dominanz der TranslatorInnen im Translat zurücktreten. Darin besteht eine Schnittmenge zur folgenden Kontrollfrage, die sich noch konkreter auf den Aspekt der Beziehung richtet:

4. Kontrollfrage: „Erläutert, ob ihr eurer Meinung nach die Beziehung zum Themenwort aufrechterhalten konntet."

Die SuS reflektieren kritisch, inwieweit die Veränderungen einerseits zum Abbau von sprachlichen Barrieren zum Translationsgegenstand beigetragen haben und ob in diesem Zusammenhang das wechselseitige Verhältnis aufrechterhalten werden konnte; dies bedeutet, dass die SuS eruieren, inwieweit im Translat – trotz der Veränderungen und der diesbezüglichen neuen Informationen über den Translationsgegenstand – für sie immer noch Vernetzungen und Kookkurrenzen zu anderen Sprachebenen vorhanden sind, wie sie zuvor durch den sprachlichen Beziehungsaufbau ins sprachliche Bewusstsein gerückt worden sind. Auf der Bildebene einer zwischenmenschlichen Beziehung geht es darum zu fragen, ob das Translat mit den gleichen durch den deduktiven und induktiven Beziehungsaufbau aufgerufenen Kookkurrenzen verstanden werden kann oder ob es sich von diesen entfremdet hat.

5. Theoretische Evaluation: „Stellt begründete Vermutungen an, ob die AdressatInnen das Translat verstanden haben."
6. Selbstreflexion: „Erläutert, was ihr Neues über das Themenwort erfahren habt, bzw. inwieweit ihr durch das Translat dem Themenwort näher gekommen seid."

Diese Impulse zielen auf die Suche nach Verbindungen, welche im Translat zwischen den eigenen Sprachebenen der TranslatorInnen und denen der Zielsprache (idealiter) zum Vorschein kommen. Die SuS prüfen, inwieweit es Gemeinsamkeiten sowie Unterschiede bei ihren Erfahrungen gibt, welche sie mit dem Translationsgegenstand gemacht haben, und den Assoziationen, welche durch das Translat aufgerufen werden. Dabei hält Impuls Nr. 5 zu einem sprachlichen Perspektivenwechsel und damit zur Einnahme einer Außenperspektive auf die eigene Sprachebene an; dies stellt eine Vorraussetzung für den darauf folgenden Impuls Nr. 6 dar, um den sprachlichen und inhaltlichen Zugewinn zu eruieren, so dass die Verbindung zwischen Sprachlichkeit und Fachlichkeit deutlich werden kann.

Theologisch-translationswissenschaftliche Ebene

7. Äußere Sachkontrolle: „Inwieweit ist das Themenwort im Translat für [Angabe der Sprachebene] noch erkennbar?"
8. Innere Sachkontrolle: „Worin bestand die ‚Bewährungsprobe' für die Treue zum Themenwort und wie konnte sie gehalten werden?"

Die theologisch-translationswissenschaftlichen Kriterien werden teilweise in der oben evaluierten Pragmatik aufgegriffen und an dieser Stelle pointiert zusammengeführt, indem zunächst nach der Überprüfung der sprachlichen Beziehung in Impuls Nr. 4 konkret nach dem Vorhandensein des Translationsgegenstands im Translat gefragt wird. In Abhängigkeit von der festgelegten Ausgangs- und Zielsprache nehmen die SuS die Perspektive bspw. von TheologInnen ein und bilden bei der Beantwortung v. a. die Sprache der religiösen Traditionen aus. In diesem Zusammenhang reflektieren die SuS mögliche Translationsgrenzen und den Umgang mit ihnen.

2.5.2 Fremde Translate

Bei einem Vergleich von Translaten lässt sich differenzieren: Erstens können einzelne Verse aus der *Luther-* oder *Einheitsübersetzung* mit alternativen Übersetzungsprodukten/*Übersetzungsprodukten* wie der *Volxbibel*, der *Basisbibel* o. a. verglichen werden; ein derartiges Aufgabenformat ist in Unterrichtswerken gängig,[438] wodurch deutlich wird, dass Übersetzungsprodukte/*Übersetzungsprodukte* von biblischen Texten unterschiedliche Übersetzungsprozesse/*Übersetzungsprozesse* durchlaufen haben können, in die Deutungen der ÜbersetzerInnen/*ÜbersetzerInnen* Eingang gefunden haben. Zweitens kann es sich um einen intersemiotischen und drittens um einen interlingualen Vergleich handeln, dessen Grundlage auch Translate bilden können, die von aus anderen Lerngruppen stammenden SuSn angefertigt wurden, was in der praktischen Umsetzung der Fall ist (Kap. III 5.2). Durch derartige Vergleiche werden die SuS auf die hermeneutische Wechselwirkung von Translationsgegenstand und den TranslatorInnen aufmerksam gemacht, die sich in den Translaten niederschlägt und erfasst werden kann. Auch hierfür bieten sich bestimmte Leitfragen an, bspw:

- „Welche Translationsstrategie(n) ist/sind erkennbar?"
- „Welche neuen Einsichten eröffnen sich für euch auf das Themenwort?"
- „Welche (weiteren) Kontexte sind erkennbar?"

---

[438] Bspw. Hahn/Schulte (2015a, Hg.) 67, Heidemann/Hofmann/Hoffmeister u. a. (2015, Hg.) 65, Rupp/Dieterich (2014, Hg.) 156, Tomberg (2011, Hg.) 30.

- „Für wen könnte das Translat verständlicher sein und warum? Beziehst in eure Antwort auch etwaige Veränderungen der Darstellungsform mit ein."
- „Welche Rückschlüsse lässt das Translat auf die TranslatorInnen zu?"
- „Ist das Translat als angemessen zu beurteilen?"

Mit derartigen Fragen kann ein reflektierter Vergleich zwischen dem Translationsgegenstand und dem Translat ermöglicht werden, so dass – als ein Aspekt der Interrelation von Sprach- und Translationssensibilisierung (Kap. II 1.1.4) – die Übergänge zwischen den Sprachwelten der SuS zu anderen Sprachebenen und zu der Fachsprache des Religionsunterrichts unterstützt werden.

Hierzu ein Beispiel: Als Kopiervorlage wird im Lehrerkommentar des Unterrichtswerks *reli plus 3* ein Vergleich von Jeremias Berufung (Jer 1,4–9) zwischen der *Lutherbibel* und der *Volxbibel* dargeboten. Die Arbeitsaufträge zu dem Vergleich lauten: „1. Notiere die unterschiedlichen Gottesbezeichnungen der beiden Übersetzungen. 2. Wähle die Gottesbezeichnung aus, die deiner Meinung nach am besten passt. Begründe."[439] Die AutorInnen des Unterrichtswerks bemerken zu dieser Aufgabe, dass dieser „Übersetzungsvergleich [...] eine vertiefende Auseinandersetzung mit der Situation des Jeremia und seiner Perspektive auf Gott [ermöglicht]".[440] Exemplarisch soll auf Jer 1,8 eingegangen werden:

Lutherbibel	*Volxbibel*
„Fürchte dich nicht vor ihnen; denn ich bin bei dir und will dich erretten, spricht der Herr."	„Du brauchst keinen Schiss vor den Menschen zu haben! Ich bin immer bei dir, ich pass auf dich auf, ich beschütze dich. Das kommt jetzt von mir, Gott, dem Chef."

Bei einer Bearbeitung der Arbeitsaufträge ohne die obigen sechs Leitfragen in einer achten Jahrgangsstufe lautete ein Ergebnis:

> „1. Bei Luther heißt es ‚Herr' und in der Volxbibel anders, nämlich ‚Gott' und ‚Chef'. 2. Ich finde ‚Chef' besser, weil man den Begriff heute öfters benutzt als ‚Herr', und ‚Herr' klingt so, als ob man ein Sklave wäre, was Jeremia nicht ist."
> (Abschrift: Leni, 14 Jahre, achte Jahrgangsstufe, 08.11.2019)

Dieser und auch andere in Kap. I 1.3.4 vorgestellte Vergleiche beschränken sich auf die Veränderungen von einzelnen Wörtern, problematisieren allerdings weder die möglichen hinter den Veränderungen stehenden *Übersetzungsstrategien* noch die mit der Zielsprache anvisierte Verständlichkeit für

---

[439] Hahn/Schulte (2015b, Hg); KV_04pdf. zu Kap. 1, S. 10f. auf beiliegender CD-Rom. Es liegen auch noch anderen Arbeitsaufträge vor, die sich nicht konkret auf den Vergleich beziehen. Nachfolgede Texte der Bibelausgaben nach ebd.
[440] Ebd. 23.

bestimmte AdressatInnen noch die theologische Angemessenheit. Derselben Lerngruppe wurden die obigen Leitfragen – mit einer leichten Modifikation bzgl. der Darstellungsform und den Rückschlüssen auf die ÜbersetzerInnen/*ÜbersetzerInnen*, da die *Volxbibel* bekannt ist – vorgelegt. Die Antworten einer Schülerin lauteten folgendermaßen:

- „Für wen könnte das Übersetzungsprodukt/*Übersetzungsprodukt* bzw. Translat verständlicher sein und warum?"

    „Das ist für Jugendliche verständlicher, weil man so Wörter wie in der richtigen Bibel irgendwie gar nicht mehr verwendet, um das auszudrücken, was man damit meint. Wahrscheinlich spricht das auch Leute an, die nicht so oft in der Bibel lesen." (Abschrift: Sina, 15 Jahre, achte Jahrgangsstufe, 15.11.2019)

- „Welche Übersetzungsstrategie(n)/*Übersetzungsstrategie(n)* bzw. Translationsstrategie(n) ist/sind erkennbar?"

    „Hier hat man öfters mal was zum Verständnis hinzugefügt: Einmal ‚immer' und dann ‚dem Chef', außerdem ‚das kommt jetzt von mir'." (Abschrift: s. o.)

- „Ist das Übersetzungsprodukt/*Übersetzungsprodukt* bzw. Translat als angemessen zu beurteilen?"

    „Diese Sprache passt irgendwie nicht recht zu den Inhalten der Bibel. Durch das ‚immer' wird deutlicher, dass Gott wirklich immer bei Jeremia ist. Aber alles andere wirkt lächerlich, weil Gott kein Chef und Jeremia nicht sein Angestellter ist. Das größte Problem ist für mich das ‚aufpassen' für ‚erretten', denn ‚erretten' klingt für mich, dass jemand schon richtig im Schlamassel drin steckt und rausgeholt wird, aber ‚aufpassen' meint, dass man im Schlamassel drin steckt und auch drin bleibt, nur dass Gott auf einen aufpasst. Und im Schlamassel steckt Jeremia ja auch drin, weil er gegen seinen Willen zum Propheten berufen wurde, also im Mutterleib schon, und dann ab jetzt viele Probleme bekommen wird." (Abschrift: s. o.)

Bei der Bewertung von eigenen und besonders auch von fremden Übersetzungsprodukten/*Übersetzungsprodukten* bzw. Translaten erweisen sich die jeweils genannten Impulse als hilfreich für eine Sensibilisierung für Operatoren, die unterschiedliche Sprachhandlungen benennen, bspw. „erklären", „beurteilen" etc., worauf in Kap. II 1.1.1.2 hingewiesen wird. Die Religionslehrkraft kann über die genannten Impulse hinaus derartige Operatoren vor dem Hintergrund thematisieren, wie die SuS gezielte Nachfragen zur Auswahl der Translationsstrategien etc. und den hermeneutischen Wechselwirkungen zwischen dem Translat und dem Translationsgegenstand stellen können, um präzise Antworten zu erhalten.

2.6 Baustein VI: Repetitionen und Vertiefungen

Die durch die bisherigen Bausteine erfolgte Sprach- und Translationssensibilisierung lässt sich nach dem Abschluss der Translationen und der Metareflexionen repetieren, vertiefen und auch problematisieren, indem die SuS zu Sprach- und auch Translationshandlungen angehalten werden, bei denen sie, ausgehend von dem Translationsgegenstand, Wörter in ihrem Wortschatz verankern, die einerseits charakteristisch für die Sprache der religiösen Traditionen sind und die andererseits zu ihrer subjektorientierten Sprache für Religiöses zählen. Nachfolgend werden unterschiedliche methodische Impulse für Repetitionen und Vertiefungen, aus denen auch Problematisierungen hervorgehen können, vorgestellt und aufgrund eigener Erfahrungen beurteilt; sie können aus Reizwortgeschichten und Storytelling sowie aus der Adaption von weithin bekannten (Gesellschafts-) Spielen[441] hervorgehen. Bei einigen Methoden bleibt eine Überschneidung des repetierenden und vertiefenden Charakters nicht aus. Exemplarische praktische Umsetzungen erfolgen in Kap. III 6; im Unterschied zum vorangehenden Kapitel werden dabei jeweils am Ende dezidiert „Beurteilungen" aufgeführt.

Reizwortgeschichte
Bei einer Reizwortgeschichte – und auch beim Storytelling – geht es im Kern um die Kreation von Geschichten, welche entweder real, fiktiv oder eine diesbezügliche Kombination darstellen, um die Sprache der religiösen Traditionen und die Sprache für Religiöses einerseits sowie die Translingualität andererseits ausbilden und auch einüben zu können. Beide Methoden werden an dieser Stelle in einem Atemzug genannt, da die didaktische Realisierung innerhalb einer sprach- und translationssensiblen Religionsdidaktik den gleichen Ausgangspunkt hat, nämlich in der Vorgabe von einzelnen Wörtern, welche das sprachliche Gerüst für eine von den SuSn anzufertigende Geschichte bilden. Neben den sprachlichen erhalten die SuS noch weitere Vorgaben bzw. Richtlinien für den inhaltlichen Aufbau. Reizwortgeschichten sind besonders im Deutschunterricht der Unterstufe verortet, um bspw. eine Erlebnis- oder Phantasiegeschichte zu verfassen. Es liegen unterschiedliche Modelle vor, die sich in der Anzahl der Wörter und/oder in den Anleitungen zur

---

[441] Blumhagen (²2016) hat zahlreiche Spielideen für den Religionsunterricht zusammengestellt, welche überwiegend auf allgemein bekannte Gesellschaftsspiele rekurrieren. Diese Materialsammlung bezieht sich zwar auf die Sekundarstufe I, allerdings lassen sich einige Spiele problemlos auch auf die Sekundarstufe II anwenden. Aus dieser Sammlung – und auch darüber hinaus – werden im Folgenden Spiele vorgestellt und auch leicht modifiziert, so dass sie sich als geeignet für Repetitionen und Vertiefungen einer Sprach- und Translationssensibilisierung erweisen: *Ich packe meinen Koffer, Schnelligkeitsquiz, Outburst, Bingo, Ampelquiz, Lösung gesucht, Tabu.* Darüber hinaus: *Activity* bzw. *Scharade.*

Gestaltung der Geschichte unterscheiden. Die Veranschaulichung der Gedanken wird durch den zusätzlichen Impuls erreicht, die möglichen Gefühle ausführlich zu beschreiben.[442] Die Vorgabe der Themenwörter kann entweder durch die Religionslehrkraft erfolgen oder durch die SuS selbst, indem bspw. unterschiedliche Tischgruppen ca. fünf „Reizwörter" zusammenstellen und dann mit den anderen Tischgruppen austauschen. Dabei können auch zusätzlich Wörter aufgenommen werden, die deutungsoffen und familienähnlich sind und viele auch in anderen Sprachebenen verortete Kookkurrenzen aufweisen, bzw. solche, die erfahrungsgemäß zu Unterbrechungen in Kommunikationssituationen führen können (Kap. II 1.3).

Beurteilung: Reizwortgeschichten eignen sich besonders für die Einübung der Sprache der religiösen Traditionen und auch der Sprache für Religiöses, wenn die SuS von eigenen Erfahrungen mit einzelnen Wörtern berichten und gemäß dem von ihnen erdachten Handlungsstrang die als religiös verstandene Sprache in sach- und subjektorientierter Hinsicht aufeinander beziehen. Ein diesbezüglicher Arbeitsauftrag kann bspw. in einer fünften Jahrgangsstufe am Ende der Unterrichtsreihe „Kirche" lauten: „Schreibe eine Geschichte zu den Wörtern ‚Abendmahl', ‚Altar', ‚Gottesdienst', ‚Kanzel', ‚Kirche', ‚Segen', ‚Taufstein'. Gehe dabei auf Gefühle ein, die du bei den Wörtern empfindest." Hier wird als Lernebene besonders die Repetition tangiert; erfahrungsgemäß kann zu einem Wort wie „Kirche", das über eine breite Fächerung an Kookkurrenzen verfügt, die auch in der Sprache der religiösen Traditionen zu verorten sind, anstatt einer konkreten Nennung von Wörtern als Gerüst der Geschichte auch offener formuliert werden, bspw.: „Schreibe eine Geschichte, in der zehn unterschiedliche Wörter enthalten sind, die Gegenstände und Handlungen in einer Kirche beschreiben." Darüber hinaus lässt sich die unterschiedliche Wahl von Wörtern zum Ausdruck eines subjektiven Empfindens insofern problematisieren, als bei einem Vergleich hermeneutische Wechselwirkungen freigesetzt und auf die für die Sprache der religiösen Traditionen charakteristischen Wörter bezogen werden können, wenn SuS bspw. bei dem obigen Arbeitsauftrag sich über Segen äußern als „Mantel aus einem Bibelspruch, der einen sicher umgibt", „Worte, die wie unsichtbare Stützen von Gott sind" etc.

Storytelling
Im Unterschied zu Reizwortgeschichten weist Storytelling eine Dramaturgie auf, welche vor allem durch den mündlichen Vortrag lebt, zu dem auch der Einsatz von Mimik und Gestik zählt, um die Aufmerksamkeit der ZuhörerInnen zu erreichen. Aufgrund deren Heterogenität stellen die SuS von selbst Translationen an, um Wörter zu erklären und zu veranschaulichen, wozu

---

[442] So bspw. in dem Unterrichtswerk *Deutschzeit 5* (Fandel/Oppenländer 2015, Hg.: 35, 57).

dann auch eben Hände, Körper etc. für die Verständlichkeit hinzugezogen werden müssen. Als Methode ist Storytelling im Bereich der Unternehmenskommunikation und des Marketings verortet.[443] Leitend ist dabei der Ansatz, dass Geschichten die Aufmerksamkeit von Zuhörenden wirksamer und nachhaltiger auf eine Materie, resp. ein Produkt, zu lenken vermögen als nüchterne Fakten.[444] Auch Luther erkannte die Wirkung von Geschichten bzw. des Storytellings im Allgemeinen und auch auf „Rechtfertigung" im Speziellen: „Und habts für ein gewiß Zeichen: wenn man vom Artikel der Rechtfertigung predigt, so schläft das Volk und hustet; wenn man aber anfähet Historien und Exempel zu sagen, da reckts beide Ohren auf, ist still und höret fleißig zu."[445]

Die wortwörtliche deutsche Wiedergabe von „Storytelling" mit „Geschichten erzählen" ist zwar korrekt, greift in unserem Zusammenhang aber zu kurz, da es sich bei Storytelling um eine Art Konzept handelt, das in der Menschheitsgeschichte immer wieder auf unterschiedlichen Feldern Anwendung und in diesem Zusammenhang unterschiedliche Ausprägungen gefunden hat.[446] Präziser verstehe ich mit Karolina Frenzel, Michael Müller und Hermann Sottong unter „Storytelling",

> „Geschichten gezielt, bewusst und gekonnt einzusetzen, um wichtige Inhalte besser verständlich zu machen, um das Lernen und Mitdenken der Zuhörer nachhaltig zu unterstützen, um Ideen zu streuen, geistige Beteiligung zu fördern und damit der Kommunikation eine neue Qualität hinzuzufügen".[447]

Die in der zahlreichen Literatur zu Storytelling aufgeführten Schritte sind ähnlich, so dass an dieser Stelle die von Petra Sammer angeführten fünf „Erfolgsbausteine" herangezogen werden:[448] Eine gute Geschichte benötigt einen plausiblen Grund, weshalb sie überhaupt erzählt wird, und einen Protagonisten mit heldenhaften Zügen; sie beginnt idealiter mit einer Konfliktsituation, und der Spannungsbogen führt schließlich zu der Lösung dieses Konflikts, verbunden mit einem Fazit bzw. der „Moral von der Geschichte", so dass durch die Geschichte Emotionen der ZuhörerInnen geweckt werden und sie so zum Weitererzählen anhält.

Storytelling ist religionsdidaktisch auf dem Feld des fiktionalen Erzählens verortet.[449] Es hält zu einem Ausschöpfen aller zur Verfügung stehenden linguistischen und paralinguistischen Mittel an und erweist sich für die Einübung von Translingualität als hilfreich.

---

[443] Sammer (²2017) passim.
[444] Ebd. 6f.
[445] WA TR 2, Nr. 2408b.
[446] Sammer (²2017) 22.
[447] Frenzel/Müller/Sottong (2006) 3.
[448] Sammer (²2017) 49.
[449] Niehl (2016) 6.

Für die didaktische Realisierung kann unterstützend auf die Methode der Reizwortgeschichte zurückgegriffen werden, bei der von der Lehrkraft eine bestimmte Anzahl von Wörtern vorgegeben wird, aus denen die SuS eine Geschichte kreieren. Somit werden sprachliche Anhaltspunkte bzw. Sprachebenen vorgegeben, die für die Story einbezogen werden müssen. Impulse für das sprachliche Gerüst einer Story können bspw. aus dem deduktiven und/oder induktiven Beziehungsaufbau (Kap. II 2.3.1–2.3.2) erwachsen; bei Ersterem lassen sich durch die Kookkurrenzen und die dahinter stehenden Beispielsätze noch konkreter Bezüge zu anderen Themenfeldern und damit auch anderen Sprachebenen aufzeigen. In Abhängigkeit von den Jahrgangsstufen können weiterhin entweder Nomina, Adjektive, Verben oder Sprachebenen als Gerüst bzw. Grundlage der Story vorgegeben werden.

Beurteilung: Durch die Ingebrauchnahme der Wörter und der Sprachebenen erkennen die SuS in einer anschließenden Reflexion die Bedeutungsverschiebungen, welche sie jeweils aus ihrer sprachlichen Erzählperspektive bzw. Sprachwelt heraus erklären, so dass sie sowohl die Sprache der religiösen Traditionen und die Sprache für Religiöses ausbilden als auch Unterschiede zwischen beiden Sprachen wahrnehmen und versprachlichen; dabei bringen sie ihr gesamtes zur Verfügung stehendes linguistisches und paralinguistisches Repertoire zum Einsatz und werden zum „translanguaging" angehalten, wodurch ihre Translingualität gefördert wird (Kap. II 1.1.1.3). Meine Erfahrungen sind hier gemischt: Bei dieser Methode ist es hilfreich, wenn SuS zu Vortragenden werden, die generell keine Hemmungen vor Präsentationen im Plenum haben, und auch die übrigen SuS als ZuschauerInnen eingebunden werden. Dadurch können sie einerseits den Fachwortschatz für die Benennung von Translationsstrategien repetieren, zu denen auch die Differenzierung zwischen der Sprache der religiösen Traditionen und der Sprache für Religiöses gehört, wodurch sie den vortragenden SuSn eine Spiegelung der hermeneutischen Wechselwirkungen ermöglichen, so dass die – oftmals sehr schnell vorgetragene Story – in ihrem Gehalt gewürdigt werden kann. Um eine derartige Problematisierung zu gewährleisten, erweist es sich erfahrungsgemäß als hilfreich, die zuhörende bzw. auch zuschauende Lerngruppe hinsichtlich einer Schwerpunktsetzung der Wahrnehmung einzuteilen, bspw. auf die oben genannten fünf „Erfolgsbausteine", auf die Mimik, die Sprache der religiösen Traditionen, die Sprache für Religiöses; die kritische Reflexion erfolgt über die Zusammenführungen der unterschiedlichen Perspektiven.

Ich packe meinen Koffer[450]
Dieses Spiel lässt sich sowohl im Klassenverband als auch in Kleingruppen spielen und eignet sich besonders zur Einübung von charakteristischen Wör-

---

[450] Blumhagen (²2016) 19.

tern der Sprache der religiösen Traditionen: Ein Schüler beginnt (je nach Unterrichtsreihe) mit der Festlegung des mit Wörtern zu füllenden Themenbereichs, bspw. „In einer evangelischen Kirche (oder: Synagoge etc.) finde ich eine Kanzel."[451] Die nächste Schülerin erweitert die begonnene Aufzählung ihres Vorredners um ein weiteres Wort: „... finde ich eine Kanzel und einen Altar." In diesem Muster setzt sich das Spiel fort.

Beurteilung: Methodisch dient dieses Vorgehen der Einprägung von Zusammenhängen, aber auch der Eröffnung von Assoziationshorizonten bzw. von Kookkurrenzen. Erfahrungsgemäß eignet sich dieses Spiel als Einstieg oder als Repetition am Ende einer Unterrichtsreihe, bei der Wörter dominieren, die sich auf konkrete Gegenstände, Handlungen etc. richten, die für die sachorientierte Sprache der religiösen Traditionen charakteristisch sind.

Schnelligkeitsquiz[452]
Dieses Spiel lässt sich sowohl im Klassenverband als auch in Kleingruppen spielen und ist für die Einübung von konkreten und abstrakten Wörtern geeignet: Die SuS werden in Gruppen eingeteilt und erhalten unter einer bestimmten Zeitvorgabe als Aufgabe das Sammeln einer bestimmten Anzahl von Wörtern zu einem bestimmten Themengebiet, wobei man auch nach Wortarten differenzieren kann. Die Lehrkraft setzt den Beginn und das Ende, bspw. durch ein lautes Klatschen oder das Läuten einer Tischglocke. Die Ergebnisse werden an der Tafel von den jeweiligen Gruppen vorgestellt und erklärt. Im Anschluss vervollständigt der Klassenverband die Liste, sofern noch Wörter fehlen, die hätten bekannt sein müssen, und verbessert oder problematisiert gegebenenfalls von der Gruppe falsch angeführte Wörter. Doreen Blumhagen benennt als Beispiele: „Fünf Einrichtungsgegenstände einer Synagoge", „Zehn Gebote" und „Fünf Heilungsgeschichten Jesu". Die Aufgabenstellung lässt sich gemäß dem Alter der Lerngruppe erweitern und auch auf abstrakte Wörter ausweiten, bspw. „Findet zehn Kookkurrenzen zu ‚Erlösung'." Hier können sowohl Wörter genannt werden, die der Sprache der religiösen Traditionen und der Sprache für Religiöses angehören, als auch solche, die auch auf Nachfrage in ihrer Charakteristik für bestimmte Weltreligionen und in ihren Bedeutungsverschiebungen innerhalb anderer Sprachebenen erklärt werden.

Beurteilung: In Abhängigkeit von der Aufgabenstellung geht es bei diesem Spiel um die Repetition von Wörtern, die für eine Unterrichtsreihe, ein bestimmtes Thema etc. charakteristisch sind; darin besteht ein Berührungspunkt zu *Ich packe meine Koffer*. Es ergeben sich allerdings auch Problematisierungen und Vertiefungen, wenn die SuS zur Nennung von deutungsoffenen

---

[451] Ebd. schlägt weiterhin vor: „Zur Zeit Jesu gab es ...", „In der Bergpredigt heißt es ..."
[452] Ebd. 23.

Wörtern angehalten werden, die sie zum Ausdruck ihrer subjektorientierten Sprache für Religiöses verwenden und die dann auf ihre hermeneutischen Wechselwirkungen hin überprüft werden können. Ein hierzu geeigneter Impuls ist bspw.: „Nenne [Anzahl] Wörter [Nomina, Verben, Adjektive], die du mit [Wort, bspw. ‚Glaube'] verbindest/die deine Gefühle beschreiben, wenn du an [Wort] denkst/aus denen du einen Satz zur Erklärung von [Wort] für jemanden bilden kannst, der dieses Wort noch nie gehört hat."

Outburst[453]
Die Klasse wird in zwei Gruppen eingeteilt. In einem ersten Schritt erarbeiten die einzelnen Gruppen zu bestimmten Themenwörtern deren Kookkurrenzen, die auf einer bestimmten Sprachebene festzulegen sind. Beide Gruppen treten gegeneinander an, indem die eine Gruppe das Themenwort vorgibt, zu dem von den anderen SuSn entsprechende Kookkurrenzen zu nennen sind. Blumhagen nennt als Beispiel „Vision" innerhalb der Thematik des Propheten Amos, so dass hier „Heuschreckenplage", „Feuersbrunst", „Bleilot" und „Obstkorb" zu nennen wären (Am 7f.); hier ist anzumerken, dass diese Wörter per se nicht als charakteristisch für die Sprache der religiösen Traditionen einzustufen sind, wie dies bspw. bei „Prophet" der Fall ist, allerdings zeigt dieses Beispiel, wie Wörter in Abhängigkeit von ihrer Verwendung in einer Sprachebene unterschiedliche Bedeutungen und auch Kookkurrenzen erhalten können.

Beurteilung: Das Spiel eignet sich zur Einübung von charakteristischen Wörtern der Sprache der religiösen Traditionen oder als Repetition am Ende einer Unterrichtsreihe, bei der mehrere Wörter vorherrschend sind, die über mehrere Kookkurrenzen verfügen; bspw. laufen innerhalb der Unterrichtsreihe „Judentum" viele thematische Facetten zusammen, aus denen sich für dieses Spiel geeignete Themenwörter finden lassen („Speisevorschriften", „Sch'ma Jisrael" etc.). Bei dem Beispiel ist als Sprachebene die Sprache der jüdischen Traditionen festgelegt; als Sprachebene kann auch die subjektorientierte Sprache für Religiöses oder eine andere bestimmt werden und als Themenwörter dementsprechend deutungsoffene Wörter zum Einsatz kommen, so dass auch Problematisierungen möglich sind. Hier bietet sich die Festlegung eines Themenworts und zweier unterschiedlicher Sprachebenen an, denen die beiden Gruppen zugewiesen werden, bspw. erarbeitet die eine Gruppe Kookkurrenzen zu „Sünde" auf der Sprachebene der christlichen Traditionen und die andere Gruppe tut dies mit dem sprachlichen Zugriff auf das Wort aus der Sprachebene der Justiz. Im Anschluss eröffnen sich Problematisierungen durch die Herausstellung der Bedeutungsverschiebungen von Wörtern, die von beiden Gruppen genannt werden, bspw. „Strafe", „Schuld",

---
[453] Ebd. 27.

„verzeihen" etc. Während die erstgenannte Variante in allen Jahrgangsstufen eingesetzt werden kann, ist die zweite Variante erst ab der oberen Mittelstufe zu empfehlen.

Bingo[454]

Für ein bestimmtes Thema werden charakteristische Wörter gesammelt, zu denen die SuS Definitionen bzw. Erklärungen anfertigen. Ein Teil der Wörter wird von der Religionslehrkraft in drei mal drei großen Feldern an der Tafel fixiert, welche die SuS in ihre Hefte übernehmen. Danach werden nur die Erklärungen vorgelesen, die den Wörtern zuzuordnen sind; wenn die Erklärung auf eines der Worte zutrifft, wird es markiert. Eine allgemeine Auflösung findet währenddessen nicht statt, da die SuS selbst erkennen müssen, ob die Zuordnung stimmt, sondern erst dann, wenn eine waagerechte, senkrechte oder diagonal angekreuzte Reihe, ein „Bingo", erreicht ist.

Beurteilung: Durch dieses Spiel werden die SuS einerseits für die Sprache der religiösen Traditionen und die Sprache für Religiöses, andererseits auch für die in den heterogenen Sprachebenen der Lerngruppe unternommenen Erklärungen bzw. Translate der Wörter sensibilisiert. In Abhängigkeit von der Wahl des „Bingos" ist das Spiel hilfreich für die Repetition des innerhalb einer Unterrichtsreihe erlernten Fachwortschatzes und auch für den Einstieg in eine Unterrichtsreihe, bspw. „Kirche", indem SuS einzelne Handlungen und Gegenstände gemäß ihren eigenen Wahrnehmungen beschreiben, ohne auf im Unterricht vermittelte Erklärungen zurückgreifen zu können. Problematisierungen können erfahrungsgemäß bei Wörtern eingetragen werden, zu deren Definition die SuS auch auf ihre subjektorientierte Sprache für Religiöses zurückgreifen müssen, also bei Wörtern, die deutungsoffen sind und einen mehrperspektivischen Zugriff, der aus persönlichen Erfahrungen oder existenzieller Betroffenheit gespeist ist, zulassen, bspw. „Konfirmation", „Auferstehung"; im Unterschied zu der Nennung von bspw. Gegenständen können die Definitionen als Translate verglichen und daraufhin besprochen werden, inwieweit der unterschiedliche sprachliche Zugriff zu einer sprachlichen Erschließung des Themenworts beitragen kann oder nicht.

Ampelquiz[455]

In dem von Blumhagen genannten Beispiel werden von der Lehrkraft mehrere offene Fragen zu einem bestimmten Thema vorbereitet und in einen Briefumschlag gesteckt; reihum wählen die SuS einen Umschlag aus und versuchen eine Antwort auf die Frage zu formulieren. Die Lehrkraft oder auch die anderen im Kreis sitzenden SuS zeigen abwechselnd durch „Ampelkarten"

---

[454] Ebd. 20.
[455] Ebd. 17.

an, wie die Argumentationsmuster der Antwort zu verlaufen haben; also bedeutet eine rote Karte eine Verneinung, eine grüne eine Bejahung und eine gelbe Karte verweist auf eine abwägende Antwort im Sinne von Pro und Contra. Als Modifikation werden von der Lehrkraft Wörter ausgewählt, die die Kriterien der Eignung eines Gegenstandes des Transkreierens erfüllen (Kap. II 1.3). In Abhängigkeit von der gewählten Farbe erklären die SuS das Wort aus der Perspektive einer bestimmten Sprachebene.

Beurteilung: Das Spiel eignet sich für eine Sensibilisierung für die Bedeutungsverschiebungen von familienähnlichen Wörtern, die also in Abhängigkeit von ihrer Verwendung in unterschiedlichen Sprachebenen eine andere Bedeutung und demzufolge unterschiedliche Kookkurrenzen aufweisen. Im Hinblick auf die obige erste Variante des Pro-und-contra-Argumentierens eignen sich Fragen, die Wörter bzw. Themen tangieren, in denen mehrere Sprachebenen zusammenlaufen, bspw. „Sollte im Stadtteil x eine Moschee errichtet werden?"[456] Hier argumentieren dann die SuS aus der Perspektive von Kommunalpolitikern, Kirchenvertreterinnen etc.; bei einer derartigen Argumentation hinsichtlich Pro und Contra geht es weniger um Translationen, sondern das Ziel besteht darin, die SuS zu Sprachhandlungen anzuhalten, die aus unterschiedlichen Sprachebenen heraus erfolgen. Um diese bei einer Argumentation auftretenden unterschiedlichen sprachlichen Perspektiven herausstellen, ihre spezifischen Argumentationsmuster und charakteristischen Wörter voneinander abzugrenzen und im Hinblick auf etwaige Bedeutungsverschiebungen aufeinander beziehen zu können, ist eine Reflexion im Anschluss unerlässlich, in der erfahrungsgemäß der unterrichtliche Schwerpunkt besteht. In der Modifikation, die in oberen Jahrgangsstufen am besten umgesetzt werden kann, ergeben sich im Anschluss an das Spiel Problematisierungen im Hinblick auf mögliche hermeneutische Wechselwirkungen aufgrund der unterschiedlichen sprachlichen Zugriffe, ähnlich wie bei *Outburst* und dem dort genannten Beispiel „Sünde". Hier werden Bedeutungsverschiebungen von einzelnen Wörtern offenkundig und auch Translationen ergeben sich dadurch, wenn ein Wort mit dem Zugriff auf unterschiedliche Sprachebenen erklärt werden muss.

Lösung gesucht[457]
In der Variante von Blumhagen überlegen die SuS, in welcher Situation sie einmal vor einer schwierigen Entscheidung gestanden haben. Danach wird der Klassenverband in Gruppen aufgeteilt. Die SuS würfeln reihum so oft, bis jemand eine Sechs gewürfelt hat. Dieser Schüler muss in der Gruppe von ei-

---

[456] Ein ähnlicher Arbeitsauftrag ist im Unterrichtswerk *Religion vernetzt 11* vorhanden: Mendl/Schiefer Ferrari (^{3}2009, Hg.) 19.
[457] Blumhagen (^{2}2016) 18.

ner Entscheidungssituation berichten. Danach wird weitergewürfelt, bis die Eins erreicht ist; diese Schülerin muss dann eine diesbezügliche Entscheidung nach ihrem Ermessen fällen. In Abhängigkeit von der Anzahl der von dem nächsten Schüler gewürfelten Augen muss dieser dann (sinnvolle) Begründungen für die vorherige Entscheidung nennen. Als Modifikation überlegen die SuS in Einzelarbeit, in welcher Situation bei Wörtern für sie eine Unterbrechung aufgetreten ist; im Anschluss an das obige Schema berichtet ein Schüler nach einer gewürfelten Sechs von einer Unterbrechung bzw. einer von ihm erlebten Situation der Sprachlosigkeit, und eine Schülerin muss nach dem Würfeln einer Eins diese Unterbrechung managen und somit als Translatorin tätig werden. Hier ließe sich variieren, indem diese Schülerin die Unterbrechung nur theoretisch managt, also eine Translationsstrategie benennt, und der darauffolgende Schüler diese dann praktisch ausführt.

Beurteilung: Das Spiel vertieft die einer sprach- und translationssensiblen Religionsdidaktik zugrunde liegende Selbstständigkeit der SuS als TranslatorInnen bei dem Management von Unterbrechungen und eignet sich für den unterrichtlichen Einsatz hinsichtlich der oben genannten Entscheidungssituationen erfahrungsgemäß besonders ab der oberen Mittelstufe, wenn die SuS über einen so umfangreichen Wortschatz im Hinblick auf die Sprache der religiösen Traditionen und auf die deutsche Sprache verfügen, dass sie die Wahl ihrer theoretischen Translationsentscheidungen auf das Themenwort beziehen und theologisch-translationswissenschaftlich begründen können. Hierzu ein Beispiel aus meinem Unterricht in der elften Jahrgangsstufe: Die Entscheidungssituation war in die (damals aktuelle) Frage eingebettet, ob das Saarbrücker Naherholungsgebiet „Franzenbrunnen" einem 350 Wohneinheiten umfassenden Bebauungsplan weichen soll; bei der Begründung wurde u. a. auf den Schöpfungsauftrag des Menschen (Gen 1,28) zurückgegriffen, der von Menschen, die nicht versiert in der Sprache der religiösen Traditionen sind, als eine verantwortungslose (?) ‚Herrschaft' über die Erde verstanden werden kann. Besonders die obige Modifikation des Spiels ist auch in unteren Jahrgangsstufen einsetzbar, indem SuS den Fokus auf Wörter der christlichen Traditionen richten und Strategien gemäß dem obigen Schema entwickeln, um derartige Wörter einem Menschen zu erklären, der dieses Wort noch nie gehört hat. So werden die SuS zum Sprechen in der Sprache der christlichen Traditionen und in ihrer Sprache für Religiöses angehalten. Erfahrungsgemäß wählen SuS in unteren Jahrgangsstufen neben Gegenständen, die sie bspw. in Kirchen gesehen haben, gerne abstrakte Wörter und oft auch „Gott"; diese Wörter können im Anschluss von der Religionslehrkraft aufgegriffen werden, um Problematisierungen einzuleiten. Ansonsten wird bei diesem Spiel die Problematisierung von geeigneten Strategien für eine theologisch-translationswissenschaftliche Angemessenheit sowohl von den SuSn selbst aufgeworfen als auch im Zusammenspiel mit möglichen Lösungsvorschlägen erörtert.

Tabu[458]
Zur Vorbereitung wird die Klasse in mindestens zwei Gruppen aufgeteilt. In jeder Gruppe erarbeiten die SuS „Tabu-Karten", indem sie sich zu dem „Tabu-Wort" vier Wörter überlegen, die beim Erklären des Wortes nicht fallen dürfen; demzufolge handelt es sich hierbei um für das „Tabu-Wort" sehr charakteristische Kookkurrenzen. In diesem Arbeitsschritt setzen sich die SuS mit dem Wort auf der Ebene der Sprache der religiösen Traditionen auseinander. Im Anschluss tauschen dann die Gruppen ihre Karten, und das Spiel beginnt, indem nun das „Tabu-Wort" ohne die auf der Karte angeführten typischen Kookkurrenzen erklärt werden muss. Demzufolge greifen die SuS auf Umschreibungen bzw. auf Erklärungen zurück, die in anderen Sprachebenen liegen können, bilden so ihren aktiven, passiven und rezeptiven Wortschatz aus und fungieren als TranslatorInnen. Blumhagen führt als Variante *Tabu rückwärts* an: Hier werden zuerst typische Kookkurrenzen genannt, auf deren Grundlage die SuS das gesuchte „Tabu-Wort" erraten.

Beurteilung: Das Spiel hält zur Repetition, bspw. am Ende einer Unterrichtsreihe, für charakteristische Wörter der Sprache der religiösen Traditionen an; es ermöglicht auch die Konzentration auf die Sprache für Religiöses, indem Wörter wie „Glaube" gewählt werden und die ZuhörerInnen sich auf diese Sprache einlassen, für sich Unterschiede und intersubjektive Gemeinsamkeiten für das Verständnis der jeweiligen Wörter entdecken.

Activity bzw. *Scharade*
Diese sich ähnelnden Spiele stellen eine Erweiterung von *Tabu* dar, indem das gesamte zur Verfügung stehende linguistische und paralinguistische Potenzial zur Erklärung von Wörtern eingebracht werden darf. Hier kann variiert werden, ob in Anlehnung an *Tabu* auf der Spielkarte Wörter oder auch Zeichnungen und Gesten tabuisiert werden. Bei diesem Spiel üben die SuS, wie sie ihr ganzes zur Verfügung stehendes linguistisches und paralinguistisches Potenzial zum Management von Unterbrechungen einsetzen können.

Beurteilung: Wie bei *Tabu* hält dieses Spiel zur Repetition an, bindet aber noch mehr die Zuhörer bzw. die Zuschauerinnen ein hinsichtlich des paralinguistischen Ausdruckspotenzials der Vortragenden. Hier eröffnet sich erfahrungsgemäß Spielraum für Problematisierungen, die von den SuS oft selbst aufgeworfen werden, bspw. „Wie hätte ich denn durch deine Verbeugung erkennen sollen, dass du ‚beten' meinst?!" Ausgehend von diesem Einwand kam es in meinem Unterricht in einer achten Jahrgangsstufe zu einer Diskussion, wie Gebetshaltungen innere Haltungen ausdrücken, welchen Einfluss sie auf das Gebet nehmen etc.

---

[458] Ebd. 19.

2.7 Baustein VII: Bewährungsprobe in externen Translationsräumen

Das Aufsuchen von externen Translationsräumen versteht sich als Ergänzung einer Translation, die im artifiziellen Lernraum der Schule begonnen hat und nun außerhalb davon fortgesetzt und vertieft wird und somit eine Art Bewährungsprobe in einem Raum darstellt, der sich anders konstituiert als das Klassenzimmer und die SuS auch mit anderen Sprachebenen konfrontieren kann; dies soll aber nicht heißen, dass die in Kap. II 1.1.1.2 herausgearbeiteten Sprachen des Religionsunterrichts, bspw. dessen spezifische Fachsprache, mit dem Verlassen des Schulgebäudes verschwinden, sondern dass weitere Sprachebenen hinzukommen und mit den Sprachen des Religionsunterrichts in Berührung kommen.

Die Erschließung eines Translationsraumes erfolgt durch den didaktischen Doppelschritt Wahrnehmen und Managen; er wird anhand der gemäß Kap. II 1.7.2 vorgestellten zweiten Variante exemplifiziert, die von einem offenen Raum bspw. Erinnerungsraum ausgeht.

Im ersten Schritt geht es um eine sprachliche Wahrnehmung der eigenen Sprachwelt innerhalb des Translationsraumes. Hierzu beschreiben die SuS einerseits die konkreten Gegenstände, die sie in diesem Raum wahrnehmen, und tauschen sich untereinander aus, wo sie diese sonst noch wahrgenommen und welche Erfahrungen sie damit gemacht haben. In diesem ersten Schritt findet also eine Art Kontaktaufnahme mit dem Raum und mit den für ihn charakteristischen Wörtern statt, die die SuS mitsamt den Entsprechungen in ihren Sprachwelten wahrnehmen. In diesem Zusammenhang eruieren die SuS, welche Themen in welchen Sprachebenen hier aufeinandertreffen, wo es an Schnittstellen aufgrund von Verständnisschwierigkeiten zu Unterbrechungen im Kommunikationsfluss kommen kann. Diesbezügliche, von der Religionslehrkraft bereitgestellte Impulse könnten lauten:

- „Wer [Angabe der Sprachebene] könnte hier zusammenkommen und wer [Angabe der Sprachebene] nicht? Begründe."
- „Welche Missverständnisse/Konflikte zwischen [Angabe der Sprachebenen] könnten hier an welchen sprachlichen Schnittstellen entstehen?"

Im zweiten Schritt, dem Managen, nehmen sie die zuvor angesprochenen Sprachebenen vor dem Hintergrund der entsprechenden Themen bzw. möglicher Missverständnisse ein und werden so als TranslatorInnen tätig; dabei müssen sie ihre Argumente in andere Sprachebenen transferieren, um einen möglichen Konflikt zu managen. Ein diesbezüglicher Impuls könnte lauten: „Wie könnt ihr diese Missverständnisse/Konflikte zwischen [Angabe der Sprachebenen] durch Translationen lösen?" Der Unterschied zum artifiziellen

2 Religionspädagogische und -didaktische Realisierung des Translationsprozesses

Lernraum Schule besteht beim Aufsuchen eines außerschulischen Translationsraums darin, dass der Aufbau der Beziehung zu dem Translationsgegenstand authentischer und anschaulicher verläuft, da die SuS durch visuelle oder taktil-haptische Reize mit Gegenständen und Eindrücken konfrontiert werden, die als zielgerichtete Impulse für die Vernetzung eines zu transferierenden Wortes dienen.

Eine abschließende reflektierende Gesamtbetrachtung auf den Translationsraum und auf seine sprachliche Erschließung kann bspw. durch folgenden Impuls eingeleitet werden: „Inwieweit verändert sich eure eigene Sichtweise auf den Translationsraum, wenn er aus der Perspektive von [Angabe der Sprachebene] wahrgenommen wird?" Die SuS rufen so die hermeneutische Wechselwirkung zwischen den in dem Translationsraum aufeinandertreffenden Sprachebenen auf und eröffnen sich selbstständig neue erhellende Zugangsmöglichkeiten zu Wörtern und Argumentationsmustern, aus denen heraus sich ein Translationsraum konstituiert. Ein noch ausführliches praktisches Beispiel hinsichtlich einer neuen Sichtweise auf einen Translationsraum durch eine sprachliche Erschließung wird in Kap. III 7 gegeben.

Teil III: Praktische Umsetzung

Für einen breit angelegten Einblick in das von einer sprach- und translationssensiblen Religionsdidaktik bestimmte Unterrichtsgeschehen wird im Folgenden die praktische Umsetzung aller Bausteine in meinem eigenen (Evangelischen) Religionsunterricht am Gymnasium am Schloss in Saarbrücken während der Schuljahre 2019/2020 und 2020/2021 dargestellt: Sie erfolgte in einer Lerngruppe der achten Jahrgangsstufe (18 SuS) und der elften Jahrgangsstufe (15 SuS) (Kap. III 1–7);[1] Letztere ist mit dem Verfahren schon vertraut. Den curricularen Bezug bilden jeweils die reformatorischen Prinzipien („solus Christus", „sola scriptura", „sola gratia" und „sola fide"),[2] die Wörter „Rechtfertigung"/„sich rechtfertigen" bilden jeweils die Themenwörter bzw. die Translationsgegenstände. Eine religionspädagogische und -didaktische Auswertung erfolgt im Anschluss (Kap. III 8).

1   Baustein I: Einführung

In der achten Jahrgangsstufe wurde bislang in keinem Unterrichtsfach eine Sprachbiographie erstellt. Exemplarisch soll die Sprachbiographie von Jonathan herausgegriffen werden (Abschrift: 14 Jahre, achte Jahrgangssstufe, 24.09.2020, nachfolgend paraphrasiert): Nach seinen eigenen Angaben kam er bis zu seinem 13. Lebensjahr mit drei Nationalsprachen (Deutsch, Französich, Englisch) und drei anderen Sprachen (Sprache der Musik, Sprache der Medizin, klassenspezifische Geheimsprache) in Berührung. Jonathan ist sehr versiert in der Sprache der Musik, und demzufolge wählt er sie, um gemäß der dritten Frage der Sprachbiographie ein Wort, das seiner Meinung nach für die Sprache der christlichen Traditionen charakteristisch ist (hier: „Theodizeefrage"), jemandem verständlich zu machen, der diese Sprache nicht besonders gut oder gar nicht spricht.[3] Dabei bringt er die Höhe und die Tiefe

---

[1] Die Kapitel III 1–7 sind analog zu Kap. 2.1–2.7 angelegt.
[2] Zur achten Jahrgangsstufe: Ministerium für Bildung und Kultur des Saarlandes (2017, Hg.) 40. Zur elften Jahrgangsstufe: Ministerium für Bildung und Kultur des Saarlandes (2019, Hg.) 9. Der diesbezügliche Bezug zum *Kerncurriculum für das Fach Evangelische Religionslehre in der gymnasialen Oberstufe* liegt in dem thematischen Schwerpunkt „Der Mensch als Sünder und Gerechtfertigter – Gnade vor Recht?" (Kirchenamt der EKD 2010, Hg.: 30).
[3] Diese Frage ist (Auflistung aller Fragen in Kap. II 2.1) wegbereitend für die weiteren, in den einzelnen Bausteinen auszuführenden Sprach- und Translationshandlungen; hierzu wählen die SuS ein Wort, das sie ihrer Ansicht nach für eine Erklärung ausreichend kennen und das sich von dem Themenwort unterscheiden kann.

von Tönen mit Leid und „guten Dingen" in Verbindung, vergleicht das musikalische Stück als Ganzes mit dem Leben eines Menschen.

Mit der Lerngruppe des Grundkurses der elften Jahrgangsstufe wurde zusammen mit mir im vorangehenden Schuljahr eine Sprachbiographie erstellt. Exemplarisch wird die Sprachbiographie von Sarah herausgegriffen (Abschrift: 16 Jahre, elfte Jahrgangsstufe, 22.09.2020, nachfolgend paraphrasiert); da sie schon einmal in meinem Unterricht alle Bausteine durchlaufen hat, sind ihr die vier im Religionsunterricht aufeinandertreffenden Sprachebenen namentlich bekannt. Sarah ist mit insgesamt vier Nationalsprachen (Deutsch, Französisch, Englisch, Spanisch) und vier anderen Sprachen (Saarbrücker Dialekt, Sprache der christlichen Traditionen, Sprache für Religiöses, Sprache der Floristik) in Berührung gekommen. Mit Fachwörtern aus der Floristik und dort zu verortenden Handlungen erklärt Sarah gemäß der dritten Frage der Sprachbiographie „Toleranz" als ein für sie charakteristisches Wort der Sprache der christlichen Traditionen mit der Sprache der Floristik („Blumenbouquet", „Dekodraht", „flechten" etc.), indem sie ihren Schwerpunkt auf die Verschiedenheit von Menschen legt, zu deren Entfaltung Toleranz beiträgt.

2   Baustein II: Aufgreifen von Themenwörtern

„Rechtfertigung"/„sich rechtfertigen" sind folgendermaßen in die jeweiligen Lehrpläne eingebettet:

In der achten Jahrgangsstufe wird ein Bezug zu der vierten Kompetenzerwartung des thematischen Schwerpunktes „Kirche in Geschichte und Gegenwart" innerhalb von „Lernbereich 6: Die Kirche entdecken" hergestellt: Die SuS „stellen den Verlauf und das Anliegen der Reformation dar".[4] Diesem Schwerpunkt werden als „Basisbegriffe" zugrunde gelegt: „reformatorische Prinzipien", „solus Christus", „sola gratia", „sola fide", „sola scriptura".[5]

In der elften Jahrgangsstufe richtet sich der Fokus auf die „reformatorischen Prinzipien (die vier ‚Solas')", welche dem verbindlichen Inhalt „Zwischen Erneuerung und Konfessionalisierung: Kirche in der Reformation" innerhalb der das Kurshalbjahr 11/2 umgreifenden Thematik „Kirche und Welt" zugeordnet sind.[6] An gleicher Stelle wird unter „Vorschläge und Hinweise" auf das Unterrichtswerk *Brennpunkte der Kirchengeschichte* verwiesen.[7] Für die

---

[4]   Ministerium für Bildung und Kultur des Saarlandes (2017, Hg.) 40. Diese „Basisbegriffe" i. S. einer „Mindestanforderung" sollen die SuS „erläutern" können; darüber hinaus verweisen die AutorInnen des Lehrplans auf „weitere, hier nicht genannte Fachbegriffe […], die von der Lehrperson ausgewählt werden" (ebd.: 10).

[5]   Ebd. 41.

[6]   Ministerium für Bildung und Kultur des Saarlandes (2019, Hg.) 10.

[7]   Michalak-Leicht/Sajak (2015, Hg.): Konkret wird auf die Seiten 342–344 verwiesen. Dort findet sich zum einen das von Lucas Cranach d. Ä. angefertigte Bild *Gesetz und Gnade*, zum anderen ein Textauszug von „Luthers Turmerlebnis", in dem der Reformator „kurz vor seinem Tod auf die entscheidende Wende seines Lebens zurück[blickt], die ihn auch zu einem neuen Verständnis des Römerbriefs führte" (343).

Vorbereitung ist eine derartige Angabe hilfreich, da man so einen Überblick über die als verbindlich geltenden, religiös verstandenen Wörter erhält und eruieren kann, bei welchen es Unterbrechungen geben könnte.

In beiden Jahrgangsstufen wurden die Bausteine nach Abschluss der Behandlung der thematischen Schwerpunkte implementiert. In der achten Jahrgangsstufe fiel die Entscheidung durch mich aufgrund meiner Einschätzung, dass die Wörter immer noch Verständnisschwierigkeiten bzw. Unterbrechungen verursachen, in der elften Jahrgangsstufe durch die SuS nach der Beantwortung der in Kap. II 2.2 vorgestellten Checkliste in Einzelarbeit. Die Auswertung ergab, dass 7 von 15 SuSn das Wort „Rechtfertigung" und/oder „sich rechtfertigen" noch nicht ganz verstanden hatten. Die restlichen von den SuSn genannten Wörter waren: „Sünder" und/oder „Sünde" (3 SuS), „Gnade" (2), „Schuld" (2), „Barmherzigkeit" (1). Exemplarisch wird die Checkliste von Anna herangezogen (Abschrift: 16 Jahre, elfte Jahrgangsstufe, 06.10.2020):

„Welches Wort hast du während der Unterrichtsreihe nicht ganz verstanden? Begründe."

> „Ich habe das mit der Sünde noch nicht ganz verstanden; bedeutet das also, dass ich geboren werde und schon eine Sünde begangen habe, nur weil ich einfach nur als Mensch auf die Welt gekommen bin? Ich habe doch noch gar nichts getan, also ich meine, gegen ein Gesetz verstoßen!"

Annas Reaktion ist typisch für Jugendliche dieses Alters: Ihr Verständnisproblem fußt auf einer Unvereinbarkeit der Sprache der christlichen Traditionen mit ihrer eigenen Sprachwelt, in der „Sünde" primär als ein „moralisches Konzept" verstanden wird, auf dessen Grundlage die Schülerin eigene Fehltritte bewertet.[8] In diesem Zusammenhang ist auch ihre Antwort auf den folgenden Impuls der Checkliste zu lesen:

„Von welchen Wörtern willst du was mehr erfahren? Begründe."

> „Ich will mehr von Sünde erfahren, denn ich will wissen, wo ich selbst im Verhältnis zwischen Gott und den Menschen stehe und was das mit Sünde zu tun hat [...]. Was haben also Jesus und Gott damit zu tun, wenn ich mal was mache, das gegen das Gesetz ist?"

Anna bringt mit Sünde eine Ordnungswidrigkeit in Verbindung und fragt sich demzufolge, inwieweit dies „Jesus und Gott" tangiert.[9]

---

[8] Roose (2019) 404: „Auf der Grundlage dieses moralischen Sündenverständnisses sehen Jugendliche sich selbst durchaus als Sünder und Sünderinnen (weil sie dann und wann etwas Verbotenes tun), sie messen dieser Wahrnehmung aber keine existenzielle (und keine theologische) Relevanz bei [...]."

[9] Ebd.: „Die Frage der Gottesbeziehung spielt für sie [i. e. Jugendliche] [...] bei der Frage nach ‚Sünde' kaum eine Rolle."

2 Baustein II: Aufgreifen von Themenwörtern

Darüber hinaus können die SuS zu Sprachhandlungen angehalten werden, indem sie begründen, welches Wort sie als transkreierenswert erachten. Damit setzen sie sich als TranslatorInnen auch mit möglichen Zielsprachen und mit der hermeneutischen Frage auseinander, inwieweit durch das Translat für sie wünschenswerte Einsichten in den Translationsgegenstand freigelegt werden können. Bei der diesbezüglichen Frage soll ebenfalls exemplarisch auf Annas Antwort und Begründung zurückgegriffen werden:

„Welche Wörter, die dir während der Unterrichtsreihe begegnet sind, empfindest du als lohnenswert, um sie zu transkreieren? Begründe."

> „Rechtfertigung ist so ein geeignetes Wort, weil dieses Wort so viel ausdrückt und das alles quasi nur in einem Wort enthalten ist. Deshalb ist es notwendig, etwas Neues aus dem Wort zu machen und dann auch Menschen, vor allem Schülern, die das Wort wohl oft benutzen, wenn sie z. B. zu spät kommen, zu zeigen, dass das Wort eine ganz andere Bedeutung hat, wenn man es im Religionsunterricht benutzt und nicht vor dem Religionsunterricht, um z. B. sein Zuspätkommen zu rechtfertigen."

Anna spricht hier die Deutungsoffenheit bzw. den für sie kaum zu fassenden Bedeutungsüberschuss des Wortes und auch dessen Familienähnlichkeit im Wittgenstein'schen Sinne an, indem sie auf die Verwendung des Wortes in einer anderen Sprachebene und die diesbezügliche Bedeutungsverschiebung hinweist; diese für sie zahlreichen Nuancen sieht sie als ein Problem in dem persönlichen Zugang zu „Rechtfertigung", so dass sie eine Möglichkeit für eine Reduzierung der deutungsoffenen Komplexität des Wortes darin sieht, durch Transkreieren ein neues Translat zu schaffen.

Die in Kap. II 1.3 aufgestellten Kriterien zur Eignung von Wörtern zum Transkreieren treffen folgendermaßen auf „Rechtfertigung"/„sich rechtfertigen" zu: Erstens lassen sie sich in der Typisierung von Wörtern, die eine Unterbrechung in Kommunikationssituationen hervorrufen, Typ IV zuordnen: nach der Durchnahme der Unterrichtsreihe sind die Wörter bekannt und können inhaltlich bspw. in Form einer Definition erklärt werden, aber sie sind von den SuSn inhaltlich nicht (ganz) verstanden worden. Zweitens erfüllen sie das Kriterium der Familienähnlichkeit, da sie in Abhängigkeit von ihrer Verortung in einer Sprachebene eine jeweils andere Bedeutung annehmen. Drittens sind die Wörter deutungsoffen, bzw. sie weisen einen relativ hohen Bedeutungsüberschuss auf. Viertens verfügen die Wörter über viele Kookkurrenzen, welche zudem charakteristisch für unterschiedliche Sprachebenen sind, von denen eine die Sprache der christlichen Traditionen darstellt, wie es ein Blick in das *Digitale Wörterbuch der Deutschen Sprache* (DWDS) offenlegt, worauf im folgenden Kapitel eingegangen wird.

3 Baustein III: Rezeption

3.1 Deduktiver sprachlicher Beziehungsaufbau

Der deduktive sprachliche Beziehungsaufbau erfolgt anhand von DWDS und auch von DiaCollo, der speziellen Ausgestaltung von Wortprofilen in chronologischer Perspektive, die von der Religionslehrkraft dargeboten und anhand von bestimmten Impulsen (Kap. II 2.3.1) mit der Lerngruppe erschlossen werden:

Rechtfertigung

„Eingreifen Entschuldigung Folter Glaube Gnade Handeln Heiligung Intervention Invasion Irak-Krieg Lehre Sünder Terror Tun Vertreibung Vorwand anführen bedürfen dienen ethisch heranziehen herhalten ideologisch missbrauchen moralisch nachträglich sachlich sittlich theologisch vorbringen"

Abb. 7[10]

sich rechtfertigen

„Angriff Annahme Argument Aufwand Behauptung Bewertung Eingriff Einsatz Entlassung Existenz Gewalt Hinweis Intervention Krieg Kündigung Maßnahme Optimismus Preis Sicht Tatsache Tötung Umstand Ungleichbehandlung Verbot Verhalten Vertrauen Vorgehen Vorwurf allein nachträglich"

Abb. 8[11]

---

[10] www.dwds.de/wb/Rechtfertigung (Zugriff: 01.11.2021). Die Größe der Wörter verweist auf die Häufigkeit.
[11] www.dwds.de/wb/rechtfertigen (Zugriff: 01.11. 2021). Die Größe der Wörter verweist auf die Häufigkeit.

3 Baustein III: Rezeption

„Was fällt auf?"/„Worüber wunderst du dich? (Häufigkeit von Wörtern, Kookkurrenzen). Begründe."
Genannt wurden bei „Rechtfertigung" am häufigsten „Irak-Krieg" und „Invasion" und bei „sich rechtfertigen" am häufigsten „Einsatz" und „Sicht". Wirft man mit der Lerngruppe einen Blick auf die durch DiaCollo bereitgestellte Kollokationsanalyse in chronologischer Hinsicht, kann noch deutlicher die zeitliche Bedingtheit von Kookkurrenzen herausgestellt werden; so taucht „Krieg" Mitte der 1990er-Jahre in dem Wortprofil auf, wird größer und verschwindet wieder ab dem Jahr 2005, stattdessen erscheinen bis 2010 wieder andere in dieser Zeit oft verwendete Kookkurrenzen zu „Rechtfertigung", bspw. „Solidarpakt", „Waffenruhe", „Kremlchef".[12] Zur Klärung von unerwarteten Kookkurrenzen bzw. zur Deutung ihrer durch die Schriftgröße markierte Häufigkeit kann zu jedem dieser Wörter ein Beispielsatz aufgerufen werden, bspw. zu „Einsatz":

> „Der Schwede **rechtfertigte** seinen **Einsatz** schon nach gut 20 Minuten mit dem Führungstor. *Die Zeit, 20.09.2013 (online)*."
> „Im Bundestag wurde der **Einsatz** überwiegend als Ausdruck der Bündnissolidarität mit der Türkei **gerechtfertigt**. *Die Zeit, 14.12.2012 (online)*."[13]

Hier kommen dann zwei weitere Sprachspiele zum Vorschein, innerhalb derer „sich rechtfertigen" – mit einer jeweiligen Bedeutungsverschiebung – verwendet werden kann: das Sprachspiel des Fußballsports und das der Verteidigungspolitik. Das Einspielen der Beispielsätze trägt erfahrungsgemäß sehr zur Erhellung von Bedeutungsverschiebungen bei und ruft auf Seiten der SuS meist große Überraschung hervor, da ein bekanntes Wort, auf das durch den Rahmen des Religionsunterrichts der theologische Fokus gerichtet ist, auch in anderen Sprachebenen Verwendung finden kann, die den SuSn bekannt sind, bspw. im Fußballsport.

„Welche Kookkurrenzen hast du erwartet? Begründe."
Genannt wurden bei „Rechtfertigung" am häufigsten „Glaube" und „Gnade" und bei „sich rechtfertigen" am häufigsten „Argument" und „Vorwurf". Gerade wenn, wie bei „Rechtfertigung", Wörter auftreten, die für die Sprache der christlichen Traditionen charakteristisch sind, werden sie von den SuSn auf den obigen Impuls zuerst genannt, so dass diese Sprachebene ausgebildet wird, was durch das Aufrufen von Beispielsätzen vertieft werden kann. Bei „sich rechtfertigen" hingegen bietet das Wortprofil besonders viele Wörter, die augenscheinlich nicht mit der Sprache der christlichen Traditionen in

---

[12] http://kaskade.dwds.de/dstar/zeit/diacollo/?query=Rechtfertigung&_s=submit&date=&slice=10&score=ld&kbest=40&cutoff=&profile=2&format=cloud&groupby=&eps=0 (Zugriff: 01.11.2021).
[13] Ebd. Die Beispielsätze erscheinen, wenn man den Link „Einsatz" anwählt (Hervorh. im Original).

Verbindung gebracht werden, so dass bei einer derartigen Konstellation der Kookkurrenzen die Häufigkeit und auch die unterschiedlichen Sprachebenen thematisiert werden können, welche das Wort tangiert.

Bei „Rechtfertigung"/„sich rechtfertigen" werden Bezüge zu weiteren Wörtern offenkundig, die für die Behandlung der reformatorischen Prinzipien zentral sind – und die auch darüber hinaus von einem Teil der Lerngruppe der elften Jahrgangsstufe genannt wurden: „Sünde"/„Sünder", „Schuld", „Gnade" und „Barmherzigkeit". „Sünder" und „Gnade" sind im Wortprofil von „Rechtfertigung" enthalten; wirft man – auch im Rahmen dieses Bausteins i. S. einer (gruppenarbeitsteiligen) Erweiterung – einen Blick in die Wortprofile der restlichen Wörter, wird die thematische Überschneidung deutlich:

Gnade

„**Barmherzigkeit** Erbarmen **Erlösung** flehen **Geburt** Gott Güte Halt Herrscher Huld Kaiser **Sünde Ungnade** Vergebung Vergessen anflehen ausliefern **betteln** bitten erbitten **flehen** fürstlich **göttlich** heiligmachend herzoglich himmlisch kennen kurfürstlich unverdient **winseln**"

Abb. 9[14]

Barmherzigkeit

„Akt Demut Gebot **Gerechtigkeit Gnade** Gott **Göttin Güte** Jungfrau Liebe Mantel **Menschenliebe Menschlichkeit Mildtätigkeit Mitleid Nachsicht Nächstenliebe** Predigt Treue **Tugend Vergebung** Versöhnung **Wahrhaftigkeit** Weisheit Werke **Wohltätigkeit** christlich grenzenlos **göttlich** predigen"

Abb. 10[15]

---

[14] www.dwds.de/wb/Gnade (Zugriff: 01.11.2021).
[15] www.dwds.de/wb/Barmherzigkeit (Zugriff: 01.11.2021).

3 Baustein III: Rezeption

Schuld

„Abbau Angeklagte Begleichung Höhe Misere Rückzahlung Scheitern Schwere Sühne Tilgung Unschuld abbauen abtragen anhäufen bedienen begleichen bezahlen erlassen finanzieren gering hoch individuell laden persönlich schieben tilgen tragen zurückzahlen zuschieben zuweisen"

Abb. 11[16]

Die Wortprofile geben sprachliche Impulse für die Vorbereitung auf Unterrichtsreihen und die damit verbundene Frage, welche Wörter einerseits von den SuSn eingebracht werden können, da sie eventuell schon innerhalb eines zuvor behandelten Themas behandelt wurden oder aufgrund aktueller Geschehnisse virulent sind, und welche andererseits zum Transkreieren geeignet sind. Sie eignen sich weiterhin für einen Vergleich im Plenum und im Hinblick auf die Repetitionen und Vertiefungen in Form von Reizwortgeschichten und Storytelling sowie in Form von Spielen (Kap. II 2.6, III 6).

3.2 Induktiver sprachlicher Beziehungsaufbau

Exemplarisch soll aufgrund des Umfangs nur der sprachliche Beziehungsaufbau von Sarah (Abschrift: 16 Jahre, elfte Jahrgangssstufe, 27.10.2020) besprochen werden, der das Ergebnis einer in der Lerngruppe stattfindenden gemeinsamen Lösungsfindung abbildet: Die Erstellung der unterschiedlichen Wortnetze (Kap. II 2.3.2) legt offen, dass mit einem Wort, das als charakteristisch für die Sprache der christlichen Traditionen erachtet wird, eine Vielzahl von weiteren Wörtern in Verbindung gebracht werden kann; diese Wörter sind einerseits in unterschiedlichen Sprachebenen verortet und können andererseits Impulse für Translationen und auch für die Einübung von Translingualität liefern.

Hervorzuheben sind bspw. die folgenden Ergebnisse: Als inhaltlich verwandte Wörter zu „Rechtfertigung" werden bei einem semantischen Netz „Liebesbeziehung", „Bejahung", „Bedingungslosigkeit" genannt. Die Gruppe hat hier eine vertiefte theologische Auseinandersetzung durch die Erstellung des Wortnetzes unternommen und die inhaltliche Verwandtschaft auf das Verhältnis zwischen Gott und Menschen konzentriert; die drei Wörter sind

---

[16] www.dwds.de/wb/Schuld (Zugriff: 01.11.2021).

auch in anderen Sprachebenen geläufig, in der Sprache der christlichen Traditionen haben sie jedoch eine spezielle Bedeutung, die von der Gruppe offenbar erkannt wurde. Ähnlich verhält es sich bei der Vernetzung nach bestimmten Kriterien: So leistet das Verhältnis Teil/Ganzes eine Vorarbeit für die Visualisierung und diejenigen Translationsstrategien, bei denen einzelne Szenen akzentuiert werden. In dem Beziehungsaufbau hat die Gruppe bei einem Begriffsnetz „Geschenk" als einen Teil von „Rechtfertigung" angesehen und damit allem Anschein nach den Aspekt bzw. die Szene „sola gratia" vor Augen gehabt. Der Vorteil einer Besprechung im Plenum wird an dem in diesem Wortnetz als nächstem aufgeführten Wortpaar „Sünder" - „Gerechter" deutlich: so wäre es diskussionswürdig, ob bzw. in welcher Sprachebene diese beiden Wörter eine gegensätzliche oder sich ergänzende Beziehung aufweisen – aus dem Beziehungsaufbau allein geht nämlich eine derartige Zuordnung nicht hervor. Der Bezug eines Wortes zu unterschiedlichen Sprachebenen wird auch greifbar durch die Erstellung eines Wortnetzes im Hinblick auf Sachfelder, wenn wie in dem Beispiel „Rechtfertigung" mit einem „Gericht" und einem „Rechtsanwalt" sowie mit „Schuld" und „Sünde" in Verbindung gebracht wird.

Die Suche nach inhaltlich kombinierbaren Wörtern, die sich in einem eigenen Wortnetz nach Wortarten auffächern lassen, sensibilisiert für die Verwendung eines Wortes innerhalb eines zu bildenden Satzes, da das Nomen „Rechtfertigung" Kombinationen mit Verben, Adverbien etc. eingeht und diesbezügliche Bedeutungsverschiebungen erlangen kann, bspw. „wie eine Rechtfertigung klingen", „der Rechtfertigung bedürfen", „sich juristisch/moralisch rechtfertigen". Ähnlich verhält es sich mit dem Impuls, bereits wahrgenommene Situationen etc. aufzuschreiben, innerhalb derer das Wort Verwendung findet, bspw. „Merkel musste sich für den Lockdown rechtfertigen." Die Ausbildung und auch die Sensibilisierung für die Sprache für Religiöses lässt sich forcieren durch affektive Impulse, welche zu Vergleichen anhalten, die das Wort bei den SuSn evoziert, bspw. Farben, Körperhaltungen, Gefühle oder Musik. Entscheidend ist hierbei immer die Begründung, welche SuS für ihren Entschluss angeben, da sie so ihren subjektiven Bezug mitsamt der für sie eigentümlichen Sprachwelt äußern, bspw. wird eine „helle Farbe" damit in Verbindung gebracht, „wenn man Rechtfertigung religiös versteht", oder „auf die Schulter klopfen". Wie oben angemerkt, können auch schon erste Translationsversuche oder auch Translate erkennbar werden, wenn bspw. in einem Assoziationsnetz „Rechtfertigung" an den Song von Nena „Liebe fragt nicht, Liebe ist" erinnern lässt.[17] Bei diesen Beispielen wird deutlich, dass die Gruppe die Perpektive der Sprache der christlichen Traditionen eingenommen und „Rechtfertigung" mit „Liebe (Gottes)" in Verbindung gebracht hat.

---

[17] Auf diesen Song nehmen SuS bei der Erschließung eines Translationsraums Bezug (Kap. III 7).

Diese Perspektive bildet eine wichtige Rolle bei dem Impuls, wie die Themenwörter falsch verstanden werden und eine diesbezügliche Korrektur vorgenommen werden kann; das Sprachspiel der Justiz wird für eine Bedeutungsverschiebung herangezogen, die im Vergleich zu der Sprache der christlichen Traditionen als „falsch" eingestuft wird, denn „Luther geht von einem anderen Verfahren und von einer anderen Rechtsprechung aus" und Gott ist als ein „Vater" anzusehen und nicht, wie es der Bezug auf die Justiz evozieren könnte, „ein strenger Richter, der belohnt und bestraft". Bei einer derartigen Gegenüberstellung müssen die SuS auf ihr Potenzial der ‚richtigen' Sprache zurückgreifen, um beide Sprachebenen voneinander abzugrenzen.

Der Impuls, eine Erklärung für jemanden zu formulieren, der das Wort noch nie gehört hat, zielt auf eine intralinguale Translation, bei der komplexe durch einfache Wörter ersetzt werden und die SuS ihre Sprache für Religiöses ausbilden,[18] bspw.: „Gott stellt keine Bedingung für eine gute Beziehung zu ihm. Zum Glaube gehört, dass ich diese gute Beziehung zu Gott als Geschenk erlebe. Zum Glauben gehört, Tipps von Gott zum richtigen Handeln anzunehmen. *Das nehme ich ernst, weil mir die Beziehung wichtig ist.*" Die Translate eröffnen wiederum Impulse, die von der Religionslehrkraft aufgegriffen werden können; anhand dieses Beispiels könnte problematisiert werden, inwieweit Glaube als ein Geschenk und nicht – wie es von SuSn oft verstanden wird – als eine Bedingung zu begreifen ist.

4 Baustein IV: Produktion

Zu der Produktion zählen das schöpferische Treueversprechen (Kap. III 4.1), die Visualisierung (Kap. III 4.2) und die sich anschließende Wahl der Translationsstrategien (Kap. III 4.3).

4.1 Schöpferisches Treueversprechen

Exemplarisch wird das schöpferische Treueversprechen von Sarah für Translat 11.1 angeführt. Sie formuliert in einem Gespräch mit dem – gemäß dem Arbeitsauftrag (Kap. II 2.4.1) – personalisierten Wort „Rechtfertigung":

> „Du bist mir in meiner bisherigen Schullaufbahn schon oft begegnet, auch im Konfiunterricht. Ich habe dich immer mal wieder wahrgenommen. Ich habe dich auswendig gelernt, dank dir habe ich mal in einem Test eine eins bekommen. Richtig verstanden habe ich dich aber nie. Du hast immer abschreckend auf mich

---

[18] Dieses Translationsverfahren ist an *Übersetzungen* in „Leichte Sprache" (Altmeyer/Baaden/Menne 2019) angelehnt; hierzu ausführlich in Kap. I 1.3.1.2.2.

gewirkt, weil ich mit dir immer etwas ganz anderes in Verbindung gebracht habe. Du bist geheimnisvoll, aber auch faszinierend, weil man zu dir ganz nah zu Gott vordringen kann. Deshalb würde mich interessieren, wie das funktionieren kann, durch dich etwas von Gott zu erfahren. Ich will das so versuchen: ich will nicht nach Gott fragen, sondern nach dem Menschen schauen, was Gott mit ihm macht durch die Rechtfertigung. Wenn das gelingt, dann erfahre ich mehr über dich, aber auch über mich. Dazu werde ich darauf verzichten, irgendetwas Theoretisches so in der Art einer Erklärung zu verfassen, sondern mein sprachlicher Neuversuch liegt im Handeln, also wie sich Menschen zu anderen Menschen verhalten. Dazu muss ein anderer Name für dich her. Die Treue halte ich dir, weil trotz der Veränderung immer deutlich bleibt, dass dein neuer Name Menschen anspricht, die nicht an Gott glauben, und aber auch die, welche an Gott und damit an die Rechtfertigung glauben, die also zu einem Handeln angetrieben werden könnten, was in dem neuen Wort steckt, und so besser rüberkommt, was in dir steckt." (Abschrift: Sarah, 16 Jahre, elfte Jahrgangsstufe, 03.11.2020)

Aus dem Versprechen geht hervor, dass Sarah „Rechtfertigung" schon oft gehört hat und auch in Form einer Definition erklären kann, aber dennoch inhaltlich nicht (ganz) verstanden hat; dies entspricht einer Klassifizierung des Wortes als Typ IV (Kap. II 1.3). Allerdings zeigt sich auch ein Hinweis auf Typ VI, da das Wort auf Sarah „immer abschreckend [...] gewirkt" hat. Sie erklärt ihre restriktive Haltung dadurch, dass sie es „nie" ganz verstanden bzw. damit etwas „ganz anderes in Verbindung gebracht" hat. Das für sie Faszinierende ist der Bezug zu Gott, der für sie nicht greifbar ist, so dass die Konsequenz für sie darin besteht, durch das Wort mehr über Gott zu erfahren, was ihr durch den Fokus auf Menschen als möglich erscheint. Demzufolge kann für sie die Translation nicht in „irgendetwas Theoretisches" münden, sondern ins „Handeln", das in den Auswirkungen des Wortes für zwischenmenschliches Verhalten greifbar wird. Im Anschluss an die „fidélité créatrice" wird die Veränderung als zur Treue zugehörig erachtet, um die Bedeutung des Wortes unterschiedlichen Sprachebenen zugänglich zu machen, so dass „in dem neuen Wort [...] besser rüberkommt, was in [ihm] steckt"; in diesem Zusammenhang verspricht sich Sarah, auch mehr von sich zu erfahren. Für die Horizontverschmelzung wird ein neuer Name als zielführend erachtet.

Mit dem schöpferischen Treueversprechen, das jeweils in Einzelarbeit durchgeführt wurde, sind die Weichen für die Visualisierung innerhalb der verschiedenen Gruppen gestellt; alle haben ihre individuelle Beziehung zu dem Translationsgegenstand vertieft und gehen mit bestimmten Vorstellungen in den Austausch mit den anderen SuSn.

4.2 Visualisierung

Um zur Visualisierung gezielt anzuhalten, eignen sich Impulse, welche den Rahmen, die Szenen sowie deren Kernelemente und Ränder aufgreifen, die entweder von der Religionslehrkraft bei einer Visualisierung im Plenum mündlich formuliert oder – besonders geeignet für eine Gruppenarbeit – schriftlich gereicht werden. Diese könnten bspw. lauten:

- „Leitet eure Visualisierung mit ‚ich sehe' ein."
- „Achtet auf die Verwendung der Wörter ‚Rahmen', ‚Szene', ‚Kernelement' und ‚Rand' sowie auf deren Beziehung zueinander."
- „Stellt Rückfragen, wenn nötig, und versucht dabei, die obigen Wörter zu verwenden."

Die Visualisierung in der Gruppe der elften Jahrgangsstufe verlief folgendermaßen:[19]

„Ich sehe einen in sich gekrümmten Menschen[20] in der Mitte meines Bildes und oben Gott." – „Die Aufteilung deines Bildes ist mainstream: Gott oben, Mensch unten; der Mensch war auch schon mal oben ..." – „... und wurde aus dem Paradies vertrieben." – „Aber dann sehe ich erst recht einen gekrümmten Menschen im Mittelpunkt und Gott im Hintergrund." – „Ja, der Mensch ist mir irgendwie näher." – „Ich würde Gott so ins Bild rücken, dass er auch in die Mitte kommt, also den Kern bildet, denn ich sehe, wie Gott dem Menschen Last von den Schultern nimmt." – „Ja, Gott spricht den Menschen gerecht." – „Ich sehe jetzt mehrere Szenen, die zeigen, was der Mensch alles tun kann, wenn er nun frei ist von der Last, sich rechtfertigen zu müssen." – „Ich sehe auch die Ablassprediger, die sich ärgern, weil die Menschen die Werkgerechtigkeit ablehnen." – „Das sehe ich aber nur als am Rand, weil wir doch die gegenwärtige Zeit und auch die Sprache anpeilen sollten, in die das Wort hingebracht werden soll." – „Und ich sehe aber auch, wie der Mensch aus dem Himmel geworfen wird, aber trotzdem von Gott angenommen wird." – „Ich habe die Szene aus dem Gleichnis vom verlorenen Sohn vor Augen: Da ist Gott, der nach dem Sohn Ausschau hält." – „Dann sehe ich aber am Rand den älteren Sohn, der hier auf Leistungsorientierung macht." „Aber ich sehe das Positive von Rechtfertigung, einfach nur Helles in dem Bild, denn das schwierige Wort ist doch etwas total Positives!" – „Ich sehe immer den Vater, der mit offenen Armen dasteht und den Sohn willkommen heißt, obwohl er Mist gebaut hat, also obwohl er Böses getan hat." – „Wir haben doch am Anfang mal gesagt, dass der Mensch ziemlich in der Mitte des Bildes ist und ein Kernelement ist; also dann sehe ich auch, wie der Mensch nun Gutes tun kann, weil Gott den Menschen mit allen Fehlern annimmt. Und dann kann der Mensch auch an anderen Menschen handeln, nämlich sie so aufnehmen und annehmen, wie Gott ihn selbst angenommen hat als ein freiwilliger Flüchtling aus dem Paradies." – „Wer gläubig ist, der sieht das als eine Aufforderung, so zu handeln!" – „Dann lasst uns doch ein Wort finden, das die vielen Szenen, die wir hier sehen, einrahmt." – „Wieso nehmen wir nicht ein Wort, das auch was mit Flüchtlingen zu tun hat? Dann kann man einen Bezug herstellen, auf den mehrere anspringen, auch wenn sie einen anderen Glauben haben." (Transkript: 03.11.2020)

---

[19] Der Text ist eine Zusammenstellung der Visualisierung in der Lerngruppe; dabei trennen die Gedankenstriche die unterschiedlichen Äußerungen der SuS.

[20] Die SuS nehmen hier Bezug auf die im Unterricht erwähnte Formulierung Luthers „incurvatus in se ipsum", die auch im *Kerncurriculum für das Fach Evangelische Religionslehre in der gymnasialen Oberstufe* innerhalb des thematischen Schwerpunkts (siehe oben Anm. 2) Erwähnung findet (Kirchenamt der EKD 2010, Hg.: 31).

Der Abbau von sprachlichen Barrieren bestand für Sarah innerhalb ihres schöpferischen Treueversprechens in einer Akzentverschiebung des Wortes weg von Gott und hin zu den Menschen bzw. erachtete sie in zwischenmenschlichen Beziehungen eine Folie, auf der eine für mehrere Sprachebenen zugängliche Neuschöpfung zur Entfaltung kommen kann. Dies zeigt sich auch in anderen Vorschlägen von Sarahs Gruppe, die sich grob mit der Dichotomie „oben", „Hintergrund" und „unten", „Mittelpunkt" zusammenfassen lassen: Der Aspekt von Gott im Zusammenhang mit „Rechtfertigung" gilt als fremd oder auch restriktiv,[21] wohingegen der Mensch als „näher" gilt. Dabei werden Wörter aufgerufen, welche der Sprache der christlichen Traditionen (bspw. „Werkgerechtigkeit") und der Sprache für Religiöses (bspw. „freiwilliger Flüchtling") zugerechnet werden können. Im gesamten Diskurs wird von der Lehrkraft bewusst auf einen Eingriff oder auf eine Korrektur verzichtet. Ein Konsens besteht schließlich in der Konzentration auf Menschen mit dem Bezug zu Flüchtlingen, da „man so einen Bezug herstellen [kann], auf den mehrere anspringen, auch wenn sie einen anderen Glauben haben".

4.3 Dokumentation von Translationsstrategien

Die folgenden Seiten beschränken sich auf eine Dokumentation der Ergebnisse unterschiedlicher Translationsstrategien (die von den SuSn angestellten Metareflexionen zu diesen Ergebnissen folgt unter Kap. III 5.1; eine Gesamtauswertung dieser Abschnitte unter Kap. III 8.1–3).

Schon vorweggenommen sei dreierlei: Erstens ist bei den SuS in Rechnung zu stellen, dass sie sich in der sog. ‚konventionellen Phase' befinden, in der klassischerweise Bekanntes gern rezipiert wird. Zweitens liegt eine Pointe der Translate im Prozess des Erstellens und späteren Reflektierens. Drittens stehen die einzelnen Bilder oder Übertragungsworte nicht einfach allein in der Lerngruppe, sondern sind in einer Gesamtschau der Bilder einer Lerngruppe zu sehen, die ganz unterschiedliche Produkte hervorbringt.

Zur besseren Differenzierung erhalten die Translate, vier Bilder und zwei Wörter, von „Rechtfertigung"/„sich rechtfertigen" eigene Bezeichnungen; die erste Ziffer greift die Jahrgangsstufe auf, die zweite stellt die Nummerierung der Translate dar. In Klammern wird auf die Translationsstrategie (Kap. II 1.5.2–1.5.6) Bezug genommen:

---

[21] Dies deckt sich mit dem Ergebnis der 2016 durchgeführten *Sinus-Jugendstudie*, dass viele 14–17-jährige Deutsche kirchlichen Begrifflichkeiten ablehnend gegenüberstehen. Hierzu ausführlich Anm. 13 (Einleitung).

4 Baustein IV: Produktion   313

Translat 8.1 (Rahmen durch Szene)

Abb. 12

Translat 8.2 (Szenenerweiterung)

Abb. 13

Translat 8.3 (Neurahmung)
Wort: *Runterhochfahrt*

Translat 11.1 (Einrahmung)
Wort: *Willkommenskultur*

Translat 11.2 (Auswahl von Szenenelementen in einer Szene)

Abb. 14

4 Baustein IV: Produktion 315

Translat 11.3[22] (Szenenwechsel)

Abb. 15

---

[22] Um Missverständnissen vorzubeugen: Hier umarmt ein Mensch sein Spiegelbild.

5 Baustein V: Beurteilung von Translaten

5.1 Dokumentation der Metareflexion eigener Translate

Nachfolgend werden die in Kap. II 2.5.1 besprochenen Impulse, welche eine pragmatische (1–6) und eine theologisch-translationswissenschaftliche Ebene (7–8) tangieren,[23] für die Metareflexion auf die jeweils drei Translate der Jahrgangsstufe 8 und 11 angewendet und zur Übersicht nochmals angeführt:

<u>Translat 8.1</u> (Abschrift: Jonathan, 14 Jahre, achte Jahrgangsstufe, 18.11.2020)

1. „Worin besteht die Unterbrechung (was wurde warum nicht verstanden)?"

    „Wir haben als Problem benannt, dass dieses Wort so viel enthält, dass man gar nicht alles auf einmal erklären kann, schon gar nicht, wenn jemand noch nie Reli hatte."

2. „In welche Sprachebene soll das Themenwort transferiert werden und warum?"

    „Wir wollen ‚Rechtfertigung' transferieren für unsere Klassenkameraden, die Muslime sind und in Ethik sind, damit sie auch verstehen, was wir in Reli machen."

3. „Für welche Translationsstrategie habt ihr euch entschieden und warum?"

    „Wir haben uns dann für zwei der vielen Szenen entschieden, welche für uns in ‚Rechtfertigung' zusammenlaufen, nämlich ‚sola fide' und ‚sola gratia', da darin gut das Verhältnis zwischen Gott, nämlich Gnade, und den Menschen, nämlich Glaube, enthalten ist."

4. „Erläutert, ob ihr eurer Meinung nach die Beziehung zum Themenwort aufrechterhalten konntet."

    „Die Beziehung konnte aufrechterhalten werden, weil Gottes Gnade hier als etwas dargestellt wird, das auffängt, das also Halt gibt. So würden auch unsere muslimischen Freunde dieses Bild verstehen und dem bestimmt zustimmen. Wir haben allerdings oben den Himmel gemalt, der für das Paradies stehen soll, aus dem quasi der Mensch rausgeflogen ist, und er jetzt immer noch voll Sünde ist. Und obwohl Gott ihn aus dem Paradies wirft, fängt er den Menschen mit seiner Gnade auf, und der Mensch hat einen Kompass in der Hand, das ist sein Glaube, damit er auch das Auffangtuch findet."

---

[23] Diese Fragen werden in Kap. II 2.5.1 folgendermaßen charakterisiert: 1: Unterbrechung; 2: Ziel; 3: Management; 4: Kontrollfrage; 5: Theoretische Evaluation; 6: Selbstreflexion; 7: Äußere Sachkontrolle; 8: Innere Sachkontrolle.

5. „Stellt begründete Vermutungen an, ob die AdressatInnen das Translat verstanden haben."

„Christen und Muslime sind beide Religionen, die an einen Gott glauben, der auch gnädig ist; deshalb sollten unsere Klassenkameraden das verstehen können. Außerdem braucht man Glaube, um Gott und auch seine Gnade finden zu können."

6. „Erläutert, was ihr Neues über das Themenwort erfahren habt, bzw. inwieweit ihr durch das Translat dem Themenwort näher gekommen seid."

„Bei ‚Rechtfertigung' denkt man ja zuerst an eine unangenehme Situation. Aber beim Nachdenken und durch unsere Strategie wurde uns klar, dass dies im Bezug auf das Christentum gar nichts Schlimmes ist, sondern es hat mit Vertrauen zu tun und mit Glaube, der einen auffängt. Deshalb ist auch Glaube wie ein Kompass zur Orientierung im Leben zu verstehen."

7. Inwieweit ist das Themenwort im Translat für TheologInnen noch erkennbar?

„Er ist deshalb erkennbar, weil man immer noch dasselbe verbinden kann wie mit Rechtfertigung. In dem Wortprofil stand ja auch ‚Glaube' und ‚Gnade' und wir haben nichts anderes gemacht, als diese zwei Teile hervorzuheben."

8. „Worin bestand die ‚Bewährungsprobe' für die Treue zum Themenwort und wie konnte sie gehalten werden?"

„Schwierig war es, unseren Glauben mit dem Islam zu verbinden [gemeint: gegenüber Muslimen gesprächsfähig zu machen], ohne dass unser Glauben, also ‚Rechtfertigung', anders wird. Dazu haben wir einfach Wörter genommen, die in beiden Religionen vorkommen und unserer Meinung nach die gleiche Bedeutung haben, also Gnade und Kompass, und dann haben wir das als Bild gestaltet, dass auch andere Religionen ‚Rechtfertigung' verstehen."

Translat 8.2 (Abschrift: Anja, 14 Jahre, achte Jahrgangsstufe, 18.11.2020)

1. „Worin besteht die Unterbrechung (was wurde warum nicht verstanden)?"

„Wir hatten Probleme damit, dass Gott für die Sünden der Menschen einspringt, weil das Bild von Gott unterschiedlich ist. Also wir brauchen eine Person, bei der wir uns vorstellen können, dass sie uns annimmt, wie wir sind, und dass wir dadurch auch Gutes tun können."

2. „In welche Sprachebene soll das Themenwort transferiert werden und warum?

„Wir wollen Rechtfertigung in eine Ebene transferieren, damit es Menschen verstehen, die gläubig sind; wir sind ja auch gläubig, aber uns hat einfach die Vorstellungskraft gefehlt, wenn man nicht noch andere Geschichten aus der Bibel quasi als Erklärungshilfe hinzunimmt."

3. „Für welche Translationsstrategie habt ihr euch entschieden und warum?"

„Deshalb haben wir uns entschieden, die Szene zu erweitern, wenn Gott für unsere Sünden einspringt und wir dann Gutes tun sollen. Dazu haben wir einmal auf den

Psalm zurückgegriffen, der anfängt mit ‚Der Herr ist mein Hirte'. Das alles haben wir kombiniert mit einem Plakat, welches wir in Englisch gesehen haben. Die Erweiterung bezieht sich auch auf die Nachfolge. ‚Rechtfertigung' bedeutet, zu handeln und das im Namen Gottes, also wenn man ihm nachfolgt."

4. „Erläutert, ob ihr eurer Meinung nach die Beziehung zum Themenwort aufrechterhalten konntet."

„Die Beziehung konnte aufrechterhalten werden, weil man jetzt eine bessere Vorstellung von Gott haben kann, welche uns gut gefällt und hier passt: Er ist wie ein Hirte und passt auf uns auf und beschützt uns. Aber weil er uns wahrnimmt und beschützt und wir uns so sicher und wohl fühlen, können wir Dinge in seinem Namen für andere tun, weil er uns anspricht und uns einlädt, ihm nachzufolgen, deshalb haben wir auch den Rücken des Hirten gemalt, dass der Betrachter erkennt: ‚I want you' bedeutet auch ‚Folge mir nach'."

5. „Stellt begründete Vermutungen an, ob die AdressatInnen das Translat verstanden haben."

„Das sollte wirklich jeder hier verstanden haben, da wir das in Englisch gemacht haben und man so das Bild auf ‚Rechtfertigung' übertragen kann. Zudem spricht das Bild durch Englisch als Weltsprache viele Leute an und regt zum Nachdenken an, weil man in Reli etwas mit Englisch macht. Der Hirte wirkt bestimmt für Menschen, die anders glauben, fremd, aber jeder weiß auch, was Hirten so tun: sie bewachen und schützen Schafe, und jedes Schaf ist wichtig! Wenn ich jetzt mich nicht mit der christlichen Religion auskennen würde, dann würde ich mir denken, dass diese Religion wirklich jeden anspricht und wirklich keine Ausnahmen macht. Anstatt der komischen Fratze von der amerikanischen Kriegswerbung ist da ein friedlicher Hirte. Da muss man doch eigentlich zumindestens einmal neugierig auf das Christentum werden, das jemanden rechtfertigt und sicher führt, wie ein Schaf, das seinem Hirten folgt, weil es ihm vertraut."

6. „Erläutert, was ihr Neues über das Themenwort erfahren habt, bzw. inwieweit ihr durch das Translat dem Themenwort näher gekommen seid."

„Mir wurde klar, dass hinter dem Wort ‚Rechtfertigung' eine Anrede an den Menschen steckt, Gott zu folgen, die aber nicht bedrohlich ist, sondern die aufmuntert, vor allem, wenn es einem schlecht geht, weil man etwas z. B. verbrochen und ein schlechtes Gewissen hat. Aber jeder Mensch kann ja was Böses machen und wenn man dann immer noch von Gott angeredet wird, gibt mir das ein sicheres Gefühl."

7. „Inwieweit ist das Themenwort im Translat für TheologInnen noch erkennbar?"

„Ein Theologe würde ganz klar mit dem Hirten Psalm 23 in Verbindung bringen, aber er würde auch sagen, dass in dem Bild die Zuwendung Gottes zu den Menschen erkennbar ist. Ich würde als Pfarrer an meinen Konfirmationsspruch denken: ‚Kommt alle her, die ihr mühselig und beladen seid, ich will euch erquicken.' Und er würde an das Thema ‚Christen in der Nachfolge' denken."

8. „Worin bestand die ‚Bewährungsprobe' für die Treue zum Themenwort und wie konnte sie gehalten werden?"

„Uns war schnell klar, dass wir die Treue zu der Aufforderung von Gott an die Menschen halten müssen, welche in ‚Rechtfertigung' drinsteckt, die aber niemand direkt sieht. Deshalb haben wir noch weitere Bezüge zu schon behandelten Themen hergestellt, damit es auch wirklich klar wird."

Translat 8.3 (Abschrift: Judith, 14 Jahre, achte Jahrgangsstufe, 18.11.2020)

1. „Worin besteht die Unterbrechung (was wurde warum nicht verstanden)?"

   „Wir hatten Verständnisschwierigkeiten, dass Gott etwas am Menschen irgendwie macht, obwohl Gott etwas ist, dass nicht direkt greifbar ist oder, sagen wir mal, weit weg im Himmel ist."

2. „In welche Sprachebene soll das Themenwort transferiert werden und warum?"

   „Wir haben uns als Sprachebene die Sprache von Kindern in unserem Alter ausgesucht, denn im Konfiunterricht sehen wir, dass es immer weniger werden, was ja schade ist. Damit auch Kinder das verstehen, haben wir ein neues Wort für ‚Rechtfertigung' ausgedacht, was man besser verstehen kann."

3. „Für welche Translationsstrategie habt ihr euch entschieden und warum?"

   „Wie gesagt haben wir uns für die Neurahmung entschieden, weil das Wort mal einen neuen Anstrich braucht, damit man es versteht, vor allem wir Kinder. Das ist auch ein Wort, das sich aus zwei zusammensetzt, die man wegen Corona immer wieder hört, nämlich ‚hochfahren' und ‚runterfahren'."

4. „Erläutert, ob ihr eurer Meinung nach die Beziehung zum Themenwort aufrechterhalten konntet."

   „Die Beziehung konnte aufrechterhalten werden, denn ‚Gott fährt runter' meint hier nicht, dass er Pause macht, sondern dass er Mensch wird. Das bedeutet, dass der Mensch hochfährt, er also fröhlich sein kann, dass Gott durch sein Runterkommen, also dass er Mensch wurde, unsere Sünden auf sich genommen hat, und so kann der Mensch nun auch Energie für andere entwickeln."[24]

5. „Stellt begründete Vermutungen an, ob die AdressatInnen das Translat verstanden haben."

   „Das Wort gibt es so nicht und da wird man zunächst mal neugierig, sich damit auseinanderzusetzen. Das Wort ist eine Kombination aus Wörtern, die wegen Corona überall zu hören sind, und so sind sie auch nicht fremd, nur weil damit etwas mit Gott ausgedrückt wird. Mit ‚Runterfahrt' wird man merken, dass Gott, mit dem man den weit entfernten Himmel verbindet, auf einmal zu den Menschen kommt und er dadurch nicht fremd wird."

---

[24] Die etwas holprig formulierte Antwort kann auf den ersten Blick Verständnisschwierigkeiten auslösen. Zum einen ist der Wortschatz der SuS stark durch Wörter geprägt, die im Zuge der Pandemie das alltägliche Leben betreffen und hier aufgegriffen werden (siehe hierzu auch Kap. V, These III). Zum anderen ist „Energie für andere entwickeln" im Zusammenhang mit der Metareflexion zu Translat 8.2 (Antwort zu 4.) und 11.1 (Antwort zu 3.) zu lesen: Hier wird die Annahme durch Gott als eine Aufforderung gedeutet, sich anderen Menschen gegenüber so zu verhalten, dass sie ihre Fähigkeiten entfalten können (hierzu mehr in Kap. III 8.3).

6. „Erläutert, was ihr Neues über das Themenwort erfahren habt, bzw. inwieweit ihr durch das Translat dem Themenwort näher gekommen seid."

„‚Rechtfertigung' hat etwas mit Vertrauen zu tun; das Wort kam in dem Wortprofil bei ‚rechtfertigen' auch sehr häufig vor. Da habe ich noch nie darüber nachgedacht, nämlich dass Gott für uns Menschen einsteht und wir dadurch einen Grund zur Freude haben können. Früher dachte ich immer, Gott ist im Himmel so weit weg, also unerreichbar."

7. „Inwieweit ist das Themenwort im Translat für TheologInnen noch erkennbar?"

„Ein Theologe wird durch das Wort als Erstes an Weihnachten denken und an die Lieder ‚Vom Himmel hoch, da komm ich her' und an ‚Mach hoch die Tür'. Und an Weihnachten hört man ja, dass Gott Mensch geworden ist, als vom Himmel runter gekommen ist, um uns zu helfen und uns zu rechtfertigen."

8. „Worin bestand die ‚Bewährungsprobe' für die Treue zum Themenwort und wie konnte sie gehalten werden?"

„Schwierig war es dabei, den Inhalt von Rechtfertigung beizubehalten, vor allem, dass man nicht falsch versteht, dass der Mensch als Sünder sich quasi aufgeben muss, sondern er trotzdem froh durch Gott sein kann. Wir haben das deshalb gut gelöst, weil wir mit dem neuen Wort das noch besser rübergebracht haben, weil unser Wort neugierig macht und die meisten es wegen Corona irgendwie kennen. Das waren wir sozusagen dem Wort schuldig[25]."

Translat 11.1 (Abschrift: Laurenz, 16 Jahre, elfte Jahrgangsstufe, 17.11.2020)

1. „Worin besteht die Unterbrechung (was wurde warum nicht verstanden)?"

„Für uns bestand die Unterbrechung darin, dass Rechtfertigung eine Aussage über Gott und auch über den Menschen macht; auf den ersten Blick kommt das nicht so direkt raus, weil man nur den Menschen sieht."

2. „In welche Sprachebene soll das Themenwort transferiert werden und warum?"

„‚Rechtfertigung' kann man mehreren Sprachebenen zuordnen; es hat viele Bedeutungen dann. Wir nehmen die Sprache der christlichen Traditionen als Ausgangspunkt und transferieren das Wort in die Sprache, welche wir gebrauchen, wenn von der Flüchtlingskrise die Rede ist. Da man so viel darüber schon gehört und gesprochen hat, sollte dann unser Translat von möglichst vielen verstanden werden, also auch von solchen, die jetzt nicht von der Sprache der christlichen Traditionen etwas wissen."

---

[25] Diese Äußerung mag so merkwürdig erscheinen, allerdings muss sie im Zusammenhang mit dem schöpferischen Treueversprechen gelesen werden: Durch die Personalisierung des Translationsgegenstands bauen die SuS eine Beziehung zu ihm auf, in der es u. a. darum geht, „dem Translationsgegenstand [zu helfen], mehr von- und übereinander zu erfahren" (entnommen aus dem Arbeitsimpuls zum schöpferischen Treueversprechen, Kap. II 2.4.1). Vor diesem Hintergrund waren die SuS bestrebt, ein ‚falsches' Verständnis von „Rechtfertigung" zu vermeiden bzw. durch ihr Translat eine diesbezügliche Aufklärung zu betreiben.

3. „Für welche Translationsstrategie habt ihr euch entschieden und warum?"

„Bei der Visualisierung haben wir uns viele Szenen ausgemalt, bei denen eben ein Teil von uns nur gesehen hat, dass Gott jemanden gerecht spricht. Die anderen haben gesehen, was der Mensch nun alles mit seiner Freiheit tun kann, nämlich anderen helfen und das nicht aus der Werkgerechtigkeit, sondern aus freien Stücken. Gerade weil wir soviele Szenen in der Gruppe gesehen haben, die ganz unterschiedliche Sichtweisen auf das Wort, eigentlich auf den Menschen, werfen, haben wir uns für die Einrahmung entschieden, da mit einem Wort die unterschiedlichen Szenen zusammengefasst werden. In ‚Willkommenskultur' steckt alles da drin: Nach Luther ist der Mensch ein Sünder, quasi ein Vertriebener aus dem Paradies und damit ein Flüchtling. Rechtfertigung bedeutet, dass der Mensch von Gott auf- und auch angenommen wird, wie er ist. Gleichzeitig ist der Mensch durch die Annahme von Gott motiviert, andere anzunehmen, so wie sie als Menschen sind. Bei ‚Kultur' war uns auch wichtig, dass man so eine Haltung immer pflegt."

4. „Erläutert, ob ihr eurer Meinung nach die Beziehung zum Themenwort aufrechterhalten konntet."

„Die Beziehung ist deshalb erhalten geblieben, da wir zwar den Rahmen verändert haben, aber der Inhalt gleich geblieben ist und auch eine praktische Anwendung zeigt."

5. „Stellt begründete Vermutungen an, ob die AdressatInnen das Translat verstanden haben."

„Das Wort verdeutlicht, dass die Annahme von Menschen, egal welcher Herkunft und egal, was sie getan haben, grundlegend für das Christentum ist; unsere Kultur ist überwiegend christlich geprägt. Das Wort macht aber auch deutlich, wenn man es genauer auf das Gott-Menschen-Verhältnis bezieht, dass bei Gott jeder Mensch willkommen ist. Gott nimmt uns an, er spricht uns frei und er sagt ja zu uns."

6. „Erläutert, was ihr Neues über das Themenwort erfahren habt, bzw. inwieweit ihr durch das Translat dem Themenwort näher gekommen seid."

„Mir wurde klar, dass Rechtfertigung kein Freibrief dafür ist, alles tun und lassen zu können. Ebenso wie in dem Wort ‚Kultur', das ja auch etwas mit Pflege zu tun hat, müssen wir die Beziehung zu Gott pflegen. Das heißt für mich nicht, ständig in die Kirche zu gehen, sondern selbst zu überprüfen, ob Gott Impulse für mein Handeln geben kann."

7. „Inwieweit ist das Themenwort im Translat für TheologInnen noch erkennbar?"

„Theologen könnten sich ebenso wie Nichtchristen über ‚Willkommenskultur' auf den ersten Blick wundern. Aber sie würden deshalb Rechtfertigung herauslesen können, da das Wort einen Ausdruck von Gottes grenzenloser Güte darstellt, die den Menschen willkommen heißt. Im Gegensatz zu mir anfangs, wird der Theologe gleich merken, dass ‚Willkommenskultur' ebenso wie ‚Rechtfertigung' Wörter sind, die positive Emotionen auslösen."

8. „Worin bestand die ‚Bewährungsprobe' für die Treue zum Themenwort und wie konnte sie gehalten werden?"

„Die Bewährungsprobe für die Treue bestand für uns ganz klar darin, dass der Mensch durch die Rechtfertigung Gottes selbst zum Handeln aufgefordert ist und dass aber zugleich diese Aufforderung zum Handeln von Gott selbst kommt bzw. durch den Glauben an ihn. Dadurch, dass wir ein neues Wort formuliert haben, mit dem viele Teile der Bevölkerung durch die Flüchtlingskrise etwas verbinden können, was dem Themenwort entspricht, haben wir durch die Aktualisierung die Treue gehalten."

Translat 11.2 (Abschrift: Sarah, 16 Jahre, elfte Jahrgangsstufe, 17.11.2020)

1. „Worin besteht die Unterbrechung (was wurde warum nicht verstanden)?"

    „Wir fanden es schwierig zu verstehen, dass der Mensch durch die Rechtfertigung zu einem anderen Menschen wird und dass sich das in seinem verantwortungsvollen Verhalten zu seinen Mitmenschen zeigt."

2. „In welche Sprachebene soll das Themenwort transferiert werden und warum?"

    „Wir wollen, dass auch nichtreligiöse Menschen verstehen, dass sie Verantwortung für ihr Tun haben und dass man uneigennützig etwas Gutes tun kann und dass dies auch Spaß machen kann. Auch wenn man nicht an Gott glaubt, kann man aus der Idee der Rechtfertigungslehre etwas für sich rausziehen. Deshalb haben wir auch den für uns sehr verständlichen Vergleich mit Pflanzen gewählt, weil das bestimmt mehr Menschen verstehen."

3. „Für welche Translationsstrategie habt ihr euch entschieden und warum?"

    „Wir haben uns entschieden, Szenenelemente aus der Szene des Handelns hervorzuheben, nämlich konkret für die Verantwortung, die jeder spüren muss, damit er auch so handeln kann."
    Sarah bittet spontan einen Mitschüler, nach vorne zu kommen und die Hände wie auf dem Bild zu formen. Dann füllt sie ihm die Blumenerde aus einem im Klassenzimmer befindlichen Blumentopf in die gebogene Handfläche mitsamt der kleinen Pflanze und fragt den Schüler, wie sich das anfühlt. Darauf antwortete der Schüler:„Hey, was machst Du?! Wenn ich meine Hände auseinanderziehe gibt es eine Riesenschweinerei hier ... ja und das Pflänzchen würde auch runterfallen. [Denkpause] Also Verantwortung fühlt sich nicht leicht an. [Er geht langsam und vorsichtig zu dem Blumentopf]. Alles nicht so einfach! [Er befüllt den Blumentopf mit der Erde und bettet behutsam die Pflanze ein]. Aber wenn man was durch die Verantwortung erreicht, dann kann man stolz auf sich sein, dann fühlt sich das gut an!"

4. „Erläutert, ob ihr eurer Meinung nach die Beziehung zum Themenwort aufrechterhalten konntet."

    „Die Beziehung konnte deshalb aufrechterhalten werden, weil wir Verantwortung als eine nicht ganz so leichte Sache empfinden; deshalb haben wir diese kleine Showeinlage mit dem Umtopfen gemacht, damit man fühlen kann, dass Verantwortung etwas Aktives ist, aus der heraus Leben entstehen kann. Diese Szene haben wir uns ausgesucht, um ‚Rechtfertigung' zu transferieren, denn ‚Rechtfertigung' hat ja auch eine passive Seite."

5. „Stellt begründete Vermutungen an, ob die AdressatInnen das Translat verstanden haben."

    „Das sollte besonders nach der kleinen Vorführung doch jeder verstanden haben! Der abstrakte Begriff wirkt sehr fremd und führt schnell zu Verständnisschwierigkeiten, weil sehr viele Szenen und Querverweise enthalten sind. Stattdessen haben wir etwas herausgesucht, das jeden ansprechen sollte: Verantwortung muss jeder im Leben übernehmen, jeder kennt das Gefühl. Rechtfertigung meint nämlich auch, dass der Mensch etwas für seine Mitmenschen tun kann, weil Gott ihm nämlich den Rücken freihält und annimmt, wie er ist."

6. „Erläutert, was ihr Neues über das Themenwort erfahren habt, bzw. inwieweit ihr durch das Translat dem Themenwort näher gekommen seid."

„Ich verstehe durch diese Szene das Wort besser, weil sie den Menschen anspricht und dadurch das Wort nicht so ‚unerreichbar' wirkt. Auch wenn jemand nichts mit dem Christentum gemeinsam hat, sollte er durch unser Translat verstehen, dass unsere Religion zu in [sic] einem verantwortungsbewussten Handeln antreiben kann."

7. „Inwieweit ist das Themenwort im Translat für TheologInnen noch erkennbar?"

„Theologen sollten schnell den Bezug zur Schöpfung herleiten können und auch zu dem Lied, bei dem eine Strophe lautet ‚… bis wir uns wiedersehen, hält Gott dich fest in seiner Hand.' Vor allem die Hand ist ein Symbol, da sie ausdrückt, wie sehr man von Gott gehalten wird, auch in schlimmen Zeiten. Rechtfertigung hat auch mit der Theodizeefrage zu tun: Wenn nämlich Gott mich bedingungslos annimmt, dann ertrage ich Leid besser."

8. „Worin bestand die ‚Bewährungsprobe' für die Treue zum Themenwort und wie konnte sie gehalten werden?"

„Die Bewährungsprobe bestand darin, dass die Motivation zum Handeln aus Glauben hervorgeht, aber dass nicht alle Menschen so wie damals gläubig sind oder einer anderen Religion angehören. Und deshalb haben wir Hände genommen und durch das Haltenmüssen der Pflanze gezeigt, dass die Hände in Aktion sind. Wir waren treu, weil wir unserem Themenwort geholfen haben, durch das Bild und die Showeinlage besser zeigen zu können, was es meint."

<u>Translat 11.3</u> (Abschrift: Linus, 16 Jahre, elfte Jahrgangsstufe, 17.11.2020)

1. „Worin besteht die Unterbrechung (was wurde warum nicht verstanden)?"

„Wir fanden es unverständlich oder schwierig, jemandem klarzumachen, dass Rechtfertigung auch etwas mit dem Verhältnis des Menschen zu sich selbst zu tun hat."

2. „In welche Sprachebene soll das Themenwort transferiert werden und warum?

„Wir haben versucht, mit unserem Translat Menschen anzusprechen, welche nicht viel von Religion verstehen oder die eine andere Religion haben, da wir es wichtig finden, dass diese Leute auch wissen, woran wir glauben und wie sich das auf uns auswirkt."

3. „Für welche Translationsstrategie habt ihr euch entschieden und warum?"

„Ein Szenenwechsel war für uns am besten, da nun ein anderes Licht auf Rechtfertigung fällt, von denen viele, die nicht in unserem Unterricht waren, vielleicht nie gewusst haben, dass es sie gibt. Hier umarmt ein Mensch ein Spiegelbild, er ist mit sich im Reinen durch die Rechtfertigung. Das Kreuz haben wir bewusst hingezeichnet als ein Hinweis auf solus Christus."

4. „Erläutert, ob ihr eurer Meinung nach die Beziehung zum Themenwort aufrechterhalten konntet."

„Bei uns rückt der Mensch ganz bewusst in den Vordergrund, dass eben auch Menschen, die im Gegensatz zu uns einer anderen Religion angehören oder nicht gläubig sind, merken, dass Rechtfertigung nicht nur etwas mit Gott zu tun hat. Damit aber auch ein religiöser Bezug vorhanden ist, haben wir dem Bild den Titel ‚JA!' gegeben: Dann kann jemand, der eben nicht christlich ist, merken, dass im christlichen Glauben der Grund für menschliches Verhalten und Handeln auf Gott zurückgeht. Mit dem Titel wollten wir Menschen mit verschiedenem Glauben irgendwie zusammenbringen, damit für möglichst viele klar wird: Durch das Kreuz sagt Gott Ja zu uns, und deshalb können wir auch Ja zu uns sagen. Die Beziehung bleibt bestehen, weil die Veränderungen nicht den Kern des Worts beschädigt haben, sondern sogar verständlicher gemacht haben, weil wir auf die anderen Weltanschauungen eingegangen sind."

5. „Stellt begründete Vermutungen an, ob die AdressatInnen das Translat verstanden haben."

„Dies sollte die von uns ausgewählte Zielgruppe verstanden haben, weil wir denken, dass die Redewendung ‚In den Spiegel schauen können' hier deutlich wird. Auch wir haben schon moralisch fragwürdige Dinge getan, weil wir eben als Menschen so etwas tun können. Und oft haben wir dann nicht mehr in den Spiegel schauen können vor lauter Scham. ‚Rechtfertigung' heißt neben so vielem anderen auch, dass ich mich als Mensch mit allen meinen Fehlern bejahen kann, weil bei Gott ein anderer Maßstab gilt."

6. „Erläutert, was ihr Neues über das Themenwort erfahren habt, bzw. inwieweit ihr durch das Translat dem Themenwort näher gekommen seid."

„Mir wird klarer, dass ich als Mensch wirklich viele Fähigkeiten habe, um anderen Menschen zu schaden und dass ich dies einfach auch schon ausgenutzt habe. Ich habe mich auch unwürdig gefühlt, als ich nach einer sehr miesen Aktion Taufpate war. Aber weil Gott Mensch wurde, kann er nachvollziehen, wie wir Menschen sind."

7. „Inwieweit ist das Themenwort im Translat für TheologInnen noch erkennbar?"

„Theologen denken vielleicht in zu vergeistigten Welten, dass ‚Rechtfertigung' nicht direkt für sie erkennbar ist, denn zumindest unsere Pfarrerin ist zu weit weg von den Menschen. Sie habe ich gerade vor Augen. Das Kreuz stellt einen Bezug her, damit die Umarmung des Spiegelbilds mit dem Kreuzestod Jesu in Verbindung gebracht werden kann; dann sollte die Selbstbejahung einsichtig werden."

8. „Worin bestand die ‚Bewährungsprobe' für die Treue zum Themenwort und wie konnte sie gehalten werden?"

„Schwierig war es, den Punkt der Ausgeglichenheit beizubehalten, denn das hören wir aus Rechtfertigung raus. Wir denken da an Luther, der ja verzweifelt nach einem gnädigen Gott gesucht hat, und nach seiner reformatorischen Entdeckung muss er ja sehr erleichtert gewesen sein. Er konnte sich bejahen, weil eben Gott einen annimmt, wie man ist, und einen bejaht. So etwas kann man nur durch ein Bild klarmachen. Damit man aber nicht Gott aus den Augen verliert, also untreu wird, haben wir das Kreuz gezeichnet, das [sic] es ja im Zusammenhang mit Rechtfertigung für solus Christus steht."

Eine abschließende Interpretation und Auseinandersetzung mit diesen Dokumenten folgt in Kap. III 8.1-3.

5.2 Fremde Translate

Bei den fremden Translaten kann es sich entweder um unterschiedliche Bibelübersetzungen oder um andere intralinguale, intersemiotische oder auch interlinguale Translate handeln, die bspw. von unterschiedlichen Lerngruppen angefertigt wurden. Die Vergleiche machen die SuS auf die zwischen Translationsgegenstand und TranslatorInnen bestehenden hermeneutischen Wechselwirkungen aufmerksam, die sich in den Translaten niederschlagen und erfasst werden können. Den Gegenstand des nachfolgenden Vergleichs bildete jeweils eins der oben besprochenen Translate, die den SuSn der besagten achten und elften Jahrgangsstufe vorgelegt wurden.

In der achten Jahrgangsstufe wurde das Translat 11.2 präsentiert, eine Zeichnung von zwei Händen, die ein Häufchen Erde umgreifen, aus dem ein Pflanzensprössling hervorgeht. Zu den nachfolgenden Impulsen (Kap. II 2.5.2) äußerten sich die SuS folgendermaßen (Transkript: 19.11.2020):[26]

„Welche Translationsstrategie(n) ist/sind erkennbar?"

„Das sieht nach Leben aus." – „Ein Mensch kümmert sich um die Natur und sorgt für sie." – „Rechtfertigung schafft Leben." – „Ist doch klar: Wenn Gott den Menschen annimmt, wie er ist, dann kümmert er sich um den Menschen, wie sich dieser Mensch um diese Pflanze kümmert." – „Das ist doch ganz klar, dass hier jemand einen Punkt aus ,Rechtfertigung' rausgenommen hat, um dadurch das ganze Wort besser zu erklären."

„Welche neuen Einsichten eröffnen sich für euch auf das Themenwort?"

„Rechtfertigung schafft Leben." – „Rechtfertigung hat nicht nur etwas mit Gott zu tun." – „Nein, Rechtfertigung hat zwar was mit Gott zu tun, aber irgendwie mehr mit dem Menschen."

„Welche (weiteren) Kontexte sind erkennbar?"

„Schöpfung" – „Verantwortung" – „Liebe" – „Ich und meine Umwelt".

„Für wen könnte das Translat verständlicher sein und warum? Beziehst in eure Antwort auch etwaige Veränderungen der Darstellungsform mit ein."

---

[26] Die Gedankenstriche trennen die unterschiedlichen Äußerungen der SuS.

„Ich finde das mit den Händen viel besser, weil so ein Bild verständlicher ist als ein Wort." – „Ich finde es auch gut, dass auf dem Bild Hände von einem Menschen erkennbar sind, da so klar wird, dass hinter dem Wort ‚Rechtfertigung' auch steckt, dass man was tun muss." – „... und das ist auch mal eine schmutzige Angelegenheit wegen der Erde!" – „Das muss man verstehen, dass man auch mal was machen muss, was nicht unbedingt angenehm ist, aber weil man ja gerechtfertigt ist, also weil man als Mensch so angenommen wird, wie man ist, kann man das ruhig machen, also ich meine, das motiviert."

„Welche Rückschlüsse lässt das Translat auf die TranslatorInnen zu?"

„Die 11-er hier haben bestimmt das Ganze praktisch erklären wollen." – „Man sieht, dass die bestimmt in der Garten-AG sind." – „Die bringen Rechtfertigung in Verbindung mit der Unterrichtsreihe ‚Schöpfung', und das finde ich ganz gut, damit man sieht, dass das Wort ‚Rechtfertigung' nicht nur was mit Reformation zu tun hat."

„Ist das Translat als angemessen zu beurteilen?"

„Ich finde komisch, dass hier nichts mit Gott erkennbar ist." – „Und genau das finde ich gut, denn ich habe mit Gott nicht so viel zu tun, und ich kann jetzt besser erkennen, dass ‚Rechtfertigung' auch nicht nur etwas mit der Kirche im Mittelalter zu tun hat, sondern auch jetzt, also mit den Händen nachgefühlt werden kann." – „Das ist irgendwie total kreativ, weil man hier was tut und so nachvollziehen kann, was ‚Rechtfertigung' mit einem machen kann."

In der elften Jahrgangsstufe wurde das Translat 8.2 präsentiert, eine mit „I want you" überschriebene Zeichnung von einem mit Schafen umringten Hirten, von dem nur der Rücken erkennbar ist (Transkript: 17.11.2020):

„Welche Translationsstrategie(n) ist/sind erkennbar?"

„Eine klare Szenenerweiterung, weil die 8-er hier auf Psalm 23 zurückgreifen; das haben wir doch damals in der Reihe ‚Nach Gott fragen' gemacht." – „Das könnte aber auch eigentlich ein Ersatz des Rahmens durch eine Szene sein. Und die Szene könnte hier ‚sola gratia' sein." – „Ich finde, dass hier jemand noch auf die Nachfolge eingegangen ist und deshalb sage ich ganz klar, dass diese Szene erweitert wurde."

„Welche neuen Einsichten eröffnen sich für euch auf das Themenwort?"

„Unterschiedliche Gottesbilder, hier der Hirte, in Rechtfertigung einzubauen, ist kreativ, denn da habe ich noch gar nicht dran gedacht!" – „Stimmt. Die Gnade Gottes kann man durch seinen Glauben an Gott annehmen, aber das funktioniert besser, wenn man mit Gott besser in eine Beziehung treten kann, die intensiv wird, wenn man ihm folgt."

„Welche Kontexte sind erkennbar?"

„Psalm 23." – „Gott und Gottesbilder." – „Genauer würde ich sagen: Das Gottesbild im AT wegen Psalm 23 und auch im NT wegen der Nachfolge." – „Christen in der Nachfolge."

„Für wen könnte das Translat verständlicher sein und warum? Bezieht in eure Antwort auch etwaige Veränderungen der Darstellungsform mit ein."

„Es ist verständlicher für Leute, die schon mal was von der Bibel gehört haben und hier die Zusammenhänge sehen können." – „Würde ich nicht sagen, denn durch das ‚I want you' fühlt sich jeder mal gleich angesprochen, auch wenn er nicht religiös ist oder ein Muslim." – „Mit dieser Anrede würde man nämlich zunächst mal nichts Religiöses erwarten und ist dann umso mehr überrascht, dass das etwas mit Rechtfertigung und auch mit so viel anderem zu tun hat."

„Welche Rückschlüsse lässt das Translat auf die TranslatorInnen zu?"

„Man merkt, dass die 8-er offenbar irgendetwas über die USA in Englisch gemacht haben müssen." – „Und vielleicht haben die gerade im Konfi Psalm 23 behandelt." – „Oder Willi Graf als Christ in der Nachfolge."– „Aber man merkt schon, dass sie ‚Rechtfertigung' verstanden haben."

„Ist das Translat als angemessen zu beurteilen?"

„Wie eben schon gesagt; es ist angemessen, weil es die Reichweite von Rechtfertigung aufzeigt." – „Am Anfang fand ich das ‚I want you' grenzwertig, denn das war ja ursprünglich ein Aufruf, in die Armee einzutreten und zu kämpfen. Aber es ist trotzdem kreativ, weil das wie so ein Eyecatcher ist." – „…. und außerdem könntest du jetzt eine ganz krasse Interpretation wagen: die Rekrutierung, die von Gott ausgeht, ist Gnade, die du im Glauben annimmst; du folgst ihm, du bist gerechtfertigt."

6 Baustein VI: Repetitionen und Vertiefungen

Die Exemplifizierungen erfolgen durch eine Reizwortgeschichte und durch Storytelling sowie durch die Spiele *Tabu*, *Ampelquiz* und *Activity* bzw. *Scharade*.

Reizwortgeschichte
In der achten Jahrgangsstufe wurden folgende „Reizwörter" vorgegeben: „Rechtfertigung"/„sich rechtfertigen", „Vertrauen", „Entschuldigung", „Schule", „Gott". Das Ergebnis von Annika (Abschrift: 14 Jahre, achte Jahrgangsstufe, 26.11.2020) lautete:

„Wieder habe ich getrödelt, und wieder kam ich zu spät in den Unterricht, und ich musste mich mal wieder rechtfertigen. Als ich sagte ‚Entschuldigung', sagte die Lehrerin, dass man sich nicht ent-schuldigen kann, denn die Schuld hat man ja auf sich geladen und ich kann also nicht einfach selbst Schuld von mir entfernen, denn das wäre ja einfach. Ich setzte mich hin, klappte das Englischbuch auf und dachte nach: Wenn man sich nicht entschuldigen kann, dann ist man doch voll von Schuld und die wächst und wächst, dass man irgendwann von ihr erdrückt wird. Das hat mir Angst gemacht! Eine Woche später kam dann eine Benachrichtigung der Schule, dass ich wegen dem Zu-oft-Zuspätkommen eine Aktennotiz bekomme. Als ich meine Mutter mit dem Brief in der Hand sah, klopfte mein Herz bis zum Hals. ‚Mama, ich …', aber meine Mutter nahm mich einfach in den Arm, und sagte nur ‚Dummerchen. Ich habe Dich lieb.' Ich habe dann nichts gesagt und nur gedacht, dass ich dass [sic] eigentlich gar nicht verdient habe, weil ich soviel Schuld auf mir habe. Da wurde mir klar! Ich bin, wie ich bin mit viel Schuld auf mir, und ich selbst kann mich nicht ent-schuldigen und ich brauche mich auch nicht zu rechtfertigen, dass ich bin wie ich bin. Wer mich so annimmt wie ich bin, zu dem habe ich Vertrauen. Und so ein Verhältnis haben wir doch zu Gott, der uns annimmt, wie wir sind. Er liebt uns total! Wir müssen ihm nichts beweisen und ihm nicht vormachen, sondern ihm einfach vertrauen, also irgendwie fallen lassen, und er fängt uns auf."

Durch Reizwortgeschichten wird den SuSn ein persönlicher Zugang zu einem sachorientierten Thema eröffnet, das sie mit ihren subjektorientierten Eindrücken und damit mit ihrer Sprachwelt erschließen können, bspw. wird das Gottesverhältnis mit „irgendwie fallen lassen" ausgedrückt. Das mag manchmal fast klischeehaft erscheinen, doch ist zu bedenken, das viele SuS noch stark von der ‚konventionellen' Phase des Glaubens bestimmt sind, zu der auch die Übernahmen von Bildern (und Stereotypen) gehören mag, ohne dass dies negativ zu bewerten wäre. Durch die Auswahl der „Reizwörter" werden die SuS zu dem Rückgriff auf unterschiedliche Sprachebenen angehalten („Schule" – „Gott"), innerhalb derer die anderen Reizwörter eine jeweils andere Bedeutung einnehmen bzw. innerhalb anderer Argumentationsmuster Verwendung finden, wodurch die Familienähnlichkeit der Wörter für SuS greifbar wird.

Storytelling
In der elften Jahrgangsstufe diente das Wortprofil von „Rechtfertigung" von DWDS (Kap. III 3.1) als Ausgangspunkt für die Story. Der Arbeitsauftrag lautete:

> „Kreiere eine Story nach der Methode des Storytellings zu ‚Rechtfertigung'/‚sich rechtfertigen', bei der du möglichst viele der Wörter aus dem Wortprofil verwendest und somit unterschiedliche Sprachebenen aufgreifst. Berücksichtige dabei die Kriterien für Storytelling (Grund der Story, Hauptfigur, Spannungsbogen mit Lösung eines Konflikts, ‚Moral' der Story)."

Die Ergebnisse sind in der Regel als freie Vorträge zu gestalten, um Spontaneität und auch Gesten zur Unterstützung von Aussagen wirksam einbeziehen zu können, wodurch auch die Aufmerksamkeit und das Interesse der Zuhörerschaft aktiviert wird:

> „‚Der Lockdown wird verlängert bis Januar.' So hieß es aus Berlin Ende November. Merkel rechtfertigte sich mit den hohen Infektionszahlen, versuchte sich zu entschuldigen. Das war nicht schlecht, das war der Super-GAU. Kein Weihnachtsgottesdienst, kein Sylvester! Das ist sowas von low! Keine Party, nix! Ich habe den Glauben in die Politik verloren, denn die kennen keine Gnade! Ihr wisst, wie dämlich das ist. Das war alles nur Vorwand, weil die Politiker was aushecken! Seid ihr jetzt geschockt? Ja? Gut so! Ich war Corona-Leugner und heute erzähle ich euch, wieso das völlig falsch war, um euch zu warnen. Luthers Rechtfertigungslehre kann dazu verhelfen: Wir Menschen bauen bullshit am laufenden Band, besser wird das nicht mehr, obwohl es viele Gerichtsverfahren gibt. Aber jeder von uns kann dazu beitragen, dass die Welt ein bisschen besser wird, auch wenn er eben schlecht ist. Dazu müssen wir versuchen, den Menschen verantwortungsbewusst und respektvoll zu begegnen. Das können wir, da es mit Gott je-

6 Baustein VI: Repetitionen und Vertiefungen

manden gibt, der dich so annimmt, wie du wirklich bist: ein Mensch, der fähig zum Bösen ist. Und du musst dich nicht rechtfertigen vor Gott, weil er dich nimmt, wie du bist. Krass, was?! Mich hat das überzeugt, als ich total besoffen von einer Corona-Party mit meinen Kumpels kam. Ohne Maske, for real. Dann kamen wir an die Saarbahn-Haltestelle, und da stand ein Lehrer von uns! Oh no! Was hat der jetzt wohl gemacht?! Morgens hat er noch gesagt, dass wir uns verantwortungsbewusst außerhalb der Schule verhalten sollen. Mist. Dann kommt er direkt auf uns zu, greift in seine Tasche und – hält uns Masken hin! ‚Zum Glück habe ich noch ein 5-er-Set aus der Schule dabei. Bleibt gesund.' Wow, das war beeindruckend! Das nenne ich echte Gnade! Und jetz kapier ich auch, was die Rechtfertigungslehre uns allen auf den Weg geben kann: Gott ist radikal barmherzig, das hat nichts mit unserem Verständnis von Gericht und Anklage und Leistung und Strafe zu tun. Gerade weil wir als Menschen schlecht sind, müssen wir uns nicht dafür rechtfertigen, denn wir sind so, wie wir sind und Gott sagt graadselääds ‚ja' zu uns. Wir können uns auch nicht ent-schuldigen, denn schuldig sind wir, weil wir böse sein können. Gott zeigt eine andere Art von Verzeihen. Und das kann jeder von uns: ‚Ja' zu einem anderen sagen und ihn respektieren. Corona-Partys und Verschwörungstheorien? Das ist eure Sache, meine nicht mehr, was nicht heißt, dass ich doch mal wieder dazu verführt werde. Wichtig ist: Seid euch eurer Verantwortung bewusst, sagt ‚ja' zu anderen, zeigt Respekt, handelt, denn ihr seid erstens keine Engel und zweitens auch mal darauf angewiesen, wie wir an der Haltestelle behandelt werden!" (Transkript: Christoph, 16 Jahre, elfte Jahrgangsstufe, 24.11.2020)

Ebenso wie bei dem obigen Beispiel zur Reizwortgeschichte mag auch hier die Rhetorik bzw. der Spannungsbogen an missionarische Redefiguren erinnern. Der Schüler gehört jedoch nach eigenen Angaben keineswegs einem evangelikalen Spektrum oder ähnlichem an. Vielmehr ‚ergab' sich dieser Spannungsbogen für ihn als eine sinnvolle Form, ohne dass im Einzelnen nachverfolgbar wäre, woher diese rührt. Die damit verbundenen Translationsleistungen von Christoph sind in jedem Fall als bemerkenswert zu beurteilen: Er greift auf zahlreiche Kookkurrenzen von „Rechtfertigung"/„sich rechtfertigen" zurück und versetzt Wörter, die charakteristisch für die Sprache der christlichen Traditionen sind, in andere Sprachebenen, bspw. „Glauben in die Politik", „Merkel rechtfertigte sich". Die Lebhaftigkeit der Story wird befördert durch die Einbindung der ZuhörerInnen in Form von rhetorischen Fragen und persönlichen Emotionen, welche erstens durch jugendsprachliche Wörter, wie bspw. „for real", „oh no", und mit „graadselääds"[27] durch die saarländische Mundart, zweitens durch die Stimmführung und drittens durch den Einsatz von Gestik und Mimik unterfüttert wird, bspw. formte der Schüler bei „radikal barmherzig" beide Hände zu einem Herz zusammen. Stärker als bei der Reizwortgeschichte können durch

---

[27] Eine Wiedergabe im Hochdeutschen ist schwierig, da kein adäquates Wort vorliegt. Es drückt – so meine eigene Einschätzung als Saarländer – ein verstärktes, auch etwas trotzig anmutendes „Dennoch" aus. Demnach bedeutet „Gott sagt graadselääds ‚ja' zu uns", dass Gott den Menschen annimmt, obwohl er voll von Sünde ist; er liebt ihn als Menschen so, wie er nun mal ist, dennoch und gerade auch deshalb!

den frei gehaltenen Vortrag die SuS Translingualität einüben, indem sie das gesamte ihnen zur Verfügung stehende linguistische und paralinguistische Potenzial ausschöpfen und so für sich wichtige Aspekte und Bedeutungszusammenhänge akzentuieren und nach ihrem Verständnis bestmöglich zum Ausdruck bringen.

Tabu
Bei *Tabu* bildeten in der achten Jahrgangsstufe die vier Soli die Themenwörter, zu denen in Tischgruppen „Tabu-Karten" angefertigt wurden.[28] Im Anschluss wurden die Karten in den Gruppen ausgetauscht, und das Spiel begann. Die Erklärung von „sola gratia" verlief folgendermaßen:[29]

> „Erinnert euch an das Gleichnis vom verlorenen Sohn. Wie verhält sich der Vater?" – „Nächstenliebe!" – „Ein anderes Wort, wie der Vater im Gleichnis auch genannt wird?" – „Barmherzig." – „Ja! Und wie zeigt der Vater die Barmherzigkeit?" – „Er macht ein Fest für ihn." – „Nein, was macht er davor?" – „Er schenkt ihm noch einen Ring." – „Genau. Und was macht er noch weiter davor?" – „Er läuft ihm entgegen." – „Genau. Und jetzt übertragt das auf Gott, wie er sich zum Menschen verhält." – „Er wendet sich ihm zu." – „Ja, er wendet sich ihm zu und beschenkt ihn auch und jetzt führt das zusammen in einem Wort auf Latein." – „Gratia." – „Und noch ein Wort davor, das im Italienischen ähnlich klingt." – „Sola gratia." (Transkript: 02.12.2020)

Die Schülerin umschifft die „Tabu-Wörter" unter Rückgriff auf das Gleichnis vom verlorenen Sohn; dabei erfragt sie die Eigenschaften des Vaters und sein Verhalten gegenüber dem jüngeren Sohn und lässt dies die Lerngruppe auf Gott übertragen. Zusammenfassend lässt sich hier feststellen, dass die Wörter „Barmherzigkeit", „zuwenden" und „Geschenk" in Kombination zu „sola gratia" führten. Die letzten beiden Wörter sind als familienähnlich einzustufen; sie haben in anderen Sprachebenen eine jeweils andere Bedeutung und sind für SuS nicht gerade charakteristisch für die Sprache der christlichen Traditionen, die durch dieses Spiel am Ende des thematischen Schwerpunkts „Martin Luther und die Reformation" vorgegeben war, so dass die SuS diese Wörter in diese Sprachebene einbetteten und so zu der Lösung gelangten.

Ampelquiz
Beim *Ampelquiz* in der elften Jahrgangsstufe wurden die Sprachebenen namentlich und ohne spezielle Farben auf Karten geschrieben. Bei dem Wort „Sünde" begann die Erklärung mit der Sprache der christlichen Traditionen:

> [Sprache der christlichen Traditionen] „Luther lehrte treffend, dass der Mensch incurvatus in se ipsum ist. Er ist also in sich gekrümmt, ein tolles Bild für einen

---

[28] Bspw. zu „solus Christus": „Jesus", „Kreuz", „Erlösung", „Evangelium"; „sola gratia": „Gnade", „Barmherzigkeit", „Liebe", „Sünde"; „sola fide": „Geschenk", „annehmen", „Glaube", „Gnade"; „sola scriptura": „Bibel", „Evangelium", „Glaubensfrage", „Papst".
[29] Die Gedankenstriche trennen die unterschiedlichen Äußerungen der SuS.

> Menschen, der von Geburt an voll Sünde ist. Damit nimmt er Bezug auf die Erbsünde, die durch Adam und Eva über die Menschen gekommen ist."[30] [Wechsel: beliebiges Sprachspiel] „Der vierte Bau des Museumspavillons am Saarufer war eine städtebauliche Sünde. Da wurden so viele Millionen in den Sand gesetzt, und diejenigen, die diese Verschwendung von Steuergeldern zu verantworten haben, schieben die Schuld der steigenden Kosten auf andere." [Wechsel: Sprache für Religiöses] „Für mich ist Sünde wie ein Paket, das wir seit unserer Geburt in uns tragen. Das Paket macht uns langsamer, weil wir da drinnen ganz viele Möglichkeiten haben, um anderen zu schaden, damit wir bekommen, was wir wollen. Eigentlich gut, aber es macht uns langsamer, weil wir uns damit selbst schaden." (Transkript: 24.11.2020)

Die SuS müssen beim *Ampelquiz* auf die ihnen bekannten Wörter der Sprache der christlichen Traditionen zurückgreifen (von Luther her: „incurvatus in se ipsum", „Erbsünde"), da sie sich eine gewisse Zeit in dieser Sprache ausdrücken müssen. Durch die Wechsel lassen sich die Bedeutungsverschiebungen von „Sünde" und auch die jeweils anderen Kookkurrenzen, die für Sprachebenen charakteristisch sind, bspw. „städtebaulich" für das Sprachspiel des Bauwesens, herausstellen und können nach Ermessen der Lehrkraft im Anschluss thematisiert werden. Es wird weiter deutlich, dass die Einnahme der Sprache für Religiöses auch eine Translation darstellen kann; die gewählte Strategie ist hier ein Vergleich von „Sünde" mit dem Bild eines von Geburt an zu tragenden beschwerenden Pakets, das Möglichkeiten zum Schaden anderer aus Eigennutz enthält.

Bei *Activity* bzw. *Scharade* wurde vereinbart, Wörter nur durch Gestik, Mimik oder Zeichnungen, aber ohne mündliche Äußerungen und Schriftsprache zu erklären. Unter diesen Voraussetzung fiel die Erklärung für mittelalterliche Auswüchse der „Werkgerechtigkeit" folgendermaßen aus:

> Der Schüler ging umher, entwendete schnell das Smartphone einer Mitschülerin aus deren Rucksack und lief aus dem Raum. Dann kam er wieder rein, zeichnete die Umrisse einer Kirche an die rechte Außentafel, klappte die linke zur Hälfte auf und setzte sich daneben. Er faltete die Hände, bewegte die Lippen, schaute gequält nach oben und verließ danach mit hängenden Schultern den Raum. Dann

---

[30] Das Wort „Erbsünde" kam im Unterricht bei der Lektüre von Luthers Vorrede zu der Ausgabe seiner lateinischen Werke (1545) vor, die als deutsches Übersetzungsprodukt in dem Unterrichtswerk *Brennpunkte der Kirchengeschichte* (Michalak-Leicht/Sajak 2015, Hg.) abgedruckt ist, worauf im Lehrplan (Ministerium für Bildung und Kultur des Saarlandes 2019, Hg.: 10) explizit verwiesen wird (siehe hierzu auch Kap. III 2, Anm. 7). In dem mit „Luthers Turmerlebnis" überschriebenen Textauszug heißt es dort u. a.: „[...] war ich empört gegen Gott und sagte: ‚Soll es noch nicht genug sein, dass die elenden Sünder, die ewig durch die Erbsünde Verlorenen, durch den Dekalog mit allerhand Unheil bedrückt sind?'" (Michalak-Leicht/Sajak 2015, Hg.: 343). Zudem gehört „Erbsünde" zu den themenbezogenen Konkretionen des thematischen Schwerpunkts „Der Mensch als Sünder und Gerechtfertigter – Gnade vor Recht?" (Kirchenamt der EKD 2010, Hg.: 32). Dieses Wort wirkt heute antiquiert und kann bspw. als universelle Verstrickung des Menschen in Unheilsstrukturen verstanden werden. Die Rezeption des Wortes durch die SuS entfaltet hier offenbar eine eigene Dynamik.

kam er wieder rein, kniete sich vor die gezeichnete Kirche, faltete die Hände, bekreuzigte sich mehrmals, dann stand er auf, nahm in jede Hand einen Rucksack, ging dreimal im Kreis und stellte sich dann wieder vor die Zeichnung, dieses Mal mit einem überdeutlichen Lächeln; dann klopfte er sich auf die Schulter, schaute voller Stolz zur Decke, rieb sich die Hände und ging durch die Bankreihen, um dann einer anderen Schülerin unbemerkt deren Füller aus dem Mäppchen zu entwenden. Dann rief ein Schüler: „Das ist scheinheilig." (Mitschrift: 24.11.2020).

Der Schüler stellte gemäß seiner im Anschluss vorgetragenen Erklärung bzw. Metareflexion „Kirche" durch eine Zeichnung dar, „Beichtstuhl" durch die Außentafel, „Beichte" durch gefaltete Hände und Murmelbewegungen, Reue durch die hängenden Schultern; „beten" brachte er mit gefalteten Händen zum Ausdruck und „Bußstrafe" („Werke") mit dem Umhertragen der Rucksäcke. Den Aspekt der scheinbar erworbenen „Gerechtigkeit" durch die vollbrachten „Werke" zeigte er durch das stolze Schulterklopfen und das gleichzeitige Schauen zur Decke. Weiter karikierte er mit dem Reiben der Hände und dem anschließenden erneuten Entwenden eines Gegenstandes das in den Hintergrund tretende Bereuen der Sünde.

7 Baustein VII: Bewährungsprobe in externen Translationsräumen

Die SuS der elften Jahrgangsstufe erschlossen den Saarbrücker Ludwigsplatz im Anschluss an die in Kap. II 1.7.2 vorgestellte dritte Variante zur Erschließung eines Translationsraumes mit dem Prisma „Rechtfertigung"/„sich rechtfertigen": Dieser ist nicht als solcher bspw. als ein Erinnerungsraum vorgegeben, sondern die SuS konstituieren ihn im Zuge der Wahrnehmung von unterschiedlichen Sprachebenen, die die Eckpunkte des Raumes darstellen.

Gemäß dem in Kap. II 1.7.2 entworfenen didaktischen Doppelschritt Wahrnehmen und Managen geht es zunächst um die Wahrnehmung der vorhandenen Sprachebenen als Eckpunkte des zu erschließenden Translationsraumes. Hierzu nehmen die SuS eine Begehung vor: Bei dem Ludwigsplatz handelt sich um einen Raum nach Typ IV: er ist den SuSn bekannt (er liegt in unmittelbarer Nähe der Schule), doch er wurde bislang nicht mit der Sprache der christlichen Traditionen als ein Translationsraum wahrgenommen, in dem unterschiedliche Sprachebenen aufeinandertreffen. Neben der Sprache der christlichen Traditionen, repräsentiert durch die zentral sich auf dem Platz befindliche evangelische Ludwigskirche, sind entlang des Platzes ein Gasthaus, eine Polizeiwache, die Hochschule der Bildenden Künste, die saarländische Staatskanzlei, das französische Honorarkonsulat und die „Herberge zur Heimat" verortet, ein Übergangswohnheim für Obdachlose in Trägerschaft der Diakonie Rheinland-Westfalen-Lippe. Durch diese Sprachen konstituierten die SuS den Translationsraum:

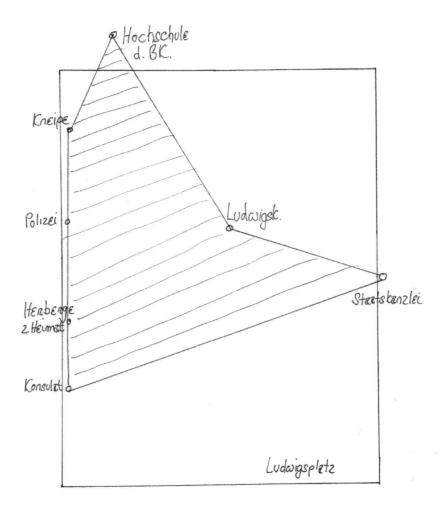

Abb. 16

Auffällig ist nun die von dem Ludwigsplatz abweichende Form des neu entstandenen Translationsraums (Schraffierung), die auch eine neue Wahrnehmung des Platzes mit sich bringt, wie noch in der abschließenden Reflexion zu zeigen ist. Um die Schnittstellen von Sprachebenen wahrnehmen zu können, an denen Verständnisschwierigkeiten möglich sind, kamen die SuS mit RepräsentantInnen der Sprachebenen über deren sprachlichen Zugriff auf „Rechtfertigung"/„sich rechtfertigen" ins Gespräch; die jeweilige Frage lautete: „Wann begegnen Ihnen die Wörter ‚Rechtfertigung'/‚sich rechtfertigen' –

als Sender und als Empfängerinnen in Kommunikationssituationen?" Dabei kamen die SuS zu folgenden Ergebnissen, die im Plenum den anderen Gruppen vor Ort mitgeteilt wurden (Transkript: 01.12.2020):

Ludwigskirche

„Hier wird die Botschaft von der Rechtfertigung des Menschen allein durch Glauben verkündet." – „Die meisten Menschen, die die Kirche besuchen, sind sich dieser Botschaft bewusst; sie finden in der Kirche einen Ort oder bei einem Gespräch mit dem Pfarrer jemanden, bei dem sie sich nicht rechtfertigen müssen, sondern einfach Mensch sein können."

Gasthaus

„Die Wirtin muss sich rechtfertigen vor den Kunden, wenn sie die Preise erhöht hat. Sie und ihre Bediensteten rechtfertigen sich, wenn sie eine Bestellung nicht gleich aufnehmen können und die Gäste warten lassen." – „Gäste rechtfertigen sich, wenn sie unfreundlich waren, dass sie einen schlechten Tag hatten."

Polizeiwache

„Polizisten müssen sich rechtfertigen, wenn sie oft nur ihre Arbeit machen." – „Menschen versuchen oft, sich mit schlechten Ausreden zu rechtfertigen, wenn sie irgendwelche Delikte begangen haben."

Hochschule der Bildenden Künste

„Die Freiheit der Kunst rechtfertigt keine Verunglimpfungen." – „Besucher der Ausstellungsräume fordern oft eine Rechtfertigung für die Gestaltung von Kunstwerken, die sie als anstößig oder merkwürdig empfinden."

Staatskanzlei des Saarlandes

„Die in politischer Verantwortung stehen, müssen sich oft für Entscheidungen rechtfertigen, die nicht so populär sind." – „Viele beschweren sich bei der Politik, dass sie nicht nachvollziehen können, wie Entscheidungen politisch, gesellschaftlich usw. gerechtfertigt werden können."

Honorarkonsulat

„Der Honorarkonsul und sein Stab mussten sich schon rechtfertigen für politische Entscheidungen der französischen Regierung. – „Es gab auch Menschen, die sich dort rechtfertigen mussten, weil sie um Hilfe nachsuchten."

Herberge zur Heimat

„Die Herbergsleitung muss sich gegenüber Obdachlosen rechtfertigen, wenn, gerade in kalten Monaten, keine Zimmer mehr frei sind." – Bewohner rechtfertigen sich oft, wenn sie, entgegen der Hausordnung, Alkohol mitbringen. Als Rechtfertigung bringen sie dann vor, dass sie durch Alkohol warm bekommen."

Dabei stellten die SuS auch mögliche Beziehungen zwischen den Sprachen fest, bspw. dass die Sprache der „Herberge zur Heimat" und der Ludwigskirche sich aufgrund des christlichen Bezugs näher sind als die ebenfalls affinen

Sprachen der Polizei und der Staatskanzlei. Im Zuge der Gespräche konnten die SuS weiterhin wahrnehmen, zwischen welchen Sprachebenen es zu Unterbrechungen kommen könnte, wobei ein Bezug zu „Rechtfertigung"/„sich rechtfertigen" vorhanden sein sollte. Das Arbeitsergebnis einer Gruppe, die sich die Sprache der Polizei und der Ludwigskirche ausgesucht hatte, lautete folgendermaßen:

> „Eine Polizistin orientiert sich am Strafgesetzbuch, das Orientierung gibt, was richtig und falsch ist. Wenn jemand ein Verbrechen begeht, macht er sich schuldig, und dann trifft ihn die Härte des Gesetzes, und er bekommt eine Haftstrafe. Danach kommt er wieder frei und hat seine Schuld abgesessen. Bei Gott gilt eine andere Gerechtigkeit. Luther geht davon aus, dass der Mensch Sünder und Gerechter gleichzeitig ist. Er macht sich also nicht freiwillig zum Sünder durch ein Verbrechen, sondern er ist und bleibt ein Sünder, der diese Schuld nicht selbst [ab]arbeiten kann. Gott liebt die Menschen und deshalb akzeptiert er das Menschsein und macht die Menschen gerecht." (Abschrift: Anna, 16 Jahre, elfte Jahrgangsstufe, 01.12.2020)

Die vortragende Schülerin Anna (auch Schriftführerin der Gruppe) differenziert zwischen der Sprache der christlichen Traditionen, die sie der Ludwigskirche zuordnet, und dem Sprachspiel der Justiz; den für sie entscheidenden Unterschied verortet sie in dem Aspekt der Gerechtigkeit, um ausgehend davon zu „Rechtfertigung"/„sich rechtfertigen" überzuleiten und dabei sowohl eine Sprach- als auch eine Translationshandlung zu vollziehen. Auf das Verhältnis des Menschen zu Gott unternimmt sie einen sprachlichen Zugriff, der zwischen einer aus freiem Willen erwachsenden Schuld beim Gesetzesübertritt und der im Menschsein inhärenten Schuld unterscheidet. Annas Gruppe lotete demzufolge Schnittmengen zwischen den Sprachebenen aus, die sich als ein Translations- und auch als Kommunikationsraum anhand von Aspekten und konkreten Wörtern eröffnen, die wiederum Kookkurrenzen zu „Rechtfertigung"/„sich rechtfertigen" darstellen, bspw. „Gerechtigkeit", „Schuld", „Sünder".

Im zweiten Schritt, dem Managen, wurden die SuS als TranslatorInnen tätig und überlegten, wie die Unterbrechungen durch Translationen gelöst werden können und wie in diesem Zusammenhang die Sprachen anhand „Rechtfertigung"/„sich rechtfertigen" untereinander ins Gespräch kommen können. Hierzu überlegten die Gruppen, wie sie die Themenwörter in die ihr Beispiel tangierenden Sprachebenen transferieren könnten. Das Ergebnis von Annas Gruppe bildete ein intersemiotisches Translat:

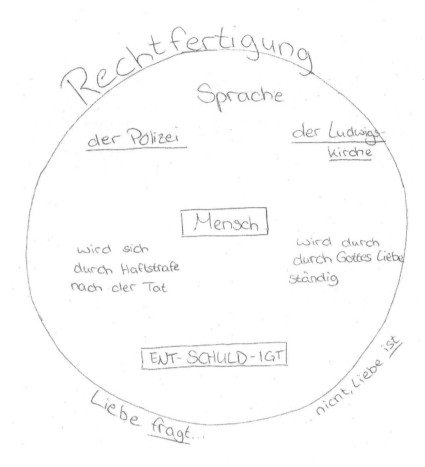

Abb. 17

Die Zeichnung wurde folgendermaßen metareflektiert:

„So weit weg sind die beiden Sprachen gar nicht, wie man auf den ersten Blick meinen könnte, wenn man ein Thema oder eben ein Wort wie ‚Rechtfertigung' als Ausgangspunkt nimmt, um zu sehen, wie beide Sprachen funktionieren; Sprache schafft Verbindungen durchs Übersetzen. Dann findet man noch andere Wörter, die dann eine Verbindung zwischen beiden bilden wie ‚Schuld' und ‚entschuldigen'. Dann erkennt man noch mehr, dass der Mensch bei beiden im Mittelpunkt steht und eben auch der Umgang mit Schuld. Ein Mensch hat seit seiner Geburt die Fähigkeit, ein Verbrechen zu begehen, und er ist frei, also ist er eigentlich vom Prinzip her gefährlich. Wenn er sich entschlossen hat, diese Fähigkeit einzusetzen, dann lädt er Schuld auf sich. Er bekommt eine Strafe und hat sich danach ent-schuldigt. Die Rechtfertigungslehre schaut auf die Fähigkeit zum Bösesein. Dadurch ist der Mensch automatisch schuldig. Aber Luther zeigte, dass der Mensch sich z. B. durch gute Werke nicht selbst davon befreien, also entschulden kann. Das muss er auch gar nicht, denn Gott liebt ihn als Menschen.

> Der Mensch wird also ent-schuldigt von Gott, und das immer und immer wieder. Gott streckt dem Menschen die Hand hin, und der Mensch kann die Hand durch Glauben reichen. Da passt das Lied von Nena ganz gut: In der Sprache der Polizei fragt die Liebe, in der evangelischen Sprache der Ludwigskirche ist die Liebe."
> (Abschrift: Anna, 16 Jahre, elfte Jahrgangsstufe, 08.12.2020)

Die Gruppe schloss, ausgehend von „Rechtfertigung"/„sich rechtfertigen", auf unterschiedliche Argumentations- und Deutungsmuster beider Sprachen und konnte ihr Wissen von Kookkurrenzen anwenden, indem mit „Schuld"/ „entschuldigen" und „Liebe" Wörter als Schnittmengen ausgemacht wurden, in denen hermeneutische Wechselwirkungen zwischen beiden Sprachebenen zustande kommen, die sich beide gegenseitig erhellen – und diese Erhellung erfolgt durch die SuS als TranslatorInnen.

Bei der abschließenden Reflexion äußerten die SuS ihre Sichtweise auf den Translationsraum nach seiner sprachlichen Erschließung und ihren daraus hervorgegangenen neuen Erkenntnissen (Transkript: 08.12.2020):[31]

> „Beim Ludwigsplatz dachte ich immer nur an die Ludwigskirche." – „Ja, genau, ich meinte auch, dass der Platz ganz durch die Kirche beherrscht wird." – „Wird er ja, aber die Kirche repräsentiert nur eine der vielen Sprachen hier." – „Ich finde die neue Abgrenzung, also die neue Gestalt des Ludwigsplatzes als Translationsraum interessant, weil man den Platz ganz anders jetzt sieht." – „Als Translationsraum gesehen, könnten auch Konflikte zwischen den Sprachen auftreten, wenn z. B. ein abgeschobener Flüchtling Kirchenasyl will." – „Ich sehe den Ludwigsplatz jetzt so wie einen Rahmen mit vielen Szenen." – „Stimmt, und ich meine, dass sich auch eine neue Sicht auf unser Themenwort ergibt: ‚Rechtfertigung' ist der Rahmen und die vielen Sprachen vom Ludwigsplatz sind dann wie die Szenen." – „Also dann wäre das so: An dem Wort ‚Rechtfertigung' haben viele Sprachen einen Anteil?" – „Sagen wir doch so: Viele Sprachen können sich angesprochen fühlen durch ‚Rechtfertigung' oder die dazu gehörenden Wörter." – „Und viele Sprachen, also die Institutionen hier, können ganz anders wahrgenommen werden, wenn man sie zusammen mit anderen Sprachen sieht." – „Wenn ich nun darüber gehe, werde ich bestimmt darüber nachdenken."

Aus den Äußerungen geht zweierlei hervor: Erstens erkennen die SuS die Bedeutungsverschiebungen von Wörtern in Abhängigkeit von ihrer Verwendung in unterschiedlichen Sprachebenen und zweitens in diesem Zusammenhang die hermeneutische Wechselwirkung zwischen unterschiedlichen Sprachebenen. Der Ludwigsplatz erscheint für die SuS in einem neuen hermeneutischen Licht und eröffnet ihnen (bei jedem neuen Passieren) ein Reflexionspotenzial im Hinblick auf mögliche Affinitäten zwischen den Sprachen, aber auch auf mögliche Unterbrechungen und diesbezügliches Management.

---

31 Die Gedankenstriche trennen die unterschiedlichen Äußerungen der SuS.

8 Religionspädagogische und -didaktische Reflexion

Die Reflexion der praktischen Umsetzung aller Bausteine ist sowohl auf einer religionspädagogischen als auch auf einer religionsdidaktischen Ebene angelegt und vollzieht sich vor dem Hintergrund der zugrunde gelegten Themenwörter „Rechtfertigung"/„sich rechtfertigen" in drei Schritten: Als Diskussionsgrundlage werden in einem ersten Schritt mögliche Probleme aufgezeigt, die sich bei einer unterrichtlichen Behandlung der Rechtfertigungslehre einstellen können, und Lösungswege skizziert (Kap. III 8.1), so dass in einem zweiten Schritt die Auswertung der praktischen Umsetzung der Bausteine einer sprach- und translationssensiblen Religionsdidaktik anhand von „Rechtfertigung"/„sich rechtfertigen" Kontur gewinnt (Kap. III 8.2). Damit sind die Weichen für den dritten Schritt gestellt, in dem, ausgehend von dem vorangehenden Befund, religionspädagogische und -didaktische Rückschlüsse auf einer allgemeinen Ebene im Hinblick auf die praktische Umsetzung einer sprach- und translationssensiblen Religionsdidaktik gezogen werden (Kap. III 8.3).

8.1 Mögliche Probleme und Lösungsvorschläge für die unterrichtliche Behandlung von „Rechtfertigung"/„sich rechtfertigen"

Der unterrichtliche Status des Rechtfertigungsglaubens ist anzusehen als ein

> „theologische[s] Schlüsselthema [...], das nicht nur als abgrenzbarer *Inhalt* [...] vermittelt werden kann, sondern das als theologische Leitperspektive die Behandlung religionsunterrichtlicher Themen insgesamt und den pädagogischen Umgang mit den Schülerinnen und Schülern [...] überhaupt prägt".[32]

So wichtig die Thematik im Religionsunterricht ist, mit ebenso vielen Fallstricken ist die didaktische Umsetzung verbunden: Dementsprechend stufen Karlo Meyer, Stefanie Lorenzen und Christian Neddens sie als eine „ungelöste pädagogische Herausforderung" ein.[33] Die Herausforderung sehen die AutorInnen auf zwei Ebenen gelagert: Erstens geht es darum, ob und wie der Rechtfertigungsglaube thematisiert werden kann, „ohne entweder als absonderlicher Fremdkörper oder als gelegentlich hilfreiche Binsenweisheit wahrgenommen zu werden, die genauso gut nicht-religiös durchbuchstabiert werden könnte".[34]

---

[32] Pirner (2019c) 338 (Hervorh. im Original).
[33] Meyer/Lorenzen/Neddens (2017) 47.
[34] Ebd. 55.

8 Religionspädagogische und -didaktische Reflexion

Zweitens besteht eine Herausforderung in der immer wieder neu zu stellenden Frage,

> „welche theologischen Konsequenzen das ‚Abholen' der Schülerinnen und Schüler mit sich bringt und wie es gelingen kann, die theologische Ebene sowie die lebensbegleitende Dynamik im Ausgang von der Rechtfertigungslehre nachvollziehbar einzuspielen, statt sich auf eine allgemeinpsychologische oder sozialpädagogische Ebene zu beschränken".[35]

Hinzu kommt, dass die Thematik für Kinder und Jugendliche vielfach von Verständnisschwierigkeiten begleitet ist,[36] allerdings auch „besondere Chancen, zentrale Aspekte der Christusbotschaft in ihrer Relevanz für das eigene Leben zu entdecken", bereithält, wozu allerdings die Thematik „jenseits der schwer verständlichen juristischen Metaphorik und heute kaum noch nachvollziehbaren Rede vom ‚stellvertretenden Sühnetod' Jesu in seinem Kern neu erschlossen werden [muss]".[37]

Zusammenfassend lässt sich feststellen, dass die Herausforderung für die unterrichtliche Behandlung der Rechtfertigungslehre bzw. „Rechtfertigung"/ „sich rechtfertigen" in dem Finden von Zugängen besteht, die einerseits in sachorientierter Hinsicht theologisch fundiert sind und denen andererseits die SuS nicht restriktiv gegenüberstehen, weil es sich dabei um Wörter handelt, die ihnen fremd und/oder unbekannt sind. Im Kern geht es dabei um Translationen bzw., mit Karlo Meyer gesprochen, um „Annäherungs- und Verständigungsbrücken",[38] die die sachorientierte Sprache der christlichen Traditionen mit den Sprachwelten der SuS verbinden. Derartige ‚Brücken' sehen die AutorInnen des Grundlagentextes *Reformation und Freiheit* in „gegenwärtig häufiger verwendeten Begriffen" gegeben, „die Luthers Erfahrung übersetzen können".[39] Darunter verstehen die AutorInnen eine Art der Plausibilisierung von Luthers im 16. Jahrhundert wurzelnden Ängsten und Erfahrungen unter Rückgriff auf „Alltagssprache",[40] bzw. auf Erfahrungen, die einen „Teil des Alltags" darstellen.[41] Mit „Liebe", „Anerkennung und Würdigung", „Vergebung" und „Freiheit" handelt es sich dabei um Wörter, die auf die anthropologische Grundstruktur des Menschen als „simul iustus et peccator" und Gottes bejahende Gnade bezogen sind.

Daran anknüpfend sieht Manfred L. Pirner in den Zugängen zum Rechtfertigungsglauben drei zu erfüllende Funktionen gegeben: Erstens müssen „Erschließungserfahrungen" ermöglicht werden, die „das eigene Leben in ei-

---

[35] Ebd.
[36] Hierzu exemplarisch Sarah in ihrem schöpferischen Treueversprechen für Translat 11.1 (Kap. III 4.1): „Richtig verstanden habe ich dich (i. e. Rechtertigung) aber nie."
[37] Pirner (2019c) 330.
[38] Meyer (2019) 193.
[39] EKD (⁴2015, Hg.) 29f. Hierzu ausführlich in Kap. I 1.3.2.
[40] Ebd. 28, 30.
[41] Ebd. 30.

nem anderen, neuen Licht erscheinen lassen", wozu bspw. die „wichtige Leitunterscheidung [...] zwischen dem Menschen als (von Gott geschaffen und geliebten) Menschen und seinen Leistungen bzw. seinem Versagen" zählt.[42] Zweitens sollte ein Zugang Erfahrungen ermöglichen, die im eigenen Leben bislang noch nicht gemacht worden sind, bspw. eine bedingungslose Liebe und Akzeptanz der Eltern; eine diesbezügliche „Gegenerfahrung" bildet dann die bedingungslose Liebe Gottes.[43] Drittens sollten die SuS „Transformationserfahrungen" machen, die „zu einer befreienden Veränderung und Vertiefung des Lebens und des eigenen Selbstverständnisses beitragen".[44] Den Zugang über den Aspekt der Anerkennung erachtet Pirner „für junge Menschen besonders vielversprechend", da sich für sie das „Streben nach Anerkennung [...] etwa in der Selbstinszenierung durch Mode, Styling oder körperliche Selbstoptimierung ebenso wie in dem Streben nach Leistung und materiellem Wohlstand [zeigt]".[45]

Diese Zugangsperspektive kann vor dem Hintergrund einer „Theologie der Anerkennung" in vier Dimensionen entfaltet werden:[46] Die erste konkretisiert „Anerkennung als Beachtung", so dass durch den Rechtfertigungsglauben Impulse für die Überwindung der Angst vermittelt werden können, „in der Massengesellschaft unterzugehen [...]. Wer selbst beachtet wird, muss nicht mehr ständig nach Beachtung streben, sondern wird frei dafür, andere zu beachten".[47] Die zweite Zugangsperspektive verläuft über „Anerkennung als Achtung" und weitet das im Rechtfertigungsglauben enthaltene ,Ja' Gottes zu den Menschen hinsichtlich der „Grundlage für die wechselseitige Achtung und Anerkennung aller Menschen als mit gleicher Würde und gleichem Lebensrecht ausgestattet".[48] Als dritten Zugang meint die „erkennende Anerkennung [...], dass Gott jeden Menschen anerkennt, obwohl er ihn oder sie genau kennt";[49] somit kann ein Bewusstsein dafür entstehen, als „simul iustus et peccator" zu leben und im Umkehrschluss „auch anderen Menschen Fehler und Schwächen zu[zu]gestehen".[50] Die vierte Perspektive besteht in der „schöpferischen Anerkennung", die auf die durch Gott eröffneten Lebensperspektiven zielt und ein Bewusstsein dafür entstehen lässt, dass „Gottes schöpferische Anerkennung [...] Menschen dazu an[regt], auch anderen mit dieser Haltung zu begegnen und sie zum Entdecken und Entwickeln ihrer Fähigkeiten zu ermutigen".[51]

---

[42] Pirner (2019c) 335.
[43] Ebd. 336.
[44] Ebd.
[45] Ebd. 337.
[46] Ebd.
[47] Ebd.
[48] Ebd.
[49] Ebd.
[50] Ebd.
[51] Ebd.

Anders als Pirner akzentuiert, wäre in allen diesen Fällen der Freiraum für nichtglaubende SuS zu wahren. Das heißt zwar, Anerkennung als Beachtung und Anerkennung als Achtung in ihrer existentiellen Dimension aufzunehmen, aber SuS beim Selbstbezug einen weiteren Rahmen zu lassen und beim dritten und vierten Aspekt auch eine distanzierte beobachtende Haltung und nicht eine „Transformationserfahrung" im Blick zu haben.

8.2 Auswertung der sprach- und translationssensiblen Erschließung von „Rechtfertigung"/„sich rechtfertigen"

Nach der Darstellung der mit der unterrichtlichen Thematisierung einhergehenden Probleme und diesbezüglichen Lösungsmöglichkeiten erfolgt in einem zweiten Schritt die Auswertung der praktischen Umsetzung einer Sprach- und Translationssensibilisierung anhand von „Rechtfertigung"/„sich rechtfertigen", die neue religionspädagogische und -didaktische Impulse für die Begegnung dieser komplexen Thematik mit SuSn im Religionsunterricht setzt. Wie oben dargelegt, sehen es Meyer/Lorenzen/Neddens (2017) als eine Herausforderung an, die mit der Rechtfertigungslehre verbundene Christusbotschaft in theologischer Angemessenheit und zugleich in einer für SuS verständlichen Sprache zu erschließen. Eine sprach- und translationssensible Religionsdidaktik kann diese Erschließung ermöglichen, da am Ende der Translationen unterschiedliche kreativ-sprachliche Neuversuche die Translate bilden, die nicht als abgeschlossen zu betrachten sind. Durch die unterschiedlichen didaktischen Herangehensweisen in den Bausteinen werden zahlreiche Facetten der Themenwörter „Rechtfertigung"/„sich rechtfertigen" im Horizont unterschiedlicher Sprachebenen freigelegt; das Lernarrangement entspricht einer Empfehlung von Pirner für die unterrichtliche Praxis, indem es derart pädagogisch und didaktisch angelegt ist, dass es „nicht so sehr darum [geht], das Thema ‚Rechtfertigung' ‚abzuhandeln' oder ‚durchzunehmen', sondern vielmehr darum, den Glauben an den liebenden, gnädigen und lebensverändernden Gott in vielfacher Weise immer neu zu erschließen".[52] Dabei wäre gegenüber Pirners Akzent etwas vorsichtiger auch festzuhalten, dass der Freiraum bleiben muss, dies im Sinne einer Erschließung zu verstehen, die zwar das „existentielle Potential"[53] aufnimmt, aber erlaubt, es auch ohne Gottesbezug zu durchdenken.

Es wurde im Hinblick auf die praktische Umsetzung des Lernarrangements schon darauf hingewiesen, dass die Bausteine auch einzeln in den Religions-

---

[52] Ebd. 338.
[53] Meyer (2019) 255, 257, 265.

unterricht implementiert werden können. Als konsekutiv zu betrachten sind allerdings die das ‚Herzstück' einer Sprach- und Translationssensibilisierung bildenden Bausteine III–V als Translationsprozess, dessen Translationsverfahren das Transkreieren mit den darauf abgestimmten Translationsstrategien darstellt; hierzu gehören als Besonderheiten der Aufbau einer Beziehung zum Translationsgegenstand bzw. zum Themenwort, ein schöpferisches Treueversprechen für die Translation und die Überprüfung der Treue nach der Überführung in ein Translat als kreativ-sprachlicher Neuversuch. Besonders an diesen drei Bausteinen kristallieren sich die Essentials einer Sprach- und Translationssensibilisierung heraus, was selbstverständlich nicht heißt, die restlichen Bausteine als unwesentlich abzutun, da auch in den übrigen Bausteinen die SuS als TranslatorInnen tätig sind. Den Schwerpunkt jedoch bilden Translationen, zu denen zwar auch in den übrigen Bausteinen die SuS angehalten sind; allerdings verdichtet sich in den Bausteinen III–V das translatorische Grundverhalten Verstehen, Auslegen, Neuformulieren in dem besonders zur Sprach- und Translationssensibilisierung anhaltenden Translationsverfahren des Transkreierens, den darauf abgestimmten Translationsstrategien und der Beurteilung der Translate. Demzufolge erweist sich die Fokussierung dieser Teile der Anwendung des Lernarrangements auf „Rechtfertigung"/„sich rechtfertigen" als hilfreich für eine greifbare Herausstellung der religionspädagogischen und religionsdidaktischen Ergebnisse:[54]

Als Unterbrechungen werden die Komplexität und der hohe Grad an Abstraktion genannt (8.1-2); zudem wird es für das Verständnis der Wörter als abträglich empfunden, wenn ein klarer Bezug zu Gott vorliegt, der als „nicht direkt greifbar", „unerreichbar" und „weit weg im Himmel" gesehen wird (8.3), und wenn in diesem Zusammenhang der Bezugspunkt des Menschen nicht vorhanden zu sein scheint (11.1-3). Für die Verständlichkeit bedeutet das eine im Zuge der Translation vorzunehmende Hervorhebung bzw. Akzentuierung der einem Wort inhärenten Bedeutungen für den Menschen in der Relation zu Gott.

Als Sprachebenen, in die Translationen erfolgen sollen, werden diejenigen von gläubigen Menschen genannt, denen es an der Vorstellungskraft für die Erfassung eines Wortes fehlt (8.2). Demzufolge wird mit dem Translat eine vereinfachende Erklärung auf derselben Sprachebene anvisiert. Weiterhin stufen sich die SuS selbst als gläubig ein (8.2) oder sehen sich als in der Sprache der christlichen Traditionen versiert an, wenn als AdressatInnen nicht- und andersreligiöse (8.1, 11.2-3), bzw. „möglichst viele" Menschen, genannt werden (11.1); eine Spezifizierung liegt vor, wenn darunter explizit Kinder im eigenen Alter verstanden werden (8.3). Die Wahl der Translationsstrategien

---

[54] In Klammern wird auf die Translate 8.1-11.3 (Kap. III 4.3) und in Form von Zitaten auf deren Metareflexionen (Kap. III 5.1) verwiesen; anhand der diesbezüglichen Leitfragen orientiert sich die nachfolgende Gliederung.

greift zu einem überwiegenden Teil die genannten Unterbrechungen auf; weil Wörter als zu komplex erachtet werden, strebt die Mehrzahl der SuS die Herausstellung von einzelnen das Gesamtverständnis fördernden Aspekten eines Wortes (8.1-2, 11.2-3) oder mit der Einrahmung eine Strategie an, um den vielen Aspekten bzw. Szenen gerecht werden zu können (11.1).

Für die Wahrung der Beziehung zum Translationsgegenstand erachten es die meisten SuS für wichtig, dessen Verständnis für die AdressatInnen zu fördern (8.2-3, 11.1-2); im Anschluss an die „fidélté créative" besteht die Treue demnach in einer Veränderung, welche als Konsequenz der Treue angesehen wird. Die Grenze für die Veränderungen im Zuge von Translationen wird von den SuSn in dem Verschwinden von Bezügen (8.1, 11.3) angesehen, die charakteristisch für die Sprache der christlichen Traditionen sind. Die Einschätzung, ob das Translat auch für die gewählte Adressatenschaft verständlich ist, verhält sich durchweg positiv; als Begründung wird eine gemeinsame sprachliche Schnittmenge genannt (8.1), die sich im besonderen Maße durch das Aufgreifen von aktuellen Bezügen, bspw. der Corona-Pandemie (8.3) und der Flucht- und Migrationsbewegungen, auftun (11.1), bei denen der Mensch in den Mittelpunkt rückt. Weiterhin wird der Aspekt eines direkten Ansprechens als Grad der Verständlichkeit angesehen (8.2), so dass der direkte Bezug – oder besser: Einbezug (11.2) – der AdressatInnen eine Voraussetzung des Verstehens bildet.

Die Antworten der SuS auf die Frage, inwieweit sie durch das Translat dem Translationsgegenstand nähergekommen sind, nehmen Bezug auf die Gründe für Unterbrechungen, indem die Mehrheit der Ansicht ist, Gott nähergekommen zu sein (8.3, 11.1-2); dabei spielt auch der schon mehrmals angesprochene Fokus auf den Menschen eine Rolle (11.3). Zudem wird auch eine positivere Sicht auf den Translationsgegenstand genannt, die im Zuge des Transkreierens die ursprüngliche Fremdheit weichen lassen konnte (8.1-2). Wie auch schon bei den Gründen für die Unterbrechungen angegeben wurde, wirken Wörter auf die SuS fremd, wenn für sie der Aspekt des Menschen nicht erkennbar ist bzw. wenn dieser hinter Gott, der sich „weit weg im Himmel" befindet (8.3), eingestuft wird. Das Fehlen von Ausdrucksformen für ihr eigenes Verständnis von Religion ist dann weniger auf dem Feld des Wortes zu suchen, das durch Bezüge zum Glauben und zu Gott abgesteckt ist, sondern in den in dem Wort enthaltenen Bezügen zu den Menschen.

Eine verstärkte Konzentration auf die Ausbildung der sachorientierten Sprache der christlichen Traditionen findet durch die Auseinandersetzung mit der Frage statt, inwieweit der Translationsgegenstand aus der Perspektive von TheologInnen noch im Translat erkennbar ist. Die meisten SuS nennen im Anschluss an die gewählten Translationsstrategien die im Zuge der Translation vorgenommenen theologischen Weitungen durch Bezüge zu Bibelversen oder zu christlichen Liedern, die sich für TheologInnen erschließen (8.2-3, 11.2). Leicht davon unterscheiden sich die beiden Antworten, dass

TheologInnen ohnehin „gleich" einen Bezug herzustellen vermögen (11.1) und dass dieser Bezug durch die Akzentuierung bestimmter Aspekte des Translationsgegenstands im Translat erst recht gegeben ist (8.1).

Die Bewährungsprobe der Treue und die diesbezügliche Meisterung greift zuvor schon genannte Überlegungen der Lerngruppe auf: Die Mehrzahl der SuS sieht die von ihnen vorgenommenen Veränderungen als notwendig an, um die Treue halten zu können (8.2-3, 11.1-3); hier klingt deutlich die „fidélité créatrice" an. Weiterhin sahen viele SuS die gemeinsame Kommunikationsbasis als eine Möglichkeit, die Treue zu dem Translationsgegenstand halten und ihn in diesem Zusammenhang für eine breite Adressatenschaft zugänglich machen zu können. Diese Schnittmenge zwischen unterschiedlichen Sprachebenen konstituiert sich durch Themen, die sozusagen „in aller Munde" sind bzw. die wie die Corona-Pandemie und die Flucht- und Migrationsbewegungen charakteristische Wörter aufweisen, die im Translat mit dem Translationsgegenstand bezüglich eines gemeinsamen semantischen Nenners verbunden werden (8.1, 8.3, 11.1-2). Als ein weiterer Punkt wurde die Einbindung von Bezügen zu der Sprache der christlichen Traditionen genannt, die im neuen Translat erkennbar sein müssen, bspw. ein Kreuz (11.3).

Es wurde schon darauf hingewiesen, dass als Sprachkorpora die Sprache der religiösen Traditionen nur theoretisch und die Sprache für Religiöses im Prinzip überhaupt nicht abgesteckt werden können, weil unter ihr „subjektiv betrachtet alles Mögliche [gefasst werden kann]".[55] Ein Instrumentarium für die Wahrnehmung der Sprache für Religiöses können sog. *Heckenausdrücke* bilden: Das Wort geht zurück auf die von George Lakoff eingeführte Bezeichnung „hedges" für Wörter, die unterschiedliche Rückschlüsse über SprecherInnen bzw. AutorInnen ermöglichen, ob sie gegenüber einer Thematik eine positive oder negative Haltung einnehmen etc.;[56] so lässt bspw. innerhalb des Satzes „Die Eiche ist ein Laubbaum par excellence." der Heckenausdruck „par excellence" u. a. die Annahme zu, dass die Aussage von jemandem getroffen wurde, der im mitteleuropäischen Kulturraum, womöglich in Deutschland beheimatet sein könnte.[57]

Für die in diesem Kapitel unternommene Auswertung eignet sich die Bezeichnung „Heckenausdruck" für die Beobachtung und Benennung von Sprachmerkmalen, die auf die Subjektbezogenheit der SuS hinsichtlich der Sprache für Religiöses schließen. So wird bei den unterschiedlichen ermöglichten Anlässen zu Sprachhandlungen deutlich, dass die SuS die (religiöse) Subjektbezogenheit durch auf sie gerichtete Pronomina, durch Verben, die ein persönliches Gefühl beschreiben, sowie durch Vergleichspartikeln zum

---

[55] Bspw. Altmeyer (2018) 195.
[56] Lakoff (1973) 471. Das Lakoff'sche Modell wurde in unterschiedlicher Weise rezipiert; hierzu ausführlich Rolek (2018) 227-231.
[57] Rolek (2018) 262, Gippert (⁴2010) 262.

Ausdruck bringen. Ein Beispiel, das alle diese Merkmale umgreift, zeigt sich zu Beginn der Einleitung in Form von Rebeccas Äußerung „[Das Abendmahl] fühlt sich für mich wie so ein Freispruch an." Ähnlich verhält es sich bspw. mit „das bedeutet (für mich/[x])" (8.3). Dabei bilden häufig Wörter, die für die Sprache der religiösen Traditionen charakteristisch sind, den Ausgangspunkt für einen Vergleich bzw. für durch Vergleichspartikel markierte Translationen, wie auch bei Rebecca. Ähnlich äußerte sich eine Schülerin der siebten Jahrgangsstufe zu ihrem Bild bei der Metareflexion ihres intersemiotischen Translats (Kap. II 1.5.4.3): „So geht es mir an Ostern, dann kommt in mir Hoffnung auf." Durch Heckenausdrücke ergeben sich auch Rückschlüsse darüber, ob Translationshandlungen ausgeführt werden. Hierzu greifen die SuS auf Verben zurück, die sich in einem weiten Sinne auf Verstehensprozesse richten, zu denen häufig Adverbien im Komparativ gehören, die das durch die Translation verbesserte Verständnis betonen, bspw. „[x] kann man besser verstehen durch [y, bspw. Darstellungsform der Sprache]", „[x] verdeutlicht, dass ...", „um Menschen besser ansprechen zu können, die [Sprachebene]", „mir wird klarer, wenn ...", „erkennt man besser/deutlicher, dass ...", „... damit man fühlen kann" (11.2).

Der hier aufgestellte Befund ist durch das dünne Korpus natürlich nicht als repräsentativ für translatorisches Verhalten von SuSn im Evangelischen Religionsunterricht zu bewerten, allerdings werden so Tendenzen erkennbar, die im folgenden Kapitel Rückschlüsse auf die unterrichtliche Implementierung einer sprach- und translationssensiblen Religionsdidaktik gestatten.

8.3 Rückschlüsse auf eine sprach- und translationssensible Religionsdidaktik

Grundlegend für die Rückschlüsse stellen drei sich aus dem obigen Befund herauskristallisierende Tendenzen dar: Erstens wählen die SuS als Zugänge zu „Rechtfertigung"/„sich rechtfertigen" einerseits „den Menschen" bzw. menschliches Handeln, um eine „greifbarere" Sicht auf einen für sie theologisch sehr komplexen Gegenstand zu erhalten, da Gott als „weit weg im Himmel" o. ä. (8.3) erachtet wird. So kündigt bspw. Sarah in ihrem schöpferischen Treueversprechen an, „nicht nach Gott [zu] fragen, sondern nach dem Menschen [zu] schauen".[58] Weiterhin beabsichtigt sie im Translat, den Blick auf menschliches Handeln zu richten, „also wie sich Menschen zu anderen Menschen verhalten".[59] In der Visualisierung setzt sich die Tendenz fort, den Blick weg von Gott hin zu dem Menschen zu richten, der „ziemlich in der

---

58 Kap. III 4.1.
59 Ebd.

Mitte" von aufgerufenen Szenen steht.[60] In diesem Zusammenhang fällt die Tendenz auf, dass bei der Erarbeitung der auf das Transkreieren abgestimmten Translationsstrategien die SuS den in den Translationsgegenständen mitunter hohen Anteil Gottes in den Translaten reduzieren, indem sie sich auf menschliches Handeln konzentrieren und die Sprache der christlichen Traditionen auf eine allgemeine ethische Ebene des Verhaltens beziehen (Kap. II 1.5.6). Die von den SuSn gewählten Zugänge zu dem komplexen Rechtfertigungsgeschehen entsprechen den von Pirner (2019c) vorgeschlagenen Zugangsperspektiven einer Theologie der Anerkennung hinsichtlich „Anerkennung als Beachtung" (8.2),[61] „Anerkennung als Achtung" (8.1, 11.1–3),[62] „erkennende Anerkennung" (8.3, 11.3),[63] „schöpferische Anerkennung" (11.1–2, schöpferisches Treueversprechen, Visualisierung).[64]

Zweitens wählen die SuS für ihren Alltag virulente Themen wie Flucht- und Migrationsbewegungen (11.1) und die Corona-Pandemie (8.3), anhand derer sie „einen Bezug herstellen, auf den mehrere anspringen"[65] und vor deren Hintergrund sie u. a. die von den AutorInnen der EKD-Denkschrift *Reformation und Freiheit* (EKD [4]2015, Hg.) genannten Wörter „Liebe", „Anerkennung und Würdigung", „Vergebung" und „Freiheit" (Kap. III 8.1) zur Entfaltung bringen. Hier wird die ganz allgemeine religionspädagogische Frage nach der Thematisierung gegenwärtig virulenter Geschehnisse aufgeworfen. Im Anschluss an aktuelle Bezüge und in Medien stark präsente Ereignisse gilt es schülerorientiert zu fragen, wie diese aktuellen Bezüge im Rahmen einer sprach- und translationssensiblen Religionsdidaktik aufgegriffen, semantisiert, in Translationen eingebunden und auch so aufbereitet werden können, dass die kreativ-sprachlichen Neuversuche verständlich und theologisch angemessen sind und zugleich eine hermeneutische Folie für die Sprache der christlichen Traditionen bilden.

Drittens wählen die SuS ihren Zugang mitunter so, dass sich auch anders- und nichtreligiöse KlassenkameradInnen angesprochen fühlen können (8.2), „damit sie auch verstehen, was wir in Reli so machen" (8.1). Eine derartige

---

[60] Dies ist eine von mehreren Schüleräußerungen während der Visualisierung (Kap. III 4.2).
[61] Bspw. „Aber weil er [i. e. Gott] uns wahrnimmt und beschützt und wir uns so sicher und wohl fühlen, können wir Dinge in seinem Namen für andere tun [...]".
[62] Bspw. 11.3: „Der Titel [i. e. JA!'] soll aussagen: Durch das Kreuz sagt Gott Ja zu uns, und deshalb können wir auch Ja zu uns sagen."
[63] Bspw. 8.3: „[...] dass Gott durch sein Runterkommen, also dass er Mensch wurde, unsere Sünden auf sich genommen hat, und so kann der Mensch nun auch Energie für andere entwickeln."
[64] Bspw. 11.2: „Rechtfertigung meint nämlich auch, dass der Mensch etwas für seine Mitmenschen tun kann, weil Gott ihm nämlich den Rücken freihält und annimmt, wie er ist."
[65] Dies ist eine von mehreren Schüleräußerungen während der Visualisierung (Kap. III 4.2).

Herangehensweise lässt sich mit der von Thomas Wabel (2019c) herausgestellten Möglichkeit vergleichen, eine *Übersetzung* als „Einladung und Unterbrechung" zu gestalten, zu der auch das Gewähren einer sprachlichen Gastfreundschaft gehört. Dies wird besonders in dem intersemiotischen Translat 8.2 greifbar, indem der über einem Hirten stehende Satz „I want you!" als ein „Eyecatcher" verstanden wird, da man aus Sicht der SuS „mit dieser Anrede [...] nämlich zunächst mal nichts Religiöses erwarten [würde] und [...] dann umso mehr überrascht [ist], dass das etwas mit Rechtfertigung und auch mit so viel anderem zu tun hat".[66] Dies mag eine eingehende, traditionsgeschichtliche Analyse komplexer sehen. Im Anschluss an Wabel kann die Einladung des Translats sich hier deshalb entfalten, weil mindestens aus Sicht der SuS „eingeschliffene Erwartungen" unterbrochen werden.[67] In allen auch weniger religiös homogenen Lerngruppen wird durch den oben beschriebenen menschlichen Fokus die existentielle Durchlässigkeit für nicht-so-religiöse SuS offengelassen.

Aus diesen drei Tendenzen lassen sich Rückschlüsse für die unterrichtliche Implementierung einer sprach- und translationssensiblen Religionsdidaktik ziehen: Manfred L. Pirner (2019c) und die AutorInnen der EKD-Denkschrift *Reformation und Freiheit* (EKD [4]2015, Hg.) verweisen auf unterschiedliche Zugangsperspektiven zu dem für SuS komplexen Themenfeld des Rechtfertigungsglaubens. Dabei handelt es sich jeweils um Zugänge, die von den Religionslehrkräften gewählt werden können, um anthropologische Grunderfahrungen der SuS aufzugreifen und auf den Rechtfertigungsglauben zu übertragen. Das Lernarrangement einer sprach- und translationssensiblen Religionsdidaktik geht den umgekehrten Weg, indem es die SuS sind, die sich die Zugänge zu der Thematik bzw. zu dem Translationsgegenstand selbst schaffen bzw. selbst (trans-)kreieren. Dies kann schon dadurch geschehen, dass sich die SuS den Translationsgegenstand gemäß einer Checkliste selbst auswählen können (Baustein II). Der sprachliche Beziehungsaufbau (Baustein III) eröffnet besonders auf dem induktiven Weg Vernetzungen des Translationsgegenstands innerhalb der eigenen Sprachwelten der SuS einerseits, und aus diesen heraus mit anderen Sprachebenen andererseits. Die ‚Nähe' zum Translationsgegenstand wird in Baustein IV intensiviert: zum einen durch das schöpferische Treueversprechen, das durch eine vertiefte individuelle Auseinandersetzung die Möglichkeit für die Auswahl einzelner Aspekte bietet, die auf das eigene Interesse und die eigene Sprachwelt abgestimmt sind und die dann zum anderen im Zuge der Visualisierung im Plenum vor dem Hintergrund anderer Sprachwelten wahrgenommen werden; so stellt sich durch die Fremdwahrnehmung ein Erkenntnisgewinn für die eigene Sichtweise und Sprach-

---

[66] Dies ist eine Antwort von SuSn der elften Jahrgangsstufe auf den Impuls „Ist das Translat als angemessen zu beurteilen?" bzgl. Translat 8.2 (Kap. III 5.2).
[67] Wabel (2019c) 73. Der Ansatz wird besprochen in Kap. I 1.2.2 und Kap. II 1.6.3.

welt ein. Bei der anschließenden Auswahl der Translationsstrategien wählen die SuS zusammen mit den anderen Sprachwelten ihrer Gruppe einen gemeinsamen Zugang, der für sie alle in pragmatischer und theologisch-translationswissenschaftlicher Hinsicht als gelungen ausgewiesen werden kann. Die Translationsstrategien sind per se als ‚Zu-gänge' zu verstehen, da sie im Hinblick auf Translationsgrenzen (Kap. II 1.6.1) den Translationsgegenstand nicht in toto zu erfassen suchen, sondern sich auf einzelne Szenen innerhalb des Rahmens oder auch nur auf den Rahmen konzentrieren.

Die Auseinandersetzung mit den Themen des Religionsunterrichts mit dem Fokus auf Wörter ermöglicht eine ausgeprägte Zentrierung auf die SuS, die als TranslatorInnen und damit als AkteurInnen in dem Lehr-Lern-Prozess sich weitgehend selbstständig mit dem Translationsgegenstand auseinandersetzen, indem sie ihm lebensnah, d. h. mit ihren Sprachwelten, begegnen und ihn wechselseitig kreativ-hermeneutisch erschließen. Diese Art der Begegnung weist Parallelen zu dem Elementarisierungsmodell auf.[68] Der gravierende Unterschied besteht darin, dass vorwiegend die SuS – und nicht die Lehrkräfte – die Elementarisierungsdimensionen auf den Translationsgegenstand anwenden, um die wechselseitige Erschließung für sich, also mit den aus ihren Sprachwelten hervorgehenden Zugriffen und mit dem gesamten ihnen zur Verfügung stehenden linguistischen und paralinguistischen Potenzial zu realisieren. Dabei greifen die SuS aktiv sowohl auf ihre eigenen „Erfahrungen" als auch auf bewusste (altersgemäße) „Zugangs"-Optionen resp. „Denkweisen" zurück, haben die inhaltlichen „Strukturen", resp. den „Kern der Sache" des Translationsgegenstands, im Blick, fragen aber auch nach dem, „worauf es letztlich ankommt",[69] und bringen all dies miteinander in Beziehung bei gleichzeitiger Beachtung der Pragmatik i. S. der Verständlichkeit des anzufertigenden Translats *und* der theologisch-translationswissenschaftlichen Angemessenheit (Kap. II 1.6.3). Dabei sind sie frei, „konvergierende Lernformen",[70] resp. Präsentationsformen, zu wählen. Somit kann die wechselseitige von SuSn durchgeführte sprachliche Erschließung von Translationsgegenständen als eine Art Elementarisierung ‚von unten' bezeichnet werden, was allerdings nicht ausschließen will, dass die Religionslehrkräfte bei ihrer Unterrichtsplanung das Elementarisierungsmodell auf die Thematik angewendet haben, innerhalb der sich bei einer sprach- und translationssensiblen Religionsdidaktik der Fokus auf einzelne Wörter richtet.

---

[68] Zum gegenwärtig neuesten Stand dieses religionsdidaktischen Modells: Schweitzer/Haen/Krimmer (2019), bes. 12–19, aber auch die Erweiterungen bei Meyer (2019) 252f., 265. Vgl. Schweitzer/Nipkow/Faust-Siehl u. a. (1995) 24–31, bspw. 25 (Hervorh. im Original): „Es geht der Elementarisierung mithin durchaus sehr um die Sache, aber ebenso um die Personen, die Kinder und Jugendlichen, und zwar nicht beides für sich genommen, sondern eben im *Prozeß der Aneignung, Verbindung, wechselseitigen Erschließung*."

[69] Meyer (2019) 265.

[70] Ebd. 255, 265.

Bei der Dimension der elementaren Strukturen ist unter Rückgriff auf exegetische, historische etc. Analysen nach dem ‚Kern' eines Themas zu fragen, wobei auch immer schon die jeweilige Lerngruppe als Zielgruppe ins Blickfeld gerät, weil bestimmte Inhalte des Themas für sie bedeutsam sind oder auch nicht. Für Friedrich Schweitzer ist hierbei für

> „das Übersetzen [...] die Grundeinsicht [entscheidend], dass es auch didaktisch gesehen keinen ‚Inhalt an sich' gibt. Inhalte erschließen sich nur so, dass sie für jemanden zum Thema werden und dass die dabei vollzogenen Formen der Thematisierung den Inhalt unvermeidlich mitbestimmen. Daran ist abzulesen, dass Übersetzen immer adressatenspezifisch sein muss."[71]

In unserem Vorgehen haben die SuS den inhaltlichen Hintergrund aufgearbeitet; nun ist es ihre Aufgabe auch im Hinblick auf die MitschülerInnen, „der Sache Kern" zu beachten. Sie arbeiten die Inhalte also vor dem Hintergrund eigener Erfahrungen und eigener Zugänge, die der Lerngruppe entsprechen, auf.

Bei den elementaren Zugängen gilt es, die jeweiligen für Lerngruppen spezifischen Deutungen und Zugänge zu berücksichtigen, mit denen sie dem ausgewählten Thema begegnen. Karlo Meyer schlägt als Formulierung „elementare Denkweise" vor,[72] die das Lernverhalten der SuS als TranslatorInnen treffend beschreibt: Sie reflektieren ihre eigene Denkweise durch Erklärungen, weshalb sie eine Zuordnung vorgenommen haben und von welcher persönlichen Sprachwelt aus ihr Zugang erfolgt ist; *die SuS begleiten sich selbst durch ihre Verstehens- und Deutungsweisen.*

Der Einbezug elementarer Erfahrungen ist für die Gewährleistung einer lebensbedeutsamen Erschließung von Themen in einer hermeneutischen Perspektive für das Verständnis relevant. Somit sind „[g]elingende Übersetzungen [...] nicht einfach Sprachphänomene, sondern weisen ebenfalls eine Erfahrungsdimension auf".[73] Neben dem obigen Beziehungsaufbau zwischen den SuSn und den Translationsgegenständen lassen die SuS durch das schöpferische Treueversprechen ihre eigenen selbst gemachten Erfahrungen in das Themenwort einfließen und eruieren die Erfahrungen und Erkenntnisse, die sie noch machen wollen. Bei der Visualisierung als Vorstufe für die Auswahl der Translationsstrategien nähern sich die SuS mit ihren Erfahrungen noch konkreter den Wörtern, da nun die Sprachebenen klar sind, in denen sich das Themenwort befindet und in welche sie transferiert werden sollen. Somit können nun die Hintergrunderfahrungen in Form von Bildern bzw. einzelnen Szenen versprachlicht werden, die bspw. in einer als religiös verstandenen Situation oder innerhalb einer schon behandelten Unterrichtsreihe etc. mit dem Themenwort gemacht wurden. In der Zusammenschau nähern sich die SuS dem Themenwort auf einem sach- und auf einem subjektorientierten

---

[71] Schweitzer (2019) 55.
[72] Meyer (2019) 265.
[73] Schweitzer (2019) 56.

Weg; beide Wege sind hinsichtlich der Sprachebenen noch einmal aufzufächern, so dass bspw. ein sachorientierter Zugriff auf „Himmel" aus der Sprache der christlichen Traditionen oder auch aus der Sprache der Geographie resp. Astronomie erfolgen kann.

Die Dimension der elementaren Wahrheiten richtet sich auf existenzielle Impulse eines Themas oder, wie von Meyer alternativ formuliert, auf das „existentielle Potential";[74] dabei geht es um die Frage, inwieweit SuS – mitunter in einer Auseinandersetzung mit den Standpunkten der Religionslehrkräfte – etwas für sich als wahr ansehen können, wie es Schweitzer sieht, bzw. inwieweit die SuS nach Meyer allgemeiner in existentielle Fragen verstrickt werden: Schweitzer sieht die Bezüge dieser Dimension zu dem *Übersetzen* über Gadamer gegeben,[75] wonach ein Verstehen immer nur dann vollends möglich ist, wenn auf der Seite der Verstehenden bspw. einer Überzeugung zugestimmt werden kann.[76] Meyer setzt den Akzent stärker darauf, eine *Frage* als plausibel und für sich relevant zu erkennen.[77]

Der Aspekt des Plausibilisierens im Zuge des von Habermas postulierten *Übersetzungsparadigmas* wird von Christiane Tietz weiter entfaltet, indem zuerst auf einer Binnenebene von den *ÜbersetzerInnen* nach dem für sie in Wörtern bestehenden existenziellen „Sinn" auf einer subjektorientierten Ebene zu suchen ist.[78] Zu dem Transkreieren und damit zu der sprachlichen Erschließung eines Translationsgegenstands bzw. Themenworts gehört der Aufbau einer Beziehung mit ihm und das Einhalten einer schöpferischen Treue, die wegbereitend für die Gestaltung des kreativ-sprachlichen Neuversuchs und die Horizontverschmelzung ist (Kap. II 1.2.1.3). Im Anschluss an Gadamers Hermeneutik meint dies den gemeinsamen Nenner zwischen den Erfahrungen der TranslatorInnen (mit deren Empfinden von Relevanz oder auch Wahrheit) und dem Translationsgegenstand bzw. mit dessen in den Translaten kreativ-hermeneutisch freigesetzten Dimensionen, die neue Fragen und Erkenntnisse des Translationsgegenstands sowohl für die AdressatInnen als auch für die TranslatorInnen bergen und diese für sie als tragfähig werden lassen.[79] Durch

---

[74] Meyer (2019) 255, 257, 265.
[75] Schweitzer (2019) 56, Gadamer (⁷2010) 313.
[76] Schweitzer (2019) 57: „Auch wenn sich Wahrheitsfragen zu jeder Zeit und mit allen Kindern und Jugendlichen einstellen können, gewinnt die Aufgabe des Übersetzens und damit auch die Plausibilisierung von Wahrheitsansprüchen in einer Situation wie der heutigen noch einmal erheblich an Gewicht."
[77] Meyer (2019) 231, 265.
[78] Auch Tietz (2012) 95f. Zu dem Ansatz von Tietz ausführlich in Kap. I 1.2.1.1.
[79] Bspw. lauten die angestellten Vermutungen zu Translat 11.2 (Kap. III 5.1), ob die AdressatInnen das Translat verstanden haben könnten: „Das sollte besonders nach der kleinen Vorführung doch jeder verstanden haben! Der abstrakte Begriff wirkt sehr fremd und führt schnell zu Verständnisschwierigkeiten, weil sehr viele Szenen und Querverweise enthalten sind. Stattdessen haben wir etwas herausgesucht, das jeden ansprechen sollte: Verantwortung muss jeder im Leben übernehmen, jeder kennt das

8 Religionspädagogische und -didaktische Reflexion   351

Rückfragen an die SuS auch zur „inneren Sachkontrolle" und zur „‚Bewährungsprobe' für die Treue"[80] wird diese Ebene regelmäßig im Unterricht reflektiert.

Die „konvergierenden Lernformen"[81] zielen auf ein lebendiges Lehr-Lern-Arrangement als Nährboden für die übrigen Dimensionen bzw. auf eine Handlungsorientierung, die auch außerhalb des Lernorts Schule greifbar wird und mit den anderen Dimensionen korrespondiert. In diesem Zusammenhang sind für Schweitzer „Übersetzungsprozesse immer auch an der handelnden Aneignung zu bemessen".[82] Die in den Bausteinen wechselnden Arbeits- und Sozialformen schaffen eine Unterrichtskultur, die so weit möglich von den SuSn – als TranslatorInnen und AdressatInnen der Translationen zugleich – *selbst gewählt und gestaltet* wird, so dass sie in dieser Beziehung zu Verantwortlichen ihrer eigenen Lernform werden; diese Elementarisierungsdimension wird nicht nur innerhalb des Lernorts Schule, sondern auch außerhalb in Translationsräumen realisiert.

Der Vergleich mit dem Tübinger Elementarisierungsmodell hebt hervor, dass die SuS – und nicht primär die Religionslehrkräfte – Sprach- und Translationshandlungen vornehmen und eigene Zugänge zur sprachlichen Erschließung von Wörtern wählen, indem sie durch hermeneutische Wechselwirkungen zwischen den Sprachebenen hermeneutische Spielräume eröffnen; dabei entwickeln sie Möglichkeiten zur Plausibilisierung von im Glauben wurzelnden Wörtern und wenden Translationsstrategien an, die nicht zu deren Verwässerung führen, sondern die neu gewonnenen Erkenntnisse über den Translationsgegenstand zu existenziellen Impulsen werden lassen.

Zusammenfassend lässt sich feststellen, dass die selbstständige Erschließung von Wörtern und die durch Sprach- und Translationshandlungen ermöglichte Freisetzung von sach- und subjektorientierten Erkenntnissen über den Translationsgegenstand ein religiöses Bildungsangebot darstellt. Zur weiteren Vertiefung dieses Aspekts, der die unterrichtliche Implementierung einer sprach- und translationssensiblen Religionsdidaktik untermauert, wird im folgenden Teil IV „translatio religionis", die religionspädagogische und -didaktische Grundlage der Sprach- und Translationssensibilisierung, als eine Form religiöser Bildung ausdifferenziert.

Gefühl. Rechtfertigung meint nämlich auch, dass der Mensch etwas für seine Mitmenschen tun kann, weil Gott ihm nämlich den Rücken freihält und annimmt, wie er ist."
[80] Punkt 8 des Fragenkatalogs der Metareflexion eigener Translate im Hinblick auf die theologisch-translationswissenschaftliche Ebene (Kap. II 2.5.1, III 5.1) wird als „innere Sachkontrolle" verstanden und lautet: „Worin bestand die ‚Bewährungsprobe' für die Treue zum Themenwort und wie konnte sie gehalten werden?"
[81] Meyer (2019) 265.
[82] Schweitzer (2019) 57.

Teil IV: „Translatio religionis" als religiöse Bildung

„Translatio religionis" (Kap. I 1.1.1.4) ist die Bezeichnung für den beschriebenen Prozess mit seinen religionspädagogischen und -didaktischen Dreh- und Angelpunkten, der mit einer Translationsintention des Translationsprozesses einhergeht (Kap. II), aus dem dann die religionspädagogische und -didaktische Realisierung erwächst (Kap. III); eine sich aus einzelnen Bausteinen konstituierende sprach- und translationssensible Religionsdidaktik ist demnach auf ihre Grundlage „translatio religionis" abgestimmt. In diesem Kapitel werden mögliche Antworten auf die Fragen diskutiert, inwieweit „translatio religionis" als religiöse Bildung ausgewiesen und auch legitimiert werden kann. Dabei wird bewusst auf eine referatsartige Darstellung des Diskurses über religiöse Bildung verzichtet, der sich „in sehr unterschiedlicher Weise [vollzieht]".[1] Allerdings zeigt sich aus den unterschiedlichen Ansätzen besonders das Bildungsverständnis der AutorInnen der EKD-Denkschrift *Maße des Menschlichen. Evangelische Perspektiven zur Bildung in der Wissens- und Lerngesellschaft* als anschlussfähig an die anvisierte Sprach- und Translationshandlungsfähigkeit, worunter der „Zusammenhang von Lernen, Wissen, Können, Wertbewusstsein, Haltungen (Einstellungen) und Handlungsfähigkeit im Horizont sinnstiftender Deutungen des Lebens" fällt.[2] Martina Kumlehn fragt nun weiter, inwieweit religiöse Bildung einen „Beitrag im Rahmen einer sinnstiftenden Deutung von Selbst, Welt und Gott leisten kann".[3] Diese Frage und der Bezug auf „Selbst", „Welt" und „Gott" greifen im Grunde die religionspädagogische Facette von „translatio religionis" auf, indem durch eine Verschränkung der im Religionsunterricht aufeinandertreffenden Sprachebenen – die Sprachwelten der Lebenswirklichkeiten der SuS („Selbst"), die Sprachspiele der pluralen Öffentlichkeiten („Welt"), die Sprache der christlichen Traditionen und der Sprache für Religiöses („Gott") – die SuS ihre eigene Sprach- und Translationshandlungsfähigkeit für den Religionsunterricht, der „einen spezifischen Modus der Weltbegegnung [erschließt]",[4] ausbilden.

Für die Ausweisung und Legitimierung von „translatio religionis" als religiöse Bildung, bei einer gleichzeitigen breiten Fächerung der diesbezüglichen Reichweite, werden die drei von Martina Kumlehn herausgestellten „Kristallisationspunkte der Begründung und Entfaltung religöser Bildung"[5] aufgegrif-

---
[1] Grethlein (2016) 3. Ähnlich Kumlehn (2015) 1f.
[2] EKD (2003, Hg.) 66.
[3] Kumlehn (2015) 2.
[4] EKD (2011, Hg.) 9.
[5] Kumlehn (2015) 8.

fen, derer es besonders im Zuge der zunehmenden Pluralisierung der Gesellschaft für die Berechtigung religiöser Bildung am öffentlichen Lernort Schule bedarf, und nachfolgend auf „translatio religionis" bezogen: „translatio religionis" und die Ermöglichung eines interdisziplinären Perspektivenwechsels (Kap. IV 1),[6] „translatio religionis" im Zeichen von Pluralität und Heterogenität (Kap. IV 2) sowie „translatio religionis" und Kompetenzerwerb (Kap. IV 3). Nach den vorwiegend religionspädagogisch geprägten Sichtweisen erfolgt eine religionsdidaktische Bündelung auf die aus „translatio religionis" hervorgehende sprach- und translationssensible Religionsdidaktik (Kap. IV 4).

1 „Translatio religionis" und die Ermöglichung eines interdisziplinären Perspektivenwechsels

Martina Kumlehn sieht die diesbezügliche Aufgabe des Religionsunterrichts – und auch des Ethik-/Philosophieunterrichts – in einer „Daseinshermeneutik", so dass es im Kontext religiöser Bildung als einem unverzichtbaren Bestandteil der Allgemeinbildung darum geht, die „Semantik und Pragmatik" der Formen symbolischer Kommunikation „so zu erschließen, dass ihre Bedeutsamkeit verstanden werden kann, ohne dass der Unterricht selbst als religiöse Praxis verstanden wird".[7] Die reflexive Erschließung von Sprach- und Ausdrucksformen gewinnt durch die von Armin Nassehi (2017, 2015) beobachtete Polykontextualität der Gesellschaft an Virulenz, so dass im Religionsunterricht die Einübung einer Perspektivendifferenzierung unter idealen Bedingungen ermöglicht werden kann.[8] Ein so gewährter Perspektivenwechsel kann als ein „zentrales Element religiöser Bildung verstanden werden".[9]

---

[6] Kumlehn (ebd.) benennt den ersten „Kristallisationspunkt" als „Religiöse Bildung und Allgemeinbildung". Es wird allerdings auf die Übernahme von „Allgemeinbildung" verzichtet, stattdessen wird „translatio religionis" mit einem interdisziplinären Perspektivenwechsel in Verbindung gebracht: Erstens erweist sich nämlich eine genaue Definition von Allgemeinbildung als schwierig, zweitens ermöglicht „translatio religionis" eine hermeneutische Verschränkung unterschiedlicher Sprachebenen am Lernort Schule, an dem die SuS nicht nur im Religionsunterricht mit unterschiedlichen Sprachebenen in Kontakt kommen, sondern mit noch weiteren Argumentations- und Deutungsmustern innerhalb des Fächerkanons im Allgemeinen und innerhalb des Religionsunterrichts im Speziellen, bspw. während der Unterrichtseinheit „Glaube und Wissen" etc.; in diesem Zusammenhang erachtet Kumlehn (ebd.: 10) einen Perspektivenwechsel „als zentrales Element religiöser Bildung" am Lernort Schule.

[7] Ebd. 9f.

[8] Pirner (2019a) 104 mit Bezug auf Nassehi (2017) 208. Zu dem Ansatz von Nassehi (2017, 2015) ausführlich Kap. I 1.2.3.

[9] Kumlehn (2015) 10; ebd. verweist auf die Didaktik des Perspektivenwechsels; prominente Vertreter sind bspw. Käbisch (2014b) und Dressler (2012a-b). Der hier gemeinte

Für die religionspädagogische Modellierung eines Dialogs zwischen den Sprachen erachtet Ulrich Riegel einen Rekurs auf die von David Käbisch (2014b) ausdifferenzierte Didaktik des Perspektivenwechsels als impulsreich, da es darum geht,

> „(1) die Position des Gegenübers aus sich heraus zu verstehen, (2) die Perspektive des Gegenübers auf die eigene Position zu erkunden, (3) sich seiner eigenen Position zu vergewissern und (4) die Position des Gegenübers im Licht der eigenen Perspektive zu betrachten. In diesem vierfachen Perspektivenwechsel lässt sich die eigene Positionalität unter Achtung der Positionalität des Gegenübers aufrechterhalten."[10]

Diese Formulierung lässt offen, vor welchem Hintergrund der Perspektivenwechsel erfolgen soll. Hier erweisen sich einzelne Wörter zur Füllung dieser Leerstelle als geeignet, da sie für jedes Sprachsystem bzw. für die im Religionsunterricht aufeinandertreffenden Sprachebenen grundlegend sind. „Translatio religionis" ermöglicht einen Perspektivenwechsel bezüglich Wörtern, indem unter *Perspektiven* die im Religionsunterricht aufeinandertreffenden Sprachebenen zu verstehen sind; somit handelt es sich in diesem Zusammenhang um einen Sprachebenenwechsel, bei dem jeweils die Perspektive bzw. das Sprachrepertoire einer Sprachebene in sprachrezeptiver und sprachproduktiver Hinsicht eingenommen wird, um andere zu beschreiben bzw. andere Sprachebenen in die eigene zu transferieren.

Dieser durch „translatio religionis" ermöglichte Perspektivenwechsel kann als interdisziplinärer Perspektivenwechsel spezifiziert werden: Dieser befördert die „Fähigkeit, *religiöse und nichtreligiöse Welterschließungsmodi* zu differenzieren und in ihrer Bedeutung für andere und für das eigene Denken, Fühlen und Handeln zu verstehen".[11] Dabei geht es konkret darum, einerseits „die Gleichrangigkeit nicht gegeneinander austauschbarer Weltzugänge aufzuzeigen, die sich unter Umständen denselben Gegenstand erschließen",[12] andererseits diese Welterschließungsmodi nicht in Konkurrenz zueinander zu stellen, sondern sie als gegenseitige Ergänzungen bewusst aufeinander zu beziehen.[13] Hierzu zählt der Wechsel von Perspektiven zwischen den „Binnenlogiken verschiedener Schulfächer und gesellschaftlicher Teilsysteme".[14] An einem Schultag werden SuS in bis zu acht verschiedenen Fächern unterrichtet, so dass sie auch mit acht unterschiedlichen Fachsprachen einerseits und mit der unter-

---

Perspektivenwechsel darf nicht mit dem gleichnamigen didaktischen Arrangement im Rahmen des interreligiösen Lernens (bspw. Tautz 2015) gleichgesetzt werden.

[10] Riegel (2016) 5.
[11] Käbisch (2014b) 221 (Hervorh. im Original). Käbisch (ebd.: 217–221) unterscheidet insgesamt zehn unterschiedliche Perspektivenwechsel, die allerdings nicht alle in die nachfolgenden Überlegungen aufgenommen werden können.
[12] Emmelmann (2018) 149.
[13] Ähnlich Simojoki (2021) 31.
[14] Emmelmann (2018) 148.

1 „Translatio religionis" und die Ermöglichung eines Perspektivenwechsels 355

schiedlichen Füllung von einzelnen Wörtern andererseits konfrontiert werden. Zudem weisen zahlreiche Themen des Religionsunterrichts Schnittstellen zwischen unterschiedlichen Sprachebenen auf.[15] Ingrid Gogolin und Imke Lange formulieren treffend: „Eine Argumentation über eine faire Verteilung von Tortenstücken wird im Religions- und Ethikunterricht anders geführt als in der Mathematik."[16] Für eine aktive Partizipation an den für Schulfächer typischen Fachsprachen und Argumentationsmustern bedarf es deren Kenntnis im Allgemeinen und der einzelnen Wörter innerhalb der fachlichen Kontexte im Speziellen; bspw. hat das Wort „Schöpfung" im Biologieunterricht eine andere Bedeutung und einen anderen Verweisungshorizont mitsamt unterschiedlichen Kookkurrenzen als im Religionsunterricht. Die Grenzen zwischen den Fächern verlaufen nicht im 45-Minuten-Takt, sondern gerade eine Thematisierung von „Schöpfung", bspw. unter Rückgriff auf das Wortprofil bei DWDS (Kap. II 2.3.1), bietet Anknüpfungsmöglichkeiten an Vergleiche und damit auch an Perspektivenwechsel zwischen einzelnen Fächern, die aber nur gelingen können, wenn die SuS derartige Wechsel auch sprachlich vollziehen, um die oben angesprochene „Gleichrangigkeit" der Weltzugänge austarieren zu können.[17] Zuträglich erweisen sich hier der bewusste, auf einer fachlichen und fachdidaktischen Ebene geführte Dialog des Religionsunterrichts mit anderen Unterrichtsfächern im Allgemeinen[18] und mit dem Religionsunterricht der anderen Konfession[19] sowie mit dem Ethikunterricht[20] im Speziellen, so dass sich beide Perspektivierungen gegenseitig erhellen und so selbst besser verstehen lernen.

In diesem Zusammenhang wird auch der religionspädagogische und -didaktische Umgang mit Pluralität und Heterogenität befördert, worauf im folgenden Kapitel einzugehen ist.

---

[15] Pirner (2019a) 104: „Der Religionsunterricht befasst sich inhaltlich wie kein anderes Fach mit den Schnittstellen zwischen verschiedenen gesellschaftlichen Bereichen, zwischen verschiedenen epistemischen Bereichen (v. a. zwischen den Bereichen Glauben und Wissen, aber auch zwischen Ethik und Glauben sowie Ethik und Wissen) und schließlich zwischen diversen weltanschaulich-religiösen und wissenschaftlichen."
[16] Gogolin/Lange (2011) 113.
[17] Zu den Problemen gerade beim Thema „Schöpfung" vgl. Hermisson (2020: bes. 249–251), die auf der Grundlage von Interviews mit 40 SuSn u. a. deren Emotionen, Deutungsmuster etc. im Hinblick auf die biblischen Schöpfungsgeschichten herausstellt.
[18] Bspw. Pirner/Schulte (2010, Hg.).
[19] Bspw. Woppowa/Isik (2017, Hg.).
[20] Bspw. Schröder/Emmelmann (2018, Hg.).

2 „Translatio religionis" im Zeichen von Pluralität und Heterogenität

Bei der Besprechung der religionspädagogischen und -didaktischen Ansätze (Kap. I 1.3.1), der Denkschriften der EKD und DBK (Kap. I 1.3.2) sowie der Kompetenzen und Bildungsstandards (Kap. I 1.3.3) wurde deutlich, dass der Befähigung zu einem pluralitätskonformen Verhalten eine hohe Priorität eingeräumt wird, die – auf einen Nenner gebracht – „im Sinne einer mehrsprachigen Kommunikationsfähigkeit in pluralen öffentlichen Räumen zu fassen wäre".[21]

Im Prinzip ist eine sprach- und translationssensible Religionsdidaktik plural und heterogen ausgerichtet, worauf u. a. im vorangehenden Kapitel bezüglich des interdisziplinären Perspektivenwechsels Bezug genommen wird: Sie fokussiert Translationsgegenstände bzw. Themenwörter, auf die ein mehrperspektivischer Zugriff möglich ist und die gemäß den unterschiedlichen sprachlichen Lebenswirklichkeiten der SuS Translate als kreativ-sprachliche Neuversuche mit pluralitätsoffenen Deutungen ermöglichen. M. a. W. ist „translatio religionis" ohne eine bewusste Offenheit für sprachliche Pluralität und Heterogenität in religionspädagogischer und -didaktischer Hinsicht nicht realisierbar; denn durch die hermeneutischen Wechselwirkungen zwischen den im Religionsunterricht aufeinandertreffenden Sprachebenen wird eine Förderung des Verständnisses der eigenen Sprachwelt und damit auch des Welt- und Selbstverständnisses ermöglicht. Im Hinblick auf religiöse Bildung wird somit Sprache angeboten, um mit der Sprache der religiösen Traditionen einerseits und der Sprache für Religiöses andererseits mit anderen Sprachebenen eine plausible Antwort auf die Frage zu geben, inwieweit religiöse Deutungsmuster den Entwurf für eine Lebensgestaltung bilden können. Dies greift das Postulat von Martina Kumlehn auf, dass religiöse Bildung „Selbst- und Fremdzuschreibungen unterscheiden, [...] aber auch Grenzgänge initiieren [muss], die alle Beteiligten zum Neu- und Anderssehen anregen können".[22] Die gezielte Förderung einer Entfaltung unterschiedlicher Sprachebenen kann durch das religionspädagogisch-didaktische Prisma eines differenzsensiblen Umgangs mit ihnen erreicht werden, damit auch in dem Aufeinandertreffen der Sprachebenen als Lebensformen sich eine Schnittmenge auftun kann, innerhalb der etwas Neues entsteht,[23] also neue Sichtweisen bezüglich der sprachlichen Binnen- und Außenperspektive erwachsen können.

---

[21] Pirner (2018b) 67 mit Bezug auf EKD (2014b, Hg.) 94f.
[22] Kumlehn (2014) 267.
[23] Kumlehn (2015) 11. Für Kumlehn (2021: 40) ist „darauf zu achten, SuS selbst zur Übersetzung ihres Sprachgebrauchs anzuregen und zu befähigen – in wechselseitiger differenz- und grenzbewusster hermeneutischer Erschließung der verschiedenen Sprach-

Diese Differenzkompetenz bedeutet nicht eine Nivellierung von anderen Deutungsmustern bzw. – um den Bezug zu Translationen aufzugreifen – eine Absorbierung in der Sprache der religiösen Traditionen, sondern, mit Manfred L. Pirner gesprochen, die Ermöglichung von „*Verständigungsprozesse[n] bei gleichzeitiger Anerkennung von Differenzen*",[24] um „Kommunikationsmöglichkeiten mit gleichzeitigem Differenzbewusstsein [zu verbinden]".[25] „Translatio religionis" bildet somit die Grundlage für eine komplexitätsreduzierende und differenzsensible Auseinandersetzung mit einer Variante von Pluralität im Religionsunterricht.[26] Im Hinblick auf die von Armin Nassehi (2017, 2015) beobachteten Übertragungsprobleme zwischen den unterschiedlichen in einer Gesellschaft gesprochenen Sprachen kann „translatio religionis" ein Management von Unterbrechungen in Kommunikationen und damit auch einen Beitrag zum Umgang mit entsprechenden Konflikten leisten, da es die unterschiedlichen Sprachebenen moderierend aufeinander zu beziehen versucht.[27]

Ein weiterer Impuls für die unterrichtliche Modellierung von Sprach- und Translationssensibilisierung kann aus dem Postulat von Bernhard Grümme hervorgehen, „Übersetzung" als eine „Differenzpraxis" zu begreifen, die hegemonial strukturiert ist,[28] und an sie die Fragen zu richten: „Wer übersetzt? Wer wird übersetzt? Was wird übersetzt? Was darf übersetzt werden? Und vor allem: Was wird nicht übersetzt?"[29] In diesem Zusammenhang greift Grümme auf die Überlegungen der US-amerikanischen Philosophin Judith Butler über die Aspekte der Dekonstruktion, der Transformation, der Verlebendigung und der Alterität von Übersetzungen/*Übersetzungen* zurück,[30] um u. a. auf die Interdependenz von Religionstheorie und Säkularisierungstheorem zu verweisen.[31] Die religionspädagogische Relevanz des Alteritätsgedankens besteht u. a. da-

---

welten und ihrer jeweiligen Weltsichten. Differenz- und sprachsensible Übersetzungskompetenz wäre dann ein integrativer Bestandteil religiöser Bildung."

[24] Pirner (2018b) 61 (Hervorh. im Original).
[25] Pirner (2019a) 99. Ebd. bezeichnet „Übersetzung" als eine „differenzsensible Kategorie" (98–101).
[26] Emmelmann (2018) 147 (Hervorh. im Original).
[27] Nassehi (2017) 199, (2015) 276. Ähnlich postuliert Altmeyer (2017b: 110f.) unter Rückgriff auf Nassehi eine „Übersetzungskompetenz", die „die Vielfalt unterschiedlicher religiöser Sprechweisen kooperativ und moderierend aufeinander beziehen [kann]".
[28] Grümme (2021) 200.
[29] Ebd. 201. Ähnliche Impulsfragen erachtet auch Käbisch (2018: 73) als ertragreich.
[30] Ebd. 196.
[31] Ebd. 198 mit Bezug auf Butler (2013) 28: „Wollen wir aber den Moment der Übersetzung nicht als rein säkularen heiligen (und der Säkularismus hat seine eigenen Formen der Selbstheiligung), folgt daraus, dass religiöse Bedeutungen in der Übersetzung fortgeschrieben, disseminiert und verwandelt werden. Weder verlassen wir die religiöse Sphäre zugunsten einer nichtreligiösen noch verharren wir in einem selbstreferenziellen Universum. Das Religiöse wird in diesem Prozess in etwas anderes verwandelt und nicht transzendiert. Diese Verwandlung blockiert zugleich die Rückkehr zu einem ursprünglichen Sinn; das heißt, das Religiöse wird überall verstreut […]."

rin, dass sich *Übersetzungen* „für das Fremde, das Unableitbare, das Ausstehende [offenhalten müssen]", wodurch „der religionspädagogische Übersetzungsdiskurs bleibend zu einem Mut zur Alterität herausgefordert [wäre]".[32] Die von Grümme auf einer theoretischen Ebene angestellten Überlegungen finden in dem Lehr-Lern-Arrangement einer sprach- und translationssensiblen Religionsdidaktik einen praktischen Wegbereiter: Erstens werden im Allgemeinen die einen Translationsprozess konstituierenden Elemente (Translationsintention, Translationsgegenstand etc.) bei der unterrichtlichen Realisierung eingespielt, auf die Grümme teilweise bei den obigen Impulsfragen eingeht. Zweitens bleiben die Translate „für das Fremde, das Unableitbare, das Ausstehende [offengehalten]", wie es Grümme postuliert, da einerseits Translationsgrenzen und ein diesbezüglicher Umgang mit ihnen (Kap. II 1.6.1–1.6.2) Berücksichtigung finden, andererseits sich das „Offenhalten" in der anvisierten Pluralitätsoffenheit der Translate im Hinblick auf unterschiedliche Sprachebenen niederschlägt.

Der bewusste Einbezug anderer Sprachebenen und die religionspädagogische und -didaktische Würdigung des Religionsunterrichts als „*den* zentralen Lernort für gesellschaftlichen Zusammenhalt und Pluralität"[33] spielen auch eine gewichtige Rolle bei dem Kompetenzerwerb,[34] worauf im folgenden Kapitel einzugehen ist.

3 „Translatio religionis" und Kompetenzerwerb

In Kap. I 1.3.3 werden die Kompetenzen für das *Kerncurriculum für das Fach Evangelische Religionslehre in der gymnasialen Oberstufe* (Kirchenamt der EKD 2010, Hg.) und für den *Evangelischen Religionsunterricht in der Sekundarstufe I* (Kirchenamt der EKD 2011, Hg.) im Hinblick auf die Interdependenz von Religion(en), Sprache und *Übersetzung* besprochen. Diese Kompetenzen, innerhalb derer religiöse Bildung darstellbar ist, stehen nicht in Konkurrenz zu den nachfolgenden Kompetenzen, die speziell auf „translatio religionis" und auf ihre religionspädagogische und -didaktische Realisierung in Form einer sprach- und translationssensiblen Religionsdidaktik zugeschnitten sind. Nach diesbezüglichen Vorüberlegungen (Kap. IV 3.1) werden die hierfür grundlegenden Kompetenzen (Kap. IV 3.2) ausformuliert.

---

[32] Grümme (2021) 198.
[33] Pirner (2019a) 104.
[34] Treffend formulieren die AutorInnen des im Jahr 2017 eingeführten kompetenzorientierten Lehrplans für Evangelische Religion an saarländischen Gymnasien (Ministerium für Bildung und Kultur des Saarlandes 2017, Hg.: 5): „Die Stärkung religiöser Identität der Schülerinnen und Schüler und die Förderung der Pluralitätsfähigkeit sind für den Evangelischen Religionsunterricht keine Gegensätze, sondern bedingen einander."

3.1 Vorüberlegungen

Um den durch „translatio religionis" anzubahnenden Lernprozessen eine einheitliche Struktur im Hinblick auf die Kompetenzbereiche geben zu können, wird auf die sog. „prozessbezogenen Kompetenzen" zurückgegriffen, die auch in zahlreiche Rahmenrichtlinien Eingang gefunden haben, bspw. in die oben genannten. Der Rückgriff lässt sich mit dem gleichartigen Erwerb der Kompetenzen begründen, die nicht in einer linearen Stufenfolge erworben, sondern in Abhängigkeit von den Unterrichtsthemen angesprochen werden; durch den spiralförmigen Verlauf des Lehrplans erfolgen eine Anbahnung, ein Aufbau, eine Einübung, eine Festigung und eine Internalisierung der Kompetenzen.[35] Ebenso verhält es sich bei einer sprach- und translationssensiblen Religionsdidaktik, die unterschiedliche Bausteine umfasst, die im Ganzen oder einzeln – in Abhängigkeit von der Thematik oder den pädagogischen und didaktischen Entscheidungen der Religionslehrkraft – in das Unterrichtsgeschehen implementiert werden können, so dass der Erwerb der Kompetenzen schrittweise erfolgt. Ein weiterer Berührungspunkt besteht in der anvisierten Problemlösung, die durch die prozessorientierten Kompetenzen ebenso herbeigeführt werden soll wie durch das aus „translatio religionis" hervorgehende Translationsverfahren des Transkreierens als ein kreativ-hermeneutisches Problemlöseverfahren (Kap. II 1.4.2.3).[36] Bei der Formulierung der Kompetenzen werden Spezifizierungen auf drei Ebenen vorgenommen:

Erstens werden die Kompetenzbereiche um zwei Punkte erweitert. Zum einen ist hier die *Metareflexion* zu nennen,[37] die bei der Bewertung von Translaten und der Begründung von getroffenen Entscheidungen, bspw. der Wahl der Translationsstrategien, einerseits, bei der Ausbildung einer Sprach- und Translationshandlungsfähigkeit und bei der diesbezüglichen Differenzierung zwischen der Sprache der christlichen Traditionen, anderen Sprachebenen und den eigenen Sprachwelten andererseits ein wesentliches Element von Baustein V bildet. Dieser Aspekt kann nicht unbesehen unter dem Stichwort „deuten" bzw. „Kognition" subsumiert werden, wie unten noch auszuführen ist. Zum anderen ist die „Transkreativität" eine aus der Sprach- und Translationssensibilisierung hervorgehende charakteristische Fähigkeit, bei der das Prinzip „translatio religionis" als religionspädagogischer und -didaktischer Dreh- und Angelpunkt von Translationsprozessen im Religionsunterricht grundlegend ist und auch greifbar wird. Sie könnte irgendwo zwischen „kommunizieren" und „gestalten" bzw. „Performanz" verortet werden, ist jedoch

---

[35] Kirchenamt der EKD (2010, Hg.) 19–21.
[36] Fischer/Elsenbast (2006) 18.
[37] Meyer (2019: 194) nimmt ebenfalls eine Erweiterung dieser Kompetenzen um den Aspekt der Metareflexion vor, die er im Hinblick auf hermeneutische Fragen des Verstehens religiöser Traditionen als „notwendig" erachtet.

für unser Anliegen zu zentral, um einfach in einem Zwischenbereich unterzugehen.

Zweitens werden die Kompetenzbereiche nicht nur auf Dimensionen bezogen, die eine „Erschließung von Religion" anvisieren.[38] Im Anschluss an das Grundanliegen einer sprach- und translationssensiblen Religionsdidaktik sind diese Dimensionen auszuweiten und zu füllen im Hinblick auf die *sprach- und translationssensible Erschließung der Sprache der religiösen Traditionen und der Sprache für Religiöses in Interrelation mit den Sprachspielen der Öffentlichkeiten und den Sprachwelten der SuS*. Anstatt die nachfolgenden Arbeits- und Klärungsprozesse und die Wörter, bspw. „beschreiben", „wahrnehmen", ausschließlich auf „religiöse" Aspekte, bspw. „Phänomene", zu richten,[39] findet eine Weitung in sprach- und translationssensibler Hinsicht auf andere Sprachebenen statt, die mit der Sprache der religiösen Traditionen in einer hermeneutischen Wechselwirkung stehen.

Drittens greift diese Ausweitung auch bei den Bezugsfeldern der Kompetenzen. Zur Klärung erweisen sich die im Kompetenzpapier des Comenius-Instituts aufgeführten „Gegenstandsbereiche" als hilfreich,[40] da sie eine sprachliche Differenzierung und auch eine Umformulierung hinsichtlich unterschiedlicher Sprachebenen gestatten:

- Die subjektorientierte Sprache für Religiöses der SuS, die sich in einem individuellen Selbstverständnis und den eigenen Sprachwelten der SuS ausdrückt, als persönliche Überzeugung und Wertorientierung.
- Die sachorientierte Sprache der christlichen Traditionen (resp. die protestantische Prägung), die die Bezugsreligion des (Evangelischen) Religionsunterrichts bildet.
- Die sachorientierte Sprache der religiösen Traditionen anderer Religionen und die Sprachspiele von Weltanschauungen, die in der religiös pluriformen Gesellschaft relevant sind und in der Lebenswelt der SuS vorkommen.

---

[38] So lautet die Formulierung in dem Kompetenzpapier des Comenius-Instituts (Fischer/Elsenbast 2006: 17).
[39] Ebd.
[40] Ebd. 18: „die subjektive Religion der Schüler/innen, die sich in einem individuellen Selbstverständnis ausdrückt, als persönliche Überzeugung und Wertorientierung", „die Bezugsreligion des Religionsunterrichts, die sich nach der Religion des Lehrers/der Lehrerin richtet und in den grundlegenden Überzeugungen, Traditionen und Grundsätzen der den Religionsunterricht (mit)verantwortenden Religionsgemeinschaft (Art. 7 III GG) begründet ist, d.h. hier konkret das Christentum evangelischer Prägung", „andere Religionen und Weltanschauungen, die in der religiös pluriformen Gesellschaft relevant sind und in der Lebenswelt der Schüler/innen vorkommen", „Religion als gesellschaftliches und kulturelles Phänomen in Bildender Kunst, Literatur, Musik und als Begründungszusammenhang für ethisch-moralisches Verhalten und politisches Handeln."

- Die Sprachspiele der pluralen Öffentlichkeiten auf den Feldern von Kultur, Wissenschaft, Politik und Wirtschaft, die einerseits die Sprache der religiösen Traditionen und die Sprache der christlichen Traditionen in Anspruch nehmen und die andererseits Fragen aufwerfen, bei deren Antworten die Sprache der religiösen Traditionen und die Sprache der christlichen Traditionen weiterführende Impulse zu liefern vermögen.

Hinsichtlich der Sprachverwendung werden als Erweiterung vier Lebensbereiche bzw. Sprachdömanen gemäß dem GERS aufgenommen, in denen sprachliche Aktivitäten stattfinden:[41]

- Der öffentliche Bereich „umfasst alles, was mit normaler sozialer Interaktion zu tun hat (in Geschäften und Behörden, in öffentlichen Einrichtungen, bei kulturellen und bei Freizeitaktivitäten in einem öffentlichen Kontext, im Umgang mit Medien usw.)".
- Der private Bereich „umfasst [komplementär dazu] familiäre Beziehungen und individuelle soziale Gewohnheiten".
- Der berufliche Bereich „umfasst alles, was mit den beruflichen Aktivitäten eines Menschen zu tun hat".
- Das Bildungswesen „umfasst den (meist institutionellen) Lern- und Lehrkontext, in dem es um den Erwerb spezifischer Kenntnisse und Fertigkeiten geht".

Diese Erweiterung ist im Hinblick auf die in Kap. II 1.1.4 ausdifferenzierte Interrelation von Sprach- und Translationssensibilisierung in religionspädagogischer und -didaktischer Hinsicht notwendig: Die SuS treffen nicht nur im Religionsunterricht sondern auch außerhalb des Lernraums Schule, auf unterschiedliche Sprachebenen die ein breiteres Spektrum an Sprachen aufbieten können und ihnen als TranslatorInnen unterschiedliche Strategien abverlangen, da diese vier Sprachdomänen einen jeweils anderen sprachlichen Kontext aufbieten.[42] Die durch das Transkreieren beförderte Sprach- und Translationshandlungsfähigkeit versteht sich als ein Instrumentarium zur Teilnahme an Kommunikationssituationen in den sprachlich vielfältigen Öffentlichkeiten.[43] Auch in diesem Punkt ist ein weiterer Rückgriff auf den GERS zur Präzisierung lohnenswert, indem durch das Prisma der Sprachhandlungsorientierung

---

[41] Europarat (2017) 26. Alle nachfolgenden Zitate nach ebd.
[42] Altmeyer (2011: 313f.) hält es in diesem Zusammenhang für angemessen, von einer „grundlegenden Transformation der Gottesrede zu sprechen: weg von der (christlichen) religiösen Sprache im Singular hin zu einem Plural je individueller religiöser Sprachen".
[43] Europarat (2017) 20, 26.

"Sprachverwendende und Sprachenlernende vor allem als *sozial Handelnde* betrachtet [werden], d. h. als Mitglieder einer Gesellschaft, die unter bestimmten Umständen und in spezifischen Umgebungen und Handlungsfeldern kommunikative Aufgaben bewältigen müssen, und zwar nicht nur sprachliche. Einzelne Sprachhandlungen treten zwar im Rahmen sprachlicher Aktivitäten auf; diese sind aber wiederum Bestandteil des breiteren sozialen Kontexts, der allein ihnen ihre volle Bedeutung verleihen kann. Wir sprechen von kommunikativen ‚Aufgaben‘, weil Menschen bei ihrer Ausführung ihre spezifischen Kompetenzen strategisch planvoll einsetzen, um ein bestimmtes Ergebnis zu erzielen."[44]

Die der „translatio religionis" inhärente Translationsintention, Unterbrechungen in Kommunikationssituationen bei als religiös verstandenen Themen, an denen als religiös verstandene Wörter anteilig sind, zu managen, also unter Einbezug aller zur Verfügung stehenden linguistischen und paralinguistischen Mittel zu überwinden, findet eine Entsprechung in den oben genannten „Aufgaben", deren Bewältigung einer Realisierung der „Pluralitätsfähigkeit [...] im Sinne einer mehrsprachigen Kommunikationsfähigkeit in pluralen öffentlichen Räumen"[45] gleichkommt. Der sprach- und translationshandlungsorientierte Ansatz stellt demnach eine als religiös verstandene Sprach- und Translationshandlungsfähigkeit als die Schnittmenge einer Sprach- und Translationssensibilisierung dar, wenn die SuS einerseits durch Translationsprozesse sensibel für Sprache, andererseits durch Sprache sensibel für Translationsprozesse werden. Die Sprachförderung erfolgt in rezeptiver und auch in produktiver Hinsicht und die Sprach- und Translationshandlungsfähigkeit intendiert, dass die SuS alles fragen, sagen, verstehen, lesen und schreiben können.[46] Vor diesem Hintergrund sind die im nächsten Kapitel aufgestellten sieben grundlegenden Kompetenzen einer Sprach- und Translationssensibilisierung zu deuten.

3.2 Grundlegende Kompetenzen

In den Kap. II 1.1.2, 1.1.3 und 1.1.4 werden die Essentials einer sprach- und translationssensiblen Religionsdidaktik angeführt, die im Folgenden in die Kompetenzen aufgenommen werden. Wie oben bereits angemerkt, stehen die Kompetenzen nicht in Konkurrenz zu denen der kompetenzorientierten Lehrpläne (Kap. I 1.3.3). Die folgenden Kompetenzen verstehen sich demnach als eine präzisierende Ergänzung bezüglich einer Sprach- und Translationssensibilisierung:

---

[44] Ebd. 20 (Hervorh. im Original).
[45] Pirner (2018b) 67 mit Bezug auf EKD (2014b, Hg.) 93–95.
[46] Tajmel/Hägi-Mead (2015) 15.

Perzeption - Wahrnehmen und Beschreiben von Sprach- und Translationshandlungen
Zu den Objekten der Perzeption gehören die Sprache der religiösen bzw. christlichen Traditionen und die Sprache für Religiöses. Da das erste Sprachkorpus nur relativ, das zweite überhaupt nicht abgrenzbar ist, erweist es sich als hilfreich, nicht eine diesbezügliche Kenntnis mit der Kompetenz anzuvisieren, sondern eine Sensibilität, gewissermaßen ein Sprachgefühl;[47] diese Sensibilität bzw. das Sprachgefühl richtet sich auf Wörter, die den obigen Sprachebenen angehören bzw. für sie charakteristisch sein können, um zwischen den Sprachebenen fundiert zu differenzieren. Zur Sprache zählen neben gesprochener und verschriftlicher Sprache auch Gestik und Mimik; aufgrund der zentralen Stellung von Wörtern im Unterrichtsgeschehen ist für die Perzeption von Sprach- und Translationshandlungen sowohl ein Wortstrukturwissen[48] als auch eine Sensibilität gegenüber Heckenausdrücken (Kap. III 8.2) grundlegend, um sachgerechtes Wahrnehmen und Beschreiben zu ermöglichen.

Kognition - Verstehen und Deuten von Sprach- und Translationshandlungen
Für die Kognition, also für das Verstehen und das Deuten von Sprachhandlungen ist ein Wortfunktionswissen grundlegend,[49] so dass die SuS Bedeutungsverschiebungen von Wörtern in Abhängigkeit von ihrer Verwendung in unterschiedlichen Sprachebenen und Kontexten differenzieren. Für die Kognition von Translationshandlungen sind die Kenntnisse von Translationsstrategien für die Anfertigung von Translaten und für deren Deutung grundlegend. Hierzu gehört auch die Fähigkeit, gezielte Nachfragen bezüglich der Wörter, der Sprachebenen, Translationsintentionen und -strategien etc. zu formulieren.

Interaktion - Kommunizieren (als Sender und Empfängerin) in Sprach- und Translationshandlungen und Beurteilen von Sprach- und Translationshandlungen
Beim Kommunizieren und bei der Beurteilung von eigenen und fremden Translationshandlungen greifen die SuS bei diesbezüglichen Begründungen auf unterschiedliche Sprachebenen und deren Argumentationsmuster zurück. Im Anschluss an den GERS wird diese Kompetenz „in verschiedenen kommunikativen Sprachaktivitäten aktiviert, die Rezeption, Produktion, Interaktion und Sprachmittlung (insbesondere Dolmetschen und Übersetzung) umfassen".[50] Die wechselseitige Bezugnahme auf KommunikationspartnerInnen erfordert auch die Bereitschaft, sich auf deren Sprachebenen vorurteilsfrei einzulassen, um vor deren Hintergrund hermeneutisches Potenzial für die ei-

---

47 Zum Sprachgefühl ausführlich in Kap. II 1.1.4.
48 Hierzu ausführlich Anm. 109 (Kap. II 1.1.4).
49 Hierzu ausführlich ebd.
50 Europarat (2017) 25.

gene Sprachwelt zu entdecken, kritisch zu prüfen und gegebenenfalls als Impuls für Argumentationen anzunehmen. Demzufolge gehört hierzu zum einen ein Bewusstsein über die eigene Sprachwelt und über das eigene zur Verfügung stehende linguistische und paralinguistische Potenzial,[51] zum anderen die für einen sprachsensiblen Religionsunterricht relevante Differenzierung zwischen der prozesshaften Sprache des Verstehens und der Sprache des Verstandenen als Resultat eines Verstehensprozesses; gerade im Hinblick auf das Beurteilen gilt es, diese beiden Sprachen nicht hierarchisierend, sondern dialogisch aufeinander zu beziehen, da es einem religiösen Lernen „nicht nur um die Erschließung einer vorgegebenen Sprache, sondern auch um die Entwicklung einer eigenen Ausdrucksfähigkeit im Umgang mit dem religiösen Weltzugang [geht]".[52]

Performanz – Sprach- und Translationshandlungen gestalten
Performanz äußert sich darin, als TranslatorInnen auch kreativ tätig zu sein. Sie besteht am Lernort Schule in der sprachlichen Erschließung von Translationsgegenständen bzw. Themenwörtern, in der Anfertigung von Translaten und in der Präsentation unter einem angemessenen Einsatz des zur Verfügung stehenden linguistischen und paralinguistischen Potenzials in Interaktion mit anderen SuSn und mit deren sprachlichen Zugriffen. Außerhalb der Schule gehört zu dieser Kompetenz die selbstständige Erschließung von Translationsräumen und die Performanz des hierfür grundlegenden didaktischen Doppelschritts Wahrnehmen und Managen (Kap. II 1.7.2). An beiden Lernorten verläuft die Gestaltung von Sprach- und Translationshandlungen nicht unidirektional, sondern durch die hermeneutischen Wechselwirkungen zwischen dem Translationsgegenstand und dem Translat kommt es mit Martina Kumlehn gesprochen zu einer „wechselseitig dynamisierte[n] Durchdringung von Eigenem und Fremdem, die damit rechnet, dass im Zwischenraum etwas Neues entstehen kann".[53]

Diese Wechselseitigkeit ist der Performanz als Partizip Präsens und als Aktionsbegriff inhärent, so dass die Sprach- und Translationsgestaltungsfähigkeit sowie die Sprach- und Translationshandlungsfähigkeit immer auch die darauf ergehende ‚Antwort' umgreifen, zu der neben der Perzeption, der Kognition und Interaktion die Reaktion i. S. einer Resonanz zählt.[54] Sie nimmt

---

[51] Hier sind sicherlich Übergänge zu „Perzeption" zu veranschlagen, was bei prozessorientierten Kompetenzen aber selbstverständlich ist.
[52] Altmeyer (2021) 22. Siehe hierzu auch Kap. II 1.1.1.2.
[53] Kumlehn (2015) 11.
[54] Fischer (2013) 161f. (Hervorh. im Original): Performanz meint „das zu *verallgemeinernde* Moment der *Konstituierung* eines Phänomens, das vor dem Hintergrund von Traditionen [...], etwa in der Predigt des biblischen Wortes, dargestellt wird. Damit induziert der Terminus ‚Performanz' das Moment der jeweils *konkreten Präsentation*, mittels deren *Herstellung*, ausgehend von aktuellen Fragen, Platz frei geräumt wird für zukünfti-

Bezug auf die durch das Transkreieren ermöglichte wechselseitige Verbindung von Sprachebenen mit dem gesamten zur Verfügung stehenden linguistischen und paralinguistischen Potenzial. Dies greift auch die von Karlo Meyer vorgenommene Explikation dieser vom „Comenius-Institut" aufgeführten Kompetenz auf, „eigenen Denkprozessen medial eine Form [zu] geben".[55] Eine Translation i. S. einer sprach- und translationssensiblen Religionsdidaktik vereinigt in sich die Produktion eines Translats und auch die Resonanz auf das Translat, wodurch neue Aspekte des Translationsgegenstands freigelegt werden können. Diese Resonanz findet eine Fortführung in der unten angeführten Metareflexion.

Partizipation – Teilhaben und Positionieren[56] *im Rahmen von Sprach- und Translationshandlungen*
Mit der Kompetenz zum Teilhaben an Sprach- und Translationshandlungen geht das Positionieren einher, worauf u. a. im Rahmen der Kriterien einer Translationssensibilisierung (Kap. II 1.1.3) hingewiesen wird. Durch das Transkreieren verlassen sowohl die TranslatorInnen als auch die AdressatInnen ihre eigenen Sprachebenen, um aus einer sprachlichen Außenperspektive eine Erhellung der eigenen zuzulassen, was allerdings auch Enttäuschungen mit sich bringen kann. Eine Positionierung in der eigenen Sprachwelt und der damit verbundene Zugriff auf den Translationsgegenstand bilden eine Voraussetzung für fundierte Antworten bei Rückfragen der AdressatInnen zu dem Translat, zu den gewählten Translationsstrategien und damit auch für die Wegbereitung der hermeneutischen Wechselwirkungen.

Metareflexion – reflektiertes Verstehen von Sprach- und Translationshandlungen
Diese Kompetenz wird von Karlo Meyer – im Kontext des interreligiösen Lernens – als Erweiterung der prozessbezogenen Kompetenzen eingeführt, bei der es

> „sich nicht einfach nur um eine Variante der reflektierenden Deutungen und damit eine Art des Verstehens [handelt], vielmehr geht es darum, das reflektierende Verstehen selbst an elementaren Beispielen thematisch zu machen und damit auch das Wahrnehmen, die Interaktion usw."[57]

---

ge Entwicklungen. In ihrer performativen Darstellung antworten die *vor* dem Podium, der Bühne oder der Kanzel Anwesenden auf die performative Herstellung, die auf dem Podium, der Bühne oder der Kanzel geschieht. Ähnlich der Vokabel ‚Resonanz', die die aktive Erzeugung von Schwingungen und den Widerhall, das passive Erklingen beschreiben kann, vereinigt Performanz in sich die Aspekte der Darstellung und der Herstellung, des Präsentiertwerdens und des Produzierens."

[55] Meyer (2019) 195.
[56] Ebd. nimmt diese Kompetenz auch als Ergänzung auf.
[57] Ebd. 195.

Wie in Kap. II 2.5.1 und Kap. III 5.1 anhand von Beispielen aus der Praxis aufgezeigt wird, leistet die Metareflexion im Rahmen der Präsentation eines Translats ein reflektiertes Verstehen zwischen den unterschiedlichen Sprachebenen, indem die TranslatorInnen während des Erklärens des Zustandekommens des Translats Sprach- und auch Translationshandlungen vornehmen; dabei entdecken sie ihre eigenen Sprachwelten neu, denen eine Vermittlungsfunktion zwischen der Sprache der religiösen Traditionen und anderen Sprachebenen zukommt, zu welcher auch deren begründete Differenzierung zählt.

Transkreativität – sprach- und translationssensibles Pluralitätsmanagement
Die bisher genannten Kompetenzen fassen eine Prozessebene nur unzureichend, die gleichwohl entscheidend für eine sprach- und translationssensible Religionsdidaktik ist: Transkreativität als der Bereich des Managens der Übergänge zwischen den Sprachebenen und des Umgangs mit den durch die Verschränkung der Sprachebenen herbeigeführten hermeneutischen Wechselwirkungen, die sich für die sprachliche Erschließung der Translationsgegenstände als förderlich erweisen. Es geht darum, die Sprachebenen durch die Wahl einer entsprechenden Translationsstrategie und eines kreativsprachlichen Neuversuchs moderierend miteinander in Beziehung zu setzen und sie in unterschiedlichen Kommunikationssituationen dem jeweiligen Kontext angemessen und auch verantwortungsvoll[58] zu transferieren. Diese Verbindungen der Sprachebenen mit ihren jeweiligen Deutungsmustern stellen die SuS beim Management der Unterbrechungen zwischen den Sprachebenen selbst her, indem sie auf ihr zur Verfügung stehendes linguistisches und paralinguistisches Potenzial zum Transferieren bzw. zum Transkreieren zurückgreifen.

Man mag dies im Schnittbereich zwischen Interaktion und Performanz fassen, da aus diesen beiden Kompetenzen Aspekte einfließen. Jedoch besteht die Eigenständigkeit dieser Prozessebene in der selbstständigen Konstitution einer Lehr-Lern-Atmosphäre, die alle SuS, gleich welcher religiös-weltanschaulicher Provenienz sie sind bzw. welche Sprachebene für sie charakteristisch ist, zu Sprach- und Translationshandlungen ermutigt. Ihnen wird das Gefühl vermittelt, die sprachliche Diversität als einen wesentlichen Bestandteil der unterrichtlichen Progression anzusehen, ohne dabei von der Sprache der religiösen Traditionen vereinnahmt zu werden. Untermauert wird die Eigenständigkeit von Transkreativität als Kompetenz durch die sich vor dem

---

[58] Mendel (2015: 13) betont, „Verantwortung für den eigenen Sprachgebrauch zu übernehmen. Sprache ist nichts Fixiertes, sie kann vielmehr in einem gemeinsamen Prozess verändert werden. Sie ist zugleich in Machtverhältnisse eingebunden: Welche Begriffe werden benutzt, welche nicht? Wer entscheidet, welche verwendet werden und welche nicht?" Zur Verantwortung von ÜbersetzerInnen/*ÜbersetzerInnen* ausführlich Gil/Gili (2020) 332–336. Ähnlich Gil (2009) 326, Gil (2008) 288f.

obigen Hintergrund einstellende zweifache Bedeutung von *Pluralitätsmanagement*: Als Genetivus subiectivus wird Pluralität zum Subjekt des Managements, d. h. die Pluralität, die in den unterschiedlichen im Klassenzimmer zusammenlaufenden Sprachebenen greifbar wird, ist ein Agens des Managens, indem sie eine große sprachliche Vielfalt für die SuS als TranslatorInnen bereitstellt, die in Form der zahlreich vorhandenen sprachlichen Zugriffe umso mehr Facetten der Translationsgegenstände freizulegen vermögen; diese Pluralität ist also nicht nur vorhanden, sondern wird gezielt von den TranslatorInnen aufgegriffen, wodurch alle SuS im Unterricht im Hinblick auf ihre (religiös-weltanschaulichen) Sprachebenen eine motivierende Akzeptanz erfahren.[59] Als Genetivus obiectivus wird Pluralität zum Objekt des Managements, d. h. die SuS als TranslatorInnen machen Unterbrechungen bei als religiös verstandenen Themen ausfindig, erkennen an den Schnittstellen der unterschiedlichen Sprachebenen Pluralität und zeigen i. S. der obigen syntaktischen Lesart Lösungswege für ein gelingendes mehrseitiges Verstehen auf; sie gehen also mit Pluralität so um, dass sie sie nicht als Hürde wahrnehmen, sondern die der Pluralität inhärenten hermeneutischen Chancen erkennen und diese bei Sprach- und Translationshandlungen im Rahmen von Kommunikationssituationen in den sprachlich vielfältigen Öffentlichkeiten zu nutzen wissen.[60]

Zusammenfassung: Die SuS sind befähigt, durch ihre Sprach- und Translationssensibilität (Perzeption) Pluralität in Kommunikationssituationen zur Entfaltung zu bringen (Interaktion), so dass sie in Kenntnis von grundlegenden Strukturen und Fragen (Kognition) das Aufeinandertreffen unterschiedlicher Sprachebenen als Schnittmenge für hermeneutische Wechselwirkungen durch eine der Sache gegenüber in theologisch-translationswissenschaftlicher und pragmatischer Hinsicht angemessene und verantwortungsvolle Auswahl der Translationsstrategien (Transkreativität) für alle an der Kommunikationssituation Teilnehmenden einladend gestalten (Performanz) und diese ermutigen, die Perspektive ihrer eigenen Sprachwelt auf eine andere auszuweiten (Partizipation) und bereitwillig zu öffnen, um so die eigene Sprachwelt im Lichte einer anderen zu reflektieren (Metareflexion) und so neue Aspekte freilegen zu können.

Folgende zehn inhaltsbezogene Kompetenzen können ausdifferenziert werden, in die die unterschiedlichen prozessorientierten Kompetenzen hineinspielen:[61]

---

[59] Deutlich wird dies bspw. bei den unterschiedlichen Translaten zu „Rechtfertigung", die allesamt unterschiedliche Facetten des Wortes freilegen, bei der vorausgehenden Visualisierung und dem schöpferischen Treueversprechen (Kap. III 4).

[60] Deutlich wurde dies bspw. bei der Erschließung des Saarbrücker Ludwigsplatzes als Translationsraum (Kap. III 7).

[61] Schulte (2021: 88) merkt an, dass es „bislang (religions-)didaktisch noch wenig geklärt [ist], [w]elche sprachlichen (Teil-)Kompetenzen zur Bewältigung sprachlicher Anforde-

1. Die SuS differenzieren zwischen der Sprache der religiösen (christlichen) Traditionen und der Sprache für Religiöses.
2. Die SuS differenzieren bei der Sprache der religiösen Traditionen zwischen den unterschiedlichen Traditionen und stellen Überschneidungen fest.
3. Die SuS erkennen Translationsgrenzen und können mit ihnen umgehen.
4. Die SuS bringen für die Sprache der christlichen Traditionen charakteristische Wörter, bspw. „Menschenwürde", „Nächstenliebe", als Lösungsangebot bei Konflikten ein, bei denen unterschiedliche Sprachebenen tangiert sind, indem sie sie transferieren.
5. Die SuS erkennen in Wörtern die Interdependenz von Sprache, Kultur-, Zeit- und Gesellschaftsumständen.
6. Die SuS erkennen bei Konflikten in Kommunikationssituationen über als religiös verstandene Themen Unterbrechungen und können an diesen Punkten die unterschiedlich zusammenlaufenden Sprachebenen segmentieren.
7. Die SuS verfügen über ein Wortstruktur- und Wortfunktionswissen, auf das sie beim Management von Unterbrechungen mit dem gesamten ihnen zur Verfügung stehenden linguistischen und paralinguistischen Potenzial zurückgreifen.
8. Die SuS erkennen Translationen als einen Weg der Sprachfindung, um Möglichkeiten der Kommunikation innerhalb des von der Sprache der religiösen Traditionen durchzogenen öffentlichen Diskurses zu eröffnen und die Pluralitätsfähigkeit zu fördern.
9. Die SuS greifen auf Fremdwahrnehmungen der eigenen Sprachwelt als Verständigungshilfe zurück.
10. Die SuS können sich so über die Sprache der religiösen Traditionen artikulieren, dass diese Sprache und die Argumentationsfiguren christlich sozialisierten, nicht- und andersreligiösen Menschen plausibel erscheinen.

---

rungen [im sprachsensiblen Religionsunterricht, C. H.] erforderlich sind". Altmeyer (2021: 28) benennt als Sprachkompetenzen in religiösen Lernprozessen: sprechen lernen, Sprachgebrauch reflektieren, Auskunft geben lernen, Relevanz prüfen, wahrnehmen und ausdrücken lernen, verstehen lernen (hierzu ausführlich in Kap. I 1.3.1.2.1). Die in diesem Kapitel entwickelten Kompetenzen bilden einen Versuch, einen Beitrag zur Klärung des von Schulte aufgezeigten Defizits durch die sich aus der Interrelation von Sprach- und Translationssensibilisierung einstellende Sprach- und Translationshandlungsfähigkeit zu liefern; sie bilden damit zugleich einen Impuls zu der von Schulte (ebd.: 87) postulierten Fortschreibung des religionspädagogischen und -didaktischen Diskurses eines sprachsensiblen Religionsunterrichts im Hinblick auf Bildungsstandards und Kompetenzen.

4 Sprach- und Translationssensibilisierung als strukturelles religionsdidaktisches und kompetenzorientiertes Prinzip

Sprach- und Translationssensibilisierung im Religionsunterricht begreift sich nicht als eine religionspädagogische Konzeption, die den Anspruch einer umfassenden Ausformulierung von Zielen, Inhalten und Arbeitsweisen erhebt. Eine sprach- und translationssensible Religionsdidaktik ist zu verstehen als eine Art Option, die im Religionsunterricht begleitend zum Einsatz kommen kann und didaktisch immer bereit steht. Sie ist eher als ein *strukturelles religionsdidaktisches Prinzip* anzusehen,[62] das „unabhängig von einzelnen Inhalten auf mögliche strukturelle Formen der Unterrichtsplanung und der Gestaltung von Lernprozessen bezogen [ist]".[63] Als solches regt sie zur „Berücksichtigung einer besonderen Perspektive religionsdidaktischen Handelns an" und „vertief[t] das Lernen an der einen oder anderen Stelle".[64] Dabei hat sie auch die Ausbildung von bestimmten Kompetenzen im Blick. In diesem Zusammenhang sind zahlreiche Parallelen mit den Merkmalen eines kompetenzorientierten Religionsunterrichts vorhanden, die hier aufgegriffen und in Verbindung zu einer sprach- und translationssensiblen Religionsdidaktik gebracht werden, um deren religionspädagogisches und -didaktisches Profil zu schärfen:[65]

Das Lernen der SuS steht im Mittelpunkt, die als AkteurInnen ihrer Sprache und ihrer sprachlichen Umwelt ernst genommen werden.
Die ‚lernseitige' Ausrichtung besteht in der Rolle, welche die SuS während des Translationsprozesses einnehmen: Wie in Kap. II 1.2.1 ausdifferenziert, stellen sie als TranslatorInnen die Protagonisten der im Religionsunterricht anzuleitenden Translationen dar, während der Religionslehrkraft eine moderierende Rolle zukommt, die in Kap. II 1.2.2 ausführlich entfaltet wird und nachfolgend in verkürzter Form ins religionspädagogische und -didaktische Verhältnis zu der Rolle der SuS gesetzt wird: Eine sprach- und translationssensible Religionsdidaktik löst das Postulat von Manfred L. Pirner an Religionslehrkräfte ein, „bei den Schülern selbst eine Übersetzungskompetenz

---

[62] Kalloch/Leimgruber/Schwab (³2014: 25) zählen hierzu das Lernen in sakralen Räumen, das biografische Lernen, das Theologisieren mit Kindern und Jugendlichen, die Performative Religionsdidaktik, die Elementarisierung und die Kompetenzorientierung. Im Unterschied dazu bilden religionsdidaktische Dimensionen einen Kontext, „den die Religionsdidaktik berücksichtigen muss, wenn sie sich den jeweiligen Herausforderungen der Zeit stellen will" (ebd.: 24); hierzu sind bspw. Gender-Sensibilität, Multikulturalität, Ökumene, Ästhetik zu rechnen (ebd.).
[63] Ebd. 25.
[64] Ebd. 24.
[65] Alle folgenden kursiv angeführten Merkmale in Anlehnung an Sajak/Möller (2020) 5.

aufzubauen bzw. zu fördern; das gelingt nur, wenn sie auch in die jeweiligen Sprachspiele und Sprachen eingeführt werden und sich auf sie einlassen."[66] So kommt den Religionslehrkräften die Aufgabe zu, SuSn Möglichkeiten zur Sprach- und Translationssensibilisierung zu eröffnen. Dies äußert sich darin, zunächst einzelne Bausteine bereitzustellen und den Translationsprozess zu vermitteln, später zu moderieren und die SuS in ihrem Prozess zu begleiten, aber auch Sachinformationen einzuspielen. In Fällen von Translationsgrenzen müssen, bspw. durch sokratisch-maieutisches Fragen, Fehleinschätzungen korrigiert oder als Folie für Problematisierungen herangezogen werden. Falls vorab ausreichend Informationen bereitgestellt wurden, können die SuS nach ersten Erfahrungen den Translationsprozess und die sachliche Richtigkeit auch untereinander steuern. Somit rückt – gemäß dem Postulat von Bernhard Grümme – die „Übersetzungspotenz" der SuS „ins Zentrum" des Unterrichtsgeschehens.[67] In der sensiblen Begleitung dieses Prozesses wird auch die Religionslehrkraft neue Einsichten über die Sprachwelten der SuS, aber auch über ihre eigene gewinnen.

Die Reflexion des Lernens nimmt einen hohen Stellenwert ein, so dass metakognitive Elemente in den Lehr-Lern-Prozess integriert sind.
Die Metareflexionen bringen die Differenzen zwischen den Translationsgegenständen und den Translaten zum Ausdruck und erweisen sich als unverzichtbares Hilfsmittel für die Ausbildung einer eigenen Sprache der SuS, um zwischen der Sprache der religiösen Traditionen und der Sprache für Religiöses unterscheiden zu können. Durch die Metareflexionen als Sprachhandlungen eruieren die SuS ihre Überlegungen und getroffenen Entscheidungen für die Auswahl der Translationsstrategien und beurteilen ihre eigenen und fremde Translate, wodurch sie gegenüber ihrer eigenen Lernprogression eine kritische Sicht einnehmen können; sie erfahren Neues über den Translationsgegenstand bzw. das Themenwort und reflektieren vor diesem Hintergrund ihre bisherigen diesbezüglichen Erkenntnisse.

Die Lernausgangslage wird nicht nur zu Beginn einer Unterrichtsreihe, sondern kontinuierlich erhoben, um die Lernangebote entsprechend anzupassen.
Sprach- und Translationssensibilisierung kann an unterschiedlichen Stellen einer Unterrichtsreihe erfolgen. Demzufolge entscheidet die Religionslehrkraft, wann sie das strukturelle religionsdidaktische Prinzip in den Unterricht einbindet und welche Bausteine als Lernangebote sie hierfür wählt.

Wissen und Können werden konzeptionell verbunden, Anhäufungen ‚toten' Wissens somit vermieden.

---

[66] Pirner (2019a) 106.
[67] Grümme (2021) 211.

4 Sprach- und Translationssensibilisierung

Die Interrelation zwischen Wissen und Können bzw. zwischen Theorie und Praxis und auch zwischen sprachlich-translatorischem und fachlichem Lernen kommt durch das Transkreieren zustande, indem die SuS sich intensiv mit den Translationsgegenständen auseinandersetzen, um sie einerseits gemäß einem translatorischen Grundverhalten zu verstehen, auszulegen und neuzuformulieren, und um sie andererseits mit den Translaten zu vergleichen und die hermeneutischen Wechselwirkungen aufzudecken. Darüber hinaus verbinden die SuS als im Mittelpunkt des Lehr-Lern-Arrangements stehende TranslatorInnen selbst ihr erworbenes Wissen und ihr Können durch Sprach- und Translationshandlungsfähigkeit bei Repetitionen und Vertiefungen (Baustein VI) und bei der Erschließung von externen Translationsräumen (Baustein VII).

Lernen wird in lebensweltlich relevanten Anforderungssituationen ermöglicht.
Der lebensweltliche Bezug wird durch den Kontakt und die Auseinandersetzung mit anderen Sprachwelten bzw. Lebenswirklichkeiten hergestellt, mit denen die SuS innerhalb der Lerngruppe in Berührung kommen und mit denen sie sich auseinandersetzen und vor deren Hintergrund sie ihre eigenen Sprachwelten beim Transkreieren reflektieren. Das Aufeinandertreffen unterschiedlicher Sprachebenen im Klassenzimmer ist exemplarisch für Kommunikationssituationen außerhalb der Schule, bei denen die SuS Unterbrechungen managen. Das Aufsuchen und die Erschließung von externen Translationsräumen stellen eine Bewährungsprobe dar.

Durch den längerfristig angelegten und transparent gemachten Kompetenzerwerb wird das Eilen von Unterrichtsreihe zu Unterrichtsreihe vermieden und ein sequenzieller und kumulativer Aufbau von Kompetenzen ermöglicht.
Da die SuS als TranslatorInnen im Mittelpunkt des Unterrichtsgeschehens stehen, bestimmen sie die aufzuwendende (Bearbeitungs-)Zeit für die Implementierung der einzelnen Bausteine und damit für das Durchlaufen einer Unterrichtsreihe. Die anvisierten Kompetenzen werden transparent gemacht, indem auf der Basis einer Checkliste die Religionslehrkraft den SuSn erklärt, weshalb an einem bestimmten Punkt der Unterrichtsreihe eine gezielte Sprach- und Translationssensibilisierung stattfindet, zum anderen bestimmen und begründen die SuS – auch anhand einer Checkliste – selbst, wenn sie Wörter als transkreierenswert erachten (Kap. II 2.2).

Den Lernenden werden kognitiv anregende Aufgaben angeboten.
Die Aufgaben, die sich auf eine Sprach- und Translationssensibilisierung im Allgemeinen und auf das Transkreieren im Speziellen beziehen, sind insofern kognitiv anregend, als sie die SuS zu einer Auseinandersetzung mit ihren eigenen Sprachwelten in Interrelation mit anderen Sprachebenen anhalten; als TranslatorInnen müssen sie Unterbrechungen in Kommunikationssituationen ausfindig machen und Translationsstrategien suchen, die zu gelungen

Translaten bei gleichzeitiger Berücksichtigung von Translationsgrenzen und einem angemessenen theologisch-translationswissenschaftlichen Umgang mit ihnen führen (Kap. II 1.6.2–1.6.3).

Für diese Didaktik ist ein Translationsprozess konstitutiv, der im Kern in der Überführung eines Translationsgegenstands in ein Translat besteht. Hierzu gehören noch weitere Elemente, die Einfluss auf die Überführung nehmen, bspw. das Translationsverfahren des Transkreierens, das aus der Translationsintention „translatio religionis" erwächst und darauf abgestimmte Translationsstrategien bereithält, um Translationsgegenstände zu managen, die als Wörter in Kommunikationssituationen über als religiös verstandene Themen zu Unterbrechungen führen; die Translationsgegenstände werden also in ein Translat überführt, das als kreativ-sprachlicher Neuversuch sowohl auf einer pragmatischen Ebene verständlich als auch auf einer theologisch-translationswissenschaftlichen Ebene korrekt ist. Durch diese Überführung kommt es zu einer sich wechselseitig bedingenden Sprach- und Translationssensibilisierung, die sich in der unterrichtlichen Realisierung aus „Bausteinen" zusammensetzt: Sensibilität wird *durch* Translationen *für* Sprache und zugleich Sensibilität *für* Translationen *durch* Sprache ermöglicht.

Die SuS werden so in die Lage versetzt, die im Religionsunterricht aufeinandertreffenden Sprachebenen in Wörtern zu kanalisieren, die sie durch eine wechselseitige Translation in Translate überführen, die sowohl christlich sozialisierten als auch nicht- und andersreligiösen SuSn Deutungen eröffnen. Diese pluralitätsoffenen Deutungen bilden das Ergebnis einer Translationshandlungsfähigkeit und erzeugen wiederum Sprachhandlungsfähigkeit, da auf die Translate ein sprachlich mehrperspektivischer Zugriff ermöglicht wird. Als im Mittelpunkt des Unterrichtsgeschehens stehende TranslatorInnen und auch als AdressatInnen des Translationsprozesses erschließen die SuS die sachorientierte Sprache der religiösen Traditionen und bilden zugleich ihre subjektorientierte Sprache für Religiöses aus, indem sie die im religionspädagogischen Zentrum stehenden Wörter mit ihren Überlegungen und Entscheidungen für die Auswahl der Translationsstrategien selbst didaktisieren, um zu einem intralingualen und intersemiotischen und gegebenenfalls auch interlingualen kreativ-sprachlichen Neuversuch zu gelangen. Durch die von den SuSn selbst unternommenen Lernbewegungen und durch den ihnen zukommenden hohen Redeanteil während des Unterrichtsgeschehens üben sie die Teilnahme an einer Kommunikationssituation als Sender und Empfängerinnen durch Sprach- und Translationshandlungen, bei denen sie Unterbrechungen, die sich in als religiös verstandenen Wörtern auftun, mit dem gesamten ihnen zur Verfügung stehenden linguistischen und paralinguistischen Potenzial managen.

Als abschließender Überblick wird nachfolgend das Lehr-Lern-Arrangement einer sprach- und translationssensiblen Religionsdidaktik grafisiert:

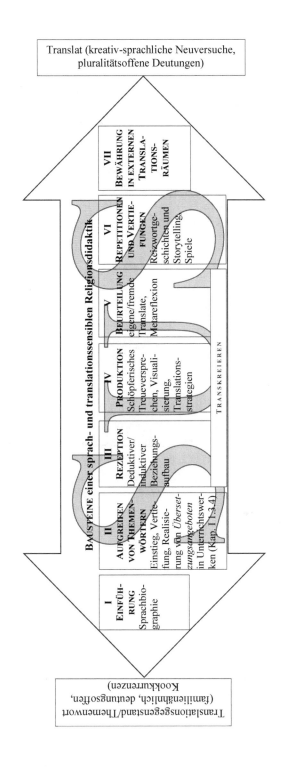

Abb. 18

Teil V: Fazit

Eine sprach- und translationssensible Religionsdidaktik im Allgemeinen und das Translationsverfahren des Transkreierens im Speziellen eröffnen ein Spektrum religionspädagogischer und -didaktischer Impulse, die bei den obigen Ausführungen mitunter zwar angeschnitten, jedoch nicht weiterverfolgt werden. Sie werden nachfolgend in Form von Thesen aufgegriffen und skizzenhaft weiterentwickelt, so dass sich auch mögliche Desiderate eröffnen.

These I: Transkreieren fördert die Ausbildung einer „Sprache zwischen den Sprachen".
Stefan Altmeyer benennt es als die „Kernaufgabe religiöser Bildung", den SuSn zu „helfen, ihre eigene Sprache zu entdecken, eine Sprache, in der sie plausibel und verständlich religiös und über Religion sprechen sowie den Unterschied beider Perspektiven benennen und ihre Position begründen können".[1] Hierauf wird in den vorangehenden Ausführungen öfters verwiesen, u. a. weil eine sprach- und translationssensible Religionsdidaktik eine Umsetzung dieser „Kernaufgabe" ermöglichen kann. In Anbetracht der unterschiedlichen, im Klassenraum aufeinandertreffenden Sprachebenen wäre eine Konkretisierung dieser „eigenen Sprache" hilfreich, um sie gezielt im Religionsunterricht fördern zu können. Zu ihrer Benennung führe ich die Formulierung *Sprache zwischen den Sprachen* ein: Diese Sprache wird verwendet, um ein ‚Dazwischen' auszudrücken, nämlich im Zwischenraum zwischen der sachorientierten Sprache der religiösen Traditionen, der subjektorientierten Sprache für Religiöses und auch anderen Sprachebenen; ‚zwischen' diesen Sprachen wird demnach eine eigene Sprache verwendet, vor deren Hintergrund die anderen umso mehr Kontur gewinnen können.

Die Ausbildung der Sprache zwischen den Sprachen erfolgt im Rahmen der unterschiedlichen Bausteine prozesshaft; sie wird didaktisch besonders greifbar bei Metareflexionen von Translaten (Baustein V), da die SuS ihre Überlegungen und getroffenen Entscheidungen während des Translationsprozesses erklären und sich dabei sprachlich zwischen der Sprache der religiösen Traditionen, der Sprache für Religiöses und anderen Sprachebenen bewegen, indem sie vor dem Hintergrund des Translats ihre neu gewonnenen Erkenntnisse über den Translationsgegenstand darlegen. Wie in Kap. I 1.3.4 gezeigt werden kann, finden sich in Unterrichtswerken zahlreiche *Übersetzungsangebote*, die entweder zu einem Vergleich oder zur Anfertigung von *Übersetzungsprodukten* bzw. Translaten anhalten. Diese Arbeitsaufträge können strukturierter sowie auch reflektierter formuliert und dann auch wahrgenommen

---

[1] Altmeyer (2018) 202f. Ähnlich Kropač (2021) 77, Schulte (2017) 77.

werden, wenn die SuS über die Kenntnis von Translationsstrategien verfügen und bei der Besprechung der Translate eine Metareflexion einbezogen wird. Hier zeigen die vorgestellten Beispiele aus der Praxis die Bedeutsamkeit von Kriterien und Leitfragen für den Ablauf von Metareflexionen, um die Sprache zwischen den Sprachen sowohl auszubilden als auch sie zu erkennen.

Zur Segmentierung der Sprache zwischen den Sprachen können sich die Heckenausdrücke als hilfreich erweisen, die zum einen eine Abgrenzung zwischen verschiedenen Sprachen und zum anderen den neu entstandenen „Resonanzraum"[2] markieren. Bei den Metareflexionen lassen sich Heckenausdrücke für die Sprache für Religiöses und Translationshandlungen ausfindig machen (Kap. III 8.2): Die Subjektbezogenheit wird dabei durch Pronomina erkennbar; Vergleichspartikel bilden dabei die Abgrenzung zu der anderen Sprache, die womöglich für die SuS fremd wirkt, so dass sie auf ihre eigene Sprache für Religiöses zurückgreifen. Um die SuS zu Sprachhandlungen in der Sprache zwischen den Sprachen zu bewegen, erweisen sich bestimmte Impulse für die Metareflexion als hilfreich, bspw.: „Erläutert, ob ihr eurer Meinung nach die Beziehung zum Translationsgegenstand aufrechterhalten konntet" (Kap. II 2.5.1, Punkt 4). Hier müssen die SuS das neu entstandene Translat von anderen Sprachebenen abgrenzen, aber auch zu ihnen in Beziehung setzen, so dass sich in diesen Schnittmengen „Resonanzräume" eröffnen. Als Beispiel dient die Antwort auf den Impuls zu Translat 11.3 (Kap. III 5.1):

> „Bei uns rückt der Mensch ganz bewusst in den Vordergrund, dass eben auch Menschen, die im Gegensatz zu uns einer anderen Religion angehören oder nicht gläubig sind, merken, dass Rechtfertigung nicht nur etwas mit Gott zu tun hat. Damit aber auch ein religiöser Bezug vorhanden ist, haben wir dem Bild den Titel JA!' gegeben: Dann kann jemand, der eben nicht christlich ist, merken, dass im christlichen Glauben der Grund für menschliches Verhalten und Handeln auf Gott zurückgeht. Mit dem Titel wollten wir Menschen mit verschiedenem Glauben irgendwie zusammenbringen, damit für möglichst viele klar wird: Durch das Kreuz sagt Gott Ja zu uns, und deshalb können wir auch Ja zu uns sagen. Die Beziehung bleibt bestehen, weil die Veränderungen nicht den Kern des Worts beschädigt haben, sondern sogar verständlicher gemacht haben, weil wir auf die anderen Weltanschauungen eingegangen sind." (Abschrift: Linus, 16 Jahre, elfte Jahrgangsstufe, 17.11.2020)

Mit dem Heckenausdruck „Bei uns" wird die subjektorientierte Sprache für Religiöses eingeleitet, mit „im Gegensatz zu uns" wird diese Sprachebene von anderen abgegrenzt, nämlich der Sprache der christlichen Traditionen, der Sprache religiöser Traditionen und der Sprache von nicht-religiösen Menschen. Innerhalb dieser Sprachebenen suchen die SuS zugleich nach Schnittmengen, innerhalb derer etwas Neues entsteht.[3] Die Sprache zwischen den

---

[2] Kumlehn (2016) 134.
[3] Im Anschluss an Altmeyer (2011: 374) plädiert Kumlehn (2014: 270) dafür, die SuS zum Finden einer „Suchsprache" bzw. zu sprachlichen „Suchbewegungen" anzuhalten, „sodass wechselseitig nach neuen Ausdrucksformen zu suchen ist".

Sprachen nimmt also eine Abgrenzung zu anderen Sprachebenen vor, bezieht diese aber auch für den „Resonanzraum" ein („Mit dem Titel wollten wir [...] eingegangen sind.").

Diese hier abgesteckte, von den SuSn entwickelte, Sprache zwischen den Sprachen spannt den Bogen zu der für einen sprachsensiblen Fachunterricht bedeutsamen Differenzierung zwischen der prozesshaft angelegten Sprache des Verstehens und der Sprache des Verstandenen als Resultat dieses Prozesses. Eine religionsdidaktische Konkretisierung der Sprache zwischen den Sprachen ermöglicht eine Konturierung des „für den sprachsensiblen Religionsunterricht bedeutsame[n] Effekt[s], dass die Sprachen des Verstehens und des Verstandenen beide gleichermaßen relevant und dialogisch aufeinander zu beziehen sind".[4]

So werden die Sprachen des Verstehens und des Verstandenen bei einer sprach- und translationssensiblen Religionsdidaktik folgendermaßen zusammengeführt: Im Allgemeinen ist der Aufbau einer persönlichen Beziehung zwischen den SuSn und dem Themenwort bzw. dem Translationsgegenstand durch die didaktische Auffächerung des Lehr-Lern-Arrangements in Bausteinen prozesshaft angelegt. Im Speziellen wird dies besonders deutlich bei den das didaktische ‚Herzstück' einer Sprach- und Translationssensibilisierung bildenden Bausteinen III–V als Translationsprozess, dessen Translationsverfahren das Transkreieren mit den darauf abgestimmten Translationsstrategien darstellt: Hier erfolgt das Gewahrwerden des translatorischen Grundverhaltens Verstehen, Auslegen und Neuformulieren durch eine didaktisierte personalisierte Annäherung an das Themenwort bzw. den Translationsgegenstand. Der Aufbau einer Beziehung, das schöpferische Treueversprechen, die Auswahl von Translationsstrategien und auch die oben angesprochene Metareflexion sind allesamt von Sprach- und Translationshandlungen begleitet; es handelt sich also um eine versprachlichte prozesshafte Annäherung bzw. um einen versprachlichten Verstehensprozess. Dies meint allerdings nicht, dass die SuS erst am Ende dieses Prozesses ihre Sprache ausgebildet haben, denn im Kontext eines religiösen Lernens „geht es ja nicht nur um die Erschließung einer vorgegebenen Sprache, sondern auch um die Entwicklung einer eigenen Ausdruckfähigkeit im Umgang mit dem religiösen Weltzugang".[5] Indem also – bzw. präziser: während – die SuS eigene Lernbewegungen zur sprachlichen Erschließung des Translationsgegenstands unternehmen, entwickeln sie durch die hermeneutischen Wechselwirkungen mit anderen Sprachebenen selbstständig ihre eigene Sprache zwischen den Sprachen, die eine Schnittmenge der dialogischen Verschränkung der Sprachen des Verstehens und des Verstandenen markiert.

---

[4] Altmeyer (2021) 22. Siehe hierzu auch Kap. II 1.1.1.2.
[5] Ebd. 22.

These II: Sprach- und Translationssensiblisierung weitet den religionspädagogischen und religionsdidaktischen Blick.
Im Kontext von *Übersetzungen* im Religionsunterricht liegen bereits religionspädagogische und -didaktische Impulse vor: Bernhard Grümme plädiert für eine unterrichtliche Implementierung von *Übersetzungsprozessen* vor dem Hintergrund von Intersektionalität, Alterität und hegemonialen Prägungen.[6] Manfred L. Pirner lotet neue Zugänge zur Bibeldidaktik, Kirchengeschichte, zum interreligiösen Lernen, zu dogmatischen und ethischen Themen aus; dabei verweist er bei diesen Lernbereichen auf „Wechselwirkungen", „Verflechtungen" o. ä. zu anderen Themenfeldern, um die SuS zu einer „mehrsprachigen Kommunikationsfähigkeit" zu bringen.[7] Manfred L. Pirner und Andrea Schulte beleuchten den fachdidaktischen Dialog des Religionsunterrichts mit anderen Unterrichtsfächern, um „nach gemeinsamen fruchtbaren Dialogfeldern Ausschau [zu halten], zentrale Aspekte eines solchen Dialogs [zu skizzieren] und in ihrem Lernertrag für beide Seiten [auszuwerten]".[8] Friedrich Schweitzer spricht sich angesichts der postsäkularen Gesellschaft und der von Jürgen Habermas postulierten *Übersetzungsprozesse* zwischen religiösen und säkularen Menschen für neue Unterrichtsinhalte aus, die auf die neuartigen Herausforderungen für die evangelische Bildungsverantwortung rekurrieren. Diese beziehen

> „sich 1. auf die Spannung zwischen Glauben und Wissen, 2. auf das Zusammenleben von Menschen mit unterschiedlicher Religionszugehörigkeit und 3. auf die unbewältigten Fragen der Ethik, wie sie durch moderne Technologien etwa im Bereich der Genetik oder durch die ökonomische Entwicklung im Blick auf die Globalisierung aufgeworfen werden".[9]

Sowohl bei Grümme, Pirner, Pirner/Schulte als auch bei Schweitzer handelt es sich jeweils um die Herausbildung von inhaltlichen und methodischen Impulsen, die sich als Schnittstellen zwischen der Sprache der religiösen Traditionen und den anderen Sprachebenen konstituieren, so dass sich diese gegenseitig erhellen können. Vor dem Hintergrund einer sprach- und translationssensiblen Religionsdidaktik kann der religionspädagogische und -didaktische Blick in zweifacher Hinsicht geweitet werden:

Erstens kann, anstatt ganze Themen bzw. Sprachebenen in einen Dialog zu stellen, die vom Allgemeinen zum Speziellen (Wörter) führen, der umgekehrte Weg eingeschlagen werden, um Schnittstellen zwischen den Sprachebenen finden und mögliche Unterbrechungen eruieren zu können. Ausgangspunkt wären in diesem Fall Wörter, die bei den SuSn für Unterbrechungen

---

[6] Grümme (2021) 211.
[7] Pirner (2018b) 66f.
[8] Pirner/Schulte (2010b) 9. Zum fachdidaktischen Dialog des Religionsunterrichts mit anderen Unterrichtsfächern siehe auch die Themenhefte von Österreichisches Religionspädagogisches Forum 29 (2021) und Theo-Web 7/1 (2008).
[9] Schweitzer (2010) 35.

sorgen. So können auch Wörter ausgemacht werden, in denen unterschiedliche (theologische) Themenfelder und damit auch Sprachebenen dahingehend aufeinandertreffen, dass jede einen anderen sprachlichen Zugriff mit eigenen Argumentationsmustern darauf hat, bspw. „Schwangerschaftsabbruch". Es wäre durchaus zu überlegen, jahrgangsrelevant entsprechend übergreifende Wörter – ebenso wie die für das Transkreieren geeigneten Translationsgegenstände[10] – auch zu den „Basisbegriffen"[11] in kompetenzorientierten Lehrplänen aufzunehmen bzw. die schon aufgelisteten hinsichtlich der ihnen inhärenten Schnittstellen zwischen Sprachebenen zu kennzeichnen.

Zweitens können Themen, die Translationen tangieren, nach den diesbezüglichen Elementen eines Translationsprozesses (Kap. II 1) aufbereitet werden. Hierzu zählen bspw. (alttestamentliche) Propheten[12] als *Übersetzer* von Gottes Willen oder auch Jesus, der mit seinen Gleichnissen das Reich Gottes für die damaligen Menschen auslegt und damit auch *übersetzt*.[13]

Zusammenfassend lässt sich feststellen, dass eine sprach- und translationssensible Religionsdidaktik durch den Fokus auf einzelne Wörter eine komplexitätsreduzierende Behandlung von Themen ermöglicht, die von Wörtern durchdrungen sind, die SuS als Unterbrechung empfinden (Kap. II 1.3); diese Wörter erschließen sie durch Sprach- und Translationshandlungen unter Einbezug der im Klassenraum zusammenlaufenden Sprachebenen, die somit den Nährboden bilden, auf dem sich die sach- und subjektorientierten Sprachen im Hinblick auf die religiösen Traditionen ausbilden können. Eine diesbezügliche Spezifizierung erfolgt während der Ausformulierung der nächsten These.

These III: Der Einbezug von zeitgemäßen Sprachmustern in eine Sprach- und Translationssensibilisierung begünstigt einerseits die Erschließung der Sprache der religiösen Traditionen und die Ausbildung der Sprache für Religiöses und liefert so andererseits eine mögliche Antwort auf die Relevanzfrage.

Die Distanz der SuS zu einer als religiös verstandenen Sprache wurde vielfach auf eine „Enttraditionalisierung" bzw. einen „Traditionsabbruch" zurückge-

---

[10] Auswahlkriterien für die Eignung von Wörtern als Translationsgegenstände bilden die in Kap. II 1.3 vorgestellten Faktoren Deutungsoffenheit, Familienähnlichkeiten und mehrere Sprachebenen tangierende Kookkurrenzen.
[11] Ministerium für Bildung und Kultur des Saarlandes (2017) 59f.
[12] Bspw. wird Amos im Unterrichtswerk *Leben gestalten 2* als *Übersetzer* dargestellt (Tomberg 2014, Hg.: 13): „Seine [i. e. Amos] Aufgabe war es, die Visionen zu ‚übersetzen' und konkrete Missstände aufzuzeigen, durch die das Unheil drohte."
[13] Bspw. wird in der *Handreichung zum Lehrplan Katholische Religion für das achtjährige Gymnasium im Saarland* (Lehrplankommission Katholische Religion für das achtjährige Gymnasium im Saarland 2007: 29) Bezug auf Mk 4,13–20, die sog. „Deutung des Gleichnisses vom Sämann", genommen: „Die sich anschließende Perikope zeigt Jesus als Rabbi, der seine eigene Gleichnisrede ‚übersetzt'."

führt.[14] Eine derartige Sichtweise konkretisiert sich auf die Sprache der religiösen Traditionen resp. die Sprache der christlichen Traditionen und blendet dabei einerseits die Sprache für Religiöses, andererseits die Sprachspiele der pluralen Öffentlichkeiten und die Sprachwelten der SuS aus; darüber hinaus ist es fraglich, ob denn überhaupt von *dem einen* Traditionsabbruch oder doch nicht besser von mehreren Traditionsabbrüchen,[15] vom posttraditionalen Kontext[16] oder einer Transformation[17] zu sprechen ist. Dabei betonen die AutorInnen eines Impulspapiers der EKD zur zukünftigen Herausforderung der Evangelischen Kirche, dass „die im Alltag selbstverständlich gelebten Überzeugungen, die vielfältigen kulturellen Ausdrucksformen jenseits von Kirchenjargon und dogmatischer Formelsprache [...] zu dem Boden [gehören], auf dem immer wieder neuer Glaube wächst".[18] Stefan Altmeyer hält es in diesem Zusammenhang für angemessen, von einer „grundlegenden Transformation der Gottesrede zu sprechen: weg von der (christlichen) religiösen Sprache im Singular hin zu einem Plural je individueller religiöser Sprachen".[19]

Die Sprache der religiösen Traditionen kann sehr gut ausgebildet werden, wenn sie sich vor dem Hintergrund anderer Sprachebenen entfalten kann und sich der Religionsunterricht in dieser Hinsicht hermeneutisch öffnet. Der oft erhobenen Forderung nach der „Entwicklung zeitgemäßer Ausdrucks- und Kommunikationsformen" und nach der Berücksichtigung der „Kommunikationsbedingungen, wie sie durch die Kultur bestimmt werden",[20] kann im Rahmen einer Sprach- und Translationssensibilisierung dahingehend entsprochen werden, dass jeweils aktuelle Sprachmuster, die auf gesellschaftliche Entwicklungen und Ereignisse rekurrieren, bewusst aufgenommen werden.[21] In der Praxis

---

[14] Bspw. Halbfas (2012b) 13–20.
[15] Schweitzer (2014) 56f.
[16] Grümme (2021) 169.
[17] Englert/Kohler-Spiegel/Naurath u. a. (2014, Hg.).
[18] EKD (2006a, Hg.) 35. Ähnlich EKD (2010a, Hg.) 65: „Die religiösen Interessen von Kindern, Jugendlichen und Erwachsenen müssen heute eigens wahrgenommen werden, weil sie sich den herkömmlichen kirchlichen und theologischen Zugängen und Begriffen weithin entziehen." Im Anschluss an den „religious turn" (Kap. I 1.1.4.2.2.2) kann auch von der Wiederkehr der Religion in einer neuen Gestalt gesprochen werden, die in ihren Facetten als Translationsgegenstände, aber auch als Translate aufgegriffen werden können; hierzu zählen ästhetische Brechungen und neue Codierungen der Sprache der religiösen Traditionen, bspw. esoterische Praktiken und auch Fundamentalismen. Ähnlich EKD (2004, Hg.) 6.
[19] Altmeyer (2011) 313f. Ähnlich Schulte (2020) 3.
[20] EKD (2010a, Hg.) 65.
[21] Auf diese Weise realisiert sich in einem sprach- und translationssensiblen Religionsunterricht „das Selbstverständnis der Religionspädagogik als Verbundwissenschaft", indem sie „auf alle Überlegungen angewiesen [ist], die über menschliches Reden und Hören, über Kommunikation, über die Wege sprachlicher Verständigung, über den Reichtum und die Vielfalt sprachlicher Möglichkeiten angestellt werden" (Schulte

greifen die SuS bei Translationsstrategien auf aktuelle Bezüge und darauf hindeutende Wörter zurück, nämlich auf die Corona-Pandemie und auf Flucht- und Migrationsbewegungen.[22] Bei der Besprechung von *Übersetzungsangeboten* in Unterrichtswerken (Kap. I 1.3.4) wird als Zielsprache „heutiges Deutsch", „heutige Zeit" o. ä. angegeben.[23] Hier kann eine Präzisierung vorgenommen werden, indem aktuelle Sprachmuster als mögliche Zielsprachen bei Translationen bewusst anvisiert werden, die ‚in aller Munde' sind und dazu verhelfen, den SuSn Wörter an die Hand zu geben, die für die Ausbildung ihrer Sprache für Religiöses und auch als Gerüst für die oben erwähnte Sprache zwischen den Sprachen (These I) dienen können.

Als diesbezügliche Zusammenfassung soll nachfolgend das in einer zehnten Jahrgangsstufe angefertigte Translat von Ps 23 vorgestellt werden:

> „1 Der Herr ist meine FFP-1000-Maske, ich habe keinen Nachteil in der Pandemie. 2 Er lässt mich trotz Corona am Leben teilhaben, zeigt mir, wie schön das Leben dennoch sein kann. 3 Er fährt mich hoch. Er gibt mir das sichere Gefühl der Verantwortung, wie ich mich in der neuen Wirklichkeit zurechtfinden kann. 4 Trotz Social Distancing habe ich das Gefühl, jemanden dicht bei mir zu haben, denn Du nimmst mich, wie ich bin, mit oder ohne Corona. 5 Bei dir brauche ich keine Maske. Du lässt mich feiern und fröhlich sein, ohne dass ich an Corona-Partys teilnehmen muss. 6 Du bist auch wie ein face-shield, das allerdings meine Sichtweise nicht einengt. Das Gefühl der Verantwortung begleitet mich sicher durch die neue Wirklichkeit." (Abschrift: Niclas, 16 Jahre, zehnte Jahrgangsstufe, 09.06.2020)

Der Einbezug von aktuellen Sprachmustern kann eine mögliche Antwort auf die „Relevanzfrage" geben.[24] Dabei unterliegt der Relevanz kein intuitives Verständnis, sondern sie wird als ein „multifaktorielles Konstrukt" angesehen.[25] Essentiell ist dabei die Wahrnehmung eines Relationsbegriffs, so dass etwas „für jemanden immer in einer bestimmten Perspektive (‚Fokus') und in einer bestimmten Art (‚Modus') relevant [wird]".[26] Diese Relation lässt sich in vielfältiger Weise gemäß unterschiedlichen Modellen für die Auslotung weiter auffächern,[27] was an dieser Stelle den Rahmen sprengen würde. Entscheidend für Relevanzerkundungen ist eine Schnittmenge zwischen individuellen und gesellschaftlichen Relevanzen, die bspw. insofern in der Corona-Pandemie gegeben sind, als sie für SuS relevant werden.[28] So zählt Martina Kum-

---

2020: 4). Tacke (2022: passim) spricht in diesem Zusammenhang von einer „heterogenitätssensiblen Sprachbildung" im Religionsunterricht.

[22] Corona-Pandemie: Kap. III 5.1 (Translat 8.3), Kap. III 6 (Storytelling). Flucht- und Migrationsbewegungen: Kap. III 4.2.
[23] Bspw. Tomberg (2013, Hg.) 30.
[24] Kumlehn (2020) 265f., Gärtner (2019) 133.
[25] Kumlehn (2020) 266.
[26] Ebd.
[27] Gärtner (2019) 131f. Zur Relevanzfrage im religionspädagogischen Kontext ausführlich Domsgen (2019) 239–244 und das Themenheft von ZPT 72/3 (2020).
[28] Kumlehn (2020) 267–270.

lehn zu den Grundaufgaben religiöser Bildung die Notwendigkeit der unterschiedlichen Auseinandersetzung mit den zahlreichen Facetten der Corona-Pandemie im Religionsunterricht und sieht darin eine der Grundaufgaben religiöser Bildung.[29] Greifbar wird die Corona-Pandemie im alltäglichen Sprachgebrauch, indem den SuSn „in der aktuellen Lage auffällige Sprach- und Ausdrucksformen, die einen Unterschied machen sowie Gehör finden wollen und Aufmerksamkeit konkurrieren, [begegnen]".[30] In religionsdidaktischer Hinsicht geht es dabei um „Entdeckungszusammenhänge im Sinne wechselseitiger Erhellung mit biblischen Traditionen", die „anregend zum Verstehen von gegenwärtiger Situation und vertieftem oder neuem Verständnis biblischer Texte" sind, bspw. gegenwärtige Formen der Klage und Klagepsalmen.[31]

Die Wörtern inhärente Relevanz kann im obigen Sinne zur Entfaltung gebracht werden, indem gemäß den Translationsstrategien und auch der vorausgehenden Visualisierung die SuS innerhalb des Rahmens diejenigen Szenen entdecken und ‚ausmalen', die ihnen affin bzw. am nächsten und damit auch als relevant erscheinen, so dass sie in dem Translat als kreativ-sprachlicher Neuversuch eine Akzentuierung erfahren. Durch den bewussten Einbezug von aktuellen bzw. gegenwärtig relevanten Sprachmustern wird es den SuSn ermöglicht, in Wörtern bestimmte Aspekte bzw. Szenen zu entdecken, die für sie relevant sind und vor deren Hintergrund theologische Themen, die für sie augenscheinlich nicht relevant waren, in einem neuen Deutungshorizont sich abzeichnen. Vieles davon mag in einem guten Religionsunterricht bisher schon vorkommen. Die Pointe liegt jedoch darin, die Prozesse selbst in der Sprache zwischen den Sprachen (These I) mit den SuSn zum Thema zu machen.

These IV: Eine sprach- und translationssensible Religionsdidaktik schärft den Blick für eine Differenzierung zwischen interlingualem, intralingualem und intersemiotischem Übersetzen/*Übersetzen* am Lernort Schule.
Holger Siever und Joachim Renn, Jürgen Straub und Shingo Shimada verweisen auf eine inhaltliche Inflation von „übersetzen"/„Übersetzung",[32] die u. a. durch die Sichtweise begünstigt wird, jede Sprachverwendung als Übersetzung/*Übersetzen* anzusehen.[33] SuS werden am Lernort Schule v. a. im Fremdsprachenunterricht mit Übersetzungen und einer entsprechenden Fachdidaktik konfrontiert: Hier werden zwei Sprachen gegenübergestellt, von denen die deutsche Muttersprache den sprachlichen Dechiffrierschlüssel bildet. Treten bei den Übersetzungen von Texten Unterbrechungen auf, dann markiert

---

[29] Ebd.
[30] Ebd. 273.
[31] Ebd. 273f.
[32] Siever (2010) 331, Renn/Straub/Shimada (2002) 9–11.
[33] So bspw. Steiner (1975) 47: „Any model of communication is at the same time a model of translation." Hierzu Kap. I 1.1.4.2.1.

bspw. ein Wort die Schnittstelle zwischen der lateinischen und der deutschen Sprache, und die Lehrkraft versucht, diese Unterbrechungen mit Äußerungsäquivalenten wie Gestik o. ä. zu managen. Daneben wird auch in anderen Fächern „übersetzen" als Operator für Erklärungen verwendet, bspw. im Geographieunterricht.[34]

Die häufige Verwendung von „übersetzen" am Lernort Schule und die damit von vielen SuSn implizierte Annahme, dass „übersetzen" einerseits nur ein anderes Wort für eine Erklärung sei und dass andererseits Kenntnisse von Vokabeln und von grammatischen Regeln für die Durchdringung und für die Entschlüsselung eines Wortes bzw. eines Textes ausreichen, ist für den Religionsunterricht von Bedeutung: So stellt sich die Frage, inwieweit die Grenzen für Translationen im schulischen Bereich gelten bzw. umgesetzt werden können, zumal in Kap. I 1.3.4 bei der Besprechung von *Übersetzungsangeboten* in Unterrichtswerken aufgezeigt werden kann, dass auch im Glauben wurzelnde Wörter in „heutiges Deutsch" o. ä. *übersetzt* werden. Hierzu werden in Kapitel II 1.6.1 mögliche Grenzen von Translationen ausgemacht und in Kap. II 1.6.2 werden Möglichkeiten des Umgangs mit ihnen entwickelt. Generell problematisch erscheint das Wort „übersetzen" ohne eine Kennzeichnung als intralingual und/oder intersemiotisch in Unterrichtswerken des Religionsunterrichts aus zwei Gründen:

Erstens kann bei SuSn der Eindruck entstehen, als könne man die Sprache der religiösen Traditionen lücken- und problemlos in eine bspw. rational zugängliche Sprache *übersetzen*, ähnlich wie einen lateinischen in einen deutschen Satz; im Umkehrschluss könnten dann im Glauben wurzelnde Wörter – und letztendlich auch „Gott" – rational durchdrungen werden, so dass ein rational orientierter Denkprozess eröffnet würde, „an dessen Ende dann stünde, die Existenz des christlichen Gottes für *plausibler* als seine Nicht-Existenz zu halten".[35] Bei *Übersetzungsangeboten* in Unterrichtswerken bedarf es einer von der Religionslehrkraft zu leistenden Erläuterung des Phänomens des Übersetzens/*Übersetzens* und der dazugehörenden Übersetzungsentscheidungen/*Übersetzungsentscheidungen* in Abgrenzung zu dem interlingualen Übersetzen im Fremdsprachenunterricht und zu intralingualen sowie zu intersemiotischen *Übersetzungen* in anderen Fächern.

Zweitens kann ohne eine Erläuterung des Phänomens des Übersetzens/*Übersetzens* und seiner fachdidaktischen Spielarten der Religionsunterricht von vornherein als ein Fremdsprachenunterricht wahrgenommen und die dort vorrangig gesprochene Sprache von vornherein als ‚fremd' angesehen werden; Schranken werden eher auf- als abgebaut, wenn SuS bspw. Vergleiche mit dem stark auf das Übersetzen ausgerichteten Lateinunterricht ziehen. Fremdsprachenunterricht ist auch in didaktischer Hinsicht anders ange-

---

[34] Düppe (2013) 143.
[35] Tietz (2012) 99f. (Hervorh. im Original).

legt als der Religionsunterricht, was die Übersetzungsstrategien und die Neueinführung von Vokabeln anbelangt.

Eine sprach- und translationssensible Religionsdidaktik mit ihrer Sprache zwischen den Sprachen (These I) vermag eine *Klärung derartiger Unschärfen* von „übersetzen" zu ermöglichen. Den religionspädagogischen und -didaktischen Hintergrund bilden dabei die im Religionsunterricht vorliegenden Translationsgrenzen und ein entsprechender Umgang zur sprachlichen Erschließung derartiger Wörter. Impulse erwachsen daraus auch für den Fremdsprachenunterricht, bspw. für den Lateinunterricht.[36]

Zusammenfassend lässt sich feststellen, dass eine sprach- und translationssensible Religionsdidaktik bei den SuSn ein Bewusstsein für die fachbedingt unterschiedlichen Verwendungsweisen von „übersetzen" entwickeln kann, so dass sie diese sowie deren Techniken kennen, voneinander unterscheiden und entsprechend sprach- und translationshandlungsfähig sind.[37]

These V: Eine sprach- und translationssensible Religionsdidaktik unterstützt die Integration von konfessionslosen[38] SuSn in den Religionsunterricht.

Der Stellenwert konfessionsloser SuS im Religionsunterricht ist jüngst durch die EKD-Denkschrift *Religiöse Bildung angesichts Konfessionslosigkeit* besonders in das religionspädagogische Interesse geraten. Deren AutorInnen plädieren für die Förderung einer „Dreisprachigkeit [...], um sich ökumenisch, interreligiös und inter-weltanschaulich verständlich zu machen, ohne mit gespaltener Zunge zu sprechen".[39] Das praktische Feld eines „dreisprachigen" Dialogs setzt sich aus vier Ebenen zusammen:

> „auf akademischer Ebene [...], auf gemeindlicher und nicht-parochialer, funktionaler Ebene, [...] in persönlichen Gesprächen zwischen einzelnen Christen und Konfessionslosen sowie auch [...] in der Öffentlichkeit – insbesondere dann, wenn

---

[36] Die Frage der Unübersetzbarkeit stellt sich auch bei geläufigen Wörtern: „forum" lediglich mit „Marktplatz" wiederzugeben, greift ebenso zu kurz wie deutsche Übersetzungsprodukte von „virtus" als „Tugend" oder „Mannhaftigkeit", da dieses Wort einen festen Platz in der stoischen Philosophie einnimmt und mehrere Tugenden subsumiert. Niem (⁴2015: 98–100) lässt in ihrem Kommentar zu Senecas *De Providentia* als Konsequenz „virtus" unübersetzt. Zur Unübersetzbarkeit von lateinischen Wörtern, Stilmitteln etc. siehe Nickel (2016) 56f.

[37] Siehe hierzu den GERS (Europarat 2017: 15) und Kap. II 1.1.4.

[38] Mit dem Attribut „konfessionslos" wird im Anschluss an die EKD-Denkschrift *Religiöse Bildung angesichts Konfessionslosigkeit* (EKD 2020, Hg.: 143) „weder die Art und Weise der Lebensführung und -deutung eines Menschen umfassend charakterisiert noch ist damit eine Wertung verbunden; das Attribut ist allein beschreibend auf die Mitgliedschaft bzw. Nicht-Mitgliedschaft in einer Kirche (bzw. Religionsgemeinschaft) bezogen." Zur religionspädagogischen Diskussion des Wortes „konfessionslos" ausführlich Domsgen (2018) 4–6.

[39] EKD (2020, Hg.) 14.

um gesellschaftlich tragfähige ‚Lösungen' für ethische, politische, atmosphärische Herausforderungen gerungen wird und die Bürgerinnen und Bürger dabei auf ihre religiös-weltanschaulichen Ressourcen zurückgreifen".[40]

Besonders die letztgenannte Ebene erinnert an Armin Nassehis (2017, 2015) systemtheoretische Sicht auf die Gesellschaft und an das aus deren unterschiedlichen Sprachspielen erwachsende Konfliktpotenzial bzw. an mögliche „Übersetzungskonflikte" (Kap. I 1.2.3). Die postulierte „Dreisprachigkeit" ist bei einer sprach- und translationssensiblen Religionsdidaktik innerhalb der Translingualität enthalten (Kap. II 1.1.1.3); christlich sozialisierte, nicht- und andersreligiöse SuS werden durch Translationen zur Ingebrauchnahme ihres gesamten linguistischen und paralinguistischen Potenzials und zu gemeinsamen Kommunikationssituationen angehalten, die hermeneutische Sprachräume für die Ausbildung der Sprache der religiösen Traditionen und der Sprache für Religiöses eröffnen; deshalb sind bei diesem Lernarrangement explizit auch Konfessionslose eingeladen, ihre Sprachwelten – im wahrsten Sinne des Wortes – ‚auszubuchstabieren'. Im Folgenden werden zwei exemplarische Aspekte der religionspädagogisch und -didaktisch geführten Diskussion um die Integration von konfessionslosen SuSn in den Religionsunterricht aufgegriffen und in Bezug zu einer sprach- und translationssensiblen Religionsdidaktik gesetzt, um den aus ihr hervorgehenden Impulsen Kontur zu verleihen:[41]

Erstens plädiert Michael Domsgen – unter Rückgriff auf den Sozialarbeitswissenschaftler Dieter Röh – dafür, „Empowerment als Zielperspektive" für religionspädagogische Handlungsfelder einzutragen, die dann so gestaltet werden könnten, „dass Menschen lernen, ihre eigene Subjektivität, ihre Bedürfnisse und Fähigkeiten zu entdecken, ihnen Ausdruck zu verleihen und sich sodann in solidarischer Vernetzung in deren Um- und Durchsetzung und dabei Selbstwertsteigerung und Gestaltungskraft zu erfahren".[42] Um dabei konfessionslosen SuSn die Möglichkeit zu eröffnen, ihre persönliche Relevanz der Sprache der religiösen Traditionen auszuloten, bedarf es der „Sprachen, die ‚persönliche Resonanzen' erzeugen, die nicht als bloßes Gegenüber erfahren werden, sondern das Subjekt involvieren und in seiner Selbsterfahrung innerlich ansprechen".[43] Derartige Forderungen werden von einer sprach- und translationssensiblen Religionsdidaktik bedient, indem neben der Ausbildung der Sprache der religiösen Traditionen gleichermaßen die Ausbildung

---

[40] Ebd. 85.
[41] Eine wegweisende fachdidaktische Grundlegung für ein gemeinsames Lernen mit konfessionslosen SuSn im Religionsunterricht hat Käbisch (2014b) vorgelegt. – Eine Aufarbeitung aller diesbezüglichen religionspädagogischen und -didaktischen Überlegungen kann hier nicht geleistet werden.
[42] Domsgen (2018) 8 unter Rückgriff auf den Empowerment-Begriff von Röh (2013) 239. Ähnlich Domsgen (2019) 351. Zu einer Empowerment-sensiblen Religionspädagogik siehe ausführlich ebd. 343–378.
[43] Hauschild/Pohl-Patalong (2004) 207, Domsgen (2018) 7.

der Sprache für Religiöses in der *gesamten* Lerngruppe betont wird. Diese subjektorientierte Sprache differenziert nicht nach dem religiösen bzw. weltanschaulichen Hintergrund der sie in Anspruch Nehmenden und damit auch nicht nach konfessionslosen SuSn, deren „Erfahrungen mit Religion [...] sich einzig medial vermittelt [finden]", wobei es „allerdings völlig offen [ist], ob sie als prägend erlebt worden sind".[44] Zu einer sprach- und translationssensiblen Religionsdidaktik sind alle SuS (mit ihren Sprachwelten) gleichermaßen eingeladen, bzw. leben die Translationen und die Translate geradezu von der sprachlichen Vielfalt in der Lerngruppe.[45] So bilden *alle* SuS als TranslatorInnen die ExpertInnen des sprachbildenden Translationsprozesses und folglich muss sich niemand im Nachteil sehen, wenn er konfessionslos ist.[46]

Zweitens wird in einer solchen Lehr-Lern-Atmosphäre dem Postulat von David Käbisch entsprochen, „unsachgemäße Abstraktionen wie ‚der' Katholizismus, ‚der' Islam, ‚der' Atheismus, ‚der' Agnostizismus oder ‚die' Religionskritik [zu] vermeiden".[47] In Kap. II 1.1.1.1 wird dargelegt, inwieweit es dem Charakter einer sprach- und translationssensiblen Religionsdidaktik entspricht, anstatt von *dem* Christentum von der Sprache der christlichen Traditionen usw. auszugehen; zugleich wird auch nicht von *dem* Säkularen gesprochen. Für die Integration von Konfessionslosen birgt dies die Chance, ihre Sprachwelten hervorzuheben und sie als gleichwertige neben den anderen im Religionsunterricht aufeinandertreffenden Sprachebenen zu begreifen:[48] Demnach sehen sich Konfessionslose nicht als außerhalb eines Unterrichtsgeschehens, das allein durch die Bezeichnung „Religionsunterricht" für sie nicht unbedingt ansprechbar sein muss, sondern sie begreifen sich als Teil dieses Bildungsangebots, zu dem sie einen bereichernden Beitrag leisten können. Die von Konfessionslosen entwickelten Sprachformen für Äußerungsformen der Sprache der religiösen Traditionen eröffnen im Gegenüber

---

[44] Domsgen (2018) 8.
[45] Damit wird auch das Postulat von Käbisch (2014a: 60) eingelöst, für ein gemeinsames Lernen mit Konfessionslosen Aufgabenformate bereitzustellen, die „nicht voraussetzen [sollten], dass Schülerinnen und Schüler an einer religiösen Praxis partizipieren, um über sie reflektieren zu können".
[46] Ähnlich postuliert Käbisch (ebd.), dass die „Aufgaben für das gemeinsame Lernen mit konfessionslosen [...] Schülerinnen und Schülern diese nicht als Experten oder Angehörige einer bestimmten Religion oder Konfession in den Blick nehmen [sollten]".
[47] Käbisch (2014b) 60f.
[48] Parallelen lassen sich zu den Ergebnissen von Feige/Gennerich (2008: 203) ziehen, die auf der Grundlage einer Befragung von 8000 Berufsschülern eine soziokulturelle Überformung von „Sünde" feststellen, die mitunter weit entfernt von dem diesbezüglichen Verständnis innerhalb der Sprache der christlichen Traditionen ist. Als Konsequenz wird im Allgemeinen eine hermeneutische Öffnung des Religionsunterrichts für individuelle als religiös ausgemachte Auffassungen bzw. für die Sprache für Religiöses eingefordert, so dass ein Religionsunterricht, der Gott zu einem „pädagogischen Begriff" erhebt, zum Scheitern verurteilt ist. Der Ansatz wird besprochen in Kap. I 1.3.1.2.1.

mit diesbezüglichen Sprachformen von christlich sozialisierten, nicht- und andersreligiösen SuSn einen Kommunikationsrahmen, innerhalb dessen hermeneutische Wechselwirkungen neue erhellende Sichtweisen auf die eigene Sprachwelt eröffnen; diese SuS können demnach – mit Jürgen Habermas gesprochen – „von der Religion Abstand halten, ohne sich deren Perspektive […] verschließen" zu müssen.[49] Eine direkte Anwendung im Anschluss an das handlungsorientierte Empowerment können die SuS während der Translationen und der Metareflexionen in der Gestaltungskraft ihrer in der Schnittmenge unterschiedlicher Sprachebenen geförderten *eigenen* Sprach- und Translationshandlungsfähigkeit erfahren, die in dem Translat als ein Produkt zum Ausdruck kommt und so ihre eigenen Fähigkeiten greifbar werden lässt.

Die Zusammenfassung dieser beiden Ebenen bildet ein Blick in die Praxis: Im Saarland wurde – wie in einigen Bundesländern auch im Zuge der Corona-Pandemie – im November 2020 der konfessionell getrennte Religionsunterricht in den Jahrgangsstufen 5–9 aufgelöst, um Durchmischungen von verschiedenen Klassen innerhalb einer Lerngruppe und so Ansteckungen zu vermeiden; ohne einen festen Lehrplan wurden SuS einer Klasse entweder von katholischen oder evangelischen Religions- oder Ethiklehrkräften beschult. In dieser Lernatmosphäre war der Anteil von konfessionslosen SuSn im Vergleich zu den herkömmlichen Lerngruppen des Religionsunterrichts deutlich höher. Ein pädagogischer und didaktischer Impuls für diesen Unterricht, der im Schülerjargon „Ethikion" genannt wird und der in Abhängigkeit von dem Stand der Infektionszahlen womöglich ein weiteres Mal den Religions- und Ethikunterricht ablösen mag, kann aus einer sprach- und translationssensiblen Religionsdidaktik hervorgehen: Aus eigener Erfahrung erweist sich in einer derartigen Unterrichtssituation ein Themenwort als sinnvoll, auf das die SuS einen entsprechend unterschiedlichen sprachlichen Zugriff haben und das einerseits in den drei unterschiedlichen Lehrplänen auftritt, bspw. „Glaube",[50] das andererseits auch nach Einschätzung der Lehrkräfte oder auf Wunsch der SuS zum Transkreieren geeignet ist, bspw. „Erlösung".

---

[49] Habermas (2001) 15. Zu Habermas ausführlich Kap. I 1.2.1.
[50] Dieses Wort wurde in einer neunten Jahrgangsstufe zum Translationsgegenstand erhoben: „Glaube" tritt auf im Evangelischen Religionsunterricht in der Unterrichtsreihe „Glaube und Zweifel" (Ministerium für Bildung und Kultur des Saarlandes 2017, Hg.: 27), im katholischen Religionsunterricht in mehreren Unterrichtsreihen (Ministerium für Bildung und Kultur des Saarlandes 2009, Hg.: passim) und im Ethikunterricht u. a. in der Unterrichtsreihe „Religionen der Welt" (Ministerium für Bildung und Kultur des Saarlandes 2018, Hg.: 114f.).

These VI: Eine sprach- und translationssensible Religionsdidaktik setzt religionspädagogische und -didaktische Impulse für interreligiöses Lernen frei.
Zu der Pluralität im Klassenzimmer gehört auch das mögliche Vorhandensein der Sprache der muslimischen, jüdischen etc. Traditionen, die in Translationen eingebunden werden können. In der Forschungsliteratur werden Überlegungen zu Übersetzungen/*Übersetzungen* als Annäherung bspw. zwischen christlichen und muslimischen Traditionen vorwiegend auf einer interlingualen Ebene geführt.[51] Auf einer intralingualen Ebene hebt Johannes Lähnemann, ausgehend von intralingualen *Übersetzungsprodukten* von „Dreieinigkeit", Themenfelder für den interreligiösen Dialog aus, die sich im gegenseitigen Modus des intralingualen *Übersetzens* erschließen lassen,[52] und Andrea Schulte betont die Auslotung von „[g]emeinsam geteilte[n] Sprachspiele[n] oder Lebensformen [...] als Voraussetzung gegenseitigen Verstehens", da bei intralingualen *Übersetzungen* auf einem interreligiösen Feld die entscheidende Problematik in der nicht vorhandenen „neutrale[n] Position [liegt], von der aus entschieden werden kann, ob eine Übersetzung korrekt bzw. treffend ist".[53]

In den theoretischen Überlegungen und in der praktischen Umsetzung einer sprach- und translationssensiblen Religionsdidaktik wird der Aspekt des interreligiösen Lernens lediglich gestreift, indem „homöomorphe Äquivalente" (Raimon Panikkar) (Kap. II 1.6.2.2) als eine Möglichkeit vorgestellt werden, mit Translationsgrenzen zwischen Religionen und Kulturen angemessen umzugehen, so dass nicht bspw. „Imam" schlankerhand mit „Pfarrer" oder „Priester" wiedergegeben wird.[54] An dieser Stelle erfolgen nun religionspädagogische und -didaktische Überlegungen, inwieweit bei einem Aufeinandertreffen von Sprachebenen der spezielle Fokus auf die vielfältigen Sprachen der religiösen Traditionen für eine Sprach- und Translationssensibilisierung als interreligiöses Lernen ausgewiesen werden kann; hierzu erweist sich die Definition von Karlo Meyer als hilfreich, der

---

[51] Bspw. befassen sich Demirkıvıran/Öncü (2021) mit der Problematik von Koranübersetzungen ins Deutsche, die den Koran einerseits als kontrovers-theologisch, andererseits als formal-ästhetisch hervorheben wollen. Massud (2021) erörtert auf einer theologischen und translationswissenschaftlichen Ebene die Legitimation von Übersetzungsvarianten im Hinblick auf „Gott" im Alten und Neuen Testament und auf „Allah" im Koran. Ulfat (2019b) und auch Badawia (2019) fokussieren einzelne Wörter, um die Grenzen und Chancen von interlingualen Übersetzungen des Korans auszuloten.
[52] Lähnemann (2019) passim.
[53] Schulte (2019b) 119. Abgesehen von der Problematik von Übersetzungen/*Übersetzungen* des Korans ist im Unterricht auf die kritische Sicht von Teilen des Judentums auf interpretierende Reduktionen und auf Plausibilisierungen i. S. von *Übersetzungen* der Tora als Einfallstor für die Aufhebung von Geboten aufmerksam zu machen (siehe hierzu Kap. I 1.2.1.2).
[54] Schulte (2019b) 119.

„[u]nter interreligiösem Lernen im weiteren Sinn [...] eine Kompetenzentwicklung in religiösen Belangen [versteht], die darauf zurückzuführen ist, dass die Lernenden Sachverhalte, Fragen und Zusammenhänge in eigene Denk- und Handlungsoptionen integrieren, deren religiöser Hintergrund anders als der eigene konstituiert ist".[55]

Zu Translationen kommt es demnach durch die Integration von Sachverhalten etc., die einer anderen Sprachebene angehören, in die eigenen Denk- und Handlungsoptionen. Hierzu müssen die SuS das translatorische Grundverhalten Verstehen, Auslegen und Neuformulieren beherrschen, um eine sprachliche Erschließung vornehmen zu können. Eine derartige Integration verläuft nicht reibungslos bzw. es geht Translationen per se ein Übertragungsproblem voraus, so dass im Folgenden ein Blick auf Kommunikationssituationen zu richten ist, bei denen mindestens zwei unterschiedliche Sprachen der religiösen Traditionen tangiert sind, zwischen denen es zu Unterbrechungen kommt.

Potenziell konflikträchtige, „kritische" Situationen nimmt Joachim Willems als „Überschneidungssituationen" auf, deren Krisis sich als pädagogisch fruchtbar erweisen kann, „wenn sich in einer Situation kulturell oder religiös bedingte Codes, Interpretationen und Deutungen dieser Situation überlappen und wenn sich daraus Missverständnisse oder Verunsicherungen ergeben – oder auch der exotische Reiz einer Situation".[56] Meyer spricht in diesem Zusammenhang von „Überschneidungsbereichen", um die unmittelbar situationsbezogene Komponente zurückzunehmen; wenn nämlich SuS „in der Oberstufe einen kleinen Forschungsplan ausarbeiten, ist dies z. B. zunächst nur begrenzt als ‚Situation' zu bezeichnen".[57] Diese Bezeichnung ist insofern anschlussfähiger an eine sprach- und translationssensible Religionsdidaktik, als die Überschneidungen in Kommunikationssituationen hermeneutische Schnittmengen bzw. „Bereiche" eröffnen, in denen – mit Martina Kumlehn gesprochen – „etwas Neues entstehen kann".[58]

Um speziell in interreligiösen Situationen oder auch Bereichen mit Unterbrechungen umzugehen, führt Meyer das Wort „Brückenmanager" ein; dieser verfügt über die „nötige Aktivität, Überschneidungsbereiche, Grenzen, Brücken und Gräben zu managen".[59] Dieser Gedanke gleicht einem Grundanliegen einer sprach- und translationssensiblen Religionsdidaktik, Unterbrechungen durch die wechselseitige Translation von Wörtern zwischen den aufeinandertreffenden Sprachebenen zu managen. Dabei strebt auch der „Brückenmanager" kein translatorisches „anything goes" an, sondern versucht „eigene und fremde Grenzen kritisch und respektvoll [zu] berücksichtigen, sozial und

---

[55] Meyer (2019) 66.
[56] Willems (2011) 207.
[57] Meyer (2019) 17, Anm. 10.
[58] Kumlehn (2015) 11, (2014) 270.
[59] Meyer (2019) 187.

ethisch angemessene Annäherungs- und Verständigungsbrücken [zu] entwickeln und (mit anderen) [zu] beschreiben".[60] Indem der „Brückenmanager" „mit Sensibilität gegenüber den Beteiligten, konstruktiver Handlungsbereitschaft und einem Gefühl für Grenzen, Gräben und Brücken" auftritt,[61] richtet sich wie bei dem Grundanliegen einer sprach- und translationssensiblen Religionsdidaktik die Sensibilität nicht nur auf eine Semantik, sondern auch auf eine Praxisorientierung, und ebenso konzentriert er sich nicht nur auf textgebundene, sondern auch auf nicht-textgebundene hermeneutische Auseinandersetzungen.[62] Im Anschluss an den „translational turn" (Kap. I 1.1.4.2.2.1) geht es also nicht ausschließlich darum, unter allen Umständen eine Translation herbeizuführen, sondern auch darum, die Freisetzung von Fehlübersetzungen und Missverständnissen als Ausgangspunkt für eine kulturelle Annäherung zu begreifen; gerade in den Grenzen besteht demnach eine Chance zur Annäherung.

Diese Berührungspunkte eröffnen die Freisetzung von Impulsen einer sprach- und translationssensiblen Religionsdidaktik für das interreligiöse Lernen. Diese bestehen besonders in der sprachlichen Erschließung von externen Translationsräumen, um unterschiedliche Sprachen und mögliche Unterbrechungen auszuloten. Dies ist insofern zielführend, als durch die Erweiterung des Raumbegriffs im Anschluss an den „spatial turn" (Kap. I 1.1.4.2.2.3) auch Situationen einen Raum konstituieren können. Als ein Beispiel führt Meyer eine Situation im Klassenzimmer an: Ein Schüler tritt auf ein am Boden liegendes Arbeitsblatt mit abgedruckten Koranversen, was einen muslimischen Mitschüler entrüstet; „managen" versteht Meyer hier als eine Art der Klärung oder Deeskalation der Situation.[63] Gemäß einer sprach- und translationssensiblen Religionsdidaktik wäre nun nach Wörtern zu suchen, die als Unterbrechungen das Aufeinandertreffen beider Sprachen der religiösen Traditionen markieren, was im vorliegenden Fall „Heilige Schrift" sein könnte, ein Wort, auf das beide Sprachen einen anderen Zugriff mit jeweils anderen Kookkurrenzen haben und das zugleich hermeneutische Suchbewegungen nach Gemeinsamkeiten und Unterschieden zu „Koran" und „Bibel" eröffnet. In diesem Zusammenhang kommt dem Aspekt der Kultur bei der Überwindung von Barrieren zwischen dem Translationsgegenstand und den AdressatInnen (Kap. I 1.4.1) ein hoher Stellenwert für die Erstellung und auch die Bewertung von Translaten zu.

Das von Meyer postulierte „Gefühl für Grenzen" kann Kontur durch die unterschiedlichen Translationsgrenzen (Kap. II 1.6.1) und den Umgang mit ih-

---

[60] Ebd. 203. Ähnlich ebd. 193.
[61] Ebd. 193.
[62] So auch die Forderung von den AutorInnen des *Kerncurriculums für das Fach Evangelische Religionslehre in der gymnasialen Oberstufe* (Kirchenamt der EKD 2010, Hg.: 11).
[63] Meyer (2019) 169f.

nen (Kap. II 1.6.2), speziell im Hinblick auf interreligiöses Lernen, erlangen; eine diesbezügliche Ausdifferenzierung, die in eine Sprach- und Translationssensibilisierung eingebettet ist, bildet ein Desiderat.[64]

These VII: Eine sprach- und translationssensible Religionsdidaktik bietet den Nährboden für eine sich allmählich etablierende „Öffentliche Religionspädagogik", die nach gesellschaftlichen Kommunikationskulturen des Faches fragt, und schärft so einerseits das Profil des Religionsunterrichts, untermauert andererseits seine Stellung im schulischen Fächerkanon.

In Kap. I 1.2.2 wird auf *Übersetzen* im Anschluss an Jürgen Habermas und auf Zweisprachigkeit als Aufgaben der sog. Öffentlichen Theologie eingegangen, die nach den Kommunikationskulturen zwischen Theologie und Gesellschaft fragt und sich insbesondere auf die Stellung von Glauben und Kirchen in den Öffentlichkeiten und auf Versuche richten, mit sich als säkular verstehenden Menschen ins Gespräch zu kommen. Daraus erwachsen Impulse für die Religionspädagogik, die in einer „Öffentlichen Religionspädagogik" münden; als federführend für derartige konzeptionelle Ausrichtungen sind v. a. Bernd Schröder (2013), Bernhard Grümme (2016, 2015) und Manfred L. Pirner (2019a, 2018a, 2015a–b) zu nennen. Speziell aus den Überlegungen von Grümme (2016) werden nachfolgend drei Horizonte aufgegriffen (im Nachfolgenden jeweils kursiv)[65] und in Bezug zu einer sprach- und translationssensiblen Religionsdidaktik gesetzt, um deren Öffentlichkeitsbezug herauszustellen und davon ausgehend in einem zweiten Schritt Aspekte für die Schärfung des Profils des Religionsunterrichts zur Untermauerung seiner Stellung im schulischen Fächerkanon herauszustellen:

Die Öffentlichkeit(skultur) einer Religionspädagogik müsste sich in ihrer Diskursfähigkeit äußern; hierzu bedarf es der Achtung der Eigenlogik unterschiedlicher Rationalitätsformen und Wahrheitszugängen einerseits und des offensiven Einbringens des

---

[64] Ulfat (2019a) 195. Ulfat stellt erste theoretische Überlegungen für einen sprachsensiblen Islamischen Religionsunterricht an, die auf eine religionsdidaktische Konkretion warten: Durch eine Sprachreflexion sieht Ulfat die Möglichkeit zu einem spirituellen Lernen im Unterschied zu einem fachlichen Lernen gegeben, um den SuSn „sprachliche und inhaltliche Kategorien an die Hand zu geben, um so die Bedingung der Möglichkeit für das jenseits der Sprache Liegende zu schaffen" (ebd.: 188). Das von Ulfat anvisierte religionspädagogische Ziel einer Sprachsensibilisierung im Islamischen Religionsunterricht kann auch für den Evangelischen/Katholischen Religionsunterricht gelten: „[D]urch die fachsprachliche Reflexion [wird] die Möglichkeit einer Dialektik zwischen sprachlichem und spirituellem Lernen eröffnet: Der Religionsunterricht kann das, was jenseits der Sprache liegt, nicht erzeugen, da es unverfügbar ist. Er kann aber die sprachliche Grundlage dafür schaffen, dass Schüler*innen die Fähigkeit entwickeln, vom Sagbaren zum Nichtsagbaren zu gelangen" (ebd.: 194).

[65] Grümme (2016) 7f.

Überschießenden der christlichen Botschaft andererseits, um bspw. auch zivilreligiösen Funktionalisierungsversuchen religiöser Bildung entgegenzuwirken.
Eine sprach- und translationssensible Religionsdidaktik ist selbst Teil eines öffentlichen Diskurses und ermöglicht eine Diskursfähigkeit im obigen Sinne allein schon dadurch, dass sie u. a. auf eine translinguale Pluralitätsfähigkeit zielt. Die bewusste Wahrnehmung und auch Einbindung unterschiedlicher Sprachebenen äußert sich auch darin, den unterschiedlichen Argumentationsmustern, Rationalitätsformen und Wahrheitszugängen einen hermeneutischen Spielraum zu gewähren, um gemeinsam eine Abwägung der Translationsstrategien herbeizuführen und so zu einem Translat zu gelangen. Die sprachliche Vielfalt ist jedoch nicht als ein ‚Sprachengewirr' zu verstehen, in dem sich der rote Faden in Gestalt des Selbstverständnisses des Evangelischen Religionsunterrichtes verliert. Dieser erlangt gerade in der Gemengelage der vielen Sprachen Kontur, da gemäß „translatio religionis" (Kap. II 1.1.1.4) bei der Translation bzw. dem Transkreieren die Sprache der christlichen Traditionen in sachorientierter Hinsicht oder die darauf bezogene Sprache für Religiöses in subjektorientierter Hinsicht stets beteiligt ist – entweder als Translationsgegenstand selbst oder als eine mögliche Zielsprache, in deren Horizont der Translationsgegenstand ‚erhellende' (sprachliche) Erkenntnisse für die gesamte Lerngruppe freizusetzen vermag. Diese Sprache der christlichen Traditionen (in einer evangelischen Ausprägung) ist – wie in Kap. II 1.1.1.1 entfaltet – „durch ein Verständnis des Menschen und seiner Wirklichkeit geprägt, das in der biblisch bezeugten Geschichte Gottes mit den Menschen gründet".[66]

Die Öffentlichkeit(skultur) einer Religionspädagogik müsste sich in ihrer Kontextualität äußern, so dass sie im Horizont ihres Wahrheitsanspruchs dem eigenen Kontext kritisch begegnet und vor diesem Hintergrund ihre eigene Botschaft kritisch-produktiv entfaltet.
Im Anschluss an die obigen Ausführungen ist dieser Aspekt eine logische Konsequenz aus der hermeneutischen Auseinandersetzung der Sprache der christlichen Traditionen mit anderen Sprachebenen bzw. aus der Sprach- und Translationssensibilisierung anhand von und mit anderen Sprachebenen. Diese hermeneutische Auseinandersetzung kann auch zu Ergebnissen bzw. zu Translaten führen, die für die an der Translation Beteiligten Sichtweisen auf den Translationsgegenstand werfen, die Enttäuschungen oder gar Verwunderungen auslösen. Derartige Ergebnisse sind als kritisch-produktiv aufzufassen, da sie aus einer hermeneutischen Auseinandersetzung als einem kreativ-sprachlichen Neuversuch hervorgegangen sind, der zu einer kritischen Auseinandersetzung sowohl mit der eigenen Sprachwelt als auch mit der Sprache der christlichen Traditionen anhält. Die Öffentlichkeit wird dann dadurch hergestellt, dass diese Auseinandersetzung sich als eine Einladung bewusst an

---

[66] Kirchenamt der EKD (2010, Hg.) 9.

alle im Religionsunterricht vorhandenen Sprachebenen richtet. Dies leitet über zum nächsten Punkt.

Die Öffentlichkeit(skultur) einer Religionspädagogik müsste sich in einer radikalen Subjektorientierung äußern, „insofern sie als Sprachschule der Freiheit an der Mündigkeit der Subjekte ausgerichtet ist".[67] *Diese „Sprachschule" muss für alle am Religionsunterricht teilnehmenden SuS einladend und plausibel gestaltet werden, wodurch sie beweisen kann, dass „die Praxis religiöser Erziehung und Bildung eine zivilgesellschaftliche Kraft von nicht zu unterschätzender Bedeutung" ist.*[68]
Die stark subjektorientierte Ausrichtung einer sprach- und translationssensiblen Religionsdidaktik äußert sich in besonderem Maße in der Rolle der SuS als TranslatorInnen, die die Lernbewegungen und auch das Lerntempo bestimmen, während die Religionslehrkraft zwar nur eine moderierende, dafür aber auch eine einladende Rolle einnimmt und allen TranslatorInnen, gleich welcher sprachlichen Provenienz, die Möglichkeit eröffnet, sich mit der Sprache der christlichen Traditionen hermeneutisch auseinanderzusetzen und – neben einem sachorientierten – auch zu einem subjektorientierten Erkenntnisgewinn bzw. zur Ausbildung einer subjektorientierten Sprache für Religiöses zu gelangen. In diesem Zusammenhang lässt sich zugespitzt formulieren, dass das Management von Unterbrechungen ein öffentlich einladendes Management ist: Demnach stellt der Religionsunterricht einen einladenden Sprachraum dar, in dem man mit der Sprache der christlichen Traditionen umzugehen, sie zu ‚handhaben' und zu managen lernt; diese Sprachdimension lernen also die SuS einerseits als eine Möglichkeit kennen, durch sie Sprache zu finden und Phänomene auf den Begriff zu bringen, und andererseits ist sie ein Medium, das im Zuge von Translationen, bei denen unterschiedliche Sprachebenen involviert sind, zur hermeneutischen Entfaltung kommt.

Führt man die drei obigen Horizonte einer „Öffentlichen Religionspädagogik" zusammen, ermöglicht eine sprach- und translationssensible Religionsdidaktik einerseits eine Öffnung des Religionsunterrichts für unterschiedliche Sprachebenen, andererseits bietet sie dieser Öffnung einen religionspädagogischen und -didaktischen Nährboden für eine hermeneutische Auseinandersetzung mit den theologischen Essentials des konfessionellen Religionsunterrichts. Für dessen Stellung im Fächerkanon ist dies insofern von Relevanz, als er „sich inhaltlich wie kein anderes Fach mit den Schnittstellen zwischen verschiedenen gesellschaftlichen Bereichen, zwischen verschiedenen epistemischen Bereichen [...] und schließlich zwischen diversen weltanschaulich-religiösen und wissenschaftlichen [befasst]".[69] Die Corona-Pandemie hat die

---

[67] Grümme (2016) 8.
[68] Schweitzer (2011) 169.
[69] Pirner (2019a) 104.

Diskussion um die Notwendigkeit des Religionsunterrichts entfacht, die u. a. in einer lebensrelevanten Sprachfähigkeit angesichts der eine breite Öffentlichkeit tangierenden Thematik besteht.[70] Gerade „translatio religionis" als religionspädagogischer und -didaktischer Dreh- und Angelpunkt einer sprach- und translationssensiblen Religionsdidaktik schärft den Sensus für aktuelle Sprachmuster (These III) und versucht sie im Sinne hermeneutischer Wechselwirkungen zusammenzuführen. Demzufolge besteht das Objekt einer so herbeigeführten Sprachfähigkeit nicht ausschließlich in der Sprache der christlichen Traditionen und der Sprache für Religiöses, sondern in der Schnittmenge von diesen und auch von weiteren Sprachebenen – als Sprache zwischen den Sprachen (These I). Dies kann als wichtige Komponente einer unterrichtlichen Praxis angesehen werden, die auf „Sprach-, Verständigungs- und Reflexionsfähigkeit, also Öffentlichkeitsfähigkeit zielt".[71] Sie macht zugleich als Teil einer „Öffentlichen Religionspädagogik" die Kommunikationskulturen zwischen Religion, Religionspädagogik und Gesellschaft zum Thema.[72]

These VIII: Eine sprach- und translationssensible Religionsdidaktik erweist sich für Religionslehrkräfte als hilfreich, ihre eigene Translations- und Sprachhandlungsfähigkeit kritisch zu reflektieren.
Andrea Schulte verweist auf das Desiderat, „[r]eligionspädagogische Settings [...] zu reflektieren bzw. zu entwerfen [...], mit denen insbesondere Religionslehrer für einen achtsamen Umgang mit ihrem für Schule und Unterricht unentbehrlichen Handwerkszeug (Wort)Sprache sensibilisiert werden können".[73] Auch Manfred L. Pirner sieht bei *Übersetzungen* im Religionsunterricht einen daraus für Religionslehrkräfte erwachsenden Impuls darin gegeben, eine „bildungstheologische Übersetzungskompetenz" aufzubauen; hierzu zählt eine Sensibilisierung für das Bewusstsein und die Einstellung von Religionslehrkräften zu den „mögliche[n] Zusammenhänge[n] zwischen theologischer und

---

[70] Käbisch/Kumlehn/Schlag u. a. (2020) 396.
[71] Pirner (2015c) 458.
[72] Von der durch Sprach- und Translationssensibilisierung beförderten Öffentlichkeit des Religionsunterrichts im Speziellen kann ein Impuls an die Religionspädagogik im Allgemeinen ausgesendet werden: Auf dass sie eine verstärkte Wahrnehmung erfahren kann – einerseits als Wissenschaft an sich und andererseits auf ihre für den Religionsunterricht generierten Themen – muss sie „eine selbstreflexiv kritische Übersetzungsfähigkeit gewinnen, um unter den gegenwärtig, hoch heterogenen Bedingungen wahrgenommen, verstanden und wirksam werden zu können" (Grümme 2021: 211); hierzu gehört es auch, „das Subjekt und dessen Übersetzungspotenz ins Zentrum [zu rücken]" (ebd.).
[73] Schulte (2018a) 159. Ähnlich Schulte (2020) 7 und Lorenzen (2021) 151 mit dem Verweis auf die noch ausstehende empirische Unterrichtsforschung bezüglich (der Wirksamkeit) des Sprachverhaltens von Religionslehrkräften. Lorenzen (2021) entwirft Reflexionsfragen für Religionslehrkräfte im Hinblick auf die sprachlichen Spannungspole „Authentizität und Rollenkonformität" (143), „Komplexitätsreduktion und kommunikative Angemessenheit" (148) und „lebensweltliche Nähe und fachliche Distanz" (150).

pädagogischer Rationalität und dementsprechend zwischen persönlicher Religiosität und beruflichem Denken und Handeln".[74] Vor diesem Hintergrund steht das Gelingen des Religionsunterrichts unter dem Einfluss von Reflexionen, die Religionslehrkräfte bewusst hinsichtlich ihrer eigenen Sprachwelt vornehmen und die sich in der Schnittmenge der im Religionsunterricht aufeinandertreffenden Sprachebenen befinden; dies geschieht im Hinblick auf die Ermöglichung der Aktivierung von Sprach- und Translationshandlungen bei den SuSn in Bezug auf als religiös verstandene Themen.[75]

Obwohl in den Bausteinen einer sprach- und translationssensiblen Religionsdidaktik die SuS eine zentrierte Stellung einnehmen, hat dies nicht zur Folge, dass die Religionslehrkräfte – überspitzt formuliert – lediglich die Rolle von Statisten einnehmen. Ihnen kommen die Aufgaben zu, geeignete Stellen innerhalb des Lehrplans auszuwählen, für die sich einzelne Bausteine religionspädagogisch und -didaktisch als vorteilhaft erweisen, und dementsprechende Vorüberlegungen anzustellen (Kap. II 1.2.2): Bei dem Durchlaufen der Bausteine fungiert die Religionslehrkraft quasi als eine Art ‚Reiseleitung', welche die SuS durch unterschiedliche Sprachebenen hindurchführt; sie begleitet sie bei der Überführung eines Translationsgegenstands in ein Translat, bereitet die Metareflexion vor und schafft die Voraussetzungen für die Begegnung, Auseinandersetzung, die sprachliche Erschließung und die so entstandenen neuen Erfahrungen der SuS. In diesem Zusammenhang werden die Religionslehrkräfte in zweierlei Hinsicht zur Reflexion ihrer Sprachhandlungsfähigkeit angehalten, aber auch – im Anschluss an die Interrelation von Sprach- und Translationssensibilisierung (Kap. II 1.1.4) – zur Reflexion ihrer Translationshandlungsfähigkeit animiert:

Erstens erfolgt eine Reflexion bei hermeneutischen Auseinandersetzungen der sachorientierten Sprache des Religionsunterrichts und der eigenen Sprachwelt vor dem Hintergrund anderer Sprachebenen; hierzu zählen im Allgemeinen die im Religionsunterricht aufeinandertreffenden Sprachebenen und im Speziellen die Sprachwelten der SuS[76] sowie die Sprachspiele von anderen Fächern als erhellende Querverweise, bspw. „Schöpfung" im Sprachspiel der Naturwissenschaften. Auf dieser Reflexionsebene kommen theologisch-religionspädagogische Kompetenzen der Religionslehrkräfte zur Entfaltung, bspw. die „Fähigkeit zur Reflexion der eigenen Religiosität",[77] wozu es im Hinblick auf die personale Glaubwürdigkeit und die Authentizität gilt, sich „mit der eigenen religiösen Position religionspädagogisch verantwortlich in den Dialog mit Schülerinnen und Schülern ein[zu]bringen",[78] und auch die „Fähigkeit zur re-

---

[74] Pirner (2019a) 108. Hierzu auch Pirner (2017) passim.
[75] Ähnlich Schulte (2020) 10, (2018a) 158.
[76] Grümme (2021) 169.
[77] EKD (2009, Hg.) 28
[78] Ebd. Ähnlich Schulte (2018a) 158.

ligionsdidaktischen Auseinandersetzung mit anderen konfessionellen, religiösen und weltanschaulichen Lebens- und Denkformen" auszubilden.[79]

Zweitens erfolgt eine Reflexion im Anschluss an die obige vor dem Hintergrund der Sprachwelt der Religionslehrkräfte. Hier kommt bspw. die theologisch-religionspädagogische Kompetenz zur Entfaltung, die „religiöse Heterogenität der Schülerinnen und Schüler (religiöse Erfahrungen, Überzeugungen, Vorstellungen und Erwartungen an den Religionsunterricht) wahrnehmen, analysieren und für die Gestaltung unterrichtlicher Prozesse berücksichtigen" zu können.[80]

Die zwei Reflexionsebenen entsprechen der zwischen Sprachebenen einzuleitenden hermeneutischen Wechselwirkung, die in „translatio religionis" enthalten ist (Kap. II 1.1.1.4); diese werden beide in der von Religionslehrkräften erwarteten Kompetenz aufgerufen,

„[b]ei der Begegnung mit Menschen anderer Religionszugehörigkeit und Weltanschauung sowohl in beruflichen als auch in außerberuflichen Situationen deren Anschauungen [zu] respektieren, zugleich aber den eigenen Glauben profiliert im Dialog [zu] vertreten, Differenzen nicht [zu] verschweigen, zugleich aber zur fächerverbindenden Zusammenarbeit in konkreten Projekten bereit [zu] sein und Möglichkeiten zur interkonfessionellen Kooperation im schulischen Zusammenhang [zu] nutzen".[81]

In der Zusammenschau zeigt sich eine sprach- und translationssensible Religionsdidaktik an das oben von Schulte (2020, 2018a) angedachte religionspädagogische Setting zur sprachlichen Reflexion der Religionslehrkräfte und an die diesbezügliche von Pirner (2019a) eingeforderte „bildungstheologische Übersetzungskompetenz" als anschlussfähig, indem diese die Rolle einer theologischen und translationswissenschaftlichen Begleitung der im Mittelpunkt des Lehr- Lern-Prozesses stehenden SuS einnehmen: Als BegleiterInnen unterstützen sie die SuS, lassen sich sprachlich auf ihre Sprachwelten ein und sind bereit, in einen gemeinsamen Lernprozess einzutreten, der sich ohne die Reflexion über die eigene Sprach- und Translationshandlungsfähigkeit nur schwer realisieren ließe.

These IX: Eine sprach- und translationssensible Religionsdidaktik schärft den religionspädagogischen und -didaktischen Blick für die Darstellungsformen von Wörtern im Allgemeinen und verhilft dazu, den richtigen ‚Ton' beim Transferieren zu treffen.
Bei der Präsentation des Translats 11.2 (Kap. III 5.1) – zwei Hände umgreifen einen in Erde befindlichen Pflanzentrieb – hielt Sarah einen Mitschüler spontan dazu an, die Szene auf der Zeichnung nachzuspielen, um Verantwortung

---

[79] EKD (2009, Hg.) 32.
[80] Ebd. 34.
[81] Ebd. 37.

„nachfühlen" zu können. Diese Verantwortung wurde als „eine nicht ganz so leichte Sache" eingestuft, weshalb sie auf „diese kleine Showeinlage mit dem Umtopfen" zurückgegriffen hat, „damit man fühlen kann, dass Verantwortung etwas Aktives ist, aus dem Leben heraus entstehen kann".[82] Die SuS sahen es hier als eine Notwendigkeit an, das von ihnen angefertigte intersemiotische Translat durch den Einbezug eines weiteren Elements ihres zur Verfügung stehenden linguistischen und paralinguistischen Ausdruckspotenzials, nämlich durch Körperlichkeit, besser verständlich zu gestalten; hierbei ging es ihnen nicht nur um die Pragmatik, sondern auch um eine theologisch-translationswissenschaftliche Angemessenheit, indem sie die Beziehung (Kap. II 1.2.1.1) zu dem Translationsgegenstand dadurch aufrechterhalten konnten, dass das Fühlen von Verantwortung den für sie wichtigen Aspekt des Aktiven herauszustellen vermochte.[83]

Hieraus lässt sich zweierlei ableiten: Erstens schien den SuSn sowohl der Translationsgegenstand „Rechtfertigung"/„sich rechtfertigen" als auch das Translat polysemiotisch zu sein, d.h. neben visuellen Elementen wurden auch taktile Elemente aufgerufen, die die SuS als ergänzenswert erachteten. Zweitens wurde der Einbezug des taktilen Elements als unbedingt notwendig empfunden, da die Zeichnung nicht die in dem Wort enthaltene Aktivität bzw. Dynamik hätte zutage fördern und so die Beziehung aufrechterhalten können. Beide Schlussfolgerungen münden in die Frage, inwieweit die Polysemiotizität von im Religionsunterricht vorkommenden Wörtern oder auch Bildern, Liedern etc. religionspädagogisch und auch -didaktisch gefördert werden kann. Diese Förderung richtet sich auf die – unter diesen Gesichtspunkten neue – Thematisierung von Wörtern im Allgemeinen und auf deren Translation im Speziellen.

Eine Annäherung an mögliche Antworten auf diese Frage verläuft auf zwei Ebenen: Erstens erweist sich als ein hilfreicher Impuls das Phänomen der intersemiotischen Kompensation, worauf in der Translationswissenschaft bei interkulturellen Translationen zurückgegriffen wird, wenn aus einem polysemiotischen Translationsgegenstand „eine Informationsfolge von Interpretationsprozessen aus dem Original ,gefiltert' wurde und in der neuen Version des Kommunikats durch einen anderen als den ursprünglichen Zeichentyp ausgedrückt werden soll";[84] dies geschieht zur Herausstellung und zur hermeneutischen Verdeutlichung einzelner Elemente.[85] Die zweite Annäherung verläuft auf einer Ebene, die eine Schärfung der Wahrnehmung der Sprache

---

[82] Metareflexion zu Translat 11.2 (Kap. III 5.1).
[83] Hier fügt sich die folgende, aus einer Metareflexion über das Translat zu „Ebenbild Gottes" entnommene Aussage ein (Kap. II 1.5.3): „Wir haben uns für ein Bild entschieden, da es ja um das Ebenbild Gottes geht, das viele menschliche Gesichter zeigt, was besser als ein Text rüberkommt."
[84] Agnetta (2019) 298.
[85] Ebd. 323–325.

der religiösen Traditionen forciert, indem man sich auf ihre unterschiedlichen Darstellungsformen (Kap. II 1.1.1.2) konzentriert: Thomas Wabel, Florian Höhne und Torben Stamer sowie Thomas Wabel weisen darauf hin, dass die pluralen Öffentlichkeiten einen Raum von „sozialen Verkörperungen" darstellen und sich darin Chancen bzw. Brückenelemente für Verständigungsprozesse eröffnen, von denen auch die Religion bzw. theologische Inhalte in ihren physischen, medialen und soziokulturellen Verkörperungen profitieren, zu denen zusammenfassend nicht nur die gesprochene Sprache, sondern auch Gesten, Mimiken, nonverbale Handlungen etc. zählen.[86]

Führt man diese beide Ebenen zusammen, sollte sich der religionspädagogische und -didaktische Blick auf die unterschiedlichen (möglichen) Darstellungsformen von Wörtern richten.[87] Dafür ist es hilfreich, in Anlehnung an Wabel/Höhne/Stamer und Wabel eine sechsfache Spezifizierung vorzunehmen, in welchen Formen Wörter nach Möglichkeit dargestellt, thematisiert und auch transferiert werden können, nämlich als geschriebene (Textgattungen), gesprochene (Intonationen), gesungene (Lieder), gezeichnete (Gemälde, Zeichnungen), gestische (Körperhaltungen, Gesten) und szenisch gestaltete (Performances).

Eine sprach- und translationssensible Religionsdidaktik kann in zweierlei Hinsicht wegbereitend für eine umfassendere Wahrnehmung sowie für eine umfassendere Entfaltung und auch Einbindung unterschiedlicher Darstellungsformen sein, die in Wörtern enthalten sein können und die damit auch wegbereitend für deren Polysemiotizität sind:

Erstens fördert sie die Translingualität (Kap. II 1.1.1.3), indem sie Angebote zur Sprach- und Translationshandlungsfähigkeit bereitstellt, wozu die SuS das gesamte ihnen zur Verfügung stehende linguistische und paralinguistische Potenzial zur Entfaltung bringen, um einen möglichst breiten Zugang zur sprachlichen Erschließung von Wörtern zu erhalten, bzw. um, wie im obigen Beispiel, gegebenenfalls eine intersemiotische Kompensation für das Management von Unterbrechungen vornehmen zu können.

Zweitens zielt die Translingualität in der Schnittmenge mit den im Klassenzimmer aufeinandertreffenden Sprachebenen auf eine kreative hermeneutische Wechselwirkung (Kap. II 1.1.4), so dass durch Translationen der sprachliche Zugriff auf den Translationsgegenstand von der Warte einer anderen Sprachebene erfolgt und so „tiefere Schichten"[88] freigelegt werden können.

---

[86] Wabel/Höhne/Stamer (2017) 26–28, Wabel (2019b) 21, (2016) 161–163.
[87] Leisen (2018: 15) erachtet es als „didaktisch [...] zwingend, den Wechsel der Darstellungsform in das Zentrum der Didaktik des sprachsensiblen Fachunterrichts zu stellen [...]; häufig erweist sich sogar deren Wechsel als didaktischer Schlüssel zum fachlichen Verstehen. Zudem bietet jeder Wechsel einen Anlass zur fachlichen Kommunikation. Immer dann, wenn eine Darstellungsform in eine andere überführt wird, eröffnen sich Gelegenheiten zum Sprechen, Schreiben und Lesen." Hierzu ausführlich Kap. II 1.1.1.3.
[88] Gil (2015) 152.

Somit können sich durch den Fokus auf die Darstellungsformen Rückschlüsse auf die Sprachebenen eröffnen. Hierzu ist es hilfreich, die in der neueren (interlingualen) translationswissenschaftlichen Forschung gestellte Frage aufzugreifen, wie man den *Ton* des Translationsgegenstands im Translat treffen könne: Unter „Ton" ist in wörtlicher Hinsicht die Klangmaterialität eines Textes, in metaphorischer Hinsicht die Funktion eines Textes und in identitärer Hinsicht sind die unverwechselbaren Charakteristika der AutorInnen des ausgangssprachlichen Textes zu verstehen.[89] Der daraus erwachsende hermeneutische Aspekt lässt sich durch einen Rückgriff auf Bruno Latour schärfen, dessen Gedanken hinsichtlich der zwischen TranslatorInnen und Translationsgegenstand aufzubauenden Beziehung (Kap. II 1.2.1.1) als eine Voraussetzung für eine gelingende Erschließung der Sprache der christlichen Traditionen hilfreich sind. In diesem Zusammenhang wird herausgestellt, dass für Latour die Intonation einen wichtigen Faktor für das Gelingen von religiösem Sprechen bildet, da ein Aussagegehalt abhängig davon ist, wie er ausgesprochen wird. Latour verweist, um die Bedeutung der Intonation für die Aufrechterhaltung einer Beziehung zu verdeutlichen, auf Kommunikationssituationen innerhalb einer Partnerschaft: „Und so hält sich die Liebende auch nicht an die Sätze selbst, weder an ihre Ähnlichkeit noch an ihre Unähnlichkeit, sondern an den *Ton*, an die Art und Weise, in der er, der Liebhaber, dieses alte, verbrauchte Thema aufgreift."[90] Für einen Praxisbezug ergeben sich vier Anknüpfungsmöglichkeiten:

Erstens können die den Wörtern inhärenten möglichen Darstellungsformen nach ihrem hermeneutischen Potenzial dahingehend befragt werden, inwieweit sie für die Translationen in andere Sprachebenen fruchtbar gemacht werden können, um einen Translationsgegenstand sowohl verständlich als auch theologisch-translationswissenschaftlich angemessen in ein Translat zu überführen. So wählte Jonathan bei seiner Sprachbiographie die Sprache der Musik zur Erklärung des Worts „Theodizeefrage"; er brachte dabei Höhen und Tiefen von Tönen mit Leid und „guten Dingen" in Verbindung (Kap. III 1). In diesem Zusammenhang ist bspw. auch der unterrichtliche Konnex zu dem online verfügbaren *Gebärdenbibellexikon* möglich, bei dem biblische, kirchliche oder als religiös verstandene Wörter in Gebärdensprache per Video *übersetzt* werden; bspw. führt bei „Prophet" ein Gebärdendolmetscher seine mit einem ausgestreckten Zeigefinger nach oben gerichtete Hand zum Mund, um sie dann auf die BetrachterInnen zu richten und zu entfalten.[91]

Zweitens können im Umkehrschluss Darstellungsformen bzw. der ‚Ton' als ein Analyseinstrument herangezogen werden: So macht David Käbisch auf den Mehrwert für die Religionspädagogik aufmerksam, der sich aus den Trans-

---

[89] Agnetta/Cercel (2017) 187f., 209.
[90] Latour (2011) 41 (Hervorh. im Original).
[91] http://www.cgg-online.de/GebaerdenlexikonNeu/bibellexikon.php?Kategorie=1&Begriff=Prophet (Zugriff: 01.11.2021).

lational Studies ergibt, die „kulturelle Kontakte und Konflikte handlungsanalytisch beschreiben: Wer übersetzt einen Text wann, wo, wie und mit welcher Absicht aus einem Kontext in einen anderen?"[92] Käbisch bezieht sich hier auf den interkulturellen Aspekt von *Übersetzungen*, wozu nicht nur textbasierte Medien, sondern auch Praktiken zu zählen sind.

Drittens kann man diesbezüglich über den ‚Ton' auch Rückschlüsse auf unterschiedliche Sprachebenen entwickeln. In der Einleitung wurde ein Beispiel einer Kommunikationssituation im Religionsunterricht aufgegriffen: Für Rebecca ist das Abendmahl „wie so ein Freispruch". Anstatt sich nun ausschließlich auf den Vergleich zu konzentrieren, ist der Fokus nicht nur auf Gestik, Mimik und Körperhaltung, sondern auch auf die Intonation lohnenswert, um die Sprache für Religiöses als solche wahrzunehmen und in einem zweiten Schritt mögliche Hypothesen zu ihrer Segmentierung außerhalb von verbalen Heckenausdrücken (Kap. III 8.2) zu unternehmen. So ist Rebecca eine sonst eher ruhige Schülerin, stets sachlich, introvertiert. Bei dieser Aussage zeigte sie sich enthusiastisch, lachte, wirkte entspannt, nachdem sie das Wort „Freispruch" nach einer Atempause zur Vollendung des Satzes ausgesprochen hatte.

Viertens kann das Treffen des richtigen ‚Tons' auch eine Rolle spielen, wenn es darum geht, eine Translation als „einladend"[93] zu gestalten; als ein Beispiel ist eines der in Kap. I 1.3.4 vorgestellten *Übersetzungsangebote* in Unterrichtswerken zu nennen, bei dem sich die SuS wahlweise in die Sprachebene eines Muslims oder einer Katholikin begeben, um als Antwort auf die von ProtestantInnen ausgesprochene Einladung zu einer gemeinsamen Abendmahlsfeier eine „begründete oder höfliche Ablehnung" zu formulieren.[94]

These X: Eine sprach- und translationssensible Religionsdidaktik ermöglicht eine religionspädagogische und -didaktische Antwort auf die „Transformationskrise" der Religion, indem sie die Transformation in den Religionsunterricht zu integrieren vermag.
Bereits im Jahr 2002 hoben die AutorInnen der EKD-Denkschrift *Räume der Begegnung* hervor, dass „Religion selbst einem Transformationsprozess [unterliegt]":[95] Viele Menschen kommen – zu jener Zeit wie heute – „im persönlichen Umgang mit letzten oder ersten Fragen längst ohne die Sprache des Christentums aus", so dass „eine diffuse und vagabundierende Religiosität, die sich nur schwer fassen lässt," zu verzeichnen ist.[96] Der Gestaltwandel der christlichen Traditionen als „Transformationskrise" geht mit einer „Tradi-

---

[92] Käbisch (2018) 73. Ähnlich Grümme (2021) 184f.
[93] Wabel (2019c) 71–73.
[94] Richardt (2012) 137.
[95] EKD (2002, Hg.) 16.
[96] Ebd.

tionskrise" einher,[97] mit der sich auch die Religionspädagogik konfrontiert sieht und die sich hinsichtlich der Umsetzung ihrer Hauptaufgabe als problematisch erweist, die darin besteht, „das eigene Verständnis des Gestaltwandels von Religion nicht nur innerhalb der eigenen Disziplin weiterzuentwickeln, sondern auch in Kirche, Wissenschaft und Öffentlichkeit plausibel zu machen".[98] Diese Plausibilisierung, die auf dem Feld der Öffentlichen Theologie (Kap. I 1.2.2) und der „Öffentlichen Religionspädagogik" (These VII) mit dem Postulat nach *Übersetzungen* einhergeht, darf allerdings nicht zu einer Verwässerung der Kernelemente des Religionsunterrichts führen, sondern es gilt dabei, gerade bei immer pluraler werdenden Deutungsmustern, den Bedarf zu bedienen, „die eigene, evangelische oder katholische Deutungsoption zu profilieren".[99] Diesbezüglich bedarf es im Religionsunterricht für Bernd Schröder einer „unterrichtliche[n] Kommunikation über (christliche) Religion mit Einsichtnahme in bzw. Teilhabe an gelebter als ‚christlich' ansprechbarer Religion, die außerhalb der Kirchen kaum in verlässlicher und zeigbarer Form zu finden ist".[100] Diese Ansprechbarkeit äußert sich in zweierlei:

Erstens gilt es, die „Zugänglichkeit religiöser Bildung zu verbessern" und „religiöse Bildung aus christlicher Perspektive vor Ort [zu] vernetzen und öffentlich sichtbar [zu] machen".[101] Die Zugänglichkeit zu den Orten religiöser Bildung eröffnen sich die SuS als TranslatorInnen selbst durch die Erschließung von externen Translationsräumen und machen diese als solche zugänglich und auch sichtbar (Kap. II 1.7, III 7): Im Unterschied zu sichtbaren, also einen geographischen Raum einnehmenden Orten, die wie bspw. Kirchen baulich abgegrenzt und auch zu erkennen sind, konstituieren die SuS selbst diese Orte anhand unterschiedlicher Sprachebenen, deren Schnittmenge unterschiedliche Anknüpfungspunkte für religiöse Bildung freilegen.

Zweitens äußert sich die Ansprechbarkeit in der Verständlichkeit der Sprache der christlichen Traditionen. Die praktische Umsetzung einer sprach- und translationssensiblen Religionsdidaktik zeigt: Die SuS sind ansprechbar und können auch sprechen, gerade weil sie die Sprache der christlichen Traditionen *ansprechen* können. Die in der Fachliteratur oft genannten Barrieren, Klüfte etc. zwischen ihnen und der Sprache der christlichen Traditionen werden ganz einfach dadurch überwunden, dass die SuS einen multiperspektivischen Zugriff auf die Wörter entwickeln und somit auch mehrere Wege (er-)kennen, um einen Zugang zu dieser Sprache zu wählen. Exemplarisch wird dies in dem schöpferischen Treueversprechen von Sarah deutlich: Die Schülerin hat „Rechtfertigung" in ihrer Schullaufbahn und darüber hinaus zwar

---

[97] Engler/Kohler-Spiegel/Naurath u. a. (2014, Hg.) passim.
[98] Schweitzer (2014) 63f.
[99] Schröder (2014b) 115.
[100] Schröder (2014a) 220.
[101] Schröder (2014b) 117.

wahrgenommen, aber „[r]ichtig verstanden" hat sie das Wort „nie".[102] Sarah beschreibt so diese Kluft. Zugänge mit theologischen Fachwörtern, die Kindern und Jugendlichen fremd erscheinen, können auch nicht zur Überwindung ebendieser beitragen, sondern schaffen weitere Barrieren – das Wort bleibt fremd, auch wenn Sarah die in der theologischen Fachsprache formulierte Definition auswendig lernt und dadurch eine „eins [bekommt]", wie sie selbst festhält.[103] Sarah wählt einen anderen Zugang, d. h. aus den unterschiedlichen Facetten bzw. Szenen des Worts wählt sie *eine*, die ihr persönlich affin ist.[104] Dies meint nicht die Ausblendung anderer Szenen und auch Aspekte, sondern die Konzentration auf eine Szene, einen Aspekt, vor dessen Hintergrund weitere Aspekte im Zuge der Wahl der Translationsstrategie und des daraus hervorgehenden Translats zum Vorschein kommen, so dass „besser rüberkommt, was in [,Rechtfertigung'] steckt".[105]

Aus Sarahs schöpferischem Treueversprechen geht exemplarisch hervor, dass die sog. Transformationskrise vor dem Hintergrund einer sprach- und translationssensiblen Religionsdidaktik als eine Transformations*chance* begriffen und diesbezüglich in den Religionsunterricht eingebracht werden kann: „translatio religionis" ermöglicht es den SuSn, die in unterschiedliche Sprachebenen gegossene Sprache der christlichen Traditionen bzw. deren Transformationen zu bündeln; sie erhalten als im Zentrum dieses Lehr-Lern-Arrangements stehende TranslatorInnen Impulse, so mit der Sprache der christlichen Traditionen in einen Dialog einzutreten, bei dem sie nicht Objekte einer Einführung in diese Sprache sind, sondern Subjekte eines Kommunikations- und Translationsprozesses, den sie selbst gestalten und in dem sie der Sprache der christlichen Traditionen durch neue „zeitgemäße[ ] Ausdrucks- und Kommunikationsformen"[106] (bspw. These III) (öffentliche) Kommunikabilität (These VII) verleihen und so lebendigen Sprossen dieser Sprache einen Nährboden bereiten.

---

[102] Schöpferisches Treueversprechen von Sarah zu Translat 11.1 (Kap. III 4.1).
[103] Ebd.
[104] Ebd. „[...] ich will nicht nach Gott fragen, sondern nach dem Menschen schauen, was Gott mit ihm macht durch die Rechtfertigung. Wenn das gelingt, dann erfahre ich mehr über dich [i. e. das Themenwort], aber auch über mich. Dazu werde ich darauf verzichten, irgendetwas Theoretisches so in der Art einer Erklärung zu verfassen, sondern mein sprachlicher Neuversuch liegt im Handeln, also wie sich Menschen zu anderen Menschen verhalten."
[105] Ebd.
[106] EKD (2010a, Hg.) 65.

Quellen- und Literaturverzeichnis

Alle Abkürzungen von Zeitschriften, Reihen und Sigla richten sich nach:

- Redaktion der RGG (⁴2007), Abkürzungen Theologie und Religionswissenschaften nach RGG⁴ (UTB 2868), Tübingen, oder
- Schwertner, Siegfried (³2013), Internationales Abkürzungsverzeichnis für Theologie und Grenzgebiete, Berlin u. a.

Die Abkürzungen biblischer Bücher folgen dem Abkürzungsverzeichnis der RGG (⁴2007).

Das Quellen- und Literaturverzeichnis gliedert sich folgendermaßen:

I. Quellenverzeichnis
II. Wörterbücher
III. Texte und Denkschriften der Evangelischen Kirche in Deutschland (EKD), der Vereinigten Evangelisch-Lutherischen Kirche in Deutschland (VELKD) und der Deutschen Bischofskonferenz (DBK)
IV. Lehr-, Bildungs- und Rahmenpläne
V. Unterrichtswerke
VI. Sekundärliteratur

I.   Quellenverzeichnis

BSLK: Die Bekenntnisschriften der Evangelisch-Lutherischen Kirche, hg. vom Deutschen Evangelischen Kirchenausschuß, Berlin 1930 (Göttingen ⁵1963).
C: Opuscules et fragments inédits de Leibniz. Extraits des manuscrits de la Bibliothèque royale de Hanovre, ed. par L. Couturat, Hildesheim 1961.
DBW: Dietrich Bonhoeffer Werke, hg. von Chr. Gremmels, E. und R. Bethge, Bd. 8: Widerstand und Ergebung. Briefe und Aufzeichnungen aus der Haft, München 1998.
GL: Friedrich D. E. Schleiermacher, Der christliche Glaube nach den Grundsätzen der evangelischen Kirche im Zusammenhange hergestellt. Zweite Auflage 1830/31, Teilband 1 (Kritische Gesamtausgabe 13/1), hg. von R. Schäfer, Berlin 2003.
T: Gottfried W. Leibniz, Die Theodicee. Neu übersetzt und mit einer Einleitung, Anmerkungen und Register versehen von A. Buchenau (G. W. Leibniz, Philosophische Werke 4), Leipzig 1925.
WA: D. Martin Luthers Werke. Kritische Gesamtausgabe, Weimar 1883 ff.
WA TR: D. Martin Luthers Werke. Tischreden, 6 Bde., Weimar 1912–1921.
Wittgenstein, Ludwig (1984a), Werkausgabe, Bd. 1: Tractatus logico-philosophicus (= TLP), Tagebücher 1914–1916, Philosophische Untersuchungen (= PU). Bearbeitet von J. Schulte (suhrkamp taschenbuch wissenschaft 501), Frankfurt am Main.
---- (1984b), Werkausgabe, Bd. 8, hg. von G. E. M. Anscombe und G. H. Wright, Frankfurt am Main.

II. Wörterbücher

Duden: Duden online: www.duden.de/woerterbuch (letzter Zugriff auf alle zitierten Artikel: 01.11.2021).
Larousse: Dictionnaire français en ligne: www.larousse.fr (letzter Zugriff auf alle zitierten Artikel: 01.11.2021).
OED: Oxford English Dictionary: www.oed.com (letzter Zugriff auf alle zitierten Artikel: 01.11.2021).
OLD: Glare, Peter G. W., Oxford Latin Dictionary, Oxford 1968–1982.

III. Texte und Denkschriften der Evangelischen Kirche in Deutschland (EKD), der Vereinigten Evangelisch-Lutherischen Kirche in Deutschland (VELKD) und der Deutschen Bischofskonferenz (DBK)

Evangelische Kirche in Deutschland (1997, Hg.), Orientierung in zunehmender Orientierungslosigkeit. Evangelische Erwachsenenbildung in kirchlicher Trägerschaft. Eine Stellungnahme der Kammer der Evangelischen Kirche in Deutschland für Bildung und Erziehung, Gütersloh.
---- (2002, Hg.), Räume der Begegnung. Religion und Kultur in evangelischer Perspektive. Eine Denkschrift der EKD und der Vereinigung Evangelischer Freikirchen, Gütersloh.
---- (2003, Hg.), Maße des Menschlichen. Evangelische Perspektiven zur Bildung in der Wissens- und Lerngesellschaft. Eine Denkschrift des Rates der EKD, Gütersloh.
---- (2006a, Hg.), Kirche der Freiheit. Perspektiven für die Evangelische Kirche im 21. Jahrhundert. Ein Impulspapier des Rates der EKD, Hannover.
---- (2006b, Hg.), Religionsunterricht. 10 Thesen des Rates der Evangelischen Kirche in Deutschland, Hannover.
---- (2008, Hg.), Das rechte Wort zur rechten Zeit. Eine Denkschrift des Rates der EKD zum Öffentlichkeitsauftrag der Kirche, Gütersloh.
---- (2009, Hg.), Theologisch-religionspädagogische Kompetenz – Professionelle Kompetenzen und Standards in der Religionslehrerausbildung. Empfehlungen der Gemischten Kommission zur Reform des Theologiestudiums (EKD-Texte 96), Gütersloh.
---- (2010a, Hg.), Kirche und Bildung. Herausforderungen, Grundsätze und Perspektiven evangelischer Bildungsverantwortung und kirchlichen Bildungshandelns, Gütersloh.
---- (2010b, Hg.), Kirche und Jugend. Lebenslagen, Begegnungsfelder, Perspektiven. Eine Handreichung der EKD, Gütersloh.
---- (2014a, Hg.), Engagement und Indifferenz. Kirchenmitgliedschaft als soziale Praxis. V. EKD-Erhebung über Kirchenmitgliedschaft, Gütersloh.
---- (2014b, Hg.), Religiöse Orientierung gewinnen. Evangelischer Religionsunterricht als Beitrag zu einer pluralitätsfähigen Schule. Eine Denkschrift des Rates der EKD, Gütersloh.
---- (2015, Hg.), Christlicher Glaube und religiöse Vielfalt in evangelischer Perspektive. Ein Grundlagentext der EKD, Gütersloh.
---- (^{4}2015, Hg.), Rechtfertigung und Freiheit. 500 Jahre Reformation 2017. Ein Grundlagentext des Rates der EKD, Gütersloh.
---- (2020, Hg.), Religiöse Bildung angesichts Konfessionslosigkeit. Aufgaben und Chancen. Ein Grundlagentext der Kammer der EKD für Bildung und Erziehung, Kinder und Jugend, Leipzig.
Kirchenamt der Evangelischen Kirche in Deutschland (1994, Hg.), Identität und Verständigung. Standort und Perspektiven des Religionsunterrichts in der Pluralität, Gütersloh.
---- (1997, Hg.), Im Dialog über Glauben und Leben: Zur Reform des Lehramtsstudiums Evangelische Theologie/Religionspädagogik. Empfehlungen der Gemischten Kommission, Gütersloh.

---- (2004, Hg.), Religion und allgemeine Hochschulreife. Bedeutung, Aufgabe und Situation des Religionsunterrichts in der gymnasialen Oberstufe und im Abitur. Eine Stellungnahme des Rates der Evangelischen Kirche in Deutschland, Hannover.
---- (2009, Hg.), Theologisch-Religionspädagogische Kompetenz – Professionelle Kompetenzen und Standards für die Religionslehrerausbildung (EKD-Texte 96), Hannover.
---- (2010, Hg.), Kerncurriculum für das Fach Evangelische Religionslehre in der gymnasialen Oberstufe. Themen und Inhalte für die Entwicklung von Kompetenzen religiöser Bildung (EKD-Texte 109), Hannover.
---- (2011, Hg.), Kompetenzen und Standards für den Evangelischen Religionsunterricht in der Sekundarstufe I. Ein Orientierungsrahmen (EKD-Texte 111), Hannover.
Sekretariat der Deutschen Bischofskonferenz (2005, Hg.), Der Religionsunterricht vor neuen Herausforderungen (DBK 80), Bonn.
---- (^{5}2009, Hg.), Die bildende Kraft des Religionsunterrichts. Zur Konfessionalität des katholischen Religionsunterrichts, Bonn.
---- (2010, Hg.), Kirchliche Anforderungen an die Religionslehrerbildung (DBK 93), Bonn.
---- (^{4}2010, Hg.), Kirchliche Richtlinien zu Bildungsstandards für den katholischen Religionsunterricht in den Jahrgangsstufen 5–10/Sekundarstufe I, Bonn.
---- (2014, Hg.), Qualitätsrahmen für die religiöse Bildung von Erzieherinnen und Erziehern an katholischen Fachschulen und Fachakademien (DBK 99), Bonn.
---- (2016a, Hg.), Erziehung und Bildung im Geist der frohen Botschaft. Sieben Thesen zum Selbstverständnis und Auftrag Katholischer Schulen (DBK 102), Bonn.
Vereinigte Evangelisch-Lutherische Kirche in Deutschland (2014, Hg.), Evangelisch-lutherische liturgische Identität. Ansätze zu ihrer Bestimmung und Konsequenzen aus ihrer Formulierung (Texte der VELKD 169), Hannover.

IV. Lehr-, Bildungs- und Rahmenpläne

Europarat. Rat für kulturelle Zusammenarbeit (2017), Gemeinsamer europäischer Referenzrahmen für Sprachen: lernen, lehren, beurteilen, Stuttgart.
Fischer, Dietlind/Elsenbast, Volker (2006), Grundlegende Kompetenzen religiöser Bildung. Zur Entwicklung des evangelischen Religionsunterrichts durch Bildungsstandards für den Abschluss der Sekundarstufe I. Erarbeitet von der Expertengruppe am Comenius-Institut, Münster.
Lehrplankommission Katholische Religion für das achtjährige Gymnasium im Saarland (2007, Hg.), Handreichung zum Lehrplan Katholische Religion für das achtjährige Gymnasium im Saarland, erarbeitet von Annette Theis, Saarbrücken.
Ministerium für Bildung und Kultur des Saarlandes (2009), Lehrplan Katholische Religion, Gymnasium, Klassenstufe 9, Saarbrücken.
---- (2017, Hg.), Lehrplan Evangelische Religion. Erprobungsphase 2017, Saarbrücken.
---- (2018, Hg.), Lehrplan Allgemeine Ethik Klassenstufe 9. Erprobungsphase 2018, Saarbrücken.
---- (2019, Hg.), Lehrplan Evangelische Religion. Gymnasiale Oberstufe, Grundkurs, Hauptphase, Saarbrücken.
Sekretariat der Ständigen Konferenz der Kultusminister der Länder der Bundesrepublik Deutschland (2006, Hg.), Einheitliche Prüfungsanforderungen in der Abiturprüfung Evangelische Religionslehre, München.
Senatsverwaltung für Bildung, Jugend und Sport (2006, Hg.), Rahmenlehrplan für die Sekundarstufe I, Berlin.
Thüringer Ministerium für Bildung, Jugend und Sport (2015, Hg.), Thüringer Bildungsplan bis 18 Jahre. Bildungsansprüche von Kindern und Jugendlichen, Erfurt.

V. Unterrichtswerke

Baumann, Ulrike/Schweitzer, Friedrich (2006, Hg.), Religionsbuch Oberstufe, Berlin.
---- (2015a, Hg.), Religionsbuch Oberstufe, Berlin.
---- (2015b, Hg.), Handreichungen für den Unterricht mit Zusatzmaterialien, Berlin.
Blumhagen, Doreen (^{2}2016), 99 Spielideen Religion, Augsburg.
Bosold, Iris/Michalke-Leicht, Wolfgang (2014, Hg.), Mittendrin. Lernlandschaften Religion 7/8/9 plus 10. Unterrichtswerk für den katholischen Religionsunterricht, München.
Bubolz, Georg/Hallermann-Dockhorn, Anja (2006, Hg.), Religion im Kontext 9/10. Sich einmischen, Düsseldorf.
Busch, Christiane/Knödler, Ottheinrich/Petri, Dieter/Rabus, Albert/Thierfelder, Jörg/Trautwein, Joachim (1976), Kursbuch Religion 5/6, Stuttgart.
Dierk, Heidrun/Freudenberger-Lötz, Petra/Heuschele, Jürgen/Kämmerer, Ulrich/Landgraf, Michael/Meißner, Stefan/Rupp, Hartmut/Wittmann, Andreas (2016, Hg.), Das Kursbuch Religion 2, Braunschweig.
Fandel, Anja/Oppenländer, Ulla (2015, Hg.), Deutschzeit 5. Lese- und Sprachbuch, Berlin.
Grill-Ahollinger, Ingrid/Görnitz-Rückert, Andreas (2015, Hg.), Ortswechsel 9/10. Evangelisches Religionsbuch für Gymnasien, München.
Hahn, Matthias/Schulte, Andrea (2014, Hg.), reli plus 2. Evangelische Religion, Leipzig.
---- (2015a, Hg.), reli plus 3. Evangelische Religion, Leipzig.
---- (2015b, Hg.), reli plus 3, Lehrerband mit CD-Rom, Leipzig.
Hanus, Pamela/Kratz, Ilka/Reuter, Christoph (2014), Camden Town. Gymnasium 1, Braunschweig.
Heidemann, Imke/Hofmann, Tim/Hülsmann, Mathias/Hoffmeister, Martina/Husmann, Bärbel/Maschmeier, Annette/Merkel, Rainer/Schneider, Detlev/Tannen, Rebekka (2015, Hg.), Moment mal! Evangelische Religion Oberstufe (Qualifikationsphase), Stuttgart u. a.
Husmann, Bärbel/Merkel, Rainer (2013a, Hg.), Moment mal! 1. Evangelische Religion Gymnasium, Stuttgart u. a.
---- (2013b, Hg.), Moment mal! 2. Evangelische Religion 9.–10. Jahrgangsstufe, Stuttgart u. a.
---- (2014, Hg.), Moment mal! 3. Evangelische Religion 9.–10. Jahrgangsstufe, Stuttgart u. a.
Kramer, Olaf (^{2}2016, Hg.), Jugend präsentiert kompakt. Eine Einführung für die Lehrkräfte der Sekundarstufe I und II, Berlin.
Mendl, Hans/Schiefer Ferrari, Markus (^{3}2009, Hg.), Religion vernetzt 11, München.
Michalak-Leicht, Wolfgang/Sajak, Clauß P. (2015, Hg.), Brennpunkte der Kirchengeschichte, Paderborn.
Richardt, Max W. (2012), Kompetent evangelisch. Lehrbuch für den evangelischen Religionsunterricht. 12. Jahrgangsstufe, Göttingen.
Rupp, Hartmut/Dieterich, Veit-Jakobus (2014, Hg.), Kursbuch Religion Sekundarstufe II. Arbeitsbuch für den Religionsunterricht in der Oberstufe, Braunschweig.
---- (2015, Hg.), Kursbuch Religion Sekundarstufe II. Arbeitsbuch für den Religionsunterricht in der Oberstufe, Lehrermaterialien, Braunschweig.
Rupp, Hartmut/Reinert, Andreas (2004, Hg.), Kursbuch Religion Oberstufe, Braunschweig.
---- (2006, Hg.), Kursbuch Religion Oberstufe, Lehrermaterialien, Braunschweig.
Schoberth, Ingrid (2006a), Religionsunterricht mit Luthers Katechismus. Sekundarstufe I, Göttingen.
Schoberth (2006b): siehe VI. Sekundärliteratur.
Tomberg, Markus (2011, Hg.), Leben gestalten 1. Unterrichtswerk für den Katholischen Religionsunterricht an Gymnasien. 5.–6. Jahrgangsstufe, Stuttgart.
---- (2013, Hg.), Leben gestalten 3. Unterrichtswerk für den Katholischen Religionsunterricht an Gymnasien. 9.–10. Jahrgangsstufe, Stuttgart.
---- (2014, Hg.), Leben gestalten 2. Unterrichtswerk für den Katholischen Religionsunterricht an Gymnasien. 7.–9. Jahrgangsstufe, Stuttgart.

VI. Sekundärliteratur

Agnetta, Marco (2019), Ästhetische Polysemiotizität und Translation. Glucks „Orfeo ed Euridice" (1762) im italienisch-deutsch-französischen Kulturtransfer (Crossing Semiotic Borders 2), Hildesheim.
Agnetta, Marco/Cercel, Larisa (2017), Was heißt es, den (richtigen) Ton in der Übersetzung zu treffen?, in: Cercel/Agnetta/Amido Lozano (2017a, Hg.), S. 185–187.
Albrecht, Jörn (2005), Die Rolle der Sprache beim Übersetzen. Die Rolle der Linguistik innerhalb der Übersetzungswissenschaft, in: Zybatow, Lew N. (2005, Hg.), Translatologie – neue Ideen und Ansätze. Innsbrucker Ringvorlesungen zur Translationswissenschaft IV, Frankfurt am Main u. a., S. 23–44.
Aldebert, Heiner (2019), Bibliodrama: Die Bibel spielend ins Leben übersetzen, in: Haußmann/Roth/Schwarz/Tribula (2019, Hg.), S. 159–166.
Altmeyer, Stefan (2011), Fremdsprache Religion? Sprachempirische Studien im Kontext religiöser Bildung (Praktische Theologie heute 114), Stuttgart.
---- (2012), Im Anfang war das Wort – sind nun die Wörter am Ende? Über religiöse Bildung und die „Fremdsprache Religion", in: ThPQ 160, S. 58–69.
---- (2016), „Es gibt keine Sprache mehr für diese Dinge" (Bruno Latour). Vom Gelingen und Scheitern christlicher Gottesrede, in: Ders./Bitter, Gottfried/Boschki, Reinhold (2016, Hg.), Christliche Katechese unter den Bedingungen der „flüchtigen Moderne" (Praktische Theologie heute 142), Stuttgart, S. 75–84.
---- (2017a), Sprache im Religionsunterricht, in: Michalak (^{2}2017, Hg.), S. 154–174.
---- (2017b), „Unbeglichene Übersetzungen" (Bruno Latour). Reflexionen über die exklusive und inklusive Sprache der Kirche, in: ZPTh 37, S. 103–114.
---- (2018), Zum Umgang mit sprachlicher Fremdheit in sprachlichen Bildungsprozessen, in: Schulte (2018b, Hg.), S. 191–205.
---- (2019), Sprachhürden erkennen und abbauen: Wege zu einem sprachsensiblen Religionsunterricht, in: Ders./Grümme/Kohler-Spiegel/Naurath/Schröder/Schweitzer (2019, Hg.), Reli – keine Lust und keine Ahnung? (JRP 35), Göttingen, S. 184–196.
---- (2021), Sprachsensibler Religionsunterricht. Grundlagen und konzeptionelle Klärungen, in: Ders./Grümme/Kohler-Spiegel/Naurath/Schröder/Schweitzer (2021, Hg.), S. 16–31.
Altmeyer, Stefan/Baaden, Julia/Menne, Andreas (2019), Übersetzen im Religionsunterricht. Von Bruno Latour und Jürgen Habermas zu einer Didaktik der Leichten Sprache, in: Oorschot/Ziermann (2019, Hg.), S. 143–159.
Altmeyer, Stefan/Funken, Katharina (2016), Zum Zusammenhang von Schulform, Sprachkompetenz und Gotteskonstruktion, in: Grümme, Bernhard/Schlag, Thomas (2016, Hg.), Gerechter Religionsunterricht. Religionspädagogische, pädagogische und sozialethische Orientierungen (Religionspädagogik innovativ 11), Stuttgart, S. 110–124.
Altmeyer, Stefan/Grümme, Bernhard/Kohler-Spiegel, Helga/Naurath, Elisabeth/Schröder, Bernd/Schweitzer, Friedrich (2021, Hg.), Sprachsensibler Religionsunterricht (JRP 37), Göttingen.
Amaral, Beatriz H. R. (2013), Haroldo de Campos e a tradução como prática isomórfica: as transcriações, in: Eutomia 11/1, S. 261–268.
Amido Lozano, María T. (2019), Transcriação como Estrategia de Traducción en la Teoría y Práctica de Haroldo de Campos (Univ.-Diss.), Leipzig.
Ammicht-Quinn, Regina (2008), Vater Mutter Mensch. Räume des Christlichen in der Rückkehr der Religion, in: Nehring/Valentin (2008, Hg.), S. 120–134.
Ammon, Ulrich (^{4}2010a), Variationslinguistik, in: Glück, Helmut (^{4}2010, Hg.), Metzler-Lexikon Sprache, Stuttgart u. a., S. 745–746.
---- (^{4}2010b), Varietät, in: Glück, Helmut (^{4}2010, Hg.), Metzler-Lexikon Sprache, Stuttgart u. a., S. 746.
Arens, Edmund (2002), Was kann Kommunikation, in: StZ 220, S. 410–420.
Arntz, Reiner/Picht, Heribert/Schmitz, Klaus-Dirk (^{7}2014), Einführung in die Terminologiearbeit, Hildesheim u. a.
Aves, Ina ter (2016), Entwicklung der religiösen Kompetenz. Eine Art von Fremdsprachenunterricht, in: Rose/Wermke (2016b, Hg.), S. 255–262.

Bachmann-Medick, Doris (2004), Kulturanthropologie und Übersetzung, in: HSK 26/1 (2004), S. 155–165.
---- (2008), Spatial Turn, in: Nünning, Ansgar (2008, Hg.), Metzler Lexikon Literatur- und Kulturtheorie. Ansätze – Personen – Grundbegriffe, Stuttgart u. a., S. 664–665.
---- (2011), Übersetzung als Medium interkultureller Kommunikation und Auseinandersetzung, in: Jaeger, Friedrich/Straub Jürgen (2011, Hg.), Handbuch der Kulturwissenschaften, Bd. 2, Stuttgart u. a., S. 449–465.
---- (2012), Menschenrechte als Übersetzungsproblem, in: GG 38 (2012), S. 331–359.
---- (^{5}2014), Cultural Turns. Neuorientierungen in den Kulturwissenschaften, Hamburg.
Badawia, Tarek (2019), Gläubige – Ungläubige – Andersgläubige. Pluralitätssensible Differenzierungen wider ein-fache Übersetzungen theologischer Konzepte, in: Haußmann/Roth/Schwarz/Tribula (2019, Hg.), S. 229–239.
Bader, Günter (2000), Sprache. VI. Systematisch-theologisch, in: TRE 31, S. 765–781.
Balbach, Anna-Maria (2014), Sprache und Konfession: Frühneuzeitliche Inschriften zum Totengedächtnis in Bayrisch-Schwaben, Würzburg.
Baumert, Jürgen (2002), Deutschland im internationalen Bildungsvergleich, in: Killius, Nelson/Kluge, Jürgen/Reisch, Linda (2002, Hg.), Die Zukunft der Bildung, Frankfurt am Main, S. 100–150.
Bayer, Klaus (^{2}2009), Religiöse Sprache. Thesen zur Einführung, Berlin.
Bayer-Hohenwarter, Gerrit (2012), Translatorische Kreativität. Definition, Messung, Entwicklung (Translationswissenschaft 8), Tübingen.
Bedford-Strohm, Heinrich (2009), Dietrich Bonhoeffer als öffentlicher Theologe, in: EvTh 69/5, S. 329–341.
---- (2012), Öffentliche Theologie als Theologie der Hoffnung, in: IJOT 3/1, S. 38–50.
---- (^{5}2015), Position beziehen. Perspektiven einer öffentlichen Theologie, hg. von M. Mädler und A. Wagner-Pinggéra, München.
---- (2019), Öffentliche Kirche in den Herausforderungen der Zeit, in: EvTh 79/1, S. 9–16.
Bedford-Strohm, Heinrich/Jung, Volker (2015, Hg.), Vernetzte Vielfalt. Kirche angesichts von Individualisierung und Säkularisierung. Die fünfte EKD-Erhebung über Kirchenmitgliedschaft, Gütersloh.
Benetello, Claudia (2018), When translation is not enough: Transcreation as a convention-defying practice. A practitioner's perspective, in: JoSTrans 29, S. 28–44.
Benk, Andreas (2016), Schöpfung – eine Vision von Gerechtigkeit. Was niemals war, doch möglich ist, Ostfildern.
Benteler, Anne (2019), Sprachen im Exil. Mehrsprachigkeit und Übersetzung als literarische Verfahren bei Hilde Domin, Mascha Kaléko und Werner Lansburgh, Hamburg.
Berg, Marlies (2018), Meine Sprache als Religionslehrerin und die Sprache meiner Schülerinnen und Schüler – Warum sie nicht einfach so zusammenkommen, in: IRP-Impulse 1/2018, S. 28–31.
Beyrich, Tilman (2013), „Gottes eigene Räumlichkeit". Eine Bilanz nach dem Spatial Turn, in: Gruber, Judith (2013, Hg.), Theologie im Cultural Turn. Erkenntnistheologische Erkundungen in einem veränderten Paradigma (Salzburger interdisziplinäre Diskurse 4), Frankfurt am Main S. 65–84.
Biehl, Peter (1989), Symbole geben zu lernen. Einführung in die Symboldidaktik anhand der Symbole Hand, Haus und Weg (WdL 6), Neukirchen-Vluyn.
---- (1991), Symbole geben zu verstehen. Zur praktisch-theologischen Bedeutung der Symbolhermeneutik Paul Ricœurs, in: Zilleßen, Dietrich/Alkier, Stefan/Koerrenz, Ralf/Schroeter, Harald (1991, Hg.), Praktisch-theologische Hermeneutik. Ansätze – Anregungen – Aufgaben, Rheinbach, S. 141–160.
---- (1993), Symbole geben zu lernen II. Zum Beispiel: Brot, Wasser und Kreuz. Beiträge zur Symbol- und Sakramentendidaktik (WdL 9), Neukirchen-Vluyn.
---- (1996), Didaktische Strukturen des Religionsunterrichts. Christoph Bizer gewidmet, in: Ders./Bizer, Christoph/Degen, Roland/Englert, Rudolf/Mette, Norbert/Rickers, Folkert/Schweitzer, Friedrich (1996, Hg.), Religionspädagogik seit 1945. Bilanz und Perspektiven (JRP 12), Neukirchen-Vluyn, S. 197–223.

Bizer, Christoph (1989), Liturgie und Didaktik, in: Ders./Bizer, Christoph/Heimbrock, Hans-Günther/Rickers, Folkert (1989, Hg.), Jahrbuch der Religionspädagogik (JRP 6), Göttingen, S. 83-111.
---- (2003), Kirchliches. Wahrnehmungen – sprachlich gestaltet – zum Wahrnehmen, in: Klie/Leonhard (2003, Hg.), S. 23-46.
Bock, Florian (2015), Katholische Kirche und Medien – verpasste Chancen, neue Herausforderungen, in: Bultmann/Linkenbach (2015b, Hg.), S. 73-87.
Böhme, Jeanette (^{2}2008), Qualitative Schulforschung auf Konsolidierungskurs: interdisziplinäre Spannungen und Herausforderungen, in: Helsper, Werner/Böhme, Jeanette (^{2}2008, Hg.), Handbuch der Schulforschung, Wiesbaden, S. 125-155.
Boer, Heike de (2012), Pädagogische Beobachtung. Pädagogische Beobachtungen machen – Lerngeschichten entwickeln, in: Dies./Reh, Sabine (Hg., 2012), Beobachtung in der Schule – Beobachten lernen, Wiesbaden, S. 65-82.
Braun, Michael (2016), Gegenwartsliteratur, Postmoderne, in: Weidner, Daniel (2016, Hg.), Handbuch Literatur und Religion, Stuttgart, S. 199-205.
Bräunlein, Peter J. (2009), Image Transmission as Image Act. Christian Images, Emotions and Religious Conversion in the Philippines, in: Mersmann, Birgit/Schneider, Alexandra (2009, Hg.), Transmission Image, Cambridge, S. 11-36.
Brennecke, Hanns C. (2008), Jesus der Christus. Inkarnation und Säkularisierung, in: Nehring/Valentin (2008, Hg.), S. 207-219.
Breul, Martin (2018), Die Versprachlichung des Religiösen, in: IRP-Impulse 1/2018, S. 4-9.
Buber, Martin (1963), Antwort, in: Schilpp, Paul A./Friedmann, Maurice (1963, Hg.), Martin Buber, Stuttgart, S. 589-639.
---- (2004/1923), Ich und Du, Stuttgart.
---- (^{10}2006), Das dialogische Prinzip, Gütersloh.
Bultmann, Christoph (2015), „Wörtlich nehmen": Wie die Medien über die Auslegung kanonischer Schriften unterrichten, in: Ders./Linkenbach (2015b, Hg.), S. 165-185.
Bultmann, Christoph/Linkenbach, Antje (2015a), Einleitung: Religionen übersetzen, in: Diess. (2015b, Hg.), S. 7-15.
---- (2015b, Hg.), Religionen übersetzen. Klischees und Vorurteile im Religionsdiskurs (Vorlesungen des Interdisziplinären Forums Religion der Universität Erfurt 11), Münster.
Bultmann, Rudolf (1963), Zum Problem der Entmythologisierung, in: Bartsch, Hans Werner (Hg.), Kerygma und Mythos. Entmythologisierung und existentiale Interpretation (Bd. 6,1), Hamburg, S. 20-27.
Burkhardt, Stefanie/Wiesgickl, Simon (2018a), Zur Einführung. Über die Verwandlung der Religion, in: Diess. (2018b, Hg.), S. 9-13.
---- (2018b, Hg.), Verwandlungen. Vom Über-Setzen religiöser Signifikanten in der Moderne, Stuttgart.
Butler, Judith (2013), Am Scheideweg. Judentum und die Kritik am Zionismus. Aus dem Englischen von R. Ansén, Frankfurt am Main.
Calmbach, Marc/Borgstedt, Silke/Borchard, Inga/Thomas, Peter M./Flaig, Berthold B. (2016), Wie ticken Jugendliche 2016? Lebenswelten von Jugendlichen im Alter von 14 bis 17 Jahren in Deutschland, Wiesbaden.
Campos, Haroldo de (1983), Tradução, Ideologia e História, in: Cadernos do MAM 1/1983, S. 239-247.
---- (1990), Qohélet – O que sabe – Eclesiastes – poema sapiencial – transcriado por Haroldo de Campos, com colaboração especial de J. Guinsburg, São Paulo.
---- (1992), Metalinguagem & outras metas, São Paulo.
---- (1993), Bere'shith – A cena da origem e outros estudos de poesia bíblica (transcriações de Haroldo de Campos), São Paulo.
---- (2004), Éden: um tríptico bíblico, São Paulo.
Cappai, Gabriele (2002), Übersetzung in der Situation gesellschaftlicher Fragmentierung, in: Renn/Straub/Shimada (2002a, Hg.), S. 215-223.
Cebulj, Christian (2014), Religion als Suchsprache. Mehrsprachiger Religionsunterricht als religionspädagogische Lernchance, in: Lintner, Martin M. (2014, Hg.), God in Question. Religious language and secular languages, Brixen, S. 165-175.

Cecini, Ulisse (2012), Alcoranus latinus. Eine sprachliche und kulturwissenschaftliche Analyse der Koranübersetzungen von Robert von Ketton und Marcus von Toledo (Geschichte und Kultur der Iberischen Welt 10), Berlin.
Cercel, Larisa (2009), Auf den Spuren einer verschütteten Evidenz: Übersetzung und Hermeneutik, in: Dies. (2009, Hg.), Übersetzung und Hermeneutik – Traduction et Herméneutique (Translation Studies 1), Bukarest, S. 7–17.
---- (2013), Übersetzungshermeneutik. Historische und systematische Grundlegung (Hermeneutik und Kreativität 1), St. Ingbert.
---- (2015), Der Übersetzer im Fokus der Übersetzungswissenschaft, in: Gil/Kirstein (2015b, Hg.), S. 115–141.
Cercel, Larisa/Agnetta, Marco/Amido Lozano, María T. (2017a, Hg.), Kreativität und Hermeneutik in der Translation (Translationswissenschaft 12), Tübingen.
---- (2017b), Kreativität – Verstehen – Imitation. Multiperspektivische Annäherungen an einen translatorischen Nexus, in: Diess. (Hg., 2017a), S. 11–13.
Cook, Daniel. J. (2008), Leibniz on Creation, in: Dascal, Marcelo (2008, Hg.), Leibniz: What Kind of Rationalist?, Berlin, S. 449–460.
Corbach, Liselotte (1962), Die Bergpredigt in der Schule, Göttingen.
Dalferth, Ingolf U. (2008), Gott nennen: Gottes Namen und Gott als Name (Religion in philosophy and theology 35), Tübingen.
---- (1981), Religiöse Rede von Gott, München.
Danilovich, Yauheniya (2017a), Deutsch als Zweitsprache. Religionspädagogische Herausforderungen und Chancen, in: ThLZ 142, Sp. 17–34.
---- (2017b), Kulturelle Differenzen als Kern der ökumenischen Frage: Verhältnis von Sprache und Religion, in: RES 1/2017, S. 9–21.
---- (2018), Pfingstereignis oder Turmbau zu Babel? Herausforderungen und Perspektiven der Übersetzung liturgischer Texte in der deutschsprachigen christlich-orthodoxen Diaspora, in: RES 1/2018, S. 11–29.
---- (2019), Religiöse Bildung im Kontext der Mehrsprachigkeit, in: Dies./Putjata, Galina (2019b, Hg.), S. 157–174.
Danilovich, Yauheniya/Putjata, Galina (2019a), Sprachliche Vielfalt als regulärer Bestandteil der Lehrerbildung: Zum Bedarf fachlicher und fachdidaktischer Perspektiven, in: Diess. (2019b, Hg.), S. 1–14.
---- (2019b, Hg.), Sprachliche Vielfalt im Unterricht. Fachdidaktische Perspektiven auf Lehre und Forschung im DaZ-Modul, Wiesbaden.
Dardenay, Alexandra (2013), Rome, les Romains et l'Art Grec. *Translatio, imitatio, aemulatio…*, in: Glaudes, Pierre (2013, Hg.), Translatio: traduire et adapter les Anciens, S. 109–125.
DeJonge, Michael P. (2015), Historical Translation: Pseudo-Dionysius, Thomas Aquinas, and the Unknown God, in: Ders./Tietz (2015a, Hg.), S. 29–44.
DeJonge, Michael P./Tietz, Christiane (2015a, Hg.), Translating Religion. What is Lost and Gained? (Routledge Studies in Religion 47), New York u. a.
---- (2015b), Introduction: Translating Religion, in: Diess. (2015a, Hg.), S. 1–12.
---- (2015c), Conclusion: What is Lost and Gained?, in: Diess. (2015a, Hg.), S. 169–173.
Delannoy, Frank (2006), Gadamers frühes Denken und der Nationalsozialismus, in: Heinz, Marion/Gretic, Goran (2006, Hg.), Philosophie im Zeitgeist des Nationalsozialismus, Würzburg, S. 327–353.
Delling, Sarah (2021), Körpersprache, in: WiReLex. Das wissenschaftlich-religionspädagogische Lexikon im Internet, S. 1–9, permanent abrufbar unter https://www.bibelwissen schaft.de/stichwort/200858/ (Zugriff: 01.11.2021).
Demirkıvıran, Sine/Öncü, Mehmet T. (2021), Koranübersetzungen im Spannungsfeld von „erstrebter" Kontroverstheologie und formal-ästhetischer Auffassung, in: Nord, Christiane/Öncü, Mehmet T./Massud, Abdel-Hafiez (2021, Hg.), Religion and Translation. Impulse für die Translationswissenschaft und die Religionspädagogik (IPAT 2), Berlin, S. 9–42.
Derrida, Jacques (1997), Babylonische Türme, Wege, Umwege, Abwege, in: Hirsch, Alfred (1997, Hg.), Übersetzung und Dekonstruktion, Frankfurt am Main, S. 119–165.
Dicke, Klaus (2016), Postsäkularität und Konfessionslosigkeit. Zur Kritik von gegenwärtigen Deutungsmodellen, in: Rose/Wermke (2016b, Hg.), S. 21–36.

Dimova, Ana (2003), Das Wort *Übersetzung*, in: Dies./Wiegand, Herbert E. (2003, Hg.), Wort und Grammatik. FS P. Petkov, Hildesheim, S. 307-315.
Dittmann, Karsten (2004), Tradition und Verfahren. Philosophische Untersuchungen zum Zusammenhang von kultureller Überlieferung und kommunikativer Moralität, Norderstedt.
Domin, Hilde (1987), Gesammelte Gedichte, Frankfurt am Main.
Domsgen, Michael (2005), Der performative Religionsunterricht – eine religionsdidaktische Konzeption?, in: RpB 54, S. 31-49.
---- (2018), Diagnose „konfessionslos". Was heißt das religionspädagogisch?, in: Loccumer Pelikan 3/2018, S. 4-9.
---- (2019), Religionspädagogik (LETh 8), Leipzig.
Dressler, Bernhard (2002a) Darstellung und Mitteilung. Religionsdidaktik nach dem Traditionsabbruch, in: rhs 45/1, S. 11-19.
---- (2002b) Leben! Handeln! Der Religionsunterricht im „Haus des Lernens", in: Wermke, Michael (2002, Hg.), Rituale und Inszenierungen in Schule und Unterricht (Grundlegungen 2), Münster, S. 75-98.
---- (2006), Unterscheidungen. Religion und Bildung (ThLZ.F 18/19), Leipzig.
---- (2007), Religion im Vollzug erschließen! Performanz und religiöse Bildung in der Gemeinde, in: Rupp, Hartmut/Scheilke, Christoph Th. (2007, Hg.), Bildung und Gemeindeentwicklung, Jahrbuch für kirchliche Bildungsarbeit 2007, Stuttgart, S. 173-182.
---- (2010), Religionsunterricht in der gymnasialen Oberstufe, in: Eschmann, Holger/Härtner, Achim (2010, Hg.), Glaube bildet. Bildung als Thema von Theologie und Kirche (RThS 5), Göttingen, S. 153-160.
---- (2012a), Pluralitätsfähige Religionspädagogik im Perspektivenwechsel von Teilnahme und Beobachtung, in: Englert, Rudolf/Schwab, Ulrich/Schweitzer, Friedrich/Ziebertz, Hans-Georg (2012, Hg.), Welche Religionspädagogik ist pluralitätsfähig? Kontroversen um einen Leitbegriff (Religionspädagogik in pluraler Gesellschaft 17), Freiburg im Breisgau, S. 53-65.
---- (2012b), „Religiös reden" und „über Religion reden" lernen – Religionsdidaktik als Didaktik des Perspektivenwechsels, in: Grümme, Bernhard/Lenhard, Hartmut/Pirner, Manfred L. (2012, Hg.), Religionsunterricht neu denken. Innovative Ansätze und Perspektiven der Religionsdidaktik (Religionspädagogik innovativ 1), Stuttgart, S. 68-78.
---- (2015), Performativer Religionsunterricht, evangelisch, in: WiReLex. Das wissenschaftlich-religionspädagogische Lexikon im Internet, S. 1-14, permanent abrufbar unter https://www.bibelwissenschaft.de/stichwort/100017/ (Zugriff: 01.11.2021).
---- (2016), Grenzen der Übersetzbarkeit. Oder: Worüber man nicht argumentieren kann, darüber muss man erzählen, in: Braune-Krickau, Tobias/Scholl, Katharina/Schüz, Peter (2016, Hg.), Das Christentum hat ein Darstellungsproblem. Zur Krise religiöser Ausdrucksformen im 21. Jahrhundert, Freiburg im Breisgau, S. 44-61.
Dressler, Bernhard/Klie, Thomas (2008), Strittige Performanz. Zur Diskussion um den performativen Religionsunterricht, in: Klie/Leonhard (2008, Hg.), S. 210-224.
Dreyer, Michael (2020), Die „Volxbibel" als Bibelübersetzung mit Open-Source Charakter, in: Fricke, Michael/Langenhorst, Georg/Schlag, Thomas (2020, Hg.), Jugendbibeln – Konzepte, Konkretionen, religionspädagogische Chancen, Freiburg im Breisgau, S. 134-144.
Dronsch, Kristina (2009), Am Anfang war die Übersetzung. Die Übersetzung des Johannesevangeliums als Interpretation in drei exemplarisch ausgewählten, aktuellen Kinder- und Jugendbibeln, in: ZNT 12, S. 62-71.
Dube, Christian (2004), Religiöse Sprache in den Reden Adolf Hitlers. Analysiert anhand ausgewählter Reden aus den Jahren 1933-1945, Kiel.
Düppe, Nadine (2013), Wortschatzarbeit im Geografieunterricht, in: Senatsverwaltung für Bildung, Jugend und Wissenschaft von Berlin-Brandenburg (2013, Hg.), Sprachsensibler Fachunterricht. Handreichung zur Wortschatzarbeit in den Jahrgangsstufen 5-10 unter besonderer Berücksichtigung der Fachsprache, Berlin, S. 125-167.
Eco, Umberto (^{6}1988) Semiotik. Entwurf einer Theorie der Zeichen, München.

Eiff, Miriam S. von (2019), „sie werden in neuen Sprachen reden" (Mk 16,17) – Die Sprache der katholischen Theologie und ihre Bedeutung für einen sprachsensiblen Religionsunterricht, in: Danilovich/Putjata (2019b, Hg.), 141–156.
Einstein, Albert (2005), Mein Weltbild, hg. von C. Seelig, Berlin.
Eliot, Thomas S. (1961), Old Possums Katzenbuch. Englisch und Deutsch, Frankfurt am Main 1961.
Emmelmann, Moritz (2018), Perspektivenwechsel. Überlegungen zur Leistungsfähigkeit einer Leitmetapher für die religionspädagogische Auseinandersetzung mit religiöser und weltanschaulicher Pluralität, in: Schröder/Emmelmann (2018, Hg.), S. 145–156.
Englert, Rudolf (2008), Performativer Religionsunterricht – eine Zwischenbilanz, in: ZPT 60/1, S. 3–16.
---- (2013), Religion gibt zu denken. Eine Religionsdidaktik in 19 Lehrstücken, München.
Englert, Rudolf/Kohler-Spiegel, Helga/Naurath, Elisabeth/Schröder, Bernd/Schweitzer, Friedrich (2014, Hg.), Religionspädagogik in der Transformationskrise (JRP 30), Neukirchen-Vluyn.
Esterbauer, Reinhold (2007), Der „Stachel eines religiösen Erbes". Jürgen Habermas' Rede über die Sprache der Religion, in: Langthaler, Rudolf/Nagel-Docekal, Herta (2007, Hg.), Glaube und Wissen. Ein Symposium mit J. Habermas (Wiener Reihe: Themen der Philosophie 13), Wien, S. 299–321.
Estermann, Josef (2017), Substanz versus Beziehung. Zum sprachtheoretischen Hintergrund indoeuropäischen und andinen Denkens, in: Münnix, Gabriele (2017, Hg.), ÜBER-SETZEN. Sprachenvielfalt und interkulturelle Hermeneutik, Freiburg, S. 43–59.
Feige, Andreas/Gennerich, Carsten (2008), Lebensorientierungen Jugendlicher. Alltagsethik, Moral und Religion in der Wahrnehmung von Berufsschülerinnen und -schülern in Deutschland, Münster.
Feldhoff, Jürgen (1980), Manager, in: HWPh, Bd. 5, Darmstadt, Sp. 709–711.
Fischer, Alexander A. (2010), Eitelkeit/Windhauch, in: WiBiLex. Das wissenschaftliche Bibellexikon im Internet, S. 1–7, permanent abrufbar unter https://www.bibelwissenschaft.de/stichwort/17124/ (Zugriff: 01.11.2021).
Fischer, Moritz (2013), Gottes Wort im „Rausch des Rituals". Beobachtungen zur Performanz eines christlichen Wunderheilungsrituals in seiner Praxis durch transnationale Pfingstkirchen, in: Fritz/Fritz, (2013a, Hg.), S. 152–179.
Frenzel, Karolina/Müller, Michael/Sottong, Hermann (2006), Storytelling. Das Praxisbuch. München.
Freund, Annegret (2004), „Brot" und „Mahl". Potentiale einer Ritual- und Sakramentdidaktik, in: Kern, Udo (2004, Hg.), Kirche – Amt – Abendmahl. Beiträge aus heutiger lutherischer Sicht, Münster, S. 115–134.
Fritz, Martin/Fritz, Regina (2013a, Hg.), Sprachen des Glaubens. Philosophische und theologische Perspektiven (Theologische Akzente 7), Stuttgart.
---- (2013b), Zur Sprachlichkeit des Glaubens, in: Fritz/Fritz (2013a), S. 7–16.
Fuchs, Martin (2009), Reaching out: Nobody exists in one context only. Society as translation, in: Translation Studies 2/1, S. 21–40.
Fuchs, Martin/Rüpke, Jörg (2015), Religion: Versuch einer Begriffsbestimmung, in: Bultmann/Linkenbach (2015b, Hg.), S. 17–21.
Funk, Tobias (1991), Sprache der Verkündigung in den Konfessionen. Tendenzen religiöser Sprache und konfessionsspezifische Varianten in deutschsprachigen Predigten der Gegenwart (Europäische Hochschulschriften 1245), Frankfurt am Main.
Gadamer, Hans-Georg (1974), Hermeneutik, in: HWPh 2, S. 1061–1073.
---- (⁷2010), Wahrheit und Methode. Grundzüge einer philosophischen Hermeneutik. Hermeneutik I (Gesammelte Werke 1), Tübingen.
Gärtner, Claudia (2019), Das ist für uns alle relevant? Religionsunterricht mit Religionsdistanten, in: Altmeyer, Stefan/Grümme, Bernhard/Kohler-Spiegel, Helga/Naurath, Elisabeth/Schröder, Bernd/Schweitzer, Friedrich (2019, Hg.), Reli – keine Lust und keine Ahnung (JRP 35), Göttingen, S. 130–142.
Geertz, Clifford (1973a), The Interpretation of Cultures: Selected Essays, Oxford.
---- (1973b), Religion As a Cultural System, in: Ders. (1973a), S. 87–125.

---- (1973c), Thick Description: Toward an Interpretive Theory of Culture, in: Ders. (1973a), S. 3–32.
---- (1974), From the Native's Point of View: On the Nature of Anthroplogical Understanding, in: Bulletin of the American Academy of Arts and Sciences 28/1, S. 26–45.
Gentzler, Edwin (2004), Translation and Cultural Studies, in: HSK 26/1, S. 166–170.
Gerber, Uwe/Hoberg, Rudolf (2009, Hg.), Sprache und Religion, Darmstadt.
Gil, Alberto (2008), Rhetorik als Humanwissenschaft. Anmerkungen zur rhetorischen Dimension des dialogischen Denkens, in: Schmitz-Emans, Monika/Schmitt, Claudia/Winterhalter, Christian (2008, Hg.), Komparatistik als Humanwissenschaft. FS M. Schmeling zum 65. Geburtstag, Würzburg, S. 283–293.
---- (2009), Hermeneutik der Angemessenheit. Translatorische Dimensionen des Rhetorikbegriffs *decorum*, in: Cercel, Larisa (2009, Hg.), Übersetzung und Hermeneutik – Traduction et Herméneutique (Translations Studies 1), Bukarest, S. 317–330.
---- (2014), Kreativität und Problemlöseverfahren als translatorische Größe, am Beispiel der spanischen Übersetzung von Herta Müllers *Atemschaukel*, in: Kunz, Kerstin/Teich, Elke/Hansen-Schirra, Silvia/Neumann, Stella/Daut, Peggy (2014, Hg.), Caught in the Mid-dle – Language Use and Translation. FS E. Steiner zum 60. Geburtstag, Saarbrücken, S. 129–145.
---- (2015), Translatologisch relevante Beziehungen zwischen Hermeneutik und Kreativität am Beispiel der Übertragungskunst von Rainer Maria Rilke, in: Ders./Kirstein, Robert (2015b, Hg.), S. 143–162.
---- (2019), Übersetzen als multifunktionale Texttransformation. Ein Grundsatzreferat aus der Perspektive der Übersetzungshermeneutik, in: Kugelmeier, Christoph/Riemer, Peter (2019, Hg.), Von der Erzählung zum dramatischen Spiel. Wandlungen von Sprache und Gattung von Vergil bis in die Moderne (Dramatische Antike 2), Saarbrücken, S. 89–110.
---- (2021), *Fidélité créatrice* als performative Größe und die Beziehung zwischen Hermeneutik und Kreativität in der Translation, in: Agnetta, Marco/Cercel, Larissa (2021, Hg.), Textperformances und Kulturtransfer (Translation Studies), Bukarest, S. 81–98.
---- (2022), Zur Verantwortung des Kommunikators im Spannungsfeld von Hermeneutik und Kreativität, in: Cercel, Larisa/ Agnetta, Marco/ Reichmann, Tinka (2022, Hg.), Dimensionen der Humantranslation / Dimensions of Human Translation, Bukarest, S. 21–42.
Gil, Albert/Gili, Guido (2020), Transmission or ‚creative fidelity'? The institutional communicator's role in the Church today, in: CC&C 5/3, S. 320–338.
Gil, Alberto/Kirstein, Robert, Vorwort (2015a), in: Diess. (2015b, Hg.), S. 7–13.
---- (2015b, Hg.), Wissenstransfer und Translation. Zur Breite und Tiefe des Übersetzungsbegriffs (Hermeneutik und Kreativität 3), St. Ingbert.
Gippert, Jost (⁴2010), Heckenausdruck, in: Glück, Helmut (⁴2010, Hg.), Metzler Lexikon Sprache, Stuttgart u. a., S. 262.
Gladigow, Burkhard (1988), Religionsgeschichte des Gegenstandes – Gegenstände der Religionsgeschichte, in: Zinser, Hartmut (1988, Hg.), Religionswissenschaft. Eine Einführung, Berlin, S. 6–37.
Gmainer-Pranzl, Franz/Rettenbacher, Sigrid (2013, Hg.), Religion in postsäkularer Gesellschaft. Interdisziplinäre Perspektiven (Salzburger interdisziplinäre Diskurse 3), Frankfurt am Main
Gogolin, Ingrid (2021), Was heißt „sprachsensibler Fachunterricht"? Stand der Diskussion, in: Altmeyer/Grümme/Kohler-Spiegel/Naurath/Schröder/Schweitzer (2021, Hg.), S. 44–54.
Gogolin, Ingrid/Lange, Imke (2011), Bildungssprache und durchgängige Sprachbildung, in: Fürstenaus, Sara/Gomolla, Mechthild (2011, Hg.), Migration und schulischer Wandel. Mehrsprachigkeit, Wiesbaden, S. 107–127.
Gordon, W. Terrence (2004), *Langue* and *parole*, in: Sanders, Carol (2004, Hg.), The Cambridge Companion to Saussure, Cambridge, S. 76–87.
Gorr, Doris (2000), Nationalsozialistische Sprachwirklichkeit als Gesellschaftsreligion. Eine sprachsoziologische Untersuchung zum Verhältnis von Propaganda und Wirklichkeit im Nationalsozialismus, Aachen.

Gottwald, Eckart (2000), Didaktik der religiösen Kommunikation. Die Vermittlung von Religion und Lebenswelt und Unterricht, Neukirchen-Vluyn.
Gräb, Wilhelm (2019), Das Säkulare und das Religiöse in pluralen Gesellschaften – eine Verhältnisbestimmung, in: Jäger, Sarah/Anselm, Reiner (2019, Hg.), Ethik in pluralen Gesellschaften, Bd. 3: Grundsatzfragen, Wiesbaden, S. 9–31.
Gräb, Wilhelm/Thieme, Thomas (2011), Religion oder Ethik? Die Auseinandersetzung um den Ethik- und Religionsunterricht in Berlin (ARPäd 45), Göttingen.
Graß, Hans (1967), Erwägungen über den religiösen Satz, in: NZSTh 9, S. 129–138.
Green, Jens-Peter (2021), Scaffolding im Religionsunterricht. Lerngerüste als Hilfen zur Entwicklung religiöser Diskursfähigkeit, in: Altmeyer/Grümme/Kohler-Spiegel/Naurath/ Schröder/Schweitzer (2021, Hg.), S. 170–179.
Greifenstein, Johannes (2021), Predigt als Bibelauslegung. Praktische Hermeneutik in interdisziplinären Perspektiven, Tübingen.
Grethlein, Christian (2005), Fachdidaktik Religion. Evangelischer Religionsunterricht in Studium und Praxis, Göttingen.
---- (2006), Befähigung zum Christsein – ein lernortübergreifendes religionspädagogisches Ziel, in: Theo-Web 5/2, S. 2–18.
---- (2012a), „Learning by doing?" Elemente gelebten Glaubens im Religionsunterricht. Zum Ansatz einer performativen Religionsdidaktik, in: Rendle, Ludwig (2012, Hg.), S. 89–105.
---- (2012b), Praktische Theologie, Leipzig.
---- (2016), Lernorte religiöser Bildung, in: WiReLex. Das wissenschaftlich-religionspädagogische Lexikon im Internet, S. 1–20, permanent abrufbar unter https://www.bibelwissenschaft.de/stichwort/100108/ (Zugriff: 01.11.2021).
Greule, Albrecht (2004), Neues Geistliches Lied, Jugendsprache und Sakralsprache, in: I. A. H. Bulletin. Publikation der Internationalen Arbeitsgemeinschaft für Hymnologie 30, S. 171–175.
Greule, Albrecht/Kucharska-Dreiß, Elżbieta (2011a, Hg.), Theolinguistik: Bestandsaufnahme – Tendenzen – Impulse (Theolinguistica 4), Insingen.
---- (2011b), Theolinguistik: Gegenstand – Terminologie – Methoden, in: Diess. (2011a, Hg.), S. 11–18.
Grimmler, Benedikt (2013), Wann ist ein religiöser Text ein religiöser Text? Versuch einer kontrastierenden Analyse, in: Greule, Albrecht/Kucharska-Dreiß, Elżbieta (2013, Hg.), Dimensionen des Religiösen und die Sprache. Analysen und Projektberichte, Insingen (Theolinguistica 7), S. 11–21.
Großhans, Hans-Peter (2018), „Was ich erfinde, sind neue Gleichnisse" (L. Wittgenstein), in: Schulte (2018b, Hg.), S. 177–190.
Grözinger, Albrecht (1991), Die Sprache des Menschen. Ein Handbuch. Grundwissen für Theologinnen und Theologen, München.
---- (^{2}2001), Sprache, in: LexRP 2, S. 2018–2031.
---- (^{3}2006), Sprache VII. Praktisch-theologisch, in: LThK 9, Sp. 880.
Grohmann, Marianne/Ragacs, Ursula (2012, Hg.), Religion übersetzen. Übersetzung und Textrezeption als Transformationsphänomene von Religion (Religion and Transformation in Contemporary Society 2), Göttingen.
Gronover, Matthias/Schnabel-Henke, Hanne (2021), Sprachsensibler Religionsunterricht an Beruflichen Schulen in Klassen ohne Deutschkenntnisse, in: Altmeyer/Grümme/Kohler-Spiegel/Naurath/Schröder/Schweitzer (2021, Hg.), S. 240–249.
Grümme, Bernhard (2007), Vom Anderen eröffnete Erfahrung. Zur Neubestimmung des Erfahrungsbegriffs in der Religionsdidaktik, Gütersloh.
---- (2015), Öffentliche Religionspädagogik. Bildung in pluralen religiösen Lebenswelten, Stuttgart.
---- (2016), Öffentliche Religion, in: WiReLex. Das wissenschaftlich-religionspädagogische Lexikon im Internet, S. 1–11, permanent abrufbar unter https://www.bibelwissenschaft.de/fileadmin/buh_bibelmodul/media/wirelex/pdf/Öffentliche_Religion_2018-09-20_06_20.pdf (Zugriff: 01.11.2021).
---- (2021), Praxeologie. Eine religionspädagogische Selbstaufklärung, Freiburg im Breisgau.

Grünhage-Monetti, Matilde/Nispel, Andrea (2016), „Wir können viel mehr als Amtsdeutsch!" Translanguaging und sprachbiographische Arbeit in interkulturellen Trainings für Verwaltungsfachkräfte, in: Deutsch am Arbeitsplatz, S. 1–5, permanent abrufbar unter https://www.bibelwissenschaft.de/stichwort/100202/ (Zugriff: 01.11.2021).

Haag, Karl F. (1998), Die Sprache des christlichen Glaubens – ein Beitrag zur Bildung?, in: GPM-Arbeitshilfe Aktuelle Information 35/1: Religiöse Bildung? Konturen eines öffentlich verantworteten Religionsunterrichts, S. 33–56.

Habermas, Jürgen (^{4}1987), Theorie des kommunikativen Handelns, Bd. 2: Zur Kritik der funktionalistischen Vernunft, Frankfurt am Main.

---- (1988), Nachmetaphysisches Denken, Frankfurt am Main.

---- (2001), Glauben und Wissen. Friedenspreis des deutschen Buchhandels, Frankfurt am Main.

---- (2004), Zur Diskussion mit Kardinal Ratzinger, in: Information Philosophie, S. 7–15.

---- (2007), Replik auf Einwände, Reaktion auf Anregungen, in: Langthaler, Rudolf/Nagel-Docekal, Herta (2007, Hg.), Glaube und Wissen. Ein Symposium mit J. Habermas (Wiener Reihe: Themen der Philosophie 13), Wien, S. 366–414.

---- (2008), Ein Bewusstsein von dem, was fehlt., in: Reder, Michael/Schmidt, Josef (2008, Hg.), Ein Bewusstsein, von dem, was fehlt. Eine Diskussion mit Jürgen Habermas, Frankfurt am Main, S. 26–36.

---- (2012), Nachmetaphysisches Denken II. Aufsätze und Repliken, Berlin.

---- (^{2}2013), Zwischen Naturalismus und Religion. Philosophische Aufsätze, Frankfurt am Main.

Hahn, Matthias (2016), Problemorientierter Religionsunterricht, in: WiReLex. Das wissenschaftlich-religionspädagogische Lexikon im Internet, S. 1–10, permanent abrufbar unter https://www.bibelwissenschaft.de/stichwort/100119/ (Zugriff: 01.11.2021).

Halbfas, Hubertus (1968), Fundamentalkatechetik. Sprache und Erfahrung im Religionsunterricht, Düsseldorf.

---- (1984), „Was heißt Symboldidaktik?", in: Biehl, Peter/Bizer, Christoph/Heimbrock, Hans-Günter/Rickers, Folkert (1984, Hg.), Jahrbuch für Religionspädagogik (JRP 1), Göttingen, S. 86–94.

---- (^{7}1997), Das dritte Auge. Religionsdidaktische Anstöße, Düsseldorf.

---- (2010), Glaubensverlust. Warum sich das Christentum neu erfinden muss, Ostfildern.

---- (2012a), Religionsunterricht nach dem Glaubensverlust. Eine Fundamentalkritik, Ostfildern.

---- (2012b), Religiöse Sprachlehre. Theorie und Praxis, Ostfildern.

Hanneken, Kathrin (2018), „Sonst haben wir den Bibeltext immer nur gelesen, jetzt haben wir ihn gefühlt" – Eine qualitativ-empirische Studie zum Einsatz bibliodramatischer Elemente im inklusiven Religionsunterricht der Sekundarstufe I (Univ.-Diss.), Dortmund.

Hardmeier, Christof/Ott, Konrad (2015), Naturethik und biblische Schöpfungserzählung. Ein diskursethischer und narrativ-hermeneutischer Brückenschlag, Stuttgart.

Harz, Frieder (2014), Interreligiöse Erziehung und Bildung in Kitas, Göttingen.

Hattler, Johannes (2004), Monadischer Raum. Kontinuum, Individuum und Unendlichkeit in Leibniz' Metaphysik des Raumes, Frankfurt am Main.

Hauck, Paul (1981), How to stand up for yourself, London.

Hauschild, Eberhard/Pohl-Patalong, Uta (2004), Kirche (Lehrbuch Praktische Theologie 4), Gütersloh.

Haußmann, Werner/Roth, Andrea/Schwarz, Susanne/Tribula, Christa (2019, Hg.), EinFach Übersetzen. Theologie und Religionspädagogik in der Öffentlichkeit für die Öffentlichkeit. FS M. L. Pirner zum 60. Geburtstag (Religionspädagogik innovativ), Stuttgart.

Heil, Stefan (2016), Korrelation, in: WiReLex. Das wissenschaftlich-religionspädagogische Lexikon im Internet, S. 1–15, permanent abrufbar unter https://www.bibelwissenschaft.de/stichwort/100015/

Heimbrock, Hans-Günter (1991), Verstehen von Religion in pädagogischer Absicht. „Religious Education as a Second Language", in: Zilleßen, Dietrich/Alkier, Stefan/Koerrenz, Ralf/Schroeter, Harald (1991, Hg.), Praktisch-theologische Hermeneutik. Ansätze – Anregungen – Aufgaben, Rheinbach, S. 109–124.

Helin, Irmeli (2013), Was macht ein Lied religiös?, in: Greule, Albrecht/Kucharska-Dreiß, Elżbieta (2013, Hg.), Dimensionen des Religiösen und die Sprache. Analysen und Projektberichte (Theolinguistica 7), Insingen, S. 25-37.

Hermans, Chris (2003), Deduktiv, induktiv und abduktiv, in: Ziebertz, Hans-Georg/Heil, Stefan/Prokopf, Andreas (2003, Hg.), Abduktive Korrelation. Religionspädagogische Konzeption, Methodologie und Professionalität im interdisziplinären Dialog (Empirische Theologie 12), Münster, S. 33-51.

Hermisson, Sabine (2020), „Worauf ich mich verlassen kann". Einstellungen von Schüler*innen zu Schöpfung und Evolution sowie Theologie und Naturwissenschaften, Wien (abrufbar unter https://osf.io/2n7xt/?view_only=08d2ef55d17c49959b6cc8699a6dd73e, Zugriff: 01.11.2021).

Hild, Christian (2016), Die Reformatoren übersetzen. Theologisch-politische Dimensionen bei Leo Juds (1482-1542) Übersetzungen von Zwinglis und Bullingers Schriften ins Lateinische, Zürich.

Hild, Christian/Rego, Juan (2021), Ökumenische Performance, in: Agnetta, Marco/Cercel, Larissa (2021, Hg.), Textperformances und Kulturtransfer (Translation Studies), Bukarest, S. 269-283.

Hoberg, Rudolf (2009), „Es gibt viele Sprachen in der Welt, und nichts ist ohne Sprache" (Paulus). Einführende Überlegungen zu „Sprache und Religion" aus sprachwissenschaftlicher Sicht, in: Gerber/Hoberg (2009, Hg.), S. 9-12.

Hock, Klaus (2002), Religion als transkulturelles Phänomen. Implikationen eines kulturwissenschaftlichen Paradigmas für die Religionsforschung, in: BThZ 19, S. 64-82.

Höhne, Florian (2015), Öffentliche Theologie. Begriffsgeschichte und Grundfragen (ÖTh 31), Leipzig.

---- (2019), Öffentliche Theologie als Modus ethisch-theologischer Übersetzung?, in: Oorschot/Ziermann (2019, Hg.), S. 35-56.

Hölscher, Lucian (2013), Religiöse Begriffe im Widerspruch. Ein Versuch zur semantischen Struktur religiöser Sprache, in: SZRKG 107, S. 367-387.

Hu, Adelheid (2010), Mehrsprachigkeit, in: Suhrkamp, Carola (2010, Hg.), Metzler Lexikon Fremdsprachendidaktik, Stuttgart, S. 214-215.

Hupe, Henning (2015), Jesu Abschiedsmahl und die Deutungen seines Todes. Eine Unterrichtseinheit für die Sekundarstufe II, in: entwurf 46/2, S. 50-59.

Husmann, Bärbel (2013), Symboldidaktik out – performative Didaktik in? Zur Rezeption alter und neuer didaktischer Ansätze, in: Loccumer Pelikan 3/2013, S. 109-115.

Jackson, Robert (2008), Teaching about Religions in the Public Sphere: European Policy Initiatives and the Interpretive Approach, in: Numen 55, S. 151-182.

Jackson, Robert/Nesbitt, Eleanor (1993), Hindu Children in Britain, Stoke-on-Trent.

Jäger, Sarah (2019), Ethik in pluralen Gesellschaften. Eine Einführung, in: Dies./Anselm, Reiner (2019, Hg.), Ethik in pluralen Gesellschaften, Bd. 3: Grundsatzfragen, Wiesbaden, S. 1-8.

Jakobson, Robert (1966), On Linguistic Aspects of Translation, in: Brower, Reuben A. (1966, Hg.), On translation, Oxford, S. 232-239.

Janner, Gerhard (2006), Einführung „Sprache und Religion", in: Greule, Albrecht (2006, Hg.), Studien zu Sprache und Religion. Aktuelle Probleme der religiösen Kommunikation aus der Sicht Studierender, Hamburg (Philologia 88), S. 9-12.

---- (2013), „In den Kampf gehen wie in einen Gottesdienst." Sakralsprache und Selbstzelebration des Nationalsozialismus, in: Greule, Albrecht/Kucharska-Dreiß, Elżbieta (2013, Hg.), Dimensionen des Religiösen und die Sprache. Analysen und Projektberichte, Insingen (Theolinguistica 7), S. 325-341.

Jorgensen, Larry M. (2013), By Leaps and Bounds: Leibniz on Transcreation, Motion, and the generetic of Minds, in: The Leibniz Review 23, S. 73-98.

Jütte, Stephan R. (2016), Analogie statt Übersetzung. Eine theologische Selbstreflexion auf den inneren Zusammenhang von Glaubensgrund, Glaubensinhalt und Glaubensweise in Auseinandersetzung mit Jürgen Habermas (RPT 86), Tübingen.

Jüngel, Eberhard (2003), Unterbrechungen. Predigten IV, Stuttgart.

Jung, Matthias (2009), Anthropologie der Artikulation, Berlin 2009.

Kabus, Andrea (2016), Stolpersteine, in: WiReLex. Das wissenschaftlich-religionspädagogische Lexikon im Internet, S. 1–8, permanent abrufbar unter https://www.bibelwissenschaft.de/stichwort/100163/ (Zugriff: 01.11.2021).

Käbisch, David (2014a), Didaktischer Umgang mit Konfessionslosigkeit. Thesen und Beispiele, in: Theo-Web 13/2, S. 60–63.

---- (2014b), Religionsunterricht und Konfessionslosigkeit. Eine fachdidaktische Grundlegung (PThGG 14), Tübingen.

---- (2016), Ein Ort religiöser Kommunikation? Die Aufgaben des Religionsunterrichts in der „postsäkularen" Pluralität, in: Rose/Wermke (2016b, Hg.), S. 263–283.

---- (2018), Religionspädagogik und Translation Studies, in: Schulte (2018b, Hg.), S. 71–87.

Käbisch, David/Koerrenz, Ralf/Kumlehn, Martina/Schlag, Thomas/Schweitzer, Friedrich/Simojoki, Henrik (2020), Gerade jetzt! 10 Thesen, warum der Religionsunterricht in der Corona-Zeit unverzichtbar ist, in: ZPT 72/4, S. 395–399.

Kaempfert, Michael (1971), Skizze einer Theorie des religiösen Wortschatzes, in: Muttersprache 81, S. 15–22.

---- (1972a), Religiosität als linguistische Kategorie? Über einige allgemeine Eigenschaften religiöser Texte, in: Linguistica Biblica 17/18, S. 31–53.

---- (1972b), Vorläufige Überlegungen zur Beschreibung der Religiosität von Texten, in: Engel, Ulrich/Schwencke, Olaf (1972, Hg.), Gegenwartssprache und Gesellschaft. Beiträge zu aktuellen Fragen der Kommunikation, Düsseldorf, S. 164–168.

---- (1974), Lexikologie der religiösen Sprache, in: Fischer, Helmut (1974, Hg.), Sprachwissen für Theologen, Hamburg, S. 62–81.

---- (1983a, Hg.), Probleme der religiösen Sprache (WdF 167), Darmstadt.

---- (1983b), Einige Thesen zu einer vielleicht möglichen allgemeinen Theorie der religiösen Sprache, in: Kaempfert (1983a, Hg.), S. 257–272.

Kalloch, Christina/Leimgruber, Stephan/Schwab, Ulrich (^{3}2014), Lehrbuch der Religionsdidaktik. Für Studium und Praxis in ökumenischer Perspektive (Grundlagen Theologie), Freiburg im Breisgau.

Katan, David (2014), Uncertainty in the translation professions: time to transcreate?, in: Cultus 7, S. 10–19.

Kermani, Navid (^{5}2015), Ungläubiges Staunen. Über das Christentum, München.

Kessel, Katja/Reimann, Sandra (^{5}2017), Basiswissen Deutsche Gegenwartssprache, Tübingen.

Kirsch, Claudine/Cicero Catanese, Giovanni (2017), Sprachbiographien und ihre Bedeutung in multilingualen Kontexten. Eine Fallstudie aus Luxemburg, in: ZfG 10/2, 35–48.

Kirsch, Claudine/Mortini, Simone (2016), Translanguaging. Eine innovative Lehr- und Lernstrategie, in: Forum für Politik, Gesellschaft und Kultur in Luxemburg 365, S. 23–25.

Klappenecker, Gabriele (2016), Hermeneutischer Religionsunterricht, in: WiReLex. Das wissenschaftlich-religionspädagogische Lexikon im Internet, S. 1–9, permanent abrufbar unter https://www.bibelwissenschaft.de/stichwort/100120/ (Zugriff: 01.11.2021).

Klein, Wolfgang/Geyken, Alexander (2010), Das Digitale Wörterbuch der Deutschen Sprache DWDS, in: Lexikographica 26, S. 79–96.

Klie, Thomas (2003), Performativer Religionsunterricht. Von der Notwendigkeit des Gestaltens und Handelns im Religionsunterricht, in: Loccumer Pelikan 4/2003, S. 171–177.

---- (2006), Religion zu lernen geben: Das Wort in Form bringen, in: Loccumer Pelikan 3/2006, S. 103–109.

Klie, Thomas/Dressler, Bernhard (2008), Performative Religionspädagogik. Rezeption und Diskussion 2002–2008, in: Klie/Leonhard (2008, Hg.), S. 225–236.

Klie, Thomas/Leonhard, Silke (2003, Hg.), Schauplatz Religion. Grundzüge einer Performativen Religionsdidaktik, Leipzig.

---- (2008, Hg.), Performative Religionsdidaktik. Religionsästhetik – Lernorte – Unterrichtspraxis (Praktische Theologie heute 97) Stuttgart.

Knapp, Markus (2008), Glauben und Wissen bei Jürgen Habermas. Religion in einer „postsäkularen" Gesellschaft, in: StZ 226, S. 270–280.

Knauth, Thorsten (2003), Problemorientierter Religionsunterricht. Eine kritische Rekonstruktion (ARPäd 23), Göttingen.

Kniffka, Gabriele/Roelcke, Thorsten (2016), Fachsprachenvermittlung im Unterricht (StandardWissen Lehramt), Paderborn.
Kniffka, Gabriele/Neuer, Birgit (2008), „Wo geht's hier nach ALDI?" – Fachsprachen lernen im kulturell heterogenen Klassenzimmer, in: Budke, Alexandra (2008, Hg.), Interkulturelles Lernen im Geographieunterricht (Potsdamer Geographische Forschungen 27), Potsdam, S. 121–135.
---- (2017), Sprachliche Anforderungen in der Schule, in: Günther, Hartmut/Kniffka, Gabriele/Knoop, Gabriele/Riecke-Baulecke, Thomas (2017, Hg.), Basiswissen Lehrerbildung. DaZ unterrichten, Seelze, S. 37–49.
Koller, Werner (⁶2001), Einführung in die Übersetzungswissenschaft, Wiebelsheim.
Kohler-Spiegel, Helga (2014), Vielstimmig und mehrsprachig. Religionslehrer und Religionslehrerin sein, in: Englert/Kohler-Spiegel/Naurath/Schröder/Schweitzer (2014, Hg.), S. 153–160.
Kohlmeyer, Theresa (2018), „Sie sind religiös sprachunfähig!" Zur Fachsprachlichkeit des Christentums, in: ZPTh 38/2, S. 57–68.
Kohlmeyer, Theresa/Reis, Oliver/Viertel, Franziska/Rohlfing, Katharina J. (2020), Wie meinst du das? – Begriffserwerb im Religionsunterricht, in: Theo-Web 19/1, S. 334–344.
Körtner, Ulrich H. J. (2001), Theologie des Worts Gottes. Positionen – Probleme – Perspektiven, Göttingen.
---- (2016), Aufgabe und Gestalt von öffentlicher Theologie, in: Rose/Wermke (2016b, Hg.), S. 183–201.
Korsch, Dieter (2003), Religion – Identität – Differenz. Ein Beitrag zur Bildungskompetenz des Religionsunterrichts, in: EvTh 63/4, S. 271–279.
Kottenhoff, Karin (2020), Sprachsensibles Lernen und Lehren im Religionsunterricht. Alter Wein in neuen Schläuchen?, in: Kontexte 2/2020, S. 12–17.
Krompàk, Edina (2014), Spracherwerb und Erstsprachförderung bei mehrsprachigen Kindern mit Migrationshintergrund, in: vpod bildungspolitik. Zeitschrift für Bildung, Erziehung und Wissenschaft 188/189, S. 20–21.
Kropač, Ulrich (2015), Religiosität, Jugendliche, in: WiReLex. Das wissenschaftlich-religionspädagogische Lexikon im Internet, S. 1–15, permanent abrufbar unter https://www.bibelwissenschaft.de/stichwort/100087/ (Zugriff: 01.11.2021).
---- (2021), Religiös sprachlos? Religiöse Sprache zwischen Tradition und moderner (Jugend-)Kultur, in: Altmeyer/Grümme/Kohler-Spiegel/Naurath/Schröder/Schweitzer (2021, Hg.), S. 65–78.
Kumlehn, Martina (2012), Dynamis der Differenz. Differenztheoretische Impulse für religiöse Bildungsprozesse im Zeitalter des Pluralismus, in: Klie, Thomas/Korsch, Dietrich/Wagner-Rau, Ulrike (2012, Hg.), Differenzkompetenz. Religiöse Bildung in der Zeit, Leipzig, S. 45–60.
---- (2014), Religiöse ‚Suchsprache' und christliche Sprachschule im Spannungsfeld von Übersetzung und Transformation, in: ZPT 66/3, S. 261–271.
---- (2015), Bildung, religiöse, in: WiReLex. Das wissenschaftlich-religionspädagogische Lexikon im Internet, S. 1–12, permanent abrufbar unter https://www.bibelwissenschaft.de/stichwort/100082/ (Zugriff: 01.11.2021).
---- (2016), Existentielle Sprachnot wenden – Möglichkeitsräume eröffnen. Resonanzen zwischen moderner Literatur und religiöser Rede am Beispiel von Saša Stanišićs Roman „Vor dem Fest", in: Rose/Wermke (2016b, Hg.), S. 131–147.
---- (2020), Zwischen Systemrelevanz und Lebensrelevanz: (Religionspädagogische) Relevanzsetzungen und deutungsmachtsensible Relevanzaushandlungen in der Corona-Krise, in: ZPT 72/3, S. 263–275.
---- (2021), Zwischen Babel und Pfingsten. Übersetzen zwischen Sprachwelten als Kernaufgabe sprachsensibler Theologie, in: Altmeyer/Grümme/Kohler-Spiegel/Naurath/Schröder/Schweitzer (2021, Hg.), S. 30–40.
Kurz, Paul K. (2004), Unsere Rede von Gott. Sprache und Religion, Münster.
Kußmaul, Paul (1996), Die Bedeutung des Verstehensprozesses für das Übersetzen, in: Lauer, Angelika/Gerzymisch-Arbogast, Heidrun/Haller, Johann/Steiner, Erich (1996,

Hg.), Übersetzungswissenschaft im Umbruch. FS W. Wilss zum 70. Geburtstag, Tübingen, S. 229–238.
---- (1999), Die Übersetzung als kreatives Produkt, in: Gil, Alberto/Haller, Johann/Steiner, Erich/Gerzymisch-Arbogast, Heidrun (1999, Hg.), Modelle der Translation. Grundlagen für Methodik, Bewertung, Computermodellierung, Frankfurt am Main, S. 177–189.
---- (2000), Kreatives Übersetzen (Studien zur Translation 10), Tübingen.
---- (2004), Translation als kreativer Prozess – ein kognitionslinguistischer Erklärungsversuch, in: Zybatow, Lew N. (2004, Hg.), Translation in der globalen Welt und neue Wege in der Sprach- und Übersetzerausbildung, Bd. 2, Frankfurt am Main, S. 93–116.
---- (^{3}2015), Verstehen und Übersetzen. Ein Lehr- und Arbeitsbuch, Tübingen.
Küster, Volker (2015), Translating Religious Symbol Systems: Some Preliminary Remarks on Christian Art in China, in: DeJonge/Tietz (2015a, Hg.), S. 137–168.
Lähnemann, Johannes (2019), Übersetzen als theologische und didaktische Aufgabe: „Dreieinigkeit" – christlich reflektiert, Muslimen erklärt, in: Haußmann/Roth/Schwarz/Tribula (2019, Hg.), S. 249–258.
Lakoff, George (1973), Hedges: A Study in Meaning Criteria and the Logic of Fuzzy Concepts, in: JPL 2/4, S. 458–508.
Langenhorst, Georg (2013), Sprachkrise im ‚Theotop'? Zur Notwendigkeit radikaler Neubestimmung religiöser Sprache, in: RpB 69, S. 65–76.
---- (2017), ‚Poetische Rationalität' des Glaubens? Religionspädagogik angesichts der „Unzulänglichkeit, über Gott reden zu können", in: RpB 76, S. 28–36.
---- (2018), Bemüht „um das Finden von neuen Bildern" (Silja Walter). Sprachfähig werden in Sachen Religion, in: Schulte (2018b, Hg.), 91–113.
---- (2019), Das Wort Gott – ein „Wirkwort" (Andreas Knapp). Literarische Sprachschulungen für Theologie und Religionspädagogik, in: Oorschot/Ziermann (2019, Hg.), S. 127–142.
Langenhorst, Georg/Willebrand, Eva (2017, Hg.), Literatur auf Gottes Spuren. Religiöses Lernen mit literarischen Texten des 21. Jahrhunderts, Ostfildern.
Lasch, Alexander/Liebert, Wolf-Andreas (2015), Sprache und Religion, in: Felder, Ekkehard/Gardt, Andreas (2015, Hg.), Handbuch Sprache und Wissen (HSW 1), Berlin.
---- (2017, Hg.), Handbuch Sprache und Religion (Handbücher Sprachwissen 18), Berlin.
Latour, Bruno (2011), Jubilieren. Über religiöse Rede, Berlin.
Laube, Martin (2019), Öffentliches Christentum. Überlegungen zum Problem der „Übersetzung" religiöser Gehalte, in: Jäger, Sarah/Anselm, Reiner (2019, Hg.), Ethik in pluralen Gesellschaften, Bd. 3: Grundsatzfragen, Wiesbaden, S. 47–69.
Leisen, Josef (2003, Hg.), Methoden-Handbuch Deutschsprachiger Fachunterricht (DFU), Bonn.
---- (2013a), Darstellungs- und Symbolisierungsformen im Bilingualen Unterricht, in: Hallet, Wolfgang/Königs, Frank G. (2013, Hg.), Handbuch Bilingualer Unterricht. Content and Language Integrated Learning, Seelze, S. 152–160.
---- (2013b), Handbuch Sprachförderung im Fach, Stuttgart.
---- (2015), Zur Integration von Sachfach und Sprache im CLIL-Unterricht, in: Rüschoff, Bernd/Sudhoff, Julian/Wolff, Dieter (2015, Hg.), CLIL Revisited: Eine kritische Analyse des gegenwärtigen Standes des bilingualen Sprachunterrichts, Frankfurt am Main, S. 225–244.
---- (2018), Von der Alltagssprache über die Unterrichtssprache zur Fachsprache. Sprachbildung im Fachunterricht, in: Deutsch als Fremdsprache 58, S. 10–23.
Leonhard, Silke (2003), Bei Leibe: Religion zu Wort kommen lassen. Körperlichkeit in religions-pädagogischer Wahrnehmung, in: Klie/Leonhard (2003, Hg.), S. 166–191.
Leonhard, Silke/Klie, Thomas (2003), Performative Religionspädagogik. Religion leiblich und räumlich in Szene setzen, in: Klie/Leonhard (2003, Hg.), S. 7–22.
Liebert, Wolf-Andreas (2017), Religionslinguistik. Theoretische und methodische Grundfragen, in: Lasch/Liebert (2017, Hg.), S. 7–36.
Linke, Angelika/Voigt, Gerhard (1991), Sprachen in der Sprache. Soziolinguistik heute: Varietäten und Register, in: Praxis Deutsch 110, S. 12–20.
Linkenbach, Antje, Weltreligion Hinduismus: Zur Konstruktion des Indienbildes in deutschen Schulbüchern, in: Bultmann/Linkenbach (2015b, Hg.), S. 23–43.

Löffler, Ulrich (2010), Religionsunterricht an der säkularen Schule – Szenen, Einsichten, Fragen, in: Eschmann, Holger/Härtner, Achim (2010, Hg.), Glaube bildet. Bildung als Thema von Theologie und Kirche, Göttingen (RThS 5), S. 161–170.

Lopez, Carlos A. (2015), Philological Limits of Translating Religion: Śraddhā and Dharma in Hindu Texts, in: DeJonge/Tietz (2015a, Hg.), S. 45–69.

Lorenzen, Stefanie (2021), Als Religionslehrkraft die eigene Sprache reflektieren, in: Altmeyer/Grümme/Kohler-Spiegel/Naurath/Schröder/Schweitzer (2021, Hg.), S. 141–151.

Lüpke, Johannes von (2018), Das treffende Wort finden. Zur Aufgabe einer theologischen Übersetzung im Sinne Martin Luthers, in: Schulte (2018b, Hg.), S. 39–53.

Macha, Jürgen (2014), Der konfessionelle Faktor in der deutschen Sprachgeschichte der Frühen Neuzeit, Würzburg.

Maier, Bernhard (2000), Sprache/Sprachwissenschaft/Sprachphilosophie. II. Religionsgeschichtlich, in: TRE 31, S. 745–748.

Marcel, Gabriel (1946), Le témoignage comme localisation de l'existentiel, in: NRTh 68/2, S. 181–191.

Martin, Franz (2003), Sprache im Religionsunterricht, in: Bosold, Iris/Kliemann, Peter (2003, Hg.), Ach, Sie unterrichten Religion?, Stuttgart, S. 114–121.

Massud, Abdel-Hafiez (2021), Allah oder Gott? Translatorische und religionsdidaktische Überlegungen zur Benennung des göttlichen Seins im islamischen Religionsunterricht, in: Nord, Christiane/Öncü, Mehmet T./Massud, Abdel-Hafiez (2021, Hg.), Religion und Translation. Impulse für die Translationswissenschaft und die Religionspädagogik (IPAT 2), Berlin, S. 95–119.

Mayring, Philipp (⁶2016), Einführung in die qualitative Sozialforschung. Eine Anleitung zum qualitativen Denken, Weinheim.

McCaffery, Steve (2001), Prior to Meaning. The Protosemantic and Poetics, Evanston.

Melzer, Friso (1951), Der christliche Wortschatz der deutschen Sprache. Eine evangelische Darstellung, Lahr.

Mendel, Moron (2015), Das Kind beim Namen nennen? Rassismussensible Sprache in der Bildungsarbeit, in: Außerschulische Bildung. Zeitschrift der politischen Jugend- und Erwachsenenbildung 3/2015, S. 12–17.

Mendl, Hans (²2013), Religion erleben. Ein Arbeitsbuch für den Religionsunterricht. 20 Praxisfelder, München.

---- (2019a), Kosten und fühlen – Geschmack auf Religion. Performative Religionsdidaktik als Übersetzungsvorgang, in: Haußmann/Roth/Schwarz/Tribula (2019, Hg.), S. 131–140.

---- (2019b), Performativer Religionsunterricht, katholisch, in: WiReLex, Das wissenschaftlich-religionspädagogische Lexikon im Internet, S. 1–13, permanent abrufbar unter https://www.bibelwissenschaft.de/stichwort/200631/ (Zugriff: 01.10.2021).

Mertin, Andreas (2000), Internet im Religionsunterricht, Göttingen.

Mette, Norbert (2012), Zwischen Religionskunde und Rekatechetisierung – Gegenwärtige Ansätze zum Umgang mit der Kommunikationsproblematik im Religionsunterricht, in: Rendle, Ludwig (2012, Hg.), S. 32–49.

Metz, Johann B. (2016), Glaube in Geschichte und Gesellschaft. Studien zu einer praktischen Fundamentaltheologie, in: Ders. (2016), Gesammelte Schriften, Bd. 3/1, hg. von J. Reikerstorfer, Freiburg im Breisgau.

Meyer, Karlo (²2012), Zeugnisse fremder Religionen im Unterricht. „Weltreligionen" im deutschen und englischen Religionsunterricht, Neukirchen-Vluyn.

---- (2019), Grundlagen interreligiösen Lernens. Göttingen.

Meyer, Karlo/Lorenzen, Stefanie/Neddens, Christian (2017), Lernstoff „Rechtfertigung"? Eine ungelöste pädagogische Herausforderung, in: Theo-Web 16/1, S. 47–63.

Meyer-Blanck, Michael (1995), Vom Symbol zum Zeichen. Plädoyer für eine semiotische Revision der Symboldidaktik, in: EvTh 55/4, S. 337–351.

---- (²2002), Vom Symbol zum Zeichen. Symboldidaktik und Semiotik, Rheinbach.

Michalak, Magdalena (²2017, Hg.), Sprache als Lernmedium im Fachunterricht. Theorien und Modelle für das sprachbewusste Lehren und Lernen, Baltmannsweiler.

Michalak, Magdalena/Lemke, Valerie/Goeke, Marius (2015), Sprache im Fachunterricht. Eine Einführung in Deutsch als Zweitsprache und sprachbewussten Unterricht, Tübingen.

Mokrosch, Reinhold (2009), „Gott ist mitten in unserem Leben jenseitig", in: de Gruchy, John W./Plant, Stephen/Tietz, Christiane/Aussermaier, Josef (2009, Hg.), Dietrich Bonhoeffers Theologie heute. Ein Weg zwischen Fundamentalismus und Säkularismus?, Gütersloh, S. 244–261.

Moran, Gabriel (1989), Religious Education as a Second Language, Birmingham.

Morgenstern, Christian (1972), Galgenlieder und andere Gedichte. Zusammengestellt und größtenteils übersetzt von M. Knight, München.

Moser, Hugo (1964), Sprache und Religion. Zur muttersprachlichen Erschließung des religiösen Bereichs (Beihefte zur Zeitschrift „Wirkendes Wort" 7), Düsseldorf.

Münch, Christian (2019), Sprachsensibler Fachunterricht und Bibeldidaktik. Lernwege in der „Fremdsprache Religion", in: Notizblock 66/2019, S. 15–18.

Musil, Robert (2001), Der Mann ohne Eigenschaften. Roman 1930–1943, hg. von A. Frisé, Reinbek.

Nanz, Larissa (2016), Bildung als Weltaneignung durch Sprache. Die Bedeutung von Wilhelm von Humboldts Bildungs- und Sprachverständnis für religiöse Bildung heute, Hamburg.

Nassehi, Armin (2015), Die letzte Stunde der Wahrheit. Warum rechts und links keine Alternativen mehr sind und die Gesellschaft ganz anders beschrieben werden muss, Hamburg.

---- (2017), Die letzte Stunde der Wahrheit. Kritik der komplexitätsvergessenen Vernunft, Hamburg.

Naurath, Elisabeth (2019), Friedenspädagogik als Übersetzungsaufgabe religiöser Bildung, in: Haußmann/Roth/Schwarz/Tribula (2019, Hg.), S. 177–184.

Nehring, Andreas (2008), Religion und Kultur. Zur Beschreibung einer Differenz, in: Ders./Valentin (2008, Hg.), S. 11–31.

Nehring, Andreas/Valentin, Joachim (2008, Hg.), Religious Turn – Turning Religions. Veränderte kulturelle Diskurse – neue religiöse Wissensformen (ReligionsKulturen 1), Stuttgart.

Neveling, Christiane (2004), Wörterlernen mit Wörternetzen. Eine Untersuchung zu Wörternetzen als Lernstrategien und Forschungsverfahren (Gießener Beiträge zur Fremdsprachendidaktik), Tübingen.

Nickel, Rainer (2016), Übersetzen und Übersetzung. Anregungen zur Reflexion der Übersetzungspraxis im altsprachlichen Unterricht (Ars Didactica 3), Speyer.

Niehl, Franz W. (2002), Sprache/religiöse Sprache, in: Bitter, Gottfried/Englert, Rudolf/Miller, Gabriele/Nipkow, Karl E./Blum, Dominik (2002, Hg.), Neues Handbuch religionspädagogischer Grundbegriffe, München, S. 230–233.

---- (2016), Erzählen, in: WiReLex. Das wissenschaftlich-religionspädagogische Lexikon im Internet, S. 1–18, permanent abrufbar unter https://www.bibelwissenschaft.de/stichwort/100026/ (Zugriff: 01. 11.2021).

Niem, Annrose (⁴2015), Seneca, De providentia. Ein Kommentar, Norderstedt.

Nipkow, Karl H. (²2001), Problemorientierter Religionsunterricht, in: LexRP 2, Sp. 1559–1565.

Noppen, Jean-Pierre van (1976), Alter Wein in neuen Schläuchen? Ein Beitrag zur empirischen Betrachtung von Kommunikationsproblemen in der Rede von Gott, in: Linguistica Biblica 37, S. 1–9.

---- (1995), Methodist Discourse and Industrial Work Ethic. A Critical Theolinguistic Approach, in: BTFG 73, Afl. 3: Moderne taalen letterkunde, S. 693–714.

Nord, Christiane (⁴2009), Textanalyse und Übersetzen. Theoretische Grundlagen, Methode und didaktische Anwendung einer übersetzungsrelevanten Textanalyse, Tübingen.

---- (2010), Fertigkeit Übersetzen. Ein Kurs zum Übersetzenlehren und -lernen, Berlin.

---- (2014), Hürden-Sprünge. Ein Plädoyer für mehr Mut beim Übersetzen, Berlin.

Oberthür, Rainer (2021), Sprachsensibler Religionsunterricht in der Grundschule. Grundannahmen – Erfahrungen – Schlussfolgerungen, in: Altmeyer/Grümme/Kohler-Spiegel/Naurath/Schröder/Schweitzer (2021, Hg.), S. 250–265.

Obst, Gabriele (2007), Religion zeigen – eine Aufgabe des evangelischen Religionsunterrichts? Zwischenruf zu einem aktuellen religionspädagogischen Paradigma, in: TheoWeb 6/2, S. 104–123.

Öhler, Markus (2012), Bibliodrama. Den Text im Erleben übersetzen, in: Grohmann/Ragacs (2012, Hg.), S. 165–178.
Oliveira, Paulo (2015), Translation, Sprache und Wahrnehmung, in: Pandaemonium 18, S. 91–120.
Oorschot, Frederike van (2019), Hermeneutische Grundfragen zur Übersetzbarkeit religiöser Überzeugungen. Übersetzung und gegenseitiges Vertrautwerden, in: Dies./Ziermann (2019, Hg.), S. 17–33.
Oorschot, Frederike van/Ziermann, Simone (2019, Hg.), Theologie in Übersetzung? Religiöse Sprache und Kommunikation in heterogenen Kontexten (ÖTh 36), Leipzig.
Otheguy, Ricardo/García, Ofelia/Reid, Wallis (2015), Clarifying translanguaging and deconstructing named languages: A perspective from linguistics, in: Applied Linguistics Review 6/3, S. 281–307.
Otto, Gert (1964), Evangelischer Religionsunterricht als hermeneutische Aufgabe, in: ZThK 61/2, S. 236–249.
Panikkar, Raimon (1998), Religion, Philosophie und Kultur, in: polylog 1, S. 13–37.
Paul, Ingwer (2009), Rhetorisch-stilistische Eigenschaften der Sprache von Religion und Kirche, in: HSK 31/2, S. 2257–2274.
Phillips, Dewi Z. (1986), Belief, Change and Forms of Life, London.
Pickel, Gert (2015), Jugendliche und Religion im Spannungsfeld zwischen religiöser und säkularer Option, in: Bedford-Strohm/Jung (2015, Hg.), S. 142–157.
---- (2016), Ist Reden über Religion religiös? Anmerkungen zur Existenz einer säkularen Schweigespirale, in: Rose/Wermke (2016b, Hg.), S. 57–88.
Pickel, Gert/Spieß, Tabea (2015), Religiöse Indifferenz – Konfessionslosigkeit als Religionslosigkeit?, in: Bedford-Strohm/Jung (2015, Hg.), S. 248–266.
Pirner, Manfred L. (1998), Religionsunterricht als Sprachlernen? Ein Beitrag zur Diskussion, in: GPM-Arbeitshilfe für den evangelischen Religionsunterricht an Gymnasien I/1998, S. 3–15.
---- (2002), „Was wird hier eigentlich gespielt?" Wittgensteins Sprachspielmodell und die Religionspädagogik, in: Spitzenpfeil, Christina/Utzschneider, Vera (2002, Hg.), Dem Christsein auf der Spur, Erlangen, S. 141–151.
---- (2003), Religiöse Grundbildung zwischen Allgemeinwissen und christlicher Lebenshilfe, in: Theo-Web 2, 116–135.
---- (2006), Ästhetik – Medien – Bildung. Überlegungen aus religionspädagogischer Sicht, in: Ludwigsburger Beiträge zur Medienpädagogik 9, S. 1–8.
---- (2008), Christliche Pädagogik. Grundsatzüberlegungen, empirische Befunde und konzeptionelle Leitlinien, Stuttgart.
---- (2012), Übersetzung. Zur Bedeutung einer fundamentaltheologischen Kategorie für kirchliche Bildungsverantwortung, in: Meier, Gernot (2012, Hg.), Reflexive Religionspädagogik. Impulse für die kirchliche Bildungsarbeit in Schule und Gemeinde, Stuttgart, S. 79–88.
---- (2013), Religion, in: Hallet, Wolfgang/Königs, Frank G. (2013, Hg.), Handbuch Bilingualer Unterricht. Content and Language Integrated Learning, Seelze, S. 324–331.
---- (2015a), Religion und öffentliche Vernunft. Impulse aus der Diskussion um die Grundlagen liberaler Gesellschaften für eine Öffentliche Religionspädagogik, in: ZPT 67, S. 310–318.
---- (2015b), Öffentliche Religionspädagogik. Neue Perspektiven für komplementäres Lernen von religiösen und nicht-religiösen Schülerinnen und Schülern im Religionsunterricht, in: GPM-Arbeitshilfe für den evangelischen Religionsunterricht an Gymnasien (Jahresband 2015), S. 62–81.
---- (2015c), Re-präsentation und Übersetzung als zentrale Aufgaben einer Öffentlichen Theologie und Religionspädagogik, in: EvTh 76/6, S. 446–458.
---- (2016), Human Rights, Religions, and Education. A Theoretical Framework, in: Ders./Lähnemann, Johannes/Bielefeldt, Heiner (2016, Hg.), Human Rights and Religion in Educational Context, Wiesbaden, S. 11–27.
---- (2017), Religiosität und Lehrerprofessionalität. Zur Bedeutung von bildungstheoretischen Überzeugungen und bildungstheologischer Reflexionskompetenz, in: Heimbrock,

Hans-Günter (2017, Hg.), Taking Position. Empirical studies and theoretical reflections on Religious Education and worldview (Religious Diversity and Education in Europe 33), Münster, S. 111–126.
---- (2018a), Öffentliche Religionspädagogik im globalen Horizont. Perspektiven für evangelische Schulen, in: Simojoki, Henrik/Scheunpflug, Annette/Schreiner, Martin (2018, Hg.), Evangelische Schulen und religiöse Bildung in der Weltgesellschaft. Die Bamberger Barbara-Schadeberg-Vorlesungen (Schule in evangelischer Trägerschaft 20), Münster, S. 83–95.
---- (2018b), Religiöse Bildung zwischen Sprachschulung und Übersetzung im Horizont einer Öffentlichen Religionspädagogik, in: Schulte (2018b, Hg.), S. 55–69.
---- (2019a), Öffentliche Religionspädagogik. Religionspädagogik als Übersetzungsaufgabe?!, in: Oorschot/Ziermann (2019, Hg.), S. 97–110.
---- (2019b), Public Religious Pedagogy – An Emerging New Paradigm?, in: Ders./Lähnemann, Johannes/Haußmann, Werner/Schwarz, Susanne (2019, Hg.), Public Theology Perspectives on Religion and Education (Routledge Research in Religion and Education), New York, S. 39–54.
---- (2019c), Rechtfertigung/Gnade, in: Rothgangel, Martin/Simojoki, Henrik/Körtner, Ulrich H. J. (2019, Hg.), Theologische Schlüsselbegriffe. Subjektorientiert – biblisch – systematisch – didaktisch (TLL), Göttingen, S. 329–341.
Pirner, Manfred L./Schulte, Andrea (2010a, Hg.), Religionsunterricht im Dialog – Religionsunterricht in Kooperation, Jena.
---- (2010b), Religionsunterricht im Dialog – Religionsunterricht in Kooperation. Eine Einführung, in: Diess. (2010a, Hg.), S. 7–10.
Pithan, Annebelle (1997), Liselotte Corbach: Einstehen für die eigene Überzeugung, in: Dies. (1997, Hg.), Religionspädagoginnen des 20. Jahrhunderts, Göttingen, S. 135–159.
Plucker, Jonathan A./Beghetto, Ronald A. (2004), Why creativity is domain general, why it looks domain specific, and why the distinction does not matter, in: Sternberg, Robert J. (2004, Hg.), Creativity from potential to realization, Washington D. C., S. 153–167.
Pöttker, Horst, „Sei doch kein Muselmann". Was Christen, Muslime und Religionsferne aus den Medien übereinander erfahren, in: Bultmann/Linkenbach (2015b, Hg.), S. 139–163.
Pohl-Patalong, Uta (2013), Religionspädagogik. Ansätze für die Praxis, Göttingen.
Pohl-Patalong, Uta/Aigner, Maria E. (^{2}2013), Bibliolog. Impulse für Gottesdienst, Gemeinde und Schule, Bd. 2: Aufbauformen, Stuttgart.
Preul, Reiner (1991), Gottesdienst und religiöse Sprache, in: ZThK 88, S. 388–406.
---- (1997), Religion. III. Praktisch-theologisch, in: TRE 28, S. 546–559.
Przyczyna, Wiesław (2011), Die religiöse Sprache und ihre Funktionalstile, in: Greule/Kucharska-Dreiß (2011a), S. 19–30.
Rahner Karl (1967), Schriften zur Theologie, Bd. VIII, Zürich
---- (1976), Grundkurs des Glaubens. Einführung in den Begriff des Christentums, Freiburg im Breisgau.
Ramsey, Ian Th. (1957), Religious language: An empirical placing of theological phrases, London.
Reder, Michael (2009), Religion in postsäkularer Gesellschaft. Die Überlegungen von Jürgen Habermas und fünf Einsprüche dagegen, in: Communicatio Socialis 42/2, S. 131–137.
Reese-Schnitker, Annegret (2021), Sprache, in: Kropač, Ulrich/Riegel, Ulrich (2021, Hg.), Handbuch Religionsdidaktik (KStTh 25), Stuttgart, S. 406–412.
Reichel, Juliane (2010), Sprache – Sprachspiel – Spiel. Phänomen als Methode bei Heidegger, Wittgenstein und Gadamer, Oldenburg.
Reh, Sabine (2012), Mit der Videokamera beobachten. Möglichkeiten qualitativer unterrichtsforschung, in: Boer, Heike de/Reh, Sabine (2012, Hg.), Beobachtung in der Schule – Beobachten lernen, Wiesbaden, S. 151–169.
Rendle, Ludwig (2012, Hg.), Glaube, der verstehbar wird ... Kommunikabilität des Glaubens als religionsdidaktische Herausforderung, Donauwörth.
Renn, Joachim/Straub, Jürgen/Shimada, Shingo (2002a, Hg.), Übersetzung als Medium des Kulturverstehens und sozialer Integration, Frankfurt am Main.
---- (2002b), Vorwort der Herausgeber, in: Diess. (2002a, Hg.), S. 7–12.

Renner, Tobias (2017), Postsäkulare Gesellschaft und Religion. Zum Spätwerk von Jürgen Habermas (FTS 183), Freiburg im Breisgau 2017.
Richter, Cornelia (2016), Situative Polyvalenz, Figuration und Performanz. Was die Dogmatik immer wieder von der Schrift lernen kann, in: Roth/Seip (2016, Hg.), S. 59–78.
Ricœur, Paul (1981), Gott nennen, in: Casper, Bernhard (1981, Hg.), Gott nennen, Freiburg/München, S. 45–79.
---- (2016a), Sur la traduction, Paris.
---- (2016b), Vom Übersetzen. Herausforderung und Glück des Übersetzens, Berlin.
Rickers, Folkert (2003), Epochaler Einschnitt und fortdauernde Geltung des problemorientierten Ansatzes in der Religionspädagogik, in: Ders./Dressler, Bernhard (2003, Hg.), Thematisch-Problemorientierter Religionsunterricht. Aufbruch, Bewährung in der Praxis, Impulse, Koblenz, S. 77–98.
Riegel, Ulrich (2016), Pluralisierung, in: WiReLex. Das wissenschaftlich-religionspädagogische Lexikon im Internet, S. 1–6, permanent abrufbar unter https://www.bibelwissenschaft.de/stichwort/100203/ (Zugriff: 01.11.2021).
Riegel, Ulrich/Ziebertz, Hans-Georg/Kalbheim, Boris (2004), Religiosität in pluraler Gesellschaft. Daten zur religiösen Orientierung heutiger Jugendlicher, in: rhs 6/2004, S. 363–367.
Roche, Jörg (2013), Mehrsprachigkeitstheorie. Erwerb – Kognition – Transkulturation – Ökologie (narr Studienbücher), Tübingen.
Röh, Dieter (2013), Soziale Arbeit, Gerechtigkeit und das gute Leben. Eine Handlungstheorie zur daseinsmächtigen Lebensführung, Wiesbaden.
Rolek, Bogusława (2018), Hedging in wissenschaftlichen Artikeln polnischer und deutscher Studierender, in: Cirko, Lesław/Pittner, Karin (2018, Hg.), Wissenschaftliches Schreiben interkulturell: Kontrastive Perspektiven, Berlin u. a., S. 225–247.
Roose, Hanna (2019), Sünde/Schuld/Vergebung, in: Rothgangel, Martin/Simojoki, Henrik/Körtner, Ulrich H. J. (2019, Hg.), Theologische Schlüsselbegriffe. Subjektorientiert – biblisch – systematisch – didaktisch (TLL), Göttingen, S. 403–414.
Rose, Mirjam/Wermke, Michael (2014), Einleitung, in: Diess. (2014, Hg.), Konfessionslosigkeit heute. Zwischen Religiosität und Säkularität, Leipzig, S. 9–26.
---- (2016a), Einleitung, in: Diess. (2016b, Hg.), S. 7–18.
---- (2016b, Hg.), Religiöse Rede in postsäkularen Gesellschaften, Leipzig.
Rosenow, Gundula (2019), Potenzielle Religiosität. Subjektorientierte Religionspädagogik im Umgang mit religiösen und nicht-religiösen Lebensdeutungen, in: Altmeyer, Stefan/Grümme, Bernhard/Kohler-Spiegel, Helga/Naurath, Elisabeth/Schröder, Bernd/Schweitzer, Friedrich (2019, Hg.), Reli – keine Lust und keine Ahnung? (JRP 35), Göttingen, S. 212–235.
Roth, Ursula/Seip, Jörg (2016, Hg.), Schriftinszenierungen. Bibelhermeneutische und texttheoretische Zugänge zur Predigt (ÖSP 10), München.
Röttger, Evelyn (2019), Sprachsensibler Fachunterricht: Versuch einer Standortbestimmung, in: ZIF 24/1, S. 87–105.
Sacks, Jonathan (1991), The Persistence of Faith. Religion, Morality and Society in Secular Age, New York.
SAID (2007), Psalmen, München.
Sajak, Clauß P. (2010), Das Fremde als Gabe begreifen. Auf dem Weg zu einer Didaktik der Religionen aus katholischer Perspektive (Forum Religionspädagogik interkulturell 9), Berlin.
Sajak, Clauß P./Möller, Rainer (2020), Fachdidaktische Konzeptionen, in: WiReLex. Das wissenschaftlich-religionspädagogische Lexikon im Internet, S. 1–11, permanent abrufbar unter https://www.bibelwissenschaft.de/stichwort/100013/ (Zugriff: 01.11.2021).
Sammer, Petra (^{2}2017), Storytelling. Strategien und Best Practices für PR und Marketing, Heidelberg.
Sanneh, Lamin (^{2}2009), Translating the Message. The Missionary Impact of Translation (ASMS 49), New York.
Sattler-Hovdar, Nina (2016), Translation – Transkreation. Vom Über-*Setzen* zum Über-*Texten*, Berlin.

Schäffner, Christina (2004), Systematische Übersetzungsdefinitionen, in: HSK 26/1, Berlin, S. 101–117.
Schärtl, Thomas (2013), „Gott und das Kaninchen". Über Religion als Fremd- und Muttersprache, in: RpB 69, S. 33–42.
Schambeck, Mirjam (2021), Korrelation als religionsdidaktische Fundamentalkategorie, in: Kropač, Ulrich/Riegel, Ulrich (2021, Hg.), Handbuch Religionsdidaktik (KStTh 25), Stuttgart, S. 221–231.
Schahadat, Schamma (2013), Übersetzen: Text – Kultur – *translational turn*, in: Dathe, Claudia/Makarska, Renata/Schahadat, Schamma (2013, Hg.), Zwischentexte. Literarisches Übersetzen in Theorie und Praxis (Arbeiten zur Theorie und Praxis des Übersetzens und Dolmetschens 52), Berlin, S. 19–46.
Schlag, Thomas/Brinkmann, Frank Th. (2016), Solidarität, in: WiReLex, Das wissenschaftlich-religionspädagogische Lexikon im Internet, S. 1–12, permanent abrufbar unter https://www.bibelwissenschaft.de/stichwort/100172/ (Zugriff: 01.11.2021).
Schliesser, Christine (2019), Theologie im öffentlichen Ethikdiskurs. Studien zur Rolle der Theologie in den nationalen Ethikgremien Deutschlands und der Schweiz, Leipzig.
Schmid, Hans (2002), Mehr als Reden über Religion, in: rhs 45/1, S. 2–10.
Schmidt-Leukel, Perry (2014), Kommunikation des Evangeliums in der interreligiösen Begegnung. Anmerkungen zu Christian Grethleins kommunikationstheoretischer Theologie aus religionstheologisch pluralistischer Perspektive, in: Schröder, Bernd/Domsgen, Michael (2014, Hg), Kommunikation des Evangeliums. Leitbegriff der Praktischen Theologie (APrTh 57), Leipzig, S. 161–184.
Schoberth, Ingrid (2002), Glauben-lernen heißt eine Sprache lernen, exemplarisch durchgeführt an einer Performance zu Psalm 120, in: rhs 45/1, S. 20–31.
---- (2006a): siehe IV. Unterrichtswerke.
---- (2006b), Wahrnehmung der christlichen Religion und das Glauben-lernen, in: Dies. (2006, Hg.), Wahrnehmung der christlichen Religion (Heidelberger Studien zur Praktischen Theologie 10), Berlin, S. 110–117.
Schreiber, Michael (1993), Übersetzung und Bearbeitung: zur Differenzierung und Abgrenzung des Übersetzungsbegriffs (TBL 389), Tübingen.
---- (2017), Kreativität in Translation und Translationswissenschaft: Zwei Fallbeispiele und ein Vorschlag, in: Cercel, Larisa/Agnetta, Marco/Amido Lozano, María T. (2017a, Hg.), S. 349–358.
Schröder, Bernd (2013), Öffentliche Religionspädagogik. Perspektiven einer theologischen Disziplin, in: ZThK 110, S. 109–132.
---- (2014a), Religionspädagogik inmitten der Transformationskrise christlicher Religion und Theologie in Deutschland – Thesen, in: Englert/Kohler-Spiegel/Naurath/Schröder/Schweitzer (2014, Hg.), S. 218–222.
---- (2014b), Religionspädagogische Aufgaben angesichts des Wandels institutionellen Christentums, in: Englert/Kohler-Spiegel/Naurath/Schröder/Schweitzer (2014, Hg.), S. 110–121.
---- (2019), Religionsdistanz als Herausforderung im Spiegel religionsdidaktischer Ansätze, in: Altmeyer, Stefan/Grümme, Bernhard/Kohler-Spiegel, Helga/Naurath, Elisabeth/Schröder, Bernd/Schweitzer, Friedrich (2019, Hg.), Reli – keine Lust und keine Ahnung? (JRP 35), Göttingen, S. 112–119.
Schröder, Bernd/Emmelmann, Moritz (2018, Hg.), Religions- und Ethikunterricht zwischen Konkurrenz und Kooperation, Göttingen.
Schröder, Ulrike (2015), Religionswissenschaft, in: WiReLex. Das wissenschaftlich-religionspädagogische Lexikon im Internet, S. 1–14, permanent abrufbar unter https://www.bibelwissenschaft.de/stichwort/100076/ (Zugriff: 01.11.2021).
Schulte, Andrea (1992), Religiöse Rede als Sprachhandlung. Untersuchungen zur performativen Funktion der christlichen Glaubens- und Verkündigungssprache (Europäische Hochschulschriften. Reihe XXIII: Theologie, 464), Frankfurt am Main u. a.
---- (1998), Religiöse Sprache buchstabieren lernen. Religionslehrer als „Sprachspieler" in: Religion heute 36, S. 254–256.

---- (2001a), Die Bedeutung der Sprache in der religionspädagogischen Theoriebildung (Religion in der Öffentlichkeit 5), Frankfurt am Main.
---- (2001b), Sprache finden. Religiöse Kompetenz im Umgang mit Kindern, in: PrTh 36/1, S. 34-43.
---- (2002), Jugendliche begegnen dem Abendmahl – Möglichkeiten und Zugänge, in: Müller, Wolfgang E./Konukiewitz, Enno (2002, Hg.), Abendmahl heute. Reflexionen zur theologischen Grundlegung und zeitgemäßen Gestaltung (Religion in der Öffentlichkeit 6), Frankfurt am Main, S. 51-68.
---- (2013), Jeder Ort – überall! Didaktik außerschulischer religiöser Lernorte, Stuttgart.
---- (2015), Translating Religion between Parents and Children, in: DeJonge/Tietz (2015a, Hg.), S. 70-84.
---- (2017), Religion übersetzen als religionsdidaktische Herausforderung, in: Büttner, Gerhard/Mendl, Hans/Reis, Oliver/Roose, Hanna (2017, Hg.), Religiöse Pluralität (JKR 8), Babenhausen, S. 75-88.
---- (2018a), Lehrerinnen und Lehrer reflektieren ihre Sprache im Religionsunterricht: Eine Annäherung, in: Dies. (2018b, Hg.), S. 157-159.
---- (2018b, Hg.), Sprache, Kommunikation, Religionsunterricht: gegenwärtige Herausforderungen religiöser Sprachbildung und Kommunikation über Religion im Religionsunterricht (StRB 15), Leipzig.
---- (2019a), Außerschulisches Lernen/Erkunden, in: WiReLex. Das wissenschaftlich-religionspädagogische Lexikon im Internet, S. 1-10, permanent abrufbar unter https://www.bibelwissenschaft.de/stichwort/200566/ (Zugriff: 01.11.2021).
---- (2019b), *Religion übersetzen* im Kontext religiöser Sprachbildung und Kommunikation im Religionsunterricht, in: Oorschot/Ziermann (2019, Hg.), S. 111-124.
---- (2019c), Sprachliche Anforderungen im Religionsunterricht, in: Haußmann/Roth/Schwarz/Tribula (2019, Hg.), S. 97-103.
---- (2020), Sprache, in: WiReLex. Das wissenschaftlich-religionspädagogische Lexikon im Internet, S. 1-13, permanent abrufbar unter https://www.bibelwissenschaft.de/stichwort/200766/ (Zugriff: 01.11. 2021).
---- (2021), Sprachliche Anforderungen in den Bildungszielen des Religionsunterrichts, in: Altmeyer/Grümme/Kohler-Spiegel/Naurath/Schröder/Schweitzer (2021, Hg.), S. 79-89.
Schulz, Petra (2005), Sich etwas von sich selbst her zeigen lassen. Ein Beitrag zur didaktischen Theorie phänomenologisch orientierter Religionspädagogik (RThSt 17) Münster.
Schwarz, Susanne/Haußmann, Werner/Roth, Andrea/Tribula, Christa (2019), Einleitung, in: Haußmann/Roth/Schwarz/Tribula (2019, Hg.), S. 13-29.
Schweitzer, Friedrich (2010), Bildungsverantwortung in der postsäkularen Gesellschaft. Was evangelische Erwachsenenbildung im 21. Jahrhundert für die „Gebildeten unter den Verächtern der Religion" bedeuten kann, in: Eschmann, Holger/Härtner, Achim/Barthel, Jörg/Chilcote, Paul W./Klaiber, Walter/Marsh, Clive/Nausner, Michael/Praetorius, Ina/Ruhnow, Wolfgang/Schweitzer, Friedrich/Sundermeier, Theo/Trick, Cornelia/van Oorschot, Jürgen/Voigt, Christof/Zimmer, Siegfried (Hg.), Glaube bildet: Bildung als Thema von Theologie und Kirche (RThSt 5), Göttingen, S. 28-39.
---- (2011), Mehr als eine Privatangelegenheit! Perspektiven für eine Religionspädagogik in der Zivilgesellschaft, in: Bitter, Gottfried/Blasberg-Kuhnke, Martina (2011, Hg.), Religion und Bildung in Kirche und Gesellschaft, Würzburg, S. 164-171.
---- (2014), Erfahrung, Reflexivität und Pluralität. Wie kann die Religionspädagogik auf den Gestaltwandel von Religion reagieren?, in: Englert/Kohler-Spiegel/Naurath/Schröder/Schweitzer (2014, Hg.), S. 52-64.
---- (2019), Über den Erfolg entscheiden die Schüler*innen! Übersetzen in elementarisierungstheoretischer Perspektive, in: Haußmann/Roth/Schwarz/Tribula (2019, Hg.), S. 53-60.
Schweitzer, Friedrich/Haen, Sara/Krimmer, Evelyn (2019), Elementarisierung 2.0. Religionsunterricht vorbereiten nach dem Elementarisierungsmodell, Göttingen.
Schweitzer, Friedrich/Nipkow, Karl E./Faust-Siehl, Gabriele/Krupka, Bernd (1995), Religionsunterricht und Entwicklungspsychologie. Elementarisierung in der Praxis, Gütersloh.

Schwillus, Harald (2015), Religionspädagogik. Einführung in eine theologische Disziplin mit Bildungsbezug, Berlin.
Seidl, Eva (2020), Translanguaging – Bewusstsein über und strategischer Umgang mit individuellem linguistischem Repertoire aus studentischer Perspektive, in: Schmidhofer, Astrid/Wußler, Annette (2020, Hg.), Bausteine translationsorientierter Sprachkompetenz und translatorischer Basiskompetenzen, Innsbruck, S. 115–127.
Siever, Holger (2010), Übersetzen und Interpretieren. Die Herausbildung der Übersetzungswissenschaft als eigenständig wissenschaftliche Disziplin im deutschen Sprachraum von 1900 bis 2000, Frankfurt am Main.
Sill, Ulrike (2015), Thick Translation of Religion between Cultures: The Basel Mission in Ghana, in: DeJonge/Tietz (2015a, Hg.), S. 85–103.
Simojoki, Henrik (2021), Gesellschaftliche Rahmenbedingungen religiöser Bildung, in: Kropač, Ulrich/Riegel, Ulrich (2021, Hg.), Handbuch Religionsdidaktik (KStTh 25), Stuttgart, S. 29–36.
---- (2019), Interkulturelle Gottesdienste als Ort informeller Bildung. Zur Vielschichtigkeit religiösen „Übersetzens" in der Weltgesellschaft, in: Haußmann/Roth/Schwarz/Tribula (2019, Hg.), S. 269–276.
Simon, Werner (2003), Abduktive Korrelation und kulturell vermittelte Areligiosität, in: Ziebertz/Heil/Prokopf (2003, Hg.), S. 79–86.
Sitzberger, Rudolf (2013), Die Bedeutung von Sprache innerhalb eines konstruktivistisch orientierten Religionsunterrichts (Religionsdidaktik konkret 3), Berlin.
Snell-Hornby, Mary (^{2}2006), Translation (Übersetzen/Dolmetschen)/Translationswissenschaft/Translatologie, in: Dies./Hönig, Hans G./Kußmaul, Paul/Schmitt, Peter A. (^{2}2006, Hg.), Handbuch Translation, Tübingen, S. 37–38.
Sölle, Dorothee (1996), Das Eis der Seele brechen. Theologie und Literatur in sprachloser Zeit, Mainz.
Soja, Edward W. (1989), Postmodern Geographies. The Reassertion of Space in Critical Social Theory, Verso.
Sponholz, Liriam (2015), Religion als medialer Konfliktstoff. Der Islam in den Polemiken von Thilo Sarrazin und Oriana Fallaci, in: Bultmann/Linkenbach (2015b, Hg.), S. 117–138.
Stanley, John W. (2017), „Tanzen ohne Ketten". Sprachspiele als Rahmen für die übersetzerische Kreativität, in: Cercel, Larisa/Agnetta, Marco/Amido Lozano, María T. (2017a, Hg.), S. 333–346.
---- (2018), *Verstehend Übersetzen*: Hermeneutics, the Pragmatics of Translation, and Spezialized Texts, in: StanleyO'Keeffe/Stolze/Cercel (2018, Hg.), S. 237–270.
Stanley, John W./O'Keeffe, Brian/Stolze, Radegundis/Cercel, Larisa (2018, Hg.), Philosophy and Hermeneutics in Translational Hermeneutics, Bukarest.
Steiner, George (1975), After Babel. Aspects of Language and Translation, Oxford.
Steinhoff, Torsten (2009), Wortschatz – eine Schaltstelle für den schulischen Spracherwerb? (SPAsS 17), Siegen.
Stemberger, Georg (^{6}2009), Jüdische Religion, München.
Stenger, Georg (2002), Übersetzen übersetzen. Zur Phänomenologie des Übersetzens, in: Renn/Straub/Shimada (2002a, Hg.), S. 93–122.
Štimac, Zrinka (2015), Religiöse Pluralität im Schulbuch. Analyse ausgewählter Ethikbücher in östlichen und westlichen Bundesländern, in: Bultmann/Linkenbach (2015b, Hg.), S. 45–71.
Stolt, Birgit (2000), Martin Luthers Rhetorik des Herzens, Tübingen.
Stolze, Radegundis (2003), Hermeneutik und Translation, Tübingen.
---- (^{6}2011), Übersetzungstheorien. Eine Einführung, Tübingen.
---- (2017), Quellen der Kreativität beim Übersetzen, in: Cercel, Larisa/Agnetta, Marco/Amido Lozano, María T. (2017a, Hg.), S. 267–285.
---- (2018), Dimensionen der Subjektivität beim Übersetzen, in: Stanley/O'Keeffe/Stolze/Cercel (2018, Hg.), S. 77–99.
Stosch, Klaus von (2015), Does *Allah* Translate ‚God'? Translating Concepts between Religions, in: DeJonge/Tietz (2015a, Hg.), S. 123–136.

Strübing, Jörg (2013), Qualitative Sozialforschung. Eine Einführung, München.
Tacke, Lena (2022), Das Entdecken neuer Sprachwelten – Grundlinien einer heterogenitätssensiblen Sprachbildung im Religionsunterricht, in: RpB 45, S. 101–110.
Tajmel, Tanja/Hägi-Mead, Sara (2017), Sprachbewusste Unterrichtsplanung. Prinzipien, Methoden und Beispiele für die Umsetzung (FörMig Material 9), Münster.
Tautz, Monika (2015), Perspektivenwechsel, in: WiReLex. Das wissenschaftlich-religionspädagogische Lexikon im Internet, S. 1–11, permanent abrufbar unter https://www.bibel wissenschaft.de/stichwort/100074/ (Zugriff: 01.11.2021).
Thaler, Engelbert (2012), Englisch unterrichten, Berlin.
Thomalla, Klaus (2009), Habermas und die Religion, in: Information Philosophie, S. 30–35.
Tietz, Christiane (2012), ... mit anderen Worten ... Zur Übersetzbarkeit religiöser Überzeugungen in öffentlichen Diskursen, in: EvTh 72/2, S. 86–100.
---- (2015), Habermas' Call for Translating Religion into Secular Language, in: DeJonge/ Tietz (2015a, Hg.), S. 104–122.
Tillich, Paul (^{2}1978), Die Frage nach dem Unbedingten. Gesammelte Werke, Bd. 5, Stuttgart.
Tworuschka, Udo (2008), Vom „Visible Turn" zum „Auditive Turn" in der Praktischen Religionswissenschaft, in: Klöckner, Michael/Tworuschka, Udo (2008, Hg.), Praktische Religionswissenschaft, Köln, S. 76–83.
---- (2009), Die „Taubheit" der Religionswissenschaft. Überlegungen zum „Auditive Turn", in: Hutter, Manfred (2009, Hg.), Religionswissenschaft im Kontext der Asienwissenschaft, Münster, S. 83–97.
Ulfat, Fahimah (2019a), Islamische Religionslehre, Sekundarstufe I/II. Sprachsensibler Islamischer Religionsunterricht? Mit Begriffsarbeit zu fachspezifischer Sprachreflexion, in: Peuschel, Kristina/Burkard, Anne (2019, Hg.), Sprachliche Bildung und DaZ in den geistes- und gesellschaftswissenschaftlichen Fächern, Tübingen, S. 187–195.
---- (2019b), Islamische Theologie und Religionspädagogik: Das dringende Abenteuer der Übersetzung, in: Haußmann/Roth/Schwarz/Tribula (2019, Hg.), S. 241–248.
Ulrich, Winfried (2007), Wörter, Wörter, Wörter. Wortschatzarbeit im muttersprachlichen Deutschunterricht, Baltmannsweiler.
Vattimo, Gianni (2001), Die Spur der Spur, in: Derrida, Jacques/Vattimo, Gianni (2001, Hg.), Die Religion, Frankfurt am Main, S. 107–124.
Vieira, Else R. P. (1999), Liberating Canibals. Readings of *Antropofagia* and Haroldo de Campos' poetics od transcreation, in: Bassnett, Susan/Trivedi, Harish (1999, Hg.), Post-colonial Translation. Theory and practice (Translation Studies), London, S. 95–113.
Vögele, Wolfgang (1994), Zivilreligion in der Bundesrepublik Deutschland, Gütersloh.
Wabel, Thomas (2016), „Der Mensch hat zwei Beine und zwei Überzeugungen" – Öffentliche Theologie im Raum sozialer Verkörperungen, in: NZSTh 58/2, S. 149–179.
---- (2019a), Lost in Translation? Talking Religion at School and in the Public Space, in: Pirner, Manfred L./Lähnemann, Johannes/Haußmann, Werner/Schwarz, Susanne (2019, Hg.), Public Theology Perspectives on Religion and Education (Routledge Research in Religion and Education), New York, S. 185–198.
---- (2019b), Öffentliche Theologie. Impulse zu einer methodischen Neubesinnung, in: EvTh 79/1, S. 17–30.
---- (2019c), Übersetzung als Einladung und Unterbrechung. Ein theologisch-ästhetischer Entwurf zur Übersetzungsmetapher, in: Oorschot/Ziermann (2019, Hg.), S. 57–75.
Wabel, Thomas/Höhne, Florian/Stamer, Torben (2017), Klingende öffentliche Theologie? Plädoyer für eine methodische Weitung, in: Diess. (2017, Hg.), Öffentliche Theologie zwischen Klang und Sprache. Hymnen als eine Verkörperungsform von Religion (ÖTh 34), Leipzig, S. 9–40.
Wagner, Falk (1986), Was ist Religion? Studien zu ihrem Begriff und Thema in Geschichte und Gegenwart, Gütersloh.
Waldenfels, Hans (1993), Sprache als Thema und Medium der Theologie, in: Weingärtner, Paul (1993, Hg.), Die Sprache in den Wissenschaften (Grenzfragen 20), München, S. 181–216.
---- (2012), Hyperphänomene. Modi hyperbolischer Erfahrung (Suhrkamp-Taschenbuch Wissenschaft 2047), Berlin.

Walter, Nikolaus (^{2}1992), ἑρμηνεύω, in: EWNT 2, Sp. 133–137.
Walter, Silja (1985), Die Feuertaube. Für meinen Bruder, Zürich.
---- (1999), Die Fähre legt sich hin am Strand. Ein Lesebuch, hg. von K. Obermüller, Zürich.
Wandruszka, Mario (1979), Die Mehrsprachigkeit des Menschen, München.
Weder, Hans (1986), Neutestamentliche Hermeneutik, Zürich.
Wei, Li (2011), Moment Analysis and translanguaging space: Discursive construction of identities by multilingual Chinese youth in Britain, in: Journal of Pragmatics 43, S. 1222–1235.
Weidmann, Fritz (1973), Religionsunterricht als Sprachgeschehen (RelPäd 23), Zürich u. a.
Weidner, Daniel (2008), Walter Benjamins Erfahrungen. Zum religious turn in der gegenwärtigen Literatur- und Kulturwissenschaft, in: Nehring/Valentin (2008, Hg.), S. 32–44.
Welzer, Harald (2013), Besser leben. Anleitung zum Widerstand, Frankfurt am Main.
Wermke, Michael (2015), Religiöse Bildung in der postsäkularen Gesellschaft: Eine bildungstheoretische Auseinandersetzung mit Jürgen Habermas, in: Kiesel, Doron/Lutz, Ronald (2015, Hg.), Religion und Politik: Analysen, Kontroversen, Fragen, Frankfurt am Main, S. 287–302.
---- (2016), Religiöse Bildung in der Migrationsgesellschaft. Der Thüringer Bildungsplan bis 18 Jahre in der pädagogischen Bewährungsprobe, in: Theo-Web 15/1, S. 86–100.
Wetzel, Juliane (2019), Antisemitismus als Herausforderung für die schulische und die außerschulische Bildung, in: Theo-Web 18/1, S. 35–49.
Wienen, Ursula (2022), Zum hermeneutischen Potenzial von Fachsprache und zu seiner Relevanz für die Übersetzung – am Beispiel der Medizin, in: Cercel, Larisa/ Agnetta, Marco/ Reichmann, Tinka (2022, Hg.), Dimensionen der Humantranslation / Dimensions of Human Translation, Bukarest, S. 129–153.
Willems, Joachim (2011), Lernen an interreligiösen Überschneidungssituationen – Überlegungen zu Ausgangspunkten einer lebensweltlich orientierten interreligiösen Didaktik, in: Theo-Web 10/1, S. 202–219.
Williams, Allan (2004), New Approaches to the Problem of Translation in the Study of Religion, in: Antes, Peter (2004, Hg.), New Approaches to the Study of Religion (RaR 43), Berlin, S. 13–44.
Winter, Thomas A. (2017), Traditionstheorie. Eine philosophische Grundlegung (Philosophische Untersuchungen 42), Tübingen.
Wolters, Martin (2012), Bibleclouds. Die Bibel anders sehen, Ostfildern.
Woppowa, Jan/Isik, Tuba (2017, Hg.), Kooperativer Religionsunterricht. Fragen – Optionen – Wege, Stuttgart.
Zeile-Elsner, Christel (2015), Was passiert beim Abendmahl? Verwandelt – real präsent – zeichenhaft, in: entwurf 46/2, S. 40–46.
Zhang, Wie (2015), Translating Dao: Cross-Cultural Translation as a Hermeneutic of Edification, in: DeJonge/Tietz (2015a, Hg.), S. 13–28.
Ziebertz, Hans-Georg (^{7}2012), Gesellschaftliche und jugendsoziologische Herausforderungen für die Religionsdidaktik, in: Hilger, Georg/Leimgruber, Stephan/Ziebertz, Hans-Georg (^{7}2012, Hg.), Religionsdidaktik. Ein Leitfaden für Studium und Beruf, München, S. 76–105.
Ziebertz, Hans-Georg/Heil, Stefan/Prokopf, Andreas (2003), Gewagte Hypothesen – Abduktion in der Religionspädagogik, in: Diess. (2003, Hg.), S. 11–31.
Ziermann, Simone (2019), „Hier stock ich schon!" Überlegungen zu den Bruch- und Leerstellen der Übersetzungsmetapher, in: Oorschot/Ziermann (2019, Hg.), S. 77–93.
Zirker, Hans (1972), Sprachprobleme im Religionsunterricht, Düsseldorf.

Glossar

Baustein: Eine sprach- und translationssensible Religionsdidaktik setzt sich aus insgesamt sieben Bausteinen zusammen, die (in Abhängigkeit von der Thematik und den Entscheidungen der Religionslehrkraft) auch einzeln in den Unterricht implementiert werden können: I Einführung, II Aufgreifen von → Themenwörtern, III Rezeption, IV Produktion, V Beurteilung von → Translaten, VI Repetitionen und Vertiefungen, VII Bewährungsprobe in externen → Translationsräumen. Die Bausteine III, IV und V stellen das → Transkreieren dar und sind deshalb idealiter als ein konsekutives Lehr-Lern-Arrangement durchzuführen.

Beziehungsaufbau, sprachlicher: Er erfolgt zwischen dem → Themenwort und den → TranslatorInnen innerhalb von → Baustein III. Dieser Aufbau versteht sich als eine sprachliche Erschließung des Themenworts; es wird differenziert zwischen einem deduktiven Beziehungsaufbau (Kap. II 2.3.1, III 3.1), der in Form von durch die Religionslehrkraft bereitgestellten Wortprofilen von DWDS und DiaCollo erfolgt, und einem induktiven Beziehungsaufbau (Kap. II 2.3.2, III 3.2), bei dem die SuS unterschiedliche Wortnetze zu dem Themenwort anfertigen. Der sprachliche Beziehungsaufbau bildet eine Voraussetzung für die sprachliche Erschließung des → Translationsgegenstands im Zuge der → Translation, um den persönlichen Bezug der SuS zum Translationsgegenstand zu ermöglichen, der sich durch die Aspekte Beziehung (Kap. II 1.2.1.1), „fidélité créatrice" (Kap. II 1.2.1.2) und → Horizontverschmelzung konstituiert (Kap. II 1.2.1.3). Der persönliche Bezug bietet einen Anhaltspunkt dafür, ob die im → Translat zutage tretenden Veränderungen des Translationsgegenstands als gelungen bewertet werden können oder nicht (Kap. II 1.6.3); dies geschieht in Abhängigkeit von der Antwort auf die Fragen, ob die Beziehung erhalten geblieben ist und ob sich in diesem Zusammenhang die TranslatorInnen ihrer Verantwortung gegenüber dem Translationsgegenstand bewusst geworden sind. Diese Verantwortung besteht darin, die Kreativität nicht als Mittel zum Zweck werden zu lassen, so dass die Beziehung durch die überdeutliche Präsenz der TranslatorInnen im Translat unausgewogen würde.

Familienähnlichkeit/familienähnlich: Dieses Wort wurde geprägt von Ludwig Wittgenstein im Hinblick auf die Ähnlichkeit der Bedeutungen eines Wortes. Es bezeichnet den Umstand der Mehrdeutigkeit bzw. der Bedeutungsverschiebung von Wörtern, die sich bei ihrer Verwendung in unterschiedlichen → Sprachspielen einstellt (Kap. I 1.1.3). Familienähnlichkeit bildet eines der Kriterien, um Wörter als geeignet für → Translationsgegenstände i. S. einer Sprach- und Translationssensibilisierung auszuweisen (Kap. II 1.3).

Heckenausdruck: Die Bezeichnung wurde zu Beginn der 1970er-Jahre von John Lakoff geprägt und subsumiert Wörter, die Rückschlüsse auf die Subjektivierungen von der sie in Gebrauch Nehmenden gestatten. Bei einer sprach- und translationssensiblen Religionsdidaktik richtet sich der Fokus auf Heckenausdrücke bei dem Versuch der Segmentierung von Sprachhandlungen bzgl. der schwierig zu fassenden → Sprache für Religiöses und von Translationshandlungen (Kap. III 8.2), bspw. bei der Beurteilung von fremden → Translaten innerhalb von → Baustein V.

Horizontverschmelzung: Das für Hans-Georg Gadamers Hermeneutik zentrale Wort hebt den für eine sprach- und translationssensible Religionsdidaktik charakteristischen, didaktisierten persönlichen Bezug zwischen dem →Translationsgegenstand und den SuSn hervor. Diese agieren während des → Translationsprozesses als kreativ-hermeneutische → TranslatorInnen, indem sie kreativ-hermeneutische Dimensionen des Translationsgegenstands freisetzen; dies geschieht nicht unidirektional, sondern ist als ein Dialog zu verstehen. Dieser kann als gelungen bezeichnet werden, wenn die Horizonte des Translationsgegenstands und der TranslatorInnen miteinander verschmolzen sind, und wenn sich ein zweifacher, im → Translat greifbarer Erkenntnisgewinn einstellt: erstens über den Translationsgegenstand und zweitens in diesem Zuge über die bisher von den SuSn gemachten Erfahrungen mit dem Translationsgegenstand (Kap. II 1.2.1.3). Die diesbezügliche Didaktisierung findet statt durch das → schöpferische Treueversprechen (Kap. II 2.4.1, III 4.1) in → Baustein IV und durch die Metareflexion der Translate in Baustein V.

Kern(element): Das Wort steht im Zusammenhang mit den während der → Visualisierung vergegenwärtigten und versprachlichten ‚Bildern', die ein → Themenwort hervorruft; zusammen mit einem → Rahmen, einer → Szene und einem → Rand gibt ein Kern(element) einen Anhaltspunkt zur Beschreibung dieser ‚Bilder' und leistet so einen Beitrag für die Auswahl der → Translationsstrategien.

Kontext: Die → Visualisierung trägt zu der Einbindung eines größeren Zusammenhangs bzw. Kontexts eines → Themenworts im Hinblick auf Hintergrundinformationen für die Auswahl der → Translationsstrategien bei. Hierzu erweist sich eine dreifache Differenzierung als hilfreich: Kontext I besteht in der unmittelbaren Umgebung des Themenworts, bspw. in der Satzebene oder in der unmittelbaren Nähe zu weiteren Elementen in einem Bild etc., Kontext II besteht in der mittelbaren Umgebung, bspw. in der Textebene oder in der mittelbaren Nähe zu weiteren Elementen in einem Bild etc., Kontext III stellt das Vorwissen und die persönlichen Erfahrungen der SuS bezüglich eines Themenworts dar (Kap. II 1.5.1).

Kookkurrenz: Hierunter werden typische Partnerwörter eines Wortes und dessen typische, mit anderen Wörtern einzugehende Kombinationen verstanden. Die Didaktisierung von Kookkurrenzen innerhalb eines deduktiven und induktiven → Beziehungsaufbaus (Kap. II 2.3) trägt zur Rezeption des → Themenworts und damit zu dessen → Translation bei.

Kommunikationssituation: Als Kommunikationssituation wird eine situative zwischenmenschliche Verständigung angesehen, bei der unterschiedliche → Sprachebenen aufeinandertreffen und bei der es in diesem Zuge zu → Unterbrechungen kommen kann. Durch eine sprach- und translationssensible Religionsdidaktik werden die SuS befähigt, in eine Kommunikationssituation über als religiös empfundene Themen als Sender und Empfängerinnen eintreten zu können, indem sie selbst aktiv und konstruktiv Unterbrechungen → managen können. Ein Rekurs auf ein spezielles Kommunikationsmodell liegt nicht vor.

Management/managen: Das Wort steht im Zusammenhang mit dem von Armin Nassehi (2017, 2015) postulierten Management von → Unterbrechungen (Kap. I 1.2.3) zwischen → Sprachebenen während einer → Kommunikationssituation (Kap. II 1.1.1.4). „Managen" besteht demnach in dem Versuch, eine Verbindung zwischen den Sprachebenen und damit eine Wiederaufnahme der unterbrochenen Kommunikationssituation herzustellen. Hierzu gehört die Auslotung von → Translationsstrategien, aber auch von möglichen → Translationsgrenzen und von dem diesbezüglichen Umgang mit ihnen, um das → Translat anfertigen zu können, das dann als Bindeglied in der Schnittstelle fungiert, in der die Kommunikationssituation ins Stocken geraten bzw. ‚unterbrochen' worden ist. Innerhalb einer sprach- und translationssensiblen Religionsdidaktik erweist sich Management/managen als anschlussfähig an das zugrunde liegende Verständnis von Sprache i. S. der → Translingualität; wenn man Unterbrechungen managt, also bewerkstelligt, bedarf es hermeneutischer und selbstexpressiver Gestaltungsfragen, kurz: man gebraucht seine Hand, man setzt mitunter auch den ganzen Körper ein und greift auf die gesamten zur Verfügung stehenden linguistischen und paralinguistischen Möglichkeiten zurück.

Mehrsprachigkeit: Es liegen zahlreiche Ansätze zur Bestimmung von Mehrsprachigkeit und somit unterschiedliche Definitionen vor. Bei einer sprach- und translationssensiblen Religionsdidaktik wird auf die Definition des GERS (Europarat 2017) zurückgegriffen, dessen AutorInnen darunter die Verwobenheit von individuellen → Sprachwelten mit anderen kulturellen Kontexten verstehen, die koexistent sind und zusammen eine kommunikative Kompetenz bilden; man ist demnach mehrsprachig, wenn man auf unterschiedliche Nationalsprachen, aber auch Dialekte etc. zurückgreifen kann, um durch diese Sprachkenntnisse fremdsprachige Texte verstehen oder an einer → Kommunikationssituation teilnehmen zu können (Kap. II 1.1.1.3).

Pluralitätsoffenheit/pluralitätsoffen: Ein → Translat als kreativ-sprachlicher Neuversuch zeichnet sich durch Pluralitätsoffenheit aus: Diese äußert sich darin, dass religiöse, nicht- und andersreligiöse Deutungsmuster nicht nur möglich sein, sondern auch gleichwertig nebeneinander stehen können, um durch ihre Verschränkungen eine hermeneutische Wechselwirkung zwischen unterschiedlichen → Sprachebenen freizusetzen.

Rahmen: Das Wort steht im Zusammenhang mit den während der → Visualisierung vergegenwärtigten und versprachlichten ‚Bildern‘, die ein → Themenwort hervorruft; zusammen mit einer → Szene, einem → Kern(element) und einem → Rand gibt ein Rahmen einen Anhaltspunkt zur Beschreibung dieser ‚Bilder‘ und leistet so einen Beitrag für die Auswahl der → Translationsstrategien.

Rand: Das Wort steht im Zusammenhang mit den während der → Visualisierung vergegenwärtigten und versprachlichten ‚Bildern‘, die ein → Themenwort hervorruft; zusammen mit einem → Rahmen, einer → Szene und einem → Kern(element) gibt ein Rand einen Anhaltspunkt zur Beschreibung dieser ‚Bilder‘ und leistet so einen Beitrag für die Auswahl der → Translationsstrategien.

Sprachbiographie: Es existieren unterschiedliche Forschungsansätze und Definitionen von Sprachbiographien. Bei einer sprach- und translationssensiblen Religionsdidaktik wird eine Sprachbiographie als die Reflexion des biographischen Erwerbs von Sprachen bzw. der individuell ausgeprägten → Sprachwelt mittels eigens entwickelter Impulse verstanden. Sie ermöglicht den SuSn eine Wahrnehmung ihrer eigenen Sprache(n) und ihres Sprachverhaltens (Kap. II 2.1, III 1).

Sprache der religiösen Traditionen: Diese sachorientierte Sprache ist eine der vier in Lerngruppen des Religionsunterrichts auftretenden → Sprachebenen und umfasst die spezifischen Sprachen unterschiedlicher Religionen, bspw. die → Sprache der christlichen Traditionen etc.

Sprache der christlichen Traditionen: Diese sachorientierte Sprache „ist durch ein Verständnis des Menschen und seiner Wirklichkeit geprägt, das in der biblisch bezeugten Geschichte Gottes mit den Menschen gründet".[1] Sie ist eine Spezifizierung der → Sprache der religiösen Traditionen und umfasst unterschiedliche Konfessiolekte i. S. von für die unterschiedlichen Konfessionen charakteristischen Wörtern, Sprach- und Deutungsmustern. Das ihr zugehörige Sprachkorpus ist relativ weit gefasst.

Sprache für Religiöses: Die subjektorientierte Sprache ist eine der vier in Lerngruppen des Religionsunterrichts auftretenden → Sprachebenen. Sie verfügt über kein klar abgrenzbares Sprachkorpus, da vom Standpunkt der SprecherInnen jedes Wort zum Ausdruck ihres subjektiven Verständnisses von Religiosität in Gebrauch genommen werden kann.

Sprachebene: Es wird zwischen vier Sprachebenen differenziert, die in Lerngruppen des Religionsunterrichts aufeinandertreffen: die sachorientierte → Sprache der religiösen Traditionen, die subjektorientierte → Sprache für Religiöses, die → Sprachwelten der SuS und die → Sprachspiele der pluralen Öffentlichkeiten.

Sprachspiel: Hierfür grundlegend ist das Verständnis von Ludwig Wittgenstein (Kap. I 1.1.3): „Das Wort ‚Sprach*spiel*' soll hier hervorheben, daß das Sprechen der Sprache ein Teil ist einer Tätigkeit oder einer Lebensform."[2] Sprachsysteme unterliegen bestimmten Regeln, deren Beherrschung eine Verstehensvoraussetzung bildet, so dass die Bedeutung eines Wortes in Abhängigkeit von dessen Verwendung in einem jeweiligen Sprachspiel, bspw. dem Sprachspiel der Juristen, changiert.

Sprachwelt der SuS: Sie ist eine der vier in Lerngruppen des Religionsunterrichts auftretenden → Sprachebenen und umfasst den persönlichen Wortschatz von SuSn, der durch Nationalsprachen, Jugendsprachen, Dialekte etc. geprägt ist.

Szene: Die Bezeichnung steht im Zusammenhang mit den während der → Visualisierung vergegenwärtigten und versprachlichten ‚Bildern', die ein → Themenwort hervorruft; zusammen mit einem → Rahmen, einem → Kern(element) und einem → Rand gibt eine Szene einen Anhaltspunkt zur Beschreibung dieser ‚Bilder' und leistet so einen Beitrag für die Auswahl der → Translationsstrategien.

Themenwort: Im Mittelpunkt der → Bausteine stehen jeweils ein Wort oder mehrere Wörter, anhand derer eine Sprach- und Translationssensibilisierung

---

[1] Kirchenamt der EKD (2010, Hg.) 9.
[2] Wittgenstein (1984a) 250 (Hervorh. im Original).

erfolgt; diese Themenwörter stellen in der Regel auch die → Translationsgegenstände dar.

Translat: Ein → Translationsgegenstand kann gemäß dem Prinzip → „translatio religionis" in ein interlinguales, intralinguales oder intersemiotisches Translat als einen kreativ-sprachlichen Neuversuch transferiert werden, der → pluralitätsoffene Deutungen ermöglicht. Die Kriterien für die Ausweisung eines als gelungen geltenden Translats bestehen erstens in der Pragmatik i. S. der Verständlichkeit und zweitens in der theologisch-translationswissenschaftlichen Angemessenheit (Kap. II 1.6.3).

Translation/transferieren: „Translation" stellt den Oberbegriff interlingualer, intralingualer und intersemiotischer Übertragungsarten dar; „transferieren" meint die diesbezügliche Tätigkeit. Um eine Abgrenzung gegenüber den in der Forschungsliteratur (Teil I) verwendeten, weitestgehend nicht klar im translationswissenschaftlichen Sinne definierten Bezeichnungen → „Übersetzung"/„übersetzen" vorzunehmen und um auch den Neuwert des Ansatzes einer sprach- und translationssensiblen Religionsdidaktik hervorzuheben, wird die lateinische Bezeichnung für alle Elemente des dieser Didaktik zugrunde liegenden → Translationsprozesses verwendet, der an dem Prinzip → „translatio religionis" ausgerichtet ist.

Translatio religionis: Dieses Prinzip liegt dem → Translationsprozess zugrunde und stellt zugleich den religionspädagogischen und -didaktischen Dreh- und Angelpunkt einer sprach- und translationssensiblen Religionsdidaktik dar: die im Klassenzimmer aufeinandertreffenden → Sprachebenen werden verbunden, indem Wörter aus ihnen in andere Sprachebenen wechselseitig (gemäß der syntaktischen Lesart von „religionis" als Genetivus subiectivus oder obiectivus) → transferiert werden. Durch diesen kreativ-hermeneutischen Akt eröffnet sich von der jeweiligen Warte der Sprachebenen ein neuer Blick auf die einzelnen Wörter und eine Interpretation, die „tiefere Schichten"[3] der Wörter freizulegen vermag, als dies bei einer einseitigen Betrachtung, also von der Warte nur einer der vier Sprachebenen, hätte erfolgen können (Kap. II 1.1.1.4).

Translationsgegenstand: Ein Translationsgegenstand stellt in der Regel auch das → Themenwort dar, das, gemäß dem Prinzip → „translatio religionis", in ein → Translat überführt wird. Hierzu ist ein Wort geeignet, wenn auf es ein mehrperspektivischer Zugriff möglich ist, in ihm also unterschiedliche Erfahrungen und Perspektiven aus unterschiedlichen → Sprachebenen konkretisiert werden können. Daran anknüpfend muss ihm ein hermeneutisches Po-

---

[3] Gil (2015) 152.

tenzial inhärent sein, das sich durch drei Faktoren bemessen lässt: Deutungsoffenheit, → Familienähnlichkeit, hohe Anzahl von auf andere Sprachebenen hinweisenden → Kookkurrenzen.

Translationsgrenze: Die Grenzen einer → Translation bestehen darin, dass im Glauben wurzelnde Wörter weder rational ganz erfasst noch ohne einen Verlust dieses Bezugs in eine andere → Sprachebene transferiert werden können (Kap. II 1.6.1). Translationsgrenzen bedeuten allerdings nicht, derartige Wörter von einer Sprach- und Translationssensibilisierung auszunehmen; stattdessen liegen unterschiedliche Möglichkeiten für den Umgang mit ihnen vor (Kap. II 1.6.2).

Translationsintention: Der Translationsintention liegt ein auf eine sprach- und translationssensible Religionsdidaktik abgestimmtes Verständnis von Religion(en), Sprache (→ Translingualität) und → Translation (→ „translatio religionis") zugrunde und besteht in dem Leitsatz: Sensibel werden *durch* Translationen *für* Sprachen bedeutet zugleich sensibel zu werden *für* Translationen *durch* Sprachen (Kap. II 1.1.4). So wird es christlich sozialisierten, nichtchristlichen und andersreligiösen SuSn ermöglicht, als Sender und als Empfängerinnen in sprachlich heterogenen → Kommunikationssituationen, in denen als religiös verstandene Wörter Verwendung finden, aktiv partizipieren zu können.

Translationsprozess: Die innerhalb einer sprach- und translationssensiblen Religionsdidaktik erfolgenden → Translationen unterliegen einem Translationsprozess, der sich aus sieben Elementen zusammensetzt (Kap. II 1): die → Translationsintention, die → TranslatorInnen, der → Translationsgegenstand, das → Translationsverfahren, die daraus erwachsenden → Translationsstrategien, das → Translat und die → Translationsräume.

Translationsraum: Derartige Räume befinden sich überwiegend außerhalb des schulischen Lernraums. Sie können entweder baulich abgegrenzt sein (bspw. ein Kirchenraum), keine klar erkennbaren Grenzen besitzen (bspw. ein Erinnerungsraum) oder sie konstituieren sich über unterschiedliche → Sprachebenen als ‚Eckpunkte', von denen eine die → Sprache der religiösen Traditionen darstellt. Der didaktische Doppelschritt zur sprachlichen Erschließung eines Translationsraums (→ Baustein VII) besteht im Wahrnehmen und → Managen.

Translationsstrategie: Eine Translationsstrategie stellt eine methodische Möglichkeit für das → Transferieren im Anschluss an das → Translationsverfahren dar. Die auf eine sprach- und translationssensible Religionsdidaktik abgestimmten Translationsstrategien orientieren sich an den von Paul Kußmaul (³2015, 2004, 2000) entwickelten interlingualen Strategien kreativen → Übersetzens (Kap. II 1.5.1) und werden auf eine intralinguale und intersemiotische Ebene ausgeweitet: Wiedergabe eines → Rahmens durch einen Rahmen, Wiedergabe eines Rahmens durch eine → Szene, Wiedergabe einer Szene durch eine Szene (Szenenwechsel, Szenenerweiterung), Auswahl von Szenenelementen innerhalb einer Szene, Wiedergabe einer Szene durch einen Rahmen (Einrahmung, Neurahmung). Diese Strategien sind nicht als voneinander abgetrennt zu betrachten, sondern gehen teilweise ineinander über (Kap. II 1.5.2–1.5.5).

Translationsverfahren: Das Translationsverfahren einer sprach- und translationssensiblen Religionsdidaktik stellt das → Transkreieren dar; es legt die Kriterien für die → Translation gemäß der → Translationsintention fest.

TranslatorIn: TranslatorInnen beherrschen das translatorische Grundverhalten Verstehen, Auslegen, Neuformulieren gemäß der → Translationsintention und dem → Translationsverfahren einer sprach- und translationssensiblen Religionsdidaktik; hierbei stehen die SuS als TranslatorInnen im Zentrum des Lehr-Lern-Arrangements (Kap. II 1.2.1), aber auch Religionslehrkräfte können als TranslatorInnen tätig werden (Kap. II 1.2.2).

Translanguaging: Translanguaging bedeutet die praktische Äußerungsform von → Translingualität und stellt demnach einen Prozess dar, „in dem Personen flexibel und strategisch auf ihr gesamtes sprachliches und nicht-sprachliches Repertoire zurückgreifen, um zu kommunizieren, Wissen zu konstruieren, Verständnis zu erzeugen und ihre sprachliche Identität auszudrücken".[4]

Translingualität: Sie bezeichnet die Fähigkeit, bei Sprachaustauschprozessen auf das gesamte zur Verfügung stehende linguistische Potenzial zurückgreifen und es nutzen zu können, worunter neben Nationalsprachen und → Sprachwelten – als Erweiterung gegenüber der → Mehrsprachigkeit – auch paralinguistische Mittel, bspw. Gestik und Mimik, fallen. Die Fähigkeit äußert sich als → Translanguaging und kann durch dessen Anwendung auch gefördert werden (Kap. II 1.1.1.3).

Transkreieren: Der Neologismus bezeichnet das → Translationsverfahren für die bei einer sprach- und translationssensiblen Religionsdidaktik charakteristischen → *Translationen*, wodurch die SuS als → TranslatorInnen ein → Translat *kreieren*. Hierfür stehen unterschiedliche → Translationsstrategien bereit.

---

[4] Kirsch/Mortini (2016) 23.

Glossar 437

Treueversprechen, schöpferisches: Es gehört neben der → Visualisierung und der Auswahl der → Translationsstrategien zu → Baustein IV (Kap. II 2.4.1, III 4.1). Die Bezeichnung ist angelehnt an die von Gabriel Marcel geprägte „fidélité créatrice" (II 1.2.1.2) und bildet deren Zuschnitt auf eine sprach- und translationssensible Religionsdidaktik für den Aufbau eines persönlichen Bezugs zwischen den → TranslatorInnen und dem → Translationsgegenstand: Die SuS kommen durch einen diesbezüglichen Impuls mit dem Translationsgegenstand ins Gespräch, um bereits gemachte Erfahrungen zu eruieren, mögliche Barrieren zu konkretisieren und abzubauen und die Kreativität bei der → Translation nicht als Mittel zum Zweck werden zu lassen, sondern Weichen für ein gelungenes → Translat zu stellen.

Übersetzen/Übersetzung: Die schriftliche Übertragung eines schriftlichen Ausgangstextes in Sprache S_1 in einen schriftlichen Zieltext in Sprache S_2 wird als „Übersetzen" verstanden; demgegenüber bezeichnet „Dolmetschen" mündliches Übersetzen, da Ausgangs- und Zieltext in mündlicher Form vorliegen. Daneben existiert als Mischtyp das Stegreifübersetzen, auch als Vom-Blatt-Übersetzen und als Spontan-Übersetzen bezeichnet, bei dem der Ausgangstext mündlich, der Zieltext schriftlich ist, oder umgekehrt. In der Forschungsliteratur (Teil I) findet überwiegend keine klare Differenzierung zwischen interlingualen, intralingualen und intersemiotischen Übersetzungen statt, so dass eine kursive Schreibweise intralinguale und intersemiotische *Übersetzungen* von interlingualen Übersetzungen für ein besseres Verständnis abgrenzt.

Unterbrechung: Die spezielle Bedeutung des Wortes orientiert sich an dem Verständnis von Armin Nassehi (2017, 2015): die gesellschaftliche Polykontextualität äußert sich in unterschiedlichen → Sprachspielen, an deren Schnittstellen es zu Verständnisschwierigkeiten, zu Unterbrechungen, kommen kann, da Eins-zu-eins-Übertragungen nicht möglich sind; eine Konsequenz besteht für Nassehi in dem → Management von Unterbrechungen zur Wiederherstellung einer → Kommunikationssituation (Kap. I 1.2.3). Eine Grundannahme einer sprach- und translationssensiblen Religionsdidaktik besteht darin, dass es zu Unterbrechungen zwischen den im Klassenzimmer aufeinandertreffenden → Sprachebenen kommen kann, die die SuS als → TranslatorInnen → managen (Kap. II 1.1.1.4).

Visualisierung: Die Bezeichnung geht auf die gleichnamige, von Paul Kußmaul (³2015, 2004, 2000) entwickelte Methodik für kreative → Übersetzungen zurück. Innerhalb einer sprach- und translationssensiblen Religionsdidaktik gehört sie zu → Baustein IV und stellt zusammen mit dem → schöpferischen Treueversprechen eine Vorstufe für die Auswahl der → Translationsstrategien dar (Kap. II 2.4.2, III 4.2). Eine Visualisierung findet in Gruppenarbeit statt in Form von lautem Denken: Die SuS rufen ihre mentalen Repräsentationen eines → Themenworts auf und bringen sie mit ihren → Sprachwelten zum Ausdruck. Diese ‚Bilder' setzen sich zusammen aus unterschiedlichen → Szenen, → Kernelementen und → Rahmen und eröffnen den → TranslatorInnen Impulse für die Auswahl der → Translationsstrategien.